Joachim Ehlers

Geschichte Frankreichs im Mittelalter

Verlag W. Kohlhammer
Stuttgart Berlin Köln Mainz

Für
B und C

CIP-Kurztitelaufnahme der Deutschen Bibliothek

Ehlers, Joachim:
Geschichte Frankreichs im Mittelalter / Joachim
Ehlers. – Stuttgart ; Berlin ; Köln ; Mainz:
Kohlhammer, 1987.
ISBN 3-17-009801-2

Umschlag: Karl V. (1364 – 1380). Ausschnitt der Statue im Louvre, Paris.
(Foto: Editions de la Réunion des Musées nationaux, Paris)

Stuttgart Berlin Köln Mainz
Umschlag: hace
Verlagsort: Stuttgart
Gesamtherstellung:
W. Kohlhammer Druckerei GmbH + Co. Stuttgart
Printed in Germany

Inhalt

Genealogische Tafeln

Karten

Vorwort

Das große Thema der mittelalterlichen Geschichte Frankreichs ist seine Entstehung aus den westfränkischen Grundlagen. Wie Deutschland und Italien ist auch Frankreich ein Nachfolger des karolingischen Imperiums, aber früher und entschiedener als jene hat es zum Bewußtsein nationaler Identität und zu staatlicher Einheit gefunden. Während die karolingische Tradition in Deutschland immer in bewußter Adaption und daher als politischer Willensakt weitergegeben wurde, hat sie in Frankreich ein breites, durch alte Zentralorte wie Reims, St-Denis, Tours, Soissons auch räumlich zwingendes Fundament gehabt und konnte gewaltige historische Wirkung entfalten. Mit dieser Überlieferung war eine spezifische Konzeption vom christlichen Königtum verbunden, wie sie von den karolingischen Herrschern und ihren geistlichen Helfern entwickelt worden war; zu ihr gehörten verfassungsgeschichtlich so grundlegende Überzeugungen wie die, daß ein Großreich aus mehreren *regna* bestehen und doch in seiner übergeordneten Zusammengehörigkeit unbezweifelbar existieren, ja gerade in der Vielfalt seinen Charakter als Personen- und Herrschaftsverband immer wieder erweisen könne. Karolingisch war der Gedanke einer politisch-theologisch begründbaren Weltordnung, die im Geschichtsverlauf erkannt werden konnte, weshalb Historiographie ein wichtiges Mittel zur Legitimitation, aber auch zur Kritik der Herrschaft wurde.

All das war ursprünglich nicht auf Westfranken-Frankreich ausgerichtet, aber es blieb im personenbezogenen Denken der Zeitgenossen lange an die Gestalt Karls des Großen gebunden, jener vorbildlichen Gründerfigur des christlichen Abendlandes, die ihren Rang im oft gezogenen Vergleich mit König David oder Kaiser Konstantin erhielt. Über die Person Karls, der ganz zum Eigentum seiner westfränkischen Nachfahren erklärt werden konnte, vollzog sich die ausschließliche, monopolartige Festlegung seines Werkes und Erbes auf den Westen, lebte doch dort die im Ostfränkischen Reich 911 abgelöste karolingische Dynastie weiter; Karls Nachkommen regierten mit Unterbrechungen bis 987 und hatten ihr Ende erst durch Gewalt finden müssen, als die capetingischen Nachfolger das geistige und materielle Erbe längst erobert hatten.

Das am Ende des 10. Jahrhunderts im Kloster des heiligen Remigius zu Reims entstandene Geschichtswerk des Mönches Richer hatte diese karolingische Tradition geographisch auf den Westen bezogen und ausschließlich mit dem Reich zusammengebracht, das Karl dem Kahlen 843 im Vertrag von Verdun zugefallen war. Das fränkische Reich, so bestätigte Richer verbreitete Überzeugung, war schon immer mit dem Raum identisch gewesen, auf den der gegenwärtig herrschende *rex Francorum* legitimen Anspruch hatte. Das capetingische Königtum konnte sich des Besitzes dieser Tradition sicher fühlen, ließ sie in Klöstern wie St-Benoît-sur-Loire historiographisch pflegen, verdankte ihr seine politische Existenz. Die Könige selbst setzten sich für Erhaltung und Ausbreitung der Überlieferung ein, schufen gemeinsam mit ihrem geistlichen und weltlichen Anhang ein Milieu, in dem Königsnähe, politische Theologie, historische Kontinuität und die besondere Würde Frankreichs zu einem frühen Nationsbewußtsein verfestigt wurden, das an die Monarchie gebunden bleiben mußte. Nicht bei den Fürsten konnte unter solchen Bedingungen die Repräsentanz des Reiches liegen, sondern nur bei den mit besonderer Amtsheiligkeit ausgestatteten Königen, die sich eben deshalb die einzelnen *regna* ihres 843 abgesteckten Legitimationsbereiches unterwerfen durften und auf diese Weise einen Zentralstaat begründeten.

Aus der Einheit von König, Land und Volk, durch Vermittlung der Kirche entstanden und im Laufe der Jahrhunderte zu politischer Faktizität gebracht, ergab sich die Rechtsgrundlage für das Handeln der Monarchen, die gerade in Zeiten der Krise von einer stark wirkenden, fest im öffentlichen Bewußtsein verankerten Theorie gestützt wurden. Diese Symbiose des Königs mit seinem Reich und den darin lebenden Menschen ist die besondere französische Form mittelalterlichen Nationsbewußtseins, von dem Politik, Literatur, bildende Kunst, ja selbst die Wissenschaft der Zeit durchdrungen waren. Sie hat die Einheit Frankreichs hervorgebracht, erhalten, befestigt und schließlich zur metapolitischen Größe erhoben, die im Hundertjährigen Krieg ihre Probe bestanden hat. Die das Nationsbewußtsein tragende Schicht ist im Verlauf eines langen Prozesses verbreitert worden, hat immer mehr Menschen auch außerhalb eines institutionell an die Krone gebundenen Kreises in sich aufgenommen und schließlich die Standesgrenzen sprengen können.

Das nationale Selbstbewußtsein gewann im Laufe des Spätmittelalters politische Autonomie, emanzipierte sich von der Krone und sah die Nation mit ihren Interessen zunächst bei den Generalständen, dann im Willen des ganzen Volkes verankert. Diese Verlagerung der Gewichte brach die mittelalterliche Synthese von König und Land auf, führte über die Trennung zur Feindschaft und beendete eine Epoche, deren Geist freilich noch drei Jahrhunderte lebte und gewaltsam abgetan werden mußte. Als die Französische Revolution Reims erreichte und ein eifriger *citoyen* im Remigiuskloster jene Ampulle zerschlug, die das vom Himmel gesandte und bei der Königsweihe verwendete Salböl enthielt, war das weit mehr als ein Akt des Vandalismus, sondern wie die Verwüstung der Königsgräber in St-Denis und der Sturz gekrönter Portalfiguren von den Kathedralen Ausdruck des radikalen Willens zur unwiderruflichen Vernichtung aller Fundamente des Königtums, dessen die Nation nicht mehr bedurfte.

Die folgende Darstellung soll Grundlagen für die Beurteilung des mittelalterlichen Frankreich unter dem Gesichtspunkt seiner besonderen Lebensbedingungen liefern. Sie kann deshalb weder Handbuch noch theoretische Reflexion ersetzen, sondern bewegt sich auf halber Höhe zwischen Einzelforschung und Komparatistik. Sie hält an der humanen Neugier des Geschichtsschreibers fest und plädiert für eine Bescheidenheit, die nicht nur Eigenschaft der Lumpen sein muß, sondern Voraussetzung für Einsicht und Verständnis. Deshalb hat das Buch eine vermittelnde Funktion und würde mit dieser seinen Sinn erfüllen.

Zu Textgestaltung und Anhang sei bemerkt, daß bei den französischen Namensformen einem Konvenienzprinzip gefolgt wurde, indem eingebürgerte deutsche Fassungen beibehalten (also Karl von Valois statt Charles de Valois), fremdartig wirkende deutsche Übertragungen aber vermieden sind (also Maurice de Sully statt Moritz von Sully). Die Karten ersetzen nicht den historischen Atlas, sollen seine fortwährende Benutzung im Lauf der Lektüre aber wenigstens zum Teil überflüssig machen und eine gewisse Raumvorstellung bilden helfen; die genealogischen Tafeln bieten Auszüge für das unmittelbare Textverständnis.

Helfer haben die Arbeit an diesem Buch begleitet, denen ich gerne Dank sage. Herr Priv.-Doz. Dr. Bernd Schneidmüller las die das Früh- und Hochmittelalter betreffenden Kapitel und machte mich auf Versehen und Unstimmigkeiten aufmerksam; meine Frau unterzog sich der Mühe, alle Konzepte auf sprachliche Vernunft und sachliche Klarheit zu prüfen, bevor sie in die Reinschrift gingen, teilte auch mit mir die Korrektur- und Registerarbeiten; die freundliche Nachbarschaft von Michel Parisse als Direktor der Mission Historique Française en Allemagne am Max-Planck-Institut für Geschichte in Göttingen brachte immer wieder den stimulierenden Kontakt mit der französischen Mediaevistik und die Gewißheit grenzüberschreitender Verbundenheit. Im Historischen Seminar der Technischen Universität Braunschweig hat Frau Sabine Rieseler das Typoskript mit gewohnter Umsicht schnell und äußerst gewissenhaft hergestellt.

Braunschweig, im Juni 1987 *Joachim Ehlers*

1. Königtum und Fürstentum im Kampf um die Francia (898–987)

Landesnatur, Bevölkerung, Sprache

Mit seiner größten Nord-Süd-Ausdehnung von etwa 1000 km und einer vergleichbaren Distanz von Westen nach Osten ist Frankreich schon durch seine geographischen Voraussetzungen ein Land verschiedener, teils gegensätzlicher klimatischer, geologischer und landschaftlicher Räume. Was ein Blick auf die Karte ahnen läßt, bestätigt der Geschichtsverlauf: Diesen naturräumlichen Gliederungen entsprechen ethnische und sprachliche Differenzierungen, die erst spät zur Einheit gefunden haben.

Die großen Ebenen im Nordwesten sind dem maritimen Einfluß so geöffnet wie die breite und flache Küstenregion des Südwestens; gemäßigtes Klima und fruchtbare Böden gaben Siedlungsraum mit vorzüglichen Ernteerträgen. Die Zentrallandschaft des Pariser Beckens fällt dabei besonders in den Blick: Im Norden von den flachen Hügeln des Artois und des Vermandois begrenzt, im Osten und Südosten von den Ardennen und dem lothringischen Plateau, dem Plateau von Langres und dem Auxois, im Westen vom normannischen Hügelland, ist sie in Richtung auf die Loire offen. Sie wird durch ein Flußsystem bestimmt, das als gestaffelte Ostbegrenzung Maas, Mosel und Rhein mit ihren Tälern anbietet, während nach Süden die parallelen West-Ost-Linien hervortreten: Die Seine mit ihren Zuflüssen Aisne und Oise, Marne und Aube im Norden, der Yonne im Süden; die Loire mit ihren südlichen Zuflüssen Cher, Indre, Creuse und Vienne; die Dordogne und schließlich die Garonne mit Lot und Tarn.

Jede nord-südliche Siedlungsbewegung staute sich am Riegel der Pyrenäen; zwischen ihnen und dem Zentralmassiv bietet der Südhang des Lauragais Zugang zum Meer und öffnet damit einen Verkehrsweg zum Tal von Rhône und Saône, dem die Burgundische Pforte Anschluß an den Rheingraben und damit zur Nordsee gewährt.

Die geologische Karte spiegelt diese Grobstruktur: Das Pariser Becken mit den fruchtbaren Tertiär- und Kreideböden, das aquitanische Becken mit Schwemmland, Tertiär und Kreide, Bretagne und Zentralmassiv mit Schiefer und Granit, ferner die anschließenden Zonen des mittleren Jura: Westliches Poitou, Auxois, Langres, Lothringen.

Die auf solchen Grundlagen entstandene Kulturlandschaft hat ihre besondere Geschichte, denn sie ist weitgehend das Ergebnis menschlicher Einwirkung. Diese bleibt sich im Laufe der Jahrhunderte aber nicht gleich, sondern unterliegt wechselnden Bedingungen, deren wichtigste die Agrarverfassung ist, ihrerseits abhängig von politischen und sozialen Verhältnissen. Außerdem sind nicht einmal die elementaren naturgeographischen Erscheinungen wie Klima, Gewässer, Böden, Vegetation und bis zu einem gewissen Grade selbst die Oberflächenformen unveränderlich, so daß rückschreibender Forschungsmethode enge Grenzen gesetzt sind: Ein durch Diskontinuität, Rückbildung und Abhängigkeit von der Agrartechnologie geprägter Verlauf läßt sich nicht stufenweise und folgerichtig vom gegenwärtigen Erscheinungsbild her rekonstruieren. Wir haben mit ökologischen Systemen zu rechnen, die als solche noch weithin unerforscht sind und müssen auf die simple Dialektik von »natürlichen Voraussetzungen« einerseits, »historischem Geschehen« andererseits verzichten. Klimaschwankungen haben die Lebensbedingungen in mehreren großen Schüben beeinflußt und teilweise erhebliche Veränderungen mit sich gebracht. Das Verhältnis von Wärme und Regenmenge erreichte um das Jahr 1000 ein Optimum, aber auch die folgenden Generationen sahen trotz sinkender Temperaturen und langsam zunehmender Niederschläge den Weinbau bis ins Cotentin und ins Artois verbreitet. Erst zu Beginn des 14. Jh.s trat eine rasche Klimaverschlechterung ein, die im Zentralmassiv weiteres Erschließen der Hochtäler kaum mehr zuließ und in der ersten Hälfte des 15. Jh.s kulminierte: Brücken und Mühlen waren im Winter länger als sonst behindert und wurden im Frühjahr durch Treibeismassen zerstört, Wölfe kamen bis in die nächste Umgebung von Paris.

Für die Besiedlung dieser im Zusammenspiel mehrerer Faktoren sehr verschieden bestimmten Landschaften war nicht zuletzt die Bevölkerungszahl ausschlaggebend. Zum 10. Jh. lassen sich keine genauen Angaben machen, weil die Quellen im Vergleich zur hohen Karolingerzeit äußerst spärlich fließen. Selbst landesgeschichtliche Untersuchungen haben bisher nur Veränderungen als solche, nicht aber ihre in Zahlen meßbare Stärke erkennen lassen, wir dürfen aber vermuten, daß sich eine Entwicklung fortgesetzt hat, die für das 9. Jh. aus den großen Bestandsverzeichnissen kirchlicher und königlicher Grundherrschaften abgelesen werden kann. Das bekannteste Stück dieser Art, das Polyptychum des Abtes Irmino von St-Germain-des-Prés († 826/29), zeigt für mehrere Dörfer des Pariser Umlandes eine Bevölkerungsdichte von etwa 30 Menschen auf den km^2, für den pikardisch-flandrischen Grenzraum gar bis zu 40. Zwar handelt es sich dabei nur um Inseln zwischen ausgedehnten Ödlandräumen und Zonen weit geringerer Siedlungsintensität, aber insgesamt läßt sich hier wie auch in den Polyptycha von St-Bertin (Mitte 9. Jh.) und St-Rémi/Reims (zweite Hälfte 9. Jh.) eine steigende demographische Tendenz erkennen. Sie hat im 9. Jh. noch nicht zu nennenswertem Landesausbau geführt, war also wohl insgesamt weniger stark, als oft angenommen wird, aber auch aus Burgund liegen Hinweise auf höhere Bevölkerungszahlen vor, so daß mit einer gewissen Sicherheit für das Altsiedelland der Flußauen Verhältnisse errechnet werden konnten, die denen des Spätmittelalters und der frühen Neuzeit entsprochen haben. Offenbar brachen die Menschen erst seit dem 10. Jh. in bisher unerschlossene Räume aus, und für die Auvergne sind wir neuerdings gut über den Weg der Siedlung aus dem Allier-Tal über erste, familienweise vorangetriebene Kultivierung mittlerer Böden hin zum herrschaftlich organisierten Landesausbau unterrichtet. Er schuf sich seine Zentren in neu errichteten Burgen mit angeschlossenen Pfarreibezirken, so daß die frisch besiedelten Gebiete geschützt und verwaltet werden konnten.

Solche Zentren wurden schon vor der Jahrtausendwende zu Ausgangspunkten einer zweiten, nunmehr intensiveren Stufe der Landnutzung durch einen Siedlungstyp, der zwar schon früher vorhanden gewesen ist, aber nun erst weitere Verbreitung erlangte: Den *burgus.* Im 9. Jh. lagen diese Siedlungen oft in der Nähe eines Klosters, so vor allem in Burgund, aber auch im Loire-Tal. Seit der zweiten Hälfte des 10. Jh.s drangen sie weiter vor, erreichten die Normandie, den Dauphiné, das Mittelmeergebiet und das Pyrenäenvorland. Ausgespart blieben bis ins 11. Jh. unruhige Landstriche wie Bretagne und Provence, auch im Gebiet zwischen Oise und Maas wurde die Entwicklung durch den Kampf der Karolinger mit den Robertinern aufgehalten. Gemeinsame Merkmale der *burgi* waren ihre Nähe zu einem schon bestehenden ländlichen Siedlungszentrum, zu einer Burg, einem Kloster oder einer Stadt; ihre Wirtschaft war agrarisch geprägt, und insofern kann man sie mit den späteren *villes neuves* im Pariser Becken oder den *sauvetés* südlich der Garonne vergleichen, aber schon bald fanden sie sich mit Märkten ausgestattet, die den Gründer am Handelsgewinn beteiligen sollten und ihm die Möglichkeit boten, durch Bevölkerungskonzentration sein politisches Gewicht zu erhöhen. Besonders häufig treffen wir daher die Verbindung von Burg und *burgus:* Schutz und Herrschaft wirkten sinnfällig zusammen. Die Einwohner genossen im Vergleich zum Umland Sonderrechte, so daß die seit dem 11. Jh. verbreitete Bezeichnung *burgensis* als lateinischer Vorläufer des französischen Wortes *bourgeois* jeden Teilhaber an solchen Siedlungsprivilegien meint und damit auf das hochmittelalterliche Städtewesen vorausweist.

Im 10. Jh. aber gab es hier erst Vorstufen, unkoordinierte Ansätze innerhalb einer regionalisierten Welt, deren politische, kirchliche und naturräumliche Gliederung sich in den Sprachlandschaften bis zu einem gewissen Grade wiederfindet und auch hier Wechselwirkung erkennen läßt. Vorwiegend vertikal bestimmte sprachliche Gruppierung mit schwächer ausgeprägten Beziehungen zwischen den einzelnen Regionen war unter anderem das Ergebnis politischer Kleinteiligkeit, die innerhalb eines eng begrenzten Raumes sprachliche Homogenität über die sozialen Schichten hinweg hervorbrachte, während der später entstehende politi-

sche Großverband eine horizontale, d. h. überregionale und schichtenspezifische Sprachgliederung förderte.
Die wichtigste und bis heute in Frankreich spürbare Sprachgrenze ist die zwischen Langue d'oc (daher »Okzitanisch«) im Süden und Langue d'oïl im Norden. Diese Bezeichnungen rühren von den Partikeln für die Bejahung her: *Oc* (aus lat. *hoc*) im Süden, *oïl* (aus lat. *hoc ille [fecit]*) im Norden, und sie kennzeichnen zwei aus lateinischer Wurzel fortgebildete Sprachen, deren Entwicklungsmerkmale grob gesprochen darin bestehen, daß in der Langue d'oc weniger lautliche Veränderungen gegenüber dem Lateinischen vorkommen als im Norden, wo die Vokale unter dem Ton stärker abgewandelt wurden, unbetonte Vokale weitgehend verschwanden und auch die Konsonanten eine ähnliche Entwicklung durchmachten. Deutlich zeigen das lateinisch-okzitanisch-altfranzösische Wortreihen wie cantare–cantar–chanter (singen); pater–paire–pere (Vater); capra–cabra–chievre (Ziege); causa–causa–chose (Sache); flos–flor–flour (Blüte); mel–mel–miel (Honig); maturum–madur–meür (reif); pacare–pagar–paier (bezahlen). Unterhalb dieser Gemeinsamkeiten ergab sich beim Okzitanischen mit der Zeit eine Differenzierung zwischen den in der Gascogne und in der späteren Provinz Languedoc gesprochenen Mundarten und denen des Limousin, der Auvergne und der Provence. Demgegenüber bildet das in den heutigen Départements Loire, Rhône, Ain, Isère, Savoie, Haute-Savoie und teilweise Jura heimische Frankoprovenzalisch eine besondere, von Langue d'oc und Langue d'oïl gleichermaßen abzuhebende Einheit. Ihr gehört kein im eigentlichen Sinne historischer Raum, wenn man von dem etwas künstlichen und philologisch umstrittenen Bezug auf das spätwanderzeitliche Burgunderreich einmal absieht.
Im Norden beherrschten die betonten Vokale die übrigen Wortsilben stärker als im Süden und drängten alle Auslautvokale bis auf das zu *e* verschobene *a* allmählich ab: Lat. *herba* (Kraut) wurde zu *erbe, cubitum* (Elle) zu *coude, murus* (Mauer) zu *mur.* Die nasalierten Konsonanten verschmolzen mit den ihnen vorausgehenden Vokalen (lat. *bene* diphthongierte zu *bien*), nasaliertes *ẽ* verschob sich auf *ã (vẽnt[us]* zu *vã).* Die Vokalisierung von Konsonanten zeigt auch der Wandel von *l* zu *u* vor Konsonant (lat. *alterum* zu *autre*), und auffällig ist die Palatalisierung von *c* und *g* vor *a* (lat. *carus* zu *chier*).
Eine Scheidelinie zwischen diesen beiden Sprachen kann nicht scharf gezogen werden, aber sie ist anhand der neuzeitlichen Befunde von der Girondemündung im weiten Bogen nördlich des Zentralmassivs zu verfolgen und kreuzt zwischen Valence und Vienne die Rhône. Im Mittelalter lag sie weiter nördlich und verlief etwa von der Loiremündung in Richtung auf die Südvogesen: Sie entsprach damit jener Grenze, von der ab fränkische Volkssiedlung in südlicher Richtung nur mehr schwach nachweisbar ist.
Nördlich der Loire ist also das Ursprungsgebiet der französischen Spra-

che zu suchen, aber auch dieser Raum zeigt im Mittelalter kein einheitliches Gesicht. Stärkere germanische Einflüsse prägten im Norden und Nordosten das Pikardische, Wallonische und Lothringische, sind teilweise noch in der Champagne und in Burgund nachzuweisen. Mit dem Normannischen verbindet das Pikardische die Erhaltung des *c* als *k* vor *a* (*canter* statt *chanter*) und die Wandlung von *ti* und *c* vor *e* und *i* zu *ch* (lat. *caelum* zu *chiel* statt *ciel*, *captiare* zu *cacher* statt *chasser*). Pikardisch, Normannisch und Champagnisch sind schon früh einflußreiche Literatursprachen geworden, aber spätestens seit dem 13. Jh. richteten sie sich nach einem alles andere überragenden Vorbild aus, dem die westlichen und südwestlichen Regionen Anjou, Maine, die Touraine und das Poitou schon früher gefolgt waren: Dem Dialekt der Ile-de-France. Dieser Vorgang ist nicht sprach- oder literaturgeschichtlich zu erklären, denn seine Ursachen waren mit dem Aufstieg des Königtums zur beherrschenden Macht von Anfang her verbunden. Die Bildung einer gemeinfranzösischen Hochsprache aus der Zentrallandschaft des Nordens ist Teilaspekt einer politischen Kultur, die mit früh ausgeprägtem Nationsbewußtsein den Gang der europäischen Geschichte unverwechselbar mitgestalten sollte.

Normannen und Sarazenen

Wie entfernt das westfränkische Reich von einer solchen den Großraum erfassenden Entwicklung noch war, zeigt nichts besser als ein Blick auf die zersetzende Wirkung sarazenischer, ungarischer und normannischer Einfälle mit ihren politischen wie verfassungsgeschichtlichen Folgen. Zwar sind die Unternehmungen selbständig operierender Piratenhaufen aus Nordafrika nicht mit dem Arabersturm des 7. und 8. Jh.s vergleichbar, aber seit ihrem ersten Auftreten 838 vor Marseille bedrohten sie ständig zunächst das Rhônetal, besonders und für mehr als hundert Jahre aber die Provence, deren Städte und wirtschaftliche Lebensgrundlage in Handel und Verkehr so gut wie ganz zerstört wurden. Erst 972 wurden die Sarazenen durch eine provenzalische Adelskoalition unter Führung des Grafen Wilhelm von Arles aus ihrem befestigten Stützpunkt Fraxinetum (La Garde-Freinet im Massif des Maures, Dép. Var) vertrieben, und die regionale Initiative zur Landesverteidigung läßt sich auch beim Ungarn- und Normannenkampf beobachten.
Aus der weiten Ebene von Donau und Theiß waren die Ungarn um 900 zunächst nach Mitteleuropa vorgestoßen und 926 auf westfränkischem Boden erschienen. Im Norden drangen sie in der Champagne bis Vouziers vor und bedrohten Reims, von Süden gingen sie über die Alpen nach Burgund. In den folgenden Jahrzehnten kamen sie mehrfach wieder, aber ihre vernichtende Niederlage auf dem Lechfeld bei Augsburg gegen das

deutsche Reichsaufgebot unter Führung Ottos des Großen warf sie endgültig auf die Ausgangsräume zurück und ließ die historische Erinnerung an ihre Reiterschwärme bald sagenhafte Züge annehmen.

Sehr anders verlief dagegen die Geschichte der Normannen im Westfrankenreich. Seit 841 lockten seine langen Küstenlinien und die zahlreichen Flußeinfahrten in besonderer Weise zum immer wiederholten Raid in ein Gebiet, dessen Städte und Klöster sich als lohnende Beuteobjekte erwiesen hatten. Bald gab es normannische Standlager in den Mündungsräumen von Seine, Loire und Gironde; von dort aus trugen die Fremden ihre Raubzüge ins Landesinnere vor, erreichten Rouen, Beauvais, Paris, Orléans, Tours und Bordeaux. Zunächst war die Verteidigung so wenig erfolgreich, daß die Normannen neben Beute auch noch erhebliche Loskaufsummen von Städten, Klöstern und selbst vom König nehmen konnten. Erst seit den sechziger Jahren des 9. Jh.s stabilisierte sich die Abwehr, aber sie war nicht mehr Sache der im Niedergang befindlichen Zentralgewalt, sondern wurde von regionalen Mächten getragen, deren Ansehen mit den Erfolgen im Normannenkampf wuchs.

Die bedeutendste Stellung im Raum zwischen Seine und Loire hatte der Graf von Tours, Blois und Anjou errungen: Robert der Tapfere, ostfränkischer, vielleicht gar sächsischer Herkunft und Ahnherr der späteren capetingischen Könige, koordinierte den Widerstand zwischen den beiden normannisch beherrschten Flußläufen und bildete den wichtigsten Rückhalt für die im übrigen schutzlose Bevölkerung. Nach Roberts Tod wuchs sein Sohn Odo so weit in die Rolle des Vaters hinein, daß er von 888 bis 898 als erster nichtkarolingischer König amten konnte und noch im Jahr seiner Wahl bei Montfaucon nahe Verdun eine normannische Heeresabteilung schlug. Das ist um so bemerkenswerter, als die beiden Robertiner sich mit einem besonders gefährlichen Gegner auseinandersetzen mußten. Bereits 879 war es zur Vereinigung aus England abgedrängter Wikinger mit frischen Scharen aus Dänemark zum »Großen Heer« gekommen, das sein Standlager in Courtrai (Kortrijk) einrichtete und wegen der Zahl seiner Krieger, aber auch durch bessere militärische und Nachschuborganisation eine mächtige Bedrohung darstellte. Odos Nachfolger, der karolingische König Karl III., errang zwar einen Teilerfolg im Vimeu, aber das Große Heer durchzog fast ungehindert Burgund; 903 brannte das ehrwürdige Martinskloster in Tours, sieben Jahre später versuchte der Seekönig Rollo den Sturm auf Paris. Sein Mißlingen brachte dem unglücklichen Dunois, vor allem aber dem Land um Chartres, furchtbare Verwüstungen. Entsatz für den eingeschlossenen Bischof kam nicht vom König, sondern durch eine vereinigte Streitmacht, die Robert von Neustrien, Bruder des verstorbenen Königs Odo, Herzog Richard von Burgund und Graf Ebalus von Poitiers zusammengebracht hatten. Sie zwangen die Normannen zum Rückzug, und deren sich hier offenbarende Schwäche nutzte Karl III. im folgenden Jahr zu Verhandlungen.

Vermutlich bei St-Clair-sur-Epte traf sich der König mit Rollo zum Abschluß eines Vertrages (*foedus* nennt ihn wenig später der Reimser Kathedralarchivar Flodoard in seinen Annalen zum Jahr 925), demzufolge Rollos Scharen die Taufe empfangen und für das von ihnen beherrschte Gebiet an der unteren Seine zwischen Epte und der Meeresküste mit Rouen als Hauptstadt die Reichsverteidigung garantieren sollten. Dabei konnte es sich nur um die Abwehr anderer normannischer Verbände handeln, und die so eingeleitete Integration in das westfränkische Reich wurde durch Rollos Ernennung zum Grafen von Rouen auf feste Bahnen geführt. Als vom König anerkannter Amtsträger war er gegenüber den fränkischen Bewohnern seiner Herrschaft legitimiert, während seine Gefolgschaft wie bisher nur ihm zum Gehorsam verpflichtet blieb; *princeps Normannorum* nannten ihn die Zeitgenossen, den verfassungsrechtlichen Sachverhalt damit genau treffend: Nicht ein Herzogtum Normandie ist damals begründet worden, sondern ein neues Fürstentum, ein *regnum* neben anderen.
Rollo wurde in Rouen vom Erzbischof getauft und nahm dabei den Namen seines Paten Robert von Neustrien an. Die innere Christianisierung des normannischen Heeresverbandes ging naturgemäß langsam voran, denn alte Verbindungen nach Skandinavien, den Orkneys und zu den in England ansässigen Normannen wurden aufrecht erhalten, aber in zunehmendem Maße in Form von Handelsbeziehungen genutzt. Der 1963 in Fécamp gefundene Münzschatz zeigt mit seinen Stücken aus der Auvergne, aus Beauvais, Arras, Chartres, Paris, dem Vermandois und anderen Regionen des westfränkischen Reiches ebenfalls die weitverzweigten Kontakte des neuen *regnum,* von dem seit der zweiten Hälfte des 10. Jh.s eine befriedende Wirkung auf die angrenzenden Gebiete ausging. Sie wurde stärker, je rascher ein Akkulturationsprozeß vorankam, der die Normannen ihre ethnische Eigenart ablegen und sie im Westfränkischen aufgehen ließ.

Schwäche der Zentralgewalt

Trotz der Verdienste des Königs um die Einleitung dieses Vorgangs blieb es folgenreich, daß er die Normannenabwehr nicht für das Gesamtreich hatte übernehmen können, sondern sich mit Teilerfolgen begnügen mußte. Das Königtum war damit faktisch zu einer Teilgewalt neben anderen geworden. Die Bevölkerung ordnete immer geringere Kontingente zum Reichsheer ab, unterstützte lieber die regionalen Aufgebote und trug zum örtlichen Befestigungswerk bei, weil sie sich davon besseren Schutz erhoffte. Das alles förderte autonome Herrschaftsrechte derer, die Sicherheit versprachen, aber für die westfränkische Reichsverfassung bedeutete es gleichwohl nicht den Zerfall jeder staatlichen Ordnung in »feudale Anarchie«, nicht das vollständige Verschwinden der für das fränkische Großreich geschaffenen Institutionen. Sie lebten auf regionaler Ebene fort, in neuen politischen Einheiten, unter denen die *regna* Aquitanien, Burgund, Neustrien, Francia und Normandie nur die wichtigsten waren. In sie griff der König nicht mehr ein, aber der jeweilige *princeps* huldigte für sein Gebiet und erkannte die königliche Oberhoheit damit an. Das Zusammenwirken mehrerer Fürsten im Dienst übergeordneter Ziele, wie es sich bei der Rettung des belagerten Chartres gezeigt hatte, verschaffte dem König gelegentlich noch einmal Raum für weitgreifende Initiativen, aber der grundsätzlich unfriedliche Charakter dieses politischen Konglomerats kann nicht übersehen werden. Es lebte aus der Rivalität seiner Bestandteile, verzehrte über Generationen die Kräfte des Landes und der Menschen in schweren Auseinandersetzungen häufig wechselnder Adelskoalitionen, bei denen es um die Vorherrschaft in den Fürstentümern ging und änderte sich gebietsweise erst dann, wenn der Sieger seine Konkurrenten durch Unterwerfung auf die Ebene des landsässigen Adels gedrückt, sie ausgetrieben oder vernichtet hatte. Solche Kämpfe bildeten das Übergangsstadium zwischen dem westfränkischen Reich und einer neuen Monarchie, deren Konsolidierung Frankreich entstehen ließ.

Das Königtum hat in immer neuen Ansätzen versucht, wieder zur führenden Stellung vorzudringen und sich dabei stets auf die Traditionen karolingischer Herrschaft besonnen, allerdings gerade in der Erinnerung an das Vorbild Karls des Großen die reduzierte Stellung seiner späten Nachfahren offenbart. Karl III. konnte auf Verwaltung und Leistungen der *regna* keinen unmittelbaren Einfluß mehr nehmen, weil das Recht der Grafenernennung dort auf die *marchiones* übergegangen war, in deren Lehnsabhängigkeit im Laufe der Zeit auch die Königsvasallen geraten waren. Als Repräsentanten ihrer Länder und seine faktischen Stellvertreter hatte der König solche *marchiones* in Aquitanien und Burgund anerkannt, die bedeutendste politische Größe war aber der *marchio* Robert von Neustrien. Ihm hatte sein Bruder Odo zum alten robertinischen Besitz zwischen Loire und Seine noch Teile des Königsgutes im Pariser Raum übertragen, so daß Karls III. Stellung unmittelbar bedroht war: Die Francia war bisher als einziges Teilreich noch vom König selbst regiert worden, hier war er Oberherr der Grafen und verfügte über eigene Vasallenverbände, hier lagen mit den älteren karolingischen Sitzen Compiègne, Ponthion, Verberie, Corbeny, Attigny und Pîtres Stützpunkte seiner Herrschaft, um Laon der größte geschlossene Reichsgutkomplex, der dem Karolinger verblieben war. Wenn fremder Einfluß selbst hierhin vordrang, mußte Karl die Grundlagen seines Königtums auf andere Weise erweitern, und für solche Bestrebungen bot sich aus mehreren Gründen Lothringen an.

Das alte Mittelreich bewahrte als Ursprungsland des karolingischen Hauses dessen Tradition in besonderer Weise, verfügte mit der Aachener

Pfalz über die vornehmste *sedes* Karls des Großen und lebte seit 895 als autonomes ostfränkisches Teilreich, dessen Adel freilich eher zum westfränkischen König neigte. Diese politische Haltung war durch Familienbande lothringischer Großer zu den Karolingern gestützt und erhielt mit dem Tode König Ludwigs IV. von Ostfranken im September 911 aktuelle Bedeutung. Unter Führung des Grafen Reginar nahm der lothringische Adel damals Karl III. an, während die Franken, Sachsen, Alemannen und Bayern zwei Monate später in Forchheim den fränkischen Herzog als König Konrad I. über sich setzten und damit in freier Wahl den Bruch mit der karolingischen Dynastie vollzogen: Der erste sichtbare Schritt zur Bildung zweier großer Nachfolgereiche auf großfränkischem Boden war getan, und sogleich begann Karl III. die Titulatur seiner Urkunden so abzuändern, daß statt der bisher üblichen Amtsbezeichnung *rex* ohne gentilen Zusatz nun die Formel *rex Francorum* verwendet wurde.

Karl III. (898–923)

Dahinter steht nicht antiquierter Großreichsanspruch, sondern Konzentrationspolitik, die verlorene Positionen zugunsten einer Festigung des Erhaltenen aufgab und das *regnum* Karls III. als regionalisiertes Königtum der Franken auf den Raum zwischen Seine und Rhein bezog. Wie er die *regna*-Struktur des Westens durch Anerkennung der *marchiones* akzeptiert hatte, so betrachtete Karl das im Osten entstandene Reich als Nachfolgebildung des älteren austrasischen Teilreichs und ließ das in der komplizierten Titulatur des Bonner Vertrages mit Heinrich I. vom Jahre 921 zum Ausdruck bringen: Zwar setzte das unpersönlich formulierte Protokoll dieses Freundschaftsabkommens Heinrich als *rex Francorum orientalium* gleichberechtigt neben Karl als *rex Francorum occidentalium*, aber in seiner Verpflichtungserklärung betonte dieser den minderen Rang des ostrheinischen *regnum* durch die Bezeichnung Heinrichs I. als bloßen *rex orientalis.*

Das von Karl III. konzipierte Reich sollte ein ethnisch homogen fränkisches sein und sich auf die karolingische Tradition stützen. Sie ist bewußt und programmatisch genutzt worden, indem Karl den Siegeltyp seiner Vorgänger gebrauchte, sein Monogramm für die Urkunden denen Karls des Großen und Karls des Kahlen nachbildete und mit der Datierungsformel *anno ... redintegrante* Ludwig dem Frommen folgte, der seit 834 seine Amtsjahre auf diese Weise hatte zählen lassen. Die Ausgangslage schien um so günstiger, als Heinrich I. im Bonner Vertrag Karls Herrschaft über Lothringen anerkannt hatte, aber solche Zeichen trogen. Das Ostreich war unverhältnismäßig stärker als ein *regnum* vom Zuschnitt Neustriens oder Burgunds; als europäische Hegemonialmacht konnte es mit der von Karl vermutlich selbst entworfenen Theorie nicht erfaßt werden.

Obwohl dieser König mit seiner auf den Kernraum des ehemaligen fränkischen Großreiches beschränkten Politik die Tendenz der Zeit realistisch eingeschätzt hat und damit zu den Vätern der französischen Nation gehört, haben gravierende Verstöße gegen die Prämissen seiner Herrschaft zum Sturz geführt.

In Lothringen war Karls III. Helfer Reginar in die Position des *marchio* hineingewachsen, aber statt dieser Familie auf Dauer die Macht zu lassen, wollte der König selbst regieren und den Gewinn dazu nutzen, auch die übrigen Regionen seines Reiches wieder stärker an sich zu binden. Lothringische Ratgeber am Hof ließen überdies die westfränkischen Großen um ihren Einfluß fürchten, so daß es 920 auf dem Reichstag von Soissons zum offenen Ausbruch des Widerstandes kam. Diese Adelsopposition entsprach einem Grundzug der spätkarolingischen Reichsverfassung und war daher nicht mit tagespolitischen Mitteln zu bekämpfen. Seitdem Karl der Kahle zu Beginn seiner Regierung auf dem Hoftag von Coulaines den Adel als Repräsentanten des fränkischen Reichsvolkes anerkannt und dafür Unterstützung seines Königtums erhalten hatte, ruhte die Monarchie gleichsam auf einem Staatsvertrag, der bei Respektierung der Adelsrechte begrenzte Stabilität sicherte und nicht ohne Folgen mißachtet werden durfte, am wenigsten von Herrschern ohne verläßlichen und starken Anhang. Ihn zu gewinnen ist dem Königtum aber generationenlang nicht gelungen, noch weniger kam es zur Bildung einer neuen militärischen Leistungselite im Königsdienst, die den alten karolingischen Reichsadel hätte verdrängen können. Neuere Forschungen vornehmlich für Anjou und Vermandois, für die Grafschaften Chartres und Namur, das Gebiet der mittleren Loire, Poitou und Aquitanien haben im Gegenteil die Nachkommen karolingerzeitlicher Adels- und Amtsträgerfamilien bis in die Führungsschicht des 12. Jh.s erwiesen. Politischer Rang und militärische Wirkkraft dieses Adels waren also seit den Tagen Karls des Kahlen nicht geringer geworden. Entsprechend gab es Ansätze zu Wahlhandlungen bei Königserhebungen; sie wuchsen neben dem dynastischen Gesichtspunkt zu immer größerer Bedeutung heran und dominierten schon 888 bei der Wahl des Robertiners Odo.

Mit diesem Bewußtsein vom Wert der Adelsrechte hängt zusammen, daß die karolingische Tradition bald mehr am Reich als an der Königsfamilie haftete. Schon vor Karl III. hatten Vertreter der westfränkischen Kirche wie Abt Lupus von Ferrières und Erzbischof Hinkmar von Reims mit der Absage an Gesamtreichsträume transpersonalen Staatsvorstellungen Raum gegeben und die Bedeutung dynastischer Legitimität damit gemindert. Kirchliche Würdenträger hatten denn auch an den politischen Umwälzungen der Epoche erheblichen Anteil: Bischof Gauzlin von Paris förderte den Aufstieg Odos und ließ die Klöster St-Germain-des-Prés, St-Denis, St-Amand, Morienval in robertinischen Besitz übergehen, so daß diese Familie um das Jahr 900 nicht nur den mächtigsten Vasallenverband hinter sich wußte, sondern außer dem Kultort des fränkischen

Reichspatrons Martin (Tours) jetzt auch noch die Ruhestätte des Gallienapostels Dionysius (St-Denis) zu eigen hatte. Hier waren seit Dagobert I. fränkische Könige aus dem merowingischen Hause bestattet worden, mit Karl Martell hatten die Karolinger jene inzwischen politisch aussagekräftige Tradition der Herrschergrablege übernommen, aber seit der Beisetzung Odos blieben sie für immer aus St-Denis verdrängt.

Die Robertiner bildeten allerdings weder die einzige Gefahr für die karolingische Dynastie, noch fehlten der Familie ihrerseits bedeutende Konkurrenten. Mehrere Adelssippen waren durch Verwandtschaft mit den Karolingern oder durch eine regionale Machtposition aus der übrigen Aristokratie herausgehoben und in die Nähe der Königsfähigkeit aufgestiegen. Alle *marchiones* gehörten zu diesem Kreis, aber weil der Schwerpunkt der Monarchie im Norden lag, mußte hier die Entscheidung fallen: Kampf um das Königtum hieß zunächst Kampf um die Francia, und hier standen außer dem König und den Robertinern der Erzbischof von Reims als höchster Kirchenvertreter der Region, die Häuser Flandern und Vermandois gegeneinander. Graf Arnulf I. von Flandern (918–965) konnte sein Herrschaftsgebiet aus dem Raum Brügge nach Süden in Richtung auf die Somme erweitern; der Name dieses ersten in Königsurkunden erwähnten *marchio* von Flandern erinnert an den karolingischen Ahnherrn Arnulf von Metz, und in der Tat war der Graf ein Urenkel Ludwigs des Frommen über dessen Tochter Judith. Seine Expansion hatte das Kerngebiet der Grafen von Vermandois betroffen und diese veranlaßt, sich auf der Suche nach neuen Positionen in die Francia zu wenden. Heribert II., dessen Vater im Kampf gegen Arnulf ums Leben gekommen war, mußte seine Politik gegen den König, die Robertiner und den Erzbischof von Reims richten, wenn er ein *regnum* gewinnen wollte.

In solchen von mehreren politischen Kräften teils beherrschten, teils erstrebten Raum eine neue Größe einführen zu wollen, hieß nichts anderes, als sämtliche einander bisher widerstreitenden Kräfte in zwar vorübergehender, für den Augenblick aber übermächtiger Koalition zu verbinden. Einen solchen Sturm hat Karl III. entfesselt, indem er seinen lothringischen Berater Hagano, einen Mann niederen Standes und schon deshalb adligen Vorbehalten ausgesetzt, mit Besitz und Rechten in der Francia auszustatten begann. Hagano galt mit Recht als Exponent der von Karl betriebenen Konsolidierungspolitik, die das Königtum auf Kosten der Adelsmacht stärken wollte und mittlerweile auch in Lothringen auf wachsende Gegnerschaft stieß. Daß Hagano daneben eigene Interessen verfolgte, verstand sich zwar von selbst, gleichwohl erregte es Unwillen, und als der König ihm die Reichsabtei Chelles nahe Paris übergab, schlossen sich die Großen der Francia mit Reginars Sohn Giselbert als dem Haupt der lothringischen Adelsopposition gegen Karls direktes Regiment zusammen. Diesmal war der Aufruhr nicht mehr zu beschwichtigen wie seinerzeit nach Soissons, sondern am 30. Juni 922 wurde Robert von Neustrien zum König erhoben.

Robert I. (922/923)

Leider ist über die näheren Umstände dieses Vorgangs nur so viel bekannt, daß Robert von den *Franci,* also dem Adel des Landes zwischen Seine und Maas, gewählt, anschließend von den Bischöfen und Großen dieses *regnum* in Reims zum König eingesetzt wurde. Die Krönung vollzog der Erzbischof von Sens anstelle des auf den Tod erkrankten Heriveus von Reims, der aber als Kanzler und Anhänger Karls III. für die Weihehandlung ohnehin nicht zur Verfügung gestanden hätte. Das Königtum Roberts stützte sich mithin nur auf die Bewohner der Francia und natürlich auf seine neustrischen Gefolgsleute: Von einer Beteiligung des aquitanischen und des burgundischen Adels hören wir nichts. Sein Bruder Odo war 888 von einem gleich zusammengesetzten Wählerkreis gekürt und danach in Compiègne ebenfalls durch den Erzbischof von Sens geweiht worden, hatte aber darüber hinaus rasch die Zustimmung Richards von Burgund, im folgenden Jahr auch die aquitanischer Großer gefunden. Karl III. hatte 898 ebenfalls durch die *Franci* Anerkennung als Nachfolger Odos erlangt, die *marchiones* Richard von Burgund und Wilhelm von Aquitanien huldigten erst später.
Vermutlich ist es im Falle Roberts I. nur deshalb nicht zu einer solchen »fortgesetzten Wahl« durch Adlige aus der Francia, aus Aquitanien und Burgund gekommen, weil dieses Königtum von zu kurzer Dauer war. Karl III. konnte, gestützt vor allem auf lothringische Kräfte, ein Heer versammeln und am 15. Juni 923 bei Soissons eine Schlacht wagen, in der er zwar besiegt wurde, Robert aber den Tod fand. Was nun folgte, zeigt gegenüber der gleichzeitigen Verfassungsentwicklung des Ostreiches, welch unterschiedliche Konsequenzen aus ähnlichen Voraussetzungen folgen können.

Rudolf von Burgund (923–936)

Robert I. hatte einen Sohn hinterlassen, Hugo, dem durch Karl III. bereits 914 alle Rechte seines Vaters bestätigt worden waren. Nicht ihn wählten die *Franci* aber zum König, sondern Roberts Schwiegersohn Rudolf von Burgund, der am 13. Juli 923 durch den Erzbischof von Sens in Soissons gekrönt wurde. Gründe für diese Entscheidung sind nicht überliefert, wohl aber nennt der gewöhnlich zuverlässig berichtende Flodoard von Reims Motive für die nunmehr wiederholte Absage an das karolingische Haus: Da Karl die Normannen zu seiner Unterstützung aufgerufen habe, sei Rudolf zum König gewählt worden. Heribert II. von Vermandois übernahm die endgültige Beseitigung Karls III., indem er ihn durch ein falsches Bündnisangebot überlistete und langer Gefangenschaft auslieferte; Karls zweite Gemahlin Eadgifu floh mit dem zweijährigen Sohn Ludwig zu ihrem Vater, König Eadward von Wessex, nach England. Im Jahre 929 ist Karl III. als Gefangener in Péronne (Dép. Somme) gestorben und dort in der Kirche des heiligen Furseus beigesetzt worden.

Vergleicht man die Königserhebungen seit 888 mit denen des Ostreichs, so fällt zunächst das frühere Durchdringen der freien, nicht dynastisch gebundenen Wahl im Westen auf. Erst 911 entschlossen sich die ostrheinischen Großen zur Erhebung eines Nichtkarolingers und stellten damit Verfassungsprinzipien auf, wie sie das Westreich schon eine Generation vorher entwickelt hatte: Königsfähig war jeder Inhaber eines *regnum*, sofern er den Grundsatz der Parität beachtete und nicht gegen daran meßbare Rechte seiner Wähler verstieß. Insoweit hatte die spätkarolingische Verfassungsgeschichte auf dem Boden des alten Großreiches eine neue und wieder gemeinsame Form gefunden, aber was im Osten zu rascher Stärkung der Königsmacht führte, löschte diese im Westen nahezu aus. Wie ist das zu erklären?

Um hier die überzeugende Antwort zu finden, wird man zunächst eine weitere Frage bedenken müssen: Warum ist das Westreich nicht überhaupt in verschiedene Kleinkönigtümer zerfallen, wurden die *marchiones* nicht Könige ihrer *regna*? Die Zeitgenossen scheinen jedenfalls eine solche Entwicklung gesehen zu haben, denn die Regensburger Fortsetzung der Fuldaer Annalen vermerkt zum Jahre 888 den Aufstieg mehrerer *reguli*, Kleinkönige, in Europa und besonders im Reich Karls III.: »Berengar, Eberhards Sohn, machte sich zum König in Italien, Rudolf aber, Konrads Sohn, beschloß Hochburgund für sich als König zu behalten; daher nahmen sich Ludwig, Bosos Sohn, und Wido, Lamberts Sohn vor, die *Gallia Belgica* und die Provence wie Könige zu haben; Odo, Roberts Sohn, nahm das Land bis zur Loire und die aquitanische Provinz für sich in Anspruch; darauf wollte Ramnulf als König gelten.«

Näheres Zusehen erweist aber wirkliche Neubildungen nur in Burgund, denn die 888 in Pavia vollzogene Krönung des Markgrafen Berengar von Friaul zum König von Italien setzte ein karolingisches Teilkönigtum fort; Markgraf Wido von Spoleto und Odo kämpften um das Königtum im gesamten Westreich; Graf Ramnulf II. von Poitiers scheint nach dem ebenfalls alten karolingischen Teilkönigstitel über Aquitanien gestrebt zu haben. Der Welfe Rudolf dagegen ließ sich 888 in St-Maurice zum ersten König von Hochburgund erheben und erlangte kurz darauf auch die Salbung; Ludwig trat 890 die Nachfolge in Bosos elf Jahre zuvor ebenfalls neu begründetem niederburgundisch-provenzalischen Königreich an. Es blieb also mit diesen beiden Ausnahmen bei der alten karolingischen Reichsstruktur, und die Abspaltung Italiens rückte den westfränkischen Königstitel noch deutlicher in eine Position, die auch außerhalb der Francia anerkannt wurde: Urkunden geistlicher und weltlicher Herren aus dem Poitou, dem Languedoc und selbst aus Katalonien, aus Nîmes und

Carcassonne wurden nach den Regierungsjahren des *rex Francorum* datiert; in den Chartularen von Brioude und Sauxillanges finden sich sogar vier Urkunden aus den Jahren 926 und 927, also aus der Zeit König Rudolfs, die ihre Datierung auf Karl III. beziehen.
Hier manifestiert sich eine wirkmächtige Tradition, die mittlerweile geradezu verfassungsrechtlichen Rang gewonnen hatte. Wenn das Königtum als eine über den *regna* stehende, im Recht verankerte und durch feste Formen gesicherte Einrichtung verstanden wurde, die theoretische Begründungen hervorgebracht hatte und den König durch geistliche Weihe aus seiner Umwelt erhob, so war diese Realität Ergebnis der Europa prägenden fränkischen Geschichte, an karolingischen Herrschern entwickelt und immer wieder erfahrbar. Eine vorwiegend personenbezogen denkende Zeit konnte sich nur in Grenzen von dieser Hinterlassenschaft lösen und bewahrte sie auch in Form der politischen Institutionen. Selbst im Konkurrenzkampf der Teilgewalten blieb die überkommene Würde des fränkischen Großkönigtums doch erhalten, indem jeder hoffte, sie endlich einmal ganz zu gewinnen und sich deshalb nicht leicht mit dem Rang eines *regulus* bescheiden mochte.
Bei grundsätzlich gleichen Voraussetzungen dieser Art ergaben sich die Unterschiede zwischen ost- und westfränkischem Reich nun vor allem daraus, daß die *regna* östlich des Rheins als Stammesherzogtümer schon ihre dauerhafte Gestalt angenommen hatten und einen gemeinsamen politischen Willen zur Reichseinheit ausdrücken konnten. Im Westen dagegen handelte es sich um politische Formationen, in denen sich bei starker ethnischer Zerklüftung Vorherrschaft erst noch zu allgemeiner Anerkennung festigen mußte, so daß die Reichsgeschichte dort von zwei Prozessen bestimmt wurde: Den Kämpfen um Dominanz bestimmter Adelsfamilien in den Regionen und dem Ringen um die Königswürde zwischen adligen Prätendenten. Unter ihnen hatten die Angehörigen des karolingischen Hauses zunächst einen gewissen Legitimitätsvorsprung, der aber vom Prinzip der freien Wahl gleichsam aufgezehrt wurde und immer weniger ins Gewicht fiel.
Diese beiden Abläufe trafen in der Francia aufeinander, durchkreuzten, überlagerten und behinderten sich; der König konnte höchstens als *primus inter pares* bestehen, wobei Karl III. am gleichen Fehler scheiterte, den Konrad I. begangen hatte: Rückwendung zu traditioneller karolingischer Politik unter Mißachtung der neuen Voraussetzungen. Aber wie verschieden waren die Folgen! Mit Heinrich I. beteiligte das zunächst auf Sachsen und Franken, dann auch auf Schwaben und Bayern gestützte Königtum die Stämme ihrer tatsächlichen Bedeutung entsprechend an der Reichspolitik und zog daraus seine Stärke; mit der Erhebung Rudolfs bekräftigte der Adel seine 922 vollzogene Verlassung Karls III. und setzte im übrigen die Kämpfe um regionale Vorherrschaft fort. Daß sich westfränkische Große nicht nur als Inhaber politischer Macht, sondern darüber hinaus auch als Vertreter von Stämmen (*Franci*, Burgunder, Aquita-

nier) an den Königswahlen beteiligt hätten, ist ebensowenig zu erweisen wie die Existenz eines politisch wirkenden Stammesbewußtseins.
Für das Verhältnis der beiden großen Teilreiche bedeutete das Königtum Rudolfs insofern die entscheidende Wende, als Heinrich I. dadurch von seiner Vereinbarung mit Karl III. endgültig frei wurde und Giselbert von Lothringen 925 zwingen konnte, sein *regnum* durch die Anerkennung Heinrichs als Oberherrn in das Ostreich einzubringen. Damit war die mittelalterliche Grenze zwischen Deutschland und Frankreich festgelegt und hat jahrhundertelang fortbestanden; Heinrich I. gewann mit Lothringen die karolingische Kernlandschaft und für sein Reich einen territorialen Zuwachs, der die Hegemonie in Europa endgültig sicherte. Im gleichen Maße verlor der nun allein auf die Francia festgelegte französische Herrscher.
Rudolfs Machtbasis war schon vor dem Regierungsantritt nicht eben groß gewesen. Er hatte in Burgund die Grafschaften Autun, Avallon und Lassois persönlich inne, dazu die Abteien St-Germain/Auxerre und Ste-Colombe/Sens. Als König folgte er sogleich dem Beispiel Odos und übergab seinem Bruder die Grafschaften zusammen mit dem *marchio*-Titel für Burgund. In einer Welt voller Feinde war er jetzt ganz auf das Wohlwollen seines robertinischen Schwagers Hugo Magnus angewiesen: Teile Burgunds standen unter Führung der Grafen Giselbert von Chalon und Richard von Troyes gegen ihn, Wilhelm II. von Aquitanien huldigte erst 924 und mußte das ihm früher abgewonnene Berry dafür zurückbekommen, Hugo Magnus wurde die Grafschaft Maine übertragen als Kompensation seiner Hilfe gegen Wilhelm, für den gleichen Dienst erhielt Heribert II. von Vermandois die Burg Péronne. Die Normannen ergriffen Partei für Karl III. und konnten erst durch Abtretung des Landes bis Bayeux an Rollo besänftigt werden; 933 sollte sein Sohn Wilhelm Langschwert weitere Gebiete im Westen als Preis für die Anerkennung Rudolfs verlangen. Dessen Stellung war angesichts dieser Lage nur in wechselnden politischen Bündnissen zu behaupten, aber er mußte dabei die materiellen Grundlagen des Königtums fortwährend schwächen.

Das Krongut der Karolinger

Zunächst unterstützte ihn Heribert II. von Vermandois in der Hoffnung, dadurch Teile des karolingischen Gutes in der Francia zu erhalten und im Dienste des Königs dort Fuß zu fassen. Viel war allerdings nicht mehr zu gewinnen, denn im Vergleich mit den Gütern der Ottonen nahm sich die wirtschaftliche Grundlage des westfränkischen Königtums deutlich schmaler aus. Seit 879 gehörte Niederburgund nicht mehr zum Reich, Aquitanien hatte sich nach Odos Tod königlichem Einfluß weitgehend entzogen und damit jene Autonomie des Südens eingeleitet, die bis zur gewaltsamen Unterwerfung in den Albigenserkriegen Könige zwar als ideale Häupter des Reiches, nicht aber als reale Herrscher auch in seinen Teilen anerkannte. Nördlich der Loire gehörte dem König mittlerweile nur noch eine Stimme im Konzert der Fürsten; er lebte dort von dem als *fiscus* bezeichneten Krongut, das aber seit langem stetig abnahm, hatte doch schon Karl der Kahle die Unterstützung mächtiger Großer gegen Übertragungen aus Fiskalgut eingehandelt. Zum Teil waren diese Verluste aus dem Kirchenvermögen ersetzt worden, wobei in erster Linie Klöster betroffen waren, weil die Äbte damals nicht unbedingt kirchlicher Weihen bedurften und also weltliche Große zur Nutzung des Klostergutes in diese Stellen eingewiesen werden konnten.

Anhand seiner Urkunden ist Karl III. häufig in den alten karolingischen Pfalzorten des Nordens nachweisbar, unter denen Compiègne mit 15 Aufenthalten an der Spitze steht, gefolgt von Attigny (7), Herstal (5) und Diedenhofen (3). Auch Klöster hat er besucht, so St-Remi/Reims, St-Denis und St-Benoît-sur-Loire je zweimal, wichtigster Stützpunkt aber war die Bischofsstadt Laon mit ihrer Klosterpfalz bei St-Jean-et-Notre-Dame. Nach dem Verlust Lothringens an Heinrich I. und dem Zurückweichen aus dem Pariser Raum vor den Robertinern beschränkte sich das vom karolingischen Königtum selbständig zu bereisende und wirtschaftlich nutzbare Gebiet auf die engere Umgebung von Compiègne, Laon und Reims; da St-Denis von den Robertinern in Besitz genommen worden war, sollte Reims neue Grablege der Karolinger werden: Ludwig IV. und die Königin Gerberga, Lothar, Karls III. erste Gemahlin Frederun und König Rudolfs Bruder Boso wurden hier bestattet. Auch Ludwig V. hatte für sich entsprechend verfügt, fand aber nach seinem tödlichen Jagdunfall die letzte Ruhestätte im Pfalzstift zu Compiègne.

Angesichts dieser schmalen Basis war es nur zu verständlich, daß König Rudolf die Hilfe Heriberts II. von Vermandois annahm, obwohl damit Kompensationen verbunden waren, die das Machtgefüge in der Francia umgestalten mußten: Heribert war ein Nachfahre König Bernhards von Italien und damit im Mannesstamm karolingischer Abkunft; er gehörte in jenen Kreis führender Adelsfamilien, die nicht nur für regionale Vormacht in Frage kamen, sondern danach auch für den Königstitel. Mit den Robertinern stand das Haus Vermandois in doppeltem Ehebündnis.

Am 1. September 925 starb Erzbischof Seulf von Reims, und für die Nachfolge setzte Heribert seinen damals erst fünfjährigen Sohn Hugo durch. Als der König auch einer Verwaltung des Reimser Kirchengutes durch Heribert zustimmen mußte, hatte er die Hoheit über das Erzbistum aus der Hand gegeben, ohne freilich seinen zielstrebigen Bundesgenossen damit zufriedenzustellen: Den Tod des Grafen von Laon wollte Heribert zwei Jahre später nutzen, um auch die andere königliche Bastion in der Francia zu besetzen. Diesmal widersprach Rudolf und es kam zum Bruch, der ihn fast das Königtum gekostet hätte, denn Heribert erlangte das Wohlwollen Heinrichs I. und erkannte sogar Karl III. wieder als König an. Damit brachte Heribert die Normannen auf seine Seite, weil das *foedus* von 911 sie immer noch dem Karolinger verpflichtete, und mit dieser Macht im Rücken erzwang der Graf von Vermandois die Übergabe von Laon. Ein solcher Erfolg mußte ihn vor die anderen Konkurrenten setzen, weshalb denn auch Hugo Magnus seine bislang gewahrte Neutralität aufgab und im Bündnis mit König Rudolf gegen den Rivalen vorging. Heribert suchte ein weiteres Mal Rückhalt bei Heinrich I. und leistete ihm Mannschaft, ohne daß damit aber eine Anerkennung des ostfränkischen Königs als Lehnsherr statt des westfränkischen Herrschers verbunden gewesen wäre; es handelte sich vielmehr um eine politische Kommendation ohne Lehen, um Doppelvasallität, wie sie zu jener Zeit bereits häufig vorkam. Diesmal aber gelang auch Rudolf der Abschluß eines Bündnisses mit Heinrich, der Giselbert von Lothringen zu einem gemeinsam mit Hugo Magnus unter Leitung König Rudolfs unternommenen Zug gegen Heribert von Vermandois veranlaßte. 932 eroberten die Verbündeten Reims, setzten das Kind Hugo ab und erhoben statt seiner Artold zum Erzbischof. Im nächsten Anlauf fiel St-Quentin, der zentrale Ort der Grafschaft Vermandois: Nun drohte die vollständige Vernichtung der Position Heriberts II., was Heinrich I. nicht billigen konnte, da er zur Erhaltung Lothringens im eigenen Reichsverband das Gleichgewicht der widerstreitenden Kräfte des Westens brauchte. Er setzte daher für den Juni 935 ein Treffen in Ivois am Grenzfluß Chiers fest, bei dem außer ihm selbst die Könige Rudolf von Westfranken und Rudolf II. von Hochburgund einen Frieden vermittelten, der Hugo Magnus zwang, St-Quentin an Heribert zurückzugeben und den Robertiner so um die Früchte seiner Anstrengungen brachte. In diesen Sommertagen offenbarte sich eine Machtkonstellation, nach der Hugo schon im folgenden Jahr seine Entscheidungen ausrichtete.

Die Kirche in der Hand der Laien

Noch ein Weiteres aber hatte der Konflikt um das Reimser Erzstift deutlich werden lassen: Die tiefe Verstrickung der Kirche und ihrer Institutionen in die politischen Wirren der Zeit. Mit dem Rückzug des Königtums aus den *regna* hatten *marchiones,* Grafen und kleinere Herren außer der örtlichen Regierungsgewalt auch die Kirchenhoheit übernommen, denn beides lief seit der Merowingerzeit ineinander. Die Bischofserhebungen lagen in der Hand dieser weltlichen Gewalten, unter denen auch hier der König nur mehr eine war; nicht anders ging es in den Klöstern zu, deren Äbte seit den Tagen Karl Martells zum Nachteil asketischer Lebensform mit politischen und Verwaltungsaufgaben betraut waren. Da es nicht gleichgültig sein konnte, wer das weltliche Gut, den geistlichen Einfluß und die mit dem Schriftmonopol verbundene administrative Kompetenz einsetzte, wurde die Personalpolitik sorgsam gelenkt oder auch mit Gewalt bestimmt, vielfach standen Vertreter konkurrierender Adelsfamilien oder treue Parteigänger der Mächtigen selbst dann an der Spitze der Konvente, wenn sie weder Profeß abgelegt hatten noch überhaupt zum Klerus zählten. Erster sicher bezeugter Laienabt dieser Art ist der um das Frankenreich Karls des Großen und Ludwigs des Frommen hochverdiente Einhard, dem die Klöster St. Bavo in Gent, St. Servatius in Maastricht, St-Wandrille und Seligenstadt, vielleicht auch St-Cloud bei Paris und St. Peter in Fritzlar gehörten. Die Reformer haben solches seit der Aachener Synode von 816 immer wieder kritisiert, aber die Bischöfe duldeten den Laienabbatiat, wenn er nur im wesentlichen nach ihren Anweisungen geführt wurde. Gründe für dieses auf den ersten Blick widersprüchliche Verhalten lagen im System.

Die Kirchenhoheit hatte sich nie vom Eigenkirchenwesen lösen können, immer war der Gedanke lebendig geblieben, daß der Stifter einer Kirche oder eines Klosters daran Eigentumsrechte, Regalien, hielt. Diese Rechte umfaßten grundsätzlich das gesamte materielle Ausstattungsgut und waren zwar insoweit beschränkt, als das Pertinenzverhältnis zum Altar der betreffenden Kirche unauflöslich galt, aber im Ganzen konnte der Herr seine Stiftung verkaufen, tauschen oder wegschenken. Er setzte mit Zustimmung des Diözesanbischofs den Geistlichen ein oder auch ab, genoß das Spolien- und Stolgebührenrecht, verfügte also nach dem Tod des Geistlichen über die von ihm erworbene Fahrhabe und zu Lebzeiten über einen Teil der bei Amtshandlungen erhobenen Gebühren. Ursprünglich von den Niederkirchen ausgegangen, hatten sich solche Rechtsvorstellungen auf die Kloster- und Bischofskirchen ausgedehnt, aber nur dort konnten die Hochstifte echte Eigenkirchen werden, wo sie ihre Unmittelbarkeit zum König verloren und in die Abhängigkeit benachbarter Großer gerieten. Bischöfe, Hofkleriker und Äbte, jene Gruppe also, die auf Synoden mit ihrer Entscheidung Normen setzte, waren im Rahmen der beschriebenen Bedingungen in ihre Ämter gelangt und also Produkte eines Zustandes, an dessen Änderung sie kein unmittelbares Interesse haben konnten. Für die Adelsherrschaft wiederum ist nicht nur die Kirchenhoheit, sondern vor allem das persönliche Innehaben der entsprechenden kirchlichen Ämter von größter Bedeutung gewesen. Das läßt sich nicht nur im Rückblick als Tatsache erkennen, sondern war den Zeitgenossen bewußt und prägte ihr Amtsverständnis. Der spätere König Robert I. urkundete zwischen 890 und 914 mehrfach als *abbas* (von St-Martin/Tours) oder als *comes et abbas*, Graf und Abt; ebenso nannte sich Hugo Magnus zwischen 914 und 950 in Urkunden wiederholt *abbas* (des in robertinischem Besitz stehenden Martinsklosters in Tours), *abbas et comes, dux et abbas, dux/comes/abbas, comes/marchio/abbas.* Bernhard von Aquitanien († 885/86) wurde als *comes et abbas* (von Brioude) tituliert, sein Sohn Wilhelm der Fromme (886–918), der Grün-

der Clunys, nannte sich selbst in Urkunden für Brioude 21 Mal ebenfalls *comes et abbas*.
Gerade im Falle Wilhelms von Aquitanien läßt sich die tiefe Verwurzelung eines Brauches erkennen, der nicht einmal beim Stifter der berühmtesten Reformabtei Europas ein Bewußtsein unrechten Verhaltens hervorgerufen hat. Tatsächlich beruht das moderne, in der Regel vernichtende Urteil über den Zustand der Kirche in Laienhand auf Quellen, die reformerische Propaganda mit literarischer Fiktion vermischten, das Eindringen aristokratischer Lebensweise mit Spielleuten, Pferden, prächtiger Kleidung, Jagd und Hundehaltung in die Konvente vielfach topisch als Verfallssymptom einer monastischen Welt beschrieben, die unter dem Laienabbatiat schwer litt. So richtig der Niedergang gesehen ist, kann er doch wohl kaum auf diese Herrschaftsform allein zurückgeführt werden, denn ähnliche Erscheinungen fanden sich auch in Klöstern unter geistlicher Leitung. Odo und Robert haben ihre Kirchen St-Martin, St-Germain-des-Prés, St-Denis, St-Amand, Morienval nicht nur ausgebeutet, sondern mindestens das Martinskloster und die Stiftskirche St-Aignan/Orléans auch beschenkt. Gleichwohl wird man eine Praxis nicht eben förderlich nennen dürfen, die Klöster und Stifte als tradierbares Gut zur Versorgung nachgeborener Söhne oder zur Kompensation politischer Dienste ansah. Das gilt auch dann, wenn Adelsherrschaft nicht schon deshalb negativ beurteilt wird, weil sie das Königtum schwächte: Kategorien des neuzeitlichen Zentralstaats erfassen die Lage des 10. Jh.s nicht. In ihr finden sich Elemente, die für den weiteren Verlauf der französischen Geschichte auch positive Wirkung gezeigt haben: Anders als in Deutschland bekamen Bischöfe und Äbte keine neuen Hoheitsrechte, wurden nicht einem Reichskirchensystem einverleibt, das jenen Prälatentypus hervorbrachte, der als Reichsbischof oder Reichsabt die politische Formation für gottgewollte Ordnung hielt. Die im Westen von laikaler Willkür ständig bedrohten und herausgeforderten Kleriker bildeten stärkere spirituelle Widerstandskräfte gegen eine Welt aus, deren Druck sie meist nichts als das kanonische Recht entgegenzusetzen wußten, dessen Schwäche sie oft genug erlebten. Gleichwohl hat sich gerade dadurch ein wacher Sinn für Rechtspositionen geformt, der die französische Kirche später auszeichnen, sie im 11. Jh. in hohem Maße empfänglich für die päpstlichen und für andere Reformforderungen machen sollte.
War direkte Klosterverwaltung durch Laien eine seit dem 9. Jh. bekannte Erscheinung, so brachte das fast vollständige Ausfallen königlichen Schutzes zu Anfang des 10. Jh.s nunmehr auch die Bischofskirchen in eine schwierige Situation. Der bedeutende Erzbischofssitz Reims konnte seit Generationen hohen Ansehens sicher sein, aber die geographische Lage am Ostrand der Francia und großer, über das ganze Reich verteilter Besitz aus merowingischen und karolingischen Dotationen, zogen den Erzbischof zwangsläufig in die politischen Kämpfe seiner Zeit. Mit

ihrem Suffraganbistum Cambrai griff die Kirchenprovinz über die Reichsgrenze von 925 nach Lothringen aus; lange gab es besondere Beziehungen zu Trier als dem anderen Metropolitansitz in der alten Provinz Belgica; der Reimser Kirchenherr unterhielt auf seinen Gütern Panzerreiter und stellte so auch eine militärische Größe dar. Die notwendig geforderte politische Parteinahme barg mit wachsender Heftigkeit der Auseinandersetzung deutliche Gefahren; Erzbischof Fulco wurde als Verfechter der karolingischen Sache im Jahre 900 durch Leute des Grafen von Flandern ermordet, weil er sich einer Übertragung der Abtei St-Vaast/Arras an diesen widersetzte. Als sein ebenfalls karolingisch gesinnter Nachfolger Heriveus im Sterben lag, krönte der Erzbischof von Sens im Remigiuskloster Robert I. gegen Karl III. zum König und vollzog damit die Wende: Neuer Erzbischof wurde auf Weisung König Roberts der Reimser Archidiakon Seulf (922–925), der über Roberts Tod hinaus dem Karolinger feindlich blieb. Um den Verwandten seines Vorgängers Heriveus die ihnen einst überlassenen Kirchengüter wieder zu entziehen, suchte Seulf Unterstützung bei Heribert II. von Vermandois, der damit faktisch zum Herrn der Reimser Kirche wurde und ein Versprechen ihres Erzbischofs erlangte, wonach über eine spätere Neubesetzung des Stuhls nur mit Zustimmung Heriberts entschieden werden sollte. König Rudolf mußte die auf solcher Grundlage vollzogene Wahl des minderjährigen Hugo von Vermandois bestätigen, weil Heribert Rudolfs Rivalen Karl III. in Gefangenschaft hielt; in dieser Lage befand sich der einst so stolze Platz, an dem Hinkmar über das Verhältnis von Kirche und Monarchie nachgedacht, richtungweisende kanonistische Gutachten und Ordines für die Königskrönung verfaßt hatte: Der Graf von Vermandois als Verwalter des weltlichen Besitzes, Bischof Abbo von Soissons päpstlich bestätigter Leiter der geistlichen Amtsgeschäfte!
Das 10. Jh. zeigt sich hier als »eisernes Zeitalter«, das mit politischer Desintegration und daraus folgenden Kriegshandlungen auch Studium und Bildung dadurch schädigte, daß es ihnen den sozialen Ort nahm, an dem sie dauerhaft gedeihen konnten. Die Grafengewalt bedrückte Klöster und Stifte, das Königtum kam als Schutzmacht kaum mehr in Frage, Klosterplünderungen der Normannen, Ungarn, Sarazenen trafen mit der monastischen Bildung das Fundament aller geistigen Arbeit und ließen die Konvente lange nicht zur Ruhe kommen. 836 waren die Mönche des Inselklosters Noirmoutier vor der Loiremündung mit den Reliquien ihres Schutzheiligen Philibert bis an die Saône geflüchtet, wo sie in Tournus eine neue Bleibe fanden. 937 kamen die Ungarn, und der Heilige mußte ins auvergnatische Exil nach St-Pourçain, bevor er 949 endgültig nach Tournus zurückkehren konnte.
Oft blieben bei solchen Fluchten Archive und Bibliotheken zurück, wurden zerstreut, verschleppt, vernichtet, manchmal aber ergaben sich auch überregionale Kontakte und Anregungen: Die Bibliothek des Klosters St-Vaast/Arras wurde nach Beauvais in Sicherheit gebracht, aus St-Bavo/

Gent kam Einhards Korrespondenz nach Laon, bretonische Exulanten trugen Codices bis nach St-Benoît-sur-Loire, und umgekehrt half das Skriptorium dieser Abtei bei der Neueinrichtung zerstörter Bibliotheken in der Bretagne. Die Regel freilich war Provinzialisierung, deutlich ablesbar am beschränkten Blickfeld vieler Historiographen, wie es unter anderen Werken die Fortsetzung der *Gesta episcoporum Autissiodorensium* aufweist, die Bischofsgeschichte von Auxerre aus den Jahren seit 933. Es gab jetzt mehrere bescheidene Zentren und verschiedene Landschaften mit gelehrtem Unterricht, wobei sich für Kathedralschulen vielfach Kurzlebigkeit als charakteristisches Merkmal beobachten läßt, je nach Güte des oft wechselnden Lehrpersonals.
Welche Bedeutung die politische Umwelt dabei hatte, zeigt sich in Laon, wo der *scholasticus* Adelelm († 930) letzter Vertreter einer im 9. Jh. durch den Iren Martin (*Hiberniensis,* † 875) begründeten Schultradition war, deren Schicksal, mit dem von Stadt und Diözese aufs engste verbunden, durch die Nähe zu den Karolingern bestimmt wurde. Im 10. Jh. ist der in strategisch guter Lage, mehr als 100 m steil aus der Ebene zwischen Aisne und Oise aufragende Stadthügel letzter Zufluchtsort der karolingischen Herrscher, die nun andere Sorgen haben als den weiteren Ausbau von Domschule und Bibliothek. Deren Neuerwerbungen kommen jetzt eher von den Lehrern, von Bernhard († vor 903) oder Adelelm; solche Schenkungen dürfen nicht als großzügige Gesten allein verstanden werden, denn sie ergaben sich auch aus dem Wunsch, die kostbaren Bücher unter den Schutz der Stiftsheiligen zu stellen und damit vor Raub oder Diebstahl besser zu bewahren.

Monastische Reform

Die äußeren Umstände sind freilich nicht alles. Wie die großen wissenschaftlichen Leistungen des 19. Jh.s zu einem wesentlichen Teil gefestigter positivistischer Weltsicht verdankt werden, so hatte die karolingische Reform Grundbedingungen geschaffen, die Studium, Lektüre und Produktion als Konsequenzen aus monastischer Regeltreue, Einheit von materieller und spiritueller Weltordnung sich ergeben ließen. In der Auflösung dieser Ordnung ist nicht nur ihre geistige Kultur weitgehend vernichtet worden, sondern offenbar erlosch auch der Antrieb, sie zu erhalten. Darüber darf nicht die Tatsache hinwegtäuschen, daß Klöster, Schulen, Bibliotheken und Skriptorien gleichsam als Infrastruktur weiterexistierten und auch karolingische Normvorstellungen vielfach gültig blieben. Sie waren nicht viel mehr als Gefäße, nützliche Voraussetzungen für eine neue Blüte, deren Boden aber zunächst auf andere Weise bereitet werden mußte.
Das geschah in erster Linie durch ein erneuertes Verständnis der Regel

Benedikts. Die Zeitgenossen sahen zwar nicht Neuheit, sondern Rückbesinnung, Reform als Befreiung des Alten vom Schutt moderner Mißbräuche, aber ein radikaler Wille zum Mönchtum wirkte aus unscheinbaren Anfängen als Ferment umfassender innerer Christianisierung des Abendlandes. Mit der Forderung nach strenger, geordneter Askese und liturgischem Gebetsdienst stand diese Reform in der Kontinuität älterer Programme, wie sie zuletzt in großem Stil Benedikt von Aniane († 821) durchgesetzt hatte, und wie damals beeindruckte sie ihre adlige Umwelt.

Am 11. September 910 stellte Herzog Wilhelm I. von Aquitanien eine Urkunde aus, mit der er im Tal des Flüßchens Grosne zwischen den westlichen Hängen des Mâconnais und den Hügeln des Charolais das Kloster Cluny gründete. Er schenkte einen gewissen Güterbestand an die Apostel Petrus und Paulus als Schutzheilige, verpflichtete die Mönche zum Gebet für sein und seiner Familie Seelenheil sowie zum Gebetsgedächtnis für König Odo, gestand ihnen die freie Wahl ihres Abtes zu und stellte seine Stiftung unter päpstlichen Schutz. Keine weltliche oder geistliche Gewalt, insbesondere nicht der zuständige Diözesanbischof von Mâcon, durfte auf das Kloster Einfluß nehmen, das vielmehr in ganzer Freiheit ein dem Herzog wohlbekanntes Programm verwirklichen sollte.

Mutterstift Clunys war Baume in der Diözese Besançon, wo man streng nach den Vorschriften Benedikts von Aniane leben wollte, und seit langem gute Beziehungen zum aquitanischen Hof unterhielt. Kurz vor der Gründung Clunys war ein ehemaliger Vasall Wilhelms, Odo, in Baume eingetreten, weil er die reine monastische Lebensweise suchte, wie sie Abt Berno gegen Widerstände aus dem eigenen Konvent durchsetzte. Armut, Gehorsam, Schweigepflicht, Demut, Enthaltsamkeit, Schriftlesung und Psalmengesang bildeten Kardinalpunkte, schon von der karolingischen Reform angestrebt, nun aber in neuartiger Konsequenz verwirklicht. Gehorsam als Verzicht auf jede Regung eigenen Willens vom Schweigegebot begleitet und *vita communis* unter der umfassenden Disziplinargewalt des Abtes bedeuteten extreme Alternativen zur Welt des frühen 10. Jh.s; wenn Herzog Wilhelm, als *comes, dux* und *marchio* bedeutender Repräsentant des herrschenden politischen Systems, gegenüber Cluny auf alle Eigenrechte verzichtete und Berno als Gründungsabt gewann, so dürfen seine Motive nicht an der Oberfläche üblicher Schenkungsbräuche gesucht werden.

Das liturgische Totengedächtnis, schon in Baume gepflegt, wurde in Cluny sehr ernstgenommen und traf auf entsprechende Wünsche des Adels. Hier liegt der Schlüssel für den Erfolg der cluniazensischen Reform, denn Rechtsverleihungen nach Art der Gründungsurkunde von 910 gab es schon früher, ohne daß Stiftungen wie Pothières oder Vézelay aus der Übertragung an den Papst auch nur annähernd vergleichbare Positionen hätten aufbauen können. Päpstlicher Schutz war ohnehin Fiktion: Wie also wurde Cluny in dem Vakuum, in das es gleichsam ausgesetzt worden war, überhaupt lebensfähig?

Wesentlich durch ein neuartiges Verhältnis zu seiner laienadligen Umwelt, der es klarzumachen galt, wie sinnlos eine Schenkung war, die von den Erben willkürlich zurückgenommen werden konnte, wie sich andererseits der Rang eines Stifters durch disziplinierte Konvente erhöhte, an deren im Gebet erworbenen Verdiensten er teilhatte. Im dauerhaft gesicherten liturgischen Gebet lebte das Gedächtnis der Förderer und ihrer Familien, deren mächtige Stellung in der Welt nunmehr gerechtfertigt und mit Frömmigkeit vereinbar war. Die Schutzgemeinschaft aller adligen Tradenten sicherte das Kloster vor Übergriffen, weil niemand sein Stiftungsgut in unrechte Hände fallen sehen wollte. Cluny darf deshalb weder als unpolitische Mönchsgemeinschaft gesehen werden, konzentriert allein auf spirituelles Leben, noch als wegbereitender Sturmtrupp der päpstlichen Kirchenreform des 11. Jh.s; Cluny war ein gesellschaftliches Phänomen, das die profane Welt mit dem Sakralen zusammenbrachte, indem es Mönchtum und Adel über die Liturgie in nahe Beziehung setzte.

Der moderne, unvorbereitete Betrachter kann sich nur schwer eine rechte Vorstellung von den Belastungen dieses *opus Dei* machen, das neben Lektüre, Gebet, Meditation, körperlicher Arbeit und Fasten den mönchischen Alltag bestimmte. Im Sommer begann der tägliche Gebetsdienst um 2 Uhr früh, schrieb sechs bis sieben Gebetsstunden vor, brachte neben der großen Messe und der Matutinalmesse für die Toten noch ungezählte Privatmessen der Priestermönche, so daß die Abteikirche eine Stätte des nie unterbrochenen liturgischen Gebets wurde. Während der größeren Vigilien mit ihren mehr als zwölf Gebetsabschnitten ging der Prior mit einem Laternenträger durch die Reihen, und jeder Mönch hatte sich durch ein kurzes Kopfnicken als wach auszuweisen, wenn er das vorüberziehende Licht nicht selbst ergreifen und weitertragen wollte. Aus den Consuetudines läßt sich eine Prachtentfaltung ablesen, die besonders im 11. und 12. Jh. eindrucksvolle Steigerung erfahren sollte und in der großen Abteikirche als Gottesburg ihr Zentrum hatte.

Als Berno 926 starb, trat seine testamentarische Verfügung in Kraft, derzufolge für Baume und Cluny je ein eigener Abt bestimmt werden sollte. Nachfolger in Cluny wurde Bernos Kampfgenosse Odo, unter dessen Leitung die Reform weitere Kreise zog und dafür Sonderrechte in Anspruch nehmen konnte. Papst Johannes XI. erlaubte im Jahre 931 die Aufnahme von Mönchen aus Klöstern, deren Äbte reformunwillig waren und löste damit die strenge Bestimmung der Benediktinerregel über die *stabilitas loci;* sogar ganze Konvente durfte Cluny sich unterstellen, falls diese oder ihre Eigenkirchenherren cluniazensische Gewohnheiten übernehmen wollten. Grundsätzliche Opposition gegen das Eigenkirchenwesen durfte unter diesen Umständen nicht erwartet werden, denn Cluny konnte durch seine guten Beziehungen zum Adel mit dessen Rechten leben und sie als Basis für den Ausbau seines eigentümlichen Klosterverbandes nutzen.

In ihm wirkten unter dem vom Abt geleiteten Mutterhaus Cluny abhängige Priorate, deren erstes schon im Jahre 916 von seinem Gründer, Aimard von Bourbon, übergeben wurde: Souvigny in der Diözese Clermont sorgte für die Ausbreitung der cluniazensischen Consuetudines in seiner Region und wurde von einem Prior geleitet, der dem Abt von Cluny unmittelbar verantwortlich war. 929 schenkte Adelheid, Gemahlin Herzog Richards von Burgund und Mutter König Rudolfs von Frankreich, das Kloster Romainmoutier im Wallis an Odo, womit Verbindungen zum burgundischen Herzogshaus und zum Königshof geknüpft waren, durch Rudolfs Ehe mit Emma, der Tochter Roberts I., auch zu den Robertinern. Wenig später brachten die Reformen von St-Benoît-sur-Loire (Fleury) und des 937 von den Ungarn verwüsteten St-Pierre-le-Vif in Sens erste Schritte in nördliche Richtung, zum Schwerpunkt der Monarchie.
Nach Odos Tod im Jahre 947 ist dieser politische Rahmen zunächst nicht erweitert worden, wohl aber wuchs unter Abt Aimard der Besitz: 188 Schenkungsurkunden für Odo stehen 278 aus der Amtsperiode seines Nachfolgers gegenüber. Die langen Regierungszeiten der ersten Äbte Berno (910–927), Odo (927–942), Aimard (942–965), Maiolus (965–994) und ihr Designationsrecht verbürgten Kontinuität von Klosterverfassung und Reformpolitik, so daß Abt Maiolus ohne Mühe Ansätze Odos weiterverfolgen konnte. Um das Jahr 973 übernahm er die Reform des Klosters Orval, des späteren Paray-le-Monial, auf Initiative des Grafen Lambert von Chalon; gegen 980 folgte St-Germain/Auxerre aus den Händen seines Laienabtes, des Herzogs Heinrich von Burgund, eines Bruders Hugo Capets. Um die Mitte der 80er Jahre entließ Graf Odo I. von Blois-Tours-Champagne das ehrwürdige Marmoutier, eine Gründung des heiligen Martin von Tours, in den cluniazensischen Verband; etwas später wurde St-Maur-des-Fossés durch einen Vasallen Hugo Capets übergeben, 994 schließlich St-Denis vom König selbst.
Auf diese Weise ist die *Cluniacensis ecclesia* bereits im 10. Jh. entstanden, obwohl der Begriff erst im 11. auftritt: *Cluniacensis ecclesia* ist die Rechtsgemeinschaft aller an Cluny gebundenen Häuser, und in der Abteikirche wurde sie anschaulich. Alle Mönche, die dort ihre Gelübde abgelegt hatten, alle Klöster, die im *corpus Cluniacensis ecclesiae* vereint waren, hatten hier ihr Zentrum. Im Unterschied dazu ist der in den Quellen ebenfalls verwendete Ausdruck *ordo Cluniacensis* programmatisch zu verstehen, denn er bezeichnet die mönchische Lebensweise, und diese konnte übernommen werden, ohne zum Eintritt in die *Cluniacensis ecclesia* zu verpflichten. Nicht zuletzt hieraus ist zu erklären, weshalb eine burgundische Gründung innerhalb weniger Generationen überregionale Bedeutung erlangen konnte. Schon zur Zeit der ersten Äbte war Cluny mit einflußreichen und bedeutenden Machtträgern verbunden, so daß eine »antifeudale« Haltung nicht unterstellt werden kann. Entsprechend haben die cluniazensischen Konvente auch Vögte akzeptiert und trotz

gelegentlicher Schwierigkeiten die schützende Hand eines solchen *pastor laicus* gesucht. Das Eigenkirchenwesen ist ebenfalls hingenommen und bis in die Zeit der gregorianischen Reform bewahrt worden, denn Cluny konnte nicht an der Beseitigung eines Rechtsbrauches interessiert sein, aus dem es selber Nutzen zog: Je größer der Besitz wurde, um so öfter trat das Kloster selbst als Eigenkirchenherr auf.

Wir haben also eine insgesamt konservative Reform vor uns, deren Erfolg auch darauf beruhte, daß sie grundlegende Elemente der weltlichen Lebensordnung nicht radikal in Frage stellen, sondern schrittweise umgestalten wollte. Dieser Erfolg zeigt sich auch in der wachsenden Zahl der Konventsmitglieder im Mutterhaus, die von 100 gegen Ende des 10. auf etwa 300 zu Ende des 11. Jh.s steigen sollte. Schon bald genügte die unter Berno errichtete, eher kapellenartige Klosterkirche (»Cluny I«) den Bedürfnissen nicht mehr, so daß Maiolus schon in seiner Zeit als Adjutor des alternden Abtes Aimard im Jahre 954 einen Neubau in Abgriff nahm, der im Februar 981 geweiht werden konnte: »Cluny II« war eine dreischiffige, kreuzförmige Säulenbasilika von etwa 48 m Länge, flach gedeckt und im Osten von der halbrunden Apsis eines langgestreckten Chores abgeschlossen, der zu beiden Seiten von Nebenchören flankiert war. Sie wirkten als Verlängerungen der Seitenschiffe über das Querschiff hinweg und hatten an ihren Nord- und Südseiten *cryptae* als Bußräume für die Mönche. Kleine, halbrunde Apsiden an den Ostwänden des Querhauses gaben Raum für weitere Altäre. Der so aus wohlabgewogener Gliederung von Apsiden und Nebenräumen entstandene Staffelchor sollte für cluniazensische Bauten typisches Merkmal werden.

Die Messen der Mönchsgemeinschaft fanden in der Vierung statt; westlich dieses *chorus maior,* im Langhaus, war ein *chorus minor* eingerichtet für diejenigen Konventsmitglieder, denen Krankheit oder Alter tätige Teilnahme am Chorgebet nicht mehr erlaubte. Noch weiter westlich, etwa in der Mitte des Langhauses, stand der Kreuzaltar für die Laien. Von den Klostergebäuden her führte ein Prozessionsweg durch ein Atrium in die querrechteckige Vorkirche *(galilaea)* und von dort ins Mittelschiff.

So hatte die Mönchsreform, aus der zu Anfang des 10. Jh.s begründeten Keimzelle bald herauswachsend, ihren sichtbaren und weithin ausstrahlenden Mittelpunkt gefunden. Cluny wollte aus seinem Geist die Welt erneuern, aus ihr zu fliehen konnte deshalb nicht erlaubt, öffentliche Wirksamkeit mußte zur Pflicht werden. Wenn das schon für die Mönche galt, dann hatte der Weltklerus erst recht tätig zu sein, weil sein Hirtenamt als Aufgabenfeld Sorge für die Laien festlegte.

Deren Leben aber mußte sich im Auflösungsprozeß der staatlichen Gewalt behaupten, zwischen autonom gewordenen Burgherren und funktionsuntüchtigen Grafengerichten, die nicht mehr verurteilen, sondern bestenfalls vermitteln konnten; unter fehdeführenden Parteien leidend, die ihre Rechtsüberzeugung auf eigene Faust durchzusetzen suchten. Gegen diese Art Selbsthilfe war Selbstschutz das einzige Mittel, wes-

halb sich örtlich begrenzte Bündnisse ergaben, dessen ältestes für das Chorherrenstift Brioude im Jahre 936 bezeugt ist. Hatten sich hier der Herzog von Aquitanien, der Bischof von Clermont und der umwohnende Adel zu gemeinsamer Unterstützung verpflichtet, so erreichte 975 der Bischof von Le Puy auf einer Versammlung seiner Diözesanen regelrechte Friedensgelübde. Zwar mußte er sie noch unter militärischem Beistand seiner Neffen, der Grafen Pons und Bertrand von Brioude und Gévaudan, den Widerspenstigen abpressen, aber Sicherheit bestimmter Personengruppen (Kleriker und Bauern) und bestimmter Objekte (Kirchen, Häuser, Vieh, Feldfrüchte) haben die Fehdeberechtigten eidlich versprochen.
Solche Eide wurden auf Reliquien geleistet, und die Herren verpflichteten sich damit den wundertätigen Heiligen des Landes, die das kriegsgeplagte Bauernvolk als seine einzige Zuflucht hoch verehrte. Brachte der Bischof die Bauern auf seine und der Heiligen Seite, dann ergab sich für den fehdeführenden Adel eine Zwangslage, die ihm auf Dauer das Fernbleiben von Friedensbünden nicht erlaubte. Über deren Erfolge hören wir aus dieser frühen Zeit nichts, weil aber Exkommunikation der Friedensbrecher vorerst das einzige Disziplinierungsmittel blieb, müssen wir mit häufigen Fehlschlägen und einem insgesamt mühsamen Prozeß rechnen. Immerhin sollte die integrative Wirkung gemeinsamer Heiligenverehrung nicht unterschätzt werden, und die zahlreichen Versammlungen haben Adel und Klerus allmählich dahin gebracht, anstehende Fragen unter den übergeordneten Gesichtspunkten ihrer Landschaft zu beurteilen.
Langsam breitete sich die Friedensbewegung weiter aus, zunächst in die Erzdiözese Bordeaux (989), später auch in den Norden, aber ihre größten Erfolge sollte sie erst im 11. und frühen 12. Jh. erreichen, weil die politischen Auseinandersetzungen um das Königtum weite Teile des Adels erfaßt hatten und immer wieder zu den Waffen riefen. 935 hatte Hugo Magnus es hinnehmen müssen, daß Heinrich I. den geschlagenen Heribert von Vermandois restituierte, um das Gleichgewicht im Westen zu halten. In klarer Erkenntnis der zugrundeliegenden langfristigen politischen Konstellation entsagte der Robertiner daraufhin eigenen Königsgedanken: Nur dann konnten die Vermandois im Gebiet zwischen Seine und Maas entscheidend geschwächt werden, wenn ein karolingischer König sein Krongut dort auf Kosten Heriberts erhielt.

Ludwig IV. (936–954)

Als Rudolf von Burgund im Januar 936 starb, holte Hugo den Sohn Karls III. und der englischen Königstochter Eadgifu aus dem englischen Exil zurück und ließ ihn, der wegen seiner insularen Herkunft den Beinamen *Transmarinus* (d'Outremer) führen sollte, am 19. Juni 936 in Laon als Ludwig IV. krönen. Der Karolinger mußte die Rechnung für solche Unterstützung zahlen, indem er Hugo das Prädikat eines *dux Francorum* zuerkannte: Wie einst die karolingischen Hausmeier neben einem merowingischen Schattenkönigtum als jene Kraft erschienen, der die Zukunft gehörte, so wollte der *dux Francorum* allein durch seine Machtfülle rivalisierende Vasallenverbände aufbrechen und ihre Mitglieder ins eigene Lager ziehen.

Ludwig IV. hat diese Ergebnisse robertinischen Machtstrebens nicht hingenommen. Er sah sich unter Hugos Konkurrenten nach Bundesgenossen um, ernannte Erzbischof Artold von Reims zum Kanzler und gewann damit die militärische Schlagkraft der Reimser Kirche; zu dieser Koalition stieß Burgund, dessen *marchio* Eroberungen Hugos fürchten mußte. Indem dieser sich daraufhin mit seinem alten Gegner Heribert II. von Vermandois versöhnte, gelang ihm zugleich eine enge Verbindung zum deutschen Königtum: Wohl auf Vermittlung Heriberts heiratete er die Schwester Ottos des Großen, Hadwig, und trat damit zum zweiten Mal in die europäische Politik ein.

In ihrem Zentrum stand Lothringen, dessen Herzog Giselbert sich Ottos jüngerem Bruder Heinrich bei der Erhebung gegen den König angeschlossen hatte. Nach ihrer Niederlage bei Birten im März 939 fanden die Aufständischen Rückhalt bei Ludwig IV., der das Stammland seines Hauses wiedergewinnen wollte und von diesem Ziel auch nicht abließ, als Ottos des Großen Sieg bei Andernach die Opposition zerschlug: Gegen den Willen des deutschen Königs heiratete dessen Schwester Gerberga, Witwe des bei Andernach ums Leben gekommenen Herzogs Giselbert, den französischen König, so daß nun die beiden wichtigsten Konkurrenten im Westen mit dem deutschen Königshaus verschwägert waren. Ohne Anlehnung an die ostrheinische Großmacht war fortan in Frankreich keine bedeutende Position mehr zu halten, und 940 erschien Otto mit Heeresmacht in Attigny, um sich von Hugo Magnus und Heribert von Vermandois huldigen zu lassen. Drei Jahre später mußte Ludwig IV. Hugo Magnus im vollen Besitz seiner *dux*-Würde bestätigen, aber der deutsche König hatte gleichwohl nicht die Absicht, den Karolinger gänzlich entmachten zu lassen: Als 946 die Auslieferung von Laon an einen Verbündeten Hugos zur Bedingung für die Weiterexistenz eines bloßen Scheinkönigtums gemacht wurde, griff Otto wiederum militärisch ein und ordnete anschließend auf der Synode von Ingelheim (948) in Gegenwart Ludwigs IV. die Lage neu. Hugo Magnus und sein Anhang wurden mit dem Bann bedroht, der Karolinger so gestärkt, daß er anschließend Laon zurückerobern konnte.

Diese Vorgänge lassen das Interesse der deutschen Könige an den Fraktionskämpfen im Westen deutlich erkennen. Je länger sie währten, um so fester konnte Lothringen in den Reichsverband eingefügt werden. Hier mit einem schwierigen Prozeß zu rechnen war nichts als ein naheliegen-

des Gebot politischer Klugheit, weil die Geschichte lothringischer Adelsentscheidungen seit Jahrzehnten lehrte, daß der Anschluß an einen west- oder ostfränkischen, französischen oder deutschen König niemals endgültig sein mußte.
Besondere Vorsicht war seit 936 geboten, denn die Erhebung Ludwigs IV. hatte außer den hier schon genannten Motiven auch eine nicht zu unterschätzende karolingisch-legitimistische Richtung im Adel der Francia zur Voraussetzung, von der die eigenständige Politik des Königs gestützt, wenn nicht gar gefordert worden ist. Als wichtigste Triebfeder karolingischer Anstrengungen bis 987 zeigt sich hier für die folgenden Jahre immer wieder das Streben nach Rückgewinnung Lothringens. Dafür gab es wirtschafts- und militärpolitische Gründe, handelte es sich doch um eine der leistungsstärksten Regionen Europas, deren Besitz notwendige Grundbedingung hegemonialer Stellung bedeutete: 925 ist das deutsche Reich um etwa ein Drittel seiner Gesamtfläche angewachsen. Außerdem aber kam dem lothringischen Raum als der Heimat des karolingischen Hauses historisch-politischer Symbolwert zu, dessen Bedeutung weit über das nur Propagandistische hinaus im Denken der Zeit erkennbar ist. Mittelpunkt dieses Denkens war eine Amtstradition, unter deren lebendiger, anschaulicher Wirkung König und Reich als karolingisch geprägte Institutionen erschienen. Wie man sich in der Antike unter einem Imperium nichts anderes vorstellen konnte als das *Imperium Romanum*, so war im 10. Jh. ein König stets Amtsnachfolger des großfränkischen Herrschers, wenn er mehr war oder sein wollte als ein Teilreichskönig, ein *regulus.* Herrscherethos und Herrschaftspraxis, Zeremoniell und Urkundenformular, Gerichtswesen und Ämterbezeichnungen waren karolingisch und gaben dem Angehörigen dieser Dynastie einen gewissen Legitimitätsvorsprung. Jeder karolingische König von Frankreich würde ihn nicht nur programmatisch nutzen, sondern auch versuchen, den sich hieraus ergebenden Anspruch zu realisieren. Er mußte das schon deshalb tun, weil sein Anhang es von ihm erwartete. Karl III. hatte 911 Lothringen als integrierenden Bestandteil eines *regnum Francorum* neuer Art gewonnen und damit ein Konzept formuliert, das es Ludwig IV. unmöglich machte, den Übergang Lothringens an das deutsche Reich formell anzuerkennen, wie es König Rudolf im Jahre 931 beim Abkommen mit Heinrich I. wahrscheinlich getan hat.
War die Grundlinie karolingischer französischer Politik klar erkennbar, so stand ihr der nicht minder deutlich erhobene Anspruch Ottos I. auf die fränkische Tradition gegenüber. Seine Erhebung zum deutschen König im gleichen Jahr 936, in dem Ludwig IV. die Krone erlangte, wurde mit Bedacht auf lothringischem Boden vollzogen, in Aachen als dem ehrwürdigen Sitz Karls des Großen. Der Liudolfinger trug damals fränkische Tracht und nahm im Anschluß an die Investitur mit den königlichen Insignien auf dem Karlsthron im oberen Umgang der Pfalzkapelle Platz: Dieses Königtum verband sich mit der ganzen Kraft und

Fülle karolingischer Tradition und Geschichte, Otto I. besaß im wörtlichen Sinne und für die Repräsentanten seines gesamten Reiches als rechtskundige Zeugen sichtbar das in Lothringen gelegene Zentrum imperialer Größe.
Diese auf das gleiche Ziel gerichteten deutschen und französischen Vorstellungen waren miteinander nicht vereinbar und mußten ständige Auseinandersetzungen bis zum endgültigen Zerfall einer der beiden Positionen zur Folge haben. Der Kampf wurde indessen nicht als Krieg zweier Reiche geführt, sondern von deutscher Seite mit den Mitteln politischer Einwirkung auf die innere Lage Frankreichs, wobei seit 939 durch die Verschwägerung Ottos I. mit Ludwig IV. und Hugo Magnus der sippen- und familienbezogene Charakter unverkennbar ist.
Solcher ottonischen Politik hatte der Bruch zwischen Ludwig IV. und Hugo Magnus einen willkommenen Ansatzpunkt geliefert, über dem gleichwohl wesentliche Konsequenzen des karolingisch-robertinischen Bündnisses nicht vergessen werden dürfen. Sie liegen in der bereits erwähnten Verleihung des *dux Francorum*-Titels an Hugo und sind für die Selbsteinschätzung der französischen Monarchie aufschlußreich, zeigen darüber hinaus aber auch Umfang und Eigenart des Frankreich-Bewußtseins der Zeitgenossen.

Hugo dux Francorum

936 hatte Ludwig IV. in drei Diplomen Hugo Magnus als *dux Francorum* bezeichnet, zur Belehnung mit dem *ducatus Franciae* kam es hingegen erst 943, als der Gegensatz zwischen König und Herzog vorübergehend an Schärfe verloren hatte. Diese Zweistufigkeit macht deutlich, daß es sich nicht um eine bloße Titelvergabe handelte, sondern um ein wirkliches Amt, mit dem vom König verliehene Rechte erlangt wurden. Anders als die großen Lehen war dieses Amt auch nicht erblich, denn Hugo Capet sollte nach dem Tod seines Vaters vier Jahre warten müssen, ehe König Lothar ihn 960 zum Nachfolger in der Herzogswürde bestätigte. Wir haben also einen vom König als neue Institution begründeten Dukat vor uns, der in seiner Eigenart von Aquitanien und Burgund zu unterscheiden ist, weil diese Herzogtümer nach Verfassung und Erbfolgerecht nicht viel anders als die größeren Grafschaften aufgebaut waren.
Worauf aber bezog sich ein solcher *ducatus,* was ist die *Francia?* Dieses Wort meint nach dem Sprachgebrauch der Zeit nicht das gesamte Königreich, sondern nur das Gebiet zwischen Loire und Maas. Hier hatte Karl III. die Basis seiner Herrschaft gesehen, und insofern gibt es eine auffällige Gemeinsamkeit zwischen *rex Francorum* und *dux Francorum.* Wie weit sie aber praktisch trug, etwa im Sinne eines robertinischen Vize-

königtums wirksam wurde, ist nicht sicher, denn Burgunder und Aquitanier erkannten zwar einen »König der Franken« über sich an, daß sie aber auch einen »Herzog« in diesem Sinne akzeptiert hätten, muß bezweifelt werden, wenn man sich die mit dem Dukat verbundenen Rechte vor Augen führt.

Bis 936 war es Hugo Magnus nicht gelungen, die Grafen von Vermandois, von Flandern und von der Normandie in seine Vasallität zu bringen; die Konkurrenz Heriberts II. hatte im Gegenteil Verzicht auf weitgehende Ambitionen erzwungen. Deshalb ließ der Robertiner sich von Ludwig IV. durch den Herzogstitel die Anwartschaft, 943 schließlich das Recht übertragen, von allen Machthabern in der Francia Huldigung zu verlangen und damit als Stellvertreter des Königs zwischen Loire und Lothringen zu amten. Die hierin liegende Parallele zur *marchiones*-Politik Karls III. zeigt gleichzeitig deren konsequenteste Ausformung: Von nun an durfte Hugo sich als Herr der Francia fühlen, des einzigen *regnum*, für das bisher ein *marchio* nie eingesetzt worden war. Sein Ehrgeiz aber reichte weiter: Anerkennung seiner Lehnshoheit auch über Burgund und Aquitanien verlangte er von Ludwig IV. und wollte die bisherigen Inhaber der beiden Herzogtümer vertreiben. In Aquitanien gelang das nicht, aber Burgund huldigte 943 und fiel später durch Heirat an Hugo Capets Bruder Otto.

Mit dem Titel eines *dux Francorum* verbanden sich für Hugo Magnus demnach Erwartungen und Ansprüche, die der Historiograph Richer von Reims gegen Ende des Jahrhunderts treffend erfaßt hat: 943 sei Hugo *omnium Galliarum dux* geworden, d. h. nicht nur das Teilreich Francia, sondern die gesamte *Gallia* zwischen Pyrenäen und Rhein, Atlantik und Alpen wäre Objekt seiner Herrschaft im Sinne umfassender Vertretung des Königs gewesen. Über machtpolitische Gleichstellung mit den Karolingern hinaus haben die Robertiner Institutionalisierung und rechtliche Sicherung ihrer Position angestrebt, der nur noch das *nomen regis* fehlte. Wie viele Zeitgenossen mögen sich an das Ende der Merowinger erinnert haben?

Ottonische Intervention

Durch das Eingreifen Ottos des Großen wurde dieser Lauf der Dinge noch einmal angehalten. Der deutsche König war seit 936 die entscheidende politische Kraft auch für Frankreich, hat aber niemals Eroberungen angestrebt. Sein Feldzug vom Jahre 940 hatte in Attigny die erwähnten Huldigungen durch Hugo Magnus und Heribert II. von Vermandois gebracht, denen sich Graf Roger von Laon anschloß, das waren indessen politische Kommendationen mit Bündnischarakter zur Anerkennung überlegener Stärke, nicht jedoch regelrechte Lehnshuldigungen. Dazu hätte es der Vergabe eines Dienstgutes bedurft, aber weder Hugo noch Heribert oder Roger haben ihre Länder und Herrschaften von Otto zu Lehen genommen, sondern blieben Vasallen Ludwigs IV. Wäre es anders gewesen, so müßten wir von der Übernahme großer Teile Frankreichs durch den deutschen König sprechen und in den Quellen ein Echo dieser bedeutenden Veränderung finden. Das ist ebensowenig der Fall wie je der Anspruch einer Oberlehnsherrschaft über Ludwig IV., also eine Huldigung des französischen Königs gegenüber dem deutschen, bezeugt ist. Von fränkischen Gesamtreichsvorstellungen gar, einem karolingisch-restaurativen Programm, kann im Hinblick auf Otto erst recht nicht die Rede sein. Er wollte sich Bundesgenossen für seine Westpolitik sichern, und diese galt ausschließlich einer festen Grenze.

Gleichwohl sind mit wiederholten Frankreichzügen und diplomatischem Verkehr manche Erwartungen geweckt worden, die über Ottos des Großen königliche Stellung hinauswiesen und vom Papsttum ihren Ausgang nahmen.

945 war Ludwig IV. von den Normannen in Rouen festgehalten und an Hugo Magnus ausgeliefert worden. Gerberga rief ihren Bruder zu Hilfe, der zunächst Ludwigs Freilassung erwirkte und im folgenden Jahr ein Heer bis zur Loire führte. Dabei wurde Reims für den Karolinger zurückerobert, Erzbischof Hugo von Vermandois vertrieben und der vor sechs Jahren durch Hugo Magnus und Heribert II. abgesetzte Artold restituiert. Eine definitive Entscheidung des damit erneuerten Konflikts um die rechtmäßige Besetzungt des Erzstuhls durfte nur von kirchlichen Instanzen getroffen werden, und so trat am 13. Januar 948 in Mouzon eine Synode der Kirchenprovinzen Reims und Trier zusammen. Sie erreichte ihr Ziel jedoch nicht, so daß Artold an den Papst appellierte, in einem Schreiben, das bezeichnenderweise Gesandte Ottos I. nach Rom mitnahmen. Papst Agapit II. ordnete daraufhin einen Legaten ab, unter dessen Vorsitz die Synode nach Ingelheim berufen wurde. Hatten schon in Mouzon lothringische, also zum deutschen Reich gehörende Bischöfe französische Angelegenheiten beraten, so war der Tagungsort nunmehr gleich nach Deutschland gelegt worden. Der deutsche und der französische König waren anwesend, vom französischen Episkopat aber waren nur wenige Vertreter erschienen, weil Hugo Magnus begreiflicherweise Hindernisse in den Weg legte. Artold wurde als Erzbischof anerkannt, Hugo von Vermandois verfiel der Exkommunikation; die karolingische Sache war damit in Frankreich erheblich gefestigt, so daß Ludwig IV. seine bereits 940 beschlossene Schenkung der Grafschaft Reims an Artold und seine Amtsnachfolger ausführen konnte: Diese Nachbildung des deutschen Reichskirchensystems, bald auf Beauvais, Châlons, Langres, Laon und Noyon ausgedehnt, ließ dort geistliche Fürstentümer entstehen, die einzigen, die es in Frankreich gab.

Ist diese überlegene Schiedsrichterrolle Ottos des Großen Kennzeichen eines imperialen Königstums, Vorbote der 962 tatsächlich erlangten Kai-

serkrönung? Nimmt man die unbezweifelbare Hegemonie des deutschen Königs in Europa als Voraussetzung für sein Kaisertum, so wird man die Frage gewiß bejahen, ohne doch ein imperiales Programm als Motiv für sein Handeln zu unterstellen. Die mehrfach bezeugten Aufenthalte Ludwigs IV. am deutschen Hof haben dann auch eher die praktischen Ziele unmittelbarer Hilfsbedürftigkeit verfolgt und die grundsätzliche Gleichberechtigung der Könige nicht berührt. Taktische Bestimmung der ottonischen Westpolitik im Sinne ausgewogener Machtverhältnisse jenseits der Grenze zeigt die Einladung an Hugo Magnus zur Osterfeier des Jahres 951 nach Aachen, wobei alle Beteiligten sich um weithin sichtbare Erweise gegenseitiger Achtung bemühten: Hugo schickte im voraus zwei Löwen als erlesenes, wahrhaft königliches Geschenk an Otto, dieser wiederum nahm den Robertiner mit großem Zeremoniell auf und ließ ihm bei der Abreise ehrenvolles Geleit geben. Universale Aspekte, wie sie mit dem Kaisertum verbunden waren, haben das Verhältnis zu Frankreich in diesen Jahren nicht beeinflußt.
Am 10. September 954 ist Ludwig IV. überraschend, an den Folgen eines Reitunfalles, gestorben. Der König war nur 33 Jahre alt geworden, ein energischer und zäher, auch persönlich mutiger Herrscher, dem das karolingische Haus sein Überleben als regierende Dynastie zu verdanken hatte. Sein Sohn Lothar zählte erst 13 Jahre, so daß die Nachfolgeregelung schon aus diesem Grunde schwierig werden mußte. Ludwigs Witwe Gerberga hatte freilich schon zwei Jahre zuvor bewiesen, daß sie mit den Robertinern erfolgreich verhandeln konnte, denn sie war es gewesen, die einen Friedensschluß der streitenden Parteien herbeigeführt hatte. So wandte sie sich auch jetzt an Hugo, um die Königswahl vorzubereiten. Deutsches Einwirken war diesmal nicht gut möglich, weil die Endphase des liudolfingischen Aufstandes Ottos Kräfte noch beanspruchte und außerdem auch Hugo seine Schwägerschaft hätte geltend machen können. Weshalb er gleichwohl auf die Krone verzichtet hat, ist aus den Quellen nicht mehr zu erkennen. Legitimitätsdenken kann, erwägt man die langanhaltenden Skrupel der karolingischen Hausmeier in den Jahren vor 751, nicht ganz ausgeschlossen werden, aber beim Königtum Odos hatte man ebensowenig Bedenken gehabt wie bei den Erhebungen Roberts I. und Rudolfs 922/23.
So erscheint es denn am vernünftigsten, ein Nachwirken der Lagebeurteilung von 936 auch für dieses Mal anzunehmen und Sicherheitsbedürfnisse der robertinischen Familie hinter der Königswahl des 12. November 954 zu sehen, durch die Lothar vom Adel der Francia in Reims erhoben wurde, um anschließend aus der Hand Erzbischof Artolds das Salböl zu empfangen. Der junge König mußte am Hof Hugos bleiben und ihm Burgund wie auch Aquitanien zur persönlichen Herrschaft übertragen, womit natürlich die Unterwerfung der *marchiones* Giselbert von Chalon und Wilhelm von Poitou verbunden war. Hätte das in den betroffenen Regionen wirklich vollständig durchgesetzt werden können, so wären

alle drei Teile des Reiches robertinisch und das Königtum Lothars zum leeren Titel geworden.

Gerberga, Hadwig, Brun von Köln

Es kam jedoch nicht so weit. In Aquitanien ist Hugo Magnus mit seinen Anstrengungen vollständig gescheitert, in Burgund dagegen gelang es ihm, seinen nachgeborenen Sohn Otto mit der Erbtochter Giselberts zu verheiraten. Otto wurde denn auch 956 Nachfolger seines Schwiegervaters, so daß dieses Herzogtum in robertinische Hände gelangte. Bevor ein weiterer Ausbau der neuen Position möglich war, ist Hugo Magnus am 16. oder 17. Juni 956 gestorben. Sein erster Sohn, ebenfalls mit Namen Hugo, war damals höchstens 18 Jahre alt, so daß die Verantwortung für das weitere Schicksal der französischen Monarchie nunmehr bei Gerberga und Hadwig lag, den Schwestern Ottos des Großen.
Sowohl das robertinische wie das karolingische Haus hatten sich ihrer mächtigen deutschen Verwandtschaft angenähert. Hugo Magnus gab einem seiner Söhne den Namen Otto, Ludwig IV. hatte einen Sohn Heinrich und eine Tochter Mathilde, der karolingische Herzog Karl von Niederlothringen sollte seine Kinder Otto, Gerberga und Adelheid nennen. Unter solchen Vorzeichen erstrebten die beiden Damen als Oberhäupter ihrer Familienverbände Frieden zwischen diesen und fanden eine Stütze in ihrem und König Ottos Bruder Brun, der seit 953 als Erzbischof von Köln auch Herzog von Lothringen war. In dieser Doppelfunktion verkörperte Brun die von Otto dem Großen begründete Verbindung des Königtums mit der Reichskirche und zugleich das Ideal des ottonischen Reichsbischofs. Diese große Persönlichkeit wurde praktisch zum Regenten Frankreichs.
Es gab dafür keine Rechtsgrundlage. Brun beriet seine Schwestern und trat ihnen, wenn nötig, mit Heeresmacht zur Seite, aber er bezog sich dabei nicht auf imperiale Befugnisse des deutschen Königs und strebte auch nicht nach Eroberungen für das Reich. Der familienpolitische Aspekt der deutsch-französischen Beziehungen ist unter seiner Ägide besonders klar zu erkennen, etwa am gemeinsamen Kampf Lothars und Bruns gegen Reginar von Hennegau-Brabant im Jahre 957. Zwei Jahre später war König Lothar in Köln und garantierte Brun die Sicherheit Lothringens. Wir wissen nicht genau, ob das eine Verzichterklärung war, möchten es aber für unwahrscheinlich halten, weil Lothars königliche Stellung in den letzten Jahren stärker geworden war.
Der Tod Hugo Magnus' hatte seinen Vasallen Initiativen erlaubt, um wieder königsunmittelbar und damit freizügiger zu werden. Besonders erfolgreich waren dabei Tedbald von Blois und Fulco II. von Anjou, der sogar aus robertinischem Besitz die Grafschaften Chartres und Château-

dun an sich bringen konnte. Aber auch die Grafen von Vermandois gingen auf die karolingische Seite über; Heribert III. legte damals den Grund zum Güterkomplex der späteren Grafschaft Champagne-Brie. Von Lothar erhöht, durfte er sich *comes Francorum* nennen, die Konkurrenz zum robertinischen *dux Francorum* betonend.

Über die Auseinandersetzung der Karolinger mit ihren Gegnern ist Brun immer stärker in Frankreich beansprucht worden. 959/60 mußte er gegen Robert von Troyes nach Burgund ziehen und zwei Jahre später einen gefährlichen Konflikt um den Reimser Erzstuhl schlichten. Erzbischof Artold war 961 gestorben, so daß die unermüdlichen Vermandois das Amt wieder für ihren seinerzeit abgesetzten Bruder Hugo beanspruchen konnten. Sie erhielten dabei die Unterstützung der Robertiner, so daß Brun auf den Papst einwirken mußte, um zu verhindern, daß die karolingische Basis Reims an das alte feindliche Bündnis fiel. Papst Johann XII. war vom soeben gekrönten Kaiser ganz und gar abhängig, so daß in Reims der Metzer Kanoniker Odelrich, ein Kandidat Bruns, vom Domkapitel zum Erzbischof gewählt werden konnte.

Die Teilhabe der Karolinger am ottonischen Sippenverband wurde auf dem Kölner Hoftag von 965 sinnfällig, bei dem fast alle Verwandten Ottos des Großen versammelt waren. Auch Gerberga ist dort gewesen, König Lothar und sein Bruder Karl; vielleicht ist die Vermählung Lothars mit Emma, einer Tochter der Kaiserin Adelheid aus ihrer ersten Ehe mit König Lothar von Italien, auf diesem Treffen beschlossen worden. Man wollte die Kontinuität der bewährten Bindungen sichern, aber mit dem Kölner Hoftag hatte dieser Weg seinen Höhepunkt erreicht und überschritten. Noch im gleichen Jahr ist Erzbischof Brun gestorben, Gerberga folgte ihm vier Jahre später, Hadwig war vielleicht schon 965 tot. Die Beziehungen lockerten sich, so daß mit dem Regierungsantritt Ottos II. 973 mehr eintrat als ein Generationenwechsel.

Wieder war Lothringen das Feld, auf dem sich die neue Konstellation auswirkte. Brun hatte wegen seiner großen Belastung mit Reichsaufgaben zwei Stellvertreter ernennen müssen, für das untere Maasgebiet den Grafen Gottfried von Jülich, Friedrich von Bar für die südlichen Teile des Herzogtums, das damit faktisch in zwei Verwaltungseinheiten geteilt wurde: Niederlothringen im Norden, Oberlothringen im Süden. 976 griffen die Söhne des 957 besiegten Reginar von Hennegau-Brabant aus ihrem französischen Exil Niederlothringen an und wurden dabei von König Lothars Bruder Karl unterstützt. Otto II. glaubte den Konflikt am besten zu lösen, indem er den karolingischen Prinzen mit Niederlothringen belehnte: Karl hatte seine Schwägerin Emma des Ehebruchs bezichtigt und damit die Feindschaft des Königshauses auf sich geladen, so daß er dem Kaiser als *custos patriae* für Lothringen geeignet schien. Das war ein Irrtum, gefährlich in dem Augenblick, als die bisherige französische Haltung sich änderte und Lothar einen neuen Ansatz karolingischer Revisionspolitik meinte wagen zu dürfen, weil einstige Robertinervasallen ihn stützten. Heribert III. von Vermandois und Odo, der Sohn Tedbalds von Blois, drängten ihren König zur Expansion nach Lothringen, denn sie selbst hofften dort auf Gewinne. Verbreitete Emotionen haben die Entscheidung schließlich herbeigeführt, da für den französischen König die Einsetzung seines Bruders als Vasall Ottos II. in Niederlothringen eine Herausforderung darstellte, die selbst von den Robertinern als solche empfunden wurde.

Trotz großer Zustimmung im eigenen Lager barg die Wendung gegen Lothringen erhebliche Risiken: Bruch mit dem ottonischen Haus und Feindschaft des Erzbischofs von Reims, der gleichsam kraft Amtes dem karolingischen Königtum unentbehrlich sein mußte. Es war eine der entscheidenden Stunden französischer Geschichte, als Lothar sich im Frühjahr 978 zum Angriff entschloß.

Schon auf dem Marsch, im Raum von Lüttich, erfuhr der König vom Aufenthalt Ottos II. in Aachen und beschloß den Vorstoß dorthin, weil eine Gefangennahme des Kaisers schnellen und vollständigen Sieg bedeutet hätte. Im letzten Augenblick ist der kaiserliche Hof dem Zugriff entronnen; Lothars Knechte plünderten gründlich und drehten den metallenen Adler, seit Karl dem Großen auf dem Dachfirst der Königshalle, nach Osten: »Denn die Deutschen hatten ihn nach Westen gewendet und damit zu verstehen gegeben, daß sie mit ihrer Reiterei die Franzosen jederzeit besiegen könnten.« (Richer III, 71) Der Geschichtsschreiber rechnet hier mit einer weit verbreiteten Animosität zwischen Deutschen und Franzosen, bemerkt auch sehr wohl, daß die Deutschen mit ihrer Drehung des Adlers nicht nur Siegeszuversicht bekundet, sondern ein Symbol des Gesamtreiches mit neuer Funktion versehen hatten. Die Franzosen handelten nun ebenso, und zwar nach Richers Erzählung nicht auf Befehl, sondern spontan. Ein gesamtfränkisches, Deutsche und Franzosen übergreifendes Bewußtsein hatte dieser Autor nicht mehr und nahm es auch für seine Zeitgenossen nicht an.

Greifbare Ergebnisse hat Lothar mit seinem Unternehmen nicht erzielt, wohl aber einen Gegenstoß herausgefordert, der ein deutsches Heer im Oktober vor Paris führte. Herzog Karl von Niederlothringen besetzte dabei Laon und ließ sich zum König ausrufen. Dieses Ereignis dürfte dazu beigetragen haben, Hugo Capet an der Seite Lothars zu halten, weil ein karolingischer König als Kreatur des Kaisers die bisher so glücklich angewandte robertinische Taktik des Lavierens zwischen den Koalitionen beendet haben würde. Wenn der Kaiser Paris nicht einnehmen konnte und abziehen mußte, so ist das auch auf die Einigkeit der französischen Großen zurückzuführen. Zweifellos stärkte die äußere Bedrohung den inneren Zusammenhalt einer Führungsschicht, die als Gruppe ein Bewußtsein ihrer Eigenständigkeit entwickelt hatte und es nun auf das gemeinsame Reich zu übertragen begann. Solchen Momenten fehlte zwar die Kontinuität, weil dynastisches Eigeninteresse der Großen alle Motivzusammenhänge beherrschte, aber die nationale Attitüde war weit

verbreitet: Als die deutsche Nachhut beim Rückmarsch aufgerieben wurde, erschien diese »Schlacht an der Aisne« den Zeitgenossen zum großartigen Triumph stilisiert und lebte als solcher bis ins 13. Jh. in Frankreichs Historiographie fort.
Lothar nutzte die Woge der Eintracht und ließ seinen Sohn Ludwig im folgenden Jahr zum Mitkönig weihen; im Mai 980 suchte er den Ausgleich mit dem Kaiser, da er der robertinischen Bündnistreue nicht sicher war. Als Otto II. in Margut bei Ivois an der Reichsgrenze ein Abkommen schloß, bei dem der französische König auf Niederlothringen verzichten mußte, wurde Hugo Capet zu entsprechender Rückversicherung genötigt und scheute auch einen Alpenübergang nicht, um den mittlerweile in Rom weilenden Kaiser aufzusuchen. Insoweit schien das alte Gleichgewicht wiederhergestellt, als der Tod Ottos II. am 7. Dezember 983 Lothar unerwartete Möglichkeiten eröffnete.
Auseinandersetzungen um die Vormundschaft über den minderjährigen Kaisersohn und damit über die Thronfolgeregelung werteten den französischen König auf, weil die deutschen Fraktionen sich um ihn bemühten. Erzbischof Adalbero von Reims gab Lothar in dieser Lage sogar den Rat, die vormundschaftlichen Rechte als Neffe Ottos des Großen für sich selbst zu fordern. Das wurde zwar nicht erreicht, aber Lothar machte einen zweiten Versuch zur Eroberung Lothringens, konnte Verdun erobern und weithin Anerkennung finden. Ein Bruder Adalberos, Graf Gottfried von Verdun, geriet dabei in Gefangenschaft und es gelang dem Erzbischof nicht, ihn freizubekommen.
Die Erfolge des Königs bewirkten, was der Fehlschlag von 978 noch einmal verhindert hatte. Der Erzbischof von Reims tat sich mit den Robertinern zusammen und ließ in einem Brief seine Einschätzung der Lage schonungslos erkennen: *Lotharius rex Franciae praelatus est solo nomine, Hugo vero non nomine, sed actu et opere.* Lothar herrsche nur dem Namen nach, Hugo aber faktisch. Wer die Antwort des Papstes Zacharias an die Gesandten Pippins im Ohr hatte und die kirchenrechtliche Interpretation dieses Falles kannte, mußte wissen, was die Stunde geschlagen hatte.

Ludwig V. (986/987)

Lothar hat die Auswirkungen der neuen Koalition nur noch in ihren Anfängen erlebt. Am 2. März 986 starb er und hinterließ seinem 19jährigen Sohn Ludwig V. die schwere Entscheidung zwischen zwei großen Gruppierungen, die jede für sich eine der Haupttendenzen französischer Politik verkörperten. Die Königinmutter Emma versuchte den Erzbischof von Reims für eine Erneuerung der karolingisch-ottonischen Allianz früherer Jahre zu gewinnen, während Karl von Niederlothringen sich zum Haupt derjenigen machte, die im Gefolge Lothars eine auto-

nome französische Linie verfolgt hatten und Konflikte mit dem deutschen Reich nicht scheuten. Ludwig V. hat sich für die von seinem Vater formulierten Ziele entschieden und damit nicht nur Adalbero von Reims endgültig ins robertinische Lager getrieben, sondern auch seine Mutter veranlaßt, am Hof Hugo Capets Schutz zu suchen. Bevor weitere Konsequenzen sichtbar wurden, erlag Ludwig V. am 21. oder 22. Mai einem Jagdunfall.
Seine kurze Regierungszeit ließ die Schreiber der Königslisten hinter seinem Namen den erläuternden Zusatz *qui nihil fecit* anbringen, um die relative Ereignislosigkeit einer allzu knapp bemessenen Herrschaft zu charakterisieren. Erst neuzeitliche Autoren haben das als Beinamen mißverstanden und den König »Fainéant«, »Ludwig der Faule« genannt. Faul war dieser letzte karolingische Herrscher gewiß nicht, aber selbst ein langes Leben hätte am Grundmuster der politischen Verfassung Frankreichs kaum etwas zu ändern vermocht. Ein Königtum gegen die Formation der großen Fürstentümer war immer nur als Koalition haltbar, für die der Monarch werben mußte, die ihn Rechte, Besitz und Einfluß kostete. Er war abhängig, weil die fürstlichen Vasallenverbände nicht mehr aufzulösen waren und eine neue Elite im Königsdienst nicht gebildet wurde. Erst mit ihr hätte Krongewalt neu entstehen können; daß es dazu nicht kam, ist kein spezifisches Versäumnis der Karolinger gewesen.
Die allgemein festzustellende Auflösung der öffentlichen Ordnung hatte nicht nur das Reich als Ganzes ergriffen, sondern auch in den einzelnen *regna* die sozialen, rechtlichen und politischen Beziehungen der Menschen verändert. Dieser Wandel erscheint unter modernem Blickwinkel noch stürmischer als er ohnehin war, denn die Zustände des 10. Jh.s werden im allgemeinen am Idealtyp des Lehnswesens gemessen, wie es zur Zeit Karls des Großen die Reichsverfassung geprägt habe: Ein wohlgeordnetes, vom König beherrschtes System der Verpflichtungen für die Inhaber aller verfügbaren Güter und Ämter, sichtbar gemacht durch Rechtsgebärden wie den Handgang bei der Kommendation, gegliedert in personale (Verhältnis Herr und Mann) und dingliche (Dienstgut oder Amt) Elemente. Den geographischen Schwerpunkt dieses Systems erblickte man zwischen Loire und Rhein, weil von dort die meisten Quellenzeugnisse stammen, deren Analyse und Synthese ein Modell ergaben, das zunächst als Arbeitshilfe für die Forschung gedacht war, im Lauf der Zeit aber mit der Realität gleichgesetzt wurde.
Demgegenüber mußte eine Zeit als Verfallsperiode erscheinen, deren Zeugnisse kaum auf ein System hinweisen, sondern in deprimierender Häufung das Streben der jeweils Mächtigen belegen, Besitz und Ämter zu mehren und an die Nachkommen frei zu vererben. An die Stelle der Reichsinteressen war offensichtlich der Familiensinn getreten, ein Bewußtsein des agnatischen »lignage«, und sicherlich ist es kein bloßer Zufall der Überlieferung, daß die erste erhaltene schriftlich fixierte Genealogie aus den Jahren 951/59 stammt: Die Stammtafel Arnulfs von

Flandern, aufgezeichnet im Kloster St-Bertin. Zentren solcher Familienverbände wurden die Burgen, deren Funktion sich damit über das rein Militärische hinaus erweiterte. Unabhängigkeit war oberstes Ziel der Burgherren; praktisch bedeutete das die Handhabung aller königlichen Rechte im jeweiligen Herrschaftsgebiet.

Damit wurde die Burg zum Mittelpunkt eines Gerichtssprengels, der Burgbezirk etablierte sich als Verwaltungseinheit. Die Quellen beschreiben diese Lage vielfach noch in der herkömmlichen Terminologie, sprechen im Süden von Grafengerichten mit speziellen Rechtskennern als Urteilern und freien Landeignern, den *boni homines,* als Zeugen; auch in der Picardie und in Flandern, in Mâcon und in Poitiers ist ein Gerüst ländlicher und städtischer Institutionen noch erkennbar, aber die Grafengerichte sind zu bloßen Herrengerichten abgesunken. Aufstiegs- und Erwerbsmöglichkeiten für kleinere und größere Herren bot die Kirchenvogtei, die in riesigen Immunitätsbezirken durch Entfremdung anvertrauten Gutes so manche adlige Grundherrschaft sich bilden ließ. Das Kloster Corbie an der Somme hatte am Ende des 9. Jh.s Besitz auf einer Fläche von über 1700 km^2, von dem um 1000 nur mehr ein Drittel übrig war; ein Mann wie der Graf von Ponthieu konnte erst durch die Vogtei über St-Riquier zur gräflichen Stellung aufsteigen. Oft wurden die Untervögte adliger Herren selbständig und bildeten eigene Herrschaftsbezirke um eigene Burgen.

Aus solchen Voraussetzungen erklären sich sowohl die archäologisch nachgewiesene Intensivierung des Burgenbaus im 10. Jh. als auch das Bestreben der Fürsten und des Königs, diesen Prozeß selbst voranzutreiben oder mindestens zu kontrollieren: Im Gebiet von Chartres haben der König mit seinen Vasallen, der Graf und der Bischof die meisten Burgen errichtet; der Graf von Anjou versuchte, in seiner Grafschaft ein Zustimmungsrecht gegenüber Bauvorhaben anderer durchzusetzen. Oft waren daher die *castellani* Beauftragte größerer Herren, und die Burgen entwickelten sich zu Knotenpunkten eines Netzes politischer, sozialer und rechtlicher Beziehungen, die sich in vasallitische Formen kleideten.

Die militärische Gefolgschaft eines solchen Burgherren bestand zu Anfang des 10. Jh.s üblicherweise aus kleinen Leuten der Umgebung, die um Schutzes willen dienten und nicht mit einem Dienstlehen ausgestattet waren. Erst um das Jahr 1000 finden sich bei den Burgen landsässige *milites,* die sich dem *castellanus* für ein Gut kommendieren und zur Burghut als ihrem wichtigsten Dienst verpflichtet sind. Solche *casamenta* gab es zuerst im Gebiet von Reims, Tours, Chartres und Langres, also auf Kirchengut, da die Hochstifte auf Mittel sannen, adlige Übergriffe abzuwehren.

Lehnsbindungen führten auch zur Herrschaftssicherung der Grafen, die in allen Gebieten außerhalb der Krondomäne die Huldigung der königlichen Vasallen entgegennahmen, in der Tradition des allgemeinen Untertaneneides die Freien ihrer Grafschaft an sich zogen und Fiskalgut verge-

ben konnten, so daß ihre Höfe für nachgeborene Adelssöhne der Region attraktiv wurden. Verbunden mit dem Anspruch auf Führung des militärischen Aufgebots war damit gute Aussicht auf Bildung gräflicher Vasallenverbände gegeben, denen sich auf die Dauer kaum jemand entziehen konnte. Huldigungen begründeten Bündnisse und konnten, wenn Führer größerer Verbände sie sich wechselseitig darbrachten, erhebliche Macht kumulieren. Solche *convenientiae* zwischen Großen wurden von deren Gefolgsleuten garantiert, die Vasallen mußten also befragt und einbezogen, schließlich auch zur Kommendation gegenüber anderen vertragschließenden Herren veranlaßt werden. Man verpflichtete sich dabei weniger zu einer realen Leistung als auf den Zustand der »Nicht-Feindschaft«, und so entstand ein Geflecht von vasallitischen Beziehungen, geradezu das Gegenteil einer ins Bild von der »Lehnspyramide« gefaßten vertikalen Ordnung.
Angesichts dieser Lage überrascht es nicht, den Laienadel auch bei den Königserhebungen gegenüber den einst dominierenden Bischöfen in der Vorhand zu sehen. Seit 888 war freie, d. h. dynastieunabhängige Wahl zum Prinzip geworden, an dem das neuerliche Auftreten der Karolinger mit Karl III. nichts änderte, denn auch er verdankte sein Königtum 893 ebenso wie bei der Bestätigung 898 einer freien Entscheidung adliger Wähler. Das Wahlrecht schloß Erbansprüche und dynastische Erwägungen zwar nicht aus, war ihnen aber klar übergeordnet, so daß sich die Frage nach der Zusammensetzung des Wählerkreises, nach der Berechtigung zur Stimmabgabe stellt.

Königswahl und Königsherrschaft im 10. Jahrhundert

Die wenigen zeitgenössischen Nachrichten zu den Königserhebungen seit 888 geben hier karge, aber eindeutige Auskunft; Quellen des 11. und 12. Jh.s sprechen anläßlich der Wahl Odos von einer Beteiligung auch der *Burgundiones* und *Aquitani* neben den *Franci*, aber diese Zeugnisse haben wenig Autorität neben einem Befund, der für 893/898 (Karl III.), 922 (Robert I.), 923 (Rudolf), 936 (Ludwig V.) durchweg und ausschließlich Adlige aus der Francia als Wähler zeigt. Wenn es Karl III. nach seiner Bestätigung durch nordfranzösische Große späterhin auch gelungen ist, die Huldigung Richards von Burgund und Wilhelms von Aquitanien zu erlangen, wird man das kaum noch als Handlungen im Sinne einer »fortgesetzten Wahl« verstehen dürfen. Für Lothar ist zum Jahr 954 kein Wahlbericht vorhanden, sondern nur die Anwesenheit Großer aus der Francia, aus Burgund und Aquitanien bei der Reimser Krönung überliefert, aber der König selbst hat in einer wenig später ausgestellten Urkunde erklärt, er sei *ab omnibus Francorum proceribus electus.* Das dürfte richtig sein, denn Hugo Magnus ließ sich anschließend Burgund

und Aquitanien übertragen, so daß die Zulassung adliger Repräsentanten dieser Gebiete zu einer mit jeder Königserhebung notwendig verbundenen Vorverhandlung recht unwahrscheinlich ist. Die Umstände bei der Wahl Ludwigs (V.) zum Mitkönig im Jahre 979 kennen wir aus zeitgenössischen Erzählungen nicht, aber der nur wenige Jahre später schreibende Richer von Reims nennt die auf Initiative Hugos Handelnden *principes regnorum*, bezieht sich also auf Fürsten, die hier wie auch bei der Wahl Ludwigs V. 986 unter Führung Herzog Hugos den König wählen.
Nimmt man diese Beobachtungen zusammen, so erkennt man die französische Königswahl im 10. Jh. als Angelegenheit einer großen, in ihrer Zusammensetzung bekannten Adelsfraktion. Alle Königserhebungen, mit Ausnahme vielleicht der Rudolfs von Burgund im Jahre 923, wurden von den Robertinern gelenkt, so daß der Unterschied zum deutschen Reich klar am Tage liegt: Waren dort die Stämme der Sachsen, Franken, Bayern und Schwaben als solche repräsentiert und Träger der Wahlhandlung, so bestimmten in Frankreich ethnisch unspezifische Adelsbündnisse. Die in diesem Zusammenhang genannten *Franci* waren keine Stammesvertreter, sondern Mächtige in einem Großraum, der als historisch entstandener Schwerpunkt der Monarchie Schauplatz des Kampfes um das Königtum sein mußte.
Was konnte königliche Herrschaft unter solchen Umständen bedeuten? Faktisch stand nur noch ein Bruchteil des Gesamtreiches, etwa 10 % des Landes, unter direkter königlicher Verwaltung; als materielle Basis politischen Handelns war das mancher fürstlichen Gewalt weit unterlegen. Die theoretische Oberhoheit des Königs als Repräsentant des Reiches wurde gleichwohl anerkannt, und zwar auch von solchen Herren, die nicht persönlich gehuldigt hatten, so daß die französische Monarchie des 10. Jh.s nicht primär auf dem Lehnrecht gründete, sondern auf der Vorstellung eines unteilbaren *regnum Francorum* als Objekt der Königsherrschaft und auf dem Bewußtsein der Zugehörigkeit zu diesem Reich.

2. Der Aufstieg des Hauses Capet (987–1108)

Wahl und Krönung Hugos

Aus dem westfränkischen Reich war Frankreich geworden. Zwar hatte sich die Reichsbezeichnung nicht geändert, aber seit Karl III., also seit der Wende vom 9. zum 10. Jh., war der Gedanke eines wiedervereinigten großfränkischen Reiches endgültig aufgegeben und ab 911, dem Jahr, in dem Karl Lothringen gewann, nannte er sich nicht einfach *rex*, wie alle seine Vorgänger seit Karl dem Großen, sondern fügte dem absoluten Königstitel die ethnische Bezeichnung *Francorum* hinzu: Nicht mehr *der* König schlechthin in der abendländischen Christenheit konnte und wollte er sein, sondern *ein* König (nämlich der Franken), und neben ihm waren fortan andere nationale Königtümer akzeptabel.

Mit der hier schon beschriebenen und in diesem Titel ausgedrückten Regionalisierung der Königsherrschaft ging ein sich immer stärker ausprägendes Bewußtsein vom historischen und religiösen Rang des eigenen Reiches einher, das alle Züge eines frühen Nationsbewußtseins trägt. Die politische Selbständigkeit der französischen Monarchie wurde in den entscheidenden Adelskreisen zum festen Bestandteil des Denkens; Historiographen wie Richer von Reims spiegelten seit der zweiten Hälfte des 10. Jh.s Vorstellungen wider, nach denen die gesamte karolingische Tradition auf den ehemaligen Westteil des Karlsreiches bezogen und dort gleichsam monopolisiert wurde. Mochte um die Frage, wer in diesem Reich König sein sollte, ebenso gestritten werden wie um die Machtverteilung zwischen Herrscher und Adel, so gab es doch keinen Zweifel über die Legitimität der Monarchie als solcher im Gesamtraum zwischen Maas und Pyrenäen. Als machtpolitische Größe war der König keine Zentralfigur, aber in ihm verkörperte sich doch die Identität Frankreichs. Im 12. Jh. wird der aus dem Languedoc stammende Mönch von St-Denis und Leibarzt König Philipps II., Rigord, in seiner Chronik der Frankenkönige einen weiteren und einen engeren Sinn der Bezeichnung *regnum Francorum* unterscheiden: Im weiteren Sinne ist es das Gebiet, in dem die Franken historisch nachweisbar sind, d. h. *Austria*, *Alemannia*, *Germania (superior* und *inferior*, also die linksrheinischen römischen Provinzen) sowie *Gallia Belgica* und *Gallia Narbonensis;* die engere Bedeutung meint die *Gallia Belgica* zwischen Rhein, Maas und Loire, also jenes Gebiet, das man in Rigords Gegenwart auch *Francia* nannte. Hier ist die Absicht, zwischen dem größeren Legitimationsbereich der Monarchie in der karo-

lingischen Nachfolge und dem engeren Raum der tatsächlich ausgeübten Königsherrschaft zu unterscheiden, klar erkennbar; mit den Albigenserkriegen sollte unter Philipps Sohn und Nachfolger Ludwig VIII. die Herrschaft über die Loire nach Süden bis zum Mittelmeer ausgedehnt und die *Gallia Narbonensis* wieder erreicht werden.
Noch aber waren diese Tage fern. Ende Mai 987 traten die Großen in Senlis, also auf robertinischem Boden, zusammen. Erzbischof Adalbero von Reims wies zunächst den Thronanspruch Herzog Karls von Niederlothringen, des Bruders König Lothars, zurück, indem er ihm die Eignung absprach und hinzufügte, er diene als Lehnsmann des Imperiums nicht nur einem fremden König, sondern habe auch eine nicht ebenbürtige Ehe geschlossen.
Entscheidend war das alles nicht, ausschlaggebend war der Wille einer mächtigen Adelsgruppe, nunmehr die Trennung von der karolingischen Dynastie zu vollziehen, deren personale und territoriale Herrschaftsbasis auf Streubesitz zwischen Seine und Maas geschrumpft war. Die robertinischen Vasallen und Verwandten, also die Grafen von Anjou und Chartres, die Herzöge der Normandie, von Aquitanien und Burgund, waren Stimmführer bei der in Senlis vollzogenen Wahl Hugos zum König. Die Weihe folgte bald darauf, am 3. Juli 987, und wurde in Noyon vom Erzbischof Adalbero gespendet. Seinen Beinamen Capet trug der neue König nach der von ihm gern getragenen *cappa*, einem umhangartigen, kurzen Mantel; die Dynastie sollte ihm ihre Bezeichnung verdanken.
Die Robertiner waren seit der Mitte des 9. Jh.s im Westen des karolingischen Großreiches heimisch geworden, nachdem sie ihre Heimat im Mittelrheingebiet verlassen hatten. Ihr Aufstieg ist über mehrere Generationen hinweg zu verfolgen, und schon bei den Nachfolgeregelungen der letzten Karolinger hatten sie das entscheidende Wort gesprochen. Ludwig IV. war von Hugo Magnus gerufen worden, Lothars Thronfolge und die Erhebung Ludwigs V. zum Mitkönig 979 hatten er und sein Sohn Hugo Capet zugestanden. Zwar ist ihre Stellung nicht mit der der Karolinger des Jahres 751 zu vergleichen, als das merowingische Geschlecht den Thron verlor, aber 987 wäre doch kaum ein anderer Wahlvorschlag als der tatsächlich gemachte durchsetzbar gewesen.
Mit den Ottonen verbündet, die Lothringen gegen die gleichsam natürlichen Ansprüche der Karolinger verteidigen wollten, gab Hugo sofort Verdun an das Imperium zurück und hielt sich damit den Rücken frei gegen seine inneren Gegner, unter denen Heribert von Troyes und Odo von Blois als Bundesgenossen Karls von Niederlothringen sowie Erzbischof Seguin von Sens als Rivale Adalberos von Reims die bedeutendsten waren. Zur Sicherung der Herrschaft seines Hauses in den voraussehbaren Kämpfen betrieb Hugo die Krönung seines Sohnes Robert zum Mitkönig und erreichte schließlich, daß der anfangs widerstrebende Erzbischof von Reims, der im Interesse seines politischen Einflusses lieber eine Wahl gesehen hätte, den liturgischen Akt am 25. Dezember 987 in

Orléans vornahm. In den Kämpfen der folgenden drei Jahre konnten sich die beiden Capetinger gegen Karl mühevoll behaupten und ihn samt seiner Familie im März 991 schließlich nur durch einen spektakulären Verrat des Bischofs Adalbero von Laon in ihre Gewalt bringen. In Orléans eingekerkert, sind die letzten Karolinger zugrundegegangen. Hugo Capet war damit nicht nur weitgehende Sicherung seines Königtums gelungen, er hatte auch seine Besitzgrundlage um die freilich nicht mehr sehr erheblichen karolingischen Güter und Rechte vermehren können. Endgültig rückten die Capetinger in die altehrwürdigen Stätten des Königtums ein.
Die Krondomäne – d. h. die Summe aller königlichen Besitztitel, Herrschafts- und Gerichtsrechte; kein Territorium, sondern ein Kompetenzenblock – hatte ihre Schwerpunkte jetzt im Gebiet der Städte Orléans, Paris und Senlis aus robertinisch-capetingischer, Compiègne, Laon und Reims aus karolingischer Gerechtsame. Nutzbar waren dort die Pfalzen als Stätten königlichen Aufenthalts und meist mit Wirtschaftshöfen verbunden, von denen aus die Bebauung der umliegenden Ländereien organisiert, die Abgaben erhoben und die Hofhaltung versorgt werden konnten; es gab die königliche Münzstätte in Paris und die gemeinsam mit den Ortsbischöfen betriebenen Münzen von Beauvais und Laon, zu denen gegen Ende der Regierung Philipps I., also um die Wende zum 12. Jh., noch neun weitere gekommen waren, darunter an so bedeutenden Orten wie Orléans, Étampes, Mantes und Senlis. Zur Krondomäne gehörten ferner die besonders wichtigen Grafschaftsrechte, weil aus ihnen unmittelbare Herrschaft folgte und ihre Kumulation zur Bildung von zusammenhängenden Fürstentümern führen konnte, es gehörten dazu die Kronbistümer Orléans, Paris, Senlis, Tours, Chartres, Beauvais, Amiens, Noyon, Laon, Soissons, Reims, Châlons-sur-Marne, Langres, Sens, Bourges und schließlich die in königlicher Regie betriebenen Großgrundherrschaften, die Zölle, Gerichtsrechte mit den daraus fließenden Einnahmen, königliche Eigenkirchen und -klöster, Märkte, Zehnt- und Zinsansprüche, Verwaltungsbefugnisse und militärische Aufgebotsrechte, die allerdings meist auf Lehnsverpflichtungen beruhten. Besonders durch die Verfügungsgewalt über Bischofsstühle hatte der König politische Möglichkeiten, indem er sich einen Kronepiskopat aufbaute, der im Sinne der Capetinger und ihres Reiches nach außen wie nach innen zu wirken bereit war.
Vergegenwärtigen wir uns die geographische Situation vor dem Hintergrund der Zeitverhältnisse, die angesichts der noch immer vorherrschenden Naturalwirtschaft und einer erst rudimentär ausgebildeten Verwaltung dem König auch in den anderen europäischen Monarchien das Regieren nur dort erlaubten, wo er persönlich anwesend war (die Rede vom »Personenverbandsstaat« meint ja eben dies: Reiche als Beziehungsgeflechte von Personen), so wird offensichtlich, daß dem capetingischen Königtum bis ins 12. Jh. nur ein verhältnismäßig eng begrenzter Wir-

kungsbereich offen stand. Die Gebiete südlich der Loire waren fremdes Land, und im Norden standen die Königsrechte insgesamt hinter der Summe aller Adelsrechte weit zurück. Nach ihren Urkunden gemessen haben die capetingischen Könige bis in die Regierungszeit Philipps I. hinein sich am häufigsten in Paris und Orléans aufgehalten, während Senlis und Compiègne zurücktreten, Laon offenbar weitgehend ausscheidet. Immerhin aber zeigt das Bild auch, daß der bis 987 sich stetig beschleunigende Reduktionsprozeß nun zum Stehen gebracht worden ist; die Königsmacht wurde nicht weiter geschwächt, und Stagnation bedeutete angesichts der jüngsten Geschichte schon Konsolidierung.
Das geht allein daraus hervor, daß Robert II. damit begann, die königlichen Güter durch besondere Beauftragte verwalten zu lassen, die *praepositi* oder, in der Volkssprache, *prévôts.* Sie hielten den Besitz zusammen, ihre Tätigkeit verschaffte häufig überhaupt den ersten Überblick über das Vorhandene, und dieses Gut verschenkte man nicht mehr so leicht, sondern vermehrte es nach Möglichkeit und sorgte für produktiven Einsatz.

Ökonomischer Fortschritt?

Um dessen Ergebnisse treffend abschätzen zu können, müßten wir zur Agrargeschichte und Agrarverfassung bessere Kenntnisse haben, als sie uns die Quellen bieten. Leider können wir weder für das 10. noch für das 11. Jh. das Verhältnis von bebauter zu unbebauter Fläche bestimmen und also nicht genau wissen, wieviel an wirklich nutzbarem Areal sich hinter allgemeinen Landbesitzangaben verbirgt. Anders als in Deutschland oder Flandern gibt es in Frankreich zunächst auch keine Zeugnisse für eine nennenswerte Rodungstätigkeit; Landesausbau fand im wesentlichen nur auf leichten, ohne größere Mühen zu bearbeitenden Böden in der Nähe bestehender Siedlungen statt. Erst im Laufe der zweiten Hälfte des 10. Jh.s scheint sich die lähmende Interdependenz zwischen stagnierender Bevölkerungszahl und der Unfähigkeit zur Vergrößerung der Anbaufläche für Nahrungsmittel gelöst zu haben: Wir beobachten zunächst eine Zunahme des Kulturlandes auf Kosten der Weideflächen. Pollenanalysen geben darüber hinaus sichere Kunde auch von Angriffen auf den Wald.
Die Bedeutung der Klöster ist dabei geringer als früher angenommen; das benediktinische Mönchtum dieser Zeit legt Wert auf Schenkungen im Altsiedelland und bewirtschaftet seinen Besitz im Stil der karolingischen Grundherrschaft. Erst die am Anfang des 12. Jh.s auftretenden neuen Orden der Zisterzienser und Praemonstratenser haben mit ihrem asketischen Elan und dem Institut der Laienbrüder die große Ausbauwelle des Hochmittelalters eingeleitet. Im 11. Jh. dagegen wurde der Landesausbau vom Adel und den Bauern getragen. Um den Wert ihrer Ländereien zu

erhöhen, folgten die Herren den ersten Spuren, die von Jägern und Köhlern in die Wälder gelegt worden waren, siedelten *hospites, hôtes, serfs d'héritage* an, denen eine bessere persönliche Rechtsstellung als den grundherrlichen Bauern zugestanden wurde, denn nur ihr Gut war mit Zins und Fronden belastet. Vor allem im Pariser Becken und im Tal der Loire ist dieser Kultivierungsschub erstmals zu beobachten, der neue Dörfer und Pfarreien hervorbrachte, teils im Auftrag des Königs, teils und im ganzen überwiegend auf Initiative großer und auch kleinerer Herren.

Solche *villeneuves* in den bislang unwegsamen, wilden Waldgebieten hatten außerdem eine befriedende, sichernde und erweiternde Wirkung auf das Verkehrswesen, indem bislang weit voneinander entfernte Siedlungsinseln allmählich zusammenrückten und gefahrloser als früher erreicht werden konnten. Entlang der im Süden entstandenen Kette von *sauvetés*, mit besonderen Rechten ausgestatteten Siedlungen, zog der Pilgerweg nach Santiago de Compostela, reisten die Legaten des Papstes bald ebenso wie die Bischöfe und die Zehnteintreiber. Mit dem Landesausbau war aber auch, was oft übersehen wird, eine mentale Veränderung ursächlich verbunden: Eine Vorform des Renditedenkens leitete zur Wandlung adliger Lebensform in mancherlei Hinsicht. Man schränkte sein Jagdrecht zugunsten des Siedelwerkes ein oder gewährte Freiheiten im eigenen Interesse, verzichtete auf die Einrichtung herkömmlicher Grundherrschaften mit hörigen Bauern und entwickelte stattdessen ein System von Zins- und Gerichtsrechten. Aus dem Erfolg kam verstärkt der Wunsch nach Zuzug neuer Siedler, und die neuen, produktiven Räume erlaubten den Anstieg der Bevölkerungszahl. Erst langsam, dann zusehends schneller hob sich die demographische Kurve mit bedeutenden Folgen nicht nur für die Ökonomie, sondern auch für die Verfassung und Gesellschaft, denn die Menschen wollten in den Rodungsgebieten ihr Brot finden, zugleich aber auch ihre allgemeinen Lebensbedingungen verbessern.

Hierfür gab es besonders im 11. Jh. vielversprechende Ansätze, weil große Landflächen für noch wenige Arbeitskräfte zur Verfügung standen. Damals suchte das Rodungsland die Menschen; später, vom 13. Jh. an, kehrte sich bei knapper werdenden Ressourcen das Verhältnis um.

Fragen wir nach dem Ertrag, oder, mit dem Maßstab der modernen Nationalökonomie, nach der Intensität des Wirtschaftswachstums, so ist der Befund hinsichtlich der Landwirtschaft wenig auffällig. Durch die konstant bleibende Ertragsrate von 1:3, höchstens 1:4 bei Getreide und angesichts der kaum veränderten Agrartechnik konnten keine bedeutenden Aufschwünge erzielt werden. Ein zusammenfassendes Urteil ist freilich nicht möglich, denn es gab keine geschlossene Volkswirtschaft, sondern das Leben spielte sich auch auf ökonomischem Gebiet in Regionen ab, die ihren je eigenen Bedingungen entsprechend untersucht werden müssen. Sichtbare Fortschritte, auch technischer Natur, gab es dagegen beim Gewerbe, also im Umfeld der entstehenden Städte. Unter ihnen kommt denen eine besondere Bedeutung zu, die im 11. Jh. aus dem Land gleichsam herauswuchsen, im allmählichen Übergang vom Dorf zur Ackerbürgersiedlung, zum Sitz von Handwerkern und Kaufleuten, endlich zur Stadt im Rechtssinne. Im äußeren Erscheinungsbild glichen diese Städte lange noch großen Dörfern, mit kommerziell genutzten großen Gartenflächen, Tierhaltung und einer von halbnatürlichen Hindernissen wie Hecken oder Gräben umgebenen, mitunter eine französische Meile *(lieue)* breiten Grenzzone zum Umland, der von Rundwegen durchzogenen *banlieue*. Dieses Umland ernährte die Stadt im Austausch gegen gewerbliche Erzeugnisse, und es führte ihr die Menschen zu, meist Handwerker, die ihre Grundherrschaft verlassen hatten. Sie suchten die Nähe des Marktes oder des Hafens, sie waren es auch, die den ersten größeren technischen Fortschritt bewirkt haben, indem sie seit der Mitte des 11. Jh.s für ihre Arbeit die Wasserkraft als Antrieb mechanischer Geräte nutzen lernten. Vermutlich zuerst im Dauphiné liefen Walkmühlen, die sich seit den 80er Jahren des 11. Jh.s auch in der Normandie fanden; fast gleichzeitig, 1085, besaß das Domkapitel von Amiens Eisenhämmer, und zehn Jahre später ist in Beauvais eine Schleifmühle bezeugt.

Bischofsstädte wie Paris, Beauvais, Bourges, Châlons-sur-Marne und Chartres waren es auch, in denen die Handwerker auf Veranlassung des Stadtherrn zuerst in einem *magisterium* organisatorisch zusammengefaßt wurden, das vom Bischof Jurisdiktionsrechte übertragen bekam. Daneben fanden sich eigene Gesellungsformen in Bruderschaften, über die allerdings nur wenige frühe Zeugnisse erhalten sind. Entscheidend für den wirtschaftlichen Aufstieg des Handwerkers war ein gewisses Maß an Freizügigkeit, das ihm Zugang zum Markt erlaubte, auf dem er seine Produkte selbst verkaufen und damit den *mercatores*, den Kaufleuten, näherrücken konnte, die ihre großen Erfolge dem Fernhandel verdankten. Über Flandern und die Normandie fanden Handel und Gewerbe Frankreichs damals Anschluß an die großen wikingerzeitlichen Verkehrswege Europas: Vom Niederrhein nach England, nach Skandinavien, entlang der baltischen Küste bis Novgorod, über die Flüsse ins Innere Rußlands, entlang der Donau bis Ungarn und Byzanz. In den Händen der Flandrer lag denn auch weitgehend der Fernhandel; sie hatten sich in Gilden zusammengeschlossen, deren früheste Statuten aus St-Omer und Valenciennes (1050/70) sie freilich als nicht exklusiv ausweisen: In St-Omer durften Kleriker und Ritter aufgenommen werden, sofern sie Einwohner der Stadt waren; in Valenciennes mußte nur der Gildevorsteher in jedem Fall ein Kaufmann sein. Sie definierten sich in ihren Zielen als Schutz- und Fürsorgeeinrichtungen, pflegten Kult- und Speisegemeinschaft, standen unter Kaufmannsrecht und beanspruchten das Berufs- und Preismonopol. Tendenziell waren sie mithin Zwangskörperschaften, die alle Kaufleute am Ort erfaßten, darüber hinaus aber anderen ausgewählten Gruppen offenstanden.

Vertreter dieses Bürgertums beteiligten sich mehr und mehr an der Verwaltung ihrer Städte. Im 11. Jh. gab es Schöffen, *scabini*, in vielen Orten nördlich der Seine. Sie hingen zwar noch vom Stadtherrn ab, kamen aber aus einem Kreis führender Familien, die später das Patriziat bilden sollten. Ihr Verhältnis und das der übrigen Einwohner zum Stadtherrn war gewohnheitsrechtlich geregelt, und besondere Begünstigungen fanden sich meist bei der Gründung neuer *burgi*, *villeneuves* oder *sauvetés* gewährt, wo sie als Freiheiten, *libertates*, urkundlich festgelegt wurden. Meist waren das Freiheiten des Grundbesitzes und der Person: Stadtfreiheit erweist sich als Bestandteil der allgemeinen Siedlungsfreiheit jener Periode.

Zuerst in Flandern haben ganze Städte Privilegien erhalten; es hängt dies mit der herausragenden Bedeutung des Maasgebietes als Wirtschaftsraum zusammen. Mit der ersten eidlich bezeugten Verbindung von Stadtbewohnern zu einer Kommune begann 1070 in Le Mans eine Bewegung sichtbar zu werden, die bis zur Mitte des 12. Jh.s den ganzen Raum zwischen Rhein und Loire erfassen sollte. Solche Zusammenschlüsse konnten auch vom Stadtherrn veranlaßt werden, so in Noyon 1108/09, wo der Bischof außerdem eine königliche Bestätigung dafür erwirkte, aber sie waren doch meist ein politisches Kampforgan der Stadtbewohner gegen ihn. Diese Bürger hatten durch eigene Handelsreisen einen weiteren Gesichtskreis als die Masse der Bauern und des grundherrlichen Adels, sie wurden durch Reisende, die zum städtischen Markt kamen, regelmäßig und besser informiert. Die sich ausbreitende Geldwirtschaft verlieh ihrem Besitz eine andere Qualität, als sie der des Landmannes hatte: Geld ist ein leicht bewegliches Gut, kaum von Obrigkeit, Familie und Nachbarn zu kontrollieren, wenn solche Kontrolle vermieden werden soll. In dieser Art von Ökonomie lag ein Zug zum Individualismus.

Robert II. als Mitkönig

Hier zeichnete sich eine gesellschaftliche und mentale Veränderung gegenüber früheren Jahrhunderten ab, die für das capetingische Königtum nicht ungefährlich war. Eine archaisch-bäuerliche Gesellschaft geriet in Bewegung, ohne daß doch für die Zeitgenossen schon eine Richtung erkennbar gewesen wäre. Bistümer und große Adelsherrschaften gewannen mit den Rodungsländereien und Städten an Wirtschaftskraft und damit auch an politisch-militärischem Gewicht. Der König drohte hier nicht nur gegenüber Konkurrenten zurückzufallen, sondern er mußte auch um die Grundlagen seiner Stellung kämpfen und reagierte zunächst nur auf Herausforderungen, weil er eigene Initiativen nicht weit genug verfolgen konnte.

Sicherlich ist die Erhebung Roberts II. zum Mitkönig in dieser Weise als Reaktion aufzufassen, als Übernahme jenes adligen Brauches, nach dem man den Nachfolger schon zu Lebzeiten des Vaters berief; das hatten die Robertiner selbst auf ihrem Weg zum Königtum praktiziert und brauchten das Vorbild der älteren karolingischen Herrscher nicht, um die Zweckmäßigkeit des Verfahrens einzusehen. Indem Hugo seinen Sohn mit der Witwe des Grafen Arnulf II. von Flandern verheiratete, zog er auch dessen Nachfolger Balduin IV. auf die capetingische Seite und versicherte sich auf diese Weise der Unterstützung eben jener Region, die wir als wirtschaftlich führend kennengelernt haben.

Robert II. war unter Gerbert von Aurillac, dem späteren Erzbischof von Ravenna und ab 999 Papst Silvester II., an der Reimser Kathedralschule ausgebildet worden, die als führendes Bildungsinstitut nicht nur in Frankreich galt. Der damals Zeitgeschichte schreibende burgundische Mönch Radulfus Glaber rühmt den Sinn für Bildung und Studium, den Robert auch später immer wieder bewiesen habe; der präzisere Richer hebt kanonisches Recht und theologische Probleme als die Felder hervor, auf denen der König sachverständig war. Der Ort seiner Studien ist aber auch politisch aufschlußreich, denn Reims war unter Erzbischof Adalbero auf robertinisch/capetingischer Seite, doch in dieser Metropole konzentrierte sich wie an keinem anderen Orte sonst die karolingische Tradition und prägte das Selbstverständnis auch des neuen Königshauses. Nicht zuletzt deshalb bedeutet der Dynastiewechsel keine Zäsur hinsichtlich der Auffassung vom Reich, das nun, wie man lange gemeint hat, im Sinne einer früh entstandenen französischen Nation gegen die ältere karolingische Universalreichsidee geführt worden wäre. Das sind moderne, nationalstaatlich geprägte Ansichten der Geschichte, denen für Deutschland die Legende von der Gründung des deutschen Reiches durch Heinrich I. entspricht.

Hier wie dort herrschte dagegen eine Tradition, die Fränkisch-Karolingisches fortsetzen wollte; der Unterschied besteht lediglich darin, daß es in Frankreich gelang, die gesamte karolingische Überlieferung von der Autorität Karls des Großen als der hervorragendsten Herrschergestalt seit Konstantin bis hin zur politisch-geographischen Terminologie lückenlos auf das eigene Land zu beziehen und auf diese Weise das karolingische Großreich über die Zwischenstation des Westreiches von 843 endlich mit Frankreich gleichzusetzen. Dies geschah in Reims durch das von dem Benektininermönch Richer im Kloster des heiligen Remigius entwickelte Geschichtsbild, das er in seinen *Historiae* für die Zeit von 883 bis 995, also gerade für jene Epoche des Umbruchs, geschrieben hat. Er tat das im Auftrage Gerberts, dessen Schüler auch er gewesen war: Die Verbindung Richers zum capetingischen Königtum ist so offenkundig wie die überragende Bedeutung des Erzbistums Reims für die französische Monarchie. Deshalb war es eine Lebensfrage, wer als Metropolit in Reims regierte.

Zwei Jahre nach seiner Krönung hatte Hugo Capet Arnulf, einen Neffen Karls von Niederlothringen, zum Erzbischof von Reims erhoben in der

Hoffnung, der karolingischen Partei damit ein Angebot für den Ausgleich zu machen. Arnulf hatte indessen Reims an seinen Verwandten ausgeliefert und sich nach dessen endgültiger Niederlage in der Rolle des Verräters gefunden, gegen den die Könige Hugo und Robert ein Verfahren mit dem Ziel der Absetzung eröffneten. Der hieraus folgende Reimser Bistumsstreit wurde zur schweren Bedrohung der neuen Dynastie, als sowohl der Papst wie auch der deutsche Episkopat einem königlichen Eingriff in die kirchliche Jurisdiktion widersprachen und damit die Oberhoheit des Königs über einen Teil der Bistümer in Frage stellten, von deren Beherrschung seine Position doch wesentlich abhing.

Hugo tat das in seiner Lage einzig Gebotene und berief im Jahre 991 eine Synode nach St-Basle/Verzy in der Nähe von Reims, ließ Arnulf absetzen und an seiner Stelle Gerbert von Aurillac zum Erzbischof erheben. Vor allem in den Cluniazensern erwuchsen aber mächtige Gegner dieser Beschlüsse, denn durch ihr Streben nach Unabhängigkeit von den zuständigen Diözesanbischöfen waren ihre Klöster auf Rom verpflichtet. In dieser Kraftprobe zwischen dem einflußreichen benediktinischen Reformmönchtum und dem Kronepiskopat erwies sich dieser unter Führung des Bischofs Arnulf von Orléans als so loyal gegenüber den Königen, daß eine von Papst Johannes XV. nach Aachen einberufene Synode von den französischen Bischöfen geschlossen boykottiert wurde. Sowohl der Einspruch des deutschen Episkopats als auch der vom Papst vorgesehene Tagungsort Aachen sind eine gesamtfränkische Reminiszenz, die von den französischen Bischöfen nicht mehr akzeptiert, sondern als Einmischung betrachtet wurde. Dennoch hatte die unermüdliche Überzeugungskraft des Sachwalters der cluniazensischen Position, Abbo von Fleury, schließlich insoweit Erfolg, als Gerbert auf der Synode von Mouzon im Jahre 995 suspendiert wurde. Dieses Ergebnis war allerdings keine Niederlage des Königtums, wie es zunächst scheinen muß, sondern ein Kompromiß, der sich aus persönlichen Beziehungen und veränderten Einstellungen glücklich ergeben hatte.

Bereits in den letzten Jahren war der Einfluß Roberts II. auf die Entscheidungen seines Vaters größer geworden, und als Hugo Capet am 24. Oktober 996 starb, übernahm mit seinem Sohn ein entschiedener Förderer des Reformmönchtums die Herrschaft, zu dessen ersten Regierungshandlungen eine Legation nach Rom vor Papst Gregor V. gehörte mit dem Auftrag, ein Ende des Reimser Streites zu suchen. Die Ernennung des Abtes Abbo von Fleury zum Leiter der Gesandtschaft zeigt bereits eine neue Richtung der königlichen Politik an, und es überrascht deshalb nicht, ab 997 wieder Arnulf als Erzbischof von Reims zu sehen. Gerbert resignierte jetzt und folgte einem Ruf Ottos III., wurde politischer Berater des Kaisers, dem er seine weitere Karriere danken sollte.

Heilkraft und Amt

Auf den Bund mit den Cluniazensern geht nicht nur Roberts Beiname *pius*, der Fromme, zurück, sondern auch eine biographische Darstellung, der bezeichnende Züge des Herrscherbildes ihrer Zeit entnommen werden können. Die Vita wurde von dem Mönch Helgaud im Kloster Fleury an der Loire verfaßt, dessen Abt ja zu den Vertrauten des Königs gehörte, und sie berichtet unter anderem von der wunderbaren Fähigkeit Roberts II., durch Auflegen der Hand und Schlagen des Kreuzes Wunden zu heilen. Daß ein König Heilkraft besitze, die auch von ihm berührte Gegenstände ergreifen und von ihnen gleichsam wieder abgerufen werden könne, ist eine sehr alte Vorstellung und begegnet uns schon in merowingischer Zeit; das wanderzeitliche Königtum war grundsätzlich von einer magischen Aura umgeben, die bestimmte Heilserwartungen an den König zu knüpfen erlaubte: Fruchtbarkeit von Mensch, Vieh und Acker, Sieg und damit Beute für seinen Anhang, übermenschliche Kraft zur Erhaltung von innerem Frieden, Gerechtigkeit und allgemeinem Wohlergehen konnten von ihm erwartet werden, wobei alle diese Fähigkeiten nicht nur an der einzelnen Person, sondern an der ganzen königlichen Familie hafteten, die deshalb in besonderer Weise geeignet war, Könige hervorzubringen. Nach dem Sieg der christlichen Religion ist dieser Glaube zwar bestritten, aber nicht verdrängt worden. Er wurde dergestalt verändert, daß jetzt nicht mehr undifferenziert eine ganze Familie, sondern nur noch der gekrönte König heilsbegabt war, verdankte er seine Stellung doch einem sakramentalen, in liturgischer Form gespendeten Akt, der Königsweihe, und damit entsprang sein übernatürliches Tun einer göttlichen Gnade, die an das verliehene Amt gebunden war.

Eine solche Amtsheiligkeit liegt bei Robert II. nicht vor, seine Fähigkeit rührte aus persönlichem Verdienst, aus einer Lebensführung, die der Biograph nicht anders denn als heiligmäßig verstehen wollte. Das hängt auch mit den literarischen Möglichkeiten der Zeit zusammen, der nur das Heilige als darstellungswürdig galt und die als einzige Form der Lebensbeschreibung die Hagiographie kannte. Die Gattung ergriff gewissermaßen ihren Gegenstand: Wer einen Lebenslauf beschreiben wollte, brauchte als Voraussetzung die besondere Würdigkeit seines Helden, der dann nach den Grundsätzen des Heiligenlebens stilisiert werden mußte.

Dennoch hat das Heilungswunder König Roberts traditionsbildend gewirkt. Sein Enkel, König Philipp I., und der bereits als Mitkönig gekrönte Ludwig VI. haben nach einem im übrigen sehr skeptisch-kritischen Bericht des Mönches Guibert von Nogent über das Reliquien- und Wunderwesen durch Berühren des Kranken und das Zeichen des Kreuzes heilen können. Ihre Fähigkeit bezog sich auf die Skrofeln, ein tuberkulöses Hautleiden, und diese Krankheit haben hinfort bis zur Revolution alle französischen Könige an ihrem Krönungstag heilen können. Insofern stand Robert II. am Anfang einer Entwicklung, die das französische Königtum systematisch über den Adel, aber auch über die anderen Monarchen Europas erheben sollte. Sie begann mit dem Zuschreiben ungewöhnlicher persönlicher Tugenden und führte in drei Generationen zur amtsgebundenen Begnadung.

Regionen und Stämme

Hatte König Robert auch die Cluniazenser auf seiner Seite, so war die Beziehung zur kirchlichen Hierarchie keineswegs ungetrübt. Der Episkopat verhielt sich ihm gegenüber seit dem Reimser Bistumsstreit reserviert, und den Papst provozierte eine neu geschlossene Ehe mit Berta, der Witwe des 996 verstorbenen Grafen Odo I. von Blois-Chartres und Tochter König Konrads von Burgund, weil eine zu nahe Verwandtschaft des Paares geltendes Kirchenrecht verletzte. Diese Spannungen haben den größten Teil der Regierung Roberts bestimmt und zu langen, belastenden Auseinandersetzungen geführt. Zunächst aber konnte er einen bedeutenden Erfolg verzeichnen.

Im Oktober 1002 starb sein Oheim, Herzog Odo-Heinrich von Burgund, ohne Erben zu hinterlassen, und die Eingliederung des Herzogtums in die Krondomäne schien möglich, wenn es gelang, den mächtigsten Mann dieser Region, den Grafen Odo-Wilhelm von Mâcon, als Konkurrenten auszuschalten. Mit Unterstützung Clunys und des Bischofs Hugo von Auxerre begann der König zunächst politischen, bald darauf auch militärischen Druck auf Wilhelm und seine burgundischen Anhänger auszuüben, unter denen sich Bischof Brun von Langres über Jahre hin als der hartnäckigste Widersacher Roberts II. erweisen sollte. In den Jahren 1004/05 wurde der Graf von Mâcon so geschwächt, daß er seine Ansprüche aufgeben mußte, aber bis 1016 wurde um Burgund gekämpft. Dann starb Brun von Langres, und sein Nachfolger Lambert mußte vor der Einweisung ins Amt die königliche Herrschaft über das Herzogtum anerkennen und Dijon herausgeben, das fortan die Hauptstadt Burgunds sein sollte. Mit dem burgundischen Adel kam der König überein, daß sein zweitgeborener Sohn Heinrich als Herzog eingesetzt und damit den Großen des Landes eine gewisse Autonomie erhalten werden sollte.

Obwohl die Regierung tatsächlich von Robert II. ausgeübt wurde, zeigt dieser Vorgang doch die starke Stellung des Adels in den Großregionen der Monarchie. Ihm mußte Rechnung getragen werden, wenn auch der Unterschied zu den von der deutschen Verfassungsgeschichte her gewohnten Verhältnissen vor allem darin besteht, daß wir in Frankreich eine weniger stark ausgeprägte ethnische Basis regionaler Herrschaft vorfinden. Um die Frage, ob es nicht auch in Frankreich Volksstämme nach Art der Sachsen, Franken, Bayern, Alemannen gegeben hat, ist viel gestritten worden und zumindest müssen wir annehmen, daß längerdauernde Herrschaft auch ethnogenetische Prozesse zur Folge hatte, daß also Franci, Burgunder, Aquitanier, Goten, Normannen, Bretonen und Basken ein Selbstverständnis als eigenständige Gruppierungen entwickelt hatten. Fraglich bleibt aber, ob diese Gruppierungen als solche politisch so handlungsfähig waren, wie es die deutschen Stämme bis ins 12. Jh. immer wieder unter Beweis gestellt haben. Ein in diesem Sinne spezifisches Stammesbewußtsein ist nicht erkennbar, und obwohl die französische Forschung zumindest *Franci, Burgundiones* und *Aquitani* als ethnische Gruppe betrachtet, ist die Frage nach ihrer Beteiligung an der Königswahl lange nicht gestellt worden.

War der französische König auch ein Repräsentant von Stämmen, so wie der deutsche von den mächtigen Stammesherzögen gewählt oder doch zumindest nachträglich anerkannt werden mußte? Bisher konnte nicht überzeugend dargetan werden, daß etwa die Herzöge von Burgund oder von Aquitanien bei der Königswahl als Vertreter und Beauftragte der *Burgundiones* oder der *Aquitani* aufgetreten wären und nicht vielmehr als *principes,* als Fürsten, deren Zustimmung gewonnen werden mußte, weil sie mächtige Dynasten waren. Angesichts dieser Lage ist es wichtig, das Verhältnis von Königtum und Regionalgewalten besser kennenzulernen, aber ebenso sollten auch die ethnischen Befunde neu gesichtet und bewertet werden.

In der Normandie ist der Vorgang einer solchen Stammesbildung nach Einrichtung der normannischen Herrschaft recht gut zu verfolgen. Zwar geht die Forschung heute zurückhaltender mit der Toponymie als Hilfsmittel der Siedlungsgeschichte um als noch vor wenigen Jahrzehnten, aber trotz des Unsicherheitsfaktors einer bis ins 11. Jh. möglichen Neubildung skandinavischer Ortsnamen ist die Massierung personenbezogener Toponyme (Tocqueville < Tokivilla = »Dorf des Toki«; Auberville < Osbernvilla = »Dorf des Osbern«) und solcher mit den nordischen Suffixen -tot (Yvetot, Hautot) oder -lundr (Etalondes) im Norden der Halbinsel Cotentin und in der Küstenregion rechts der Seine Indiz für skandinavische Siedlungsschwerpunkte. Die Verschmelzung mit dem fränkischen Bevölkerungsteil wurde durch Heiraten gefördert, und daraus wiederum folgte das Verschwinden der skandinavischen Sprache innerhalb weniger Generationen. Angesichts des unverhältnismäßig hohen Männeranteils unter den nordischen Siedlern hatten deren fränkische Frauen ihre »Muttersprache« bald durchgesetzt. Aus den skandinavischen Einwanderern und dem autochthonen fränkischen Bevölkerungsteil ist also ein neues Ethnos entstanden. Es konnte sich unter dem Dach der seit Karl III. anerkannten regionalen Herrschaft bilden, und ähnlich lagen die Dinge in der Bretagne, in Aquitanien, Burgund, der Francia, Gascogne und in Toulouse-Narbonne: Dort regierten Herzöge, und erst diese *duces* haben die französischen »Stämme« hervorgebracht, deren gentiler Charakter sich also (mit Ausnahme der keltischen Bretonen) später geformt hat als bei den Sachsen oder Alemannen. Die französischen

Könige haben sich immer bemüht, diese Herzöge nicht zu festen Bestandteilen der Reichsverfassung werden zu lassen, und es ist ihnen weitgehend gelungen.

Bewundernswert ist das deshalb, weil die schmale Machtgrundlage des Königtums wenig Raum für durchgreifende politische Konzepte ließ. Die lange herrschende Vorstellung, wonach Frankreich bis ins 12. Jh. feudaler Anarchie anheimgefallen wäre, bot jedenfalls insoweit eine Erklärung, als man im Kampf aller gegen alle eine gewisse Neutralisierung der Gegner zu erkennen glaubte. Gleichsam im Windschatten der einander aufreibenden Kräfte hätte die Monarchie ihren zähen Aufstieg genommen. Seit wir aber wissen, daß die Herrengewalt sich in den Regionen so konsolidiert hat, daß am Ende eine überschaubare Zahl von Fürstentümern neben der Krondomäne stand und daß in ihnen karolingerzeitliche Verwaltungseinrichtungen fortgeführt und ausgebaut werden konnten, ist die Behauptung und mehr noch der endliche Sieg dieses Königtums wieder ein erklärungsbedürftiges Phänomen geworden.

Die Entstehung der Fürstentümer

Das Lehnsband kommt für eine solche Erklärung nicht mehr in Frage, denn die Zahl der dem König geleisteten Huldigungen war schon lange immer weiter zurückgegangen. Mit wenigen, hier nicht ins Gewicht fallenden Ausnahmen huldigten nur noch der Kronepiskopat, die lehnsfähigen Bewohner der Krondomäne und einige Großvasallen, Herren größerer Machtbereiche, die sich dem Akt stellvertretend für alle ihre Grafen und anderen eigenen Lehnsträger unterzogen. Aber auch jene, die auf eine persönliche Huldigung verzichtet hatten, haben den König anerkannt, so daß seine Stellung nicht auf einem Rechtsverhältnis ruhte, sondern sich aus dem politischen Willen der Herren großer Prinzipate ergab. Diese *principes* waren faktisch Stellvertreter des Königs, denn sie übten in ihrem Herrschaftsbereich seine Rechte aus und hatten folglich alle Staatsgewalt in Händen. Die karolingische Grundlage dieser Verfassung wird dabei nicht nur in den Institutionen sichtbar, vor allem in der Grafschaft, sondern besonders gut in einer personalen Kontinuität, denn die fürstlichen Familien des französischen 12. Jh.s waren schon im Reiche Karls des Großen bedeutend gewesen, und große Teile des mindermächtigen Adels kamen aus ihren Vasallenverbänden. Diese alten Geschlechter hatten ein ausgeprägtes Familienbewußtsein, dem sie ihre Stellung zu einem guten Teil verdankten und dessen politisches Gewicht auch Robert II. zu spüren bekam.

Der von Rom ausgehende Widerstand gegen seine Ehe mit Berta von Blois hatte den König in den Jahren 1003/04 veranlaßt, sich wieder von dieser Frau zu trennen. Das scheint ihm auch deshalb leicht gefallen zu sein, weil die Verbindung nicht zur Geburt eines Sohnes und Erben

geführt hatte, und er heiratete bald darauf Constanze von Arles, Tochter Graf Wilhelms I. von der Provence und Adelas von Anjou, eine energische und ehrgeizige Dame, deren provenzalisches Gefolge durch lockere Sitten, gewagte Kleider und anzügliche Bemerkungen dem eher biederen nordfranzösischen Hof manchen Ärger bereitet hat. Robert geriet Constanze gegenüber bald in die mißliche Lage dessen, der seine Entschlüsse entweder unzulänglich rechtfertigen oder verbergen muß und dachte wohl manchmal an seine frühere Ehe zurück. Dazu bestand um so mehr Anlaß, als Constanzes Stellung durch die Geburt eines Thronfolgers gestärkt wurde, den man nach dem Großvater Hugo nannte.
Mit dem König trauerte eine ganze Hofpartei der entschwundenen Berta nach und lag, weil sie politisch dem Haus Blois-Chartres nahestand, mit der provenzalischen Fraktion im Streit. Als während eines Jagdausfluges im Herbst 1008 der Pfalzgraf Hugo von Beauvais, Haupt der Blois-Partei und Günstling des Königs, unter dessen Augen erschlagen wurde, beschuldigte man den Grafen Fulco III. Nerra von Anjou, den Mord bestellt zu haben, denn bei ihm fanden die Täter Asyl und er weigerte sich auch, vor das Hofgericht zu kommen. Grund hätte die Familie der Königin Constanze schon gehabt, denn Robert führte sich unerträglich auf, war mit Berta nach Rom gereist, um den Papst, leider vergeblich, in der Eherechtsfrage doch noch umzustimmen und hatte durch seine persönliche wie politische Wankelmütigkeit den Stolz und die Ehre zweier großer Familien empfindlich verletzt. Im Jahre 1017 war es ihm immerhin gelungen, seinen Sohn Hugo zum Mitkönig erheben zu lassen und Widerstände der Großen zu überwinden, weil dieses Verfahren natürlich das Wahlrecht und damit die Beteiligung des Adels am Reich einschränken mußte.
Die capetingische Monarchie stand in diesen Jahren an einem kritischen Punkt zwischen Wahlprinzip (für das es mit dem deutschen Reich immerhin den Beweis gab, daß sogar eine Großmacht darauf gebaut werden konnte) und langsam sich vorbereitender dynastischer Erbfolge. Kritisch war die Frage deshalb, weil die großen adligen Hausherrschaften sich inzwischen staatlich gefestigt hatten und in ihren Machtbereichen jener ethnogenetische Vorgang einsetzte, der bei ungestörtem Verlauf in Flandern, der Normandie, Bretagne, im Anjou, in Blois-Chartres-Champagne, Burgund, Aquitanien und Toulouse stabile Einheiten hervorzubringen drohte, die nationsartig neben die Krondomäne treten konnten.
Diese Fürstentümer waren häufig durch die Kumulation von Grafschaften entstanden, indem Erbfall, Vormacht und Eroberung in der Hand eines Grafen und seines Hauses mehrere Grafschaftsrechte zusammengezogen hatten. Ein solcher Vorgang konnte sich über mehrere Generationen hinziehen, wie das Beispiel der Grafschaft Flandern mit ihrer Hauptstadt Brügge zeigt. Der Graf von Flandern beherrschte seit dem 10. Jh. die Grafschaften Waesland, Gent, Courtrai, Mempisc, Carabant, Mélentois,

Tournai, Ostrebant und Arras; in Boulogne und Thérouanne hatte er Untergrafen eingesetzt und seinerseits dem König von Frankreich für diese Besitzungen gehuldigt, die deshalb insgesamt als »Kronflandern« bezeichnet wurden. Zwischen 1002 und 1056 konnte der Besitz um die zum deutschen Reich gehörenden niederlothringischen Grafschaften Alost und Hennegau erweitert werden sowie um die Landschaften Overschelde und Vier Ambachten, die Insel Walcheren und vier weitere seeländische Inseln; dieser Teil des Fürstentums hieß »Reichsflandern« und war staatsrechtlich von Kronflandern zu unterscheiden. Durch die Ehe der Gräfin Isabella von Hennegau mit König Philipp II. August von Frankreich ging der Südteil der Grafschaft Flandern in den Besitz der Krone Frankreichs über und trug vom 13. Jh. an die als Landschaftsname bis heute erhaltene Bezeichnung »Artois«.

In der Genese mit Flandern vergleichbar ist die Grafschaft Anjou, die unter dem hier schon erwähnten Fulco III. Nerra vor 1040 aus dem ursprünglich bestehenden Lehnsverband zum französischen König austrat und sich im Laufe der nächsten Generationen durch weitere Erwerbungungen zum angevinischen Fürstentum aufschwingen konnte. 1044 wurden die Touraine, 1110 Maine angegliedert und eine straffe lehnsstaatliche Verwaltung aufgebaut. Seit 1144 war Graf Gottfried V. von Anjou auch Herzog der Normandie, 1152 wurde das Herzogtum Guyenne erworben, und wenn ein gut regiertes Fürstentum dieser Größenordnung für den König schon bedrohliche Konkurrenz war, so brachte das Jahr 1154, in dem Heinrich Plantagenêt, Graf von Anjou und Herzog der Normandie, König von England wurde, eine vielfache Übermacht.

Auch die Grafschaft Blois war auf einem solchen Wege, konnte aber durch glückliche Heiratspolitik am Ende neutralisiert werden. Bereits vor 1037 hatte Graf Odo II. die Grafschaften Blois, Chartres und Champagne vereinigen können, aber 1152 ging die Verbindung wieder auseinander und das Hauptgewicht der gräflichen Stellung verlagerte sich in die Champagne, die seit 1160 durch Verheiratung König Ludwigs VII. mit Adela von Champagne eng an die französische Krone gebunden wurde.

Im Süden hatten die Grafen von Toulouse Albi und Cahors an sich gebracht und schufen einen Herrschaftskomplex, der seit 1112 von der mittleren Garonne bis zur Rhônemündung reichte. 1152 erwarben sie durch einen Teilungsvertrag mit den Grafen von Barcelona die Markgrafschaft Provence hinzu und sollten erst im 13. Jh. als Folge der Albigenserkriege ihre Stellung wieder einbüßen.

Gegenüber diesen durch allmählichen Zuwachs und Gewinn entstandenen Fürstentümern standen andere auf älterer, teilweise durch eigene ethnische Tradition gesicherter Basis. Zu ihnen gehörte die Normandie mit einem seit dem 10. Jh. bestehenden Schwerpunkt um die Stadt Rouen, auf den die westlich davon gelegenen Grafschaften Sées, Hiémois, Bayeux, Avranches und Cotentin ausgerichtet waren. Die Herzogsgewalt manife-

stierte sich hier ungewöhnlich stark, denn sie umfaßte außer der Hochgerichtsbarkeit und dem unmittelbaren Aufgebotsrecht auch die Befugnisse zum Besetzen aller Bistümer und eine Vormundschaft des Herzogs über alle minderjährigen Adligen. Mit dieser nicht auf Lehnrecht begründeten Zentralverwaltung war die Normandie schon für sich genommen der Krondomäne überlegen; ihr Aufgehen im angevinischen Fürstentum und die seit 1154 feste Personalunion mit England schufen einen Machtblock, der das französische Königtum weit in den Schatten stellte.
Eine ethnische Sonderstellung, bis heute spürbar, hatte die Bretagne, die ihren Namen *Britannia* keltischen Flüchtlingen von den Britischen Inseln verdankt. Die angelsächsische Invasion des späten 5. Jh.s hatte sie vertrieben, und ein hartnäckiges Autonomiestreben verhinderte nicht nur die Eingliederung der Bretagne in das Frankenreich, sondern auch die kohärente Organisation der Herrschaft im Lande selbst. Conan I., ein Enkel des Grafen von Rennes, nahm zwar im Jahre 990 den Herzogstitel an, aber die lehnrechtliche Zersplitterung war nicht zu verhindern. Auch der französische König hat wenig ausgerichtet und mußte 1113 auf normannischen Druck sogar die Lehnshoheit aufgeben. Seit 1166 richtete sich eine englische Verwaltung in der Bretagne ein, nachdem Heinrichs II. Sohn Gottfried die Tochter Herzog Conans IV. geheiratet hatte.
Das im Raum Autun/Auxerre/Langres/Troyes konstituierte Herzogtum Burgund schließlich war 956 durch Heirat an den Bruder Hugo Capets gefallen und durch den bekannten Erbfall von 1002 nach längeren Kämpfen an Robert II. gekommen. Mit dem Bruder König Heinrichs I. sollte 1032 die lange Regierungszeit capetingischer Herzöge in Burgund beginnen, deren schwache Position gegenüber der Monarchie dieser für Generationen großen Einfluß gesichert hat.
Im Süden hatte die Bezeichnung *Aquitania* ursprünglich alles Land südlich der Loire umfaßt. Mittlerweile gehörte aber, wie wir gesehen haben, die Grafschaft Toulouse nicht mehr zum Herrschaftsbereich des aquitanischen Herzogs, dessen Gewalt auf das Poitou reduziert war. Er behauptete zwar die Lehnshoheit über Anjou, Angoulême, La Marche und Périgord, aber diese Rechte lebten erst 1137 wieder auf, als die Erbtochter Eleonore von Aquitanien König Ludwig VII. heiratete. Hier hätte das Königtum den Grund zur Vorrangstellung in Frankreich legen können, aber Ludwig trennte sich nach einigen Jahren wieder von Eleonore, die 1152 Heinrich Plantagenêt von Anjou/Normandie heiratete, der 1154 als König Heinrich II. den englischen Thron bestieg.
War die französische Monarchie damit auf eine im Vergleich zu den Fürstentümern mindermächtige Position zurückgeworfen, so zeigt eine nähere Betrachtung strukturelle Übereinstimmungen zwischen Krondomäne und regionaler Herrschaft. Diese Übereinstimmung erstreckt sich bis hin zu verfassungsgeschichtlich bedeutsamen Tendenzen, die für König und Fürsten gleichermaßen Gefahren der Zersplitterung ihrer Herrschaftsrechte mit sich brachten.

Burgen, Burgbezirke, *châtelains*

Die im 9. und 10. Jh. bedeutenden Familien haben ihre Position auch in den folgenden Jahrhunderten behaupten können und sind mit ihren wichtigsten Vertretern zum Fürstentum aufgestiegen. Entsprechend haben die großen Vasallen jener alten Familien im 11. und 12. Jh. deren Burgen innegehabt und als *châtelains* mit eigenen Lehnsleuten militärische und Verwaltungsaufgaben wahrgenommen. Sie gründeten Klöster und Stifte und förderten damit die für das Leben jener Zeit so bestimmende monastische Reform, sie schufen auf diese Weise eine Grablege für sich und ihre näheren Angehörigen und begründeten so ein den großen Dynasten entsprechendes Familienbewußtsein. Sie stellten die Domherren dort, wo die Großen die Bischofsstühle einnahmen und bildeten den zweiten Rang in der weltlichen und geistlichen Adelshierarchie. Die *châtelains* gingen nicht mehr persönlich zum *stagium*, zur Burghut, auf die Festungen ihrer Lehnsherren, sondern schickten ihre Vasallen dorthin; aus denen formierte sich, seit dem 11. Jh. gefördert durch das Ritterum, dessen Idealen auch die großen Herren sich verpflichteten, allmählich eine neue Niederadelsschicht, die auf ihre lokale Herrschaft orientiert war und diese damit nachhaltig stärkte.
Von solchen Verhältnissen ist die hochmittelalterliche Verfassung Frankreichs bestimmt worden. Fürstentümer wie Krondomäne bestanden aus Burgbezirken, von denen es im 11. Jh. wohl 1000 gegeben hat. Was in der Karolingerzeit der *pagus*, der Gau, gewesen war, war nun der vom *châtelain* verwaltete oder beherrschte Burgbezirk. Insoweit war der *châtelain* Nachfolger des Grafen als Inhaber der Banngewalt, die er in seiner Familie aber vererbte, statt sie jedesmal direkt und in bestimmten lehnrechtlichen Formen vom König verliehen zu bekommen. So entstand die berühmte *seigneurie banale* der französischen Verfassungsgeschichte, die im Burgbezirk, der *châtelainie*, Abgaben einforderte und dafür den Bewohnern ein Minimum an Schutz gewährte. Ihre hohe Zeit hat diese Herrschaftsform vom Anfang des 11. bis zur Mitte des 12. Jh.s erlebt. Von da an verlor sie immer mehr öffentliche Rechte und damit ihre Autonomie an die Fürsten oder, im Gebiet der Krondomäne, an den König.
Die *châtelains* haben aber kräftige Spuren in Gestalt von Siedlungen in der Nähe ihrer befestigten Plätze hinterlassen. Wir kennen diese Siedlungen bereits unter dem Namen *burgus* und haben für ihre weitere Entwicklung eine Fülle von Zeugnissen aus allen Teilen Frankreichs. Ein schönes Beispiel ist die heutige Stadt Vendôme im Département Loir-et-Cher. Im 10. Jh. lag dort eine Burg als Zentrum einer Grafschaft, die später in Abhängigkeit von den Anjou geriet. Graf Gottfried Martell stiftete 1033 in unmittelbarer Nachbarschaft das Kloster La Trinité und gestattete die Anlage eines *burgus* in der Nähe. Diesen *burgus*, die Burg selbst und ihre Siedlung bezeichnete man 1092 als *oppidum*, als Stadt; aber trotz Hand-

werker- und Kaufleutequartier, trotz Münzstätte und Messe überwog die militärisch-herrschaftliche Bedeutung noch die wirtschaftliche.
Die meisten französischen Mittelstädte sind auf diese Weise oder auch im Umkreis kirchlicher Zentren entstanden, und vom Jahre 1000 an häufen sich die *burgensis*-Belege als Bezeichnung für die Stadtbewohner, die nicht Adlige, Ritter oder Kleriker waren. Der *bourgeois*, der Bürger, hatte das Licht der Welt erblickt.
Diese Bürger, ob Handwerker oder Kaufleute, brauchten öffentlichen Frieden, um nicht ständig in ihrer Tätigkeit gestört oder auf den Wegen beraubt zu werden. Unter den andauernden Adelsfehden litten aber auch die Bauern, und weil sie die Haupternährer aller waren, hatte bereits gegen Ende des 10. Jh.s der hohe Klerus zunächst im Süden Frankreichs begonnen, den Adel zu Friedensvereinbarungen zu veranlassen und die entsprechenden Gelöbnisse mit geistlichen Strafen durchzusetzen. Zuerst 975 im Bistum Le Puy, dann 989 in der Erzdiözese Bordeaux kam es zu solchen Friedensgelübden des Adels, den der Bischof unter Berufung auf sein Hirtenamt im Zusammenwirken mit der Landbevölkerung dazu zwang. Zunächst wurden bestimmte Personengruppen (Kleriker und Bauern) und Sachen (Kirchen, Häuser, Nutztiere, Feldfrüchte) gegen Gewalt geschützt, dann vereinbarte man Zeiten, besonders die kirchlichen Hochfeste und viele lokale Heiligentage, an denen keine Fehden geführt werden durften. Ein solch terminierter Frieden ist 1033 in den Akten des Konzils von Vich in der Grafschaft Barcelona zum ersten Mal als *Treuga Dei*, als Gottesfriede, bezeichnet worden. Sehr erfolgreich hat diese Friedensbewegung als Werk der Bischöfe bis in das 12. Jh. gewirkt. Dann setzte sich das Königtum an ihre Spitze und leitete sie in andere Bahnen.
Während das Mönchtum beim Friedensschutz den Bischöfen weitgehend das Feld überlassen hat, sind auf dem Gebiet der kirchlichen Baukunst von ihm die Impulse zu beeindruckenden Leistungen ausgegangen, deren Unterschiede mehr regional als funktional begründet sind. Um das Jahr 1000 entstanden in der Normandie, im Poitou, in Burgund, Aquitanien, der Auvergne und Provence Formen, die vor allem im Süden von antiker Tradition geprägt waren, aber eigenständigen Charakter haben. Burgund als Ausgangslandschaft der monastischen Reform hat mit dem 981 geweihten zweiten Bau der Abteikirche von Cluny wichtige Anregungen gegeben, indem Staffelchor und westliche Doppelturmfassade vorbildlich wurden; die Abteikirche St. Martin in Tours erhielt in den Jahren 997 einen Chorumgang; in Reims gliederte man zwischen 1005 und 1049 die Wände des Langhauses der Klosterkirche St. Remigius durch ein Emporengeschoß. Unmittelbar darauf begannen die sogleich auf einen Höhepunkt führenden normannischen Klosterbauten mit der zwischen 1040 und 1067 entstandenen Abteikirche von Jumièges, die eine lineare Ausrichtung von Arkaden, Emporen und Fenstern mit starker Betonung der Raumhöhe verband, die durch halbrunde Pfeilervorlagen

vom Boden bis zur Decke sichtbar gemacht wurde. Entsprechendes zeigen wenige Jahre später die Klosterkirche auf dem Mont St-Michel sowie St-Étienne und St-Trinité in Caen, während weiter südlich ganz andere Raumkonzepte erprobt wurden: Dreischiffige Hallenkirchen im Poitou, wie sie sich die Mönche von St-Savin-sur-Gartempe im späten 11. und die Chorherren von Notre-Dame-la-Grande/Poitiers im zweiten Viertel des 12. Jh.s mit Querhaus, Chorumgang, Kapellenkranz und tonnengewölbtem Mittelschiff errichteten; einschiffige Kuppelkirchen in Aquitanien; gewölbte Hallenkirchen mit Emporen und einer Kuppel über der Vierung in der Auvergne; einschiffige Saalkirchen und dreischiffige Basiliken in der Provence. Mit dem Beginn des 12. Jh.s war die führende Rolle Frankreichs in der europäischen Architektur begründet.

Es war noch nicht die Zeit der großen Kathedralbauten, denn die Bischöfe als deren Auftraggeber waren bis zur Mitte des 11. Jh.s zu sehr von weltlichen Gewalten abhängig und hatten ihr Verhältnis zu König, Herzögen oder Grafen nicht klar genug definieren können. Noch beanspruchten zu viele Herren das Ernennungsrecht und die Hoheit über das weltliche Gut der Bistümer, auch die Stadtherrschaft war regional sehr verschieden geregelt: Während es in Orléans und Paris, den beiden wichtigsten Städten der Krondomäne, kaum bischöfliche Rechte wahrzunehmen gab, hatte der Bischof von Laon sehr weitgehende Befugnisse, brachte es aber nicht bis zu den Grafenrechten, die sein Amtsbruder in Soissons im 12. Jh. erwerben konnte. Im Süden fand sich die Stadtherrschaft zwischen dem Bischof und der weltlichen Macht mitunter geteilt, wie in Marseille, wo der Vizegraf über Burg, *burgus* und alten Hafen gebot, während der Bischof die neuen Viertel beherrschte. Grafenrechte in der Hand des Bischofs fanden sich öfters am Südrand des Zentralmassivs, in Le Puy, Mende, Lodève und Viviers; als der Graf sie dem Bischof von Clermont bestritt, bot er Ludwig VI. willkommenen Anlaß zum Ausgreifen in den Süden unter dem Vorwand königlichen Kirchenschutzes.

Robert II. und Kaiser Heinrich II.

In diesem für die Ausformung Frankreichs so wichtigen 11. Jh. hat das Königtum mit wechselndem Erfolg um den Ausbau seiner machtpolitischen Stellung gekämpft und ist dabei mehrfach in Beziehung zur großen europäischen Politik getreten. Als im Jahre 1019 die Grafschaften Troyes und Meaux durch den Tod ihres Herrn, der keine direkten Erben hinterließ, frei wurden, wollte Robert II. sie zur Krondomäne schlagen und damit seinen burgundischen Zugriff in dieser wichtigen, dem Kronland benachbarten Region wiederholen. Er stieß aber auf den Widerstand Graf Odos II. von Blois-Chartres-Tours, der Ansprüche geltend machte

und seit 1023 auch weitgehend durchsetzen konnte. Damit war der König unmittelbar bedroht, hatte mit der entstehenden Großgrafschaft Blois-Chartres-Champagne ein weiteres bedeutendes Fürstentum neben sich und mußte nach Bundesgenossen Ausschau halten, die im Kampf gegen die vorhersehbare Entwicklung helfen würden. Hier bot sich Kaiser Heinrich II. an, dem die Umtriebe Odos von Blois ebenfalls mißfielen. Der Graf hatte nämlich im oberlothringischen Gebiet Burgen angelegt und damit Interessen des Reiches berührt, so daß ein gemeinsames Vorgehen der beiden Herrscher nahelag, zumal Heinrich II. die Zustimmung des französischen Königs für seine eigene Kirchenpolitik wünschte. Am 10. und 11. August 1023 trafen sich Kaiser und König an der Maas und schlugen dem diplomatischen Brauch der Zeit entsprechend ihre Lager einander gegenüber auf: Heinrich II. auf dem rechten Ufer des Flusses bei Ivois, Robert auf der anderen Seite bei Mouzon.
Noch einmal schienen sich die Zeiten zu erneuern, in denen Kämpfe zwischen König und Großvasallen im Westen durch den Kaiser als Schiedsrichter beendet wurden, aber was Brun von Köln für Otto den Großen erreicht hatte, mißlang Heinrich II.: Odo von Blois beharrte auf seinem Rechtsstandpunkt, den er in einem wohl durch Bischof Fulbert von Chartres formulierten Brief an Robert II. begründete. In der Frage der Kirchenpolitik kam es dagegen zu einer Vereinbarung, die wesentliche Aussichten für die Autorität der französischen Monarchie eröffnete. Beide Könige und die Bischöfe beider Reiche sollten mit dem Papst zu einer Synode in Pavia zusammenkommen, um die großen Probleme der lateinischen Christenheit gemeinsam zu beraten und für alle bindende Entscheidungen zu treffen. Erinnerungen an die politische Dominanz des Frankenreiches in Europa wären durch das Wirken seiner Nachfolger wach geworden, wenn nicht der überraschende Tod des Kaisers am 13. Juli 1024 den Plan vereitelt hätte. Robert II. sah sich dadurch plötzlich in der Rolle des Umworbenen, denn große Teile des italienischen Adels wollten die Stunde nutzen, um die deutsche Herrschaft südlich der Alpen zu brechen, und sie boten dem König von Frankreich die Krone ihres Reiches an.
Es war eine staatsmännische Tat, dieses Angebot nicht nur für sich selbst, sondern auch für den Sohn abzulehnen: Robert vermied auf diese Weise den Konflikt mit Konrad II., der ihn und sein Haus angesichts der inneren Lage Frankreichs leicht hätte vernichten können. Nun wandten sich die Italiener an Herzog Wilhelm von Aquitanien, der eine Zusage gab und sich sofort bemühte, sein erstrebtes Königtum gegen Konrad II. zu sichern, indem er das bevorstehende Aussterben des welfischen Königshauses in Burgund nutzte, um eine Koalition gegen den dort als Nachfolger vorgesehenen deutschen König zu bilden. Nächster Erbe der Welfen war Odo II. von Blois-Chartres, und ihn versöhnte Wilhelm mit Robert II., der sich vom Kampf gegen den deutschen König die Rückkehr Lothringens zu Frankreich versprach. Er war deshalb bereit, Odo endgültig Meaux-

Troyes und damit die Champagne zu überlassen, aber die geplanten großen Eroberungen kamen nicht zustande, weil Wilhelm von Aquitanien auf einer Erkundungsreise nach Italien unüberwindlichen Widerstand vor allem der italienischen Bischöfe erfuhr und den ganzen Plan aufgab. Robert II. sah sich damit in schlechterer Position als vorher. 1025 war sein ältester Sohn Hugo gestorben und über die Frage der Nachfolge im Mitkönigtum zerstritt sich die königliche Familie, spaltete damit die Hocharistokratie in verschiedene Lager und beschwor eine Reichskrise herauf. Gegen wütenden Widerstand der Königin Constanze, die ihren dritten und Lieblingssohn Robert in dieser Würde sehen wollte, setzte der König die Weihe Heinrichs als des Zweitgeborenen durch, doch dieser verbündete sich mit Odo von Blois gegen den Vater, so daß Robert II. sich nur mühsam und mit Hilfe der Erzbischöfe von Reims, Sens, Tours und Bourges bis zu seinem Tode am 20. Juli 1031 behaupten konnte.
Als König Heinrich I. konnte der Nachfolger sein Amt antreten, aber schon im folgenden Jahr wurde ein wichtiger Grundstein aus dem Fundament seiner Herrschaft gebrochen. Odo II. von Blois erreichte in Sens die Wahl eines seiner Anhänger zum Erzbischof und konnte die wichtige Stadt daraufhin besetzen. Nicht genug damit strebte die Königin Constanze eine Absetzung Heinrichs an, um nach einer Zwischenperiode unter eigener Regentschaft die Königserhebung Roberts betreiben zu können. Angesichts der damit verbundenen Aussicht auf Wiederbelebung des Königswahlprinzips fand sie starke Bundesgenossen, und Heinrich I. wurde nur dadurch von der Drohung befreit, daß Odo von Blois sein Interesse auf das Königreich Burgund lenkte, um den durch Wilhelm von Aquitanien freigemachten Platz im Kampf gegen Konrad II. einzunehmen. Mit innerer Logik kam es so zur erneuerten Anlehnung des französischen Königs an das Reich, und im Frühsommer des Jahres 1033 trafen sich Konrad II. und Heinrich I. in Deville an der Maas, schlossen ein Bündnis gegen Odo und verabredeten eine Ehe Heinrichs mit Konrads zweiter Tochter. Diese Verbindung kam zwar wegen des frühen Todes der deutschen Prinzessin nicht zustande, doch zeigt der Plan die Absicht einer auf mittlere Sicht dauerhaften Allianz.
Mit der Eroberung des Königreichs Burgund durch Konrad II. im folgenden Jahr riß für die französischen Könige jede Verbindung nach Italien für Jahrhunderte ab, aber weniger diese für die Geschichte Frankreichs so folgenreiche Tatsache beschäftigte Heinrich I., als vielmehr die unangenehme Aussicht, wieder mit dem auf seinen Ausgangsplatz verwiesenen Odo von Blois konfrontiert zu werden. Glücklicherweise kämpfte der Graf aber weiter gegen Konrad II. und fiel schließlich im Jahre 1037 bei Bar-le-Duc. Sein Erbe wurde geteilt, und 1044 konnte der königstreue Gottfried Martell von Anjou die Grafschaft Tours erobern. Heinrich I. war damit spürbar entlastet, doch die Heirat König Heinrichs III. mit Gottfrieds Stieftochter Agnes von Poitou im November 1043 brachte neue Sorgen. Das salische Haus verband sich mit der wohl mächtigsten

Familie des französischen Südwestens, einer Familie, die über Anjou, die Touraine und Aquitanien gebot. Eine unmittelbare Bedrohung der capetingischen Monarchie mußte damit nicht verbunden sein, denn der gemeinsame Feind aller drei Dynastien hieß nach wie vor Blois-Champagne, aber es war richtig, neue Bündnisse aufzubauen.

Heinrich I., das Haus Anjou und die europäische Bündnislage

Solche Allianzen mußten nunmehr europäische Ausmaße annehmen, und es gelang Heinrich I., den Grafen Balduin von Flandern und Herzog Wilhelm II. von der Normandie, den späteren Eroberer Englands, auf seine Seite zu ziehen. Vielleicht ist mit diesen diplomatischen Erfolgen im Umkreis des französischen Königs der Wunsch wieder wach geworden, einen neuen Versuch zur Rückgewinnung des nie ganz aufgegebenen Lothringen zu wagen. Auf einem ungewöhnlich gut besuchten Hoftag in Senlis zu Pfingsten 1048 sah Heinrich viele Bischöfe und weltliche Große um sich versammelt, darunter den Grafen von Flandern, den Herzog der Normandie und, Zeichen veränderter Beziehungen, Graf Tedbald III. von Blois-Champagne, Sohn und Nachfolger Odos II. Ob hier wirklich, wie man aus der geradezu einmaligen Zusammenkunft hochrangiger Fürsten am Königshof hat folgern wollen, der Krieg gegen das Imperium beraten und beschlossen wurde, läßt sich weder beweisen noch mit triftigen Gründen ausschließen. Im Oktober des gleichen Jahres traf Heinrich I. jedenfalls mit dem Kaiser bei Ivois zusammen, und beide beschworen einen Friedensbund, zu dem sich der französische König möglicherweise deshalb bereitfand, weil Heinrich III. in ihm Hoffnungen auf friedliche Restitution Lothringens geweckt hat. An so etwas war, jedenfalls im Augenblick, aber nicht ernsthaft zu denken, denn der Kaiser wahrte die Reichsrechte auch im Westen sehr entschlossen und hatte einen wichtigen Rückhalt dafür beim Papst.
Leo IX., einst Bischof von Toul aus dem Hause der elsässischen Grafen von Egisheim, setzte im Einvernehmen mit Heinrich III. wesentliche Ziele der Kirchenreform durch und wollte auf Einladung des Abtes Herimer von St-Rémi nach Reims reisen, um die neue, architektonisch so bemerkenswerte Klosterkirche zu weihen und gleichzeitig eine seiner großen Reformsynoden abzuhalten. Priesterehe und Simonie, die Übertragung geistlicher Ämter durch die weltliche Gewalt gegen Leistungen des Amtsinhabers, wollte der Papst auch in Frankreich abgeschafft wissen und stieß damit bei Heinrich I. auf geringes Interesse. Den französischen König störte auch die Herkunft des Papstes aus dem deutschen Episkopat und die Ernennung durch den Kaiser; daß dieser Mann in Reims über Angelegenheiten der französischen Kirche

entscheiden wollte, mußte als Rückfall ins vorige Jahrhundert erscheinen.

So fand die Synode vom 3. bis 5. Oktober 1049 zwar statt, aber ohne Beteiligung Heinrichs I., der sich auf einen Feldzug gegen den Grafen von Anjou begeben und den Kronepiskopat dazu aufgeboten hatte. Der Papst traf deshalb in Reims außer dem Erzbischof nur ein Dutzend Bischöfe, darunter die von Soissons, Thérouanne, Senlis, Langres und Nevers, ferner mehrere Äbte, unter denen Hugo von Cluny der vornehmste war. Gleichwohl oder gerade deshalb fiel das Strafgericht hart aus: Die Bischöfe von Nevers, Langres und Nantes wurden abgesetzt, unentschuldigt fehlende namentlich exkommuniziert, darunter vom Kronepiskopat der Erzbischof von Sens sowie die Bischöfe von Amiens und von Beauvais. Freilich gelang es nicht, einen Keil zwischen den König und die Bischöfe zu treiben.

Es hat aber anderweitig Veränderungen in der Umgebung des Königs gegeben, die, obwohl nur bei genauem Hinsehen auffallend, ein neues Moment in der Reichsverwaltung anzeigen. In den Zeugenlisten der königlichen Urkunden läßt sich nämlich das den Herrscher begleitende Gefolge für den jeweiligen Ausstellungstag teilweise erfassen, und zwischen 987 und der Mitte des 11. Jh.s können dabei Wandlungen festgestellt werden. Während in der Karolingerzeit ein Beglaubigungsvermerk des Kanzlers genügte, treten seit dem Regierungsantritt der Capetinger immer häufiger Zeugen auf, und der sich so dokumentierende Autoritätsverfall des Königtums und seiner Kanzlei erreichte gegen Ende der Regierungszeit Roberts II. einen Höhepunkt. Nicht nur bilden die Urkunden mit Zeugenlisten jetzt den Normalfall, auch der Zeugenkreis ändert sich, indem außer Bischöfen und Grafen immer mehr *châtelains* und Ritter aus der Ile-de-France genannt werden. Vergleicht man solche Zeugenkreise mit der engeren Region, auf die sich die Urkunde bezieht, so zeigt sich, daß die in der näheren Umgebung des Begünstigten, etwa eines Klosters, ansässigen Machthaber die Gültigkeit einer königlichen Schenkung garantieren müssen, weil der König selbst es gegen ihren Willen nicht mehr kann.

Andererseits scheinen seit den 40er Jahren des 11. Jh.s feste königliche Hofämter eingerichtet worden zu sein; *connétable (comes stabuli)* als Aufseher über den königlichen Marstall und *bouteiller (buticularius)*, der Mundschenk, traten damals auf und wurden bald durch den *sénéchal (senescalcus)* als mächtigen Oberhofmeister und den *chambrier (camerarius)*, den Kämmerer und Finanzverwalter, ergänzt. Zunächst kamen sie aus Kreisen des Niederadels, aber bald fanden sich Mitglieder bekannter Familien wie die Montlhéry-Rochefort, die Riche oder Garlandia unter ihnen und demonstrieren, daß der Königsdienst attraktiv zu werden begann, weil er Aufstiegsmöglichkeiten bot. Unter Heinrich I. hat das zunächst zögernd begonnen, sein Nachfolger sollte hier Ansatzpunkte finden.

Philipp I. (1060–1108)

Philipp I. stammte aus der dritten Ehe König Heinrichs, seine Mutter Anna war Tochter des Großfürsten Jaroslaw von Kiew. Der ungewöhnliche, byzantinische Name des Königssohnes erklärt sich aus dieser Verbindung, die weitläufig internationale Beziehungen des Großfürsten widerspiegelt, dessen Sohn eine Dame aus dem sächsischen Hochadel zur Frau hatte, während die Töchter Anastasia und Elisabeth mit den Königen von Ungarn und Norwegen verheiratet waren. Der zu Pfingsten 1059 als siebenjähriges Kind durch den Erzbischof von Reims zum Mitkönig geweihte Philipp übernahm ein schweres Erbe, als Heinrich I. am 4. August 1060 starb.

Drückend war besonders der unaufhaltsame Aufstieg des Herzogtums Normandie, dessen harte Verwaltung alle Kräfte so versammeln konnte, daß weder der König noch der Graf von Anjou allein oder miteinander den expansionsfreudigen Nachbarn zu zügeln vermochten. Glücklicherweise hatte Heinrich I. sich im Kräftegleichgewicht der Fürstentümer behauptet und das Bündnis mit Flandern über alle Wechselfälle hinweg erhalten. Graf Balduin V. von Flandern wurde nach Heinrichs Tod zum Garanten der capetingischen Monarchie.

Für diese hatte sich unter Heinrich I. ein politisches Konzept als günstig erwiesen, demzufolge der König seine Beziehungen zum Kronepiskopat pflegen mußte, militärische Mittel gegen einzelne innere Gegner nur im äußersten Notfall einsetzen durfte und außenpolitischen Spielraum brauchte. Balduins Regentschaft war insoweit loyal, als sie nicht gröblich gegen diese allgemeinen Prinzipien verstieß, aber in einer entscheidenden Frage konnte und wollte er die Interessen des französischen Königs nicht wahrnehmen.

Am Abend des 27. September 1066 brach Herzog Wilhelm II. von der Normandie mit über 500 Schiffen nach England auf, besiegte am 14. Oktober bei Hastings Harald Godwin und wurde am Weihnachtstag zum König von England gekrönt. Diese Stärkung des normannischen Herzogtums mußte der französischen Monarchie zum Schaden gereichen, doch Balduin V. war als Schwiegervater Wilhelms nicht in der Lage, den Lauf der Dinge zu verändern. Philipp I. selbst hat später den Versuch unternommen, die anglonormannische Herrschaft dadurch zu schwächen, daß er Wilhelms I. rebellierenden Sohn Robert Kurzhose gegen den Vater unterstützte, aber nachhaltigen Erfolg konnte er dabei so wenig verzeichnen wie bei der Aktion des Jahres 1071 gegen Flandern, seiner ersten großen selbständigen Regierungshandlung.

In Flandern war auf Balduin V. dessen gleichnamiger Sohn in der Grafenwürde gefolgt, hatte aber bei seinem frühen Tod im Jahre 1070 nur einen jungen Erben hinterlassen, dem sein Oheim Robert der Friese, zweiter Sohn Balduins V., die Nachfolge bestritt. Als Oberlehnsherr griff

König Philipp gegen Robert ein, erlitt aber im folgenden Jahr nordöstlich von St-Omer bei Cassel eine militärische Niederlage und erfuhr auf diese Weise recht schnell seine Grenzen. Vermutlich hätte er sich seinem Naturell nach in ihnen zurechtgefunden, wäre er nicht von der großen Auseinandersetzung zwischen geistlicher und weltlicher Gewalt ergriffen worden, die das Abendland bewegte und die mit der in Deutschland üblichen Bezeichnung »Investiturstreit« nur ungenügend charakterisiert wird. Philipp, den Guibert von Nogent als ein in geistlichen Dingen käufliches Subjekt anklagte, war durch seine Investiturpraxis scharfen Simonievorwürfen des streitbaren Papstes Gregor VII. ausgesetzt; er brachte aber nicht nur die Reformer gegen sich auf, als er im Jahre 1092 Bertrada, die Frau des Grafen Fulco von Anjou, entführte, deshalb Königin Berta verstieß und sein Konkubinat durch den dienstwilligen Bischof von Senlis als Ehe einsegnen ließ. Urban II. exkommunizierte daraufhin den König, und als der Papst im Jahre 1095 zum Konzil nach Clermont kam, predigte er dort nicht nur den Kreuzzug, sondern erneuerte auch die Bannsentenz. Nur die Tatsache der schweren Kämpfe mit Kaiser Heinrich IV., gegen den die Unterstützung der französischen Bischöfe gebraucht wurde, brachte Philipp im folgenden Jahr die Absolution.

Obwohl die Kirchenreform mit dem Aufbruch Clunys in Frankreich begonnen hatte, war der König von ihr verhältnismäßig unberührt geblieben. Die Neigung Roberts II. zum erneuerten benediktinischen Mönchtum hatte vorwiegend persönliche Gründe, und weder von Heinrich I. noch von Philipp I. läßt sich sagen, daß sie bewußt eine selbständige Position zu einer der gewaltigsten Bewegungen eingenommen hätten, die Europa je erlebt hat.

Mit der Frage, ob die Verfügungsgewalt eines Eigenkirchenherrn über geistliche Anstalten bis hin zur Auswahl des Personals rechtens sei, wenn diese Klöster und Stifte regeltreu und kirchlicher Rechtsgewohnheit entsprechend lebten, hatte die Mönchsreform an den Grundfesten der frühmittelalterlichen Gesellschaftsordnung gerüttelt. War Cluny hier noch kompromißbereit gewesen und hatte mit großem Verständnis für die Bedürfnisse des Adels sich dessen Rechtsvorstellungen angepaßt, so wirkte sein Vorbild doch weit über die Welt der Mönche hinaus und zeigte jedem interessierten Laien die Mißstände beim nicht reformierten Klerus. Priesterehe und Simonie waren neben dem Eigenkirchenrecht Hauptangriffspunkte der Kritik, denn die in wirklicher Ehe oder im Konkubinat lebenden Priester aller Grade neigten dazu, ihre Kinder aus dem Kirchengut zu versorgen und dieses also seiner eigentlichen Bestimmung zu entfremden; der Versorgungsgesichtspunkt wiederum machte das kirchliche Amt auch für Leute interessant, die zu den geistlichen Pflichten keine Berufung verspürten und bereit waren, sich in die erstrebte Stellung regelrecht einzukaufen. In Erinnerung an den Simon Magus der Apostelgeschichte, der Petrus und Johannes die spirituellen

Gaben abkaufen wollte, war dafür der Begriff Simonie geprägt und die Sache selbst seit Papst Gregor dem Großen als Häresie verstanden worden. Für die Kirchenverfassung des Frühmittelalters war das eigentlich nicht anwendbar, denn die Stifter und Beschützer eines Klosters oder, bei den Hochkirchen, der König als Garant der Sicherheit und Vertreter der weltlichen Gewalt, mußten den geistlichen Amtsträger mit dem weltlichen Gut seiner Kirche ausstatten, ihn investieren, aber niemals ist damit der Anspruch verbunden worden, auch das geistliche Amt dabei zu übertragen.

Durch beiderseitige Mißbräuche aber war das ganze System in Mißkredit geraten. Es vertrug sich nicht mehr mit einem Denken, das allmählich den weltlichen vom geistlichen Lebenskreis zu unterscheiden lernte und mit dem Wahrnehmen zweier Ordnungen sofort die Frage verbinden mußte, in welchem Verhältnis sie zueinander standen. War es nicht natürlich, daß die Spiritualien über den Temporalien standen wie der Geist über dem Leib, das geistliche Amt über dem weltlichen Tun, der Priester über dem Laien, der Papst über allen? Wer die Wiederkunft Christi als Bürger des letzten irdischen Zeitalters erwartete, mußte für die gottgewollte Ordnung eintreten; wer in einem von Hunger, Krankheit, Krieg und dauernder Unsicherheit geprägten Leben seine Kinder früh sterben und sich selbst seiner Hinfälligkeit bewußt den Sündenstrafen ausgesetzt sah, der konnte einen Weg zum Heil nicht als sozialpolitischen Vorschlag unter anderen nur diskutieren. Hier ging es um alles: Um das Individuum, um Staat und Gesellschaft, um die Welt über deren Ende hinaus.

Die Mönche waren die ersten, die das erkannten, und ihre Radikalität im Streben zur Nachfolge Christi hat andere darauf aufmerksam gemacht, daß disziplinierte, lebenslange Askese den Weg zur spirituellen Annäherung an Gott freilegt. Ihr Gebet sollte stellvertretend für jene gut sein, die selbst nicht mönchisch leben konnten, so daß die Klostergründungen des Adels im 11. Jh. überwiegend der Reform zugutekamen und diese schnell weit verbreiteten. Im Zusammenwirken mit König und Adel konnten die Mönche allmählich den Widerstand des Episkopates gegen die monastische Freiheit von weltlicher und geistlicher Gewalt des zuständigen Diözesanbischofs überwinden, und in ihren wichtigsten Zentren Fleury an der Loire, St-Bénigne/Dijon, St-Victor/Marseille und vor allem in Cluny, dessen dritte Abteikirche als größter Sakralbau des Abendlandes zwischen 1088 und 1130 errichtet wurde, entstanden eindrucksvolle Gottesburgen als Gegenbild zu den weltlichen Festungen des Landes. Brüder und nachgeborene Söhne der Stifter traten in die Konvente ein und knüpften so das enge persönliche Band zwischen dem Kloster und seiner Umwelt. Diese enge Beziehung zeigt sich auch im vertraulichen Umgang der weltlichen Großen mit exponierten Vertretern der Reform, was wiederum, wie wir anläßlich der Beilegung des Reimser Bistumstreites durch Robert II. unter dem Einfluß Abbos von Fleury sehen konnten, wichtige und folgenreiche politische Entscheidungen nach sich zog.

Daß wir uns hier keine allzu idealen Vorstellungen für den Einzelfall machen dürfen, zeigen Berichte über die näheren Umstände solcher Klostergründungen; so erzählt Radulfus Glaber, selbst ein Cluniazenser, wie Graf Fulco Nerra von Anjou vor 1032 aus Furcht vor der ewigen Verdammnis die Abtei Beaulieu-lès-Loches gegründet und den Erzbischof von Tours zur Weihe eingeladen hatte. Der Erzbischof machte sein Kommen aber von der Bedingung abhängig, daß Fulco zuvor von ihm geraubtes Kirchengut zurückgäbe, worauf der Graf sich an Papst Johannes XIX. wandte und seiner Bitte eine erhebliche Summe in Gold und Silber beifügte, also krasseste Simonie beging. Nicht zuletzt durch solche Konflikte mit ihrer auf lange Sicht bewußtseinsschärfenden Wirkung ist aber ein versittlichender Einfluß von den Reformen ausgegangen, der über Jahrhunderte auf eine zwischen Gewalttätigkeit und Zerknirschung schwankende adlige Gesellschaft traf und schließlich erst zur wahren inneren Christianisierung Europas geführt hat.

Investiturstreit in Frankreich?

In diese Welt schlugen die Forderungen des Reformpapsttums mit geradezu elementarer Wucht ein. Sie unterschieden sich nicht einmal so sehr in der Substanz von den bisherigen Bemühungen, weil Simonie, Priesterehe und Eigenkirchenrecht auch ihre Zielpunkte waren, aber das Neue lag im Anspruch auf allgemeine Gültigkeit und der aus diesem Anspruch sich ergebenden politischen Durchschlagskraft. Sie rührte vor allem aus einer Neufassung des Simoniebegriffs durch den Mönch Humbert von Moyenmoutier, seit 1050 Kardinalbischof von Silva Candida. Ihm zufolge war jede, auch die unentgeltliche Übertragung eines geistlichen Amtes durch Laien Simonie, und das hieß: Auch das Einsetzen eines Bischofs nach kanonischer Wahl durch den König war unzulässig. Der Investiturstreit hatte begonnen.

Hauptgegner der kurialen Reformer war der Kaiser, denn er hatte durch seine Herrschaft über Reichsitalien direkte Nachbarschaft zum Papst und schränkte dessen Wirksamkeit in vielfacher Weise ein. Außerdem aber investierte er alle Bischöfe seines Reiches, betraute sie mit hohen Funktionen in Regierung und Verwaltung, war auf ihre Mitwirkung, besonders auch militärisch, angewiesen: Für den Kaiser war Loyalität des Episkopats die entscheidende Machtfrage, Auswahl der Kandidaten für die Bischofsstühle deshalb unerläßlich und das neue Simonieverbot nicht annehmbar. Schon dadurch rückte Frankreich in diesem Kampf an die Peripherie, und vor allem war der französische König kein ernsthafter Gegner des Papstes. Wenn Gregor VII. ihn auch als reißenden Wolf, ungerechten Tyrannen, Feind Gottes und der Religion der heiligen Kirche schmähte, so entsprach das dem polemischen Genie dieses Papstes

eher als dem kirchenpolitischen Gewicht Philipps I., der von insgesamt 77 Bischöfen nördlich der Pyrenäen nur 25 ernsthaft beeinflussen konnte. Natürlich gab es auch für Frankreich Investiturverbote, die der päpstliche Legat Hugo von Die, später Erzbischof von Lyon, 1077/78 auf den Synoden von Autun und Poitiers verkündete, denn die päpstlichen Forderungen sollten ja überall in der westlichen Christenheit beachtet werden, und natürlich wurden Bischöfe suspendiert wie im Jahre 1080 Manasse von Reims, dem nach eigenem Bekunden die Freude am Besitz des Erzbistums durch das lästige Messelesen geschmälert worden war, aber der Papst mußte sich auf seinen wichtigsten Feind konzentrieren.
Im übrigen konnte Philipp I., wenn er gezwungen wurde, leichter auf die volle Wahrnehmung seiner Rechte verzichten als der deutsche König, weil die Bischöfe, über die er gebot, sehr viel weniger staatliche Rechte hatten und der hohe Klerus in der Ausrichtung auf den König eine wesentliche Verbesserung gegenüber der Abhängigkeit von adligen Regionalgewalten sah, in der sich ja die meisten französischen Bischöfe noch befanden. Philipp I. sah sich deshalb in der angenehmen Lage, ohne eigenes Zutun und bar jeden Interesses an ihren Inhalten als Freund der Reform zu gelten. Hätte er nicht die Entführung Bertradas von Anjou-Montfort inszeniert und seine Ehe zerbrochen, so wäre ein ernsthafter Konflikt mit dem Papst wohl vermieden worden.
Obwohl die Investiturfrage schließlich durch einen französischen Bischof, Ivo von Chartres, in den 90er Jahren mittels definitorischer Unterscheidung der geistlichen von den weltlichen Bestandteilen des Bischofsamtes theoretisch gelöst wurde, hat das Problem für Frankreich keine entscheidende Rolle gespielt. Der Investiturstreit blieb eine Angelegenheit Deutschlands und des Imperiums, für das er 1122 mit dem Wormser Konkordat formell beendet wurde. In Frankreich brauchte man kein Konkordat, sondern ging allmählich dazu über, gemäß den Rechtsgutachten Ivos von Chartres den Bischof kanonisch unter Beachtung eines königlichen Mitsprache- und Bestätigungsrechtes zu wählen; er erhielt dann vom weltlichen Arm die Temporalien und leistete dafür einen Treueid.
Bei der Übergabe der weltlichen Hoheitsrechte an den neuen Bischof benutzte der König keine geistlichen Symbole wie Ring oder Stab und vermied auf diese Weise den Anschein, er wolle auch über die Spiritualien verfügen. Umgekehrt weigerte sich mancher Bischof, die Eidesleistung in der lehnrechtlichen Form des *homagium* zu erbringen, bei dem der Vasall seine Hände in die des Herrn legte, so daß es mit der Zeit üblich wurde, den Eid ohne Rechtsgebärde zu sprechen. Gleichwohl waren die so verpflichteten Bischöfe im allgemeinen loyal, und deshalb durfte der bei den Vorverhandlungen zum Wormser Konkordat anwesende Bischof von Châlons-sur-Marne, Wilhelm von Champeaux, mit Recht darauf verweisen, daß die in Frankreich investierten Bischöfe ihr Amt nicht vom König erhielten, aber ihre vasallitischen Pflichten dennoch erfüllten.

Christliches Selbstverständnis des Adels

Diese Frage der lehnrechtlichen Bindung war deshalb wichtig, weil die Form aller Rechtsbeziehungen zwischen Menschen und Staaten feudal bestimmt war. Mit der Lehnshuldigung versprach der Vasall *consilium et auxilium,* Rat und Hilfe, bekräftigte das mit einem Treueid und hatte daraufhin Anspruch auf ein Dienstgut, das *beneficium,* und den Schutz des Herrn. In dieser Gegenseitigkeit der Beziehungen zwischen Herr und Mann dürfen wir ein soziales Phänomen ersten Ranges erblicken, denn zum einen war die gesamte Gesellschaft der Zeit durch solche Verträge untereinander gebunden, zum anderen bot die Eidesleistung den Anspruch zur Kultivierung und ethischen Überhöhung einer ursprünglich ganz durch Zweckmäßigkeit und Nutzen bestimmten Verbindung.

Wer einen Vertrag durch Eid bekräftigte, hatte theoretisch das Recht auf Prüfung der Treue auch des Partners; wer Rat und Hilfe versprach, durfte erwarten, vor dem Einsatz gehört zu werden und an Beschlüssen des Herrn mitwirken zu können. Für die große Masse der kleinen Vasallen – ehemalige Bauern, aufs Pferd gesetzt und rüde trainiert für die grobe Arbeit im Dienst fehdeführender Herren – kam das zwar in dieser Form nicht in Frage, aber sie setzten sich durch den militärischen Dienst doch von der übrigen Bevölkerung ab und bildeten als *milites* eine spezialisierte Reiterkriegerschicht, die mit dem Beruf ihr Selbstbewußtsein vererbte. Kämpften sie im Sinne der Zeit gerecht, so konnten sie sich moralisch in hohem Maße legitimiert fühlen, denn die Kirchenreform hatte gelehrt, wieder zwischen gerechten und ungerechten Kriegen zu unterscheiden, und mit der *Treuga Dei* waren Ansätze zur Kriminalisierung des Kampfes unter bestimmten Umständen weit vorangekommen. Der Krieger durfte die Waffe nicht mehr willkürlich gebrauchen, aber sein Schwert war gesegnet, wenn er es gegen allgemein anerkannte Feinde aus der Scheide zog.

Seine Vorrechte legten dem Reiter Pflichten auf, die ihn zum Ritter machten und mit anderen verbanden, die jene ethische Norm anerkannten. Das aber waren auch große Herren, Adlige, die mit dem Ritterschlag, dem *adoubement,* einen Initiationsritus geschaffen hatten, der einen neuen Stand symbolisch konstituierte, lange bevor die rechtliche Verfestigung eintreten konnte. Dieser Stand führte nicht nur Ritter niederer Herkunft mit der Aristokratie zusammen, sondern er befreite auch den Adel aus lokaler Isolierung mindestens insoweit, daß eine überregional verbindende Verhaltensnorm zum Kennzeichen einer breiten gesellschaftlichen Schicht wurde, die zwischen den Bauern und dem Klerus gelagert war. Der Bischof Adalbero von Laon erfaßte dies in einer Dichtung für Robert II., dem *Carmen ad Rotbertum regem,* als funktionale Dreiteilung der menschlichen Gesellschaft in Beter, Kämpfer und Arbeiter, und es ist kein Zufall, daß uns als Sozialtheoretiker hier ein Bischof begegnet.

Ein Bischof war es ja auch, der am Ende des Jahrhunderts denkend und schreibend in das Weltgeschehen eingegriffen hatte; indem Ivo von Chartres das Investiturproblem juristisch löste, legte er Zeugnis ab für eine Spiritualisierung und Intellektualisierung des Weltklerus, die als Folge der gregorianischen Reform allenthalben beobachtet werden kann. Stärker als das Mönchtum wollten diese Kleriker auf die Welt einwirken, mit der sie ihrem Beruf entsprechend enger verbunden waren; ihre aktivsten und intelligentesten Vertreter saßen in den Kathedralkapiteln.
Dort aber spielte nicht wie im cluniazensischen Klosterverband die Liturgie die größte Rolle, sondern ein Geflecht täglicher Pflichten in der Verwaltung des Bistums und der Seelsorge. Diese Pflichten wurden im Zuge der Reform neu bestimmt, wobei besonders die Ausbildung des geistlichen Nachwuchses große Sorgfalt erfuhr. In der richtigen Erkenntnis, daß ein Mindestmaß an Bildung für das Verstehen der Reformziele notwendig war, hatte Gregor VII. jeder Domkirche vorgeschrieben, eine Schule zu unterhalten, und auf einer auch im Westen nie zerstörten karolingischen Grundlage wurde im Laufe der Zeit eine Organisation errichtet, die in Frankreich bald Glänzendes leisten sollte.
Aus dem Kreis des Domkapitels oder auch von außen auf Grund seiner Qualitäten berufen, wirkte ein *magister scholarum* als Schulleiter und hatte vor allem die Aufgabe, den Lehrplan festzulegen, weitere Lehrer nach Bedarf einzustellen und die Schüler auszuwählen. Wie früher beschäftigte man sich zunächst mit dem gründlichen Erlernen der lateinischen Sprache anhand von Autoren wie Vergil, Horaz, Juvenal, Terenz, Martianus Capella oder Boëthius, und mit der Bibelexegese, für die Grundkenntnisse in den seit der Antike als *septem artes liberales,* sieben freie Künste, zusammengefaßten Disziplinen Grammatik, Rhetorik, Dialektik, Arithmetik, Geometrie, Musik, Astronomie verlangt wurden. Aus diesem Zusammentreffen von Schriftauslegung und Studium sollte sich eine wissenschaftliche Revolution ergeben, die in der Kathedralschule von Laon ihre wichtigste Keimzelle hatte. Dort wollte der Schulleiter Anselm die im Laufe der Kirchengeschichte angefallenen Lehrmeinungen, Kenntnisse und Interpretationen in einem umfassenden Kommentar zur gesamten Bibel versammeln und legte damit den Grundstein zur *Glossa ordinaria,* dem maßgeblichen Bibelhandbuch des Mittelalters. Bei dieser Arbeit traten Widersprüche zwischen den Autoritäten zutage, deren Äußerungen nach richtigen und falschen Behauptungen unterschieden werden mußten, so daß aus dem System der sieben *artes* die Dialektik als Kunst der Logik zur wichtigsten Disziplin und Hilfswissenschaft der Exegese erhoben wurde. Eine methodische Problemanalyse führte vom schwierigen Befund zur präzisen Fragestellung *(quaestio),* die dann dialektisch in Rede und Gegenrede *(disputatio)* einer Antwort nahegebracht wurde. Die Disputation hatte sich nicht in assoziativen Thesen

und emotional vorgetragenen Einfällen, sondern in zweckmäßig formalisierter Weise zu entfalten, und weil man das in der Schule lernte, konnte die ganze Art dieses Wissenschaftsbetriebes später als Scholastik bezeichnet werden.
Anders als die Mönche, deren Schriftlesung zur Meditation und von dort zur spirituellen Einsicht führen sollte, wollten die Meister der Kathedralschulen von der Lektüre zur kritischen Frage und ihrer Lösung im Disput gelangen, um am Ende intellektuell kontrollierte Erkenntnis zu haben. Diese Methode war nicht nur für die Exegese zu brauchen, sondern auch und in besonders wirksamer Weise für die Rechtsstudien; es ist deshalb kein Wunder, daß eine der großen Kontroversen des Jahrhunderts nicht in einem Kloster, sondern durch den Bischof Ivo von Chartres analysiert und grundsätzlich beendet wurde. Durch die wachsende Autorität solcher Lehrer und Schulen sind die Städte nun auch zu Bildungszentren geworden. Chartres, Laon, Orléans, Paris, Reims zogen Schüler aus allen Landesteilen, selbst dem Ausland an und weisen damit auf eine Mobilität, die im 11. Jh. begann und sich auf vielen Gebieten bemerkbar machen sollte.

Pilgerfahrt und Kreuzzug

Unterwegs waren nicht nur die Scholaren und schon lange vor ihnen die Kaufleute; wer damals reiste, begegnete in jedem Falle den Pilgern, deren Zahl sich im Laufe des 11. Jh.s stetig erhöhte und deren Züge die erstaunlichsten Distanzen überwanden. Ihre Ziele waren die Gräber: Das leere in Jerusalem, die Ruhestätten der Apostel Petrus und Paulus in Rom, der marmorne Sarkophag des Jakobus in Santiago de Compostela. Außer diesen vornehmsten Wallfahrtsorten der Christenheit zogen national berühmte Stätten die Verehrer zum Remigiusgrab in Reims, nach Tours zum heiligen Martin, nach Limoges zum heiligen Martial; die heilige Fides rief nach Conques und der heilige Aegidius ins Rhônedelta. Man ging zu Reliquien der Gottesmutter oder zu den schwarzen Jungfrauen nach Rocamadour und Le Puy, zum Erzengel Michael auf seinen Berg vor der normannischen Küste und erwartete von allen Heilung, Hilfe, Schutz, Reinigung von Leib und Seele, Entsühnung und Frieden.
Diese Religiosität wirkte mentalitätsformend und war ihrerseits Ausdruck eines kollektiven Bewußtseins, das im Wunder sowohl Ursache wie Resultat des Glaubens sah. Die Pilgerschaft war aber auch Symptom der Unruhe, der in physischer Bewegung ablesbaren Suche nach dem Heil, der Erkenntnis, dem Neuen schlechthin. Der fromme Pilger, der risikofreudige Fernhändler, der wißbegierige Scholar und der primitive Neugierige hatten eines gemeinsam: Sie überwanden jeder auf seine Weise enge Horizonte und hatten fortan die Möglichkeit zum Vergleich.

Im Pilgerwesen manifestierte sich die Unruhe am deutlichsten, denn hier war sie im Prinzip von jedem, unabhängig von Stand und sozialer Herkunft, artikulierbar. Es handelte sich um ein Massenphänomen, das organisiert werden mußte, und zwar materiell durch den Bau von ständig unterhaltenen Hospizen entlang den großen Pilgerstraßen, ideell durch Leitung tausendfacher Spontaneität in den Bahnen des rechten Glaubens zum Schutz vor hysterischem Irrtum und durch Bestimmung der richtigen Ziele. Sinnstiftend in diesem Sinne wirkten die Cluniazenser, in deren Händen vor allem die Santiago-Wallfahrt lag und im Dienste der Reconquista zur Befreiung Spaniens von maurischer Herrschaft eingesetzt wurde. Hier bahnte sich etwas an, was am Ende des Jahrhunderts Sache der Gesamtkirche werden sollte und drei große Bewegungen zusammenführte: Kirchenreform, Pilgerschaft und Rittertum.

Am 27. November 1095 hielt Papst Urban II. auf dem von ihm nach Clermont einberufenen Konzil eine mit Spannung erwartete Ansprache. Vor einer großen Menschenmenge schilderte der Papst in beredten Worten die Not der christlichen Kirchen des Orients, die von den vordringenden selçukischen Türken unterdrückt würden. Die heiligen Stätten der Christenheit wären von Schändung durch die Heiden bedroht, Antiochia sei bereits gefallen und anstatt sich gegenseitig zu befehden, sollte die christliche Ritterschaft im Heidenkampf ihre Bestimmung erblicken. Mit großer Erregung hatte die Menge den befeuernden Klagen des Papstes zugehört und sich am Ende in dem Aufschrei *Deus lo volt,* Gott will es, Luft gemacht: Der vorher informierte Bischof Adhémar von Le Puy heftete sich als erster ein Stoffkreuz an zum Zeichen seines festen Willens, ins heilige Land zu ziehen, und viele folgten seinem Beispiel.
Weitere Kreuzzugspredigten des Papstes an verschiedenen Orten verstärkten den Zuzug, der Episkopat unterstützte die Propaganda, und am Ende stand ein bedeutendes Ritterheer mit Kontingenten aus dem französischen Midi, dem Mâconnais, der Champagne, Normandie, aus Flandern und den westlichen Gebieten des Imperiums bereit, um dem Papst als dem Führer der Christenheit ins Heilige Land zu folgen. Weder der deutsche noch der französische König konnten sich beteiligen: Heinrich IV. und Philipp I. waren exkommuniziert, so daß der Kreuzzug eine Angelegenheit des Papstes und der Ritterschaft war. Als Ziel hatte Urban II.nur allgemein vom Osten gesprochen, aber in der Vorstellung der Kreuzfahrer konkretisierte es sich: Jerusalem als Ort des irdischen Wirkens Jesu und als die Himmelsstadt der Apokalypse, irdisches und himmlisches Jerusalem verschmolzen zur Einheit, Pilgerziel und Kriegsziel gingen ineinander über und machten den Zug im Bewußtsein der Teilnehmer zur bewaffneten Wallfahrt.
Sie bot für die Ritterschaft freilich nicht nur eine Gelegenheit zur kämpferischen Bewährung im gerechtesten aller denkbaren Kriege. Ebenso stark fiel die Möglichkeit ins Gewicht, im fernen, reichen Orient sein

Glück zu machen, wohlhabend zu werden, gar eigene Herrschaft auf Dauer zu begründen. Schließlich hatte Urban II. in Clermont den Kreuzfahrern Besitzrechte an den eroberten Gebieten versprochen und damit den adligen Großgrundherrschaften und den sich formierenden Fürstentümern gegenüber in Bedrängnis geratenen Niederadligen einen Ausweg gewiesen. Mit der Ausbildung der Primogenitur waren die nachgeborenen Söhne vom Erbe abgeschichtet worden und freigesetzt für andere Beschäftigung; die *frérêche*, eine kollektive Bewirtschaftung des Familiengutes, führte in anderen Landesteilen zu unerträglichem Zwang für das einzelne Mitglied und ließ jeden einigermaßen honorigen Ausweg als verlockend erscheinen.
Bekanntlich wurde der Kreuzzug ein großer Erfolg und führte am 15. Juli 1099 zur Eroberung Jerusalems. Der Ruhm gebührte der Ritterschaft, die gekämpft, und dem Papst, der ihr das Ziel gewiesen hatte. Urban II., einst Prior von Cluny, war Franzose wie auch das Hauptkontingent der Kreuzfahrer Franzosen waren. Von französischem Boden war der Zug ausgegangen, aber der König hatte keinen Anteil daran gehabt.

Der Tag von St-Denis

Die Beziehungen Philipps I. zur Kirche waren von 1092 bis 1104 so gespannt, daß von eigener Kirchenpolitik nicht die Rede sein konnte. Unter den Schlägen mehrfach wiederholter Exkommunikationen beharrte Philipp auf seiner Entscheidung für Bertrada von Montfort, so daß es wesentlich auf den Thronfolger ankam.
Ludwig war seit 1101 an der Regierung beteiligt, aber nicht zum Mitkönig geweiht worden. Er zeichnete sich militärisch aus, wovon noch zu sprechen sein wird, und er war es auch, auf den der Papst seine Hoffnung im Kampf mit dem Kaiser richtete.
Gegen Ende des Jahres 1106 hatte sich Paschalis II. nach Frankreich begeben, um von hier aus mit Heinrich V. sicherer verhandeln zu können als auf Reichsboden. Der Papst beging das Weihnachtsfest in Cluny, zog von dort nach Lyon und Chalon-sur-Saône, erreichte Mitte Februar Dijon und traf am 8. März 1107 im Kloster La Charité-sur-Loire ein, wo er zunächst die neue, nach Cluny größte Kirche Frankreichs weihte, die in ihren fünf Schiffen bei 122 m Länge 5000 Menschen aufnehmen konnte. Vor einer großen Versammlung von Erzbischöfen, Bischöfen und Äbten traf er hier eine Gesandtschaft des Königs unter Führung des Grafen von Rochefort als Seneschall Philipps I., die den Papst als geistlichen Vater willkommen hieß. Hier ist dann die Zeremonie verabredet worden, die zwei Monate später, nachdem Paschalis über Tours, Marmoutier, La Trinité/Vendôme und Chartres Paris erreicht hatte, im Kloster St-Denis stattfand.

Der spätere Abt Suger hat berichtet, wie am 1. Mai 1107 Philipp I. und Ludwig in der Kirche vor dem Papst niederknieten, wie dieser sie aufhob und als treue Söhne der Apostel anredete, ihre Hilfe für den heiligen Petrus und seinen Stellvertreter erbat und sie mahnend auf das Beispiel ihrer Amtsvorgänger hinwies, unter denen Karl der Große in besonderer Weise den Feinden der Kirche widerstanden habe. Die Capetinger verpflichteten sich dem Papst durch Handschlag zu einem Freundschaftsbund, versprachen *auxilium* und *consilium* und brachten ihm ihr Reich dar. Für jeden Zeugen des Vorganges war klar, daß hier in den Formen des Lehnrechts die französischen Monarchen ein Bündnis mit dem Papsttum eingegangen waren und ihr Herrschaftsgebiet dem heiligen Petrus als Lehen aufgetragen hatten. Zwei erstarkende Mächte hatten sich gefunden und sollten das ganze Mittelalter in besonderer, privilegierter Beziehung miteinander bleiben. Als der Papst nach Châlons-sur-Marne reiste, um die deutschen Gesandten zu treffen, begleiteten ihn Philipp und Ludwig, mehrere Erzbischöfe, Bischöfe und Äbte. Es kam zum Bruch mit den Beauftragten Heinrichs V., so daß der Papst nach den Worten Sugers voller Zuneigung zu Frankreich, aber von Haß und Furcht gegenüber Deutschland bestimmt die Heimreise antrat.

3. Konsolidierung (1108–1180)

Die letzten Regierungsjahre Philipps I. gehörten schon dem Erben. Als der Vater am 29. Juli 1108 starb, mußte Ludwig VI. sofort handeln und von der Beisetzung im Kloster St-Benoît-sur-Loire nach Orléans eilen, wo der Erzbischof Daimbert von Sens ihn am 3. August 1108 zum König salbte. Anders als Vater, Großvater und Urgroßvater erlebte er ja den Regierungswechsel als ungeweihter König, so daß Raum blieb für Unruhe, Widerstand und konkurrierenden Anspruch, der von Philipp ausging, einem Sohn des verstorbenen Königs aus dem Verhältnis mit Bertrada von Montfort. Diese Gefahren konnten ebenso überwunden werden wie der Protest des Erzbischofs von Reims gegen die seiner Meinung nach vom falschen Prälaten am falschen Ort vorgenommene Krönung: Dieses Recht käme seit der Taufe Chlodwigs durch den heiligen Remigius ausschließlich dem Reimser Erzbischof zu, und in einer Bulle aus dem Jahre 1089 hatte Papst Urban II. das tatsächlich bereits anerkannt. Die Erwiderung auf diesen Reimser Einspruch wurde Ivo von Chartres aufgetragen, dem das umso schwerer fiel, als der König selbst den Amtsnachfolger des heiligen Remigius für den legitimen Coronator hielt und für den Kirchenrechtler Ivo eine päpstliche Verlautbarung Rechtsqualität besaß. Nach Reims aber führte damals kein Weg, denn die Stadt lag wegen eines bislang nicht entschiedenen Streites zweier Kandidaten um die erzbischöfliche Würde unter päpstlichem Interdikt, so daß angesichts der gebotenen Eile kein anderes als das schließlich gewählte Krönungsverfahren möglich schien.

König und Großvasallen

Im Prinzip war das Verhältnis des Königs zu den Fürsten und Großvasallen unverändert geblieben, auch die Kirchenpolitik Roberts II. hatte ungeachtet der Belastungen unter Philipp I. kontinuierlich gewirkt und einen loyalen Kronepiskopat hervorgebracht, der schon die Kämpfe des Thronfolgers Ludwig gegen den Adel der Ile-de-France unterstützt hatte. Ein wichtiges Mittel für die Erweiterung der Krongewalt und zugleich ein Zeichen für die große Bedeutung des Rechtsdenkens in der Geschichte des französischen Königtums war die Ausdehnung der obersten Gerichtsgewalt auf neue Räume durch das Eingreifen in Streitfälle unter Großvasallen. Gleich zu Anfang der Regierung Ludwigs VI. war das sichtbar geworden, als der König im Sommer 1109 ins Bourbonnais zog, um angesichts einer umstrittenen Erbteilungsfrage den Spruch des Hofgerichts durchzusetzen, das von einer Partei angerufen worden war. Treffend zitierte Suger von St-Denis aus diesem Anlaß einen Vers Ovids, wonach man wisse, daß Könige lange Hände hätten, *scitur enim longas regibus esse manus*: Die Zeit der Beschränkung der Monarchie auf ihren alten Wirkungsbereich Paris-Orléans war vorbei.

Dennoch mußte der Spielraum vorerst eng begrenzt bleiben, denn stärker als alle anderen Kronvasallen hatte sich in unmittelbarer Nachbarschaft zum Raum der Krondomäne die anglonormannische Macht etabliert. Seit 1066, dem Jahr der Schlacht bei Hastings, waren die Verbindungen über den Kanal hinweg durch die Familienbeziehungen der normannischen Führungsschicht zu ihren Verwandten auf dem Kontinent sehr intensiv geworden. Die Erbfolgeregelung Wilhelms des Eroberers brachte zwar eine Herrschaftsteilung, indem sein Sohn Wilhelm II. Rufus König von England, dessen jüngerer Bruder Robert Kurzhose aber Herzog der Normandie wurde, doch die damit verbundene Erleichterung für den König von Frankreich ging bald vorüber. Am 2. August 1100 erlag König Wilhelm II. auf der Jagd einem Pfeilschuß seines Begleiters; ob das ein Unfall war oder doch ein Königsmord, kann nicht mehr aufgeklärt werden. Auf jeden Fall ließ sich der jüngste Sohn Wilhelms I., Heinrich mit dem Beinamen Beauclerc, gleichsam im Handstreich nur drei Tage später in Westminster krönen und nahm seinem Bruder Robert in der Schlacht bei Tinchebray im September 1106 auch noch die Normandie ab.

Damit begann ein generationenlanger erbitterter Kampf der beiden westeuropäischen Monarchien. Im Bunde mit Tedbald IV. von Blois lenkte der englische König alle französischen Adelskoalitionen gegen Ludwig VI., dem es nur unter zwei Voraussetzungen gelingen konnte, sich zu behaupten: Er brauchte den uneingeschränkten machtpolitischen Vorrang im engeren Herrschaftsgebiet der Ile-de-France, und er mußte sich auf loyale Verbündete und Ratgeber stützen können. Zum ersten war der Grund noch in der Kronprinzenzeit gelegt worden, das zweite wurde eine wichtige Aufgabe des Königs.

Ludwig VI. gelang die Konsolidierung; der Hemmung äußerer Expansion entsprach ein langsamer, zielstrebiger Konzentrations- und Verdichtungsprozeß der königlichen Verwaltung. Er machte aus dem schmalen Gebietsstreifen, der sich von Paris bis Orléans erstreckte, im Laufe der Zeit ein Fürstentum nach Art der anderen und stieß in der Ile-de-France, wo der Monarch am nächsten und sein Durchsetzungswille folglich am unmittelbarsten zu spüren war, auf Widerstand. Philipp I. hatte wenig getan, um ihn zu brechen. Aus dem sehr genauen, aber propagandistisch im Sinne Ludwigs angelegten Bericht Sugers von St-Denis wissen wir, daß der Thronfolger in einer Reihe hartnäckig geführter, kurzer und jeweils auf einen Gegner gezielter Feldzüge die *châtelains* unterwarf. Es handelte sich dabei nicht, wie die ältere Historiographie mit ihren am modernen Staat entwickelten Vorstellungen von öffentlicher Ordnung

meinte, um Strafexpeditionen gegen eine Art von Raubrittertum, sondern um das Aufbrechen einer Verfassungsstruktur, die wir bereits kennenlernten. Sie beruhte weitgehend auf dem Burgbezirk, und die Burgherren waren als Nachfolger der Grafen überzeugt, rechtmäßig in ihren Gebieten zu herrschen. Aber sie waren natürlich unbeliebt durch oft willkürlich bemessene Abgabenforderungen und Belastungen der bäuerlichen Bevölkerung, vor allem aber wirkten ihre Fehden seit der Gottesfriedensbewegung als ungerechte und nicht mehr zeitgemäße Ausübung von Gewalt. Die Monarchie hatte nun den Zeitgeist auf ihrer Seite, wenn sie gegen die Thomas von Marle, Hugo von Puiset, Ebles von Roucy, die Montmorency, Beaumont, Montlhéry zu Felde zog, ihre Burgen brach und den Königsfrieden über das Land verkündete.
Gleichzeitig vergrößerte sie damit ihre Ressourcen und unmittelbaren Einnahmen, denn die gegnerischen Herren hatten fruchtbare Ländereien in ihrem Besitz und den Zugriff auf Zölle und Wegerechte. Hugo von Puiset saß in der Beauce, der heute noch durch herrliche Weizenfelder gesegneten Landschaft südwestlich von Paris; Thomas von Marle hielt mehrere Burgen nahe Laon und kontrollierte nicht nur wichtige Verkehrswege, sondern unterstützte auch die Bürger der Stadt gegen ihren Bischof; die Montmorency und die Beaumont waren Konkurrenten des Klosters St-Denis als Grundherren im Gebiet von Pontoise und L'Isle-Adam. Mit dem Sturz der mächtigen Montlhéry im Süden von Paris hatte Ludwig die Verbindung zwischen Paris, Étampes, Orléans und Melun hergestellt, und mit dem Fall von Sainte-Sévère 1107 eröffnete sich ihm der Zugang zum Tal der Loire.
Die Feldzüge haben bis zum Ende der Regierung Ludwigs VI. nicht aufgehört und zur Popularität des Königs, der vom 46. Lebensjahr an wegen übergroßer Leibesfülle kein Pferd mehr besteigen konnte, wesentlich beigetragen. Sie gaben aber auch Gelegenheit, Bündnisse zu schließen und Beziehungen auf Kosten gemeinsamer Gegner zu pflegen. Die Grafen von Chartres, der Erzbischof von Sens, die Bischöfe von Chartres, Laon und Orléans, die Äbte von St-Denis, St-Benoît-sur-Loire und viele andere, vor allem geistliche Herren, richteten sich dauerhaft auf das Königtum aus, das neben seiner ideellen Autorität einen staatlichen Kern der Monarchie bilden konnte.

Chevaliers und *officiers*

Zu diesem Kern gehörte ein Berater- und Amtsträgerkreis, der unter Ludwig VI. Kontur gewann und die seit Philipp I. faßbaren Ansätze der Kronverwaltung weiter ausbaute. Bemerkenswert ist dabei zunächst die Kontinuität bestimmter Beziehungen, die sich von der Fluktuation einer älteren Hofhaltung unterschied und allmählich den Auftragscharakter erkennen ließ, den Hofdienst auch für Adlige erträglich machte. Seit Ludwig VI. heben sich aus dem *entourage du roi*, der Umgebung des Königs, deutlich Funktionsträger heraus, die sich nach *chevaliers royaux*, einem ständigen, ritterlich-militärisch bestimmten Gefolge, und *grands officiers*, den Inhabern großer Ämter, unterscheiden lassen. Dabei fällt im Vergleich zu früheren Zeiten auf, daß weder Geistlichkeit noch Laienadel in der Umgebung des Königs geschlossene Gruppen bilden.

Ludwig VI. hat zunächst bei den großen Hofämtern keine Umbesetzungen vorgenommen und aus der Zeit seiner Teilhabe an der Regierung, also zwischen 1100/01 und 1108, finden sich mehrere Urkunden, deren Zeugenlisten mit Gui de Senlis, Froger de Châlons, Sevin de Poissy und Eudes Percebot schon Leute nennen, die später zur ständigen Umgebung des Königs gehört haben. Grundsätzlich lassen sich in der Entwicklungsgeschichte des *entourage royal* im 12. Jh. zwei einander ablösende Gruppen unterscheiden, indem auf die zunächst vorherrschenden Inhaber der großen Ämter ein Kreis kleinerer Dienstleute aus weniger bedeutenden Familien folgt. In dieser Zweiteilung drückt sich ein fundamentaler Unterschied im Regierungsstil und in den Möglichkeiten persönlicher Herrschaft des Königs aus.

Die *chevaliers royaux* wurden unter Ludwig VI. und seinem Sohn durchweg aus einem homogenen sozialen Umfeld genommen, nämlich aus dem stadtsässigen und dem burgenhaltenden Adel. Waren zu Anfang des Jahrhunderts noch einige Vertreter der hohen Aristokratie aus der Francia unter ihnen, so sehen wir die Nivellierung seit 1150 abgeschlossen: Die Großen sind verschwunden, und unter den übrigen Dienstleuten bildeten sich Familienbande, begünstigt durch ständische und funktionale Homogenität. Es entstand eine Hofgesellschaft und darüber hinaus allmählich eine soziale Großgruppe, die ihre Existenz dem Königsdienst verdankte und deshalb Loyalität aus Eigeninteresse zur Lebensform entwickelte. Soweit ihre Mitglieder aus den Städten kamen, waren sie von dem dort erwachenden neuen, etwas weltläufigeren und ökonomisch-rationaleren Geist zumindest berührt und brachten einen Hauch frühbürgerlicher Mentalität an den Königshof, von dem sie mit Recht ihre einzige Aufstiegsmöglichkeit erwarteten.

Was die *grands officiers* betrifft, so haben beide Könige trotz gewisser Schwierigkeiten im notwendigerweise durch vielerlei Rücksichten komplizierten Verhältnis zum höheren Adel immer versucht, die Stellenbesetzung in eigener Kontrolle zu behalten. Mag das auch nicht durchweg gelungen sein, so kann doch die ältere Auffassung von einer noch im 12. Jh. bestehenden Feudalisierung der großen Ämter nicht mehr aufrecht erhalten werden. Diese Ansicht beruht auf einer für die Zeit Ludwigs VI. und seines Sohnes nicht mehr zulässigen Vermischung von Amt und materieller Ausstattung seines Inhabers durch den König. Die Urkunden trennten damals aber schon zwischen Gütern und Rechten, die mit dem Amt verbunden waren einerseits und dem Amte selbst andererseits. Noch führten zwar auch solche ehemaligen Amtsinhaber, die aus dem Königsdienst geschieden waren, ihren Titel, beanspruchten auch weiterhin Nutzung ihres Dienstgutes und versuchten sogar mit Erfolg, es zu vererben, aber es gelang ihnen nicht mehr, das Amt ohne Zustimmung des Königs in der Familie weiterzugeben. Hatten am Anfang des 12. Jh.s die Garlandia versucht, das *dapiferium*, das Truchseßamt, erblich festzuhalten, so stürzten sie darüber, und seit diesem bedeutenden Erfolg verfügte der König über die Ämter. Ein Recht auf Übertragung hat es fortan nicht mehr gegeben.

Große Auswirkungen sollte der soziale Unterschied zwischen *grands officiers* und kleineren Dienstleuten haben, die mittlerweile zu wirklichen Mitarbeitern des Königs in der Regierung und Verwaltung des Landes wurden. Ihre Förderung beweist den Willen der Monarchen, die Feudalisierung ihrer Reichsverwaltung aufzuhalten und endlich ganz zu beseitigen. Der erste Schritt auf diesem Wege hat darin bestanden, die großen Ämter allmählich ihrer Funktion zu entkleiden und aus ihnen bloße Würden zu machen, die zwar Ansehen behielten, deren Träger aber nur mehr wenig bewirken konnten und allmählich auch den notwendigen Sachverstand einbüßten. Eine bedeutende Zäsur brachten in dieser Hinsicht die Jahre zwischen 1147 und 1149, als Ludwig VII. auf dem Kreuzzug war und Suger von St-Denis die Regentschaft anvertraut hatte, denn der Abt verstand es, sich gegenüber den *officiers*, vor allem gegenüber dem Seneschall, zu behaupten und binnen kurzem eine Vorrangstellung zu erlangen. Er, der selbst niederer Herkunft war, erreichte das mit Unterstützung jener kleineren Dienstleute, die sich auf solche Weise von ihren Ressortchefs befreien wollten und tatsächlich manches zustande brachten. So wurde der *chambrier* als Träger eines großen Amtes unbedeutend, weil die Finanzverwaltung jetzt von seinen früheren Gehilfen, den *camberlani* oder *cubicularii* wahrgenommen wurde, die seit 1150 als *camerarii* mit neuem Titel in den Urkunden erscheinen und neben der effektiven Zuständigkeit den ihr entsprechenden Rang erreicht hatten.

Von nun an brauchten die *grands officiers* nicht mehr ausgewählt und als Inhaber von Schlüsselpositionen behandelt zu werden. An ihrer Stelle hatten sich neue Institutionen gebildet, auf denen die entscheidende Tagesarbeit der Verwaltung lastete, Spezialisten für bestimmte Ressorts mit spezifischen Anforderungen. Um die Mitte des 12. Jh.s war etwas erreicht, das mit Recht als hohes Gut jeder Staatlichkeit gilt und für die Konsolidierung der capetingischen Monarchie langfristig mehr bedeutet hat als eine Reihe gewonnener Schlachten: Die Trennung von Verwaltung und unmittelbarem politischen Einfluß.

Betrachtet man die Umgebung des Königs im ganzen, so fallen dort natürlich weiterhin Vertreter des Hochadels auf, Bischöfe und Äbte, die den Hof aufsuchten und dort auch längere Zeit verweilten. Wenn zur Zeit Ludwigs VII. der Erzbischof von Rouen an seinen Amtsbruder Wilhelm von Sens schrieb, daß von dessen Rat alles für die Regierung Frankreichs abhinge, so ist das zwar übertrieben, aber doch auch mehr als artige Rhetorik. Wilhelm von Sens ist oft am Hof gewesen, aber gehört er deshalb zum *entourage*, so, wie wir diesen Begriff nun verstehen müssen? War Abt Hugo von St-Germain-des-Prés angesichts seiner räumlichen Nähe zum König und der urkundlich bezeugten Einordnung als *familiaris* Ludwigs VII. wirklich sein vertrauter Ratgeber? Ganz offensichtlich müssen wir unterscheiden zwischen Fürsten und Prälaten, deren Meinung sich der König anhörte, und einem engeren Rat, den er ständig konsultierte und in dem sich die Hauptlinien der Politik allmählich herausbildeten, wo auf Vorgänge Bezug genommen und ein gewisser Zusammenhang der Entscheidungen beachtet wurde. Hier wirkte sich die neue Verwaltungsordnung unmittelbar auf die Geschicke des Reiches aus, denn die engere Form des königlichen Rates, das *conseil*, die *curia regis*, wäre ohne die institutionellen Wandlungen auf der Ebene des Ämterwesens nicht möglich gewesen.

Das *conseil*

Das *conseil* ist in diesem Sinne selbst ein Ergebnis der Spezialisierung des *entourage du roi* nach Funktionen gewesen, und es hat darüber hinaus Impulse aus den im 12. Jh. erneuerten Studien des römischen Rechtes empfangen, vor allem aber gab es Verbindungen zu den gerade um diese Zeit zu einer ersten Hochblüte gelangten Pariser hohen Schulen. 1166 fand sich unter den Beratern des Königs der Magister Mainerius, Schüler Abaelards und als Schützling Papst Alexanders III., der ebenfalls in Paris studiert hatte, Inhaber einer Pfründe an der Stiftskirche Ste-Geneviève in Paris; als *iuris peritus*, als Rechtsgelehrter, ist Mainerius ein früher Zeuge für die im Laufe der Zeit immer genauer nachweisbare Rolle der Juristen im Königsdienst, die mit der scharfen Begrifflichkeit des römischen Rechts eine Institutionenlehre geschaffen haben, die für das allem anderen Herrschaftsstreben weit übergeordnete Staatsverständnis der französischen Monarchie und seine oft brutale Durchsetzung mittels rechtlich gesicherter Verwaltungsakte entscheidend werden sollte. Diese Juristen entwickelten den Begriff der Krone als Symbol des Staates, hoben damit seine einzelnen Glieder, in letzter Konsequenz auch die Person des Königs, aus einem personalen Reichs- und Staatsverständnis heraus und machten sie zu Dienern einer dem Gemeinwohl verpflichteten, über die Generationen und ihre vergänglichen Interessen hinweg für alle Zeiten existierenden Institution. Anklänge finden sich schon in der Biographie Ludwigs VI., wenn Suger dort von dem der Krone ergebenen Heeresaufgebot seines Klosters spricht, *beati Dyonisii copioso exercitu et corone devoto*. Für Suger war zwar noch die Person des Monarchen das belebende Zentrum des Reiches, aber seine eigene Regentschaft während des zweiten Kreuzzuges mag ihm doch eine Vorstellung vom Reich vermittelt haben, das auch ohne König seine irdische Funktion recht gut erfüllen konnte.

Die Barone

In den Jahren zwischen 1108 und 1180 gelang es so dem Königtum, den Hochadel von seinem bisher eingenommenen Platz in der Reichsregierung zu verdrängen. Mit der durchgreifenden Konsolidierung der Krondomäne seit Ludwigs VI. Kronprinzenzeit war die Voraussetzung für diesen Prozeß geschaffen worden und zugleich die Richtung für eine politische Konzentration gewiesen, die von äußeren Abenteuern nach Möglichkeit abzusehen hatte. Aus Leuten unbedeutender Herkunft, nachgeborenen Söhnen niederer Adelsgeschlechter, Abkömmlingen kleiner Amtsinhaber Philipps I., baute zuerst Ludwig VI. seinen Hof neu auf, und sein Sohn setzte das fort. Dabei gereichte Erfolg des Königs zum Vorteil seiner Diener; ihr Ehrgeiz verlieh der Reichsverwaltung Dynamik, persönliche Erfolgsaussicht für alle Tüchtigen und Verläßlichen erzeugte Korpsgeist und Loyalität.

In diesem Zusammenhang setzte sich in der königlichen Kanzlei seit 1145 der Begriff *baro*, Baron, zur Bezeichnung aller Vasallen des Königs durch. Eine solche Terminologie war nur unter den Voraussetzungen eines neuen Verständnisses vom Reich und seiner Verwaltung möglich, und sie enthüllt zugleich den Zuwachs an realer Macht, den die Monarchie bis zur Mitte des Jahrhunderts erfahren hatte.

An sich war das Wort nicht neu und seine Bedeutung klar. Um die zu Anfang des 12. Jh.s übliche Regierungsweise des Königs von Frankreich zu kennzeichnen, hatte der anglonormannische Mönch und Geschichtsschreiber Ordericus Vitalis gesagt, dieser Herrscher handle mit dem Rat geistlicher und weltlicher Großer, *consultu praesulum et baronum*, und in der Tat verstand man seit dem 11. Jh. unter *baro* einen Vasallen. In diesem Sinne hatte der Graf von Anjou seine Barone wie der Herzog der Normandie oder das Kloster St-Denis. Von der Realität der Fürstenhöfe projizierte die dort entstehende epische Dichtung das ihr bekannte Bild in die bewunderte karolingische Vergangenheit zurück: *Li empereres s'en vait desuz un pin, / Ses baruns mandet pur sun cunseill fenir*, hieß es in der um 1100 entstandenen Chanson de Roland; im Rat Karls des Großen unter der Fichte fand der Dichter den Herzog Oger, den Erzbischof Turpin, den Grafen Acelin aus der Gascogne und neben anderen namentlich genannten Großen mehr als tausend *Francs de France*, ritterliche Kämpfer aus der Francia. Barone waren demzufolge ständisch unspezifische Vasallen eines Herrn, ihr gemeinsames Kennzeichen bestand in militärischer

Einsatzfähigkeit verbunden mit einer natürlich individuell sehr verschieden ausgeprägten Verpflichtung auf die ritterliche Lebensform.
Während sich aber in Fürstenurkunden dieser Sinn des Wortes schon in der ersten Hälfte des 12. Jh.s niedergeschlagen hatte, nannte die Kanzlei des Königs die Großen weiterhin *proceres, optimates* oder *fideles* und ging erst später dazu über, sie als *barones* zu bezeichnen. Dann aber war die Änderung umfassend und nahm keine Rücksicht mehr auf die Stellung in einer Lehnshierarchie; als Baron fand sich der Graf und Seneschall Tedbald neben dem einfachen *châtelain* Guido von Coucy, der Herzog von Burgund und der Graf von Flandern mußten damit rechnen, vom König mit der gleichen Bezeichnung klassifiziert zu werden, die sie für ihre eigenen Vasallen benutzten. Dem Vokabular seiner Diplome nach zu urteilen, wollte der König jetzt nicht mehr besondere Beziehungen zu diesem oder jenem unterhalten, sondern alle Angehörigen der Ritterschaft als unter einem Gesichtspunkt gleich behandeln: Indem er für sich in Anspruch nahm, was die Tradition Karl dem Großen zubilligte, nahm er dem Affront seine Schärfe, denn wenn der große Frankenherrscher nur Barone um sich sah, konnte es nicht unehrenhaft sein, beim Nachfolger die gleiche Stellung einzunehmen. Hier wirkte ein Aspekt, der sich feudalen Maßstäben insofern entzog, als der König über einer im ritterlichen Geist nivellierten Gesellschaft stand.

Die normannische Frage

Viel Theorie war hier im Spiel, so daß sich wohl auch mancher Zeitgenosse gefragt haben mag, ob nicht Phrasen und leere Titulaturen die Unfähigkeit zu handfester Machtpolitik verdecken sollten. Das war sicherlich auch der Fall, aber allzuleicht wird bis in die Gegenwart und besonders gern in Deutschland der Wert eines in Zeiten der Krise kontinuierlich durchgehaltenen Rechtsanspruchs unterschätzt, die theoretische Untermauerung des politischen Handelns und die Kraft einer Politik aus geistigen Prinzipien und aus Identität mit der Tradition.
Ludwig VI. hatte in Heinrich I. von England einen ernstzunehmenden Gegner. Im Hinblick auf ihn deutete Suger eine angebliche Prophetie des Zauberers Merlin aus der Britischen Geschichte des Gottfried von Monmouth, wonach ein Löwe der Gerechtigkeit kommen werde, dessen Gebrüll die gallischen Burgen und die Drachen der Inseln erzittern lassen werde. Es ist später nie ganz verstanden worden, warum der französische Hof nicht den kleinsten Versuch unternommen hat, die innerenglischen Auseinandersetzungen um die Normandie in den Jahren 1105/06 auszunutzen. Man wird sich das nicht allein mit Furcht vor dem auch als Militär tüchtigen und sichtlich erfolgreichen englischen König erklären können, obwohl die Bündnislage für die capetingische Seite alles andere als günstig war.

Außer gegen Heinrich I. und dessen Neffen Tedbald IV. von Blois mußte sich Ludwig VI. auch gegen den Adel der Ile-de-France behaupten, dessen Widerstandswille leicht zu Bündnissen mit dem normannischen Herzog hätte führen können. Es war im wesentlichen der Rückhalt beim Grafen von Flandern, der in Fortsetzung einer nun schon traditionellen flandrischen Politik die Normandie von England getrennt halten wollte, was Ludwig VI. in den ersten Jahren seiner Regierung ein Mindestmaß an Bewegungsfreiheit erhielt. Er nutzte sie, wie wir sahen, vorwiegend zur inneren Befestigung seiner Herrschaft, und er ist durch eine neu aufflammende innernormannische Querele weiter begünstigt worden.
Nach der Schlacht von Tinchebray war die Normandie nicht wie eine siegreich erstrittene Beute der Verfügung Heinrichs I. zugefallen, denn ein Teil der normannischen Barone huldigte Wilhelm Clito, Robert Kurzhoses Sohn, während sich andere dem englischen Thronfolger Wilhelm Aetheling zuwandten. Die Parteiung bestand also in der altbekannten Form weiter, so daß auch Heinrich I. nicht auf sicherer Basis die ungeteilte Kraft des Herzogtums in seine Kalkulation einsetzen konnte, zumindest so lange nicht, wie der König von Frankreich für eine der Fraktionen würde eintreten können. Diese Ungewißheit löste sich, als Ludwig VI. im Jahre 1107 die Eroberung der Normandie durch Heinrich I. formell anerkannte und damit auch seine Verfügungsgewalt über das Herzogtum. Ob das mit Vorbehalt geschehen ist, läßt sich nicht mehr mit Sicherheit sagen, aber zwei Jahre später forderte Ludwig den englischen König auf, ihm für die Normandie zu huldigen und außerdem die Burg Gisors im Vexin auszuliefern, in jener Grafschaft nordwestlich von Paris, die seit längerer Zeit schon in einen normannischen und einen französischen Teil auseinanderfiel. Gisors, nur 70 km von Paris entfernt, beherrschte mit seinem heute noch eindrucksvollen Donjon das Tal der Epte und war als Hauptort des normannischen Vexin mehr als eine Grenzfeste.
Heinrich I. lehnte deshalb beide Forderungen ab und konnte sich in dem folgenden, 1111 ausgebrochenen Krieg so gut behaupten, daß er den König von Frankreich im Frieden von Gisors zwei Jahre später zwingen konnte, auch noch die Lehnshoheit über Maine und die Bretagne aufzugeben. Damit war eine erste, empfindliche Lücke in den für die französische Monarchie und ihr Selbstverständnis so wichtigen Legitimationsbereich gerissen und es gab fortan Räume innerhalb des alten karolingischen Westreiches, in denen Ludwig erklärtermaßen nicht mehr der Oberlehnsherr war.
Unter diesen auf Dauer schwer erträglichen Umständen überrascht es nicht, daß die Kämpfe drei Jahre später wieder ausbrachen; mit dem Schwerpunkt im Vexin suchte Ludwig seine Lage zu bessern. Der Erfolg blieb aber aus, und durch den Tod Graf Balduins VII., der im September 1118 kämpfend gefallen war, verlor das capetingische Lager einen starken Bundesgenossen. Militärisch war, soviel schien sicher, gegen die anglo-

normannische Macht nichts auszurichten, doch eine unvorhergesehene dynastische Wendung zwang Ludwig VI. zu einem fast verzweifelten Schritt.
Im Jahre 1119 verheiratete Graf Fulco V. von Anjou seine Tochter Mathilde mit dem englischen Thronfolger und stattete sie mit der Grafschaft Maine als Heiratsgut aus. Für den Fall seines Todes auf dem von ihm geplanten Zug ins Heilige Land sollte sie auch Anjou erben und Wilhelm Aetheling für sein Königtum Aussichten eröffnen, die eine Generation später Heinrich II. auf anderem Wege realisieren konnte: Ein anglonormannisch-angevinisches Großreich beiderseits des Kanals. Ludwig VI. unternahm daraufhin einen schnellen Zug in die Normandie, kam bis Les Andelys an der Seine, zog von dort zunächst flußabwärts und traf am 20. August 1119 bei Brémule, 25 km südöstlich von Rouen, auf das englische Heer.
Hier sollte sich zum ersten Mal eine taktische Konstellation ergeben, die im Hundertjährigen Krieg vielfach entscheidend geworden ist. Die seit Hastings berühmte und gefürchtete normannische Reiterei stieg unmittelbar vor dem Angriff der französischen Ritter von den Pferden und erwartete kaltblütig den Angriff der Reiter, die sich an der geschlossenen Front der gepanzerten Fußkämpfer aufrieben. Der später von Jean de Bueil formulierte Lehrsatz *ceulx qui marcheront perdront et ceulx qui demeureront a pyé coy et tiendront ferme gaigneront* – wer vorrückt, wird verlieren und wer fest steht, wird siegen – erwies sich schon hier als richtig, denn nach kurzem Kampf war die Sache entschieden und Ludwig hatte Schlacht, Streitroß und Banner verloren.
Nunmehr schien ein Friede ratsamer denn je, und in den Vorverhandlungen dazu auf dem Konzil in Reims wollte der französische König seine besonderen Beziehungen zum Heiligen Stuhl in praktischen Nutzen umsetzen und den Papst auf der Grundlage des Bundes von St-Denis zu einer wohlwollenden Vermittlung gewinnen. Mit dieser Rechnung scheiterte er jedoch bei Calixt II., unter dessen Aegide nur die Lehnshuldigung für die Normandie erreicht werden konnte, die König Heinrich allerdings nicht persönlich leistete, sondern Wilhelm Aetheling damit beauftragte.
Am Ende konnte Heinrich I. eine stolze Bilanz ziehen. Die englische Monarchie war zur westeuropäischen Vormacht geworden mit einer kontinentalen Einflußzone von Flandern bis Anjou und direkter Herrschaft über die Normandie, Boulogne, die Bretagne und Maine; zu Blois-Chartres gab es feste Bindungen und durch die Ehe des Thronfolgers Wilhelm mit Mathilde von Anjou eine begründete Anwartschaft auf deren Erbe. In dieser Lage wurde das englische Königshaus von einem schweren Unglück betroffen.
Am Abend des 25. November 1120 bestieg Wilhelm Aetheling in fröhlicher Gesellschaft mehrerer Familienangehöriger im Hafen von Barfleur die Blanche-Nef, das weiße Schiff, neuestes Prunkstück der anglonor-

mannischen Flotte. Außer den königlichen Gästen kam eine Gruppe übermütiger Höflinge an Bord, die mit den Matrosen und dem Kapitän so exzessiv zechten, daß die am Ende sinnlos betrunkene Mannschaft das Schiff bei der nächtlichen Ausfahrt auf einen Felsen setzte. Die Blanche-Nef ging sofort unter, ein einziger Überlebender, Bürger von Rouen, konnte die Umstände berichten. Für Heinrich I., der mit dem Tod des Thronfolgers das Scheitern seiner bisherigen Lebensleistung hätte beklagen können, war dies der Anstoß zum Neubeginn. Er, der seit zwei Jahren Verwitwete, heiratete die Tochter des Herzogs Gottfried V. von Niederlothringen und Markgrafen von Antwerpen, um sich Aussicht auf einen neuen Erben und zugleich dem französischen König einen weiteren Gegner im Nordosten zu schaffen. Da der deutsche König und römische Kaiser Heinrich V. seit 1113 mit Heinrichs I. Tochter Mathilde verheiratet war, ergab sich mit der niederlothringischen Ehe eine weitere Verbindung zum Reich des kaiserlichen Schwiegersohns; sie sollte wenige Jahre später von Bedeutung sein, was umso stärker ins Gewicht fiel, als auch die Gegner des englischen Königs auf den Unfall von Barfleur reagierten.
Zunächst konnte der mit englischen Ländereien für seinen Anspruch auf die Normandie abgefundene Wilhelm Clito seine Anhänger wieder aktivieren, aber viel gefährlicher war eine Kursänderung Fulcos von Anjou, der nun, nach dem Tod des Schwiegersohns, seine verwitwete Tochter zurückforderte und auch die Herausgabe der Grafschaft Maine verlangte. Indem er seine zweite Tochter Wilhelm Clito zur Frau gab und ihn mit Maine belehnte, zeigte er, daß er die Koalition gewechselt hatte.
Wenn die capetingische Monarchie diese Jahrzehnte überlebt hat und sich sogar stabilisieren konnte, dann verdankte sie das freilich nicht Zufällen solcher Art. Sie hatte neben den aufsehenerregenden Kämpfen, die moderne Historiker immer wieder bis ins letzte Detail rekonstruierend beschäftigt haben, unauffällige Verwaltungsarbeit geleistet und auch eine wirtschaftliche Entwicklung nutzen können, der sie einen gewissen Wohlstand und bessere Erträge aus der Domäne verdankte. Zugleich hatten Land und entstehende Städte, Bauern und Bürger, erkennen können, daß der König mit seinen *prévôts* auch zu Nutz und Vorteil der Bevölkerung regierte.
In jüngster Zeit sind die Jahre zwischen 1000 und 1160 immer wieder als das erste klassische Lehnszeitalter definiert worden, eine Periode, die von den Burgherren bestimmt worden sei. Das ist in dieser Form etwas zu allgemein und trifft ganz genau nur für das Mâconnais zu, eine Region Burgunds, für die besondere Bedingungen gelten, aber soviel ist an der Periodisierung richtig, daß es vor der Mitte des 12. Jh.s den Grafen, Herzögen und auch dem König nicht möglich war, die öffentliche Gewalt ohne Beteiligung anderer in ihrer Hand zusammenzufassen. Für die Landbevölkerung ergab sich als praktisch-alltägliche Folge, daß die ihnen jeweils am nächsten residierende Macht für sie in allen Lebensfragen maßgebend war, und das war in der Regel der Inhaber einer Burg. Wir wissen nicht,

was die breite Masse des ländlichen Volkes über diesen Zustand dachte und mit welchen Gefühlen sie auf ihren *châtelain* in seinem Turm geblickt hat, denn wir haben darüber keinerlei Zeugnisse, aber es war regional sicher sehr verschieden, weil die Voraussetzungen keineswegs überall die gleichen waren: In der Picardie spielte der Burgherr offenbar kaum eine Rolle, im Süden dagegen, in der späteren Provinz Languedoc, bestimmte er das Bild gemeinsam mit Vizegrafen, Äbten und Bischöfen. Ähnlich verhielt es sich in Aquitanien, während die Provence von den Resten des spätantiken Städtewesens mit geprägt wurde. Diese Städte hatten primär militärische Funktion als Festungen, waren aber auch durch eine gewisse Bevölkerungskonzentration in ihren Mauern so etwas wie Zentralorte auf lokaler Ebene. Nur auf eben dieser lokalen Ebene konnten Grafen oder auch der König ansetzen, um den eigentümlich paradoxen Zustand zu beenden, daß in einer Zeit überregionalen ökonomischen Aufschwungs und umfassender Verdichtung der Siedlung und des Wegenetzes die Herrschaft sich immer kleinteiliger organisierte. Weil es hier um die Mitte des 12. Jh.s nun wirklich eine Epochenscheide gab zwischen der Welt der Burgherren und der Vorherrschaft des Königs oder der Fürsten in ihren Gebieten, können wir mit Recht auf die große Bedeutung dieser wirtschaftlich und sozial prägenden Umschichtung verweisen. Wir beobachten einen Dreischritt vom Lehnsstaat der *châtelains* zu dem der Fürstentümer und von dort zur Monarchie. Frankreich baute sich wirtschaftlich und politisch auf, indem die kleineren Einheiten in den größeren und diese zuletzt in der höchsten des Königreiches integriert wurden.

Dieser Prozeß lief auf mehreren Ebenen ab, darf infolgedessen nicht nur machtpolitisch verstanden werden und ist in seinen gesellschaftlichen Begleiterscheinungen bisher noch nicht ausreichend erforscht.

Agrarverfassung

Noch war das Land die wichtigste Lebensgrundlage. Es wurde in Form der Grundherrschaft bewirtschaftet, die in verschiedenem Umfang in der Hand von geistlichen und weltlichen Herren bis hinab zu einfachen Rittern lag. Durch den wirtschaftlichen Wandel, der seinerseits in engem Zusammenhang mit politischen Konzentrationsvorgängen und der Friedensbewegung stand, haben die Grundherren ihre Position zueinander neu finden müssen. An den Ertragssteigerungen hatten alle teil, aber die Grafen und Herzöge, dann auch der König, konnten von den nun leistungsfähiger gewordenen kleineren Vasallen mehr Dienste fordern und damit ihren eigenen Einfluß stärken. Die hochmittelalterliche Lehnshierarchie begann sich durchgreifend auszubilden; um die Mitte des 12. Jh.s wurden die Plätze verteilt, und dabei ging die Selbständigkeit der Kleine-

ren gegenüber den Großen weitgehend verloren. Es ist hier stets im Auge zu behalten, wie sehr die Loire auch auf diesem Sektor eine Grenze bildet. Der Norden war vom Süden nicht nur sprachlich und politisch, sondern auch wirtschaftlich und gesellschaftlich deutlich geschieden. Im Norden konnten karolingische Institutionen, zu denen ja auch das Lehnswesen gehört, stärker aktiviert werden, denn in diesem Raum waren sie entstanden und infolgedessen fester eingewurzelt. Der Norden war auch das Gebiet der klassischen Grundherrschaft; je weiter man nach Westen und Süden blickt, um so bestimmender fällt der Allodialbesitz ins Auge, das Eigengut vor allem im kleineren Maßstab. Deswegen hat es zuerst im Norden wieder größere Herrschaftskomplexe geben können, die Wirtschaftseinheiten lehnrechtlich zusammengefaßt haben: In der Grafschaft Flandern, im Fürstentum der Robertiner als dem Kern der späteren Krondomäne, im Zentrum des Herzogtums Burgund.
Die ländliche Bevölkerung war entgegen verbreiteter Vorstellung im 12. Jh. recht mobil. Die Ile-de-France, fruchtbares Land und durch Ludwig VI. befriedet, hat nach Auskunft der grundherrlichen Zinsverzeichnisse und dem in ihnen enthaltenen Material an Personennamen Zuwanderer aus dem Westen aufgenommen, d. h. aus Maine, Anjou, Poitou und Bretagne, ferner aus dem Zentralmassiv: Eine Bevölkerungsbewegung, deren Richtung bis heute konstant geblieben ist. Zuwanderung aus dem Poitou und der Bretagne erfuhr auch die Landschaft im Dreieck zwischen Dordogne und Garonne, so daß wir innerhalb Frankreichs Zuwanderungsräume von Abwanderungsgebieten unterscheiden können. Angesichts dieser Bewegungen werden vertraute Vorstellungen von der mittelalterlichen Gesellschaft aufgegeben werden müssen. Großfamilien, das idealisierte Sozialisationsmodell moderner Romantiker, können unter den beschriebenen Umständen nicht die Regel gewesen sein, und die Dorfgesellschaft des 11. und 12. Jh.s war unruhig, oft in Auflösung. Mit dieser Mobilität und wirtschaftlichen Expansion sind Mentalitätswandlungen verbunden gewesen, die für eine gewissenhafte Forschung allerdings schwerer erkennbar sind als drängendes Fragen oft wahrhaben möchte, sind unsere Quellen dafür doch meist Aufzeichnungen von Klerikern, literarische Zeugnisse einer höfischen Kultur und die Werke der sakral bestimmten bildenden Kunst. Wir haben zwar gruppenspezifische Äußerungen, aber keine breite Basis für die Beschreibung eines kollektiven und zeittypischen Bewußtseins.
Die damals neu entstehende Agrarverfassung ist mit allen ihren Eigentümlichkeiten, vor allem mit den geänderten und verbesserten Arbeitsmethoden zu betrachten. Sie läßt sich aus ihnen nicht umfassend erklären, aber es gibt Wechselwirkungen, die im einzelnen schwer zu beurteilen sind, sich aufs ganze gesehen aber gut nachweisen lassen.
Das Werkzeug zur Bodenbearbeitung wurde in seiner Effektivität gesteigert durch die häufigere Verwendung von Metall gegenüber Holz, vor allen Dingen bei den Pflügen; aber auch die weitere Verbreitung der Axt

und der eisernen Hacke erlaubten es dem Bauern, sich mit seinem üblichen Werkzeug am Landesausbau zu beteiligen, zu roden und Brachland zu kultivieren. Der bereits zur Karolingerzeit bekannte, aber noch wenig benutzte Räderpflug, die *carruca* mit Wendevorrichtung für die Erdschollen, setzte sich seit der zweiten Hälfte des 11. Jh.s gegenüber dem einfachen Haken allmählich durch und erlaubte mit seiner wesentlich besseren Aufbereitung des Bodens dessen gründlichere Nutzung. Das wirkte sich auf die Flurformen aus, indem die offene Langstreifenflur den Arbeitsmöglichkeiten des Räderpfluges am besten entsprach. Diese Flurform beherrschte bald den Norden und Osten, stieß im Westen auf die Zone des *bocage,* der heckenumgebenen Kleinfelder, und zeigt uns damit die wirtschaftlich fortgeschrittenste Region. Entsprechend war die landwirtschaftliche Ertragssteigerung nicht gleichmäßig verteilt, aber weil es in Frankreich kein dem englischen Domesday Book vergleichbares Dokument gibt, sind wir auf die mühsam gewonnenen Ergebnisse landesgeschichtlicher Einzelforschung angewiesen. Innerhalb des Systems der Dreifelderwirtschaft mit ihrem Wechsel von Sommerfeld, Winterfeld und Brache bemühte man sich um eine ausgewogene Verteilung von Winter- und Sommergetreide, aber noch um die Mitte des 12. Jh.s hatten von zehn Wirtschaftshöfen des Klosters Cluny nur zwei dieses Gleichgewicht erreicht, mit dem man eine bessere Sicherung gegen klimatische Schädigungen der Saat durch Kälte, Hitze oder Überschwemmungen anstrebte. Längst war die Landwirtschaft dazu übergegangen, durch Zwischenfruchtbau die Brache zu verkürzen oder sogar ganz abzuschaffen, aber das ging nur auf den besseren Böden, seltener im trockenen Süden und gar nicht im frisch gerodeten Land. Wir wissen, denn es ist ein gesamteuropäisches Phänomen, daß im Hochmittelalter der Getreideanbau zugenommen hat und daß die Weinberge sich ausbreiteten, aber die im Altsiedelland durch bessere Arbeitsmethoden wirklich erreichte Steigerung der Erträge können wir nicht bestimmen, weil dafür alle Quellen fehlen.

Genauere Kenntnis wäre freilich deshalb hilfreich, weil nicht nur die wirtschaftliche Lage, sondern auch die rechtliche Situation der Menschen auf dem Land zu einem guten Teil vom Ertrag ihrer Arbeit bestimmt wurde. Im 12. Jh. nahm die Belastung mit differenzierten Zinsen gegenüber einer globalen Leistungsforderung zu, der Herr bewertete die einzelne Parzelle und nicht mehr den ganzen Hof. Daneben finden sich immer mehr Verträge zur Landvergabe auf Erbrecht: Beides, Zinssystem und Erbrecht, sind Zeichen für intensivere, ertragreichere Anbaumethoden und für florierenden Landesausbau, denn die Herren wollten am Gewinn möglichst großen Anteil haben und die Siedler im Rodungsgebiet halten, der Bauer wünschte demgegenüber Rücksicht auf unterschiedliche Bodenqualität und eine Heimstatt auf Dauer. Wieder treffen wir diese *accensements à toujours* zuerst in der Ile-de-France, und in dieser Region gingen auch zuerst die Frondienste zurück. Das war ein erheblicher Fortschritt, aber er vollzog sich nur sehr langsam und führte nicht vor dem 13. Jh. im gesamten Norden zu spürbaren Erleichterungen. Noch im Jahre 1198 haben die Bauern in der Umgebung von Amiens an sechs Tagen in der Woche Hand- und Spanndienste geleistet, 1268 war das Maß auf drei Tage reduziert und erst 1277 gab es dort kein *opus servile* mehr.

Alle diese mit den Wandlungen der Wirtschaftsform, der landwirtschaftlichen Techniken und der Agrarverfassung einhergehenden Umwälzungen haben dem Königtum genützt, denn sie schwächten im Laufe der Zeit den Adel, weil er auf die Dauer wirtschaftlich nicht mehr mithalten konnte, im Zusammenhang mit der sich verfeinernden ritterlichen Kultur steigende Ausgaben hatte und in vielen Gegenden seinen Besitz unter die Söhne aufteilen mußte.

Vor allem aber brachten die aufblühenden Städte das Königtum in eine überlegene Position, sobald die Verbindung zwischen Bürgertum und Monarchie hergestellt war.

Städte und Bürgertum

Um die Mitte des 12. Jh.s waren in Frankreich Städtelandschaften entstanden, bestehend aus Orten mit römischer Kontinuität und neuen, in schon bekannter Weise bei Burgen oder Klöstern begründeten Siedlungen. Demographisch waren sie alle vom Umland abhängig und profitierten wie der Landesausbau vom Bevölkerungswachstum. Wie eng beides zusammenhing, läßt sich vielerorts beobachten: In Toulouse entsprach einer Vermehrung der *sauvetés* in der Grafschaft die Zunahme der Stadtbevölkerung, in Chartres folgte auf die größere Einwohnerzahl der *burgi* ein verstärkter Landesausbau in der Beauce, in Bordeaux führte die höhere Agrarproduktion des Umlandes zum Aufblühen des städtischen Marktes. Der Aufstieg von Paris ist nur in einer wirtschaftlich führenden, bevölkerungsstarken Region möglich gewesen, und in der Champagne gewannen Bar-sur-Aube im Jahre 1114, Provins seit 1137, Lagny seit 1154 aufgrund ihrer hervorragenden Verkehrslage in der gut verwalteten Grafschaft Bedeutung als Orte der bald berühmten Champagnemessen.

Für das französische Städtewesen des Mittelalters ist charakteristisch, daß die Könige zwar das Bürgertum generell stets gefördert haben, aber in ihrer Einflußzone Autonomie und politisches Gewicht der Städte beschränkten. Nur außerhalb der Krondomäne unterstützten sie die kommunale Bewegung gegen ihre Stadtherren. Im Süden war dagegen das Konsulat schon früh zur wichtigsten Form der Stadtverfassung geworden: Zuerst kurz vor 1130 traten in Avignon, 1131 in Arles und Béziers, 1132 in Narbonne, 1144 in Nîmes und Nizza, nach 1150 in Toulouse Stadträte auf, und bis 1200 drang die wesentlich vom Stadtadel getragene Ratsverfassung weit in das Landesinnere ein. Das italienische Vorbild ist deutlich zu erkennen, und von ihren *consules* repräsentiert stand die politisch handelnde, wirtschaftlich starke und durch gegenseitige Eide verbundene *universitas* der Bürger, keineswegs also die Masse aller Einwohner, ihren Stadtherren gegenüber. Die Bürgergemeinde beanspruchte eigenes Recht, das ihr der Stadtherr endlich in einer *charte de franchise*, einer Freiheitsurkunde, verbindlich gewähren mußte. Anders als in Deutschland oder Italien aber haben französische Städte nie jenes Maß an Unabhängigkeit erreicht, das sie zu eigener Staatlichkeit hätte gelangen lassen. Sie blieben vielmehr immer Teil eines von der Krone oder einer großen Regionalgewalt bestimmten politischen Gefüges. Der Typus der freien Reichsstadt hat sich im Schatten der französischen Krone nicht entwickeln können.

Politisch aktivster Teil der Stadtbevölkerung waren überall die Kaufleute und die ihre eigenen Produkte selbständig verkaufenden Handwerker. Sie organisierten sich in Gilden und Zünften, monopolisierten nach Möglichkeit den Handel oder ihr Gewerbe, so in Paris die auf der Seine zu Schiff fahrenden Händler, deren Korporation für das Jahr 1170 bezeugt ist, die aber wohl schon seit 1121 bestanden hat. Die Macht und der Einfluß dieser organisierten Kaufmannschaft zeigten sich 1127 in Flandern, als die Nachfolge für den Grafen Karl den Guten ohne ihren Willen nicht geregelt werden konnte.

An einem Märzmorgen war der Graf in der Donatuskirche zu Brügge ermordet worden, was Ludwig VI. Gelegenheit gab, als Oberlehnsherr das Verfahren gegen die Attentäter zu leiten und dabei auch die Nachfolge zu regeln. Sein Kandidat war Wilhelm Clito, mit dem er ein Gegengewicht zu Heinrich I. aufbauen wollte, aber das hochfahrende, Bürgerfreiheiten mißachtende Wesen des neuen Grafen führte zum Aufstand der Städte Lille, Gent, Brügge und St-Omer, denen sich ein großer Teil des flandrischen Adels anschloß. Vor dieser Koalition resignierte Wilhelm und es stellte sich bald heraus, daß Ludwig VI. ihm nicht zu Hilfe kommen konnte, da die Opposition gegen den Grafen inzwischen einen deutlich antifranzösischen Akzent bekommen hatte und Autonomie bei der Wahl anstrebte. Noch war die Zeit der erfolgreichen Auseinandersetzungen mit den Fürstentümern nicht gekommen.

Unternehmungen wie der Zug ins Bourbonnais zu Anfang der Regierung hatten zwar die Richtung gewiesen, in der eine Machtausweitung des Königtums gesucht werden konnte, aber die Grafschaft Flandern mit ihrer Wirtschaftskraft, dem Bürgertum als mittlerweile sichtlich ernstzunehmenden politischen Faktor und dem noch zwischen Loyalität und Eigenständigkeit schwankenden Adel war vorerst unbezwingbar. Die Möglichkeiten zur Durchsetzung des Königsschutzes für Anhänger und Mindermächtige, dieses untrügliche Zeichen effektiver Herrschaft, sah Ludwig VI. wie auch noch sein Sohn auf die Domäne eingegrenzt. Dort allerdings hatten beide Herrscher so wirken können, daß die ältere Gottesfriedensbewegung ihren Sinn verloren hatte. In seinem engeren Herrschaftsbereich war der Landfriede eine Sache des Königs geworden, so daß alle politischen Kompetenzen, die mit seiner Wahrung verbunden waren, bei ihm lagen. Für Adel und Kirchenmänner entfiel ein Grund, sich zu Beratungen zu versammeln, Beschlüsse zu fassen und auszuführen. Vorformen eines staatlichen Gewaltmonopols kündigten sich an, die Zusammenfassung exekutiver Aufgaben beim König hatte begonnen, und als Ludwig VII. 1155 in Soissons einen zehnjährigen Gottesfrieden für das gesamte Reich verkündete, war das die erste königliche Verordnung mit dem Anspruch auf Geltung auch außerhalb der Krondomäne. Erst im 13. Jh. freilich zeigt das endgültige Auslaufen der Friedensbewegung die Stärke der monarchischen Oberhoheit an, die regionale Abkommen nun wirksam ersetzen konnte.

Suger von St-Denis

Vieles verdankten die Könige auf dem langen Weg zu diesem Ziel der Geistlichkeit. Episkopat und Mönche haben den König politisch, ideell und nicht zuletzt militärisch durch die Aufgebote ihrer Vasallen unterstützt; eine damit verbundene Gefahr durch Ansprüche der römischen Kurie konnte vermieden werden, weil die nie abreißende Auseinandersetzung mit dem Kaiser die Päpste seit Paschalis II. immer wieder den Rückhalt der französischen Monarchie und oft sogar das vorübergehende Exil in Frankreich suchen ließ. Die Könige haben deshalb mit Erfolg auf ihrer Kirchenhoheit bestehen können; Ludwig VI. wehrte 1121 einen Versuch Calixts II. ab, den Erzbischof von Lyon bei seinem Anspruch auf den gallischen Primat gegen Sens zu unterstützen, denn Lyon lag außerhalb der Domäne, so daß der König in seinem Einfluß auf den Episkopat eingeschränkt worden wäre. Ludwig VI. verlangte von den Kronbischöfen Anerkennung des Hofgerichts als letzte Instanz in weltlichen Dingen, und er bestand energisch auf Mitsprache bei der Wahl von Bischöfen und Äbten. In diesem Punkt war er unerbittlich, auch gegenüber einem Freund aus Kindertagen, der bald sein engster Berater und neben Bernhard von Clairvaux die faszinierendste Verkörperung des französischen Mönchtums im 12. Jh. werden sollte.
Suger von St-Denis, wohl im Jahre 1081 bei Paris in bescheidenen Verhältnissen geboren, wurde als Zehnjähriger von seinen Eltern ins Kloster gegeben und erhielt im Priorat L'Estrée seine erste Schulbildung zusammen mit dem Prinzen Ludwig, dem späteren König. Weitere Studien schlossen sich an, und der kleinwüchsige, hager-zähe Mann mit viel Ehrgeiz, hoher Intelligenz und hervorragender administrativer Begabung sah sich bald im Dienst der mächtigen, königsnahen Abtei vielseitig verwen-

det. Anläßlich eines 1109 übernommenen Auftrages zur Verwaltung von Klostergut in der Nähe von Dieppe lernte er normannische Institutionen kennen, und Ludwig VI. hat ihn schon während der Kronprinzenzeit als Berater konsultiert, als persönlichen Gesandten nach Rom verwendet und einen loyalen Vertrauten in ihm gefunden. Im März 1122 wählte der Konvent von St-Denis Suger zum Abt, während er sich gerade auf dem Rückweg von Rom befand. Er selbst hat berichtet, wie er bei seiner Ankunft in Paris den ganzen Zorn Ludwigs erfuhr, der nicht gehört worden war und die ältesten bei der Wahl anwesenden Mönche zusammen mit einigen ebenfalls beteiligten Vertretern der Laienaristokratie in Orléans hatte einkerkern lassen. Es kam nach dieser Demonstration königlicher Prärogative freilich bald zur Aussöhnung, und Suger leistete der Monarchie schon zwei Jahre darauf einen für die Geschichte Frankreichs bedeutenden, richtungweisenden und traditionsbildenden Dienst.

Im Frühjahr 1124 stand Heinrich I. mit Heeresmacht wieder vor der Ile-de-France. Sein Schwiegersohn, Kaiser Heinrich V., war angesichts der steten Unterstützung der Päpste durch Ludwig VI. für eine Zangenoperation gegen den französischen König zu gewinnen gewesen, hatte ein freilich kleines Heer unter dem Vorwand eines Zuges gegen die Sachsen gesammelt und rückte nun im Sommer überraschend gen Westen vor. Diese Militärallianz war mit vorausgegangenen Konflikten und Gefahren nicht vergleichbar; gegen die anglonormannische Monarchie und das Imperium war Ludwig hilflos, wenn beide Gegner ihre Kräfte vereinten. Davon konnte in diesem Falle zwar keine Rede sein, weil die Truppen des Kaisers für die Stärke des Reiches bei weitem nicht repräsentativ waren, aber zum Sieg über das Aufgebot der Krondomäne hätte es gereicht. Nicht den Herrn dieser Domäne aber sollten die Angreifer erleben, sondern zum erstenmal trat der König von Frankreich auf, als Verteidiger des ganzen Reiches gegen einen äußeren Feind an der Spitze eines französischen Heeres.

Als die Nachricht vom Anmarsch des Kaisers Ludwig VI. erreichte, begab er sich sofort nach St-Denis, um nach den Worten Sugers den Schutz seines besonderen Patrons, des heiligen Dionysius zu erflehen. Mit dem Prädikat *specialis patronus* griff Suger eine Bezeichnung auf, die an entsprechende Wendungen schon der karolingischen Kanzleien anschloß und zum Ausdruck brachte, daß dieser Heilige in besonderer Beziehung zum Königtum stand. Das war auch durchaus zutreffend, denn seit den 60er Jahren des 6. Jh.s haben zunächst die merowingischen, dann die karolingischen Herrscher und seit Odo auch die Robertiner Familienangehörige in der Kirche des Märtyrers beisetzen lassen oder den Ort zur Grablege für sich selbst bestimmt. Karl Martell, König Pippin, Karl der Kahle sind dort bestattet worden, die Grablegen seiner Vorfahren Hugo Magnus, Hugo Capet und Robert II. hat Ludwig VI. in St-Denis sicher manches Mal besucht.

Der heilige Dionysius wirkte der Legende nach in der Mitte des 3. Jh.s als erster Bischof von Paris. Zusammen mit Gratian von Tours, Trophimus von Arles, Paulus von Narbonne, Saturninus von Toulouse, Stremonius von Clermont und Martialis von Limoges gehörte er zu den Gallienaposteln und wurde auf dem Montmartre bei Paris, dem *mons martyrum*, durch das Schwert hingerichtet. Mit seinem abgeschlagenen Haupt in der Hand sei er bis zu dem Ort gegangen, an dem er seine letzte Ruhe finden wollte, und die jetzt noch bestehende Klosterkirche von St-Denis erhebt sich über seiner Memoria. Die Legende wurde im Laufe der Zeit immer weiter ausgebaut und läßt erkennen, daß die enge Verbindung des Klosters zum Königtum dabei so betont werden sollte, daß es am Ende als zentraler Ort der Monarchie und idealer Mittelpunkt Frankreichs erscheinen konnte. Seit dem 8. Jh. propagierte man den heiligen Dionysius als Enkelschüler Petri und ließ das Pariser Bistum auf diese Weise als apostolische Gründung erscheinen, die sich eines direkten, frühen Rombezugs rühmen durfte; hundert Jahre später setzte man ihn mit Dionysius Areopagita gleich, jenem vom Apostel Paulus auf dem Areopag von Athen bekehrten Griechen, den man seit dem 6. Jh. für den Autor eines ganzen Corpus mystischer Schriften hielt, die aus neuplatonischem Geist stammend sehr große theologische Wirkung entfaltet haben, seit Abt Hilduin von St-Denis um 832 die erste vollständige lateinische Übersetzung angefertigt hatte. Vom 9. Jh. an haben die karolingischen Herrscher Kronen und andere Insignien im Dionysiuskloster niedergelegt, und nur aus dieser alten, mittlerweile in ganz Europa berühmten Kulttradition, die den Heiligen des Königtums durch Anrufung in Urkunden, Deposition von Herrschaftszeichen und Herrscherbestattungen mit der Dynastie verband, lassen sich die Vorgänge des Sommers 1124 verstehen.
Als der König die Klosterkirche betrat, wurden die Reliquienschreine des heiligen Dionysius und seiner Begleiter Rusticus und Eleutherius aus der Krypta geholt und auf den Hauptaltar erhoben. Vor ihnen betete Ludwig um Schutz für das Reich und nahm dann vom Altar das Banner der Grafschaft Vexin, für die er nach den Worten Sugers Lehnsmann des Klosters war; er empfing sie wie aus der Hand eines Lehnsherrn, ging also ein unmittelbares Rechtsverhältnis zum heiligen Dionysius ein. Dann erhob er das Banner, wandte sich an der Spitze eines kleinen Gefolges gegen den Feind und rief ganz Frankreich, *tota Francia*, auf, ihm in den Kampf zu folgen. Tatsächlich bestand das Heer, dessen sich Ludwig VI. für diesen Krieg versichern konnte, nicht wie üblich nur aus den Aufgeboten weltlicher und geistlicher Herren der Domäne; auch Herzog Hugo II. von Burgund, die Grafen Tedbald IV. von Blois, Hugo von der Champagne, Wilhelm II. von Nevers, Rudolf von Vermandois und Karl von Flandern waren mit ihren Kontingenten erschienen, während Herzog Wilhelm von Aquitanien in der kurzen Zeit nicht mehr hatte eintreffen können. Noch niemals hatte ein capetingischer Herrscher eine solche Streitmacht

zusammenbringen können, und auf die bloße Nachricht hin hat der Kaiser seinen Feldzug abgebrochen.
Dieser Sieg war außerordentlich. Welche Bedeutung er hatte, läßt sich nicht nur an der bloßen Tatsache des Rückzuges Heinrichs V. ablesen, sondern es ergibt sich aus den politischen Folgen dieser ersten nationalen Manifestation einer französischen Führungsgruppe, der hinfort außer ihrem regionalen Sonderbewußtsein die integrierende Idee vom Dasein einer französischen Monarchie unterstellt werden mußte, der sie zugehören wollte. Der Kaiser hatte damit nicht gerechnet und Ludwig nach bisher gültiger Erfahrung als einen territorial reduzierten Fürsten eingeschätzt, der einen machtpolitisch gleichgültigen Königstitel führte. Das entsprach mittlerweile nicht mehr der Wirklichkeit Frankreichs, und Suger benannte in einer fiktiven Rede der Großen im Heer auch das zugrundeliegende Programm: Frankreich sei die Herrin der Länder, die *domina terrarum*, und nach französischem Königsrecht sei das Land der Feinde, einst von den Franken unterworfen, ihr Eigentum. Man solle die Angreifer wie Sarazenen niedermetzeln, die Leichen unbestattet den Wölfen und Raben zum Fraß lassen, denn die Landesverteidigung rechtfertige solche Grausamkeit.
In dieser Form drückte sich die Überzeugung aus, daß die französischen Könige die Herrschaft Karls des Großen nicht nur fortsetzten, sondern geradezu mit ihm als seine Nachfolger identisch seien, wenn Herrschaftsrechte definiert wurden; die besondere Bindung an Kirche und Papsttum rückte die Kriege dieser Könige in die Nähe des Heidenkampfes, von dem die Chanson de Roland berichtete und umgab das Land mit einer Aura, in die unberechtigt einzudringen Frevel war. Auch das alte Band zum Dionysiuskloster hat Ludwig VI. bei seiner Rückkehr bekräftigt, indem er dort die Krone seines Vaters darbrachte und dem Konvent das Recht zum Lendit bestätigte, einem Markt im Zusammenhang mit der Dionysiuswallfahrt. Es war, so schloß Suger seinen Bericht, fortan Brauch, während eines jeden königlichen Feldzuges die Schreine der Märtyrer zum Altar zu erheben und einen für die Dauer des Krieges nie unterbrochenen Gebetsdienst vor ihnen abzuhalten. Für diesmal trug Ludwig VI. sie auf eigenen Schultern an ihren üblichen Ruheplatz zurück.

Herzog von Aquitanien

Dieses und die folgenden Jahre sahen Ludwig VI. auf dem Höhepunkt seines Königtums. Er selbst muß seine Position als so fest angesehen haben, daß er den 1116 geborenen ältesten Sohn Philipp, der seit 1121 in den Königsurkunden als Nachfolger, als *rex designatus*, genannt wird, erst im April 1129 in Reims zum Mitkönig krönen ließ. Die Sukzession schien nach bewährter Weise gesichert, aber Philipp verunglückte am 13. Oktober 1131 tödlich, als sein Pferd in einer Pariser Vorortstraße von einem plötzlich aus dem Straßenschmutz aufspringenden Schwein erschreckt den Reiter abwarf. Der Kronprinz wurde in St-Denis beigesetzt und im Verein mit anderen *familiares* des Königs riet Suger, sofort zu handeln und vor dem gerade in Reims tagenden Konzil die Weihe des zweiten Sohnes Ludwig durch Papst Innozenz II. vornehmen zu lassen. Schon am 25. Oktober fand deshalb die feierliche Handlung statt. Von einer regelrechten Wahl konnte keine Rede mehr sein, obwohl weltliche und geistliche Große ihre üblichen Vorbehalte hatten. Der Klerus konnte besonders gewichtige Argumente anführen, denn die mittlerweile klassische politische Theologie sah im Königtum ein Amt, kein Erbe, und gerade in der ersten Hälfte des 12. Jh.s wurde das in der Kirche durchweg herrschende Wahlprinzip theoretisch genauer fundiert und juristisch präzisiert. Anders als der deutschen fiel es der hohen französischen Geistlichkeit jedoch leicht, ihre Einwände zu unterdrücken, denn sie hatte ein Interesse an Stärkung der Krongewalt gegenüber den Großvasallen; der Adel wiederum konnte nicht mehr ganz überzeugend widerstreben, weil er seinerseits das Erbprinzip in Anspruch nahm. Vermutlich drückte die nordfranzösische Chronik von Morigny die bereits allgemein herrschende Ansicht aus, wenn sie sagte, daß Ludwig VII. die Königswürde nach Erbrecht erhalten habe.

Als sein Vater am 1. August 1137 starb, übernahm Ludwig eine innerlich weitgehend gefestigte Herrschaft. Zwar hatte sich in den Fürstentümern ein ähnlicher Konsolidierungsprozeß mit teilweise sogar besseren Resultaten ergeben, so daß der König von Bevölkerung und Adel außerhalb der Domäne weiterhin durch die Großvasallen getrennt blieb, und sicher ist es richtig, in politischen Einheiten wie der Normandie, dem Anjou, den Grafschaften Blois-Champagne und Flandern nicht nur die gefährlichsten Konkurrenten des Königtums zu sehen, sondern weiterhin in jeder von ihnen den wirklichen oder potentiellen Feind. Ludwig VII. konnte allerdings unter günstigeren Bedingungen anfangen als sein Vater, denn dieser hatte noch im Jahre seines Todes den 16jährigen Thronfolger mit der Erbtochter Herzog Wilhelms X. von Aquitanien aus dem Hause Poitou verheiraten können. Eleonore war damals wohl 15 Jahre alt; ihr Vater hatte den König von Frankreich als seinen Oberlehnsherrn mit der Regentschaft über Aquitanien betraut und ihm seine Tochter in Obhut gegeben, bevor er auf eine Santiagowallfahrt ging, während der ihn der Tod ereilte. Lange hatte Ludwig auf die Gelegenheit warten müssen, im Gegenzug zur dynastischen Verankerung des englischen Königtums im Südwesten Frankreichs eine eigene Position südlich der Loire aufbauen zu können. 1127 war es Heinrich I. gelungen, seine Tochter Mathilde mit Gottfried dem Schönen zu verheiraten, dem Erben der Grafschaft Anjou; nun war Ludwig VII. in Personalunion König von Frankreich und Herzog von Aquitanien geworden und hatte eine zweite Basis im Midi.

Auch in dieser neuen Lage blieb Suger von St-Denis ein wichtiger Berater des jungen Königs, aber große Entscheidungen, besonders in der Kirchenpolitik, fielen ohne oder gar gegen ihn. 1139 unterstützte Ludwig die kommunale Bewegung in Reims gegen den Erzbischof, 1146 tat er dasselbe in Sens; 1141 kam es zu einem schweren Konflikt mit dem Erzbischof von Bordeaux, der in Poitiers einen Bischof eingesetzt hatte, ohne Ludwig zu konsultieren, und im gleichen Jahr wollte er gegen den Kathedralklerus von Bourges, ja selbst gegen den Papst, einen seiner Hofgeistlichen zum Erzbischof machen. Das entsprach einer nun freilich sehr konsequent verfolgten traditionellen Linie, Bistümer wenn irgend möglich mit Kandidaten aus königsnahen Familien oder aus dem Hofkreis selbst zu besetzen: Manasse von Orléans war ein Garlandia, der königliche Kanzler Hugo von Champfleury wurde Bischof in Soissons, Ludwigs Bruder Heinrich 1162 Erzbischof von Reims, des Königs Schwager Wilhelm folgte ihm 1167. Natürlich erschöpfte sich die Personalpolitik nicht in Entscheidungen dieser Art, sondern trug auch anderen politischen Faktoren Rechnung. Als einer der bedeutendsten Gelehrten des Jahrhunderts, der Engländer Johannes von Salisbury, 1176 Bischof von Chartres wurde, lag darin auch eine Reverenz vor dem Papsttum und eine Spitze gegen Heinrich II. von England, weil Johannes ein treuer Diener des ermordeten Erzbischofs Thomas Becket von Canterbury gewesen war. Dieser mit soviel Elan aus dem Bewußtsein einer sich fast mystisch überhöhenden Monarchie handelnde König aber sollte schon im vierten Jahr seiner Regierung mit der bedeutendsten spirituellen Macht der Zeit zusammenstoßen, mit Bernhard von Clairvaux.

Bernhard war im Jahre 1090 als Sohn eines Vasallen des Herzogs von Burgund in Fontaines bei Dijon geboren und nach einer gründlichen Schulausbildung im Kanonikerstift St-Vorles/Châtillon 1112 dem radikalreformerischen Konvent von Cîteaux beigetreten, aus dem sich bald darauf nicht zuletzt durch sein Wirken der Zisterzienserorden bilden sollte. Drei Jahre später war Bernhard Gründungsabt von Clairvaux in der Champagne nahe Bar-sur-Aube und entwickelte sich rasch zum geistlichen Meister des Abendlandes mit großer politischer Wirkkraft, ein hinreißend-charismatischer Prediger und Menschenführer von Rang. Sein erster Auftritt in der großen europäischen Politik fiel noch in die Regierungszeit Ludwigs VI., denn auf einem vom König 1130 nach Étampes einberufenen Konzil brachte Bernhard die französische Kirche dazu, sich im Papstschisma gegen Anaklet und für Innozenz II. zu entscheiden, England und dem Reich damit vorausgehend.

Während des schweren Konflikts, der seit 1142 Ludwig VII. und den Grafen Tedbald IV. von Blois-Champagne entzweite, erwies sich Bernhard von Clairvaux als kompromißloser Vertreter der päpstlichen Autorität auch gegen den König, wobei nicht übersehen werden darf, daß die

Abtei Clairvaux in der Champagne lag und Tedbald als besonderer Freund der Zisterzienser bekannt war. Der Streit hatte sich 1142 daraus ergeben, daß der königliche Seneschall Rudolf von Vermandois seine Frau, eine Nichte Tedbalds, verstoßen hatte, um Petronilla von Poitou zu heiraten, die Schwester der Königin Eleonore. Auf einem Konzil in Lagny, also in der Champagne, wurde Rudolf mitsamt seiner als Konkubine geltenden zweiten Frau exkommuniziert, und Tedbald, der in der Verstoßung seiner Nichte einen vom König gebilligten persönlichen Affront erblickte, stellte sich im Streit des Papstes mit Ludwig VII. um die Besetzung des Erzbistums Bourges auf die Seite Innozenz' II. Bernhard von Clairvaux billigte diesen Schritt ausdrücklich, und als Ludwig gegen die Champagne vorrückte, Vitry eroberte, während sein Bruder Robert Reims und Châlons einnahm, rief der Abt die Autorität des Papstes zur Vermittlung für Tedbald an. Der 1143 in Vitry geschlossene Friede brachte keine Beruhigung, so daß erst der Nachfolger des im September 1143 verstorbenen Innozenz, Coelestin II., den Ausgleich erreichen konnte. Ludwig räumte die Champagne und gab in Bourges nach.

Der König hatte die Stärke einer Kirche erfahren, die ihn in besonderer Weise stützen, aber im Konfliktfall auch rasch lähmen konnte, wenn sich die im Sinne der Monarchie wirkenden Kräfte des religiös geprägten Zeitgeistes plötzlich gegen ihn kehrten. Er konnte auf diese tragende Grundwoge umso weniger verzichten, als sich gerade in jenen Jahren an der anglonormannischen Front beunruhigende Veränderungen ergeben hatten.

Am 1. Dezember 1135 war König Heinrich I. von England gestorben. Einziges lebendes Kind war die *imperatrix* Mathilde, die, wie bereits erwähnt, nach Kaiser Heinrichs V. Tod den Grafen Gottfried von Anjou geheiratet hatte. Sie war erbberechtigt, aber da man in England eine Herrschaft der Anjou nicht wünschte, erkannten die normannischen Barone am 20. Dezember Tedbald IV. von Blois als Herzog der Normandie an, während sein jüngerer Bruder Stephan, als Graf von Mortain größter Grundherr des Landes und politisch ambitioniert, zwei Tage später in Westminster zum König von England gekrönt wurde. Beider Anspruch beruhte darauf, daß ihre Mutter Adela eine Tochter Wilhelms des Eroberers war, und Innozenz II. bestätigte Stephans Königtum. Die Partei Mathildes blieb freilich nicht untätig, so daß Gottfried von Anjou sich schließlich in der Normandie durchsetzen konnte und seit 1144 den Herzogstitel führte. Gelang ihm der Triumph auch über König Stephan in England, so war das Haus Anjou weit über das Haus Capet hinausgewachsen.

Der II. Kreuzzug

Da erreichte eine Nachricht das Abendland, die erhebliche politische Bewegung auslösen und manch anderes Problem in den Hintergrund drängen sollte. Am Weihnachtsabend des Jahres 1144 hatte der selçukische Herrscher von Mosul und Aleppo, 'Imād ad-Din Zengi, die Hauptstadt der christlichen Grafschaft Edessa erobert; im folgenden Jahr erschien eine christliche Gesandtschaft aus dem Orient beim Papst, um die bedrängte Lage zu schildern. Daraufhin erließ Eugen III. am 1. Dezember 1145 eine Kreuzzugsbulle, und in den Weihnachtstagen enthüllte Ludwig VII. anläßlich eines Hoftages in Bourges seinen Plan zum bewaffneten Zug in den Osten. Wenn es hier überhaupt einen Zusammenhang mit dem Kreuzzugsaufruf aus Rom gab, so nur in dem Sinne, daß er den König in einem schon früher gereiften Entschluß sicherer machte. Ludwigs Persönlichkeit hatte sich gegenüber seinen ersten Regierungsjahren gewandelt; vielleicht unter dem Eindruck eines schlimmen Vorfalls auf dem Champagnefeldzug von 1142/43, als die Eroberer von Vitry 1300 Menschen in einer brennenden Kirche umkommen ließen, war aus dem dynamischen Politiker ein die Askese und das heiligmäßige Leben suchender Herrscher geworden, dem die Jerusalemwallfahrt ein erstrebenswertes Ziel sein konnte. Wir haben gerade für die erste Hälfte des 12. Jh.s viele Zeugnisse solcher Adelsbekehrungen auf Grund von Kriegserlebnissen; meist steigerten sie sich zur wirklichen Konversion zum regulierten Leben, wobei die Stammburgen in Klöster oder Stifte umgewandelt wurden. Suger von St-Denis widerriet jedoch dem ohnehin mit wenig Enthusiasmus aufgenommenen Unternehmen, und der von Ludwig um Beistand gebetene Abt von Clairvaux sah zunächst das Problem eines vom König ohne Mitwirkung des Papstes ausgeschriebenen Kreuzzuges. Es kam deshalb zu Verhandlungen zwischen Kurie und französischem Hof, die zum erneuten Kreuzzugsaufruf Eugens III. an die gesamte Christenheit führten. Die Bulle wurde am 1. März 1146 erlassen und die Werbung nördlich der Alpen Bernhard von Clairvaux übertragen, der den Kreuzzug als ein Werk persönlicher Buße ansah, für den Kreuzfahrer selbst mindestens ebenso wichtig wie für das Heilige Land, und der damit Ludwigs Einstellung sehr entgegenkam. Anläßlich eines Hoftages am 31. März 1146 in Vézelay hielt Bernhard die erste seiner großen Kreuzzugspredigten, und der König nahm gemeinsam mit vielen Großen das Kreuz. Zu Weihnachten 1146 gewann Bernhard in Speyer auch den deutschen König, und im Juni 1147 konnte das in Metz versammelte französische Kreuzfahrerheer den Landweg nach Konstantinopel nehmen, wo es am 4. Oktober eintraf.

Der weitere Verlauf des Unternehmens war unbefriedigend. Im Heer gab es eine starke antibyzantinische Partei unter Führung des Bischofs Gottfried von Langres, die, eine Vorahnung der beschämenden Ereignisse von

1204, unablässig zum Angriff auf Konstantinopel drängte und nur mit dem Hinweis auf das Fehlen einer entsprechenden Anweisung des Papstes zurückgehalten werden konnte. In Nicaea vereinigte man sich mit den Resten des bei Dorylaeum bereits von den Selçūken geschlagenen deutschen Heeres zum Weitermarsch, und als Anfang 1148 die nun wieder auf sich allein gestellten französischen Kreuzfahrer bei Laodicaea eine schwere Niederlage erlitten, rettete sich Ludwig VII. mit nur kleinem Gefolge zu Schiff nach Antiochia. Eleonore, die ihren Gemahl begleitete, gab bald Anlaß zu Gerüchten über eine Liebesaffäre zwischen ihr und ihrem Onkel Raimund I. von Antiochia; daß man später sogar ein Verhältnis mit Sultan Saladin unterstellte, zeigt, daß sie sich einen gewissen Ruf erworben hatte. Nachdem neue Kreuzfahrer aus der Provence eingetroffen waren, beteiligte sich Ludwig noch an der von vornherein aussichtslosen Belagerung von Damaskus und kehrte Ostern 1149 nach Frankreich zurück. Der Kreuzzug mochte seiner persönlichen Frömmigkeit Befriedigung verschafft haben, die Lage der lateinischen Christenheit im Osten hatte er verschlechtert.

Zusammen mit Erzbischof Samson von Reims und dem Seneschall Rudolf von Vermandois hatte Suger während des Kreuzzuges daheim die Regentschaft innegehabt. Es war vor allem sein Verdienst, daß eine geordnete Finanzverwaltung die Mittel zur schnellen Rückzahlung der besonders von den Templern gewährten Kreuzzugskredite bereitstellen konnte. Ein Komplott Roberts von Dreux, der das scheiternde Kreuzheer vorzeitig verlassen und die sichere Niederlage seines königlichen Bruders zur Vorbereitung eigener Anwartschaft auf den französischen Thron benutzt hatte, brach bei der Ankunft Ludwigs vollständig zusammen.

Heinrich Plantagenêt

Eine der ersten Taten des Königs in der Heimat war die Anerkennung Gottfrieds von Anjou als Herzog der Normandie im September 1149. Der Plantagenêt gab den größten Teil des normannischen Vexin her, um sich den Rücken für seinen Kampf gegen Stephan von Blois in England freizuhalten und stattete seinen damals 16jährigen Sohn Heinrich mit der Normandie aus. Dadurch schuf er freilich die seit Wilhelm dem Eroberer für den französischen König immer wiederkehrende Gelegenheit, durch Unterstützung des Sohnes gegen den Vater England vom Kontinentalbesitz zu trennen. Im August 1151 huldigte Heinrich denn auch Ludwig VII. und trat ihm alles Land zwischen Seine, Epte und Andelle ab. Am 7. September starb Gottfried von Anjou überraschend, erst 39jährig, und sein Sohn trat mit dem Erbe in den Kampf um England ein.

War Heinrich Plantagenêt eine Gefahr für den französischen König? Er hatte ihn als Oberlehnsherrn anerkannt, aber eine Antwort auf die

Machtfrage war das nicht. Diese stellte sich in aller Schärfe im März 1152, als die seit längerem herrschende Spannung zwischen Ludwig VII. und Eleonore zum Konzil von Beaugency an der Loire führte, auf dem die Erzbischöfe von Sens, Reims, Rouen und Bordeaux mit vielen ihrer Suffragane vertreten waren zusammen mit zahlreichen Fürsten und Baronen. Dort wurde die Ehe des Königs geschieden, angeblich wegen zu naher Verwandtschaft des Paares, aber dies war ein schon von den Anwesenden durchschauter Vorwand, denn in Wirklichkeit hat der Lebenswandel Eleonores das tatsächliche Motiv Ludwigs zu seinem politisch sonst unverständlichen Entschluß verstärkt: Bisher, nach 15jähriger Ehe, waren zwei Töchter, aber noch kein Thronfolger geboren worden. Bis zu seinem Tode am 13. Januar 1151 hatte Suger es vermocht, diese dynastische Erwägung hinter dem Gesichtspunkt des aquitanischen Besitzes zurücktreten zu lassen. Wie recht er damit hatte, zeigte sich knapp zwei Monate nach der Scheidung. Zu Pfingsten 1152 heiratete Eleonore Heinrich von Anjou.
Anfang des Jahres 1153 setzte Heinrich von Barfleur nach England über und nahm den Kampf mit König Stephan so erfolgreich wieder auf, daß nur ein im Vertrag von Westminster am 6. November 1153 niedergelegter wohlbedachter Ausgleich Stephan retten konnte: Er blieb König auf Lebenszeit, adoptierte aber Heinrich Plantagenêt als seinen Erben. Mit Stephans Tod am 25. Oktober 1154 wurde der Weg frei. Am 19. Dezember, dem vierten Adventssonntag des Jahres 1154, krönte der Erzbischof von Canterbury in Westminster Heinrich Plantagenêt, Graf von Anjou, Herzog der Normandie und Aquitaniens, und seine Gemahlin Eleonore zum König und zur Königin von England. Es war ein nur schwacher Trost für Ludwig VII., daß Heinrich II. ihm zwei Jahre später für die Normandie, Aquitanien, Anjou, Maine und die Touraine huldigte, denn sein eigenes Königtum war nicht etwa nur auf den Stand von 1137 zurückgefallen, sondern es sah sich einem angevinischen Kontinentalbesitz gegenüber, der vom Kanal bis zu den Pyrenäen reichte, zunehmend effektiv nach normannischen Techniken verwaltet wurde und bei weiterer Expansion den König von Frankreich auf die Ile-de-France beschränken mußte.
Daß Ludwig VII. sich gleichwohl behaupten konnte, war in erster Linie darauf zurückzuführen, daß die französische Monarchie durch ihre besondere Beziehung zur Kirche, zum Papsttum und zu den schon seit zwei Jahrhunderten vornehmlich von Frankreich ausgehenden Impulsen für Kirchenreform und Spiritualität in der westlichen Christenheit eine feste Größe geworden war, eine Großmacht *avant la lettre.* Sie erhielt seit 1159 Gelegenheit, sich in dieser Richtung weiter zu profilieren und das Prädikat *rex christianissimus,* allerchristlichster König, an ihren Herrscher zu binden. Ob diese Bezeichnung durch Johannes von Salisbury nur ins allgemeine Bewußtsein gebracht oder von ihm geradezu erfunden worden ist, kann nicht mehr festgestellt werden, sie gehört aber ins Zentrum

einer Propaganda, deren Richtung und Hauptakzent sich nicht zufällig so ergeben hatten.

Das alexandrinische Schisma

Im September 1159 war es in Rom nach dem Tod Papst Hadrians IV. zu einer Doppelwahl gekommen. Die Mehrheit der Kardinäle wünschte den Kanzler der römischen Kurie Roland Bandinelli als Nachfolger, einen Mann aus guter Sieneser Familie, gebildet vor allem an französischen Autoren wie Abaelard, Bernhard von Clairvaux, Gilbert von Poitiers und Hugo von St. Viktor, vorzüglicher Kenner des kanonischen Rechts und ein Feind des Imperiums. Als Papst nannte er sich Alexander III., und eine Minderheit erhob daraufhin in tumultuarischer Form den kaiserfreundlichen Kardinal Oktavian als Viktor IV. Weil das Mehrheitsprinzip nach den Anschauungen der Zeit allein nicht zur Legitimation ausreichte, konnte nur der siegreich bleiben, den die ganze Christenheit am Ende anerkennen würde. Der Kaiser erklärte sich aus verständlichen Gründen für Viktor IV., während Heinrich II., die französische Kirche und der Zisterzienserorden auf die Seite Alexanders traten. Besonders nützte diesem der intellektuelle Einfluß der französischen hohen Schulen, denn dort studierten viele Ausländer, die in dem nun folgenden geistigen Ringen beider Oboedienzen die besseren Argumente zugunsten Alexanders III. hörten.

Für diesen wurde es im April 1162 unmöglich, sich gegen kaiserlichen Druck in Italien zu halten, so daß er sich nach Montpellier begeben mußte. Von dort wollte er Einfluß auf den noch schwankenden Ludwig VII. nehmen, dessen dritte Gemahlin Adela als Tochter Tedbalds IV. aus dem Hause der mit Viktor IV. verwandten Grafen von Blois-Champagne stammte. Ludwig führte auch bereits Bündnisverhandlungen mit Kaiser Friedrich I., und beide vereinbarten ein Treffen, das am 29. August 1162 in St-Jean-de-Losne an der Saône südöstlich von Dijon stattfinden sollte. Vor dem dort versammelten Episkopat beider Länder wollte man die Rechtmäßigkeit eines der beiden Päpste verbindlich feststellen. Weil aber der überwiegende Teil des französischen Episkopats auf jeden Fall zu Alexander III. halten wollte und der Kaiser Ludwig VII. dadurch erheblich verstimmte, daß er schon in seinem Ladungsschreiben an die deutschen Bischöfe eine Anerkennung Viktors als sicher voraussetzte und außerdem ein starkes militärisches Aufgebot an den Tagungsort berief, kam eine Vereinbarung nicht zustande. Das Konzil von Tours im März 1163 offenbarte dann die schwere diplomatische Niederlage des Imperiums, weil England und Frankreich jetzt geschlossen hinter Alexander III. standen.

Die Auseinandersetzung hatte längst Dimensionen angenommen, die aus

dem Streit um den rechten Papst einen Kampf der europäischen Monarchien um ihre Eigenständigkeit und Gleichberechtigung gegenüber dem Imperium werden ließen. Schon 1161 hatte der kaiserliche Notar Burchard das in einem Brief an Abt Nikolaus von Siegburg zum Ausdruck gebracht, wenn er schrieb: »Alle kleinen Könige wagen es, Alexander als Papst anzuerkennen, nicht wegen seiner gerechten Sache, sondern aus Furcht und Haß gegen den Kaiser.« Johannes von Salisbury dagegen lieh seine Stimme der Abneigung gegen das Volk, dessen politische Vorherrschaft im Kaisertum seines Königs manifest war und das eher von außen als Einheit betrachtet wurde als daß es selbst schon ein Bewußtsein davon entwickelt hatte: »Wer hat denn die Deutschen zu Richtern über die Nationen eingesetzt? Wer hat diesen stumpfsinnigen und aggressiven Menschen das Recht gegeben, nach ihrem Willen einen Herrn über die Köpfe der Menschenkinder zu setzen?«
Trotz dieser im Grundsatz breiten Front gegen Friedrich I. blieb die Lage Alexanders kritisch, weil sein Schicksal mehr und mehr hinter dem Problem einer politischen Neuordnung Europas zurücktrat. Das zeigte sich seit 1164, als Heinrich II. wegen der Kirchenhoheit in England in offenen Konflikt mit Erzbischof Thomas Becket von Canterbury geraten war und das Eingreifen Alexanders zugunsten des Primas der englischen Kirche zwingend notwendig wurde, aber aus Rücksicht gegenüber dem König unterbleiben mußte. Die Entscheidung fiel endlich nach dem Zusammenbruch der kaiserlichen Italienpolitik in der Schlacht bei Legnano am 29. Mai 1176 gegen die siegreich auf der Seite Alexanders III. und für ihre Autonomie kämpfenden lombardischen Städte: Ein Jahr später brachte der Friede von Venedig die Anerkennung Friedrichs I. für Alexander III.; der Sieg des Papstes war zugleich ein Triumph der Königreiche über das Imperium.

Die Zisterzienser

In diesem langen und schweren Ringen war zum ersten Mal die Kraft eines Ordens sichtbar geworden, dessen Weg in den letzten beiden Generationen sehr gerade bis an die Spitzen der kirchlichen Hierarchie geführt hatte.
Im Jahre 1098 hatte der Benediktinermönch Robert von Molesme inmitten eines Sumpfgebietes südlich von Dijon das Kloster Cîteaux gegründet, um sich und seinen Gefährten ein Leben in strenger Armut und Abgeschiedenheit von der Welt zu ermöglichen, wie das viele andere Gemeinschaften im Laufe dieser Jahre auch versucht haben. Der Konvent von Cîteaux fand bald einen gewissen Zulauf, so daß 1113 als erstes Tochterkloster La Ferté bei Cluny gegründet werden konnte. Ihm folgten 1114 Pontigny und 1115 gleichzeitig Clairvaux und Morimond. Diese

Klöster bildeten die sogenannten Primarabteien, von denen alle weiteren Gründungen abhingen, deren es bald zahlreiche gab: 1134, beim Tod Stephan Hardings, des zweiten Abtes von Cîteaux, hatte der Orden 80 Niederlassungen, und als Bernhard von Clairvaux 1153 starb, waren es 350. Die Größe der Konvente – Clairvaux hatte zeitweise bis zu 700 Insassen! – und die sprunghaft gewachsene Zahl der Klöster erklären sich nicht nur aus der Anziehungskraft einer gegenüber der Benediktregel verschärften monastischen Lebensform, sondern vor allem aus einer wirksamen, zeitgemäßen Verfassung.
Im Jahre 1165 hatte Papst Alexander III. die endgültige Form der *Charta caritatis* bestätigt, nach der sich ein jährliches Generalkapitel aller Zisterzienseräbte im namengebenden Kloster zu treffen hatte und unter dem Vorsitz des Abtes von Cîteaux gemeinsame Angelegenheiten regelte. Jedes Kloster hatte die volle Autonomie hinsichtlich Verwaltung, Wirtschaftsführung und Finanzgebaren, wurde aber jährlich durch das Mutterkloster visitiert. Liturgie, Kirchenbau und Tracht sollten so einfach wie möglich sein, und da der Lebensunterhalt selbst erarbeitet werden mußte, nahmen die Konvente Laienbrüder auf, die die Bewirtschaftung der Grangien trugen, landwirtschaftlicher Großbetriebe, in denen die geschenkten Ländereien zusammengefaßt waren. Hatte sich Cluny personalistisch aufgebaut, indem Äbte und Prioren des Klosterverbandes vom Großabt von Cluny abhingen, so begründete Cîteaux eine Institution, einen wohlorganisierten Orden, in dem sich Autonomie und Zentralismus so glücklich verbanden, daß er zum Muster für die seinerzeit moderne Ausprägung der Chorherrenreform wurde, besonders für die Praemonstratenser.
Stark wurden die Zisterzienser von den Päpsten in Anspruch genommen, auf die sie von vornherein und dann besonders durch Bernhard von Clairvaux ausgerichtet waren. Durch den regelmäßigen Verkehr zwischen den einzelnen Klöstern und die große Nachrichtenbörse der Generalkapitel war der Orden auch ein Kommunikationssystem; viele seiner Mitglieder stiegen in hohe Kirchenämter auf, zum Kardinalat und mit Eugen III., einem Schüler Bernhards von Clairvaux, im Jahre 1145 erstmals auf den Stuhl Petri. Ihre Grenzen fanden Aktivität und spirituelles Vermögen der Zisterzienser freilich während der zweiten Jahrhunderthälfte im Süden Frankreichs, als der Papst sie zur Ketzerbekämpfung rief.

Häresien

Seit der zweiten Hälfte des 11. Jh.s hatte die Kirchenreform alle geistigen und geistlichen Kräfte so stark beansprucht, daß es keine häretischen Bewegungen gab. Auch die Sektenprediger, die zu Anfang des 12. Jh.s auftraten, Leute wie Tanchelm von Antwerpen und Seeland, die Bauern

Clemens und Everhard in der Gegend von Soissons, Petrus von Bruis im Südwesten fanden zwar Anhang durch ihre radikale Kritik an der Lebens- und Verhaltensweise des lokalen Klerus, aber zur Volksbewegung wurde das nicht, und theologisch-dogmatische Fragen interessierten in diesem Milieu kaum. Erstmals hörte Bernhard von Clairvaux durch den Praemonstratenserpropst Everwin von Steinfeld im Jahre 1143, daß es eine Sekte gäbe, die seit den Tagen der Apostel in Griechenland gewirkt und sich nun bis ins Abendland ausgebreitet habe. Sie gliedere sich in Hörer, Glaubende und Vollkommene, *auditores, credentes, perfecti*, lasse Frauen zu allen Graden zu und hielte sich für die wahre Kirche Christi, in apostolischer Armut umherziehend und die Messe durch tägliches Brotbrechen, die Taufe durch Handauflegen ersetzend. Von Köln und Lüttich wuchs diese Gemeinschaft in den 60er Jahren bis nach Frankreich, Spanien, Italien und Deutschland, so daß mit Verfolgung und Streitschriften gegen die »Katharer« vorgegangen wurde, wie sie im Jahre 1163 der spätere Abt Ekbert von Schönau erstmals nannte. Sie selbst fühlten sich nicht eigentlich als Neuerer, sondern als die wahren Christen und bezeichneten sich daher gelegentlich mit dem griechischen Wort καθαροί, die Reinen, woraus später wohl das deutsche Wort »Ketzer« gebildet worden ist. Der griechische Name weist auf das Ursprungsgebiet der Sekte im byzantinischen Balkanraum hin, wo schon um die Mitte des 10. Jh.s der bulgarische Priester Bogumil urchristliche Ideale gepredigt hatte und wo es seither eine Art bogumilischer Kirche gab.
Besonderen Erfolg hatten die Katharer im Süden, wo sie ihre Predigttätigkeit mit Rückhalt beim Adel und zum Teil sogar beim Regularklerus reich entfalteten. 1165 disputierten führende Vertreter der Gemeinschaft in Lombers bei Albi mit sieben Bischöfen der Amtskirche, und zwischen 1167 und 1172 fand in St-Félix-de-Camaran nahe Toulouse ein regelrechtes Konzil katharischer Bischöfe aus Italien und Frankreich statt. War der Katharismus bis dahin eine Lebensform gewesen, so erhielt er seit 1167 durch den aus Byzanz gekommenen bogumilischen Bischof Niketas eine radikal dualistische Theorie, die aus der Sekte eine eigene, nicht mehr christliche Kirche mit spekulativer Dogmatik machte: In Fortsetzung der schon von Augustin bekämpften manichäischen Lehren behauptete der katharische Mythos, daß die sichtbare Welt in ihrer ganzen Bösartigkeit nicht von Gott geschaffen sei, sondern vom Teufel als dem von seinem Vater abgefallenen Bruder Christi. Satan sei der Gegenspieler Gottes, in ihm und in Gott stellten sich die beiden Prinzipien des Bösen und des Guten dar. Weil alles Materielle somit nicht Gottes Schöpfung war, mußten die menschlichen Seelen, diese ursprünglich guten, gefallenen Engel, aus der Materie befreit werden und neue Verbindungen möglichst verhindert werden; Fleischgenuß, Ehe und Zeugung wurden deshalb abgelehnt, ebenso das Alte Testament als ein Werk des Teufels. Mit dieser leicht eingängigen Lehre von einem klar in Gut und Böse unterscheidbaren Kosmos hatte der weniger Gebildete praktische Erklärungshilfe für irdische

Mißstände und war der Schwierigkeit enthoben, sich den allmächtigen Gott als Lizenzgeber für das Böse vorstellen zu müssen.

Wirksam aber wurden die Katharer weniger durch ihre Dogmatik als durch das persönliche Vorbild. Im Vergleich mit einer prunkvoll verweltlichten Kirche, deren Prälaten durch politische Händel und wirtschaftliche Interessen vollauf beschäftigt schienen, beeindruckte das einfache Leben der Katharer und das bis zum Tode durchgehaltene asketische Streben ihrer Führer nicht nur die ärmere Bevölkerung vor allem in den wachsenden Städten, sondern berührte auch das schlechte Gewissen der reichen Kaufleute und den Adel, der sich häufig genug mit einer auf Besitztitel hartnäckig pochenden Amtskirche mit ihren Zehntforderungen auseinandersetzen mußte und nun die Rechtfertigung für seine Gegnerschaft gefunden zu haben glaubte. Deshalb ist der Süden, sind die Provence, die Grafschaft Toulouse und bald darauf die ganze spätere Provinz Languedoc zum Zentrum der katharischen Bewegung geworden, deren Anhänger nach der Stadt Albi als einem ihrer Hauptorte den Namen »Albigenser« erhielten.

Diese südlichen Gebiete waren ökonomisch weit entwickelt, aber im Gegensatz zum Norden von der Kirchenreform kaum berührt worden, so daß sich die für alternative Lebensformen stets günstige Mischung von Wirtschaftskraft und spiritueller Leere ergeben hatte. Eine sozialrevolutionäre Bewegung war der Katharismus nicht, was schon daraus hervorgeht, daß er alle Schichten der Bevölkerung erfaßt hat und in der Mitte der 60er Jahre des 12. Jh.s die Bistümer Albi, Agen, Pamiers und Carcassonne der katholischen Kirche praktisch entrissen waren, ohne daß doch wesentliche Ansätze zum Umsturz bestehender Verhältnisse gemacht worden wären.

Die Maßnahmen der katholischen Kirche hielten sich zunächst ganz im gewohnten organisatorischen Rahmen und konnten schon deshalb den Katharern nicht beikommen. 1162 und 1163 verboten die Synoden von Montpellier und Tours jede Unterstützung aller Häretiker und verlangten von der weltlichen Gewalt deren Bekämpfung; das dritte Laterankonzil formulierte diese Forderungen 1179 als allgemeines Kirchengesetz, ohne aber zu definieren, wer als Ketzer zu gelten habe. Das sollte vor Ort festgestellt werden, indem Bischöfen und Priestern aufgegeben wurde, von Amts wegen nachzuforschen, ob und in welcher Form sich in ihren Sprengeln häretisches Leben regte. Diese Inquisitionsverfahren blieben ebenso erfolglos wie die Legation des Abtes Heinrich von Clairvaux, der noch im Jahr des Laterankonzils in den Süden ging, um eine Art von Kreuzzug gegen die Katharer vorzubereiten. Das theologische Rüstzeug war antiquiert und die neuen Instrumente, Inquisition und Kreuzzug in einem christlichen Land, noch nicht fein genug ausgebildet.

Kathedralschulen und freie Magister

Auf dem Konzil von 1179 hat Alexander III. eine weitere Bestimmung verabschieden lassen, die einem Bedürfnis seiner Zeit entgegenkam, die päpstliche Autorität stärken sollte und mit dem Häresieproblem insoweit zusammenhing, als sie zur Rationalisierung theologischer Debatten entschieden beitrug, ihre Inhalte bis ins einzelne überprüfbar machte. Der Papst verlangte von jedem Kathedralkapitel, einen Lehrer zu unterhalten, der armen Schülern kostenfrei Unterricht erteilen solle. Wir dürfen uns die praktische Wirkung dieser Anweisung nicht übertrieben im Sinn einer Öffnung des kirchlichen Bildungswesens vorstellen, aber sie entsprach den kirchenpolitischen Interessen Alexanders, der über das Schul- und Unterrichtssystem die Macht der Ortsbischöfe zugunsten der Kurie schmälern wollte. Schon 1167 hatte er Dekan und Kapitel von Châlons-sur-Marne aufgefordert, jedem Kleriker auf dessen Antrag hin das Lehren zu erlauben, und bereits drei Jahre später ging ein entsprechender Erlaß allen französischen Bischöfen zu.

Die Schulen Frankreichs befanden sich um diese Zeit auf einem ersten Höhepunkt ihrer Entwicklung und genossen europäischen Ruf als führende Einrichtungen; freilich ist mit *schola* im 12. Jh. jede Art von Unterricht gemeint, also nicht nur die Kloster- und Kathedralschulen, und man verstand darunter auch nicht ein Gebäude mit Ausstattung, sondern die Gemeinschaft eines Lehrers mit seinen Schülern, die sich in Privathäusern oder auch auf der Straße ihren Ort suchen konnte. Wer etwas lernen wollte, mußte damals zu den besten Lehrern gehen, also wandern, am besten nach Frankreich und hier wiederum nach Paris, wo er gleichsam ein gegliedertes Schulsystem vorfand. Diese Wanderung der Scholaren ist ein wichtiger Faktor für den Aufschwung der Studien im 12. Jh. gewesen; zusammen mit ihm haben die freien, außerhalb der kirchlichen Schulen unterrichtenden Magister und die neuen Lehrinhalte das Bild geprägt. Diese Lehrer standen nicht nur den etablierten Organisationsformen fern, sondern oft auch den dort bevorzugten Denkwegen. Sie hatten deshalb Schwierigkeiten und brauchten möglichst viele Schüler, um vom Unterrichtsgeld leben zu können und durch die Gefolgschaft ihrer *schola* ein gewisses Ansehen zu erhalten. Trotz der päpstlichen Anweisungen beharrten die Kathedralkapitel nämlich auf ihrem Lehrmonopol, aus dem sie die *licentia docendi* vergeben oder auch versagen konnten. Die Initiativen Alexanders III. haben den Magistern ein korporatives Bewußtsein vermittelt, das ihnen Sicherheit verlieh, zumal da mancher unter ihnen große Einnahmen aus seinem Gewerbe hatte. Abaelard rühmte sich gelegentlich seines guten Verdienstes, aber auch die Gruppe der zahlenden Scholaren wurde auf die Dauer zum Machtfaktor. Es handelte sich hier ja um eine größere Bewegung, die Neues in Kirche und Gesellschaft brachte. Die Ursachen dafür sind einmal in der Kirchenreform des 11. Jh.s und ihrer bewußtseinsbildenden, den Blick auf geistliche und geistige Probleme lenkenden Wirkung zu suchen, zum anderen in den Folgen einer Autoritätenkritik, wie sie Anselm von Laon betrieben hatte: Sie löste eine bislang relativ einheitliche Bildungstradition auf, verfeinerte die dialektische Methode und stieß mit der beginnenden Aristotelesrezeption das Tor zu wissenschaftlichen Argumentationssystemen auf. Nicht jeder bloße Widerspruch oder Zweifel sei eine *quaestio,* meinte Gilbert von Poitiers, sondern ein Stück wissenschaftlicher Wahrheit erst mache Gegenpositionen diskutabel. Entsprechend mußten sich die Studienprogramme erweitern: Gab es zu Anfang des Jahrhunderts nach dem Elementarunterricht einen Kurs in den *artes* und dann vielleicht noch etwas Recht, so daß der Schüler im Alter von etwa 15 Jahren einen Abschluß erreichen konnte, so ging es um 1200 fünfzehnjährig erst zur Artistenfakultät, um dort im Durchschnitt sieben Jahre zu verweilen und dann, wenn man wollte und es bezahlen konnte, noch zehn Jahre Theologie oder kanonisches Recht zu studieren. Seit Alexander III., der ja selbst Kanonist war, herrschten in Rom endgültig die Juristen, und wer mit ihnen zu tun hatte, holte sich am besten einen Rechtsbeistand, was wiederum den Bedarf an entsprechend ausgebildeten Klerikern steigerte.

In diesem Bildungssystem hatten die Pariser Schulen seit den 30er Jahren des 12. Jh.s die führende Stellung eingenommen. Zunächst bildete natürlich die Kathedralschule von Notre-Dame, seit 1127 in der Bischofspfalz untergebracht, mit ihrem Aufsichtsrecht über die Ile de la Cité das Zentrum; ihr hatte auf dem linken Ufer das Genovevastift entsprochen, aber seit den Chorherrenreformen von St. Viktor im Jahre 1147 gab es dort keine Artisten mehr. Dagegen unterrichteten auf dem Mont Ste-Geneviève zeitweise freie Magister wie Abaelard, Alberich und Robert von Melun; auch am Petit Pont zwischen Ile und linkem Seine-Ufer war mit Magister Adam, seit 1147 Kanoniker an Notre Dame und später Bischof von St. Asaph in Wales, eine *schola* am Werk, und an verschiedenen Orten in der Stadt lehrten Simon von Poissy, Robertus Pullus, Gilbert aus Chartres (der 1142 Bischof von Poitiers geworden ist) und Theodorich, seit 1141 an die Kathedralschule von Chartres berufen: Alle diese Lehrer hat Johannes von Salisbury gehört, als er 1135 zum Studium nach Paris kam.

Der Zusammenhang von Hauptstadtfunktion und Rang als geistige Metropole ist für Paris offenkundig und hat auf die Schulen ebenso gewirkt wie er das Selbstbewußtsein des Hofes stärkte. Ludwig VII. war als zweitgeborener Sohn zur Ausbildung an die Schule von Notre-Dame gegeben worden, ehe er durch den Tod des Thronfolgers zum Mitkönig berufen wurde. Noch 1157 gedachte der König in einem Diplom für das Domkapitel freundlich seiner dort verbrachten Jahre.

Ritterliche Laienkultur

Ließ die Stadt dem Gelehrten, dem Studenten, dem Intellektuellen einen Ort für sein Tun, so gaben die Adelshöfe mit zahlreichem Personal auch dem Dichter und dem Sänger eine Chance. An diesen Höfen wurde ein großer Teil der wirtschaftlichen Gewinne von den Anforderungen einer sich rasch differenzierenden Kultur aufgezehrt, dort vollzog sich aber auch ein Mentalitätswandel, der für die Gesellschaftsentwicklung ebenso wichtig werden sollte wie er das politische Schicksal Frankreichs über Jahrhunderte mitbestimmt hat.

Noch beherrschten Krieg, Fehde, militärische Übungen und die Jagd das Leben der Aristokratie, deren männliche Angehörige – soweit sie nicht in den geistlichen Stand traten – in erster Linie kräftig, hart, trainiert und reaktionsschnell sein mußten, sportliche Draufgänger, die ihren Herren effektive Dienste leisten sollten oder als nachgeborene Söhne in Spanien gegen die Araber kämpften, Pilger in ferne Länder geleiteten oder sich gegen Sold für auswärtige Mächte schlugen. Sie lernten dabei und ganz besonders auf dem Kreuzzug andere Kulturen kennen, deren Lebensart anziehend und bei aller Fremdheit doch im Auftreten der Führungsschichten ähnlich schien. Der eigene Verhaltenscodex unterlag ohnehin gerade in dieser Zeit sehr weitgehenden Umformungen, denn im Dienst hatte der Ritter wie eh und je zuverlässig und tapfer zu sein, als Christ verlangte man von ihm Schutz der Schwachen und am Ende sollte er ein *miles Christi* werden, wie Bernhard von Clairvaux ihn in seiner Schrift über das Lob der neuen Ritterschaft, *De laude novae militiae*, für die Templer gefordert hatte. Seine Präsenz am Hofe eines größeren Herrn führte auch den einfachen Ritter mit einem sich verfeinernden Lebensstil zusammen, ließ ihn besser zubereitete und angerichtete Speisen und gute Tischsitten schätzen, elegante Kleidung, Haartracht und Körperpflege. Modebewußten Kunden bot die flandrische Textilindustrie nun auch feinere, verschiedenfarbige Stoffe für Gewänder an, und den Bedürfnissen eines anspruchsvolleren Geschmacks antwortete ein vielseitiges Kunsthandwerk durch Schmuck und Gerät aus Gold, Silber, Edelsteinen und Email.

Der zunächst nur als Schreiber unvermeidlicher Urkunden geduldete und für den Gottesdienst nötige Hofkleriker wurde allmählich unentbehrlich bei der Beratung administrativer Fragen; hatte er studiert, so war er auch in der Welt herumgekommen, wußte zu erzählen und sprach fremde Sprachen, soweit ein Franzose dergleichen brauchte. Die Gesellschaft der tonangebenden Höfe – beim Herzog der Normandie, den Grafen von Anjou, Champagne, Flandern und, solange Eleonore von Aquitanien ihn beherrschte, beim König – erwartete Unterhaltung durch den Vortrag von Dichtern, Sängern und Musikern, sie bildete ein Publikum, das auf einen bestimmten literarischen Code reagierte, der die eigene Welt des

Zuhörers reflektierte und sie doch überhöht darstellte. Im Norden erfüllten die *Chansons de geste* diesen Zweck, allen voran das Rolandslied mit seiner Schilderung des Spanienfeldzuges Karls des Großen, dem Untergang der Nachhut unter Führung des Markgrafen der Bretagne Roland und seines Waffenbruders Olivier in den Pyrenäen bei Roncevaux, einem alten historischen Stoff im modernen Gewand. Karl der Große trat hier als der vorbildliche Ritter des frühen 12. Jh.s auf, publikumsnah und sehr verschieden von dem älteren, nun bei aller Monumentalität etwas überständig wirkenden Karlsbild Einhards. Die *Chansons de geste* waren Dichtungen in der Volkssprache wie die Literatur des Südens, die am Hof Herzog Wilhelms IX. von Aquitanien ihr erstes bedeutendes Zentrum für die Langue d'oc gefunden hat. Dichter wie Jaufré Rudel und Marcabru entwickelten eine Lyrik, die gattungsbegründend wirkte, und das Ideal der höfischen Liebe hat bei allem Imaginären doch die Stellung der Frau insoweit verändert, als die Dame in der Gesellschaft nunmehr ihre besondere Rolle als Herrin spielen konnte. Hohen Unterhaltungswert hatte der Roman, in dem sich Adel und Ritterschaft noch eher wiedererkannten als in den *Chansons de geste,* aber auch der Roman sagte ihnen immer wieder, wie sie eigentlich sein sollten. Der mit Abstand erfolgreichste Autor dieses Genres war Chrétien de Troyes, vermutlich Hofkleriker im Dienste der Gräfin Marie von Champagne, Tochter Ludwigs VII. und Eleonores von Aquitanien. Chrétien hat die *matière de Bretagne* meisterhaft behandelt, den Artusstoff, und mit den in rascher Folge um 1180 erschienenen Dichtungen über Lancelot, *Le chevalier de la charrette,* Yvain, *Le chevalier au lion,* und Parzival, *Le conte du Graal,* den Grund für die bis ins Spätmittelalter anhaltende Faszination gelegt, die vom keltischen Sagenkreis auf die ritterliche Welt ausging.

Mit der Konzentration all dieser Elemente einer neuen geistigen Regsamkeit an den Höfen wuchs ein kulturell bestimmtes Selbstbewußtsein, das identitätsstiftend wirkte und nach außen abgrenzte. Die politische Macht fand nun ihre Ergänzung durch eine zivilisatorisch bestimmte Einstellung, die mit der Integration der Fürstentümer in die Monarchie hineinwachsen und deren besonderen Charakter fortan ausmachen sollte.

4. Wege zur Großmacht (1180–1270)

Anfänge Philipps II.

Achtundzwanzig Jahre nach seiner ersten Eheschließung war Ludwig VII. am 21. August 1165 ein Sohn geboren worden, getauft auf den Namen des Urgroßvaters und als Kind *Dieudonné* gerufen. Eine Gottesgabe war der Thronfolger in der Tat, weil die im öffentlichen Bewußtsein immer mehr erbrechtlich legitimierte Stellung der Dynastie nur bei direkter Sohnesfolge in ihrer bisherigen Form erhalten werden konnte. Gerade wegen dieser sicheren Grundlage aber und wohl unter dem Eindruck der ständigen Schwierigkeiten im englischen Königshaus zögerte Ludwig VII. die Erhebung Philipps zum Mitkönig lange hinaus. Erst 1179 berief er einen Hoftag nach Paris, und in der neuerbauten Bischofspfalz wurden die Erzbischöfe, Bischöfe, Äbte und weltlichen Großen namentlich aufgerufen, ehe der König vor sie trat und erklärte, daß er mit Rat und Zustimmung der Versammlung seinen Sohn krönen lassen wolle. Nach dem Bericht Rigords von St-Denis, Philipps Biographen, stimmten die Anwesenden mit lauten Rufen zu und die Versammlung löste sich auf. Was sich in den Quellen zu früheren Erhebungen andeutet, ist hier klar erkennbar: Es gab kein Stimmrecht der einzelnen geistlichen und weltlichen Hoftagsbesucher mehr, auch keine Wahlleitung durch den Erzbischof von Reims, sondern die Initiative lag vollständig beim regierenden Herrscher, der das *consilium* des Hoftages anhörte und zur Kenntnis nahm. Aus der Wahl war ein formaler Akklamationsakt geworden. Am 1. November 1179, dem Allerheiligentag, wurde Philipp II. in der Kathedrale Notre-Dame zu Reims durch Erzbischof Wilhelm, einen Onkel des jungen Königs, gekrönt. Der Erzbischof hatte soeben von Papst Alexander III. eine Bulle erhalten, die ihm und seinen Amtsnachfolgern das ausschließliche Recht zur Königsweihe bestätigte.
Als Philipp II. nach dem Tod seines Vaters, der am 18. September 1180 gestorben war, minderjährig die Regierung übernehmen mußte, fand er eine sehr gut verwaltete Krondomäne vor und konnte sich selbst als Exponenten einer gefestigten Dynastie bei gestiegenem Ansehen des Königtums sehen. Den Verlust Aquitaniens und die Stärke Heinrichs II. vermochte das freilich nicht aufzuwiegen; außer mit dem angevinischen Reich hatte der König noch mit zwei anderen großen politischen Kräften zu rechnen, die ihn in den nächsten Jahren beschäftigen sollten: Das Haus Champagne und die Grafschaft Flandern.
Im November 1160 hatte Ludwig VII. Adela geheiratet, Tochter des mitt-

lerweile verstorbenen Tedbald IV. von Blois-Champagne. Sie wurde die Mutter Philipps II. und nahm nach dem Tode ihres Gemahls zunächst die Regentschaft in die Hand, gemeinsam mit ihren Brüdern Wilhelm, Erzbischof von Reims, Heinrich, Graf von Champagne, Tedbald, Graf von Blois-Chartres und königlicher Seneschall sowie Stephan, Graf von Sancerre. Mit dieser mächtigen Familie verbündete sich Herzog Hugo III. von Burgund, aber der Allianz stand Flandern konkurrierend gegenüber. Philipp von Flandern befand sich in doppelter Lehnsbindung: Zum König von Frankreich, dem er für Kronflandern gehuldigt und zum Kaiser, der ihm den Lehnseid für Reichsflandern abgenommen hatte. Faktisch war der Graf jedoch selbständig und gebot über ein Fürstentum, das er durch seine Ehe mit Isabella von Vermandois noch um die Grafschaften Vermandois und Valois vergrößern konnte, so daß sich seine Herrschaft von der Picardie in die nördliche Ile-de-France erstreckte, bis knapp vor Senlis, und von der Scheldemündung bis zur Marne. Philipps Schwester Margarethe war mit Graf Balduin V. von Hennegau verheiratet, der sein militärisches Aufgebot im Kriegsfall dem Grafen von Flandern zuführen wollte. Bei der Krönung des jungen Königs hatte Philipp von Flandern das Reichsschwert getragen und meinte nun als alter Freund Ludwigs VII. Anspruch auf die Rechte eines Schutzherrn über den Sohn zu haben. Die dritte Größe im Spiel war Heinrich II., der auf seinen großen Festlandsbesitz gestützt expansionistische Ziele in Richtung auf die Auvergne und auf die Grafschaft Toulouse verfolgte.

Angesichts dieser wenig erfreulichen Lage bestand die erste große und mutige politische Entscheidung Philipps II. darin, sich vom Einfluß seiner Mutter und ihrer Brüder zu lösen, indem er eine enge Bindung zum Grafen von Flandern einging. Das Bündnis wurde noch dadurch bekräftigt, daß der König Elisabeth von Hennegau heiratete, Nichte des Grafen und Tochter Balduins V.; sie erhielt als Mitgift Arras, St-Omer, Aire und Hesdin. Diese Hochzeit, gefeiert am 28. April 1180, war zugleich der Bruch mit dem Haus Champagne, so daß die Krönung des Königspaares durch den Erzbischof von Sens in St-Denis vorgenommen werden mußte, weil Wilhelm von Reims sich weigerte, als Coronator zu wirken. Aber nicht genug damit: Die Mutter des Königs reiste in die Normandie, um Heinrich II. gegen ihren Sohn um Hilfe zu bitten. Vor dem Hintergrund starker Kriegsrüstungen beider Länder lud der englische König zu einem vermittelnden Gespräch nach Gisors, wo es zu dem denkwürdigen Vertrag vom 28. Juni 1180 kam. Heinrich II. nahm die Möglichkeit zur militärischen Vernichtung des französischen Königs nicht wahr, sondern ließ ihm für die nächsten Jahre freie Hand gegen seine anderen Gegner, indem er sich zu einem Defensivbündnis bereitfand.

Das Motiv Heinrichs II. war dabei nicht Achtung vor dem lehnrechtlichen Grundsatz, nach dem der Vasall die Minderjährigkeit seines Herrn nicht ausnutzen sollte, oder gar Scheu vor dem Nimbus der französischen Monarchie. Bestimmend waren für ihn Erwägungen im Zusammenhang mit dem Schicksal seines Schwiegersohnes Heinrichs des Löwen, der wenige Monate zuvor als Herzog von Sachsen und Bayern gestürzt worden war, nun im englischen Exil eine Wendung zum Besseren erwartete und damit einen angevinisch-staufischen Gegensatz hervorgerufen hatte, hinter dem für Heinrich II. die Feindschaft zum Capetinger zurücktrat. Der englische König arbeitete in den nächsten Jahren an einem Bündnis gegen Friedrich I.

Die Bedeutung des Vertrages von Gisors wurde von den Häusern Flandern und Champagne natürlich sofort erkannt; die Konferenz von Provins führte schon am 14. Mai 1181 zu einem Bündnis Flandern/Champagne/Burgund, dem sich der Erzbischof von Reims, die Grafen von Hennegau, Blois-Chartres, Sancerre und Nevers anschlossen: Die Krondomäne war nahezu eingekreist. Philipp von Flandern versuchte zusätzlich, den Kaiser für einen Krieg gegen den französischen König zu gewinnen, freilich vergebens. Gemäß dem Kriegsbrauch der Zeit kam es nicht zu andauernden Kampfhandlungen, sondern unkoordinierte Plünderungs- und Verwüstungszüge beider Parteien in das Gebiet der jeweils anderen Seite wurden sogleich durch geistliche Vermittlung kurzfristiger Waffenstillstandsabkommen unterbrochen. Schon im Sommer 1181 bewies Heinrich II., daß er bei ernsterer Bedrohung König Philipps einzuschreiten gedachte, und in den folgenden Jahren gelang es diesem, den ohnehin kampfesmüden Tedbald von Blois samt Erzbischof Wilhelm aus der feindlichen Koalition herauszubrechen. Mit Balduin von Hennegau wurde auf Drängen der Königin Elisabeth, seiner Tochter, ebenfalls Frieden geschlossen, nachdem Philipp II. gedroht hatte, sich von ihr zu trennen. Flandern war nun isoliert und bequemte sich im Juli 1185 zum Frieden von Boves nahe Amiens, in dem der König außer der bekräftigten Anwartschaft auf Artois 65 Burgen im Vermandois und die Stadt Amiens in Empfang nehmen konnte.

So vollbrachte Philipp II. die erste seiner großen Leistungen: Flandern war besiegt und hatte territoriale Verluste erlitten, die Grafen von Champagne sahen ihre selbständige Fürstenpolitik gescheitert – der Zwanzigjährige hatte nicht nur seine eigene Stellung, sondern auch das Ansehen der Monarchie erhalten und gestärkt.

Richard Löwenherz

Dem angevinischen Reich gegenüber durfte Philipp auf dessen Erbübel rechnen, das sich diesmal in Differenzen zwischen Heinrich II. und seinen Söhnen Heinrich dem Jüngeren, Gottfried, Richard und Johann äußerte. Schon 1183 hatte Heinrich d. J. versucht, Aquitanien an sich zu bringen, was einen hauptsächlich im Limousin geführten Krieg zwischen Vater und Sohn zur Folge hatte, der aber durch den plötzlichen Tod Hein-

richs d. J. schnell beendet wurde. Feststehende Ziele der Politik Philipps II. waren die Spaltung der englischen Königsfamilie und die außenpolitische Isolation Heinrichs II. Ihr sollte ein Bündnis mit Kaiser Friedrich I. dienen, dem Gefahren aus der englischen Welfenpolitik drohten.
Der vom französischen König im Rahmen dieser Konzeption eingeschlagene Weg wurde erkennbar, als Heinrichs dritter Sohn Gottfried, Graf von Bretagne, sich an Philipps Hof ziehen ließ, um seinem Vater gegenüber Selbständigkeit zu gewinnen. Gottfried starb freilich schon im August 1186, aber mit dem Königssohn Richard, den man bald »Löwenherz« nannte, wuchs Philipp II. sogleich ein neuer Partner zu. In treffender Einschätzung der Lage griff der König Ende Mai 1187 über den Cher hinaus an und drang bis Châteauroux ins Berry vor, wo Heinrich II. am 23. Juni einen Frieden schloß, der Philipp die Stadt Issoudun und Besitzungen in der Gegend von Vendôme einbrachte. Heinrich war gezwungen, sich auf diese Weise den Rücken gegen Richard freizuhalten, dem Philipp ein Abkommen bekanntgemacht hatte, nach dem seine Halbschwester Alix Johann heiraten sollte, den vierten der englischen Königssöhne. Weil das Paar den gesamten angevinischen Festlandsbesitz außer der Normandie bekommen sollte, verbündete sich der um sein Erbe betrogene Richard aufs engste mit Philipp II. Ein Treffen mit Friedrich I. an wohlbekannter Stelle, an der Maas bei Ivois und Mouzon, brachte dem französischen König die erstrebte staufisch-capetingische Allianz, die nun für mehr als 50 Jahre eine feste Größe der europäischen Politik gegen England und die Welfen bleiben sollte. Als Richard im Frühjahr 1188 einen Aufstand der aquitanischen Barone niederschlagen mußte und dabei auch gegen die Grafschaft Toulouse vorging, konnte Philipp II. ihn in seiner Eigenschaft als Oberlehnsherr auffordern, sich zurückzuziehen, und als Richard das nicht beachtete, nahm Philipp das gesamte Berry und Teile der Touraine. Im November 1188 trafen daraufhin Heinrich II., Richard und der Capetinger in Bonmoulins an der Grenze zur Normandie zusammen, um den Ausgleich zu suchen, aber als Heinrich zögerte, seinen Sohn auf der Stelle als Erben des gesamten Reiches anzuerkennen, huldigte Richard in Gegenwart des überraschten Vaters dem französischen König für die Normandie, das Poitou, Anjou, Maine, Berry und Toulousain.
Damit war das angevinische Reich faktisch geteilt. Gemeinsam mit Richard griff Philipp II. jetzt Maine an und vertrieb Heinrich aus Le Mans, brach im Juni 1189 einen Teil der Loire-Burgen und drang wieder in die Touraine vor. Am 4. Juli 1189 war der schon schwerkranke englische König gezwungen, im Vertrag von Azay-le-Rideau am Indre Philipp II. als seinen Oberlehnsherrn anzuerkennen: Richard empfing die Huldigung der englischen Barone und der Großen des angevinischen Festlandes als designierter König von England, alle drei Herrscher versprachen schließlich, sich am bevorstehenden Kreuzzug zu beteiligen. Zwei Tage später starb Heinrich II. in Chinon und fand sein Grab im

Kloster Fontevraud, das die Anjou-Plantagenêt seit der Gründung durch Robert von Arbrissel im Jahre 1099 gefördert hatten.

Der III. Kreuzzug

Das Kreuzzugsversprechen von Azay-le-Rideau zeigt die komplizierten Voraussetzungen des III. Kreuzzuges, der seit dem Eintreffen einer christlichen Gesandtschaft aus Jerusalem in den Jahren 1184/85 im Abendland beredet wurde. Als gleichsam natürlicher Führer des Unternehmens erschien diesmal der Kaiser, der zuletzt an den Pfingsttagen 1184 auf dem Mainzer Hoffest allen Glanz des staufischen Imperiums der Welt eindrucksvoll vor Augen geführt hatte. Nicht ihn freilich bevorzugte das bedrängte christliche Königreich Jerusalem als Helfer, sondern die verwandten Anjou-Plantagenêt in England, doch durch den Festlandsbesitz waren diese an ihren französischen Feind gekettet: Weder Richard noch Philipp durfte gehen, wenn einer von beiden zurückblieb und Vorteile aus der Abwesenheit des Konkurrenten zog, aber wiederum keiner von ihnen konnte sich offen gegen den Kreuzzug stellen, wenn er nicht sein Ansehen in der Christenheit aufs Spiel setzen wollte. So zog sich die Sache hin, bis in Europa die Nachricht von der vernichtenden Niederlage eintraf, die Saladin den Christen bei Ḥaṭṭīn westlich des Sees Genezareth beigebracht hatte. Nun erließ Papst Gregor VIII. eine sehr wirksame Kreuzzugsenzyklika und Richard Löwenherz, spontan wie immer, nahm sogleich das Kreuz. Im März 1188 entschied sich der Kaiser für den Kreuzzug, aber erst am 30. Dezember 1189 und am 13. Januar 1190 kam Richard mit Philipp II. zu einer endgültigen Vereinbarung über den ja nur gemeinsam möglichen Zug. Löwenherz war am 20. Juli 1189 in Rouen zum Herzog der Normandie und am 3. September in London zum König von England gekrönt worden, trat dem Capetinger nun also in voller Gleichberechtigung an die Seite.

Während der deutsche Kreuzzug praktisch beendet wurde, als Friedrich I. am 10. Juni 1190 im Saleph ertrank, brachen die Könige von England und Frankreich erst am 4. Juli aus Vézelay auf, weil die Abreise durch den Tod der Königin Elisabeth noch einmal verzögert wurde. Philipp mußte die Regentschaft neu ordnen und kam nicht ohne Grund zu einer sehr viel vorsichtigeren und detaillierteren Regelung als Ludwig VII. sie im ähnlichen Fall getroffen hatte: Adela von Champagne und ihr Bruder Wilhelm, Erzbischof von Reims, führten einen Rat aus ihnen fest zugeordneten Mitgliedern des *conseil;* der Kronschatz wurde den Templern anvertraut, die Schlüssel zu den Truhen erhielten sechs prominente Bürger von Paris; Adela und der Erzbischof wurden angewiesen, alle drei Monate Klagen anzuhören und die Berichte der Verwaltung entgegenzunehmen; drei Mal im Jahr wollte der König durch Kuriere über die Amtsführung der Regentschaft unterrichtet werden. Dann begaben sich Richard und Philipp auf dem Seewege von Marseille und Genua zunächst nach Messina, wo der Winter zugebracht wurde. Im Juni des nächsten Jahres waren schließlich beide im Heiligen Land angekommen und begannen mit der Belagerung von Akkon, das am 12. Juli 1191 fiel. Schon zehn Tage später teilte Philipp dem englischen König mit, daß er nunmehr heimzureisen gedächte, da ihn Krankheit quäle und der Tod bei längerem Verweilen sicher schiene. Standhaft ertrug er den Spott seines Alliierten und auch die Versuche seiner Umgebung, ihn umzustimmen, denn der maßgebende Grund für seinen Entschluß verbot jeden Aufschub: Graf Philipp von Flandern war soeben vor Akkon gefallen, es galt ein Erbe zu realisieren. Der mithin zu Recht beunruhigte Richard Löwenherz ließ Philipp auf das Evangelium schwören, den angevinischen Ländereien keinen Abbruch zu tun und wies gleichzeitig seinen Bankier in Pisa an, die Soldtruppen an den Grenzen durch namhafte Geldbeträge zu größerer Aufmerksamkeit zu ermuntern. Das Weihnachtsfest feierte Philipp schon in Fontainebleau. Unterwegs hatte er in Mailand Heinrich VI. getroffen und das staufisch-capetingische Bündnis erneuert, was um so leichter fiel, als Richard sich mit dem normannischen Usurpator Tancred von Lecce verbündet und damit gegen die staufischen Lebensinteressen in Sizilien gehandelt hatte. Eine wichtige Vermittlerrolle zugunsten Philipps hat der Babenberger Herzog Leopold von Österreich gespielt, dessen Banner Richard von den Mauern Akkons hatte herunterreißen lassen. In Frankreich bereitete Philipp den Krieg gegen das angevinische Reich zunächst mit einer vom Hof ausgehenden Propagandawelle vor, die den englischen König in ein möglichst schlechtes Licht setzen sollte und ihm mehr oder weniger deutlich Mordpläne unterstellte, denen Philipp nur durch seine Rückreise in die Heimat habe entgehen können. Richard Löwenherz verließ das Heilige Land im Oktober 1192, mußte aber wegen eines Schiffbruchs den Weg durch Österreich nehmen, das er inkognito zu durchqueren hoffte. Er wurde aber von babenbergischen Ministerialen erkannt und durch Herzog Leopold an Kaiser Heinrich VI. ausgeliefert, der ihn in Gefangenschaft behielt. Das verschaffte dem französischen König wertvolle, ja unersetzliche Zeit, die er für die Einrichtung einer Kronverwaltung im Vermandois und im Valois nutzte, vor allem aber zu Verhandlungen mit Richards Bruder Johann, der sich sogleich der Normandie bemächtigen wollte, während Philipps Truppen schon Évreux, Gisors, das Vexin eroberten und einen Handstreich auf Rouen wagten. Nachdem er in erfolgreichen Verhandlungen Graf Balduin VIII. von Flandern und die wichtigsten Großen des Poitou und der Saintonge auf seine Seite gebracht hatte, schloß Philipp mit Johann einen Geheimvertrag, der das normannische Gebiet rechts der Seine mit Ausnahme von Rouen zur Krondomäne schlagen sollte, ebenso das gesamte Vexin, die Stadt Tours, die Festung Loches und die Herrschaften Amboise und Montrichard; Johann verpflichtete sich außerdem zur Huldigung für seinen gesamten Besitz, also auch für England selbst. Freilich hatte er die Zähigkeit unterschätzt, mit der seine fast siebzigjährige Mutter Eleonore zusammen mit den Erzbischöfen von Canterbury und von Rouen die Rechte ihres älteren Sohnes verteidigte. Sie hatte deshalb Erfolg, weil Heinrich VI. einsehen mußte, daß Philipps Abkommen mit Johann den englisch-französischen Gegensatz, diese Grundlage der staufischen Außenpolitik, in Nichts auflösen mußte, wenn es je Geltung erlangte. Dem Kaiser lagen Angebote Philipps und Johanns vor, das hohe Lösegeld für Richard zu zahlen, wenn Heinrich VI. ihn noch ein Jahr festhielte. Eleonore erreichte eine Modifikation des Handels in der Weise, daß Richard zwar erst nach Zahlung entlassen werden, zugleich aber dem Kaiser einen Lehnseid leisten sollte. Damit war Richard der Thron erhalten, denn als König hatte er geschworen und infolgedessen Anspruch auf kaiserliche Unterstützung, falls man ihm den Rang bestreiten sollte. Diese Sicherung der königlichen Stellung Richards zwang Philipp II. wiederum an die Seite des Staufers gegen England. Die europäische Schiedsrichterrolle des Kaisers, aus dem englisch-französischen Gegensatz folgend, war gesichert und die Bildung einer capetingischen Großmacht fürs erste verhindert. Anfang Februar 1194 ließ Heinrich VI. den englischen König frei.

Englischer Krieg

Im Mai 1194 brach der erwartete Krieg aus, und er wurde auf beiden Seiten, besonders aber von Richard Löwenherz, vorzugsweise mit Söldnern geführt. Das Soldwesen hatte seit der Mitte des 12. Jh.s um sich gegriffen, *solidarii* ersetzten zunehmend die Lehnsaufgebote. Klagte der Abt von Cluny Petrus Venerabilis um 1150, daß sein Vorgänger Pontius von Melgueil die Kassen des Klosters durch Soldzahlungen an Ritter, *châtelains* und Grafen geplündert habe, so stellte Richard von Ely in seinem berühmten, zwischen 1177 und 1179 verfaßten Werk über den königlichen Rechnungshof, dem *Dialogus de scaccario,* fest, daß man im Krieg unbedingt Geld für Soldzahlungen brauche, und am Anfang des 13. Jh.s gab der Pisaner Mathematiker Leonardo Fibonacci in seinem *Liber Abaci* Musteraufgaben für die Berechnung solcher Kosten. Das Soldwesen war üblich geworden, und so berichten die *Grandes Chroniques de France* von Philipp II., daß er zugunsten seiner Kriegskasse manch andere Ausgabe zurückgestellt habe. Nichts demonstriert besser den Durchbruch der Geldwirtschaft und die sich abzeichnenden Konsequenzen für die Wehrverfassung, für Staat und Gesellschaft. Schon in den Jahren 1202/03 sollte der König von Frankreich die Servitien seiner Städte im Kriegsfall als Geldzahlung einfordern und auf persönliche Leistungen verzichten. Nun standen sich erstmals die Wirtschaftskräfte zweier Reiche gegen-

über, aber auch die Könige als Administratoren: Siegen mußte schließlich, wer die Ressourcen seiner Länder auf Dauer am besten zu nutzen verstand. Die beweglichen Söldnertruppen gaben den Kämpfen einen Vorgeschmack auf die weiträumigen und schnellen Heerzüge, die *chevauchées* des Hundertjährigen Krieges mit ihren systematischen Plünderungen, Bränden und Beraubungen. Durch die *Treuga Dei* waren die Soldkrieger nicht mehr zu beeindrucken, und Waffenstillstände mußten ihnen als verdienstmindernde Schädigung ihres Gewerbes gelten. Dieser Krieg wurde intensiver und mit weniger Unterbrechungen geführt.
Eine gute Ausgangsbasis bildete für Philipp II. die Diözese Beauvais an der Grenze zur Normandie. Ihr Bischof Philipp von Dreux, ein Vetter des Königs, hatte bereits 1188 gegen Heinrich II. gekämpft und dabei in der Normandie große Beute gemacht; auf dem Kreuzzug war er vor Akkon aktiv gewesen, und er hatte auch diplomatische Verdienste. Gemeinsam mit seinem Archidiakon führte Philipp von Dreux nun eine Soldtruppe und als er im Mai 1197 in Gefangenschaft geriet, ließ Richard ihn gefesselt einkerkern, weil Verhandlungen Philipps mit Heinrich VI. angeblich zur Verschärfung der Haftbedingungen des englischen Königs geführt hatten.

Die Eroberung der Normandie und des Poitou

Der Krieg spielte sich bis 1196 hauptsächlich in der Normandie und im Berry ab, wobei Richard sich gut behaupten konnte. Nach kurzer Waffenruhe, die der Friede von Gaillon im Frühjahr 1196 gebracht hatte, gingen die Kämpfe im Sommer weiter. Richard hatte die Atempause genutzt, um mit Château Gaillard oberhalb des Seinebogens im Tal von Les Andelys eine der bedeutendsten Burganlagen seiner Zeit zu beginnen: Nach dem Vorbild der Kreuzfahrerburgen angelegt, mit dreifachem Mauerring, gewaltigen, in den Kreidefels getriebenen Gräben und hohem Donjon gehörte die schon im folgenden Jahr vollendete Burg zu einem System von Grenzbefestigungen, das auch Rouen deckte und den Einbruch in die Normandie unmöglich machen sollte.
Eine Reihe militärischer Niederlagen zwang Philipp II. dann im Januar 1199, unter päpstlicher Vermittlung Friedensverhandlungen einzuleiten, die ihm erhebliche Verluste einbrachten: Alle Positionen in der Normandie und im Vexin sollten an den englischen König gehen, dem auch das Besetzungsrecht für die Erzdiözese Tours zugestanden werden mußte. Der französische Thronfolger Ludwig sollte mit einer Tochter König Alfons VIII. von Kastilien, einem Schwager Richards, verheiratet werden und schließlich erwartete man von Philipp das eidliche Versprechen, die Kaiserkrönung Ottos IV. zu unterstützen.
Alles zusammen war unannehmbar, deshalb fühlte Philipp sich aus

großer Verlegenheit befreit, als der englische König im März 1199 unerwartet sein Leben verlor. Richard, der zeitlebens nicht gelernt hatte, zwischen Staatsgeschäften und Ritterspielen, zwischen Wichtigem und Beiwerk zu unterscheiden, belagerte mit so großem persönlichen Einsatz die Burg Châlus des aufständischen Vizegrafen von Limoges, daß einer von dessen Knappen den wie üblich an exponierter Stelle agierenden König mit einem Pfeilschuß schwer verletzen und damit töten konnte, weil Richard sich weigerte, die Wunde sachgemäß versorgen zu lassen.

Die sofort aufbrechenden Schwierigkeiten bei der Nachfolge nutzte Philipp II., um sich jedenfalls für die nächste Zeit einigen Spielraum zu verschaffen. Da Richard kinderlos geblieben war, wollte Johann das Erbe antreten, aber eine starke Adelspartei um Graf Arthur von Bretagne, den damals zwölfjährigen Sohn von Johanns verstorbenem Bruder Gottfried, bestritt ihm dieses Recht. England und die Normandie erkannten freilich Johann an, der schon am 25. April in Rouen zum Herzog und am 27. Mai in London zum König gekrönt wurde. Arthurs Basis blieben vor allem die Bretagne und das Anjou, entscheidend aber wurde die aus naheliegenden Gründen gewährte Unterstützung Philipps II., der den Knaben nach Paris brachte und fortan im Namen des Grafen von Bretagne handeln konnte. Da sich Johann, wie nicht anders zu erwarten, gegen die Pläne des französischen Königs wehrte, griff Philipp die Normandie an und wandte sich danach in einem sehr erfolgreichen Feldzug gegen Maine, aber am 22. Mai 1200 mußte er einen vorläufigen Frieden mit Johann schließen, weil Papst Innozenz III. ihn in eine schwere Auseinandersetzung verwickelt hatte. Sie gefährdete die Loyalität der königlichen Vasallen und war aus einer langen, merkwürdigen Vorgeschichte entsprungen.

Im Jahre 1193 hatte Philipp II. ein Bündnis mit König Knut VI. von Dänemark geschlossen, um eine Seemacht als Beistand gegen England an sich zu binden. Zur Bekräftigung des Abkommens wurde eine Ehe mit Ingeborg, der Schwester des dänischen Königs, vereinbart, aber schon während des Hochzeitsgottesdienstes am 15. August in der Kathedrale von Amiens gab Philipp offensichtliche, neurotisch anmutende Zeichen einer Abneigung, für die bis heute keine völlig überzeugende Erklärung gefunden worden ist. Am Hof sprach man sofort von nah bevorstehender Scheidung, aber Ingeborg verweigerte ihre Zustimmung und appellierte an Papst Coelestin III., der ihr Recht gab. Dennoch ließ Philipp seine angetraute Gemahlin vom Hof entfernen und heiratete mit einer für seine Zeit bemerkenswert kalten Verachtung kirchlicher Rechtsvorschriften im Juni 1196 Agnes von Meran. Coelestin III. kam über Mißfallenskundgebungen nicht hinaus, doch sein Nachfolger Innozenz III., eine der bedeutendsten Gestalten der Papstgeschichte, glänzender Jurist und Theologe aus italienischem Adel, griff sofort nach seiner Amtseinführung im Januar 1198 den König scharf an und verkündete das Interdikt über die französische Monarchie. Gestützt auf Teile seines Episko-

pats widerstand der König neun Monate lang dieser einschneidenden Kirchenstrafe, die den Empfang der Sakramente und das Abhalten von Gottesdiensten in dem betreffenden Gebiet ebenso unmöglich machte wie das kirchliche Begräbnis, dann gab er endlich nach und versprach, von Agnes abzulassen, Ingeborg zurückzuholen und sich in der Ehescheidungsfrage dem Urteil eines Konzils zu unterwerfen. Im Mai 1201 trat daraufhin in Soissons eine Kirchenversammlung zusammen, auf der sich die Sache des Königs freilich bald zum Schlechten entwickelte, so daß er es vorzog, Ingeborg scheinbar aus freien Stücken wieder zu sich zu nehmen, ehe eine negative Entscheidung des Konzils ihn dazu zwang. Eine gewisse Entspannung trat im Juli des gleichen Jahres ein, als Agnes von Meran starb und der Papst bald darauf die beiden Kinder aus ihrer Verbindung mit dem König, Philipp und Maria, legitimierte.
Nun hatte der König von Frankreich Bewegungsfreiheit gegen Johann zurückgewonnen. Im Mai des Jahres 1200 hatte er dessen Huldigung erhalten und damit ein Rechtsverhältnis begründet, auf das in den Beziehungen zu England schon immer Wert gelegt worden war, dessen sich Philipp aber nun auf eine Weise bediente, die im Hinblick auf ein neues Verständnis der im Lehnrecht liegenden politischen Möglichkeiten sehr aufschlußreich ist und ihre zeitgenössischen europäischen Parallelen hat. Ein Jahr nach Johanns Huldigung und einhergehend mit der Lösung Frankreichs vom Interdikt klagten Grafen aus dem Anjou und aus dem Poitou vor dem Pariser Hof gegen König Johann: Dieser habe Isabella von Angoulême geheiratet, nachdem sie ihrem Bräutigam Hugo von Lusignan entführt worden sei. Das hatte sich im Sommer des Jahres 1200 abgespielt, und nun erst wurden die Beschwerden vorgebracht. Die Lusignan, eine mächtige und angesehene poitevinische Familie, waren Vasallen Johanns und wandten sich nun im ordentlichen Rechtsgang an dessen Oberlehnsherrn, den König von Frankreich. Philipp reagierte sogleich und lud Johann mehrfach vor sein Hofgericht, was natürlich vergeblich geschah, so daß, wie im Prozeß des Kaisers gegen Heinrich den Löwen gut zwanzig Jahre zuvor, auch jetzt der König die Sache der Kläger zu seiner eigenen machen konnte und damit sämtliche Kronlehen des Beklagten auf dem Spiel standen. Im folgenden Jahr, 1202, erging denn auch ein Versäumnisurteil, das Johann die Lehen absprach. Arthur huldigte daraufhin Philipp II. für die Bretagne, Aquitanien, Anjou und Maine, während die Normandie dem König frei verfügbar sein, praktisch also künftig einen Teil der Krondomäne bilden sollte. Philipps sofort eingeleiteter Angriff auf die Normandie war juristisch betrachtet demnach kein Krieg, sondern die Zwangsvollstreckung eines Gerichtsurteils gegenüber der unterlegenen, rechtsverweigernden Partei.
Im Juni 1202 begann der Feldzug des Königs, während Arthur gleichzeitig, unterstützt von den Lehnsaufgeboten des Berry und Burgunds, ins Poitou einrückte. Schon am 30. Juli aber geriet er in Gefangenschaft und wurde zunächst in die Burg von Falaise, später nach Rouen gebracht.

Philipp unternahm im folgenden Jahr einen siegreichen Sommerfeldzug, der ihm das Anjou und die Touraine einbrachte, als ein Vermittlungsvorschlag des Papstes eintraf, der in herkömmlicher Weise einen Ausgleich herstellen wollte und sich dabei auf sein geistliches Amt berief, das ihn zu solchen Initiativen berechtigte. Der französische König reagierte diesmal jedoch anders als seine Vorgänger in vergleichbarer Lage und erklärte, daß dem Papst in Lehnssachen kein Interventionsrecht zustünde. Das war ein neuer, selbstbewußter Ton der weltlichen Macht gegenüber der geistlichen Autorität insofern, als Philipp II. eigene, sehr präzise und nicht mehr traditionell-legitimistisch begründete Rechtspositionen anführte und sich dabei auf beurkundete Erklärungen der Großen seines Reiches stützte, die sich am 22. August 1203 zum Hoftag in Mantes versammelt hatten. Für den weiteren Kriegsverlauf kam dem französischen König eine lethargisch-resignative Haltung Johanns zugute, der nicht mehr kämpfte, sondern durch Grausamkeit und Hinterlist eine allgemeine Abfallbewegung unter den Baronen auslöste. Im Winter 1203/04 verdichteten sich am französischen Hof die Spekulationen über einen möglicherweise von Johann persönlich begangenen Mord an dem gefangenen Arthur; die näheren Umstände der Tat sind im Dunkel geblieben, aber vermutlich ist Arthur im April 1203 während seiner Gefangenschaft in Rouen umgebracht worden.

Mit der Belagerung des Château Gaillard begann Philipp die endgültige Entscheidung herbeizuführen. Als die Burg nach acht Monaten im April 1204 fiel, hatte Johann seine Sache bereits verlorengegeben und war nach England zurückgekehrt. Mit Château Gaillard brach das Tor zur Normandie, am 24. Juni kapitulierte Rouen. Am Tage seines Einzuges in Poitiers, dem 10. August, konnte Philipp auch die Eroberung des Poitou für nahezu abgeschlossen halten.

Bouvines (1214)

Einzelne Kampfhandlungen zogen sich noch bis 1206 hin, dann aber brachte der am 13. Oktober in Thouars an der Grenze von Poitou und Anjou abgeschlossene Vertrag einen Waffenstillstand auf zwei Jahre. Gewissermaßen vorbereitend wurde hier der Zusammenbruch des angevinischen Reiches notifiziert: Johann verzichtete auf Land und Vasallen jenseits der Loire, also in der Normandie, Bretagne, Touraine, in Maine und Anjou. Was seit 1066 zusammengekommen war, begann nun wieder auseinanderzufallen.

Der französische König konnte sich des Erfolges freilich nicht lange freuen, denn mit der Ermordung des Staufers Philipp am 21. Juni 1208 in Bamberg wuchs bedrängend die Gefahr einer Koalition zwischen Otto IV. und Johann herauf. In aller Eile förderte der Capetinger die deutsche Thronkandidatur Herzog Heinrichs von Brabant, der schon 1205 ein Geldlehen von ihm genommen hatte, aber diese Anstrengung war umsonst, weil auch die staufische Partei nunmehr Otto anerkannte und damit die Zweifrontenlage für Frankreich gegeben war. Vergeblich blieb auch Philipps Appell an Innozenz III., wenigstens die Kaiserkrönung des Welfen zu unterlassen, denn der Papst wünschte seinerseits die Anerkennung Ottos durch Philipp II., weil der Kirchenstaat ein welfisches Kaisertum als Gegengewicht zu den Sizilien beherrschenden Staufern haben wollte. Die Folge waren erhebliche Spannungen zwischen Papst und König von Frankreich, die allerdings nach den ersten ungeschickten Schritten Ottos in der Kaiserpolitik bald abflauten. Otto war als jüngerer Sohn Heinrichs des Löwen am englischen Hof aufgewachsen und durch Richard Löwenherz zum Grafen von Poitou gemacht worden. Aus Neigung zu König Richard hatte er die drei englischen Leoparden ins Reichswappen genommen und wollte eine eigene, von Ratschlägen des Papstes unabhängige Linie verfolgen, die freilich nichts war als eine Neuauflage der staufischen Italienpolitik, so daß Innozenz III. sich wieder umorientieren mußte, Otto mit dem Bann belegte und anfing, für Friedrich von Staufen zu werben. Währenddessen versuchte Philipp II., den Landgrafen Hermann von Thüringen dem Kaiser abspenstig zu machen; er bot an, eine der Töchter Hermanns zu heiraten, wenn sie nicht so ungeschlacht wäre, daß sein Mißfallen erregt würde, *nisi ita esset indecens, quod nobis displiceret.* Im September 1211 war Hermann dann wirklich unter den Reichsfürsten, die Friedrich zum König wählten; schon am 19. November traf sich der sogleich aus Sizilien aufgebrochene Staufer mit dem französischen Thronfolger Ludwig an der Reichsgrenze bei Vaucouleurs und erneuerte das Bündnis seines Hauses mit den Capetingern.

Philipps Chance lag darin, daß der neue deutsche Thronstreit nur gleichzeitig mit der Auseinandersetzung zwischen den Kronen Frankreichs und Englands entschieden werden konnte. Weil die Anhänger Ottos IV. zwangsläufig Verbündete Johanns sein mußten, während die staufische Partei auf Philipps Seite stand, ergaben sich an der westlichen Reichsgrenze unübersehbare Folgen für die innige Verquickung von großer europäischer Politik und territorialen Interessen auf kleinster Ebene. Zunächst aber hatte sich ein französischer Hoftag im April 1213 in Soissons mit Vorbereitungen für eine Invasion Englands zu befassen. Die Ausgangslage war dafür insoweit günstig, als sich Johann wegen der Kirchenherrschaft in England mit Erzbischof Stephan Langton von Canterbury überworfen hatte, der, wie seinerzeit Thomas Becket, in Frankreich Zuflucht gefunden hatte. Der englische König war exkommuniziert worden, so daß der französische sich als Vollstrecker des päpstlichen Willens fühlen konnte. Aber Johann durchschaute den Plan, unterwarf sich am 15. Mai in aller Form einem päpstlichen Legaten und Innozenz III. verbot daraufhin den Angriff bei Strafe des Bannfluchs. Weil das französische Heer schon bereit stand, setzte Philipp es jetzt gegen den oppositionellen Grafen Ferrand von Flandern ein, der sich über die Besetzung der Städte St-Omer und Aire durch den Prinzen Ludwig empört hatte. Militärisch verlief der Feldzug zwar erfolgreich, politisch aber hatte er kein gutes Ergebnis, denn die Herrschaft Ferrands in Flandern blieb ungeschmälert erhalten und der Graf zwang nun im Gegenzug Heinrich von Brabant zum Frontwechsel.

Nach einer längeren Vorbereitungsphase sammelte sich im Sommer 1214 das Heer der kaiserlich-angevinischen Allianz. Die englischen Truppen führte Johanns Bruder Wilhelm von Salisbury; Otto IV. hatte nur wenige Grafen und Herren aus Westfalen und vom Niederrhein zusammenbringen können und auf geistliche Fürsten ganz verzichten müssen, weil der Papst sie auf die staufische Partei verpflichtet hatte. Die Herzöge von Brabant, Limburg und Oberlothringen, die Grafen von Flandern und Holland waren gekommen, um Kriegsziele zu verwirklichen, die der Kaplan Philipps II., Wilhelm der Bretone, in den 20er Jahren des 13. Jh.s aufschrieb: Die capetingische Monarchie sollte vernichtet, Philipp beseitigt werden; die Krondomäne wollte man aufteilen, wobei Ferrand von Flandern Paris beanspruchte, und Ottos Parteigänger wünschten nach dem Vorbild der staufischen Herren und Ministerialen in Sizilien mit französischen Herrschaftsbezirken ausgestattet zu werden. Die Stärke des Heeres ist weder für die Allianz noch für Philipps Streitmacht mit einiger Verläßlichkeit zu ermitteln; der König von Frankreich hatte wohl 1200 schwere und ebensoviele leichte Reiter, dazu möglicherweise 4500 Kämpfer zu Fuß, während die kaiserliche Seite im ganzen etwas stärker gewesen sein mag.

Am 27. Juli trafen Wilhelm von Salisbury und Otto IV. nahe Lille auf Philipp II., der mit seinen Truppen bei dem Dorf Bouvines eben das Brückchen über die Marcq benutzte und einen Teil des Heeres jenseits, den anderen diesseits des Wasserlaufes stehen hatte. Die französische Nachhut unter dem Befehl des Herzogs von Burgund konnte aber den ungestümen Angriff der Flandrer so lange aufhalten, bis alle Kräfte des Königs wieder über den Fluß zurückgezogen waren und nun mit dem Rücken zum sumpfigen Ufer die Schlacht eröffneten, noch ehe das Banner des heiligen Dionysius von der anderen Seite des Wassers herangebracht worden war. Vor dem im ersten Treffen zu Pferd sitzenden König von Frankreich trug Galo von Montigny das Lilienbanner, ein armer Ritter, von dem der Historiograph Richer von Senones berichtet, daß er seinen ganzen Besitz habe verpfänden müssen, um sich ein Streitroß zu kaufen. Gegenüber hielt Otto IV. in weithin sichtbarer Prunkrüstung neben einem Wagen, den vier mit Wappendecken geschmückte Pferde zogen und auf dem eine hohe Stange aufgerichtet war, die ein riesiges anglonormannisches Drachenbanner trug, darunter den goldenen Reichsadler mit ausgebreiteten Schwingen. Als die Kommunalmilizen von Amiens, Arras, Beauvais, Compiègne, Noyon, Soissons und anderen Städten eintrafen, wurden sie durch die Reihen der französischen Ritter nach vorn geführt,

aber von den deutschen Fußtruppen aufgerieben. Philipp II. geriet in Lebensgefahr, als er mit Hakenlanzen zu Boden gerissen und nur unter höchstem Einsatz seiner Umgebung mühsam gedeckt werden konnte, aber bei einem Gegenstoß der Ritter des Königs wurde das Pferd Ottos IV. ins Auge getroffen, bäumte sich auf und warf den Reiter ab, der das ihm gestellte zweite Roß zur hastigen Flucht benutzte. Damit entschied er die Schlacht. Indem der Kaiser seine Sache so für jeden sichtbar verloren gab, war für niemanden mehr ein Grund vorhanden, sich weiter zu schlagen.
Der Sieg des französischen Königs hat Europa verändert. Philipp II., den man seither *Augustus* zubenannte, schickte den Reichsadler mit gebrochenen Schwingen an Friedrich II. und führte seine Gefangenen, unter ihnen Wilhelm von Salisbury und Ferrand von Flandern, auf Wagen mit Ketten gefesselt im Triumph nach Paris. Unmittelbar nach der Schlacht hatte Philipp der Universität einen Brief geschrieben, in dem er sie aufforderte, Gott zu loben, weil er noch niemals einer so großen Gefahr entgangen wäre. Mochte sich das auf sein persönliches Erleben im Kampf beziehen, so ist doch deutlich, was eine verlorene Schlacht für die französische Monarchie bedeutet haben würde. Und nun der Sieg: Das angevinische Reich endgültig vernichtet, der deutsche Thronstreit durch einen französischen König entschieden, die Vormachtstellung des Imperiums sichtbar und für alle Zeiten zu Ende. Im Vertrag von Chinon hat Johann am 18. September 1214 alle seine Besitzungen nördlich der Loire aufgegeben.

Neues Lehnrecht

Aus dem Herrn der Ile-de-France war ein König geworden, dessen Vormachtstellung in Frankreich anerkannt wurde, aber noch der Sicherung bedurfte. Nicht nur seine militärischen Erfolge hatten Philipp August auf solche Höhe geführt, sondern auch der Tod vieler seiner Barone während der Kreuzzüge von 1190/91 und 1202/04. Dieser IV. Kreuzzug war Sache des Adels und der Ritterschaft gewesen, weil Innozenz III. die Könige gar nicht aufgefordert hatte, deren Konflikt das Unternehmen nur gehemmt hätte. Allein das Haus Blois-Champagne verlor während der beiden Züge mit Tedbald V. und Ludwig von Blois, Stephan von Sancerre, Heinrich II. und Tedbald von Champagne fünf regierende Angehörige, und aus den Erbfolgeproblemen ergaben sich für den König Einwirkungsmöglichkeiten, die er zum Nutzen der Kronverwaltung gern ergriff. Man muß sich klarmachen, welche Bedeutung das für eine Gesellschaft hatte, die nicht in juristisch fixierten Institutionen lebte, sondern in einer meist unreflektierten täglichen Praxis personaler Beziehungen. Die normative Kraft des Faktischen mußte unter diesen Voraussetzungen sehr viel stärker sein als unter den Bedingungen des modernen

Anstaltsstaates. Wer in der hochmittelalterlichen Welt als erster mit der dauerhaften Feststellung für ihn günstiger Rechtslagen und -verfahren begann, hatte die Zukunft schon halb gewonnen.

Philipp II. begründete ein neues Lehnrecht aus der von ihm zum Teil militärisch bestimmten Praxis und schuf mit dem Hofgericht einen ordentlichen Instanzenzug; er bezog sich in seinen Urkunden auf dieses Recht, das er *us et coutumes de France* nannte, in einem offenen Sprachgebrauch, der mit dem wachsenden Sanktionsbereich der Krone in seiner Geltung ausgedehnt wurde. *France* war zunächst die Krondomäne, dann der Norden bis zur Loire, schließlich das gesamte nun wirklich beherrschte Reich. Mit den *us et coutumes* untergrub der König die lokal eigentümliche Feudalität und errichtete auf ihren Trümmern ein möglichst einheitliches Gebäude. Viele ineinandergreifende Einzelmaßnahmen lassen sich dabei auf einige Grundmuster zurückführen, die immer wieder angewandt wurden und alle zusammen den Zweck hatten, dem Adel seine wirtschaftliche Basis und die rechtliche Stellung Schritt für Schritt zu verkleinern, abzuschwächen, nur noch in der Bindung an die Krone als haltbar erscheinen zu lassen. Ein gutes Stück Weges vom autogenen Adelsrecht zur Baronie war bereits zurückgelegt, nun begann die Krone den Adel landsässig zu machen.

Um möglichst viele Lehen unmittelbar an den König zu binden und Besitz auch auf kleinster Ebene zu erwerben, wurde allen minderjährigen Erbinnen ein Eid abgefordert, sich nicht ohne königliche Erlaubnis zu verheiraten, so daß durch die Auswahl zuverlässiger Ehemänner eine wirksame Territorialpolitik im Sinne der Krone getrieben werden konnte. Wenn es dabei um Schlüsselpositionen ging, spielte das Lebensalter keine Rolle, wie der mit Recht berühmte Fall der Blanche von Champagne zeigt, der Witwe Tedbalds III. Sie mußte im Jahre 1201 einen solchen Schwur tun und ihre Tochter sowie das Kind, mit dem sie noch schwanger ging, in die Vormundschaft Philipps II. geben. Als Sicherheit lieferte sie die Burgen Bray und Montreuil aus, und von ihren Vasallen schworen nicht nur die Leute aus Provins, Lagny und Meaux dem König Beistand gegen ihre Herrin, sondern auch die Grafen von Joigny, Sancerre, Grandpré und Rethel, die Herren von Dampierre, Châtillon, Joinville und Trainel wollten Blanche bekämpfen, falls sie ihren Eid bräche. Die Champagne war damit ein Anhängsel der Krondomäne geworden, und in ähnlicher Weise gelang die weitgehende Auflösung der regionalen Lehnsbande in Burgund, der Grafschaft Alençon und in der Bretagne.

Im Jahre 1209 legte das Hofgericht erstmals eine neue Erbteilungsregelung zugrunde, die überall angewandt wurde. Bei Teilung eines Lehens war es bisher üblich gewesen, daß die jüngeren Erben ihre Anteile vom ältesten wiederum als Lehen empfingen; künftig sollten alle gleichberechtigt dem Herrn die Huldigung leisten. Fünf Jahre später setzte man das Wittum auf die Hälfte der Güter des Mannes fest; diese Politik der Zwangsteilung von Besitzrechten wurde in vielfältiger Weise erprobt und nach Möglichkeit in allgemeingültige Rechtssätze gefaßt. So ergab sich 1223 aus der Erbfolgeregelung bei den Grafen von Beaumont die Bestimmung, daß die Grafschaft an einen Erben gehen, die grundherrlichen Einkünfte aber unter die Berechtigten verteilt werden sollten. Die Wirtschaftskraft adliger Herrschaft verminderte sich dadurch natürlich, aber auch im Hinblick auf die militärische und politische Macht griff Philipp II. selbst gegenüber größeren Herren zu Maßnahmen, die bislang nur bei kleineren Vasallen der Domäne durchgesetzt werden konnten. Bei Mannfall mußte eine hohe Abgabe entrichtet werden, für die der König als Sicherheit sofort Burgen oder Land einzog. Mancher verzichtete angesichts hoher Forderungen auf die Einlösung des Pfandes und nahm Reduktion seines Besitzes hin. Grundsätzlich bestand der König auf dem Prinzip der ligischen Treue, demzufolge ein Vasall zwar mehrere Lehen von verschiedenen Herren nehmen, aber nur einem unter ihnen das *homagium ligium* leisten durfte, das zur Heerfolge im Krieg verpflichtete. Bei der Huldigung von Vasallen eines oder mehrerer Herren gegenüber dem König verlangte dieser auch bei kleineren Lehen den Vorrang, ließ jeden Fall von *ligesse* beurkunden und diese besiegelten Dokumente in seinem Archiv aufbewahren. Eine große Zahl adliger Lehnsherren wurde damit aus ihren bisherigen Rechtspositionen gedrängt.

Die Reichsverwaltung

Eine wichtige Funktion bei der breiten Durchsetzung dieser stets mit rechtlichen Regelungen verbundenen Politik der Krone hatte das Hofgericht, das ja nicht nur strittige Fälle entschied, sondern auch Strafen verhängte, die von der Geldzahlung bis zum Lehnsentzug reichten. Der Prozeß gegen König Johann ist nur das prominenteste Beispiel für eine Verfahrensweise, die ganze Grafschaften wie Meulan, Mortain, Aumale, Dammartin und Boulogne den Besitzer wechseln ließ. Hatte der König im Jahre 1203 die Vermittlung Innozenz' III. im Streit mit Johann unter Hinweis auf die päpstliche Inkompetenz in Fragen des Lehnrechts abgelehnt, so galt auch das viel allgemeiner für den gesamten französischen Klerus, dem es verboten war, Lehnrechtsfälle vor geistlichen Gerichten zu behandeln. Eine wesentliche Veränderung und Präzisierung erfuhr im übrigen der Begriff des Lehens selbst. Immer häufiger wurde das *homagium* geleistet, ohne daß im Gegenzug ein Dienstgut empfangen wurde, und ganz allgemein war das Lehen hinfort nicht mehr mit Befugnissen zur Rechtsausübung verbunden, sondern bestenfalls eine Einnahmequelle. Daher die Geldlehen, mit denen die Krone in die europäische Politik eingriff wie beim deutschen Thronstreit im Falle Heinrichs von Brabant und in den nächsten Generationen an der deutschen Westgrenze deren Auflösungsprozeß fortsetzte.

Alle diese Maßnahmen wären nicht gut denkbar ohne drei für Frankreich neue, bisher im Abendland nur beim Kirchenstaat und den normannischen Herrschaften bekannte Hilfsmittel, die seit dem Anfang des 13. Jh.s rasch zu einer gewissen Perfektion gediehen: Schriftlichkeit der Verwaltung, ein Korps verläßlicher Amtsträger, geordnetes Finanzwesen.

Was den ersten Punkt betrifft, so hatte die seit der Mitte des 12. Jh.s allgemein verbreitete Siegelurkunde dazu geführt, daß schriftliche Beweismittel für Rechte aller Art immer häufiger gewünscht und akzeptiert wurden. Philipp II. verlangte sie von jedem und ließ seinerseits alle Vereinbarungen schriftlich niederlegen. Damals begann das schon lange in Paris ortsfest untergebrachte Reichsarchiv zu wachsen; zwischen 1200 und 1204 setzte die systematische Sammlung von Urkunden und Akten für die laufenden Regierungsgeschäfte ein, vor allem zum Abfordern der dem König geschuldeten Verpflichtungen. Jeder Erwerb, jedes Lehnsverhältnis, jede noch so weit zurückliegende Vereinbarung sollte belegbar sein und auf keinen Fall in Vergessenheit geraten. Neben der Sammlung von Originalen wurden Register angelegt, die heute eine wichtige Quelle für die Verwaltungsgeschichte der französischen Monarchie bilden, weil sie nicht nur Kopialbücher für auslaufendes Schriftgut waren, sondern Unterlagen für die tägliche Arbeit der Kanzlei. Sie bildete das Herzstück der Kronverwaltung. Viel mehr Urkunden als je zuvor verließen sie, denn Empfängerausfertigungen wurden nun nicht mehr geduldet. Zwischen 1190 und 1200 wurde das feierliche, sorgfältig geschriebene Diplom zurückgedrängt und, möglicherweise nach dem Vorbild der englischen *writs*, ersetzt durch Mandate und Briefe in eiliger Geschäftsschrift, die den Willen des Königs unumwunden und weniger formalisiert zum Ausdruck brachten. Um anerkannt zu werden, bedurften sie nur mehr eines kleinen Geschäftssiegels, während das große Königssiegel besonderen Stücken vorbehalten bleiben konnte.

Der Personalbestand der Kanzlei wie auch der anderer Verwaltungszweige weitete sich bedeutend aus. Im Gebiet der gesamten Monarchie wurden die von Ludwig VII. begründeten *prévôtés* nun die Regel, Verwaltungsbezirke, denen ein vom König ernannter Amtsträger, der *prévôt*, vorstand. Seine Aufgabe war das Zusammenfassen und Handhaben aller öffentlichen Rechte seines Sprengels. Hinzu trat als neues Amt das des *bailli*, Vertreter des Königs in einem aus mehreren *prévôtés* bestehenden Bezirk, dem *bailliage*, in dem er die Amtsführung der ihm unterstehenden königlichen Beauftragten kontrollierte, Abgaben erhob, Untersuchungen führte. Umstritten ist, ob hier das Muster der anglonormannischen *sheriffs* nachgeahmt wurde; auf jeden Fall gab es *baillis* in größerer Zahl zuerst seit 1217 in der Normandie. Am Ende der Regierungszeit Philipps II. war diese Verwaltungsorganisation nahezu abgeschlossen. In den neu eroberten Gebieten an der Loire ließ der König die bisherige Einrichtung der *sénéchaussées* bestehen, denn hier mußte er vorsichtig zu Werke gehen, um die Bevölkerung dauerhaft für sich zu gewinnen. Im Anjou, in der Touraine, in Maine, im Poitou ließ er zunächst den adligen *sénéchal* weiter amtieren und ersetzte ihn von Fall zu Fall durch seinen Beauftragten, der die Funktionen eines *bailli* erfüllte, aber weiter unter dem traditionellen Namen wirkte. *Bailli* und *sénéchal* waren die Arme des Königs im Land, das sie mit der Zentrale verbanden. Praktisch ist das die Grundlage der französischen Verwaltung bis hin zur heutigen Präfektur geblieben.

Dieses System brachte der königlichen Kasse Einnahmen, aber es kostete auch erhebliche Summen, die zunächst erwirtschaftet werden mußten. Für alles forderte die Krone daher Geld: Für jeden Ungehorsam, jeden Lehnsvertrag oder Erbfall; sie erhob Sondersteuern im Krieg von Klöstern, Städten und Bürgern, gewaltig hatten die Konfiskationen englischen Besitzes das Kronvermögen vermehrt. Philipp II. erwirkte erstmals für seinen Kreuzzug vom Papst das Recht, die französische Kirche mit einer speziellen Abgabe zu belasten – das war die bekannte *dîme Saladine*, der Saladinszehnt –, und die Könige wiederholten das mehrfach, so für die Albigenserkriege, bis es sich als fester Brauch einbürgerte. Mehrmals wurde den Juden ihr Vermögen genommen, zusätzlich zur unmäßig hohen regelmäßigen Judensteuer, und wer zu den Champagnemessen wollte, hatte einen vorgeschriebenen Weg zu benutzen, der über den *péage* von Bapaume führte, wo die Gebühr erhoben wurde. Das gab es auf allen Routen, die dem königlichen Geleitrecht unterlagen und die dem Reisenden dafür Anspruch auf Sicherheit einräumten. Die Erträge aus alledem konnten sich sehen lassen, hinzu kamen noch Steuern für Märkte, deren Einrichtung fortan staatlich geregelt war. So erlaubte Philipp zwar die Einrichtung von Markthallen durch Klöster, verlangte aber Gewinnbeteiligung. In Corbeil waren das 50 %, und die Hälfte des Ertrages hatten auch die Betreiber der neuen Windmühlen in Compiègne abzugeben. Wälder und Forsten kamen allmählich unter die einheitliche Kronverwaltung. Alle nicht verbrauchten Gelder wurden im Schatz verwahrt, dessen größter Teil in der Pariser Niederlassung der Templer lag, teilweise auch als Depositen bei verschiedenen Kirchen der Hauptstadt. Die Könige zahlten daraus Geldlehen, machten Gelegenheitskäufe an Burgen oder Ländereien, konnten aus aktuellem Anlaß Bestechungsgelder bieten, Söldner werben und in jedem Fall, der Geld notwendig machte, sofort zugreifen, ohne vorher sammeln zu müssen.

Gern erführen wir in diesem Zusammenhang etwas über die Einwirkungsmöglichkeiten des Königs auf Handel und Gewerbe, auf die Wirtschaftsentwicklung überhaupt, denn so weit wir sehen können, hat er nur sehr wenige Wirtschaftszweige seiner Kontrolle unterstellen können, z. B. den Handel mit Edelmetallen. Herrschaftliche Organisation der Korporationen gab es nicht überall, Maße und Gewichte wurden von den Städten überwacht, unter den 1824 edierten Urkunden Philipps II. enthalten nur 101 wirtschaftsgeschichtlich verwertbare Nachrichten. Überhaupt leiden alle Aussagen zur hochmittelalterlichen Wirtschaftsgeschichte, stärker als unsere Kenntnis der großen Linien von Politik und Verfassung, an der sehr ungünstigen Quellenlage. Die überlieferten Daten sind meist isoliert und punktuell, nicht kontrollierbar und nur aus größeren Zusammenhängen verständlich, die nicht immer hergestellt werden können. Quantifizierende Methoden sind für dieses vorstatistische Zeitalter nur wenig erfolgversprechend, so daß viel mühsame Einzelforschung den wenigen allgemeinen Ergebnissen zugrunde liegen muß.

Champagnemessen

Als gut erkennbarer Trend kann für die Zeit nach 1180 ein stärkerer Austausch zwischen Nord und Süd genannt werden, dessen wichtigste Drehscheibe die Champagnemessen waren. Sie standen neben Flandern, dem zweiten großen Messeraum Europas, in dem die Städte Ypern, Lille, Brügge, Messines und Thourout den Tuchhandel als das Hauptgeschäft beherrschen, aber auch als Finanzplätze wichtig waren. Gleiches galt für Lagny, Bar-sur-Aube, Provins und Troyes in der Champagne, deren geographische Lage im Zentrum der dichtbevölkerten Großräume Flandern, Nordfrankreich, westliches deutsches Reichsgebiet sie für nord- und mittelitalienische Kaufleute anziehend machten. Schelde, Maas, Rhein, Rhône/Saône und gute Verkehrswege zu Lande erleichterten den Zugang, so daß praktisch das ganze Jahr über in der Champagne irgendwo eine Messe stattfinden konnte: Während der Monate Januar und Februar in Lagny, im Februar und März in Bar-sur-Aube, im Mai und Juni in Provins. Im Juli und August traf man sich in Troyes zur *foire chaude*, ging im September und Oktober wieder nach Provins, bevor die *foire froide* von Troyes im November und Dezember das Geschäftsjahr beschloß. Die Grafen von Champagne sorgten durch Geleit für Sicherheit der Kaufleute und Waren in ihrem Herrschaftsgebiet; Messeplatz und Marktpolizei funktionierten zuverlässig, am Ort galt weitgehend Abgabenfreiheit. Den entscheidenden Anstoß für die Messen hatte in der zweiten Hälfte des 12. Jh.s Graf Heinrich I. von Troyes gegeben und sich auch damit seinen Beinamen *Le Libéral* verdient. Ab 1248 standen die Messen unter der Oberaufsicht des Königs, der die inzwischen gewachsene Organisationsform der Kaufleute, einen landsmannschaftlichen Zusammenschluß mit Repräsentationsprinzip, bestehen ließ. In erster Linie dienten die Messen dem Tuchhandel, der aber nicht im Warentausch abgewickelt wurde: Geld, Wechsel und andere Arten von Bankgeschäften traten in den Vordergrund, so daß die Champagnestädte insgesamt zum ersten großen internationalen Finanzort nördlich der Alpen wurden.

War der Norden Frankreichs als die politische Kernlandschaft damals wohl auch noch die bedeutendste Wirtschaftsregion, so änderte sich das Bild von der Mitte des 13. Jh.s an deutlich, weil der Süden in mehrfacher Hinsicht stärkeres Gewicht erhielt. Sein Seehandel muß schon immer bedeutend gewesen sein, denn sonst hätten die *Rôles d'Oléron* oder die *Usages* der Insel Ré nicht weithin geltendes Seerecht bieten können; über die ökonomische Stellung von Städten wie Narbonne, Montpellier und Marseille besteht kein Zweifel; neben die Textilmetropolen des Nordens trat Lyon, übrigens auch durch seine Finanzkraft, die es dem Verbindungsweg nach Italien verdankte. Als Folge der Niederlage König Johanns war das wirtschaftliche Band zwischen England und der Normandie zerrissen, aber dafür begann der Weinexport aus der Gascogne nach England: Eine der wichtigsten Ausfuhrverbindungen des westeuropäischen Mittelalters ist in der ersten Hälfte des 13. Jh.s begründet worden.

Adelsgesellschaft

Das alles war an die Städte gebunden und ohne sie nicht vorstellbar, aber auch für den Adel hat die Regierungszeit Philipps II. mit der veränderten Kriegführung, dem allgemein feststellbaren wirtschaftlichen Aufschwung und der sich ausbildenden königlichen Verwaltungsorganisation Folgen gehabt, die das 13. Jh. kennzeichnen sollten.
Schon seit etwa 1150 waren die Kosten für die Ausrüstung des zu Pferde kämpfenden Kriegers schneller in die Höhe gestiegen; gleichzeitig traten immer mehr Söldner niederer Herkunft auf, die meist zu Fuß kämpften und Waffen führten, die dem Ritter nicht erlaubt waren. Diese sehr leistungsstarke Truppe wurde von den Königen und anderen großen Herren vielfach eingesetzt, obwohl sie sehr teuer war. Für die Aristokratie nördlich der Loire, also im königlichen Herrschaftsgebiet, ergab sich daraus eine Konkurrenzsituation, weil bei noch nicht geschlossener Standesgrenze die Zusammensetzung der gesamten sozialen Großgruppe modifiziert zu werden drohte. Als Abwehrreaktion verstärkte sich ein Bewußtsein des Gegensatzes von adlig-rittermäßiger und nicht-adliger Kampfes- und Verhaltensweise vor allem beim Niederadel, der naturgemäß in seiner Stellung am ehesten gefährdet war. Er formulierte auch den Rittergedanken am deutlichsten, aber die gesamte Aristokratie rückte unter dem Druck des militärischen Wettbewerbs enger zusammen und verhielt sich loyal gegenüber dem Herrn, der ihre Sonderstellung durch alle Wechselfälle hin zu garantieren bereit war. Bouvines hat für diesen Adel sicherlich eine Bestätigung gebracht, denn dort haben die ritterlichen Kämpfer dem König zum Sieg verholfen.
Eine zweite, nicht weniger konsequenzenreiche Veränderung ergab sich

um 1200 aus neuen Heiratsgewohnheiten innerhalb der adligen Familien selbst. Bis ins letzte Viertel des 12. Jh.s hat man sich im Norden bemüht, den Familienbesitz ungeteilt zu erhalten, weshalb in der Regel nur dem ältesten Sohn eine legitime Ehe gestattet war, während seine jüngeren Brüder den geistlichen Stand oder fremde Dienste suchen mußten und allgemein Wert auf das rasche Erlöschen von Seitenlinien gelegt wurde. Das änderte sich nun, und damit konnte die bisher von ihrem Stand ferngehaltene Mehrheit der männlichen Nachkommen integriert werden. Die Ursachen für diesen Prozeß, der das Nachlassen adliger Stiftungstätigkeit für die Kirche zur Folge hatte, können keineswegs als hinreichend geklärt gelten, zu erkennen sind jetzt aber »Nebenhäuser«, die um das »Haupthaus« der Adelsfamilie gruppiert waren und als deren Herr weiterhin der älteste Sohn anerkannt blieb, dem sich die anderen unterzuordnen hatten. Sie taten das üblicherweise in Form einer Lehnshuldigung für ihr empfangenes Allod. Damit wuchs die Zahl der kleinen befestigten Adelssitze über die schon bestehenden Burgen hinaus, und insgesamt ist die Aristokratie als Bevölkerungsgruppe stärker geworden, zahlenmäßig im Vergleich zum 12. Jh. also nicht nur absolut, sondern auch in Relation zur bäuerlichen und zur Stadtbevölkerung gewachsen. Auch der Besitz hat aufs ganze gesehen zugenommen, sowohl nach Ausdehnung als auch nach Ertrag, denn man ahmte das königliche Abgabensystem für die eigene Herrschaft, so gut es immer ging, nach, profitierte auch von der allgemeinen Wachstumsrate einer rationeller arbeitenden Landwirtschaft, empfing höhere Einnahmen aus der bei noch anhaltendem Bevölkerungswachstum steigenden Anzahl belastbarer Haushalte und wurde durch Erhöhung des Geldumlaufs nach Besitz und Einkunft immer beweglicher.

Der katharische Süden

Das hier skizzierte Modell ist aber nur für die Gebiete nördlich der Loire anwendbar. Im Gegensatz dazu hat der ohnehin sehr viel schwächer feudalisierte und infolgedessen auch weniger militarisierte Süden real geteilt und das Recht der Töchter allgemein anerkannt. Zwar hatten die Grafen von Toulouse und der höhere Adel ihrer Grafschaft in der zweiten Hälfte des 12. Jh.s Primogenitur und Ältestenerbrecht eingeführt, aber der kleinere Adel blieb bei der Realteilung und betrachtete Lehen nicht als einem Individuum übertragen, sondern als Familienbesitz, so daß Burgen wie Mirepoix von 36, Lombez gar von 50 Personen gehalten werden konnten. Die Beziehung vieler dieser Familien zur katharischen Häresie haben das Land der Kirche in einer Weise entfremdet, die, als ihm das ganze Ausmaß bewußt wurde, zu scharfen Reaktionen Innozenz' III. geführt hat. Sie mußten freilich vergeblich bleiben, so lange sie sich des üblichen

Instanzenweges der Hierarchie bedienten, weil der Episkopat überwiegend aus Mitgliedern der mittlerweile katharisch gewordenen Familien bestand und diesen weder entgegentreten wollte noch konnte.
Anhand der erhaltenen Inquisitionsregister läßt sich der Raum zwischen Toulouse, Albi, Carcassonne und Foix als Zentrum der Katharer ausmachen, die weitere Schwerpunkte ihres Wirkens in und um Béziers hatten, um Montauban und Agen; weniger gefährdet waren offenbar die Gascogne und der Ostteil der späteren Provinz Languedoc. Über die Größe des katharischen Bevölkerungsanteils gibt es nur Vermutungen, deren begründeste zwischen einem Viertel und einem Drittel schwanken; es handelte sich aber hier in jedem Fall um die religiös sensiblen Menschen unter einer indifferenten, gleichgültigen Mehrheit, so daß die Gefahr für die katholische Kirche größer war, als die Zahlen zunächst ahnen lassen, besonders angesichts der vom Katharismus weitgehend erfaßten Führungsschicht: Vor dem Kreuzzug waren 35 % der namentlich bekannten *perfecti* adlig, darunter befanden sich wiederum 69 % Frauen. Der Niederadel des Südens neigte den Katharern im übrigen nicht nur aus religiösen Gründen zu, sondern auch wegen der Zehntforderung und anderer Ansprüche der Amtskirche, deren Legitimität fragwürdig geworden war. Eine schwache politische Machtstruktur, die ältere Rechts- und Besitzverhältnisse besser konservierte als das im Norden der Fall sein konnte, hat diese Adelsgesellschaft mit ihren spezifischen Möglichkeiten zur Glaubensentscheidung begünstigt.
Stärkste Kraft waren die Grafen von Toulouse, die sich seit der zweiten Hälfte des 12. Jh.s ausdrücklich als Kronvasallen bekannt haben, um den Forderungen Heinrichs II. von England entgegentreten zu können, der seine aquitanische Herrschaft ausdehnen wollte und 1173 die Huldigung erzwang. Seither war die Grafschaft bis 1202, der Prozeßniederlage Johanns vor dem Hofgericht Philipps II., Afterlehen der französischen Krone. Das Herrschaftsgebiet der Grafen von Toulouse erstreckte sich nominell zwischen Garonne und Rhône mit den Schwerpunkten Toulouse und Avignon; weil aber die Grafen Raimund IV., Bertrand und Alfons-Jordan sich in der ersten Hälfte des 12. Jh.s lange im Heiligen Land aufgehalten hatten, verloren sie die Vorherrschaft und ihre Nachfolger mußten eine Reihe mächtiger, als Vizegrafen amtierender Vertreter adliger Dynastien neben sich dulden. Unter diesen ragten die Trencavel hervor, denen die Vizegrafschaften Albi, Nîmes, Béziers und Agde gehörten, ferner die Stadt Carcassonne und Burgen in der Umgebung von Toulouse und Narbonne. Hier begegneten sie den Vizegrafen von Narbonne, die sich mit dem Ortsbischof in die Stadtherrschaft teilten, Burgen in der Umgebung und in den Grafschaften Roussillon, Gerona, Carcassonne, Razès, Gévaudan, Rouergue, Béziers, Lodève, Albi und Nîmes besaßen sowie die Stadt Beaucaire. Weitgehend unabhängig von den Tolosaner Grafen waren auch die Vizegrafschaften Lautrec, Minerve, Lodève, Grèze und Polignac. Über sie war ebensowenig zu verfügen wie über den

Episkopat, der teilweise oder ganz im Besitz der Stadtherrschaft war, so außer in Narbonne oder in Béziers, Agde, Uzès, Mende, Rodez und Albi. Die städtische Führungsschicht aus Adel und reichen Kaufleuten hatte gegen Ende des 12. Jh.s in Toulouse, Nîmes, Avignon, Uzès, Le Puy, Cahors und Agen weitgehende Autonomie für sich errungen und stand meist auf seiten der Grafen, die aber keine Heerfolgepflicht ihrer Vasallen erzwingen und deshalb den für Herrschaft und Handel wichtigen Landfrieden nicht sichern konnten. Aus dieser Lage erklärt sich die schwierige, am Ende verzweifelte Situation des Grafen von Toulouse im Konflikt mit dem Papst und den Kreuzfahrern, dann im Krieg mit dem französischen König. Philipp II. hatte Gründe für die Aufmerksamkeit, mit der er die politischen Vorgänge im Midi verfolgte.
Die buntscheckige Vielfalt der einander durchdringenden Herrschaftsgebiete wurde noch dadurch bereichert, daß auswärtige Kräfte im Innern der Grafschaft Toulouse teilweise großen Lehnsbesitz hatten. Die Grafen von Foix hielten das untere Ariège-Tal, die Grafen von Comminges das Tal der Garonne bis Muret. Kleinere Herren riefen als Verbündete gern nach den Grafen von Barcelona, die seit 1137 auch über das Königreich Aragón geboten, so daß bis zu einem gewissen Grade Aussicht auf die Bildung eines das Gebirge übergreifenden Pyrenäenreiches bestand. Durch die enge sprachliche Verwandtschaft des Okzitanischen mit dem Katalanischen, die kulturellen Gemeinsamkeiten und generationenlange persönliche Beziehungen auf allen sozialen Ebenen durch die ständige Abwanderung des überschüssigen Bevölkerungsanteils nach Katalonien hätte ein solches Reich von vornherein gute Chancen für Kohärenz und ethnische Einheit gehabt, die in westgotisch-fränkischer Zeit auch politisch bestanden hatte. Freilich haben die Grafen von Barcelona den nördlichen Pyrenäenraum eher als ein Nebenland betrachtet, mit dem man jüngere Söhne ausstatten und auf diese Weise die südlichen Besitzungen ungeteilt erhalten konnte. Um das Jahr 1200 gehörten dem Haus Barcelona-Aragón immerhin die Cerdagne, das Roussillon, Montpellier, Teile der Provence und die Pyrenäengrafschaften; die Vizegrafen von Béziers und Carcassonne waren bereits ihre Vasallen geworden.
Vor diesem politischen Hintergrund und in ihm personal verwurzelt hatte sich der Katharismus entfalten können, als der Papst durch die Entsendung von Legaten eine Reform des Episkopats und der Domkapitel versuchte, um der Ketzerei Boden zu entziehen. Gleichzeitig sollte ihr der politische Rückhalt genommen werden, und weil Graf Raimund VI. von Toulouse der Aufforderung des Legaten Peter von Castelnau nicht nachkommen wollte, gegen die Katharer vorzugehen, kam es zu einem scharfen Konflikt. Als der Legat am 14. Januar 1208 von einem Knappen Raimunds, aber wohl nicht in dessen Auftrag, ermordet wurde, sprach Innozenz III. seinen Bannfluch über den Grafen aus, erklärte Peter von Castelnau zum Märtyrer und rief alle Katholiken zur Verfolgung Raimunds, dem man seinen gesamten Besitz nehmen möge. Das war ein

Kreuzzugsappell gegen ein Land inmitten der Christenheit und insoweit neu. Philipp II. lehnte seine Beteiligung ab, weil er durch den Krieg mit Johann von England gebunden war, erklärte aber, daß er die Güter Raimunds einziehen werde, sobald der Graf der Häresie überführt sei. Während der nordfranzösische Adel sich auf den Kreuzzug vorbereitete, hatte der König seinen Rechtsanspruch verkündet und gut daran getan, denn trotz der Rekonziliation Raimunds am 18. Juni 1209 nach öffentlicher Bußleistung war das inzwischen versammelte Heer nicht mehr aufzuhalten.

Unter der Führung des päpstlichen Legaten Arnaud Amaury, Abt von Cîteaux, und der Erzbischöfe von Reims, Sens, Rouen, der Bischöfe von Autun, Clermont, Nevers, Bayeux, Lisieux, Chartres, des Herzogs von Burgund, der Grafen von Nevers und St-Pol war in Lyon eine beträchtliche Masse von Kämpfern zusammengekommen, die sich nun südwärts in Marsch setzte. Bei diesem Heer befand sich auch Simon, Herr der Burg Montfort, die im Norden des Waldgebietes von Rambouillet lag. Seine Vorfahren hatten eine Schaukelpolitik zwischen dem Herzog der Normandie und dem König von Frankreich betrieben; noch Simons Vater war mit einer Tochter des Grafen von Leicester verheiratet und stand auf englischer Seite. In Simons Generation gab es dann eine Entscheidung, indem sein älterer Bruder die Grafschaft Évreux vom Herzog der Normandie zu Lehen nahm, während er selbst das Stammhaus behielt und mit Alice von Montmorency seine Frau aus einer der mächtigsten, Philipp II. nahestehenden Familien der Ile-de-France holte.

Am 21. Juli gelang den Kreuzfahrern der Sturm auf Béziers, die Hauptstadt der Trencavel, und die abstoßende Brutalität, mit der die gesamte Einwohnerschaft, Katholiken wie Katharer, ermordet wurde, verbreitete solchen Schrecken, daß dem vom ausgeplünderten und dann niedergebrannten Béziers weiterziehenden Heer die meisten Städte und Burgen des Landes ohne größere Kämpfe anheimfielen. Einzig das stark befestigte Carcassonne verteidigte sich standhaft, und hier trat Simon von Montfort erstmals durch so außergewöhnliche Tapferkeit hervor, daß ihm die Vizegrafschaft Béziers–Carcassonne und damit die Nachfolge der Trencavel angetragen wurde. Das ausschlaggebende Motiv hierfür war freilich nicht die militärische Tüchtigkeit Simons, die vielmehr nur eine Vorbedingung darstellte, sondern die Tatsache, daß er ein unmittelbarer Vasall Philipps II. war, der noch für den Kreuzzug gewonnen werden sollte und gegenüber dem sich Rücksicht empfahl. Auch für den König war Simon in der neuen Stellung akzeptabel, denn wenn sein Unternehmen glückte und er sich durchsetzen konnte, so hatte kein großer Herr seine Macht gesteigert. Damit bekam der Albigenserzug seinen weltlichen Führer, dessen weiteres Verhalten mit Ehrgeiz allein nicht zu erklären ist. Ehrgeiz hatten alle Leute seines Schlages, aber Simon war darüberhinaus den kirchlichen Forderungen gegenüber grenzenlos loyal, er kämpfte mit Todesverachtung und vor allem traute er sich zu, seinen neuen Rechtstitel durch weitere Eroberung zu realisieren, eine Bedingung, die offenbar kein anderer erfüllte. Peter von Les-Vaux-de-Cernay, Autor der *Historia Albigensis* und als solcher der Geschichtsschreiber Simons, beschreibt ihn als den idealen Ritter, aber auch ein kritischer Kopf wie Wilhelm von Tudela hat in der *Chanson de la Croisade Albigeoise* das Porträt eines mutigen, intelligenten und im persönlichen Umgang gewinnenden Mannes gezeichnet, dessen grausame Kriegführung freilich auch Mißfallen erregt hat.

Weil der Graf von Toulouse den Bruch mit Papst und Kirche scheute und deshalb die Abwehrkräfte des Landes nicht koordinierte, konnte Simon bis 1212 die gesamte Grafschaft außer den Städten Toulouse und Montauban erobern und am 12. September 1213 die vereinigten Aufgebote Peters von Aragón, Raimunds VI. und des Grafen von Comminges schlagen. Schon im November 1212 hatte er eine Versammlung der Bischöfe, Äbte, französischen und einheimischen Vasallen sowie der Städte nach Pamiers einberufen, auf der er Statuten zur grundlegenden Neuordnung des eroberten Landes verabschieden ließ. Privilegien, Freiheiten und Zehntrechte der Kirche wurden bestätigt, eine lückenlose Pfarreiorganisation verordnet und genaue Bestimmungen zur Ketzerbekämpfung erlassen; die weitgehende Enteignung der einheimischen Führungsschicht und ihre Ablösung durch Simons Vasallen in der Vizegrafschaft Béziers–Carcassonne diente der Durchsetzung des strengen nordfranzösischen Lehnrechts; das Erbrecht wurde ebenfalls den nordfranzösischen Gewohnheiten unterworfen, und um wenigstens eine loyale Kraft im Lande selbst zu gewinnen, stärkte Simon das Bürgertum der Städte. Das alles war freilich nur mit Gewalt und Schrecken durchzusetzen, und daran ist die Montfort-Herrschaft letztlich auch gescheitert. Vorher schon war Philipp II. aber dazu übergegangen, Simon direkte Anweisungen zu erteilen, und ein Jahr nach dem Sieg von Bouvines erschien der Thronfolger das erste Mal im Süden. Als Simon von Montfort Anfang des Jahres 1218 bei der Belagerung von Toulouse fiel, schien die Zeit für eine königliche Intervention reif.

Ein solches Eingreifen der Monarchie hatte auch Peter von Aragón befürchtet und den Kreuzzug Simons von Montfort nur als Vorbereitung für die Erweiterung der Krondomäne betrachtet, wobei die Pyrenäen keineswegs eine Grenze bilden mußten. Diese Funktion haben sie damals nicht gehabt, und weil Katalonien einst zum westfränkischen Reich gehört hatte, mußte der König von Aragón als Graf von Barcelona mit einem Anspruch des französischen Königs rechnen, der sich vor aller Welt als Erbe der Karolinger gab. Gleichwohl sollte es zu Lebzeiten Philipps II. nicht mehr zum Marsch in den Süden kommen. Da Amaury von Montfort, Simons Sohn und Erbe, sich als unfähig erwies, das Werk seines Vaters fortzusetzen, schickte der König 1222 zwar ein Heer unter Führung des Erzbischofs von Bourges gegen den Adel der Grafschaft Toulouse, aber im September des gleichen Jahres erkrankte er schwer und war kaum mehr handlungsfähig. Am 14. Juli 1223 starb der neben Philipp dem Schönen und Ludwig XI. bedeutendste Herrscher des französischen Mittelalters, ein herausragender Politiker, der mit sicherem Blick seine Räte und Mitarbeiter auszuwählen verstand und sein tiefes Bewußtsein von der Pflicht zum Dienst an der Krone auch anderen vermittelt hat: der vom Kriegsglück und durch den Tod seiner Gegner begünstigte *rex fortunatissimus* zeitgenössischen Herrscherlobes.

Ludwig VIII. (1223–1226)

Ludwig VIII. war schon 36 Jahre alt, als er in der Nachfolge des Vaters am 5. August 1223 in Reims die Herrscherweihe empfing, ohne daß ihr eine beratende Versammlung vorausgegangen war. Der Ruf *Le roi est mort, vive le roi!* ist zwar zum ersten Mal für die Beisetzungsfeierlichkeiten Franz' I. im Jahre 1547 bezeugt, aber der sich in ihm manifestierende Grundsatz von der Unsterblichkeit des dynastischen Königtums ist sehr viel älter. Das Erbrecht hatte über viele Vorstufen hinweg 1223 endgültig gesiegt.

Der neue König wandte sich nicht sogleich den im Midi anstehenden Fragen zu, sondern warf in einem kurzen Sommerfeldzug des Jahres 1224 den unruhigen, auf England setzenden Teil des poitevinischen Adels nieder und bemächtigte sich bei dieser Gelegenheit der Saintonge. Dieses entschlossene Vorgehen entsprach ganz den politischen Prioritäten, denn Heinrich III. von England hat sich mit den unter Johann erlittenen Verlusten nie abfinden wollen. Er verbündete sich mit dem Grafen von Auvergne und mit Pierre Mauclerc, Herzog der Bretagne, einem Vetter König Ludwigs, und versprach außerdem Graf Raimund VII. von Toulouse seine Hilfe. Im Mai 1225 kam der Bruder des englischen Königs, Richard von Cornwall, über See mit einer kleinen Truppe in der Gascogne an und konnte in weitem Vorstoß nach Norden die Stadt La Rochelle einnehmen. Bevor sich hier die große Konfrontation ergab, hatte Ludwig unter dem ständigen Drängen des Papstes und der Bischöfe des Südens auf einen neuen Kreuzzug gegen die Katharer seine Bedingungen dafür formuliert und nach einigem Zögern der Kurie auch das Einverständnis Honorius' III. erlangt: Der König von Frankreich stellte sich an die Spitze eines Kreuzfahrerheeres, dessen geistliche Führer Bischöfe seiner Krondomäne waren, dessen Kosten voll und ganz aus dem Kirchenvermögen bestritten wurden und das dem König volle Entscheidungsfreiheit im Zielgebiet ließ; den Teilnehmern gewährte der Papst die gleichen Ablässe wie sie die Jerusalemfahrer bekamen; aller Besitz des Grafen von Toulouse und der anderen überführten Häretiker sollte in die freie Verfügungsgewalt Ludwigs VIII. übergehen. Diese letztgenannte Bestimmung erklärt die schon während des Zuges anlaufende und sich bald stürmisch

erhöhende Flut von Ketzerprozessen, in denen die vor der Enteignung notwendigen Schuldnachweise erbracht werden mußten.
Vergebens unterwarf sich Raimund VII. vor einem in Bourges versammelten Konzil im November 1225 dem päpstlichen Legaten Romano Frangipani, Kardinal von St. Angelo: Der Kardinal, längst von der Notwendigkeit einer Annektion des Südens durch die französische Krone überzeugt, exkommunizierte ihn und veranlaßte den ebenfalls in Bourges erschienenen Amaury von Montfort, seine Rechte an Ludwig VIII. abzutreten. Wohlvorbereitet konnte der König daher Ende Mai 1226 mit seinen nordfranzösischen Kreuzfahrern von Bourges nach Lyon aufbrechen und den Weg durch das Rhônetal südwärts nehmen, diesmal freilich auf dem linken Flußufer, also auf Reichsgebiet. Die gut befestigte Stadt Avignon wollte den Durchzug verweigern und mußte lange unter großen Mühen belagert werden, so daß Konflikte im Kreuzfahrerheer nicht ausblieben. Besonders Tedbald IV. von Champagne weigerte sich, die Strapazen eines offenkundig nur dem König nutzenden Feldzuges weiter auf sich zu nehmen, zumal im Belagerungsheer Seuchen um sich griffen. Ende August ergab sich die kaiserliche Stadt zu harten Bedingungen, jede Hoffnung auf Entsatz war von vornherein vergeblich gewesen. *E se Frederics, / q'es reis d'Alamaigna, / soffre que Loics / son emperi fraigna / ben sera enics / lo reis part Bretaigna,* sangen die tarasconesischen Ritter Tomier und Palaisi: »Wenn der deutsche König Friedrich es hinnimmt, daß Ludwig seine Herrschaft verletzt, so wird das den König jenseits der Bretagne verdrießen.« Der Kaiser hat es hingenommen, Heinrich III. von England sah Ludwigs Erfolg in der Tat mit Unwillen und die Wirkung des Falls von Avignon entsprach dem der Eroberung von Béziers im Jahre 1209. Nîmes, Beaucaire, Narbonne, Carcassonne, Montpellier und Castres erklärten ihre Bereitschaft zur Übergabe; auch der Adel in der Grafschaft Toulouse verzichtete auf militärische Anstrengungen. Ludwig begann sogleich mit der Einrichtung seiner Verwaltung und folgte dabei den Statuten von Pamiers. In Beaucaire, Carcassonne, Agen und Toulouse hatte schon Simon von Montfort *sénéchaux* eingesetzt; Beaucaire und Carcassonne sollten darüber hinaus Hauptorte der königlichen Verwaltung werden, alle Städte erhielten ständige Garnisonen.
Ludwig konnte nach diesen grundlegenden Anordnungen das Land verlassen und den Rückmarsch in den Norden antreten. Zweifellos wäre der nächste Schritt die Auseinandersetzung mit der englischen Revisionspolitik gewesen, aber der König starb am 8. November 1226 in Montpensier an einer Ruhrerkrankung, ohne seine Hauptstadt erreicht zu haben.

Die Erbfolge war eine Tatsache, kein Rechtssatz. Rechtlich bindend war allenfalls die Designation, und hier lagen präzise Anordnungen Ludwigs VIII. vor, die er zwischen den beiden Feldzügen im Juni 1225 getroffen hatte. Danach sollte Ludwig als ältester Sohn König werden und außerdem das Herzogtum Normandie bekommen; dem zweiten Sohn, Robert, war das Artois zugedacht, während Maine und Anjou an Johann, Poitou und Auvergne an Alfons fallen sollten. Für den fünften Sohn, Philipp-Dagobert, war der geistliche Stand vorgesehen. Das Testament unterschied also zwischen der nicht ausdrücklich genannten Krondomäne, die natürlich an den neuen König gehen würde, und den seit Philipp II. August gemachten Erwerbungen, mit denen die jüngeren Brüder ausgestattet wurden. Hier läßt sich zum ersten Mal das später herrschende Prinzip der Apanagen erkennen. Fünf Tage vor seinem Tod hatte Ludwig VIII. seine vornehmsten geistlichen und weltlichen Begleiter, den Erzbischof von Sens, die Bischöfe von Beauvais, Senlis, Chartres und Noyon, die Grafen von Blois, Boulogne, Montfort und Sancerre, die Herren von Bourbon und Coucy auf den Thronfolger verpflichtet und die entsprechende Urkunde von ihnen besiegeln lassen. Sein unerwartetes, frühes Ende, fern vom Hof und bei Minderjährigkeit des Thronfolgers ließ die Vorsichtsmaßnahmen in der Tat geraten erscheinen.
Am 29. November 1226 wurde der zwölfjährige Ludwig IX. gekrönt; da die Mündigkeit erst mit dem 20. Lebensjahr erreicht wurde, hatte seine Mutter, Blanche von Kastilien, eine lange Regentschaft vor sich. Ihre Ehe mit Ludwig VIII. war eine englische Bedingung im Friedensschluß von 1199 gewesen, den Richard Löwenherz diktiert hatte. Als Tochter König Alfons VIII. von Kastilien und seiner Gemahlin Eleonore, einer Tochter Heinrichs II. von England, sollte sie den Interessen der Plantagenêt am französischen Hof dienen, schloß sich aber der Politik ihres Gemahls ohne Vorbehalt an und verlor deshalb die Unterstützung durch ihre Familie, ohne aber in Frankreich tragfähige Verbindungen zur hohen Aristokratie gewonnen zu haben. Ihre Aufgabe war also äußerst schwierig, und sie tat gut daran, den Beraterkreis Philipps II., den schon Ludwig VIII. weitgehend gehalten hatte, auch für sich zu übernehmen. Neu hinzu trat der Kardinal von St. Angelo, Legat Honorius' III. für Frankreich; er sollte sich in den folgenden Jahren als wichtiger Helfer im Hinblick auf den Kronepiskopat erweisen und sorgte zunächst dafür, daß die französische Kirche den Albigenserkreuzzug in Erfüllung der Bedingung Ludwigs VIII. auch wirklich bezahlte.
Eine ernste Gefahr für die Regentin bedeutete die noch zu Lebzeiten ihres Gemahls entstandene Koalition des Pierre Mauclerc von Bretagne mit Hugo von Lusignan, Graf von La Marche. Dieser war erbittert über den Albigenserkreuzzeug, denn Ludwig VIII. hatte ihm einen Teil der von England zu gewinnenden Gebiete versprochen, vor allem die Stadt

Bordeaux, aber der dafür notwendige Krieg war unterblieben zugunsten der eigenen Eroberungen des Königs in der Grafschaft Toulouse. Pierre Mauclerc hatte durch Ludwig VIII. ebenfalls Nachteile erlitten, denn nach dem Tode seiner Gemahlin Alix, Erbin der Bretagne, im Jahre 1221 hatte er die Gräfin Johanna von Flandern heiraten wollen, die in eine Scheidung von ihrem seit Bouvines im französischen Kerker festgehaltenen Gemahl Ferrand eingewilligt hatte. Der König, in dessen Interesse eine solche Verbindung nicht liegen konnte, verhinderte mit Hilfe des Kardinals von St. Angelo das Scheidungsprojekt und versprach Ferrand die Entlassung aus der Haft, woraufhin der erboste Pierre Mauclerc ein Bündnis mit Heinrich III. von England schloß.
Diese an sich schon gefährliche Koalition erhielt Gewicht auch durch deutliche Zeichen der Abneigung, wie sie südlich der Loire gegen die Nordfranzosen sichtbar wurden. Die Franzosen, so hieß es, hätten die Poitevinen schon immer gehaßt und wollten sie nun schlimmer behandeln, als sie es mit den Normannen und den Leuten im Albigeois schon getrieben hätten: Signale einer Mißstimmung, die oppositionelle Kräfte sich zunutze machen konnten. Vorübergehend schloß sich Tedbald IV. von Champagne dem Bündnis an, da er schon vor Avignon mit Ludwig VIII. zerfallen war, aber er verließ es wieder, sobald Pierre Mauclerc und Hugo von Lusignan ihre sehr weitgehenden Ziele ausgesprochen hatten: Alle Erwerbungen Philipps II. und seines Sohnes sollten den Plantagenêt zurückgegeben werden. Dieses Verhalten Tedbalds, der fortan so fest auf seiten der Regentschaft stand, daß die feindliche Propaganda ihm ein Verhältnis mit Blanche nachsagte, zeigt deutlich die fließenden Übergange von Adelsfehde und politischer Opposition, so daß wir die gewiß schwierigen Probleme, denen sich die Regentin gegenübersah, doch nicht in jedem Falle mit grundsätzlichem Widerstand gegen das capetingische Königtum verwechseln dürfen. Auch die Umtriebe Philipps, des Bruders Ludwigs VIII., der Anfang 1228 Verbündete für seinen Plan einer eigenen Regentschaft suchte, mußten natürlich bekämpft werden, aber sie erreichten niemals den Rang der großen spätmittelalterlichen und frühneuzeitlichen Adelsfronden. Philipp war durch ein Bündnis der Regentin mit den Städten der Picardie, der Normandie, des Vermandois, Valois, Artois und Vexin niederzuhalten, und Pierre Mauclerc gab 1230 angesichts eines königlichen Heeres klein bei.
Immerhin war deutlich geworden, daß die Integration der eroberten und angeschlossenen Gebiete erhebliche Probleme aufwerfen würde. In der Normandie hatte sich schon unter Philipp II. manche Unzufriedenheit ausgebreitet; normannische Kontingente wurden bei Bouvines nicht eingesetzt, und hohe geistliche oder weltliche Ämter waren auch in der nächsten Zukunft für Normannen nicht leicht erreichbar. Geradezu nationale Opposition äußerte der anonyme Verfasser des zweiten Teils der *Chanson de la croisade Albigeoise,* wenn er die durch Simon von Montfort in Toulouse belagerten Bürger klagen ließ, daß sie *per una gent*

estranha, durch ein fremdes Volk, vernichtet werden sollten. Es ist bezeichnend, daß der grundsätzliche, auf Rückführung der capetingischen Monarchie in ihre Ausgangsräume um die Ile-de-France gerichtete Widerstand gegen die Regentschaft aus zwei der Domäne peripheren Zonen mit ethnischem Sonderbewußtsein kam: Aus der Bretagne und aus dem Poitou.

Um wie vieles größer mußten die Spannungen in der Grafschaft Toulouse sein, die nach dem Kreuzzug Ludwigs VIII. noch einen dreijährigen Abnutzungskrieg des königlichen Statthalters Humbert von Beaujeu gegen Raimund VII. und einen Teil des Adels über sich ergehen lassen mußte, ehe der Frieden von Paris am 12. April 1229 mit seinen einschneidenden Bestimmungen Ruhe und freies Wirken der Inquisitionshöfe brachte. Raimund wurde auf das Gebiet der Diözesen Toulouse, Agen, Rodez, Cahors (außer der Stadt selbst) und die nördlich des Tarn gelegenen Teile des Albigeois beschränkt; er mußte die in den Statuten von Pamiers festgelegten Rechte der Kirche anerkennen und einer Verheiratung seiner Erbtochter Johanna mit einem der jüngeren Brüder Ludwigs IX., Alfons von Poitiers, zustimmen. Weil diese Ehe kinderlos blieb, konnte nach dem Tod beider im Jahre 1271 der gesamte Besitz an die Krone fallen. Diese nahm sich mit dem Pariser Vertrag bereits das alte Herzogtum Narbonne zwischen Tarn und Rhône, ein Gebiet, das etwa dem der heutigen Départements Gard, Hérault und Aude entsprach, und teilte es in die *sénéchaussées* Carcassonne und Beaucaire. Einen Teil der östlich der Rhône gelegenen Markgrafschaft Provence, die Grafschaft Venaissin, erhielt der Papst.

Damit waren administrative Grundlagen für die Eingliederung des eroberten Landes in das Verfassungsgefüge der Monarchie gelegt, aber die mit der Übertragung des nordfranzösischen Lehnrechts in den Süden ausgelöste Identitätskrise erfaßte eine Gesellschaft, der das Recht wesentliches Merkmal ihres Selbstverständnisses war. Die alte Führungsschicht, von den Trencavel bis zu den Herren von Minerve und Termes, versank in der gewaltigen Enteignungswelle oder sie verlor ihre Bedeutung, wie die Herren von Cabaret, deren Burg königliche Festung wurde. Andere stiegen durch Kollaboration auf, so die Vizegrafen von Lautrec, und teilten sich die Herrschaft mit den Mitgliedern nordfranzösischer Familien, die schon seit Simon von Montfort im Süden tätig waren: den Lévis in Mirepoix oder den Thury in Limoux. Mit dem von Expropriation, Umsiedlung und Abschichtung über mehrere Generationen heimgesuchten Bevölkerungsteil, einem Adel, der auf bloße Grundbesitzreste erniedrigt war und keine Herrschaftsrechte mehr besaß, sind zugleich die autochthonen Überlieferungen des Landes geschwächt und zur Folklore deklassiert worden, so daß der Vorgang mit einem gewissen Recht als Kolonisation begriffen werden kann.

Ludwig VIII. hatte seinem Sohn zwei große Aufgaben hinterlassen: Die Integration des Südens und den Konflikt mit dem Haus Plantagenêt. Aus beidem konnte sich leicht ein Bündnis zwischen dem Grafen von Toulouse und Heinrich III. ergeben, ebenso aber auch eine Intervention Kaiser Friedrichs II. zur Entlastung der Westgrenze des Imperiums. Für die nächsten anderthalb Jahrzehnte sollten hier die Schwerpunkte der Regierung Ludwigs IX. liegen.

Der Streit um die legitime Herrschaft in der Champagne war ein ernstes Vorspiel, in dem zunächst die Entscheidung über Ansehen und weiteres Schicksal der Regentschaft Blanches von Kastilien fallen mußte.

Graf Tedbald IV. von Champagne, den sein Beiname *Le Chansonnier* als Dichter von Rang ausweist, hatte eine mit den Methoden der Krone vergleichbare, sehr erfolgreiche Territorialpolitik getrieben, die ihm Feinde im Innern seiner Grafschaft geschaffen hatte. Seine wirtschaftliche Stärke, die nicht zuletzt auf dem Ertrag der Champagnemessen beruhte, machte ihn aber schwer angreifbar und erlaubte ihm außerdem eine verstärkte Fortsetzung der auf Lothringen und Burgund gerichteten Erwerbspolitik seiner Vorgänger. Die Widersacher konnten freilich Argumente ins Feld führen, die sie aus der Geschichte seines Hauses bezogen und mit denen die Legitimität seiner Herrschaft in Frage gestellt werden sollte. Tedbalds IV. Großvater, Graf Heinrich I., *Le Libéral,* hatte aus seiner Ehe mit Marie, der Tochter Ludwigs VII., zwei Söhne, von denen der ältere, Heinrich II., 1192 König von Jerusalem wurde, so daß der jüngere, Tedbald III., die Grafschaft übernehmen konnte. Aus seiner Ehe mit Blanche von Navarra stammte Tedbald IV., dem Heinrichs II. Tochter Philippine bald ihren vermeintlich besseren Anspruch entgegenstellte, den sie als Erbin des älteren der beiden Brüder zu haben glaubte. Das Hofgericht hatte ihre Klage bereits abgewiesen, weil sie aber mit Graf Érard von Brienne einen der mächtigsten champagnischen Dynasten geheiratet hatte, fand sie gleichwohl Unterstützung für ihr Ansinnen, so daß sich bald zwei Koalitionen gegenüberstanden, die durch das Eingreifen der Herzöge von Lothringen und Burgund, der Grafen von Flandern und St-Pol, der Häuser Dreux und Coucy sowie Philipps, Ludwigs IX. Oheim, überregional friedensgefährdend wirkten und sich überdies anmaßten, vom König herbeigeführte Entscheidungen in ihrem Sinne zu verändern oder gar umzustoßen. Anfang des Jahres 1230 rückte deshalb ein königliches Heer in der Champagne ein, und im September kam nach Abschluß der militärischen Aktionen ein Ausgleich im Sinne der Rechtsauffassung des Hofgerichtes zustande, dem allerdings erst vier Jahre später eine sichere Grundlage geschaffen werden konnte, als Tedbald IV. das Königreich Navarra erbte und die Grafschaften Blois, Chartres, Châteaudun und Sancerre an Ludwig IX. verkaufte; mit dem Erlös

konnten die Erben Heinrichs II. abgefunden werden. Gleichzeitig bedeutete diese Transaktion die endgültige Trennung der Champagne von der Ausgangsbasis des Hauses Blois.
Der Königshof hatte sich als die letztlich entscheidende Instanz für territoriale und dynastische Fragen von einigem Gewicht behauptet und damit in der so gefährdeten ersten Phase der Regentschaft Spielraum für weitere Intiativen und Reaktionen gewonnen, die keineswegs überall nur machtpolitischer Natur waren. Im Süden erhoffte man sich vom endgültigen Verschwinden der Häresie auch eine erzieherische Wirkung, die geistige Angleichung an die im Norden geltenden Grundsätze christlichen Glaubens und der damit verbundenen Normen für Recht, Herrschaft, politische Theologie. Aus ihnen lebte und auf sie gründete sich die spezifisch französische *religion royale*, die christliche Theorie des Königtums, so daß eine feste Verankerung der Kirchenlehre zwangsläufig politische Folgen haben mußte. Deshalb hatte der Vertrag von Paris Raimund VII. auferlegt, in Toulouse ein *studium* zu finanzieren, also eine Universität zu gründen. Ihre vornehmste Aufgabe bestand in der Ketzerbekämpfung, und die hervorragendsten Lehrer gehörten infolgedessen dem Predigerorden an, der ja aus unmittelbarer Erfahrung seines Gründers Dominikus mit den Katharern 1215 in Toulouse entstanden und seit den päpstlichen Approbationen von 1217 eng mit den Pariser Schulen verbunden war. In der geistigen Auseinandersetzung lag die Stärke der Dominikaner, die mit der Universität Toulouse ihre erste Institution dafür fanden. Wenn die sterblichen Überreste des größten Philosophen der Scholastik, des heiligen Thomas von Aquin, 1369 nach Toulouse in die Kirche seines Ordens überführt wurden, so war das mehr als eine der üblichen Reliquientranslationen.
Hier im Süden machte Kaiser Friedrich II. den Versuch, durch eine Annäherung an den Grafen von Toulouse die Rhônegrenze zu sichern. Schon 1235 hatte er in der Pfalz Hagenau im Elsaß dem Markgrafen von der Provence dessen Reichslehen bestätigt, und wenn Raimund VII. in den folgenden Jahren gelegentlich Grund zum Mißtrauen gab, so ist das aus dem Verdacht zu erklären, den sein potentielles Bündnis mit dem Kaiser erregte. Solche Befürchtungen waren übertrieben, aber wie labil die Situation angesichts der ständig laufenden Inquisitionsverfahren und der auf sie folgenden Enteignungen immer noch war, zeigt die Vertreibung der Dominikaner mitsamt dem Ortsbischof durch die Konsuln von Toulouse im Jahre 1236. Vier Jahre später drohte sogar ein neuer, großer Krieg, als sich die Trencavel mit Olivier von Termes zusammenschlossen, doch die Kräfte reichten nicht mehr aus: das von den Verbündeten am 7. September 1240 im Handstreich eroberte Carcassonne war nicht zu halten, nur einige Burgen der *faidits*, der Geächteten und Verurteilten, blieben ungebrochen. Darunter war die schwer zu bezwingende Feste auf dem Montségur; Peter von Mirepoix hielt sie als letzte Bastion seiner alten Herrschaft, die im übrigen den Lévis anheimgefallen war.

Gefährlicher als Raimunds VII. Hoffnungen auf den Kaiser war seine Allianz mit Hugo von Lusignan und dem englischen König. Ihm schlossen sich die Grafen von Foix, Comminges, Armagnac und Rodez an, aber vor zwei königlichen Heeren stob der Bund auseinander, und im Januar 1243 bekräftigte Raimund VII. im Frieden von Lorris seine Unterwerfung. Im Mai darauf begann Hugo von Arcis, Seneschall von Carcassonne, die Belagerung des Montségur, der am 2. März 1244 kapitulieren mußte. Am 16. März wurden jene, die als Katharer standhaft blieben, mehr als 200 Menschen, am Fuß der Burg auf den Scheiterhaufen gebracht. Montségur war nicht die letzte eroberte Katharerburg, aber mit ihr fiel die organisierte Ketzerei, die ihres Rückhaltes beraubte Gegenkirche, allmählich auseinander und löste sich in vereinzelte, dogmatisch inkonsistente Gruppen auf.

Während die königliche Herrschaft so ihre geistigen und politischen Grundlagen im Süden befestigen konnte, verquickte sich die Frage der eingezogenen englischen Lehen aufs Neue mit regionalen und dynastischen Widerstandshandlungen gegen das Königtum. Hier gingen die vor allem durch Pierre Mauclerc für die englische Sache gewonnenen Barone freilich ein hohes Risiko ein, denn die Eroberungen Philipps II. waren durch Gerichtsurteil legitimiert, so daß die Opponenten für den Fall des Scheiterns ihrer Pläne Bestrafung nach dem strengen französischen Lehnrecht erwarten mußten. Trotzdem luden die Großen des Poitou, der Gascogne und der Guyenne um die Jahreswende 1228/29 Heinrich III. ein, die Länder wieder zu übernehmen, und im Sommer huldigte Pierre Mauclerc dem englischen König, der schließlich am 3. Mai 1230 in St-Malo landete. Bei Nantes führte er seine Truppe mit dem bretonischen Aufgebot zusammen, aber ein königliches Heer verhinderte den geplanten Zug in die bereits unruhige Normandie, so daß Heinrich III. sich ins Poitou wandte und dort auch aufgenommen wurde. Im Oktober kehrte er nach England zurück, ohne daß sein Feldzug greifbare politische Folgen gehabt hätte. Ludwig IX. konnte unterdessen die champagnischen Wirren in seinem Sinne beenden und gewann im ganzen so viel Zeit, daß der ungeduldige Pierre Mauclerc sichtbare Erfolge vermißte und das englisch-bretonische Bündnis aufkündigte.

Nun trachtete der französische Hof danach, die Verbindung Englands mit dem Königreich Arles zu lösen. Am 27. Mai 1234 heiratete Ludwig IX. Margarethe von der Provence und beschwor damit Gegenzüge des Kaisers und des englichen Königs herauf, durch die am Ende alle Initiativen neutralisiert werden sollten: Im Juli 1235 fand die Hochzeit Friedrichs II. mit Isabella, der Schwester Heinrichs III. statt, und im Januar 1236 nahm der englische König Eleonore von der Provence zur Frau, die Schwester der Königin von Frankreich. Die Heiratspolitik hatte sich selbst blockiert. Da Friedrich II. aber vollständig auf Italien konzentriert war, genoß Ludwig IX. alle Vorteile der Neutralität im säkularen Ringen zwischen Papst und Kaiser. Von beiden Seiten umworben, gewann er die

Kraft zum Sieg über ein neues Bündnis von Poitou, Gascogne, Agenais und den Städten der Guyenne mit Heinrich III. Durch den Feldzug erwarb sich der inzwischen 28jährige König von Frankreich endgültig seinen militärischen Ruhm, und mit der Niederlage Heinrichs III. am 23. Juli 1242 bei Saintes endete die Reihe der regionalen Widerstandshandlungen gegen die Herrschaft Ludwigs IX.

Kreuzzug und Regentschaft in Palästina

Die nun folgenden Regierungshandlungen des Königs sind ohne Kenntnis seiner Persönlichkeit weder ganz zu verstehen noch zu beurteilen. Ludwig war, wie die Königin Margarethe dem Ritter Joinville vertraulich bekannt hat, ein widersprüchlicher Charakter; die Neigung zum Jähzorn hat er meist beherrscht und den Ansichten seiner Umgebung zeigte er sich aufgeschlossen, um dann freilich allein und autoritativ zu entscheiden. Wer ihn gut beriet, konnte auf seine Loyalität rechnen; das galt in erster Linie für seine Mutter, mit der er zeit ihres Lebens eng verbunden blieb, ohne daß sich freilich eine Komplex-Theorie hieraus begründen ließe. Blanche von Kastilien war eine fähige Regentin gewesen und eine kluge Frau geblieben. Erfahrungen dieser Art sind dem sensiblen, seit 1242 mehrfach von schweren Krankheiten heimgesuchten Mann stets wichtig gewesen, und im Verhältnis zu seinen Mitmenschen hat er, verglichen mit anderen Herrschern seiner Zeit, viel schlichte Humanität bewiesen. Seine von den Zeitgenossen hochgerühmte Frömmigkeit äußerte sich in vielen Formen und auf manche konventionell-zeittypische Weise, hat aber aufs ganze gesehen wahrhaft erstaunliche Konsequenzen gehabt. Ludwig ordnete immer wieder große Ausgaben für kirchliche Zwecke an, er gab unzählige Almosen für Blinde, Krüppel, Kranke, Arme und lebte damit eine *caritas* vor, die seit der Kirchenreform Herrschertugend war, aber noch niemals so im Zentrum königlichen Wirkens gestanden hat wie bei Ludwig IX. Die starke Neigung zu den Bettelorden gehört in diesen Zusammenhang; besonders für ihre ursprüngliche Zielsetzung empfand der König Respekt und förderte daher die weiblichen Zweige, die ihr noch näher waren, die Sackbrüder und auch die Beginen in den Städten. Nach seinem Tod wurde die königliche Bibliothek auf die Franziskaner- und Dominikanerkonvente von Paris und Compiègne verteilt, und mag die franziskanische Überlieferung auch später manches übertrieben haben, so ist die Verehrung der Mendikanten doch ein Grundmotiv in Ludwigs Frömmigkeit, die sich schon frühzeitig auch der Sammlung und Stiftung vor allem von Passionsreliquien zugewandt hat. Als Kaiser Balduin II. von Konstantinopel die Dornenkrone Christi aus dem byzantinischen Reliquienschatz den Venezianern verpfänden wollte, erwarb Ludwig das ehrwürdige Stück und konnte es am 11. August 1239

in Paris aus den Händen seiner Beauftragten entgegennehmen. Für die Dornenkrone und andere Erinnerungsstücke an das Leiden Christi wurde in den Jahren 1242–1247 die Ste-Chapelle als zweistöckige Pfalzkapelle erbaut; das Untergeschoß diente dem Gottesdienst des Hofes und der Oberstock in Form eines gläsernen Reliquienschreins zur Aufbewahrung und Verehrung der Heiltümer.
Schon zwei Jahre nach dem Tod Ludwigs VIII. hatten Blanche und der junge König im Tal der Oise die Zisterzienserabtei Royaumont gegründet, bei deren Bau Ludwig selbst Hand anlegte und die auch nach ihrer Vollendung in den Jahren 1235/36 hohe Bedeutung für ihn behalten hat. Drei seiner vor ihm verstorbenen Kinder hat er dort beisetzen lassen, stets wurde eine Zelle für ihn freigehalten und wenn er das Kloster besuchte, verrichtete er mit den Mönchen das Chorgebet, saß unter ihnen im Kapitelsaal und wusch ihnen nach Zisterzienserbrauch sonnabends die Füße. Das alles waren keine Gesten, sondern Zeichen seines Glaubens, den Ludwig für hinreichend begründet hielt. Er nahm deshalb wenig Anteil an den theologischen Kontroversen seiner Zeit, las aber am liebsten eine glossierte Bibel, weil er den Kommentar zum Text für das Verständnis der Botschaft ebenso hoch einschätzte wie die Predigt der Mendikanten. Lange Predigtgottesdienste, unter denen sein ritterliches Gefolge litt, sind ebenso gut bezeugt wie Ludwigs persönliche Gebetspraxis, sein tägliches Messehören und die Proskynese vor den Reliquienschreinen. Wie jeder andere Christ wollte Ludwig seine Seele retten, aber er war im Unterschied zu seinen Vorgängern zutiefst von der Vorstellung durchdrungen, daß ein König niemals über individuelle Devotion allein ans Ziel gelangen könne, sondern nur durch gottgefällige Ausübung des ihm auferlegten Amtes. Ketzerverfolgung war ihm deshalb kein persönliches Problem, sondern Aufgabe aller Könige; Friedrich II. hat das ähnlich gesehen, aber was Ludwig IX. aus der kleinen Schar der europäischen Monarchen heraushob, war der konsequent bis an sein Lebensende verfolgte Gedanke, daß ein wohlvorbereiteter und deshalb erfolgreicher Kreuzzug das wichtigste aller Königswerke sei. Ihm ordnete er seit 1244 alle anderen Regierungsaufgaben zu.
In diesem Jahr ging die heilige Stadt Jerusalem den Christen wieder verloren. Kaiser und Papst lagen im Konflikt, Heinrich III. von England hatte mit seinen Baronen zu kämpfen, Frankreich war schlechthin die einzige abendländische Macht, die zu einem Kreuzzug in der Lage war. Ludwig IX. hatte sich auch dazu entschlossen, doch ist ungewiß, ob das wegen des Falles von Jerusalem geschah oder wegen seiner Genesung von einer fiebrigen Durchfallerkrankung, die sein Leben ernsthaft bedroht hatte. Kirche und Städte mußten den Hauptteil der ungeheuren Kosten tragen, die insgesamt das elf- bis zwölffache der jährlichen Staatseinnahmen erreichen sollten. Genuesische Bankiers übernahmen die finanztechnische Abwicklung und den Geldtransfer. Im August 1248 verließ das Schiff des Königs seine neu angelegte Hafenstadt Aigues-Mortes zwi-

schen Montpellier und der Rhônemündung, die Flotte mit dem Heer von insgesamt etwa 25000 Mann fuhr aus dem Hafen von Marseille. Man überwinterte auf Cypern, und am 5. Juni 1249 ging die Truppe auf flachen Landungsbooten vor Damiette an die ägyptische Küste, kämpfte die Verteidiger auf dem Strand nieder und konnte auch die Stadt nehmen, in der Ludwig IX. bald darauf einen Erzbischofssitz begründete. Er verfügte dabei so genau über die Einkünfte und den lehnrechtlichen Status des Erzbischofs und seiner Vasallen zur französischen Krone, daß kein Zweifel über die Absicht bestehen kann, das eroberte Land als Besitztum der Monarchie zu halten. Der folgende Marsch am Ostufer des Nils auf Kairo sollte allerdings unglücklich enden. Am 6. April 1250 mußte der wieder schwer erkrankte König in militärisch auswegloser Lage kapitulieren und kam erst vier Wochen später gegen Zahlung eines hohen Lösegeldes und Auslieferung von Damiette frei. Mit etwa 1400 Mann fuhr er über See nach Akkon, mußte also die Masse seines Heeres in Gefangenschaft zurücklassen. Durch kurz darauf ausbrechende Kämpfe zwischen den in Ägypten an die Macht gekommenen Mamlūken und den Aiyūbiden in Syrien konnte Ludwig freilich überraschend ein politisches Gewicht erlangen, das niemand vorausgeahnt hatte: Indem er sich auf die stärkere, aber dem Heiligen Land fernere äyptische Seite stellte, bekam er 1252 sein Heer frei und konnte fortan Palästina regieren, von den Orden und den Baronen anerkannt.
Schon zwei Jahre später mußte Ludwig IX. das Land verlassen, denn Blanche von Kastilien war Ende November 1252 gestorben und die Regentschaft seiner Brüder schien dem König unvollkommen. Am 4. September 1254 langte er in Paris an. Er war der letzte europäische König, den das Heilige Land auf einer Kreuzfahrt gesehen hat.

Rex pacificus

Nach dem Urteil Joinvilles, des Begleiters und Historiographen Ludwigs IX., kam der König vom Kreuzzug als ein anderer Mensch zurück. Solche Persönlichkeitswandlungen sind häufig bezeugt und Nachrichten darüber sollten nicht leichthin als topisch abgetan werden, ohne daß freilich in jedem Falle gesagt werden könnte, ob nicht unter dem zweifellos starken Eindruck der mit eigenen Augen gesehenen biblischen Stätten schon vorhandene Eigenschaften stärker ausgeprägt wurden. Für Ludwig VII. kann das angenommen werden, und für die zweite Hälfte der Regierungszeit Ludwigs IX. ist seine Friedenspolitik mit dem Ziel einer geeinten Christenheit immerhin das alles beherrschende Leitmotiv gewesen. Mit dieser wahrhaft imperialen Aufgabe wuchs der französische König zum ungekrönten Kaiser des Abendlandes, und er hat seit dem Tod Friedrichs II. im Dezember 1250 keinen ebenbürtigen Herrscher neben

sich gesehen. Diese Friedenspolitik war von der Erfahrung des Kreuzzuges inspiriert, daß nur ein von inneren Spannungen freies Europa im Orient Erfolg haben konnte.
Mit den beiden wichtigen Verträgen vom Mai 1258 wollte Ludwig diesem Ziel dienen. Am 11. Mai schloß er in Corbeil mit dem König von Aragón ein Abkommen, in dem Jakob I. auf seine Lehnshoheit im Languedoc verzichtete; die französische Krone ließ als Gegenleistung ihren Anspruch auf Katalonien fahren. Der Pariser Vertrag brachte am 28. Mai den von beiden Seiten als dauerhaft bewerteten und gewünschten Frieden mit England: Heinrich III. gab die Normandie, Anjou, Touraine, Maine und Poitou auf; englischer Besitz blieb im Limousin, im Gebiet von Cahors und im Périgueux sowie in der Gascogne erhalten, allerdings unter französischer Lehnshoheit. Damit war die seit Bouvines faktisch bestehende und mit dem Zusammenbruch der staufischen Herrschaft vollendete Großmachtstellung Frankreichs vertraglich gesichert. Den Kritikern seiner angeblich zu konzilianten Haltung gegenüber Heinrich III. antwortete Ludwig mit dem Hinweis auf Familienbande, die zum Ausgleich verpflichteten, und dieser Zug vermittelnder Gerechtigkeit in der Politik des Königs ließ ihn mehrfach zum Friedensstifter werden.
1254 riefen ihn die streitenden Grafen der Bretagne und der Champagne an, 1264 der englische König und seine opponierenden Barone, 1269 die Bürger von Lyon; sie alle suchten das Urteil des neuen Salomon, den seine Ratgeber oftmals auf die mit seiner Rolle verbundenen politischen Nachteile hinwiesen, denn manche Rivalität hätte ungeschlichtet der Krone nützen können. Ludwig aber blieb unbeirrt, so daß er bei seinem Tod als *rex pius, rex pacificus* gefeiert werden konnte, und im offiziellen Gebet zur Heiligsprechung hieß es später, daß durch ihn die französische Lilie, das *lilium Franciae*, zum Symbol des friedliebenden Königs geworden sei. Dieser versöhnlichen Grundhaltung verdankte 1242 der älteste Sohn des Grafen von La Marche sein Leben, weil Ludwig der Hinrichtung mit dem Argument widersprach, der Gefangene habe nur die Befehle seines rebellierenden Vaters ausgeführt. Auch mancher poitevinische Baron ist nach 1230 straflos davongekommen. Die sprichwörtliche Gerechtigkeit Ludwigs IX. zeichnete Joinville in der schönen Beschreibung des Königsgerichtes, das im Sommer unter einer Eiche im Forst von Vincennes gehalten wurde und zu dem jedermann gehen durfte. Steht hier auch das Anekdotische im Vordergrund, so zeigt das von Ludwig ausgesprochene Verbot des gerichtlichen Zweikampfes sein Bemühen um vernünftig nachvollziehbare und deshalb leichter anzunehmende Urteile.
Dieser König hatte seit der in seinen Augen verfrühten Rückkehr aus Palästina den Gedanken an einen neuen, das Heilige Land endgültig für die Christenheit sichernden Kreuzzug niemals aufgegeben. Die Verpflichtung wurde ihm dringender, als der Mamlūkensultan Rukn ad-Dīn Baibars im Jahre 1263 eine Offensive begann, die 1266 mit der Eroberung

Galiläas ihren vorläufigen Höhepunkt erreichte. Auf einem Hoftag in Paris nahm Ludwig am 25. März 1267 das Kreuz, aber die Resonanz im Lande war schwach und das Aufbringen eines Heeres erwies sich als schwierig. Die meisten der kampferfahrenen Ritter, denen militärische Unternehmungen in fernen Ländern ein lohnendes Ziel waren, hatte Karl von Anjou, der Bruder Ludwigs IX., schon nach Sizilien geholt, um dort das Erbe der Staufer an sich zu reißen. Karl hat auch die überraschende Entscheidung mit bestimmt, als Ziel des Kreuzzuges nicht das Heilige Land oder Äypten zu wählen, sondern Tunis. Nach dem Grund dafür ist später viel gefragt worden, aber wie üblich sind mehrere Aspekte in Rechnung zu stellen. Die Beziehungen Kaiser Friedrichs II. zum Emir von Tunis waren gut gewesen, so daß sich die vertriebenen Anhänger Konradins am Hof des Hafṣiden al-Mustansir versammeln konnten, der außerdem ein freundschaftliches Verhältnis zu König Jakob I. von Aragón unterhielt, dessen Sohn Peter III. mit Konstanze, der Tochter König Manfreds von Sizilien, verheiratet war. Der Gegensatz zu Karl von Anjou war daher offensichtlich, außerdem aber stellte das Emirat immer wieder Truppen und Pferde für die äyptischen Mamlūken, so daß ein Angriff auf diese Stütze der muslimischen Herrschaft auch unter dem Gesichtspunkt der Befreiung des Heiligen Landes sinnvoll schien. Im übrigen bewegte Ludwig IX. die Hoffnung auf einen Übertritt des Emirs zum Christentum. Al-Mustansir, so glaubte man am französischen Hof, brauchte nur noch den Schutz einer christlichen Interventionstruppe gegen die einheimische Bevölkerung, um Mut zur Konversion zu fassen. Angesichts der intensiven Handelsverbindungen des Emirats mit den durchweg christlichen seefahrenden Anrainerstaaten des Mittelmeers wäre ein solcher Entschluß nicht einmal unzweckmäßig gewesen. Dies und der Rat dominikanischer Missionare mögen die optimistischen Erwartungen Ludwigs IX. genährt haben, den frommen Zweck mit strategischem Gewinn für die Christenheit verbinden zu können. Leichtfertig war das nicht, denn der König stützte sich auf den Rat von Experten: Seit 1250 gab es in Tunis ein Dominikanerkloster, in dem man sich nicht nur mit der Mission, sondern auch mit dem Studium der arabischen Sprache beschäftigte und den gebildeten, an Disputationen interessierten Emir gut kannte. Männer wie Raimund von Pennaforte und Andreas von Longjumeau hielten ihn aus persönlicher Erfahrung für konversionsbereit. Am 2. Juli 1270, also in der heißesten Jahreszeit, legte die Flotte in Aigues-Mortes ab und erreichte nach einer stürmischen Überfahrt die nordafrikanische Küste; am 24. Juli konnte Karthago erobert werden. Im Lager vor der kleinen Stadt, die auf den Trümmern der antiken Metropole stand, ist Ludwig IX. am 25. August an einer typhus- oder ruhrartigen Seuche gestorben.

Schon unmittelbar nach seinem Tod, bei der Überführung des Fleisches und der Eingeweide nach Monreale in Sizilien, ereigneten sich die ersten Wunder, deren unablässige Folge auch den Weg der Gebeine und des Herzens in die Grablege von St-Denis markierten. Matthäus von Vendôme, Abt von St-Denis, hat sie sorgfältig aufgezeichnet, zusammen mit den Zeichen für seine Heiligkeit, die am Ort der letzten Ruhe des Königs beobachtet wurden. Seit 1272 gab es Initiativen zur Einleitung des Kanonisationsverfahrens, für dessen Vorbereitung Wilhelm von St-Pathus seine Biographie des Königs verfaßt hat. Am 9. August 1297 wurde Ludwig IX. heiliggesprochen.

Die Monarchie

Der englische Historiograph Matthäus Paris hat Ludwig den Heiligen als König der irdischen Könige gepriesen, als *terrestrium rex regum,* denn er sei mit dem Himmelsöl gesalbt und von überragender Machtfülle. Damit ist zugleich über den individuellen Fall hinaus die besondere Stellung des französischen Königs unter den christlichen Monarchen erfaßt, eine exklusive Rolle, die sich im Laufe der Jahrhunderte aus verschiedenen Elementen, Anschauungen und Symbolen ergeben hatte. Im 13. Jh. ist die Theorie zu einem präzis geordneten System geworden, das der Krönungsordo von Reims in den Jahren 1260/74 aus dem bisherigen Brauch zusammenstellte und für die Zukunft festlegte. Im Krönungsablauf wurde durch die fortlaufende Rechtshandlung vor Zeugen sichtbar gemacht, was den König von allen anderen Menschen unterschied.
Es begann festlich mit dem prunkvollen *introitus* des Hofes, der Aristokratie, des Klerus und der Ritterschaft in die Krönungsstadt Reims; einem großen Schaugepränge, von dem sich die nächtliche Ritterwache des künftigen Königs in der Kathedrale deutlich abhob. Diese Gebetsstunde vor Mitternacht war auch nicht mehr Fest, sondern erster der sich nun anschließenden Rechtsakte. Ihm folgte am frühen Morgen der Einzug in die Kathedrale, während sich gleichzeitig eine Prozession vom Remigiuskloster her näherte, an deren Spitze der Abt die Ampulle mit dem von Matthäus Paris erwähnten heiligen Öl trug. Bis in die Zeit des Erzbischofs Hinkmar von Reims († 882) ist die Legende zurückzuverfolgen, wonach bei der Taufe des Frankenkönigs Chlodwig durch Bischof Remigius von Reims eine Taube Öl vom Himmel herabgebracht habe, das seither im Kloster St-Rémi aufbewahrt werde. Bei der Krönung Ludwigs VII. zum Mitkönig im Jahre 1131 ist erstmals davon die Rede gewesen, daß das Salböl aus der himmlischen Ampulle genommen worden sei und 1223, anläßlich der Krönung Ludwigs VIII., akzeptierte der Hof offiziell diese Version und ließ sie in den Ordo für die Herrscherweihe aufnehmen. Fortan brachte der Abt von St-Rémi das Öl zur Krönungskirche, der Erzbischof von Reims zog ihm an der Spitze der hohen Geistlichkeit entgegen und versprach öffentlich, das Heiligtum nach der Krönung zurückzugeben. In der Kathedrale leistete der König sodann den Eid,

indem er zunächst die alte fränkische *promissio* sprach, derzufolge Rechtsstellung der Kirche und ihr Schutz im Reich garantiert sein sollten und gelobte außerdem, Friedenswahrung, Gerechtigkeit und Ausrottung aller Ketzer in seinem Herrschaftsgebiet als Pflichten anzuerkennen. Darauf folgte die Ritterweihe des Königs, der zunächst mit Schuhen bekleidet wurde, an die der Herzog von Burgund Sporen anlegte und sogleich wieder abnahm, worauf der Erzbischof von Reims die Gürtung mit dem Schwert vollzog, dann die Scheide auf dem Altar niederlegte und die Waffe selbst dem König überreichte, der sie seinem Seneschall weitergab. Dieses Schwert ist seit der ersten Hälfte des 13. Jh.s mit der *joiuse* gleichgesetzt worden, dem Schwert Karls des Großen, das die *Chanson de Roland* beschrieb. Für die Salbung entnahm der Erzbischof mit goldenem Stift einen Tropfen Öl aus der Remigiusampulle, mischte ihn mit Chrisma, dem geweihten Öl für die Priesterweihe, und salbte den König an Kopf, Brust, Armgelenken, zwischen und auf den Schultern. Jetzt konnte der Gesalbte die Investitur mit den Zeichen der Königsherrschaft empfangen: Den blauseidenen, lilienbesäten Mantel; das vergoldete Szepter in die rechte, den von einer elfenbeinernen Schwurhand, der *main de justice,* bekrönten Stab in die linke Hand als Symbol der obersten Gerichtsgewalt; die Krone. Anders als Deutschland kannte Frankreich keine besondere, nur einmal vorhandene Reichskrone, sondern jeder Herrscher ließ sich eine, meist aber mehrere je nach Zweck und Mode verschiedene Kronen anfertigen, deren Grundform allerdings immer gleich blieb: Ein Reif, der mit Lilien bekrönt war, dem biblisch-christlichen Symbol des Jungfräulich-Schönen und aller guten Eigenschaften, das seit der Wende zum 13. Jh. Königswappen war. Die Kronen verstorbener Herrscher wurden in der Regel dem heiligen Dionysius gestiftet; sie sind durch die Französische Revolution zerstört worden. Auch der Thron, zu dem der Erzbischof den Gekrönten führte, hatte keine verbindlich festgelegte Form. Sitzend verfolgte der König nun den letzten Teil der Messe, bevor er die Kommunion in beiderlei Gestalt empfing und damit aus der Schar der Laien, von denen er sich schon durch die Salbung unterschied, nochmals herausgehoben wurde, denn sie mußten seit der Abschaffung des Laienkelchs im Laufe des 12. Jh.s auf den Wein beim Abendmahl verzichten.

Seit dem westfränkischen Reich des ausgehenden 9. Jh.s verfügte das französische Königtum mit Kronreif, Mantel, Stab und Szepter über einen festen Grundbestand an Herrschaftszeichen. Als besondere, nur in Frankreich verwendete und nur aus der französischen Überlieferung sinnvolle Insignien waren im Laufe der Zeit Lilie, *main de justice* und Oriflamme hinzugekommen, in denen sich die Eigenart dieses Königtums unverwechselbar ausdrückte: seine christliche Bestimmung, die Hochschätzung von Recht und Gerechtigkeit für die Regierung, die Verpflichtung auf die karolingische Tradition. Zeigte das Krönungsschwert die Bindung des Königs von Frankreich an den ritterlich verstandenen Heidensieger Karl, so wies die Oriflamme als Königsfahne auf den in St-Denis gepflegten Karlskult. 1124 hatte Ludwig VI. die Fahne der Grafschaft Vexin vom Altar des heiligen Dionysius genommen und mit dem Zug gegen Kaiser Heinrich V. die erste manifeste Regung des französischen Nationsbewußtseins ausgelöst. Erstmals 1184 wurde dieses Dionysiusbanner mit der *orie flambe* gleichgesetzt, dem goldflammenden Fahnentuch Karls des Großen, wie es die *Chansons de Geste* nannten: die historische Überlieferung verband sich mit der Dichtung, der Religion, dem Rechtsbrauch und dem politischen Anspruch zu einer neuen Synthese, die durch das Königtum verkörpert wurde. In ihm konnte das hochmittelalterliche Frankreich sich selbst als Nation erkennen.

5. Das geordnete Reich (1270–1328)

Die Hauptstadt

Anders als Deutschland hatte Frankreich seit dem 12. Jh. eine Hauptstadt. Der alte robertinische Herrschaftsschwerpunkt, inmitten der fruchtbaren, dicht besiedelten Ile-de-France verkehrsgünstig gelegen, wurde vom 11. Jh. an mehr und mehr zum ständigen Aufenthaltsort der Könige. Schon Heinrich I. stellte in Paris mehr Urkunden aus als beispielsweise in Laon, aber der Abstand war beim Verhältnis 11:9 noch gering. Dann aber tritt Paris immer deutlicher in den Vordergrund: 26 gesicherte Aufenthalte in Paris gegenüber 17 in Orléans für Philipp I., 120:32 bei Ludwig VI., 269:37 bei Ludwig VII. Schon damals waren Hofgericht und andere Verwaltungszweige mit dem König praktisch ortsfest geworden, und das seit Philipp II. stark vergrößerte Reichsarchiv entwickelte Eigendynamik, indem es die ganz auf Schriftlichkeit festgelegte Verwaltung an die aufbewahrten Dokumente und damit an den Königspalast auf der Ile de la Cité band.
Die bis heute im Stadtbild von Paris sichtbare Dreiteilung in Cité (Bischof und König), rechtes Ufer (Bürgerstadt) und linkes Ufer (Studium, Schulen, Universität) mit den Hauptstadtfunktionen Regierung und Verwaltung, Handel und Gewerbe, Wissenschaft und Kunst ist Resultat eines historischen Prozesses, an dem das Königtum maßgeblich beteiligt war. Einmal durch wirtschaftsfördernde Maßnahmen wie die Markturkunden Ludwigs VI. von 1123 und 1137, das Messeprivileg Philipps II. von 1181 oder die Errichtung der ersten beiden Markthallen zwei Jahre später, Vorläufer des durch Zola berühmt gewordenen »Bauches von Paris«, aber auch durch städtebauliche Anordnungen: Philipp II. gab um 1185 den Befehl zum Pflastern der wichtigsten Straßen und legte die neue Stadtmauer an, er vergrößerte die Pfalz auf der Ile de la Cité und baute sie zur ständigen repräsentativen Residenz aus, in der auch sein Reichsarchiv untergebracht wurde. Ludwig IX. fügte der Palastanlage einen neuen Gebäudeflügel zu und errichtete im Hof den wundervollen gläsernen Schrein der Ste-Chapelle. Die durch Kathedrale und Königspfalz ausgezeichnete Insel war jahrhundertelang das eigentliche Paris; auf dem linken Seine-Ufer fanden sich um 1150 nur *bourgs* im Anschluß an Klöster: Eine dürftige Siedlung bei Ste-Geneviève, ein im Laufe des 12. Jh.s mit Palisaden befestigtes Dorf bei St-Marcel und der älteste *burgus,* zugleich auch der volkreichste, um St-Germain-des-Prés. Er war nicht befestigt, hatte aber schon vier Kirchen, deren wichtigste St-Sulpice

gewesen ist. Nicht viel anderes bot sich den Blicken auf dem rechten Ufer, wo der noch sehr ländliche *burgus* von St-Germain-l'Auxerrois immerhin einen Seine-Hafen besaß, während die entsprechenden Siedlungen bei St-Martin-des-Champs und beim Temple bessere Dörfer waren. Zwischen St-Merry und St-Gervais gab es aber eine Flußsiedlung mit Markt und Befestigung.

Bereits 1160 hatte der Bischof von Paris, Maurice de Sully, einen Neubau anstelle der alten Kathedrale und der zerstörten Stephanskirche beschlossen. 1163 begannen die Arbeiten an dem noch heute stehenden Bau von Notre-Dame, dessen Hauptaltar 1182 geweiht werden konnte und der 1240 im wesentlichen, 1330 dann endgültig vollendet war. Die Verbundenheit der geistlichen mit der monarchischen Gewalt wurde am Annenportal durch die gemeinsame Darstellung des Bischofs Maurice de Sully mit Ludwig VII. sinnfällig gemacht.

Das linke Ufer war noch um die Mitte des 12. Jh.s eine ländliche Gegend mit Wiesen, Weinbergen und umzäunten Gehöften; zu den Klöstern und Kirchen, die hier seit merowingischer Zeit bestanden – St-Julien, St-Sévérin, St-Benoît, St-Germain-des-Prés, Notre-Dame-des-Champs, Ste-Geneviève – kam 1113 der unter besonderem königlichen Schutz stehende Konvent der regulierten Augustinerchorherren von St-Victor. Als das Kathedralkapitel von Notre-Dame seine Räume für externe Schüler sperrte, entwickelte sich seit 1127 am Mont Ste-Geneviève ein freier Schul- und Studienbezirk, Ausgangspunkt des späteren *Quartier Latin.* Der Mauerzug Philipps II. schloß dieses Gebiet mit ein, in dem der Unterrichtsbetrieb weiter gedieh, noch vermehrt durch die Studien der Bettelorden, die hier ihre Klöster einrichteten: Dominikaner *(Jacobins),* Franziskaner *(Cordeliers),* Augustiner-Eremiten *(Augustins).* 1245 begründeten auch die Zisterzienser *(Bernardins)* ein *studium,* das freilich nicht recht aufblühen wollte. Zahlreiche Bursen und Kollegien wurden als Stiftungen errichtet, darunter im Jahre 1257 die berühmte Gründung des Kanonikers Robert de Sorbon für 20 arme Studenten der Theologie. Diese Keimzelle der späteren »Sorbonne« wurde von Ludwig IX. mitgetragen, dessen Kaplan und Vertrauter Robert war; sie erwarb mit der Zeit eine bedeutende Bibliothek, deren Katalog von 1338 schon 1090 Handschriften verzeichnen konnte.

Als Philipp II. im Jahre 1190 zum Kreuzzug aufbrach und Paris zum Sitz der Regentschaft bestimmte, war die Hauptstadtfunktion so deutlich geworden, daß in der Folgezeit geistliche und weltliche Große begannen, sich dort Stadtpalais zu bauen. 1222 erwarb der Erzbischof von Reims ein Grundstück in der Nähe des Louvre, der damals noch Teil des Befestigungswerkes war, von dem aus Ketten zur Tour de Nesles auf dem linken Ufer gezogen werden konnten, um den Fluß zu sperren. Auch der Erzbischof von Rouen besaß 1261 ein Haus in Paris, und bis 1300 folgten diesen beiden Prälaten u. a. die Bischöfe von Auxerre, Orléans und Chartres, 1296 der Erzbischof von Sens. Daß die Äbte von St-Denis bereits seit der

Mitte des 12. Jh.s ihr eigenes *hôtel* in der Stadt benutzen konnten, wundert angesichts der häufigen Besuche am ihnen eng verbundenen Königshof nicht, aber im 13. Jh. finden wir Häuser der Äbte von St-Père/Chartres, St-Benoît-sur-Loire, St-Laumer/Blois und erstaunlicherweise erst sehr viel später, in den 30er Jahren des 14. Jh.s, Cluny, in deren weiträumigem Stadthaus heute das Museum für mittelalterliche Kunst und Kultur eingerichtet ist. Am Ende des 13. Jh.s hatten nicht nur die Herzöge von Burgund und Bretagne, sondern auch die Grafen von Champagne, Flandern, Mâcon, Ponthieu, Auxerre, Bar und Blois ihre *hôtels* in Paris und die Brüder Ludwigs des Heiligen, Karl von Anjou und Alfons von Poitiers, später auch Karl von Valois, der Bruder Philipps des Schönen.
Diese Adelspalais sind der entscheidende Indikator für die hauptstädtische Stellung von Paris, aber auch für Macht und Ansehen des Königtums. Die hohe Aristokratie konnte sich nur noch in ihrer Position behaupten, wenn sie an dem Ort vertreten war, an dem die Entscheidungen fielen und versuchte, darauf Einfluß zu nehmen. Wer die Mittel dafür nicht aufbringen konnte, fiel in der weltlichen Hierarchie zurück, und insofern wirkte die Hauptstadt differenzierend auf die oberste Führungsschicht Frankreichs. Noch ging man nicht zum Vergnügen nach Paris, sondern aus einer politisch-sozialen Notwendigkeit, die mit der Bedeutung des Königs und seines Hofes unabweisbar geworden war.

Die Universität

Hof und Hauptstadt hatten auch wesentlichen Anteil am Entstehen des eigenständigsten und dauerhaftesten Gebildes, das die mittelalterliche Welt hervorgebracht hat, der Universität. In Form eines genossenschaftlichen Zusammenschlusses der Magister ist sie in Paris entstanden, hat ihr dort ausgebildetes Grundmuster in andere europäische Länder und später weit nach Übersee gebracht; bis zu ihrer mutwilligen Zerstörung in den 70er Jahren unseres Jahrhunderts war auch die deutsche Universität korporativ verfaßt.
Die frühe Pariser Universitätsgeschichte begann als schneller, geradezu sprunghaft verlaufender Prozeß zu Anfang des 13. Jh.s. Noch das berühmte Scholarenprivileg Philipps II. aus dem Jahre 1200, das besonderen Königsschutz verlieh, wußte nichts von einer Universität, aber in päpstlichen Verlautbarungen von 1205 und 1210 war schon von *universitas* die Rede, von *communitas* und *societas,* also von der genossenschaftlichen Form des Zusammenschlusses. Die Pariser Magister vereinigten sich zu gegenseitiger Hilfeleistung, wollten eigene Gerichtsbarkeit und unterstellten sich dem Papst; sie bildeten einen Berufsverband wie das auch die Handwerker in Zünften und Gilden taten. Sie beanspruchten für ihre Genossenschaft das Recht zur Selbstergänzung nach autonom festgeleg-

ten Kriterien und wollten demgemäß allein und ausschließlich die *licentia docendi* erteilen, die Lehrerlaubnis; im formalisierten Verfahren der *inceptio* sollte der neue Magister von den Kollegen bestätigt werden. Die Statuten des päpstlichen Legaten Robert Courçon faßten im Jahre 1215 Satzungen zusammen, die von den Magistern schon früher untereinander vereinbart und gehalten wurden; damit hatte die Universität nach verschiedenen Konflikten mit dem Kanzler von Notre-Dame und mit dem Bischof eine erste Rechtsform gefunden und erhielt am 13. April 1231 vom Papst durch die Bulle *Parens scientiarum* ihr erstes Grundgesetz.

Daß die Universität in Paris entstehen konnte, verdankt sie bestimmten politischen und rechtlichen Rahmenbedingungen, die ihr das Königtum geschaffen hat. Weder die Bürgerschaft noch gar der Ortsbischof konnten ein Interesse an der Magisterkorporation haben, aber der König wollte, ohne eine besondere Universitätspolitik zu treiben, seiner Hauptstadt eine weitere geistliche Institution bescheren, die den Glauben verteidigte, indem sie ihn intellektuell durchdrang und gegen häretische Angriffe mit Argumenten sicherte. Damit ist allerdings die schnell über Paris hinausgehende Wirkung nicht erklärt. Sie ergab sich aus dem neuen wissenschaftlichen Impuls, den die Magister der *artes*, der sieben freien Künste, vermittelten und der ihnen gerade in jenen Jahrzehnten die führende Stellung verschaffte: Aus dem Studium der wiederentdeckten, durch arabische Gelehrte vermittelten und nun ins Lateinische übersetzten Schriften des Aristoteles. Die Artisten spielten die Hauptrolle beim Entstehen der Universität, von ihnen sprang der Funke über zu den Theologen, die während ihres Grundstudiums aristotelische Schriften und Methoden kennengelernt hatten.

Weil sich die Universität eng an das Papsttum lehnte, von dem sie Hilfe gegen den Ortsbischof erwartete, mußte sie mehrfach kuriale Eingriffe in ihre frisch errungene Autonomie hinnehmen. Besonders die 1252 mit scharfen Angriffen Wilhelms von St-Amour eröffnete Auseinandersetzung der weltgeistlichen Universitätslehrer mit den Bettelorden, ihren Privilegien und ihren Vertretern im Lehrkörper, erschütterte in Form des bekannten Mendikantenstreits zehn Jahre lang die Universität. Hier war auch Ludwig IX. wegen seiner Unterstützung der Bettelorden, die immerhin so hervorragende Gelehrte wie die Dominikaner Albertus Magnus und Thomas von Aquin oder die Franziskaner Roger Bacon und Bonaventura zu den Ihren zählen konnten, von Kritik nicht verschont. Thomas von Aquin, der 1257 zusammen mit Bonaventura nur auf ausdrückliche Intervention Papst Alexanders IV. in die Magisterkorporation aufgenommen wurde, hat die Argumente der Weltgeistlichen im wesentlichen zurückweisen können.

Noch einmal aber konnte der Bischof von Paris seine Gewalt über die Universität behaupten. In den Jahren von 1270 bis 1277 benutzte Bischof Stephan Tempier die mittlerweile wohlbekannte Form des Lehrzuchtverfahrens gegen Professoren, um die Universität in ihrem wissenschaftlichen Kern zu treffen und überraschte dabei sogar den Papst durch sein schnelles Vorgehen. Am 10. Dezember verurteilte der Bischof öffentlich 13 Irrtümer, die hauptsächlich aus den Lehren des arabischen Aristotelikers Averroes erwachsen waren und konnte nach langem Streit mit Hilfe eines päpstlichen Legaten im Jahre 1276 auf einer Magisterversammlung den Konsens der Lehrenden erzwingen. Sogleich stieß er nach und publizierte am 7. März 1277 seinen bekannten Syllabus, eine offensichtlich schnell zusammengestellte Liste von 219 irrigen Sätzen aus dem Lehrprogramm der Universität, darunter auch solche des Thomas von Aquin. Obwohl der Papst Stephan Tempier jedes Urteil über einzelne Magister verbot, blieb die Irrtumsliste als solche für Jahrhunderte gültig. 1325 wurden aus Anlaß der Heiligsprechung des Aquinaten die ihn betreffenden Sätze gestrichen, und die Kunst der Interpretation hat im Laufe der Zeit manche Schärfe gemildert, aber die Artistenfakultät und auch die Theologen waren seit 1277 in ihrer Arbeit entscheidend behindert. Die Magisterversammlung der Theologen verlor ihre Autonomie in Fragen ihres Faches und der daraus sich ergebenden Gutachterkompetenz an den Papst.

Dafür traten nun die Rechtsstudien stärker in den Vordergrund, und neben den Absolventen der Schulen von Orléans, Toulouse und Montpellier finden sich seit der Wende zum 14. Jh. immer mehr Pariser Juristen im Königsdienst, als Berater der hohen Aristokratie, der geistlichen Institutionen und der Städte. Juristen stiegen neben den Theologen in der kirchlichen Hierarchie auf und haben ihren Geist mitgeprägt, das Selbstverständnis der Kirche als einer auch auf dem Recht gegründeten Einrichtung gestärkt. Durch diese guten Dienste der Juristen bewies die Universität ihren Nutzen für die Welt und profitierte von der Großzügigkeit dankbarer Mäzene, die das Studium fördern wollten. Die Gemahlin Philipps des Schönen, Johanna von Navarra, gründete im Jahre 1304 das *Collège de Navarre,* an dem später außer den Königen Heinrich III. und Heinrich IV. der künftige Kardinal Richelieu und Jacques Bénigne Bossuet ihre Ausbildung erhalten sollten. Der Erzbischof von Rouen, Gilles Aycelin, einer der wichtigsten juristischen und politischen Berater Philipps des Schönen, stiftete das für seine strenge Zucht berühmte *Collège de Montaigu.* Die Verbindung wissenschaftlicher Institute, Bibliotheken und Kollegien zur Regierung wurde in der Hauptstadt früh geknüpft und nie mehr gelöst.

Philipp III. (1270–1285)

Bevor das Königtum sich aber mit Hilfe der Juristen weiter stabilisieren konnte, mußte es Rückschläge hinnehmen. Durch den Tod seines Vaters vor Karthago war der damals 25jährige Kronprinz Philipp als dritter sei-

nes Namens König von Frankreich geworden; ein nicht sehr gebildeter, aber pflichtbewußter junger Mann, der die Jagd liebte und seit Kindertagen auf die Ratschläge seiner älteren Verwandten hörte. Diese Eigenschaft mußte zwangsläufig zu Interessengruppen am Hofe führen, zu Parteien, deren einflußreichste sich um die Witwe Ludwigs IX., Margarethe von der Provence, und seit 1274 um die Königin, Maria von Brabant, sammelten. Die Hofhaltung der Königin Maria war ganz auf die Wertvorstellungen der höfisch-ritterlichen Kultur eingeschworen und bestätigte sich selbst in glanzvollen Turnieren, bei denen hohe Adlige aus dem Reichsgebiet wie der Herzog von Brabant, die Grafen von Burgund, Geldern, Holland und Luxemburg mit französischen Aristokraten zusammentrafen, unter denen die Grafen von Dreux, Soissons und St-Pol die hervorragendsten waren. Als eine Art bewundertes Vorbild galt diesem Kreis der tapfere, erfolg- und siegreiche Karl von Anjou. Schon daran kann die Gegnerschaft der Gruppe um die Königin zur provenzalischen Partei Margarethes abgelesen werden, die den Anjou feindlich gesinnt war und dem englischen Königshaus zuneigte, dem ihre Schwester Eleonore als Gemahlin Heinrichs III. angehörte. Zwischen diesen beiden Kraftfeldern schwankte Philipp III., der das Conseil seines Vaters beibehalten hatte und dem Abt Matthäus von St-Denis besonderes Vertrauen entgegenbrachte.
Die großen politischen Entscheidungen fielen aber nicht im Rat unter Leitung Philipps III., sondern sie wurden von Karl von Anjou im Interesse seiner Mittelmeerpolitik herbeigeführt. Als der deutsche König Richard von Cornwall im April 1272 starb, begann Karl die Thronkandidatur seines Neffen zu betreiben, um einen Rückhalt für die sizilische Anjou-Herrschaft zu gewinnen. Philipp III. hätte einem Antrag der deutschen Wähler sicher Folge geleistet, aber Papst Gregor X. widersetzte sich energisch. Er wollte den mit Karl verfeindeten byzantinischen Kaiser für die Wiedervereinigung der seit 1054 getrennten christlichen Kirche gewinnen und die Verhandlungen nicht durch eine Machtverschiebung zugunsten des Anjou belasten; vor allem aber konnte der Papst einer Erneuerung der staufischen Politik, die den Kirchenstaat zwischen Reich und Sizilien hatte einschließen wollen, nicht Vorschub leisten. Die weit rigorosere französische Art des Umgangs mit dem Papsttum sollte man in Rom zwar alsbald kennenlernen, aber diesmal gab Karl von Anjou nach und verfolgte seinen Plan nicht weiter, weil sich ihm ein anderes Feld eröffnete.
Am 22. Juli 1274 starb König Heinrich III. von Navarra, Sohn Tedbalds III. von Champagne, und hinterließ die unmündige Erbtochter Johanna unter der Regentschaft seiner Witwe Blanche von Artois. Diese Situation mußte den französischen Königshof alarmieren, denn Kastilien und vor allem Aragón bemühten sich um den Besitz Navarras, außerdem hätte schon Heinrich III. von England Johanna gern als Schwiegertochter gehabt. Karl von Anjou durfte einen größeren aragonesischen Machtge-

winn nicht zulassen und erreichte im Mai 1275 durch den Vertrag von Orléans, daß Blanche von Artois ihre Vormundschaft über Johanna an Philipp III. abgab; gleichzeitig wurde Johanna mit dem französischen Thronfolger verlobt. Der Gewinn für die Krone Frankreichs war beträchtlich, und auch Karl von Anjou glaubte seinem Konkurrenten Aragón gegenüber Boden gewonnen zu haben. Da aber brach am 30. März 1282 mit der Sizilischen Vesper in Palermo ein allgemeiner Aufstand los, den die aragonesische Diplomatie mit ihren Agenten seit langem vorbereitet hatte. In ihn mischte sich so viel teils spontaner Volkszorn über die Franzosen, daß die Herrschaft Karls faktisch am Ende war. Um den Feind an seiner Basis zu treffen, lancierte er jetzt mit Hilfe des ihm ergebenen Papstes Martin IV. einen Zug gegen Aragón, durch den der Kreuzzugsgedanke in zynischer Weise pervertiert wurde. Der Papst, gebürtiger Franzose, war lange als Legat in Frankreich tätig gewesen und hatte sich im Frühjahr 1281 nur mit Hilfe französischer Söldner in Italien durchsetzen können; jetzt versprach er Indulgenzen für die Teilnehmer am Feldzug über die Pyrenäen.
Auf zwei Reichstagen, im November 1283 in Bourges und im Februar 1284 in Paris, wurde beschlossen, daß ein französisches Heer den päpstlichen Absetzungsbeschluß gegenüber Peter III. von Aragón ausführen und die Krone dieses Reiches für Karl von Valois, den jüngeren Bruder Philipps III., erstreiten sollte. Der Plan scheiterte allerdings in einer Folge beschämender Niederlagen, und auf dem Rückzug starb Philipp III. am 5. Oktober 1285 in Perpignan. Schlimmer als der verlorene Krieg, ja schwerwiegender noch als der Tod des Königs, war der innerhalb weniger Jahre eingetretene Autoritätsverfall der französischen Monarchie in der westlichen Christenheit. Was Ludwig IX. gewonnen hatte, ist Karl von Anjou und Philipp III. unter den Händen zerronnen, verspielt durch den egoistischen Mißbrauch moralischer Positionen, die andere erworben hatten. Die Regierungszeit Philipps III. ist ein Wendepunkt in der französischen Geschichte des Mittelalters, denn damals drängte die unverhüllte Eigengesetzlichkeit der Macht den König zum ersten Mal beiseite und erniedrigte zum Vorwand, was bislang die Aura des Grundsatzes bewahrt hatte.

Frankreich als europäische Großmacht

Der Nachfolger, Philipp IV. mit dem Beinamen *Le Bel,* der Schöne, hatte schon als Thronfolger Bedenken gegen die Politik seines Vaters erhoben und war von Anfang an entschlossen, die Königsmacht als solche zu stärken, also ein zentralistisches und auf Expansion gerichtetes persönliches Regiment zu führen. Distanziert, in einer Mischung aus Hochmut und Schüchternheit zeitlebens den Eindruck statuarischer Kälte um sich verbreitend, war Philipp von seiner heiligen Legitimität als geweihter König ebenso überzeugt wie von der naturrechtlichen Begründung der Monarchie, wie sie Thomas von Aquin im Anschluß an Aristoteles gegeben hatte. Diese überhöhte Stellung des Königs verbot persönlichen Einsatz nicht nur in Schlacht und Krieg – das nahm ihm sein Bruder Karl von Valois ab –, sondern auch in der unmittelbar-täglichen politischen Auseinandersetzung – dafür gab es Leute wie Wilhelm von Nogaret – und in den Debatten der Hoftage und des Conseil. Ähnlich den Logotheten Kaiser Friedrichs II. sprachen seine Berater im Namen des Königs und verkündeten Entscheidungen, die niemals im Voraus berechenbar sein sollten. Verhandlungen mit auswärtigen Monarchen führte Philipp nur in Ausnahmefällen dann, wenn die Vorbereitungen einen fruchtbaren Abschluß erlaubten. Gern entschuldigte er sich mit Krankheit da, wo andere auf persönliche Anwesenheit niemals verzichtet hätten, und Zeitgewinn war eine wichtige Maxime seines Handelns.

Als staatstragendes Recht fand Philipp die direkte Lehnsbeziehung zwischen dem König und den Großvasallen vor; die ihm daraus zuwachsenden Möglichkeiten hat er voll genutzt, sich selbst aber immer außerhalb der Lehnshierarchie gesehen, weil der König als einziger auf die allgemeine *salus publica* verpflichtet sein sollte, auf das öffentliche Wohl Frankreichs gegenüber den Partikularinteressen der Herzöge und Grafen. Damit rückte der Gedanke des Staates und des Staatsinteresses in greifbare Nähe, doch das Lehnrecht definierte den Staat immer noch als Personenverband, nicht als Anstalt. Hier hat die unter Philipp weiter ausgebaute Verwaltung mit den zahlreichen im Sinne der Krone wirkenden Juristen praktische Veränderungen heraufgeführt, deren theoretische Begründung im römischen Recht seit langem gegeben war. Vergrößerung des Reiches, Eingliederung der Kronvasallen in die Verwaltungshoheit des Königs, Unterwerfung der französischen Kirche unter die höheren Interessen des Staates und der daraus folgende Konflikt mit dem Papsttum: Das waren die Ziele einer Regierung, die sich zunächst auf die durch Ludwig den Heiligen gelegten Fundamente besinnen wollte.

Dabei traten England und Flandern als Hauptfaktoren für die Politik der nächsten Zeit in den Blick, denn selbst nach dem Pariser Frieden von 1258 hörten die Spannungen um den englischen Restbesitz zwischen der Charente und den Pyrenäen nicht auf; dem englischen König blieb die übliche Lehnshuldigung für diese Gebiete eine peinliche Zumutung, und gegen die englische Verwaltung wurden unablässig Klagen vor das Pariser Hofgericht gebracht. In Flandern war Graf Guy von Dampierre nur mit Hilfe Ludwigs IX. anerkannt worden und spürte drückend seine Abhängigkeit vom Pariser Hof. Vor allem die Wirtschaftskraft ihrer Städte mit den auf Import englischer Wolle und Export der daraus industriell gefertigten Tuche angewiesenen Walkern, Webern, Färbern und Kaufleuten machte diese Landschaft zu einem wichtigen Faktor der europäischen Politik. Nur wenige Familien beherrschten ihre jeweilige Stadt, weil sich die Kaufmannsgilden und Schöffenkollegien scharf nach außen abschlossen, so daß es soziale und politische Spannungen gab, die sich im Jahre 1280 das erste Mal gewaltsam entluden: Vorspiele der bürgerlichen Unruhen des europäischen Spätmittelalters. Weil der Graf gegen die Geschlechter Partei nahm, um die Masse der Bevölkerung auf seine Seite zu ziehen, suchten die Patrizier Rückhalt beim König von Frankreich und konnten bald als *leliaerts* charakterisiert werden, als eine auf die Lilie eingeschworene Partei. Kein Wunder, daß der Graf 1292 nach England reiste und von Eduard I. ein Bündnisangebot erhielt.

Philipp der Schöne entschloß sich deshalb, dem englischen König seinen Festlandsbesitz zu nehmen und begann 1294 den Krieg um die Guyenne. Nach großen Anfangserfolgen wurde das Kriegsziel ausgeweitet und eine Flotte gebaut, mit der die englischen Häfen angegriffen werden sollten. Die Gelegenheit dafür schien günstig, weil Eduard I. mit den Schotten zu kämpfen hatte und sich erst um Bundesgenossen bemühen mußte. Er fand sie im Grafen von Flandern, dem deutschen König und einigen deutschen Fürsten an der Westgrenze des Reiches, so daß am 9. Oktober 1297 ein Waffenstillstand mit Philipp geschlossen werden konnte, der allerdings zur Lösung der anstehenden Fragen nichts beitrug. Dagegen brachte ein Treffen Philipps mit König Albrecht I. bei Quatrevaux zwischen Vaucouleurs und Toul am 8. Dezember 1299 der französischen Krone einen erheblichen Gewinn, weil der deutsche König einen bereits 1295 geschlossenen Heiratsvertrag bestätigte, mit dem Pfalzgraf Otto IV. die Freigrafschaft Burgund als Mitgift seiner Tochter für ihre Ehe mit dem französischen Prinzen Philipp bestimmt hatte. Dieser Rückzug der Reichsgewalt konnte für andere unter französischem Druck stehende Gebiete nicht ohne Folgen bleiben; schon im folgenden Jahr unterwarf sich die Stadt Toul dem König von Frankreich, und 1301 nahm der Graf von Bar sein links der Maas gelegenes Land, das seither so genannte *Barrois mouvant*, von Philipp dem Schönen zu Lehen.

In diesen Jahren verfolgte der König verschiedene Ziele gleichzeitig und erreichte deshalb überall nur Teilerfolge. Insbesondere erwies sich Flandern als ein zäher Gegner, und es ist kein Zufall, daß in einer Königsurkunde von 1315 im Zusammenhang mit der gegen diese Grafschaft errichteten Burgenkette zum ersten Mal das Wort *frontière* auftaucht: Hier war eine Grenze erreicht, die ins Bewußtsein trat und auch den althergebrachten Begriff der »Domäne« veränderte. Was bis dahin eine Sammelbezeichnung für die Rechtstitel der Krone gewesen war, meinte jetzt eine territoriale Einheit, die sich freilich vergrößern ließ. Nicht an Flüssen enden die Königreiche, so belehrten Prokuratoren Philipps im Jahre 1307 die Kanoniker von Lyon, sondern über ihren Umfang entscheidet die Gesinnung der Einwohner und ihre traditionelle Bindung an ein Fürstenhaus. Nicht viel anders hat im 19. Jh. Ernest Renan das Wesen der Nation definiert.

Während das Patriziat von Gent, Brügge und Douai französische Abge-

sandte aufnahm, die sich alsbald an die Kontrolle der gräflichen Verwaltung machten, sperrte Eduard I. die Ausfuhr englischer Wolle und wandte damit zum ersten Mal ein Druckmittel an, das sich auch später immer wieder bewähren sollte: Die wegen Rohstoffmangels arbeitslos gewordenen Handwerker gingen auf die Straße, aber bevor ihr Druck auf das Patriziat dessen politische Haltung ändern konnte, ließ Philipp im Januar 1300 die Grafschaft besetzen und Guy von Dampierre gefangennehmen. Im nächsten Jahr bereiste der König mit großem Gefolge das Land, verfügte die Anlage von Burgen und richtete eine Kronverwaltung ein, gegen die sich bald eine Reaktion zeigte, wie sie Karl von Anjou in Sizilien erlebt hatte. Nicht beim Vesperläuten, sondern bei der Matutin des 18. Mai 1302 erhoben sich die Einwohner von Brügge und töteten einen Großteil der französischen Besatzung. Die meisten flandrischen Städte schlossen sich dem Aufstand an, zuletzt Ypern und Kortrijk. Bei Kortrijk scheiterte auch der Versuch Philipps des Schönen, seine Herrschaft wiederzugewinnen, denn das französische Ritterheer wurde am 11. Juli von den Aufgeboten der vereinigten Städte geschlagen und erlitt hohe, den Adel empfindlich treffende Verluste. Flandern blieb frei und für England ein wertvoller Bundesgenosse, weil seit dem Verlust der Normandie für die englische Flotte neue Landeplätze gefunden werden mußten.
Die Schlacht bei Kortrijk hatte aber noch weitere Folgen. Ein Jahr zuvor war von Papst Bonifaz VIII. ein französisches Heer unter Karl von Valois nach Italien berufen worden, um die aragonesische Herrschaft in Sizilien zu beenden. Widerwillig hatte Philipp zugestimmt, und Karl verstrickte sich auch sogleich in die jahrhundertealten Parteikämpfe der italienischen Städte, die er und seine Umgebung ebensowenig begriffen wie sie die Landessprache verstanden. In Florenz brachte er die Schwarzen Guelfen an die Macht und trieb auf diese Weise Dante in die Verbannung; er ließ Plünderungen großen Ausmaßes zu und bereicherte sich persönlich, so daß die capetingische Monarchie in Italien sehr an Reputation verlor. Im Mai 1302 verließ das Heer Karls Neapel, um sich mit den Truppen Herzog Roberts von Kalabrien zu vereinen. Ehe die Operationen beider aber zu einem Erfolg führten, wurde Karl nach Frankreich zurückgerufen: Die Niederlage von Kortrijk zwang zur Konzentration der Kräfte, und außerdem hatte Philipp IV. seinen entscheidenden Kampf mit Bonifaz VIII. vorbereitet.

Königtum, französische Kirche, Papsttum

Der Kardinalpriester von St. Martin, Benedikt Caetani, den die Kardinäle am 23. Dezember 1294 zum Nachfolger des »Engelspapstes« Coelestin V. gewählt hatten, stammte aus einer der vornehmsten Familien Italiens. Er hatte in Bologna die Rechte studiert und sollte vier Jahre nach seiner Wahl das sechste Buch der Dekretalen publizieren. Politisch hielt er sich zu Frankreich und war deshalb unter Martin IV. ins Kardinalskollegium aufgenommen worden. Recht schnell gelang es ihm, die unter seinen Vorgängern verfallene Herrschaft des Papsttums in Rom wieder herzustellen und als gewiegter Finanzverwalter die Kassenführung der Kurie in Ordnung zu bringen. Steuerfragen bildeten denn auch die ersten Streitpunkte mit der französischen Kirche.

Wegen des englischen Krieges hatte Philipp der Schöne vom Klerus seines Reiches mehrfach Abgaben verlangt, gegen die sich zuletzt Widerstand regte, den der Zisterzienserorden in Rom zur Sprache brachte. Bonifaz VIII. erließ daraufhin am 24. Februar 1296 die *Constitutio de libertate ecclesiastica*, die Verordnung über die kirchliche Freiheit, nach den Anfangsworten *Clericis laicos* benannt. Jede Besteuerung der Geistlichkeit bedurfte danach päpstlicher Zustimmung, was in der Konsequenz das Führen von Kriegen nur mit Genehmigung der Kurie erlaubt hätte, denn anders als durch Sondersteuern waren die notwendigen Soldtruppen schon lange nicht mehr zu bezahlen. Philipp untersagte deshalb die Ausfuhr von Edelmetallen, Geld und Wechseln, aber auch von Lebensmitteln, Pferden und Waffen nach Italien, so daß der Haushalt des Kirchenstaates ernsthaft gefährdet wurde und die lukrativen französischen Pfründeinnahmen der römischen Kleriker ausblieben. Bonifaz gab deshalb nach, zumal in Frankreich eine Woge antikurialer Publizistik die Autorität des Papstes hinwegzuschwemmen drohte und französische Hilfe nicht nur gegen Sizilien, sondern vor allem zur Unterdrückung der Colonna-Opposition in Rom gebraucht wurde. Als freundliche Geste brachte der Papst sogar das liegengebliebene Kanonisationsverfahren für Ludwig IX. wieder in Gang und schloß es am 9. August 1297 ab. Dennoch konnte es niemandem entgehen, daß eine grundsätzliche Feindschaft zwischen dem seines Eigenrechtes sicheren französischen Staat und dem nicht minder sicher vom päpstlichen Herrschaftsanspruch durchdrungenen Bonifaz VIII. auf diese Weise kaum beizulegen war. Es ging schließlich nicht um den Austausch programmatischer Erklärungen, sondern die französische Kronverwaltung handelte täglich auf vielen Ebenen in ungezählten Einzelentscheidungen und schuf damit Tatsachen, von denen die Rechtsposition der Kirche allmählich überlagert und von innen ausgezehrt werden mußte. Wollte der Papst seine Stellung behaupten und die seit der gregorianischen Reform stetig neu interpretierte Weltordnung in ihrer hierokratischen Definition erhalten, so mußte er jetzt den Kampf aufnehmen.

Der Anlaß ergab sich, als Bonifaz VIII. den Abt des Klosters Pamiers, Bernard Saisset, in seinem Streit mit den Grafen von Foix um grundherrliche Rechte stärken wollte und ihn zum Bischof in der neugeschaffenen Diözese Pamiers ernannte. Zu den bisherigen Gegnern des scharfzüngigen Saisset trat nun der Bischof von Toulouse, aus dessen Sprengel das neue Bistum herausgeschnitten werden mußte, und weil der aus einheimischer Adelsfamilie stammende Bischof von Pamiers als Gegner der französischen Monarchie bekannt war, ließ der königliche Seneschall ihn wegen Hochverrats verhaften. Auf diese Nachrichten hin verlangte der Papst, Bernard Saisset frei nach Rom gehen zu lassen und formulierte ein Schreiben an Philipp den Schönen, das er im Konsistorium sorgfältig prüfen und von den Kardinälen billigen ließ. Diese Vorsicht war angebracht, denn der für die Bulle *Salvator mundi* verabschiedete Text bedeutete eine Kampfansage. Die letzte Entscheidung in allen Angelegenheiten der französischen Kirche sollte der Kurie zustehen, und zur Klarstellung wurde Philipp mit der Bulle *Ausculta fili* persönlich erläutert, daß der Papst über Königen und Reichen stehe. Als ein päpstlicher Notar die beiden Schreiben im Februar 1302 am Pariser Hof überreichte, vernahm der französische König zum ersten Mal die Töne einer den Kaisern seit langem vertrauten Melodie. Philipp konnte freilich anders antworten als der Imperator, dem die staatliche Basis mehr und mehr entglitten war.

Am 10. April 1302 tagte in der Kathedrale Notre-Dame zu Paris eine Ständeversammlung, auf der Pierre Flote, führender Legist und Berater des Königs in Kirchenfragen, Adel und Städtevertreter für ein deutliches Votum zugunsten der unabhängigen Monarchie gewinnen konnte. Die Geistlichkeit verhielt sich zaghaft-unentschieden, so daß Bonifaz die Nachricht vom unglücklichen Ausgang der Schlacht bei Kortrijk als Ermutigung auffaßte, den nächsten, in der Tat unvermeidlichen Schritt zu tun. Am 18. November erließ er mit der Bulle *Unam sanctam* die schärfste Formulierung des hierokratischen Gedankens als verkündetes Recht der Kirche gegen den König von Frankreich: Nur in der vom Stellvertreter Petri geleiteten Kirche sei das Heil zu finden; der Papst verfüge über beide Schwerter und führe das geistliche selbst, während er das weltliche an Könige und Kaiser weitergebe; er setze die weltlichen Gewalten ein und prüfe ihre Regierung, sei aber selbst keinem irdischen Richter unterworfen, weil sein Amt göttlicher Natur sei; wer ihm widerstehe, verstieße gegen die gottgesetzte Ordnung, ihm sich zu unterwerfen sei dagegen heilsnotwendig. Seit dem *Dictatus papae* Gregors VII. war an dieser Lehre gearbeitet worden, die nun ihre abschließende, nicht mehr zu übertreffende Synthese gefunden hatte. Weltliche und geistliche Gewalt standen einander gegenüber, wie einst Heinrich IV. oder Friedrich II. dem Papst konfrontiert waren. Während aber die Kaiser als Repräsentanten einer alten, vielfach noch archaischen Verfassung und Gesellschaft den neuen, von der Kirchenreform beflügelten Kräften schließlich unterlagen, konnte der französische König dem nun selbst am Ende seiner Möglichkeiten angelangten Papsttum die Stirn bieten.

Philipp der Schöne übertrug seinem Großsiegelbewahrer Wilhelm von Nogaret, dem Nachfolger des bei Kortrijk kämpfend gefallenen Pierre Flote, Sondervollmachten für die Auseinandersetzung mit Rom, und nachdem Nogaret auf einer weiteren Ständeversammlung den Papst der

Simonie und Gotteslästerung beschuldigt hatte, verlangte er ein allgemeines Konzil für den Urteilsspruch. In der Tat war die konziliare Theorie mittlerweile weit genug entwickelt, um eine geeignete Waffe abzugeben. Weil Bonifaz VIII. daraufhin das Interdikt über Frankreich verhängte, eilte Nogaret in die Toskana, wo er die Gegner der Familie Caetani sammelte und sich zu einer aufsehenerregenden Tat entschloß, mit der er die Verkündigung der Kirchenstrafen gegen seinen König verhindern wollte. An der Spitze einer kleinen Truppe drang er in das Patrimonium Petri ein und überfiel Bonifaz VIII. am 7. September in Anagni. Unter persönlichen Mißhandlungen wurde der Papst gefangengenommen. Zwar gelang den Bürgern der Stadt, unterstützt von einer römischen Reitertruppe, die schnelle Befreiung, aber der Schock durch den ungeheuerlichen Vorgang war so stark, daß Bonifaz am 11. Oktober in Rom starb.
Obwohl die christliche Welt empört auf die Botschaft von Anagni und den Tod des Papstes reagierte, hat der Nachfolger gegenüber Philipp IV. eingelenkt. Benedikt XI. wollte die Gefahr der römischen Parteikämpfe durch den Ausgleich mit Frankreich abschwächen und hob das Interdikt auf. Als er im nächsten Jahr starb und der Erzbischof von Bordeaux, Bertrand de Got, als Clemens V. zum Papst erhoben wurde, hatte Philipp endgültig gewonnen, denn Clemens nahm die Bulle *Clericos laicos* zurück und gab *Unam sanctam* eine autoritative Interpretation, derzufolge eine Rechtsminderung für den König von Frankreich aus dem Text nicht zu entnehmen sei. Den in Anagni eingeleiteteten und durch die Kapitulation Clemens' V. besiegelten Zusammenbruch der universalen Autorität zeigte dieser Papst öffentlich an, indem er als Aufenthaltsort Avignon wählte. Mit der Entfernung des Stellvertreters vom Apostelgrab begann die Babylonische Gefangenschaft der Kirche.

Legisten, römisches Recht, *coutume*

Der wichtigste Helfer des Königs in diesem Ringen um souveräne Kirchenherrschaft in Frankreich, Wilhelm von Nogaret, wird oft als typischer Vertreter einer neuen Berufsgruppe im Dienst der Monarchie gesehen: der Legisten. Es handelt sich dabei um Graduierte des römischen Rechts, die durch ihr Studium der *Leges* Fachkenntnisse und bestimmte Fähigkeiten erworben hatten, die sie für Verwaltungsaufgaben qualifizierten und umgekehrt der Verwaltung neue Möglichkeiten und Tätigkeitsfelder erschlossen. Sie waren Funktionäre der königlichen Politik und konnten auch Positionen einnehmen, für die vorher adlige Geburt Voraussetzungen gewesen war. Soweit das auf Nogaret zutrifft, ist er tatsächlich ein Beispiel für die große Bedeutung der Rechtsstudien als Laufbahnkriterium, denn er war bürgerlicher Herkunft und verdankte seine Stellung nur der Sachkompetenz, die er als unbedingt zuverlässiger Diener des Königs einsetzte. Während seiner Professorenzeit in Montpellier hatte er häufig Gutachten für Kronbeamte verfaßt und durchlief dann die für Spitzenkarrieren üblichen Stationen: 1293 wurde er Oberrichter in Beaucaire, ging ein Jahr später als Mitglied des Pariser Parlements in die Hauptstadt und erhielt 1296 mit dem Auftrag zur großen Verwaltungsreform in der Champagne erste Gelegenheit zur politischen Bewährung. Dieser steile Aufstieg und der Übergang in das Feld politischer Entscheidungen machten Wilhelm von Nogaret aber zur Ausnahme, und auch seine nichtadlige Herkunft ist kein Indiz für eine gleichsam vorweggenommene Revolution des Dritten Standes. Viele Legisten waren Aristokraten, so Nogarets Vorgänger Pierre Flote, und sie dienten außer dem König manch anderem Herrn.

Das Bemerkenswerte und in gewisser Weise standestypische Merkmal der Legisten ist nicht so sehr die große Karriere einzelner gewesen, sondern die Tätigkeit vieler auf allen Ebenen der Verwaltung. Sie wurden auch weniger als Gelehrte des römischen Rechts beschäftigt, sondern als Fachleute für die Umsetzung des königlichen Willens in Verwaltungsakte und als dialektisch geschulte, rhetorisch gewandte und schnell begreifende Verhandlungsführer, die hier ein Gewohnheitsrecht ad absurdum führen konnten und dort eine neue Verordnung zum alten Kronanspruch deklarierten. Juristen waren die *enquêteurs* für regionale Kontrollen bei den oft ihrerseits juristisch gebildeten *baillis* und *sénéchaux;* Juristen reisten als Sonderbeauftragte, fungierten als Richter und Anwälte, formulierten die königlichen Mandate, Schriftsätze, Kampfschriften und überzogen das Land mit einem Netz allmählich System gewinnender Verordnungen. Aber auch die Gegner dieser Reichsverwaltung nahmen sich Advokaten, von denen es im Laufe der Zeit immer mehr gab, und sie konnten wohlvorbereitete Einsprüche erheben, so daß die Beamten des Königs ihre Maßnahmen umständlich begründen mußten und doch nicht immer sicher waren, am Ende wirklich Recht zu behalten. Die Zeit der langen Prozesse vor dem Pariser Parlement begann, und mancher Kompromiß wurde geschlossen, um endlosen Streit zu vermeiden. Es verlief mithin nicht alles so geradlinig und unaufhaltsam, wie die Bewunderer guter Zentralverwaltungen es noch bis vor kurzem dargestellt haben, aber aufs Ganze gesehen war der Vorteil für die Monarchie größer als für ihre Gegner.

Diese Tatsache wird erst verständlich, wenn man nicht nur die Exekutive bei ihrer täglichen Arbeit beobachtet, sondern das Rechtsdenken im allgemeinen verfolgt. Dabei zeigt sich nämlich, daß Rechtstheorien auch selbständig, gleichsam eigendynamisch entwickelt werden konnten. So hatte der burgundische Legist Jean de Blanot schon 1256 und fern von jedem Hofdienst den Nachweis geführt, daß der französische König in seinem Reich Alleinherrscher sei, weil er in weltlichen Dingen niemanden über sich anerkenne: *Nam rex Francie in regno suo princeps est, nam in temporalibus superiorem non recognoscit;* allein der König diene dem öffentlichen Wohl, weil die *patria communis,* das gemeinsame Vaterland aller, mit seinem Reich identisch und einer bloß regionalen *patria,* der Heimat, übergeordnet sei, mochte sie auch Burgund heißen und von einem Herzog regiert werden. Aber nicht nur das Lehnrecht, auch die vor allem in Nord- und Mittelfrankreich geltende *coutume,* das Gewohnheitsrecht, wurde von diesem neuen Geist erfaßt. In mehreren Sammlungen, die ebenfalls nicht auf königlichen Befehl, sondern als Privatarbeiten entstanden waren, setzten die Verfasser auf den Grund alter Gewohnheit neues Recht, über dessen Geltung wir freilich nicht immer sichere Nachrichten haben. Zu diesen Rechtsbüchern gehören die vor 1273 redigierten und dem König nur in literarischer Fiktion zugeschriebenen *Établissements de Saint Louis;* sie zeichnen Gewohnheitsrecht des Anjou, der Touraine und des Orléanais auf und bemühen sich um Argumente zur Beschränkung des adligen Rechts auf Fehde gegen den König. Philippe de Beaumanoir, zuerst Bailli beim Grafen von Clermont, später im Königsdienst, verwendete in seinem Coutumier der Grafschaft Clermont-en-Beauvaisis vor 1283 den justinianischen Begriff des gemeinen Nutzens, der *communis utilitas,* als Begründung für das allgemeine Gesetzgebungsrecht des Königs und widersprach damit den bisherigen Rechtsüberzeugungen, die der regionalen Gewohnheit höchsten Rang zugebilligt hatten. Diese außerhalb des Königshofes in verschiedenen Landschaften sichtbare Tendenz zur juristischen Stärkung der Krone gegenüber den Regionalgewalten beweist, daß es nicht mehr auf die Anstrengung der Zentralgewalt allein ankam. Ein Zeitgeist artikulierte sich, der einen Begriff vom Ganzen hatte und es nun als übergeordneten Wert von seinen Teilen unterschied. Das war nicht bloßes Ergebnis königlicher Machtpolitik, militärischer Stärke und dynastischer Zufälle, sondern Erkenntnisprozeß. Die aus ihm folgenden Einsichten wirkten auf das Handeln, dessen Resultate nicht nur mit taktischem Kalkül, wirtschaftlicher Stärke und kriegerischem Potential erklärt werden dürfen, sondern aus der Interdependenz geistiger und materieller Faktoren verstanden werden müssen.

Was der Hof hören wollte, läßt sich sehr klar den Schriften des Pierre Dubois entnehmen, der als Kronanwalt für Kirchenfragen im Bailliage Coutances tätig war und mit rechtstheoretischen Abhandlungen Karriere machen wollte, freilich erfolglos. Zwischen 1300 und 1308 legte er drei Schriften vor, in denen die Souveränität des französischen Königs zum Zentralpunkt einer weltpolitischen Konzeption erhoben wurde, die den Papst als Verwalter der religiösen Sphäre zwar gelten ließ, aber der Kirche allen weltlichen Besitz nahm. Ein universaler Friede könne unter französischer Hegemonie erreicht werden, und dann würde auch die Befreiung des Heiligen Landes gelingen. Dieser Ahnherr der politischen Wissenschaft schrieb für ein Milieu, das sich am Hof Philipps des Schönen aus der Mischung von politischer Ambition und juristischem Denken ergeben hatte, in dem die großen Karrieren ihren Gipfel erreichten und wo auch der Experte etwas galt. Der übergeordnete politische Wille öffnete dem Fachmann sein Wirkungsfeld, und eben dies ist das entscheidend Neue: Schon unter Ludwig IX. hatte es Juristen im Königsdienst gegeben, aber ihre zielbewußte Verwendung charakterisiert die Regierung Philipps des Schönen. Soziale Aufstiege großen Stils konnten dabei gelingen, und insofern arbeiteten die Rechtskenner auch für sich selbst und erhöhten ihre Stellung, wenn sie die Kompetenzen des Staates erweiterten. Ihr Ehrgeiz verlieh der Administration Dynamik. Darüber hinaus aber haben die Juristen wesentlichen Anteil an der Integration des Südens gehabt, weil der Aufstieg von Beamten aus dem Languedoc, die Bedeutung des Richteramtes in Beaucaire oder des Parlements von Toulouse ein gesamtstaatliches Bewußtsein förderten.

Die Reichsverwaltung: Ämter, Amtsbezirke, Kompetenzen

Mit der Spezialisierung bestimmter Arbeitsbereiche begann zur Zeit Philipps des Schönen allmählich die Trennung von Regierung und Verwaltung. Beides war vordem in der *curia regis* zusammengefaßt, dem Hof mit seiner wechselnden Zusammensetzung. Aus dem Hofkreis traten zuerst zwei Sonderformationen heraus: Das *conseil* als der engere Beraterkreis des Königs und die Verwaltung, ihrerseits unterschieden nach Justiz und Rechnungswesen. Damit änderte der Hof seinen Charakter, weil die Spezialisten ihn mit der Zeit verließen und das gesellschaftliche Element stärker hervortreten konnte.

Wichtigste Einrichtung für Rechtsprechung und Regierung war das seit langem bekannte Hofgericht. Die Bezeichnung *parlement* war zu Beginn des 14. Jh.s noch nicht spezifisch geworden und konnte jede Art von Versammlung meinen, auf der Fragen allgemeinen Interesses besprochen wurden. Parlement in diesem Sinne war also auch ein Zusammentreten des Hofes zum Gericht, und je stärker Rechtsfragen ins Zentrum der Regierungstätigkeit rückten, je mehr die Juristen vordrangen, um so länger wurden die Sessionen, so daß der Begriff allmählich zum terminus technicus für diese Art der Verhandlungen wurde.

Weiterhin aber blieb der König oberster Richter; die anderen Parlementsmitglieder waren der Form nach Ratgeber, deren Ansicht akzeptiert oder auch verworfen werden konnte. Bei der wachsenden Fülle anstehender Prozesse war jedoch die persönliche Anwesenheit des Monarchen nicht mehr möglich, und die Verbindung zwischen Parlement und Hof ging verloren: Das Gericht verselbständigte sich als Institution mit eigenen Registern, in denen die gefällten Urteile verzeichnet waren und die schon bald nach dem Wort *olim*, mit dem der zweite Band beginnt, *Les Olim* genannt wurden. Allmählich ging man dazu über, die Bewältigung der immer umfangreicher werdenden Aufgaben zu rationalisieren. Schon 1278 war ein Instanzenzug festgelegt worden, der direkte Appellation ans

Pariser Parlement erst zuließ, wenn die Möglichkeiten auf der Ebene des Bailliage oder der Sénéchaussée ausgeschöpft waren; unter Philipp dem Schönen wurden Termine für die Verhandlungsgegenstände anberaumt, um die beteiligten Beamten nicht länger als unbedingt nötig von ihren Amtsbezirken fernzuhalten.

Das Parlement bestand in der Regel aus 26 Mitgliedern: Zwei hohen Geistlichen, zwei Baronen, elf geistlichen und elf weltlichen *maîtres*, die aber nicht zu allen Sitzungen anwesend sein mußten. Bei der Hochgerichtsbarkeit konnten die Kleriker nicht mitwirken, wenn es um Bluturteile ging, so daß den weltlichen *maîtres* von Fall zu Fall größeres Gewicht zukommen konnte. Für Berufungsfälle war eingehendes Studium der Vorgänge nötig; die damit befaßten Angehörigen des Parlements bildeten im Laufe der Zeit eine besondere *chambre des enquêtes*, während andere als *grande chambre* die Prozesse führten und bald eine dritte Abteilung als *chambre des requêtes* Eingaben und für den König direkt bestimmte Gesuche vorprüfte. Seit 1303 hatte auch Toulouse ein Parlement, das zwar nie die Autorität des hauptstädtischen Gerichts erlangte, aber der Region doch ihre Eigenart bestätigte. Ebenso wurde die traditionell gute Gerichtsbarkeit der Normandie und der Champagne jedenfalls formal respektiert: Der *échiquier* für die Normandie hatte nahezu Parlementsrang, und jedes Jahr gingen die Pariser *maîtres* nach Troyes, um die hergebrachten *Grands-Jours de Champagne* abzuhalten.

Die regionale Verwaltung besorgten im Norden *baillis* mit festen Amtsbezirken in der Krondomäne (Senlis, Vermandois, Amiens, Sens, Orléans, Bourges, Mâcon, Tours), seit den Eroberungen Philipps II. auch in der Normandie (Rouen, Gisors, Caux, Caen, Cotentin), durch das Erbe der Königin Johanna, Philipps IV. Gemahlin, in der Champagne (Troyes, Chaumont, Vitry) und seit dem Vertrag von Athis im Jahre 1305 mit Flandern auch Lille. Seinen Amtsbefugnissen nach war der *prévôt* von Paris ebenfalls ein *bailli*. Die Verwaltung des Südens mit ihren *sénéchaussées* (Poitou, Saintonge, Toulouse, Albi, Rouergue, Auvergne und Hoch-Auvergne, Périgord, Quercy, Beaucaire, Carcassonne, Angoulême und zeitweise Lyon) unterschied sich nur durch die Bezirks- und Amtsbezeichnungen von der des Nordens. *Bailli* und *sénéchal* hatten Richter für die Justizsachen zur Seite; die Befugnisse beider verringerten sich im Laufe der Zeit noch dadurch, daß Steuerverwaltung und Forsten aus ihrer Zuständigkeit genommen wurden. Versetzungen waren häufig, gingen aber niemals von Norden nach Süden oder umgekehrt. Die Gründe dafür sind unbekannt; Sprachprobleme können es nicht gewesen sein, denn immerhin sind zahlreiche Juristen aus dem Gebiet der Langue d'oc im Norden tätig gewesen

Staatsrat und Generalstände

Unter dem königlichen Verwaltungssystem mußte die alte Jurisdiktionsgewalt der Grundherren leiden, sie wurde aufgelöst und zerrieben durch Appellationen an die staatliche Gerichtsbarkeit. Auch die Lehnsfürstentümer und Apanagen hatten Verluste an Selbständigkeit hinzunehmen, weil sie von den ihnen benachbarten *baillis* oder *sénéchaux* kontrolliert wurden.

Für die Überprüfungen der Kassenabrechnungen aus den Verwaltungsbezirken wurde zwischen 1300 und 1304 die *chambre des comptes* gebildet, besetzt mit Finanzfachleuten, unter denen sich meist Pariser Bürger befanden, und geleitet vom *grand chambellan,* der dem König unmittelbar verantwortlich war. Der Schatz selbst lag zunächst weiterhin bei den Templern, deren Pariser Niederlassung als Staatsbank fungierte, den größten Teil der Einnahmen zugewiesen erhielt und dafür die königlichen Ausgaben bestritt, während der Unterhalt des Hofes durch die *chambre aux deniers* besorgt wurde. 1295 verlegte Philipp der Schöne den Schatz in den Louvre, offenbar in der Absicht, seine Verwaltung weiter zu zentralisieren und von niemandem mehr direkt abhängig zu sein. Fortan waren lombardische Bankiers die Finanzpartner des Königs.

Sitz der Administration blieb der Königspalast auf der Ile de la Cité, den Philipp mit weiteren Anbauten dem Bedarf anpaßte. Damals entstand der heute als Conciergerie bekannte Flügel mit der riesigen *Salle des Gens d'Armes* und der Küche, die für 2000 bis 3000 Personen Speisen zubereiten konnte. Im Palast lagerte auch weiterhin das seit Philipp II. August bekannte Archiv.

Diese Verwaltung arbeitete einem König zu, dessen Regierung sich von den Formen des Lehnszeitalters allmählich löste. Der Monarch stand freilich noch in vielfältigen personalen Bindungen, nicht nur zu seiner Dynastie und ihren einflußreichen Mitgliedern, sondern auch zu jenen, die ein festes Gewohnheitsrecht auf Mitsprache und Mitentscheidung hatten. Dazu gehörten in erster Linie die *Pairs de France,* eine Fürstengruppe, die von der üblichen Parlementsjustiz nicht erreicht werden konnte.

Pares hießen im Lehnrecht sämtliche Vasallen, die einen gemeinsamen Herrn hatten und insoweit rechtlich gleichgestellt waren. Das galt auch für direkt vom König Belehnte, ohne Unterschied von Rang und Macht; ein erträglicher Zustand, solange ein schwaches Königtum kaum Forderungen stellte. Als aber seit der zweiten Hälfte des 12. Jh.s Vasallen vor das Hofgericht gezogen wurden, beanspruchten die Mächtigsten unter ihnen Sonderrechte in bezug auf die Besetzung des Gerichtshofes. Ein festumrissener Kreis dieser *maiores pares, pares regni* oder *pares Franciae* hat sich erst allmählich herausgebildet; als erster *par regni* ist im Jahre 1180 der Graf von Champagne genannt, bald darauf aber waren es sechs geistliche Herren (der Erzbischof von Reims, die Bischöfe von Langres, Châlons, Laon, Noyon, Beauvais: also die einzigen durch Erwerb der Grafenrechte im 10. Jh. zu wirklichen geistlichen Fürsten aufgestiegenen Bischöfe Frankreichs) und sechs weltliche (die Herzöge von Burgund, der Normandie und der Guyenne, die Grafen von Champagne, Flandern und Toulouse), deren Anzahl mit den zwölf Paladinen Karls des Großen verglichen wurde. Als seit den Eroberungen Philipps II. und seiner Nachfolger die Pairien Normandie, Champagne und Toulouse erloschen, hat sie der König 1297 durch die Inhaber von Apanagen ersetzt: Artois, Anjou und Bretagne. Später wurden es dann mehr als zwölf; 1315 kam das Poitou hinzu, 1317 folgten Marche und Évreux, 1318 Angoulême, 1327 Étampes und Bourbon. Im 15. Jh. zählen wir schließlich 26 weltliche Pairs; mit ihnen entstand eine zweite Feudalität, die im wesentlichen aus den männlichen Angehörigen der Königsfamilie bestand und zum Widerpart der Krone werden sollte. Für die Arbeit des Staatsrates waren sie nicht immer von Bedeutung, wohl aber als Standesvertreter, die Anspruch auf Gehör hatten.

Dieses *consilium regis*, das *conseil*, war vom früheren Leitungsgremium der Reichspolitik, der *curia*, nach Ausgliederung von Parlement und Rechnungskammer übriggeblieben. Es tagte nach Bedarf in wechselnder Zusammensetzung auf Befehl des Königs, hatte einen festen Kern von besoldeten Räten, vor allem Legisten, die je nach ihrer besonderen Sachkenntnis zu einzelnen Sitzungen gerufen wurden und die Schriftstücke formulierten, in denen sich der Wille des Königs ausdrückte. Mit dem Nutzen ihres Rates wuchs die Bedeutung, die ihnen ganz unabhängig von Rang und Würde zukam; Flote und Nogaret haben durch ihre überragenden Fähigkeiten das Amt des Großsiegelbewahrers aufgewertet und sind nicht etwa auf Grund des Amtes ins Conseil gekommen. Neben diese vom König berufenen Mitglieder traten jene, die ein Recht auf Zugang beanspruchen konnten: Der hohe Klerus, die Pairs und andere große Lehnsfürsten, die Inhaber der hohen Titularämter, vor allem aber die Verwandtschaft des Königs, besonders seine Brüder und Söhne. Das Conseil konstituierte sich also gemäß königlicher Einladung und durch unaufgefordertes Erscheinen von Berechtigten; Mitwirkung an der Regierung muß für jeden Einzelfall nachgewiesen werden und ergibt sich nicht aus der bloßen Anwesenheit.

Gilt das auch für den König? Regierte er oder wurde er von seinen Beratern und hohen Beamten gelenkt? Für Philipp den Schönen ist diese Frage heftig diskutiert worden, um sie aber zu beantworten, muß die Funktion des Conseil noch etwas näher untersucht werden.

Der König konnte den Staatsrat erweitern, indem er andere Adlige, Stiftsherren oder Äbte hinzuzog oder, was immer öfter geschah, Vertreter der Städte einlud. Wie und in welchem Umfang solche Einladungen ausgesprochen wurden, richtete sich nach den zur Entscheidung anstehenden Fragen und nach dem Nutzen, den ein breiter Konsens für die Durchführung von Entschlüssen versprach. Die Gründe konnten also regionaler oder gar lokaler Natur sein, wobei auf die alte Tradition des Südens zu achten ist, wo Geistlichkeit, Adel und Städte gemeinsame Tagungen gewohnt waren; deshalb hatte Simon von Montfort alle drei Stände beisammen, als er im Jahre 1212 in Pamiers seine Statuten verkündete. Repräsentanten der Städte kamen unter Philipp dem Schönen erstmals in das zur Reichsversammlung erweiterte Conseil: 1302 waren bei der Proklamation des Widerstandes gegen Bonifaz VIII. 91 Städte vertreten; 1308, während des Templerprozesses, in Tours und Poitiers schon 295.

Die Generalstände konnten also an königlichen Entscheidungen und an der Festlegung politischer Grundlinien mitwirken; seit der Regierungszeit Philipps des Schönen wurden zu den als *status,* als *états,* bezeichneten Versammlungen sämtliche Berechtigten eingeladen, so daß sich allmählich eine in ihrer Zusammensetzung vom Monarchen unabhängige Vertretung bildete. Fortan haben alle mittelalterlichen Herrscher Frankreichs die Generalstände konsultiert, vor allem bei der Erhebung außerordentlicher Abgaben und Steuern. Ein Recht auf Anwesenheit kam den Lehnsfürsten zu, nicht aber ihren Vasallen und Städten; die Ausnahme bildete das Herzogtum Burgund, dessen Stände geschlossen erscheinen durften. Ferner kamen Abgesandte der königlichen Städte und der Geistlichkeit, d. h. alle Erzbischöfe und Bischöfe, die vom König unmittelbar investierten Äbte sowie Vertreter bestimmter Klosterkonvente und Stiftskapitel. Zugang hatten also sowohl natürliche Personen als auch Korporationen; es gab deshalb persönliche Ladungen und Aufforderungen zur Wahl von Delegierten, wobei Stimmübertragung auf Vertreter zulässig, imperative Mandate dagegen verboten waren.

Auf den Versammlungen wurden zunächst die Propositionen des Königs vorgelegt, dann traten die Stände zu getrennten Beratungen auseinander. In gemeinsamer Sitzung gaben sie anschließend ihre Voten ab, und damit war die Versammlung beendet: Man kannte weder Abstimmung noch Initiativrecht der Stände. Im Grundsatz lassen sich Verfahren und Institutionen daher noch mit lehnrechtlichen Kategorien begreifen: Der König verlangte *auxilium* (z. B. suchte er 1302 breite Unterstützung gegen den Papst) und *consilium;* dieser Rat wurde allerdings manchmal in Form von Beschwerden unaufgefordert und kritisch erteilt. Die Befugnisse der Ständeversammlungen sind unter diesen Voraussetzungen kaum generalisierend zu kennzeichnen, denn auch eine Zusammenkunft der *états généraux* war rechtlich nichts anderes als eine Sitzung des Conseil: Ob der König dem erteilten Rat folgte, war seine Sache. Die Macht der Stände hing demzufolge von der politischen Situation ab, und so sind sie während des Hundertjährigen Krieges zeitweise sehr einflußreich gewesen.

Wiederholen wir nunmehr die Frage nach der selbständigen Regierung Philipps des Schönen, so werden wir zunächst die Vorstellung abweisen müssen, daß aus der letztlich amorphen Ansammlung von Ratgebern, Räten und Interessenten die am Ende sichtbare Linienführung der französischen Politik gleichsam zufällig erwachsen sein könnte. Wer also setzte die Ziele? Die Brüder Philipps IV. würden sich einem Nogaret niemals gefügt haben, selbst wenn es diesem gelungen wäre, den größten Teil der Aristokratie hinter sich zu bringen. Nogaret und die anderen Juristen wären nicht ins Conseil vorgestoßen, um dort den Einfluß der geborenen Mitglieder sichtbar zu mindern, und als Exponenten von Hofparteien hätten sie den Kampf der Interessen ohne Sturz und Wechsel nicht überstanden. In den beinahe 30 Jahren der Regierung Philipps des Schönen gab es aber keinen spektakulären Fall königlicher Ungnade, so daß ohne Zweifel feststeht: Erst die Berufung durch den Monarchen hat die Räte zu dem gemacht, was sie waren; Philipps Autorität hat sie in ihren Stellungen gehalten und ihnen Handlungsfreiheit verschafft. Das Bild der Marionette in der Hand von Universitätsprofessoren ist absurd.

Die Reichsfinanzen

Ein wesentlicher Grund für die Stärke Frankreichs lag seit Philipp II. August im materiellen Reichtum des Landes, den eine geordnete Verwaltung der Staatsfinanzen disponibel machte. Das hatte große Bedeutung für die Stellung der Monarchie nach innen wie nach außen, weil die Kriegführung durch das Söldnerwesen ein teures Mittel der Politik geworden war.

Die Finanzverwaltung unterschied zunächst zwischen den ordentlichen Einnahmen des Königs, die ihm aus seinen Grundherrschaften, ausgetanen Lehen und durch Gerichtsrechte zuflossen, und den außerordentlichen Einnahmen durch Steuern. Die uns als reguläre Einnahmequelle des Staates vertraute Steuer war dem Rechtsempfinden des Mittelalters fremd; alles, was jenseits des Systems feudaler Lasten verlangt wurde, hatte den Charakter des Außerordentlichen und mußte sich erst langsam durchsetzen. Deshalb tritt in dieser Zweiteilung auch die ältere Auffassung deutlich hervor, wonach der König ein Grundherr und als solcher auch Verwalter des Reichsgutes war, der auf zusätzliche Abgaben prinzipiell keinen Anspruch hatte. Wenn daher Parlement und Rechnungskammer streng vom Grundsatz der unveräußerlichen Domäne ausgingen, handelten sie im allgemeinen Interesse, denn je solider das wirtschaftliche Fundament des Königtums war, desto weniger Anlaß gab es zur Erhebung von Sondersteuern. Wollte der König also den Staatsschatz vergrößern, so mußte er sich zunächst einen möglichst vollständigen Überblick über die ihm von Rechts wegen zustehenden ordentlichen Einnahmen verschaffen und Wege suchen, um sie zu erhöhen.

Ordentliche Einnahmen waren zunächst natürlich alle Erträge aus den in Eigenwirtschaft genutzten Ländereien, wobei an Naturalien vom Getreide bis zum Wein und an den Erlös für die verkauften Überschüsse zu denken ist. Gleiches galt für die Forsten und Gewässer sowie für die Abgaben der Hörigen, während Einkünfte aus Pacht- und Zinsland in Bargeld anfielen. Große Posten baren Geldes flossen in Form von Strafgeldern und Konfiskationen aus der königlichen Gerichtsbarkeit; hier hat die Ausdehnung der Krondomäne seit der Wende zum 13. Jh. ungeheuren Zuwachs gebracht. Bei erbenlosem Tod eines Reichsbewohners nahm die Krone das Heimfallrecht in Anspruch und zog den Nachlaß ein; sie hatte auch ein Recht am Besitz von Fremden, sofern sich im Todesfall kein direkter Erbe in Frankreich auffinden ließ. Alle Tätigkeiten der Kanzlei waren gebührenpflichtig, und das alte Herbergsrecht für den reisenden König wurde in Abgaben umgewandelt, von denen besonders die Kirchen und Klöster betroffen waren. Für Nahrungsmittel, Edelmetalle und Warentransporte wurden an Brücken, Wegen und auf den meisten Märkten Zölle verlangt. Man wußte, daß damit dem Handel Hindernisse bereitet wurden, aber die Zölle waren ertragreich und leicht zu erheben, deshalb nahm ihre Zahl stetig zu, so daß sie ihres außerordentlichen Charakters wegen allmählich in die Nähe der Steuer rückten. Steuerähnlich waren in besonderem Maße die sehr hohen Schutzabgaben der Juden und Lombarden, die dennoch ihres erkauften Friedens nie sicher sein konnten.

Alle Einnahmen flossen nach Paris und wurden dort von der *chambre des comptes* verbucht, die auch Finanzprozesse führte; gegen die dabei gefällten Urteile konnte nicht ans Parlement, sondern allenfalls an den König direkt appelliert werden. Seit der Ordonnanz Philipps V. für das Rechnungswesen aus dem Jahre 1320 hatte die Kammer drei weltliche und vier geistliche Mitglieder; bald darauf erhöhte sich die Zahl der Laien auf vier. Diesen acht ordentlichen Mitgliedern waren zwei Präsidenten vorgesetzt, ebenfalls ein Laie und ein Geistlicher; als Beauftragter des Königs prüfte der *contrôleur des finances* sämtliche Rechnungen noch einmal nach.

Die außerordentlichen Einnahmen des Königs hatten ihren Ursprung in den *aides,* in Sonderbeihilfen, die der Lehnsherr bei bestimmten Anlässen fordern durfte; sie wurden im Laufe der Zeit zur allgemeinen Kriegsabgabe erweitert und in Form von Kopfsteuern ausgeschrieben, die jedermann mit Ausnahme des Adels trafen. Dieses Steuerprivileg, später eine der Ursachen für die Französische Revolution, hatte damals seinen guten Sinn und war gerechtfertigt, weil die Aristokratie ihre *aides* persönlich kämpfend unter Einsatz von Leben und Gesundheit leistete und im Falle der Gefangenschaft die stets geforderten Lösegelder aus dem Familienvermögen zahlen mußte. Entsprechend konnten auch Bürger befreit werden, wenn sie selbst ins Feld zogen: Das waren die bekannten *francs archers,* Bogenschützen, die für ihre Person von der Steuer frei blieben. Weil der König diese Abgaben direkt, also ohne Einschaltung der verschiedenen Lehnsherren eintrieb, schlug er seit dem 14. Jh. eine große Bresche in jene Mauer der Feudalität, die ihn von der Masse der Reichsbevölkerung trennte. Nun erst wurden die Bewohner Frankreichs Untertanen ihres Königs. Für den Adel hatte das nachteilige Folgen, denn im Kriegsfalle führte der Herr nicht mehr das Aufgebot seiner Grundherrschaft, sondern stieß als Einzelperson zum königlichen Heer und mußte es dem *connétable* und seinen Beauftragten überlassen, in welcher Funktion sie ihn einsetzten. Weil die Aristokratie von allen Zahlungen befreit war, mußte auf die Beiträge der Geistlichkeit größter Wert gelegt werden; das erklärt die Bedeutung des Konfliktes mit Bonifaz VIII. im Jahre 1296, denn dabei ging es um erhebliche Teile des französischen Staatshaushaltes.

Wichtigste außerordentliche Einnahmequelle waren mithin neben den *aides* und dem zur Steuer fortentwickelten Zollwesen die von Bürgern und Hörigen zu zahlende Kopfsteuer, die *taille,* und verschiedene Verbrauchssteuern, unter denen die *gabelle* für Salz allmählich die größte Bedeutung erlangte. Die Verwaltung der außerordentlichen Einnahmen war Aufgabe der *généraux des finances,* denen die *chambre des aides* zur Seite stand. In das neunköpfige Kollegium der *généraux* wurden zunächst drei (später, nach Reduktion auf sechs Mitglieder: zwei) Vertreter eines jeden Standes berufen. Auch die *chambre des aides* hatte für ihren Zuständigkeitsbereich eigene Gerichtsbarkeit.

Im Laufe des 14. Jh.s entstand mit allen diesen Einrichtungen eine sehr wirksame, zunächst den älteren Rechtsverhältnissen angepaßte Kronverwaltung, die im Laufe der Zeit eigene Verfahrensnormen entwickelte und den politischen Zielen der Könige gemäß wandelbar wurde. Der Weg für die Überwindung lehnrechtlicher Besonderheiten wurde dadurch geebnet, vor allem aber hinderte die zentrale Kronverwaltung alle anderen Fürstentümer Frankreichs, ihre Verwaltungen bis zur Eigenstaatlichkeit auszubauen. Während sich die Staatsbildung in Deutschland auf der Ebene des Territoriums vollzog und das Reich vor allem als politische Idee wirkte, befand sich die französische Monarchie auf dem Weg zum neuzeitlichen Staat.

Wehrverfassung

Der enge Zusammenhang zwischen Staatsverfassung und Wehrverfassung läßt sich dabei gut erkennen. Die Administration Philipps des Schönen erfaßte das Heerwesen mit der gleichen Intensität wie andere Lebensbereiche, wobei die Bedürfnisse und Eigentümlichkeiten des Heeres wiederum auf die Verwaltung, ihre Techniken und Befugnisse zurückwirkten. Weil die Kriege teurer wurden, hat man alle Finanzierungsmöglichkeiten ausgeschöpft und dabei statistische Erhebungen so weit wie angängig verfeinert. Dadurch ist es mit der Zeit gelungen, die lehnrechtlichen Bedingungen der Wehrverfassung allmählich abzuschwächen und neue Systeme an die Stelle des Althergebrachten zu setzen.

Das Aufgebotsrecht, das *bannum* des Königs, erfaßte traditionell die Kronvasallen und die königlichen Städte; in früherer Zeit hatten sich die Kronvasallen anschließend auf Grund des ihnen übertragenen *retrobannum,* des *arrièreban,* an ihre Lehnsleute und Bürger gewandt. Das altertümliche Wort, möglicherweise aus dem fränkischen *heribannum* gebildet, weist schon auf das hohe Alter der Einrichtung hin, die den Verhältnissen des ausgehenden Hochmittelalters nicht mehr angemessen war. Philipp der Schöne hat deshalb immer häufiger die gesamte Banngewalt in Anspruch genommen; er wandte sich also wie beim Erheben von Abgaben direkt an alle Reichsbewohner und umging und schwächte auf diese Weise die Herrengewalt. Auch die Dienstpflicht verlängerte er nach Möglichkeit, freilich nicht immer aus militärischen, sondern oft aus fiskalischen Gründen, weil für jeden Tag eine Loskaufsumme erhoben werden konnte. Die Niederlage bei Kortrijk scheint hier den Wendepunkt bedeutet zu haben, auch in der öffentlichen Meinung stärkte sie das Recht des Königs zum Nachteil des Adels. Diese zwiespältige Folge verlorener Schlachten sollte sich dann während des Hundertjährigen Krieges noch deutlicher bemerkbar machen.
Trotz aller Veränderungen, die im Laufe der Zeit eingetreten waren, sind die französischen Heere im Kern stets Ritterheere geblieben, obwohl die noch um 1300 herrschende allgemeine Auffassung, daß hundert Ritter das Zehnfache an Fußkämpfern aufwögen, damals schon überholt war. Bei der üblichen Bewaffnung des Ritters mit Kettenhemd und Waffenrock, Schulter-, Bein- und Fußschutz, Helm, Schild, Lanze, Schwert, Streitkolben und Dolch konnten je nach Vermögen erhebliche quantitative und qualitative Unterschiede zwischen einfachen *milites gregarii* und den vornehmeren *primi milites* bestehen. Am Anfang des 14. Jh.s hatte sich eine weitere Differenzierung dadurch ergeben, daß viele Ritterfähige die inzwischen stark gestiegenen Kosten für die Ritterweihe scheuten und ihr Leben lang darauf verzichteten. Im Kampf wurden diese *sergents* natürlich genauso eingesetzt wie jene, die den Rittergürtel erworben hatten. Die effektiven Heeresstärken ergeben sich im übrigen niemals nur aus der Zahl der *milites* und *sergents,* weil ein bestimmter Kreis von Hilfspersonal hinzugezählt werden muß, das teils selbst mitkämpfte, teils für die Einsatzfähigkeit seines Herrn notwendig war: Knechte *(valets),* Knappen *(garçons)* und adlige Schildträger *(écuyers),* wobei die Bezeichnungen nicht immer und überall dasselbe meinten. Teuer waren auch die Pferde, die jeder Ritter haben mußte: Mindestens ein für den Kampf besonders abgerichtetes und seinerseits gepanzertes Streitroß, den *destrier,* dazu Reit- und Packpferde für den Marsch. Wegen dieses Aufwandes und der Abhaltung von anderen Aufgaben waren die Vasallen oft unwillig, besonders dann, wenn die militärischen Unternehmungen längere Zeit in Anspruch nahmen und weit weg führten. Je größer das Aufgebot sein sollte, desto bedeutender mußte infolgedessen der Anlaß sein, desto umständlicher die Begründung. Im ersten Viertel des 13. Jh.s hatte Phil-

ipp II. August immerhin noch mehrere Tausend Ritter aufbringen können; dabei kamen aus so kleinen Gebieten wie dem französischen Vexin oder aus Pontieu 30 bzw. 60 Berittene. Wenig später aber lassen sich selbst in der traditionell disziplinierten Normandie bedeutende Differenzen zwischen Anforderung und tatsächlichem Kontingent erkennen: Philipp III. durfte von Rechts wegen aus dem Cotentin 80 Ritter erwarten, erhielt aber nur 55.

Die Dauer militärischer Lehnsverpflichtungen war traditionell begrenzt. Nach dem Gewohnheitsrecht der Touraine und des Anjou, niedergelegt in den schon erwähnten *Établissements de Saint-Louis*, mußten die Leute des Königs 40 Tage beim Heer bleiben, nur im Falle des Verteidigungskrieges konnte die Frist verlängert werden. Dennoch ließen sich oft 40 % der Aufgebotenen vertreten, und meist versuchte der König vergeblich, mit Strafgeldern Zwang auszuüben, so daß langfristig als einziger Ausweg die Werbung von Söldnern übrigblieb, denn das *servitium debitum*, die Dienstpflicht, war um 1300 schon in voller Auflösung begriffen. Im Jahre 1315 wollte das Lehnsaufgebot der Champagne nur innerhalb der Grafschaftsgrenzen dienen und verlangte für den anderen Fall vom König Erstattung aller Auslagen. Solche Begrenzungen waren mehr und mehr üblich geworden: Die Leute aus dem Poitou mußten südlich der Loire kämpfen, die Gascogner zwischen Pyrenäenkamm und Garonne, für Bordelais und Agenais waren die Diözesangrenzen von Bordeaux und Agen maßgebend. Ursprünglich hatte das nur für die landrechtlichen Aufgebote Gültigkeit gehabt, denen alle Freien zu folgen hatten. Beaumanoir spricht davon, daß auch die *hospites,* die Landsiedel, vom Herrn gefordert werden konnten, freilich nur innerhalb seines engeren Herrschaftsgebietes. Mit der fortgeschrittenen Kriegstechnik bemaß sich der Wert solcher meist als Bogen- oder Armbrustschützen einrückenden Leute aber nach ihrer Ausbildung, die meist schlecht war. Wirklich effektiv und schnell verfügbar konnten am Ende nur die Soldtruppen sein. Auch sie kämpften großenteils beritten und machten bald den größten Teil der Heere aus. 1285 zog Philipp III. fast nur mit Söldnern gegen Aragón; das war zwar ein auswärtiger Krieg, aber selbst gegen Flandern vermochte Philipp der Schöne ein genügend starkes Lehnsaufgebot nur mühsam zusammenzubringen.

Wegen der hohen Kosten für die Soldtruppe mußte ein Teil der finanzpolitischen Energie seit Philipp II. auf das Ansammeln eines Schatzes zur schnellen Werbung konzentriert werden. Geld wurde zum Kardinalpunkt des Regierens. Darüber hinaus aber ergaben sich durch das Soldwesen Spannungen im Heer, denn nun standen Ritter, die auf Grund ihrer Lehnspflicht gekommen waren, neben anderen, die bei militärisch und ständisch gleicher Qualifikation aus der Staatskasse bezahlt wurden. Die Lösung suchte man in der Zahlung von Geldlehen, die darüber hinaus den Vorteil boten, nur nach ausdrücklicher Übereinkunft vererbbar zu sein. So erhielt ein Ritter aus der Freigrafschaft Burgund, also aus dem

Gebiet des Imperiums, nach seinem 1294 mit Philipp dem Schönen geschlossenen Vertrag jährlich eine feste Summe vom Temple überwiesen, leistete dafür ligische Treue und mußte im Kriegsfall mit 60 Reitern zum königlichen Heer stoßen.
Diese Armee führte der *connétable;* Aufgebote der Bailliages und Sénéchaussées rückten unter dem Kommando ihrer Beamten ins Feld und unterstellten sich dort dem Oberbefehlshaber, ebenso die Söldner mit ihren Kapitänen, die sich freilich mehr an ihren eigenen *chef de guerre* gebunden fühlten. Hier zeigt sich eine weitere Schwierigkeit des Heerwesens jener Übergangsphase zwischen Lehnsaufgebot und stehender Armee: Weil die königliche Kasse durch Soldzahlungen sehr belastet war, suchte man Erleichterung durch Generalunternehmer, die auf eigene Kosten warben und sich mit dieser Truppe nach Art eines pauschal bezahlten Dienstleistungsbetriebes mit eigener Infrastruktur dem König anboten. Unter den Bedingungen des Hundertjährigen Krieges haben diese Privatarmeen bald großen Schaden angerichtet und auch die Kronrechte wieder beschränkt: Während die Befehlsgewalt des *connétable* nur im Krieg bestand, war dem Condottiere die Loyalität seiner Truppe solange sicher, wie er der Pflicht als Arbeitgeber nachkam und für regelmäßige Soldzahlung oder Beute sorgte.
Ein dritter, oft unterschätzter Faktor im mittelalterlichen Wehrwesen Frankreichs waren die Städte, finanzstarke Gemeinwesen mit eigener Verteidigungsorganisation, großem Menschenreservoir und Mauern, die sie zu strategisch wertvollen Festungen machten. Die französische Monarchie hat es bald gelernt, ihre etwa 200 *bonnes villes,* königliche Hauptorte eines größeren Gebietes, militärisch zu nutzen; sie gehorchten einer faktisch auf drei Monate verlängerten Dienstpflicht und stellten außer mehreren tausend Sergents auch Fußkämpfer, Gerät, Wagen und vor allem Geld: Da der König Freistellungen akzeptierte, konnte er bedeutende und im Voraus kalkulierbare Einnahmen erzielen. Wenn Brügge mit seinen 35000 Einwohnern im Jahre 1340 7000 Mann Bürgermiliz aufbringen konnte, so vermittelt das eine Vorstellung von Wehr- und Steuerkraft dieser Städte, deren vielfach noch erhaltene Tore als technisch und künstlerisch ausdrucksvolle Überreste des kommunalen Verteidigungsgedankens auf uns gekommen sind.

Städte, Zunftverfassung, Märkte

Unter rechtsgeschichtlichem Blickwinkel läßt sich die französische Städtelandschaft in drei Zonen einteilen: Zwischen dem Norden und seinen Kommunen einerseits und dem Süden mit der aus Italien übernommenen Konsulatsverfassung andererseits stand Mittelfrankreich, auf das die kommunale Bewegung des 12. Jh.s keine große Wirkung gehabt hat, so

daß dort nur mittlere persönliche und administrative Freiheiten ausgebildet werden konnten. Bei Beaumanoir, aber auch im Sprachgebrauch der königlichen Kanzlei, treten außerdem immer wieder die schon erwähnten *bonnes villes* auf, eine Kategorie von Städten, deren Befestigung und Wirtschaftskraft dem Königtum militärische und finanzielle Unterstützung boten. *Bonne ville* ist kein Rechtsbegriff, sondern eine Sammelbezeichnung, die vor allem die politische Stellung charakterisiert. Von großer und fast leitmotivisch aufweisbarer Bedeutung ist auch im Städtewesen der Gegensatz zwischen Nord und Süd gewesen; dem stärker urbanisierten und aus vitaleren antiken Voraussetzungen lebenden Süden stand die größere Wirtschaftskraft des Nordens gegenüber, vom Königtum gestützt und durch eine regere städtische Intelligenz mit eigenen Institutionen ergänzt, unter denen die Universität die bedeutendste war. Im Süden traten zu den Städten mit antiker Kontinuität seit dem 13. Jh. die *bastides,* von größeren Herren gegründet und gefördert; Graf Raimund VII. von Toulouse, der 1222 Cordes anlegte, aber auch Alfons von Poitiers und die englischen Könige haben den Landesausbau durch Umsetzung der Bevölkerung fördern wollen. Für die französische Stadtgeschichte im engeren Sinne spielen die *bastides* hingegen kaum eine Rolle.
Im Gegensatz zu den aus der deutschen Verfassungsgeschichte bis heute bekannten Stadtstaaten gibt es in Frankreich keine Kommune, die ihre Herrschaft über das ländliche Umland ausgedehnt hat. Die Mauer markiert allenthalben die Grenze zwischen Stadt und Land, zwischen Stadtfrieden und Landfrieden, Stadtfreiheit und ländlicher Herrschaft, Stadtwirtschaft und Landwirtschaft. Freilich wird die Umgebung ökonomisch genutzt und beeinflußt; das Umland von Besançon hieß *vignoblium* geradezu im Sinne von *territorium,* weil der Weinbau in städtischer Regie vor sich zu gehen hatte wie anderswo die Getreideproduktion, aber wirkliche Territorialisierungsprozesse sind nirgendwo nachzuweisen. Ein starkes Überlegenheitsbewußtsein trennte den Städter vom Bauern; *urbain* und *vilain* waren voneinander abgesetzt, zwischen *urbanité* und *rusticité/vilainie* bestanden starke Gegensätze, die bis ins Spätmittelalter erhalten blieben, doch war das kein Ausdruck eines reflektierten Wertsystems. Den dafür konstitutiven Unterschied finden wir zwischen *courtoisie* und *vilainie,* zwischen höfischer und bäurischer Lebensform. Dem Bürger fiel die Entscheidung dabei leicht: Er übernahm die aristokratischen Wertvorstellungen und versuchte ihnen nachzuleben, ohne sie freilich produktiv weiterzuentwickeln. Dabei unterstützte ihn ein Selbstbewußtsein, das nicht nur auf wirtschaftlicher Stärke und Leistungsfähigkeit beruhte, sondern ebenso auf intellektuellen und künstlerischen Regungen, die als Scholastik, Universität und gotische Baukunst an die Stadt gebunden waren, ihr ein Eigengewicht verliehen, das sie durch stetige Produktivität erhielten. Die verfaßte Stadtgemeinde erkannte sich in ihren Rathäusern wieder, erbaute mit dem hohen Stadtturm, dem *beffroi,* ihr Wahrzeichen und führte voller Stolz ein ebenfalls künst-

lerisch gestaltetes Siegel. Letztlich blieb sie aber doch immer vom König abhängig.

Für den allgemeinen Aufschwung des Städtewesens ist in Frankreich wie in Europa überhaupt das kontinuierliche Bevölkerungswachstum unabdingbare Voraussetzung gewesen. Zwischen 1000 und 1328 hat sich die Einwohnerzahl Frankreichs mehr als verdoppelt, von etwa 6 Millionen auf 13,5 Millionen. Das erklärt die Binnenwanderung, der die Städte nicht nur ihre bloße Existenz, sondern auch ihre große und steigende Einwohnerzahl verdankten; um 1300 gehörten viele französische Städte zu den volkreichsten nördlich der Alpen: Paris hatte damals etwa 70000 Einwohner, Rouen und Montpellier 40000, Toulouse 35000, Tours 30000, Orléans und Narbonne 25000, Amiens und Bordeaux 20000, Reims 15000, Arras, Beauvais, Bourges, Douai, Dijon, Lyon und Marseille 10000.

Der Wirtschaftskraft ihrer Einwohner verdankten die Städte aber auch die Lasten, denen sie sich immer wieder und mit steigender Intensität ausgesetzt sahen. Natürlich wollte das Königtum am Gewinn teilhaben, aber auch die Magistrate selbst beschwerten die Bürger mit Vermögenssteuer, Kopfsteuer, indirekten Steuern auf wirtschaftliche Aktivitäten und auf den Verbrauch bestimmter Güter. Die Belastungen waren dabei von Ort zu Ort höchst verschieden; während in Périgueux die Kopfsteuer unregelmäßig und nur bei besonderem Bedarf erhoben wurde, hatte die Reimser Bürgerschaft zwischen 1300 und 1330 alle zwei Jahre ihre *taille* zu zahlen, weil die Stadt als Ort der Königskrönungen nicht nur den Vorteil der großen Besucherströme genießen konnte, sondern vor allem einen großen Teil der Kosten des Staatsaktes tragen mußte. Allein in den Jahren 1315 und 1318 wurde der gesamte Kopfsteuerertrag für die Krönungen Ludwigs X. und Philipps V. verwandt. In den flandrischen Städten überwog zu Beginn des 14. Jh.s die Verbrauchssteuer mit dem bezeichnenden Namen *maltôte* auf Wein, Bier und Met; sie machte 85 % der städtischen Einnahmen aus und darf nicht etwa mit einer modernen Getränkesteuer verglichen werden, weil die nur schwach alkoholischen Produkte gewöhnliche Nahrungsmittel waren und daher in weit größeren Mengen verzehrt wurden als das heute der Fall ist. Kopfsteuer, Verbrauchssteuer und Gerichtsgebühren gehörten auch in den Städten zum üblichen Steuerwesen; die Verwaltung der Finanzen war dagegen nicht immer gut und oft von Amtsmißbräuchen gezeichnet, darüber hinaus litt sie unter der starken Verschuldung der Magistrate bei einzelnen Kapitalgebern. Im 50. Kapitel seiner *Coutumes de Clermont-en-Beauvaisis* schrieb Philippe de Beaumanoir, daß viele städtische Konflikte aus Steuerstreitigkeiten erwüchsen, denn die das Stadtregiment führenden reichen Bürger würden die Vermögenden häufig für exemt erklären, um selbst in den Genuß von Steuerfreiheiten zu kommen. Weil die Ärmeren kommunale Lasten weder allein tragen könnten noch wollten, müßten sie sich notgedrungen gewaltsam zur Wehr setzen. Diese Mißstände haben es Philipp dem Schönen leicht gemacht, seine eigene Kontrolle über die Stadt aufzurichten. Weil die königlichen Beamten die Masse der Bevölkerung jedenfalls zunächst auf ihrer Seite hatten, haben viele Städte in den folgenden Jahren ganz auf ihre kommunalen Freiheiten verzichtet und sich der Krone unterstellt: Sens im Jahre 1318, Compiègne 1319, Meulan 1320, Soissons 1325.

Für das Gedeihen einer Stadt war die Verkehrslage entscheidende Voraussetzung, wobei in erster Linie die Wasserwege Bedeutung hatten, denn auf ihnen ließen sich alle Arten von Waren leicht transportieren, besonders Massengüter wie Getreide oder Wein; aber zu Wasser reiste man auch schneller, komfortabler und meist sicherer als zu Lande. Die bedeutendsten französischen Städte liegen daher bis heute an den großen Wasserstraßen: Rouen und Paris an der Seine, Nantes, Tours, Orléans an der Loire, Bordeaux, Agen und Toulouse an der Garonne, Arles, Avignon, Vienne und Lyon an der Rhône. Daraus ergab sich die Bedeutung der Brücke zur Überwindung des Hindernisses, das der Fluß für die Landwege bildete. Neben Kirche, Burg und Rathaus, Stadtmauer und Tor war die Brücke das wichtigste öffentliche Bauwerk. Die einzige Brücke über die untere Seine bei Rouen war zugleich ein wichtiger politischer Faktor für die Einheit des Herzogtums Normandie.

In den Städten haben sich zum Bau und Unterhalt von Brücken besondere Bruderschaften gebildet. Sie waren Teil eines korporativen Lebens, das besonders die Existenz der Handwerker betraf, weil es ihnen relative Sicherheit im Beruf und Schutz vor Konkurrenz gab. Die Entstehung solcher Verbände läßt sich nicht immer deutlich erkennen; königliche oder gräfliche Privilegien für Zünfte liegen schon aus dem 12. Jh. vor, wie z. B. das Diplom Ludwigs VII. aus dem Jahr 1162 für die Fleischer von Paris oder die Urkunde Graf Raimunds V. von 1181 für die Maurer, Zimmerleute, Fischhändler, Fleischer und Holzhändler von Toulouse. Diese Zünfte waren hierarchisch aufgebaut und gaben ihren Vorstehern ausgedehnte Kontrollbefugnisse über die Mitglieder, so daß sie als ordentliche Instanz zwischen der Handwerkermasse und den städtischen Obrigkeiten wirken konnten. Seit dem 13. Jh. verlangten sie in Paris ein Meisterstück für die Aufnahme und erhoben ein beträchtliches Eintrittsgeld. Die um 1268 im *Livre des métiers* des Prévôts Étienne Boileau verzeichneten 101 organisierten Gewerbe von Paris zeigen uns die Großstadt auch als Zentrum des Verbrauchs. Weil damals mehr Fleisch gegessen wurde als heute, hatten die Fleischer und ihre Korporationen große Bedeutung und entwickelten einen politischen Ehrgeiz, der sich aus der personellen Stärke dieser Zunft erklären läßt. In Toulouse gab es 1322 177 Fleischer für 35000 Einwohner, d. h. das Verhältnis lag bei 1:198 gegenüber 1:3000 in einer modernen Großstadt.

Geldwirtschaft und Kapitalverkehr

Diese Stadtwirtschaft wäre ohne Geldumlauf nicht möglich gewesen. Im Geldwesen mit seinen vielen komplizierten Eigentümlichkeiten lag zugleich eines der großen Probleme, um deren Lösung die letzten Capetinger immer wieder vergeblich gerungen haben.

Grundsätzlich hatte sich am Münzsystem seit der Zeit Karls des Großen nichts geändert: Immer noch wurde das Pfund Silber zu 240 Denaren ausgeprägt, aber im Laufe der Jahrhunderte war aus dem Gewichtspfund, der *livre*, eine Zähleinheit geworden: Wer im Jahre 1300 240 *deniers* auf seine Waage legte, konnte kein Pfund Silber verbuchen. Außerdem hatte sich das alte karolingische Pfund regional differenziert, wobei die wichtigsten Arten das Pariser und das Pfund von Tours waren, die untereinander im Verhältnis 4:5 standen. Seit 1266 wurden in Frankreich nach dem Vorbild italienischer Städte, besonders Venedig und Florenz, Silberstücke neuer Art geschlagen, die eine bestimmte Größe und einen verbesserten Feingehalt aufweisen konnten; der »dicke Denar aus Tours«, *grossus denarius Turonus,* ist als *gros tournois* oder »Turnosgroschen« bald in ganz Europa verbreitet und bis ins Rheinland nachgeprägt worden. Ebenfalls aus Italien bezog Ludwig IX. die Anregung zur Goldwährung. Seit 1252 hatte Florenz seinen *Fiorino d'oro* zu 3,5 g Feingold; er war ein Pfund Denare wert und das Muster für den seit 1285 vom Dogen von Venedig ausgegebenen Dukat. Ludwig IX. ließ seinen *denier d'or* folgen, dem sich später der *écu d'or* zugesellte, auf dem das Bild des Königs und ein liliengezierter Schild zu sehen waren.

Aus dieser Untergliederung des Münzsystems folgten Schwierigkeiten, vor allem in bezug auf Parität und Umrechnungsmethode von Gold- und Silberwährung. Hier ist nie eine befriedigende Lösung gefunden worden, so daß es bei dem schwer überschaubaren, unlogischen und deshalb konfliktträchtigen Nebeneinander blieb, in dem sich nahezu jeder übervorteilt glaubte. Eine wirkliche Münzkrise hat es freilich zunächst nicht gegeben, aber bei dem wachsenden Anteil des Geldes am Kronhaushalt wurde das Finanzwesen allmählich zu einem der wichtigsten Ressorts, zumal die Ausgaben an barem Gelde immer rascher stiegen und das Einkommen manchesmal, besonders im Krieg, zu überschreiten drohten. Ein mittleres Geldlehen schlug immerhin mit jährlich 1000 *livres tournois* zu Buche, ein auswärtiges Bündnis konnte leicht 50000 bis 100000 kosten, bei einem Jahresertrag der gesamten Domäne von 400000 bis 600000 *livres.* Zwischen 1290 und 1295 kostete der ständig mehrere Hundert Personen umfassende Hof 100000 bis 200000 *livres* im Jahr, während aus der Judensteuer 215000, aus dem Zehnt der Kirchen 260000 und von den Städten 700000 *livres tournois* zu erwarten waren. Eine wichtige Einnahmequelle war die königliche Münze selbst, denn aus dem Münzregal flossen 58% aller Kroneinnahmen, so daß die Juristen und Philosophen der

Zeit den Monarchen mit einem gewissen Recht als Herrn des Geldes sahen, wenn sie im Vorfeld finanztheoretischer Erwägungen über das Phänomen der Zahlungsmittel nachdachten. Weil das Geld eine menschliche Erfindung ist, so sah es Thomas von Aquin in der Nachfolge des Aristoteles, unterliegt es dem menschlichen Willen, folglich kann der König den Geldwert festsetzen und auch verändern. Willkür bedeutete das freilich nicht, weil der König auf das Gemeinwohl achten mußte, doch innerhalb dieser Grenzen war er frei handlungsfähig.

Tatsächlich griffen königliche Verordnungen vielfältig in die Geldwirtschaft ein. Wegen des Mangels an Edelmetall für die Münzprägung wurde von Zeit zu Zeit jedermann verpflichtet, ein Drittel aller goldenen und silbernen Gegenstände aus seinem Besitz bei der königlichen Münze in Geld umzutauschen. 1313 und 1332 wurden die Summen erst nach Ablauf einer gewissen Frist ausgezahlt, so daß es sich faktisch um eine Zwangsanleihe handelte. Goldschmiedearbeiten durften ein festgesetztes Gewicht nicht überschreiten, wenn sie den staatlichen Tarifen zum Schutz des Münzmetalls entsprechen wollten, und die 1304, 1309, 1322, 1332 verkündeten Ausfuhrverbote für Edelmetall dienten demselben Zweck. Der Metallmangel war eine der Ursachen für das schlechtere Geld, denn man prägte teilweise aus Not mit geringerem Feingehalt. Gegen die unvermeidlichen Proteste versuchte es die Münze mit Kompromissen und schlug im Jahre 1305 *deniers,* die leichter waren als üblich, aber immerhin 38 % Feinsilber im Pariser, 31 % im Pfund von Tours enthielten.

Das Münzrecht war von der Krone noch nicht vollständig monopolisiert, sondern 1315 gab es in Frankreich 30 weitere Münzherren, von denen allerdings im 15. Jh. nur mehr die Herzöge von Burgund, Aquitanien und Bretagne sowie die Grafen von Flandern übrig waren. Seit 1262 aber galten die Münzen des Königs im ganzen Land, während die anderen nur in der Region ihrer Münzherren akzeptiert wurden. Daneben liefen in Frankreich noch ausländische Münzen um: arabische, byzantinische, italienische, englische und deutsche. Hier achtete man freilich sehr auf den Feingehalt, und deshalb wurden Florin und Dukat zum universalen Zahlungsmittel, weil sie den Münzfuß über Jahrhunderte hinweg unverändert beibehalten haben.

Änderungen des Münzfußes waren im Gegensatz zur florentinischen und venezianischen Stabilität die Hauptkrankheit des Geldwesens in den Königreichen und Territorien. Verschlechterungen ergaben sich bei der Silberwährung aus mangelhafter Prägetechnik, die Gewichtsunterschiede bis zu 40% schon beim Herstellen der Geldstücke nicht vermeiden konnte. Infolgedessen begann das Sortieren des umlaufenden Geldes sofort nach der Ausgabe, denn jeder Besitzer hielt die schwereren Münzen zurück und zahlte mit den leichteren. Weil außerdem die Ränder der Münzen gern abgeschnitten wurden, verringerte sich das Gewicht des umlaufenden Geldes rapide, die Kluft zwischen Nennwert und Metall-

wert wurde immer größer. Für den Münzherrn lag deshalb die Versuchung nahe, bei Neuprägungen gleich leichtere Stücke auszugeben und damit einen Gewinn zu erzielen. Die berüchtigtste Münzverschlechterung des Mittelalters bestand aber in der immer öfter wiederholten Ausgabe neuen Geldes bei gleichzeitiger Verrufung des alten; für ungültig erklärte Münzen wurden eingesammelt und durch neue ersetzt, wobei man üblicherweise 12 neue für 16 alte *deniers* erhielt, immerhin ein Verlust von 25 %. Philipp der Schöne hat wiederholt zu diesem Mittel gegriffen, weshalb Dante ihn im 19. Gesang des Paradiso unter den ungerechten Herrschern nannte.
Der Geldwertverfall, also die Inflation, warf Probleme auf und führte zu erheblichen Spannungen, weil damals wie heute die Schuldner begünstigt wurden. Alle, die regelmäßige Zahlungen zu leisten hatten, also Mieter, Zinsbauern, Pächter, sahen ihre Lasten leichter werden, während die Einnahmen der Kirche und des Adels zurückgingen, denn ihre Grundrenten waren nach dem Nennwert fixiert. Handeltreibende Bürger und Handwerker konnten hier noch am ehesten ausgleichen, aber der Adel war unzufrieden. Weil der König die Loyalität der geistlichen und weltlichen Aristokratie brauchte, versuchte er Abhilfe zu schaffen und schrieb mit einer am 4. Oktober 1306 erlassenen Ordonnanz vor, daß alle Verträge, in denen ja stets *livres* und *deniers* genannt waren, nach dem Metallwert erfüllt werden sollten, was beim damaligen Kurs eine Erhöhung aller Lasten um das Dreifache bedeutete. Am 30. Dezember kam es denn auch in Paris zum Aufstand, und die Anordnung mußte zurückgenommen werden.
Geldwechsler und Bankiers haben in diesem System eine große Rolle spielen müssen, weil nur sie zwischen den verschiedenen Münzsorten vermitteln konnten. Dafür waren Fachkenntnisse nötig, die seit dem 12. Jh. in italienischen Städten ein sehr hohes Niveau erreicht hatten. Italiener besorgten deshalb außer dem einfachen Wechseln von einer Währung in die andere vor allem den bargeldlosen Zahlungsverkehr, und die Champagnemessen waren für Frankreich die ersten Orte, an denen italienische Bankiers in großem Stile auftraten. Als Finanzfachleute dienten Philipp dem Schönen daher neben Pariser Bürgern wie Regnaut Barbou und Geoffroi Cocatrix von Anfang an Italiener, unter denen die Florentiner Brüder Musciatto und Albizzo Guidi dei Franzesi eine hervorragende Stellung einnahmen. Sie lebten schon seit der Regierungszeit Philipps III. in Frankreich und haben durch Kredite, die sie dem König gewährten oder vermittelten, erheblichen Einfluß auf die Entscheidungen des Conseil gewonnen, ohne je ein festes Amt und dauerhafte Verantwortung gehabt zu haben. Ihre Kenntnis des internationalen Geschäftslebens hat Philipp so viel Nutzen gebracht, daß er die beiden seit 1290 immer wieder mit Staatsaufträgen versehen hat: Sie erhoben die königlichen Einkünfte im Toulousain und auf den Champagnemessen, trieben die Judensteuer ein oder erledigten Zahlungen in solchem Umfang, daß in den Jahren

1292/93 zwei Drittel aller Ausgaben der Staatskasse durch ihre Hände gingen. Bis zu ihrem Tod im Jahre 1307 blieben die Brüder Guidi Berater in Finanzfragen.

Außerdem konnten die Münzmeister konsultiert werden, denn bei ihnen handelte es sich keineswegs um Handwerker, sondern um Finanzfachleute von Rang. Die Cassinel, Pächter der Pariser Münze, kamen aus adliger Luccheser Familie, Renier Le Flament stammte aus dem Pariser Großbürgertum, und im Jahre 1305 waren die Münzen von Paris, Troyes, Tournai an die Florentiner Handelsgesellschaft der Peruzzi verpachtet. Die rege Geschäftstätigkeit dieser Italiener gab manchmal Anlaß, ihren Reichtum als Mittel zur Sanierung der Staatskasse zu nutzen. Deshalb wurden die »Lombarden« 1301 und 1309 allesamt vertrieben und ihr Vermögen konfisziert, aber das erwies sich als ebenso kurzsichtige und für die Wirtschaft schädliche Maßnahme wie die große Judenverfolgung des Jahres 1306. Im Grunde war die Regierung überhaupt nicht in der Lage, eine rationale Finanzpolitik zu betreiben, und auch der adlige Enguerran de Marigny, der nach 1307 Hauptberater Philipps IV. in Finanzfragen wurde, hatte zwar praktischen Sinn, aber keine theoretische Einsicht. Alle Finanzfachleute Philipps des Schönen verfolgten primär eigene Geschäftsinteressen und sahen die Bedürfnisse der Krone nicht als übergeordneten Wert im Hinblick auf den Staatszweck.

Der Templerprozeß

Den Bedürfnissen des Staates und dem ständigen Geldmangel der Kronverwaltung hat Philipp der Schöne mit einer der grausamsten Maßnahmen seiner ganzen Regierungszeit den Templerorden geopfert. Schon vor 1305 entwickelte er Reformpläne für alle Ritterorden, die unter dem König von Frankreich als Großmeister vereint werden sollten. Um ein solches Vorgehen zu begründen, wurden Beschwerden gesammelt, die in einem vorläufigen Katalog zusammengefaßt den Kardinälen vorlagen, die zur Krönung Clemens' V. 1306 nach Lyon gekommen waren. Nicht nur in Frankreich sprach die öffentliche Meinung seit langem schlecht von den Templern, denen man schwache Leistungen für das Heilige Land vorwarf, ihre Rigorosität beim Verfechten eigener Besitzansprüche kritisierte und den Reichtum neidete, der einer christlichen Ordensgemeinschaft in diesem Maße nicht anstünde.

Trotz dieser Mißstimmung und der willkommenen Bereicherung, die das Ordensvermögen für die französische Staatskasse am Ende bedeutet hat, sind alle Gründe für den wahrhaft einmaligen Vorgang nicht sicher zu erkennen. Spannungen zwischen einer nationalen Monarchie wie dem Frankreich Philipps IV. und den Templern ergaben sich aus der Autonomie dieses internationalen Ordens, der nur dem Papst unterstand, über großen Besitz und eigene Burgen verfügte: Der königlichen Souveränität mußte das auf die Dauer unerträglich sein. Gern nahm der Hof deshalb die spektakulären Informationen über Sittenverfall, Häresie und sodomitische Geheimrituale der Templer auf, die ihm ein gewisser Esquieu de Floyran, Bürger von Béziers, für teures Geld verkaufte. Agenten, von Nogaret in den Orden geschickt, brachten weiteres Belastungsmaterial, das dem Papst vorgelegt werden konnte. Der Großsiegelbewahrer mag dafür persönliche Gründe gehabt haben, denn es heißt, daß sein Großvater von Templern denunziert auf dem Scheiterhaufen gestorben sei.

In den frühen Morgenstunden des 13. Oktober 1307 wurden sämtliche Templer in ganz Frankreich verhaftet und sogleich von königlichen Beamten verhört und gefoltert. War der König im Recht, als er den allgemeinen Auftrag zur Ketzerbekämpfung ausführte und die Templer festnahm, so überschritt er mit den Verhören seine Kompetenzen, und auch ein Gutachten der Universität Paris vom 25. März 1308 brachte keine eindeutige nachträgliche Rechtfertigung. Immerhin kamen bei dem eingeschlagenen Verfahren eine Fülle von Geständnissen zusammen, die den geistlichen Inquisitoren als Grundlage für ihre Tätigkeit übergeben wurden. Ende Oktober 1307 gestand auch der Großmeister des Ordens, Jakob von Molay. Er diktierte ein Rundschreiben an alle gefangenen Brüder, in dem sie aufgefordert wurden, seinem Beispiel zu folgen. Ob das unter der Folter geschah, ist nicht sicher nachzuweisen, entsprechenden Drohungen war er jedenfalls ausgesetzt. Alle so erpreßten Geständnisse wurden dem Papst vorgelegt, der sich einen Rest universaler Jurisdiktionsgewalt dadurch zu erhalten suchte, daß er nun die Verhaftung sämtlicher Tempelritter in allen Ländern der Christenheit befahl. Nebenbei hoffte Clemens V., das riesige Ordensvermögen in seine Hand zu bringen, wenn er sich an die Spitze der Verfolger stellte.

Lange war diese Politik freilich nicht durchzuhalten, denn die Angeklagten widerriefen ihre erzwungenen Geständnisse sofort, wenn sie einem Richter gegenüberstanden. Der Papst mußte deshalb 1308 seine Vollmachten für die Inquisitoren aufheben, doch die Gefangenen hofften vergebens auf ihre Freilassung. Vom 26. Mai bis zum 20. Juli setzte Philipp IV. in Poitiers der Kurie auseinander, wie der Prozeß weiterzuführen sei. Wilhelm von Nogaret hatte die Plädoyers entworfen, in denen der Papst als Freund der Häretiker angegriffen und massiv bedroht wurde; einzelne Gefangene ließ der König vorführen und ihre Geständnisse wiederholen. So blieb Clemens V. nichts anderes übrig, als der Einberufung eines allgemeinen Konzils nach Frankreich zuzustimmen und die Vollmachten der Inquisitoren zu erneuern. Am 1. Oktober 1311 trat das Konzil in Vienne zusammen, nachdem eine große Kommission intensive Vorarbeit geleistet hatte. Ihre Mitglieder waren auf Vorschlag Philipps des Schönen berufen worden, um die Verfehlungen des gesamten Ordens, des Großmeisters und der Gebietiger zu untersuchen. Auch die bischöflichen Kommissionen, denen die Verhöre aller Ordensmitglieder auf Diözesanebene übertragen waren, wurden unter Einfluß des Hofes besetzt, um möglichst viele Geständnisse zu erhalten. Für Widerrufende statuierte im Mai 1310 der Erzbischof von Sens, Bruder Enguerrans de Marigny, ein Exempel, indem er 54 geständige Templer, die ihre Aussagen später zurückgenommen hatten, auf den Scheiterhaufen bringen ließ.

Nicht nur diese Kommissionen, auch die Zusammensetzung des Konzils selbst hat der König bestimmt. Eingeladen waren wie üblich alle Bischöfe der Kirche, kommen aber sollten nur jene, die namentlich genannt worden waren; das Konzept für die päpstliche Liste hat sich mit dem königlichen Archiv erhalten. Zum vereinbarten Termin erschienen schließlich etwa 120 Erzbischöfe, Bischöfe und Äbte, überwiegend Franzosen. Dennoch erklärte ein von dieser Versammlung gewählter Ausschuß die bisherigen Untersuchungen für mangelhaft und verlangte Anhörung der Beklagten. Papst und Plenum nahmen das mit Bangen zur Kenntnis, denn sie fürchteten die Reaktion des Königs, der keinen Zweifel daran gelassen hatte, was für ein Ergebnis er wünschte. Während das Konzil noch beriet, fiel die Entscheidung in Verhandlung des Papstes mit einer von Enguerran de Marigny geführten königlichen Kommission: Der Papst hob den Templerorden auf.

Am 20. März kam der König selbst mit großem Gefolge in Vienne an; am 3. April stimmte das Konzil der Ordensaufhebung zu. Nun verlangte Philipp die Überweisung des Templervermögens an die Johanniter und legte diesem Orden bald darauf seine Rechnung über die der Krone angeblich entstandenen Prozeßkosten vor; ihre Höhe entsprach ungefähr dem beschlagnahmten Betrag. Der Papst wollte wenigstens die Aburteilung der Ordensmeister selbst vollziehen, aber Jakob von Molay und der Großpräzeptor der Normandie widerriefen ihre Schuldbekenntnisse und wurden im März 1314 nach einem zwei Jahre verschleppten Prozeß in Paris öffentlich verbrannt.

Krise des Erbrechts

Als Philipp der Schöne am 29. November 1314 starb, war der monarchische Gedanke in Frankreich so gestärkt worden, daß die Regierung dieses Herrschers eine Epochenscheide für die europäische Verfassungsgeschichte bedeutet. Die theoretische Fundierung einer Politik, die den König neben den Kaiser stellte, nach innen von jeder fürstlichen Gewalt unabhängig und ihr vorgeordnet, nach außen souverän, bildete die Basis für ein monarchisches Regiment, das Frankreich 1314 anders sein ließ als es sich 1285 dargeboten hatte.

Für die französische Thronfolge war seit der Erhebung Hugo Capets die Kontinuität nie in Frage gestellt worden. Jeder Herrscher hatte bei seinem Tod einen Nachfolger hinterlassen, so daß sich im Laufe der Generationen eine feste Vorstellung von der Erbfolge gebildet hatte. Dies war aber nicht mehr als eine Gewohnheit, allenfalls eine Art Gewohnheitsrecht, das die Bewährungsprobe im Falle des Konflikts erst noch bestehen mußte. Insbesondere hatte sich nie die Frage gestellt, ob denn das Reich, wenn es vererbt wurde, wie jedes andere Gut auch in die Hände einer Frau gelegt werden könne. Ausschließlich männliche Amtskontinuität gab es nur im römischen Reich, das aber war eine Wahlmonarchie.

1314 wurde der älteste Sohn Philipps IV., Ludwig, als der zehnte Herrscher dieses Namens in gewohnter Weise Nachfolger seines Vaters, aber schon zwei Jahre später starb er und leitete mit diesem frühen Tod ohne männlichen Erben nicht nur eine dynastische Krise ein, sondern den Existenzkampf der französischen Monarchie, den großen westeuropäischen Konflikt als Signatur des späten Mittelalters in Frankreich.

Rechtmäßig hätte die Krone an Ludwigs X. Tochter Johanna übergehen können, doch die Königinwitwe war schwanger und somit bestand die Möglichkeit, daß noch ein männlicher Thronfolger ins Spiel kam. Bis hier die Entscheidung fiel, sollte der jüngere Bruder Ludwigs, Philipp, eine Regentschaft führen, und als die Königin mit einem Sohn niederkam, schien alles in die üblichen Bahnen zurückzulenken. Aber das Kind, dem man den Namen Johann gegeben hatte, starb nach wenigen Tagen, und nun entschloß sich Philipp endgültig, die Macht festzuhalten. Am 9. Januar 1317 empfing er in Reims die Königsweihe; eine von ihm einberufene Versammlung von Prälaten, Baronen, Bürgern und Doktoren der Pariser Universität erklärte sein Vorgehen für rechtens, da Frauen von der französischen Thronfolge ausgeschlossen seien.

Diese Entscheidung war rein politischer Natur und sollte einen Staatsstreich legitimieren. Seit langem hatten sich in Europa Rechtsüberzeugungen gebildet, die der Frau eine bessere Stellung im Erbrecht zugestanden. Die großen Lehnsfürstentümer kannten die weibliche Erbfolge zur Herrschaft, und die französischen Könige hatten von dieser Tatsache ebenso profitiert wie das Haus Anjou in der Normandie, in Aquitanien und in England. Seine Ehe mit der Königin Johanna von Navarra hatte Philipp dem Schönen Erweiterung der Herrschaft gebracht, und erst 1310 wurde in Ungarn Karl Robert von Anjou als König durchgesetzt, ein Enkel König Karls II. von Neapel und Marias, der Schwester König Ladislaus IV. von Ungarn, mit dem das Arpadenhaus 1290 erloschen war: Es bestand 1316 kein Anlaß außer dem Willen Philipps V., Johanna von Évreux und mit ihr alle weiblichen Angehörigen des Königshauses von der Thronfolge auszuschließen.

Aber auch dieses Mal war die Regelung nicht von Dauer, denn Philipp V. starb im Jahre 1322 und hinterließ ebenfalls keinen männlichen Nachkommen. Entsprechend dem vor sechs Jahren eingeschlagenen Weg folgte mit allgemeiner Zustimmung der letzte Sohn Philipps des Schönen als Karl IV. Bei seinem Tod im Jahre 1328 wiederholte sich in eigenartiger Weise die Konstellation von 1316: Kein Sohn als Nachfolger, eine

schwangere Königinwitwe, bis zu deren Niederkunft eine Regentschaft eingesetzt werden mußte, für die mehrere mächtige und berechtigte Personen in Frage kamen. Gleichzeitig war aber nach den bisherigen Erfahrungen zu bedenken, daß der Regent auch die Krone erlangen konnte, wenn die Umstände es mit sich brachten, so daß sich 1328 die Nachfolgefrage ernsthafter stellte als je zuvor: Noch nie seit 987 war der Wahlgedanke so stark hervorgetreten. Den Zeitgenossen war dabei ein Prinzip bewußt und für ihre Entschlüsse leitend, das nie ausdrücklich formuliert worden ist, sich aus einem vollständigen Vergleich europäischer Sukzessionen aber als herrschend ergibt: König wurde derjenige, der unter den Nachkommen des ersten Königs im betreffenden Lande dem letzten regierenden Herrscher am nächsten stand. Die genaue Bestimmung dieser Person wurde im Einzelfalle so vorgenommen, daß der Gradnähere dem Gradferneren, der Agnat dem Cognaten vorgezogen wurde, ebenso ein Mann einer Frau, ein Älterer einem Jüngeren, der Mündige dem Unmündigen. Zum Konflikt kam es immer dann, wenn diese Kriterien sich überschnitten, etwa ein gradnäherer Cognat einem gradferneren Agnaten gegenüberstand. Dies war 1328 in Frankreich der Fall.
Folgende Personen standen nach dem Tod Karls IV. zur Wahl: Philipp von Évreux, Enkel Philipps III., in männlicher Linie Vetter der letzten drei Könige und Schwiegersohn Ludwigs X.; Eduard III., König von England, Enkel Philipps IV. durch seine Mutter Isabella; Philipp von Valois, Enkel Philipps III. und ebenfalls in männlicher Linie Vetter der letzten Könige. Einer dieser potentiellen Bewerber, Philipp von Évreux, war leicht auszuscheiden, denn er verfocht seinen Anspruch wenig energisch und auch wohl ohne wirkliche Ambition; die beiden anderen hingegen waren ernstzunehmen und verkörperten genau die genannte kritische Konstellation der Nachfolgekriterien: Eduard III. war gradnäherer Cognat, Philipp von Valois gradfernerer Agnat des Hauses Capet.
In Frankreich selbst konzentrierte sich die Erwartung auf Philipp von Valois, denn er baute auf eine starke politische Position, die sein Vater Karl als Bruder Philipps des Schönen begründet und bis zu seinem Tode 1325 wahrgenommen hatte. Der fünfunddreißigjährige Philipp von Valois war mithin der gleichsam natürliche und auch von Karl IV. vorherbestimmte Regent, während der achtzehn Jahre jüngere Eduard III. erst vor wenigen Monaten König eines anderen Landes geworden war. Nach der Geburt einer Tochter des verstorbenen Königs hatte daher niemand begründete Einwände, Philipp von Valois am 29. Mai 1328 auf den Thron zu erheben und damit dem Präzedenzfall von 1316 zu folgen. Der nationale Aspekt hat dabei eine Rolle gespielt, ist als Begründung für die Entscheidung auch in der zeitgenössischen Historiographie selbst in England angeführt worden, war aber noch nicht tief genug verankert, wie die folgenden Auseinandersetzungen mit ihren Parteiungen und Argumentationen zeigen.
Noch vor der Krönung Philipps VI. erschien eine englische Gesandt-

schaft in Frankreich und erläuterte den Thronanspruch Eduards III., der ihm durch seine Mutter Isabella als Erbe Philipps des Schönen zugekommen sei. Die französischen Juristen, Kanonisten wie Legisten, hatten es verhältnismäßig leicht, dagegenzuhalten: Isabella habe von Philipp IV. niemals ein solches Recht empfangen; wer aber nichts besäße, könne auch nichts weitergeben.

Hat Eduard III. sich mit dieser Lage abgefunden? Für den Augenblick schien es so, denn 1329 huldigte er in Amiens Philipp VI. für die Guyenne und erkannte ihn damit als König an.

6. Die Anfänge der Valois (1328–1364)

Wahlgedanke, Recht und Politik

Mit der Entscheidung zugunsten Philipps von Valois war ein Problem weniger gelöst als sichtbar gemacht worden: Die stets widersprüchliche Verbindung von Recht und Politik ließ in Sukzessionsfragen die mittelalterliche Konkurrenz von Erbanspruch und Wahlprinzip immer dann wieder aufleben, wenn adliger Einfluß bis zur Mitsprache vorgetrieben werden konnte. Erneut hatte sich als juristische Kernfrage gestellt, ob der 1316 verfügte Ausschluß der weiblichen Thronfolge wirklich legitim zu begründen war. Keinem der Rechtskenner wäre es in den Sinn gekommen, sich auf die fränkische Lex Salica zu berufen, wie das seit der zweiten Hälfte des 14. Jh.s zur Abwehr englischer Ansprüche üblich wurde und noch bei Shakespeare in der Rede des Erzbischofs von Canterbury vor Heinrich V. dargelegt ist. Die Lex Salica regelte in der angezogenen Passage die Erbfolge für Landbesitz und befaßte sich nicht mit dem Thronrecht.

Aber noch aus einem anderen Grund stellte sich die Rechtsfrage jetzt schärfer als 1316/17. Damals waren die Frauen ausgeschlossen worden, 1328 aber ging es darum, ob auch ihre Nachkommen davon betroffen sein sollten oder nicht. Von der Antwort hing alles ab, denn Eduard III. war einziger direkter männlicher Nachfahre Philipps des Schönen, Philipp von Valois dagegen nur ein Neffe. Der englische König hatte die Entscheidung von 1316 nie bestritten (durfte es auch nicht, da von ihr sein eigener Rechtstitel abhing), vertrat aber den Standpunkt, daß er als Sohn Isabellas nachfolgeberechtigt sei. Für diesen Fall aber würde sich seine Position im Vergleich mit der Philipps von Valois letztlich als die bessere erweisen, so daß die politische Seite des Konflikts klar hervortrat: Wer keinen Engländer auf dem Thron Frankreichs sehen wollte, mußte jetzt den zweiten Schritt tun und auch die Nachkommen der weiblichen Linie für immer als nicht sukzessionsfähig erklären.

Neben dieser so getroffenen Abgrenzung nach außen waren für den Entschluß innerfranzösische Verhältnisse bestimmend, denn im Falle einer anderen Entscheidung hätten auch sämtliche Söhne der Töchter Ludwigs X., Philipps V. und Karls IV. eine Anwartschaft gehabt. Bald sollte Karl von Navarra, Sohn Johannas und Philipps von Évreux, mit diesem Argument in den Hundertjährigen Krieg eingreifen.

Als ein erweiterter Staatsrat seinen folgenschweren Spruch fällte, war daher die politische Begründung ausschlaggebend, und gleichzeitig kann man von einer erneuerten Königswahl sprechen, die vom nationalen

Denken bestimmt war: Die schwache Rechtsgrundlage läßt die politische Raison um so deutlicher erkennen, nach der die Autonomie der französischen Monarchie oberstes Kriterium sein und bleiben sollte. Für die Zukunft kam alles darauf an, dieses politische Prinzip auf möglichst breitem Fundament zu sichern, um einer mit juristischen Argumenten gestützten Machtpolitik der anderen Seite auf die Dauer standhalten zu können. Die Thronfolge mußte auf diese Weise zur Bewährungsprobe des französischen Nationsbewußtseins und seiner Träger werden. Dabei sind die grundsätzlichen Äußerungen und Beschlüsse der französischen Großen von ihren politischen Überlegungen scharf zu trennen: Nur ein starker König konnte die von Philipp dem Schönen und seinen Vorgängern geschaffene Krongewalt behaupten – die aber bestand auf Kosten des Adels und lief seinen Interessen daher in Vielem zuwider. 1328 war der siebzehnjährige, von seiner Mutter beherrschte Eduard III. noch zu wenig mächtig, aber er würde als König von England und Frankreich stärker sein als der von den fürstlichen Wählern und aristokratischen Fraktionen abhängige Valois, würde englische Berater um sich haben und den Einfluß der Franzosen zurückdrängen. Insofern unterschieden sich die Vorgänge von 1316 und 1328 qualitativ: War es nach dem Tod Ludwigs X. um die politischen Ambitionen eines Mannes gegangen, so stand 1328 eine Grundfrage zum Selbstverständnis der französischen Monarchie und des französischen Adels zur Debatte. Dieser Adel glaubte seine Sache bei einem nationalen Königtum besser aufgehoben und ließ sich nicht, vorerst jedenfalls nicht, für den Engländer gewinnen.
Wie jeder Wahlkandidat hatte Philipp VI. Gegenleistungen zu versprechen und zu erbringen. Königliches Eingreifen in Flandern war erwünscht und wurde zugesagt, ebenso eine Korrektur bestimmter Härten der Reichsverwaltung; vor allem aber mußte die Navarra-Frage geregelt werden: Ludwig X. hatte von seiner Mutter das Königreich Navarra und die Champagne geerbt, und nach dem Tod Karls IV. erneuerte die inzwischen erwachsene Tochter Ludwigs X. ihren Anspruch als älteste Enkelin der Gemahlin Philipps des Schönen. Gegen sie und Philipp von Évreux standen die Töchter Philipps V. und Karls IV. mit dem Argument, daß sie im Gegensatz zu Johanna von Évreux niemals eine Verzichterklärung abgegeben hätten. Der navarresische Adel favorisierte Johanna, denn mit ihr als Königin würde die Unabhängigkeit des Landes größer sein als in der Personalunion mit Frankreich, dessen Amtsträger man kannte und nicht schätzte. Hier gab es also Parteien, zu denen noch ein Interesse des Königs kam, das der Ile-de-France benachbarte Fürstentum Champagne nicht in fremde, vielleicht einmal feindliche Hände gehen zu lassen. Das Conseil übertrug daher im April 1238 Navarra an Johanna von Évreux, die Champagne und Brie an Philipp VI.

Eine Stärkung der königlichen Stellung wird man darin gewiß nicht erblicken können, aber Philipp VI. zog Vorteil aus der Tatsache, daß es am Hof und in der Reichsverwaltung eine Reihe von Personen gab, die schon seinem Vater Karl von Valois verpflichtet gewesen waren und sich dem neuen Herrn loyal zur Verfügung stellten. Sie hatten so bedeutende Positionen inne wie der Jurist Jean Cherchemont, seit 1314 mehrfach Mitglied des Parlements und seit 1316 Kanzler im Dienst Karls von Valois; nach dessen Tod wurde er von Philipp V. als Kanzler übernommen und hielt dieses Amt noch unter Karl IV.: Ein beachtliches Maß an politischer Kontinuität und administrativer Erfahrung fand Philipp VI. in dem alten Vertrauten seines Vaters vor. Auch in anderen Verwaltungszweigen und Ämtern waren ehemalige Protegés Karls von Valois tätig, so der Pariser Bürger Jean Billouart in der Chambre des comptes.
Solche Konstellationen brachten andererseits Schwierigkeiten mit sich, denn viele Angehörige des gräflichen Hofes von Valois und Anjou erhofften sich Vorteile vom Königtum ihres Herrn, konnten aber nicht immer zufriedengestellt werden: Seinen alten Kanzler Jean de Vienne mußte Philipp VI. zum Bischof von Avranches machen, weil das Amt des Reichskanzlers mit Jean Cherchemont hervorragend besetzt war. Anderen aber gelang der Weg in die Reichsverwaltung, so Pierre Forget, dem Bailli von Anjou und Maine, den Philipp VI. 1330 zum Trésorier ernannte, und eine große Zahl seiner mittleren und niederen Verwaltungschargen behielt der Graf von Valois als König im Dienst.
Königsnähe suchten und fanden auch die Großvasallen des Grafen von Valois. Der Herr von Craon wurde 1330 mit der Konfiskation der Guyenne beauftragt, für die Eduard III. seine Huldigung verweigert hatte; aus der Familie der Herren von Anthenaise kam der Jurist Maurice Chamaillart über das Parlement in den Dienst Philipps VI., der ihn für besonders schwierige Aufträge im Anjou, in der Touraine und in Maine verwendet hat.
Andererseits wurden von den Ratgebern und Beamten Karls IV. nur wenige entlassen, so daß sich die Frage stellt, auf welche Art und Weise die neuen Leute untergebracht worden sind. Hier hat Philipp VI. einen Weg beschritten, der ebenso simpel wie kostspielig und in seinen Konsequenzen falsch war. Es begann damit, daß neben die sechs *maîtres d'hôtel* Karls IV. sieben Kandidaten Philipps VI. traten, so daß es fortan dreizehn Verwalter dieses Amtes gab. Den drei diensttuenden *maîtres des requêtes* stellte Philipp mit Guillaume de Ste-Maure, Ayméri Guenaud und Guillaume Bertran ebensoviele aus seiner Klientel zur Seite; 16 neue Notare vergrößerten diese Abteilung auf 47 Mitglieder. Leichter fiel der Wechsel des Personals im Parlement, dessen Mitglieder damals noch jährlich ernannt wurden; hier gab es infolgedessen Veränderungen. Anderes blieb

beim alten: Der Connétable Gaucher de Châtillon versah seine Würde weiterhin und erhielt keinen zweiten Mann an die Seite gestellt, ohne Eingriffe arbeiteten auch die Chambre des comptes und die Trésoriers. Insgesamt zeigt sich also eine Konzeption, die wohl zuverlässige Beauftragte des neuen Königs in wichtige Stellungen brachte, andererseits aber auf Kontinuität bedacht war und die Erfahrungen eingearbeiteter Verwaltungskräfte nutzen wollte. Absolut betrachtet waren Neuzugänge am häufigsten im *hôtel-le-roi* zu verzeichnen, also in der unmittelbaren Umgebung des Königs, sodann im Parlement, während die Finanzverwaltung keine Um- oder Neubesetzungen erfuhr.
Indem der König so die Erwartungen seiner Anhänger und Wähler erfüllen wollte, ohne schmerzhafte Eingriffe in bestehende Kompetenzen vorzunehmen, belastete er den Staatshaushalt und führte Gegensätze zwischen alten und neuen Beratern herauf, die ihrerseits Stellenzusagen einhalten mußten. Nur ein starker Herrscher hätte diese Energien ausgleichen und in den Dienst der Monarchie zwingen können, aber Lektionen, die das Deutsche Reich als Wahlmonarchie seit langem kannte, mußte Frankreich in diesen Jahren lernen. Der Vorsprung einer seit dem Ende des 13. Jh.s gefestigten Reichsverwaltung hatte seine Kehrseite in verbreiteter Unzufriedenheit, die im starken Monarchen nur das Symptom der Auflösung einer alten, historisch legitimierten feudalen Gesellschaftsordnung sah. Hoffnungen auf Rücknahme ungeliebter Zwänge durch den neuen König führten gelegentlich zu der Erwartung, mit ihm werde sich Adelsrecht erneuern, eine vergangene Rechts- und Sozialordnung wiederkehren. Welche Risiken damit auch außenpolitisch verbunden waren, lehrt der Streit um die Grafschaft Artois.
Robert von Artois hatte bei der Erhebung seines Schwagers Philipp von Valois zum König eine wichtige Rolle gespielt, war dafür mit dem Rang

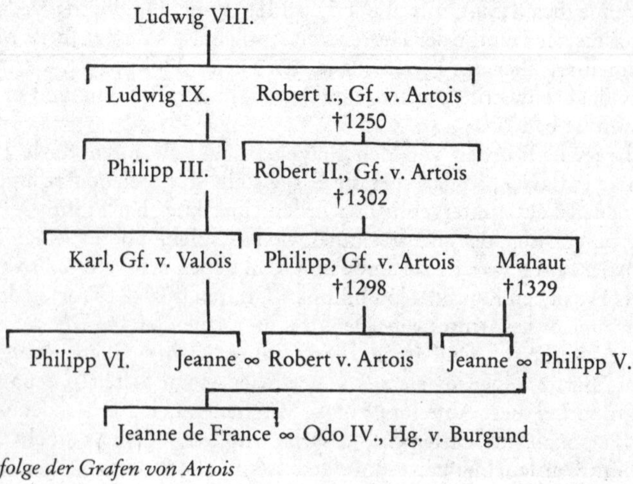

Die Erbfolge der Grafen von Artois

eines Pair von Frankreich belohnt worden und wußte seiner Stimme im Conseil Gehör zu verschaffen. Nun wollte er seine Stellung nutzen, um die schon lange schwärende Wunde erlittenen Unrechts endlich zu heilen: Sein Vater, Philipp von Artois, war 1298 in der Schlacht bei Furnes gegen Wilhelm von Jülich gefallen, vier Jahre vor dem Großvater, der bei Kortrijk sein Leben ließ. Haupterbe und Inhaber der Grafschaft Artois wurde 1302 aber nicht der Enkel, sondern dessen Tante Mahaut, deren politische Stellung gewichtiger war als die des fünfzehnjährigen Robert. 1328 gedachte dieser seinen Anspruch durchzusetzen und schlug die Bahnen des klassischen Lehnsprozesses ein, der eine Entscheidung des Königs notwendig machte. Zunächst gewann er außer dem Herzog von Bretagne auch einen Bruder des Königs, den Grafen von Alençon, für sich, und als Mahaut 1329 starb, zog Philipp VI. die Grafschaft Artois ein. Die nunmehr zu erwartende Entscheidung des Hofgerichts wurde aber vom plötzlichen Tod der legitimen Erbin Mahauts und Witwe König Philipps V., Jeanne von Artois, wesentlich beeinflußt, denn dieser Todesfall mobilisierte Roberts mächtigsten Gegner am Hof: Herzog Odo von Burgund durfte als Schwiegersohn Jeannes mit dem Erbe rechnen, wenn es ihm gelang, Robert auszuschalten. Der Streitfall wirkte polarisierend, und die weitere Behandlung der Sache zeigt die engen Grenzen königlicher Handlungsfähigkeit.

Philipp VI. wollte das Artois bei der Krone lassen und die Ansprüche sowohl Roberts als auch des Herzogs von Burgund durch Zahlungen abgelten, aber die Stände des Artois verweigerten die dafür notwendigen Steuern, so daß die heikle Entscheidung zwischen den beiden Bewerbern nicht umgangen werden konnte. Im nun wieder aufgenommenen Verfahren legte Robert von Artois Urkunden vor, die sich bald als Fälschungen erwiesen und eine ihm zunächst günstige Stimmung heftig umschlagen ließen. Er verlor seinen Anhang, wurde in der Sache abgewiesen und Anfang April 1332 vom Pairshof aus Frankreich verbannt. Daraufhin begab er sich nach England mit dem Vorsatz, im Bündnis mit Eduard III. jenen König zu beseitigen, dessen Wahl er im wesentlichen herbeigeführt zu haben glaubte.

Wirtschaftliche und demographische Lage

Eine von England der französischen Monarchie langfristig drohende Gefahr erscheint stark relativiert, wenn man die Ressourcen des englischen mit denen des französischen Königs unter dem Gesichtspunkt nationaler Volkswirtschaften vergleicht. Das Trügerische des dabei entstehenden Bildes großer französischer Überlegenheit liegt allerdings in seinen falschen Voraussetzungen: Ökonomische Grundlagen wirkten nur als solche, waren potentielle Energien, die noch nicht unter dem Gesetz der Nation Struktur gewonnen hatten und ihrerseits auch ganz ungeeig-

net waren, diese herbeizuführen. Es gab keinen überregionalen französischen Wirtschaftskörper, der im neuzeitlichen Sinn mit gewisser Eigengesetzlichkeit hätte wirken können.
Zu Beginn seiner Regierung unternahm Philipp VI. mehrere Inspektionsreisen, die ihm möglichst genaue Kenntnis vom Zustand des Reiches geben sollten. Vielleicht ist in diesem Zusammenhang eine Aufzeichnung entstanden, die mit der Krondomäne etwa 75 % des Gesamtgebietes der Monarchie beschreibt und recht genaue Auskunft über die regional sehr unterschiedliche Bevölkerungsdichte gibt. So werden für die gut 15000 km^2 des Berry 119835, für das ebensogroße Poitou aber nur 111912 Herdstellen genannt, während sich auf den knapp 5000 km^2 der Prévôté Paris 116986 fanden, davon 61000 in der Stadt selbst, deren Einwohnerzahl demnach ungefähr 200000 Menschen betrug. Weil die Herdstellen damals noch tatsächlich vorhandene Haushalte bezeichneten und nicht, wie seit der zweiten Hälfte des 14. Jh.s, bloße Recheneinheiten der Steuereinnehmer waren, bei Fürsprachen erniedrigt, unter weniger guten Umständen auch willkürlich erhöht, lassen sich mit ihrer Hilfe Ansätze einer Statistik gewinnen, die für Krondomäne, Apanagen und Fürstentümer zusammengenommen eine Bevölkerung von 14,5 Millionen ergibt: Frankreich war das menschenreichste Land Europas, und die 3 Millionen Bewohner Englands nehmen sich dagegen als bescheidende Gruppe aus. Auch die Siedlungsdichte war erstaunlich, wenngleich hier nur stichprobenhaft gearbeitet werden kann. Immerhin aber rechnet die demographische Forschung für die Zeit der beginnenden Valois-Herrschaft mit 50–70 Menschen pro km^2 im flachen Land der Umgebung von Paris, für die Hochflächen des Languedoc mit immerhin 50/km^2 und für das Gesamtreich mit einer durchschnittlichen Bevölkerungsdichte von 7,7/km^2. 90–95 % dieser Menschen lebten auf dem Land und sorgten für den Lebensunterhalt zu Bedingungen, deren Kenntnis für das Verstehen der politischen Abläufe des Jahrhunderts unerläßlich ist.
Im Jahre 1284 hatte der Einsturz des hohen Chores der Kathedrale von Beauvais ein Zeichen gesetzt, das wie eine Grenzmarke für die Fortentwicklung konstruktiver Möglichkeiten des Kirchenbaus und des verbreiteten Optimismus seiner Träger wirkt. Grenzen des Wachstums zeigten sich auch im Rückgang der Ernteerträge seit dem ersten Viertel des 14. Jh.s und in den darauffolgenden Hungersnöten. Die Bevölkerungszunahme, nach einer langen Konjunkturphase nunmehr ohne Aussicht auf weitere Vermehrung der landwirtschaftlichen Nutzfläche anhaltend, ist als Hauptursache einer Depression anzusehen, die wahrscheinlich noch von Klimaverschlechterungen begleitet wurde.
Ökonomische Grundlage war nach wie vor die Landwirtschaft, im wesentlichen also der Getreideanbau, von dem freilich nicht mehr als zwei Drittel der lebensnotwendigen Kalorien erbracht wurden. Die Erträge lagen im Durchschnitt immer noch bei 1:4, mit gelegentlichen Ausnahmen wie im Artois, wo üppige Viehhaltung reichlich Dünger lie-

ferte, der die Ertragsrate auf 1:8 steigen ließ. Unter den Voraussetzungen der Dreifelderwirtschaft waren die südlichen Gebiete mit ihren oft steinigen und trockenen Böden im Vergleich zum Norden benachteiligt. Die Hilflosigkeit gegenüber Wechselfällen der Witterung hatte sich seit dem Frühmittelalter kaum geändert, so daß ein Absinken der Ertragsrate von 1:4 auf 1:3 angesichts der notwendigen Saatgutreserve das Konsumkorn auf zwei Drittel der üblichen Menge reduzierte.
Dieses schon für sich genommen kümmerliche Niveau konnte unter dem Bevölkerungsdruck nicht gehalten werden, so daß es zu periodisch auftretenden Hungersnöten kam. 1361 starben in Brügge und Ypern 5–10% der Einwohnerschaft, 1320/21 traten ähnliche Katastrophen auch im Süden auf, wiederholten sich 1333/34, 1337, 1341/43, jeweils mit entsprechenden demographischen Begleiterscheinungen. Geschwächte Widerstandskraft gegen Krankheiten war die Folge bei den Überlebenden und erklärt teilweise die schnelle Ausbreitung der Pest seit 1348.
Neben dem Getreideanbau wurden Spezialkulturen unterhalten, in denen Flachs und Waid für Textilherstellung und -färberei gediehen. Der Weinbau ließ Burgund, Teile Aquitaniens und selbst der Ile-de-France zu exportabhängigen Anbauregionen werden. Im Lyonnais waren 30% des kulturfähigen Landes mit Weingärten besetzt; eine entsprechende Bedeutung hatte der Waidanbau in der Picardie und im Lauragais. 1356 erwirkten die Orte Avignonet, Fanjeaux, Castelnaudary und Montgiscard (Dépp. Hte-Garonne und Aude) von König Johann II. eine Erlaubnis zum Waidexport, um mit dem Erlös Zerstörungen aus dem Zug des Schwarzen Prinzen auszubessern. In gewissem Umfang gab es also Mittel zur Bekämpfung der Rezession, aber sie war vor allem deshalb nicht abzuwenden, weil das Neue zunächst regional beschränkt wirkte und sich nur sehr langsam ausbreitete. Dazu kamen unüberwindbare Transportprobleme, die Überschüsse nicht in Mangelgebiete kommen ließen. Straßenverhältnisse, Transporttechniken und -kapazitäten führten bei Massengütern zu hoffnungslosem Mißverhältnis zwischen Kosten und Ertrag; Zölle behinderten jeden Warenaustausch, und die Gefahren der Reisewege nahm nur auf sich, wer Gewinn erhoffen durfte.
Im übrigen muß man sich von der modernen Vorstellung einer an Bedürfnissen des Marktes orientierten Produktion freimachen. Der Bauer blieb im hausväterlichen Interesse an Befriedigung des Eigenbedarfs gebunden, blickte selten über den nachbarschaftlichen Horizont hinaus und vermied Risiken. Diese Neigung verstärkte sich in Notzeiten, reduzierte Wagemut und Innovationskraft noch mehr, als sie es ohnehin schon waren. Ehestens im Umkreis der großen Städte, nahe Paris, Bordeaux, in Flandern und an der Mittelmeerküste sah das etwas besser aus, wandelten sich uralte Einstellungen des Landmannes, der Zwängen von Natur und Herrschaft seit Jahrhunderten unselbständig zu folgen gewohnt war. Die Technik hatte sich kaum weiterentwickelt, einzig die Wasserkraft war in breiterem Maße nutzbar gemacht worden und trieb

Mühlen nicht nur zum Mahlen des Korns, sondern auch zum Walken, Sägen, Flachshecheln und als Eisenhämmer. Industrielle Produktion im eigentlichen Sinne aber gab es nur in Flandern, dessen Tuchmacher vom Import englischer Wolle und dem Export ihrer Erzeugnisse ebenso abhingen wie von ständiger Lebensmittelzufuhr.

Überbevölkerung ohne Möglichkeit zum weiteren Landesausbau ließ die Größen bäuerlicher Betriebe abnehmen: Im Norden der Picardie durchschnittlich um die Hälfte, im Süden um ein Drittel. Höfe mit oft weniger als 2–3 ha Nutzfläche konnten die Familien der Bauern nicht mehr ernähren; schon auf den fruchtbaren Böden des Pariser Beckens brauchte es 5–6 ha zum Unterhalt einer fünfköpfigen Familie. Wir müssen damit rechnen, daß in der ersten Hälfte des 14. Jh.s zwei Drittel aller Höfe ihren Besitzern nicht mehr das Existenzminimum sichern konnten, so daß diese Bauern meist nur auf Kosten ihrer Unabhängigkeit überleben konnten. Demgegenüber fanden sich Grundherrschaften mit einer Durchschnittsgröße von knapp 100 ha; größere Einheiten gab es besonders im Norden (Tremblay mit 200, La Loge-en-Brie mit 300 ha; beide gehörten dem Kloster St-Denis), aber sie waren eher die Ausnahme: Unter seinen 12 wichtigsten Grangien besaß das Kloster St-Germain-des-Prés drei mit jeweils mehr als 100 ha. Über Adelsbesitz ist nur weniges aus Kaufverträgen bekannt und weist insgesamt auf durchschnittliche Betriebsgrößen von 50–80 ha hin.

Anlehnung an diese Großbetriebe war die wichtigste Nebenerwerbsquelle für notleidende Bauern, und das lief in den meisten Fällen auf Zinsverhältnisse hinaus. Gewerbliche Arbeit war allenfalls im Languedoc zu bekommen, weil dort das Handwerk auch in den ländlichen *burgi* Fuß gefaßt hatte, sowie im Umland der flandrischen Städte. Natürlich arbeiteten Handwerker auch auf den Dörfern der übrigen Landesteile als Müller, Stellmacher, Sattler, Schmiede, Maurer oder Küfer, aber ihre Tätigkeit deckte den lokalen Bedarf und fiel als ausbaufähiges Beschäftigungsfeld nicht ins Gewicht. Eher kam Saisonarbeit auf größeren Betrieben in Frage, zur Getreideernte, beim Heu, im Weinberg. Hier waren, soweit das gelegentlich zu sehen ist, die Löhne hoch: Die 12. Garbe im Artois (1320), für ein Vierteljahr Arbeit auf der Hospitaliterkommende in Bras (Dép. Var) der Gegenwert der Jahresproduktion einer Bauernstelle von 12 ha. Bis zu 48 % der gesamten Ausgaben einer Wirtschaft konnten durch Saisonlöhne gebunden werden, weshalb denn auch viele Grundherrschaften in den ersten Jahrzehnten des 14. Jh.s durch solche Beschäftigungsverhältnisse unproduktiv werden sollten. Diese Entwicklung ließ sich um so weniger vermeiden, als Frondienste kaum noch zu erlangen waren und notwendige Arbeitsleistungen bezahlt werden mußten. In dieser Hinsicht waren Grundherrschaften Großunternehmen mit Auftragsvergabe, und von ihnen hing das Überleben der ländlichen Bevölkerung ab: Herrschaft war zu Beginn des 14. Jh.s konjunkturabhängiger als früher.

Die Existenzbedingungen der besonders im Norden dominierenden

Grundherrschaft waren freilich nicht günstig. Häufig erlag sie einem allmählichen Auflösungsprozeß durch Realteilung, wie sie z. B. die *coutume* der Ile-de-France vorsah; auch im Lyonnais und im Beaujolais scheint Teilung unter viele Inhaber die Regel gewesen zu sein. Überall haben König, Fürsten und Großvasallen die Grundherrschaften bedrängt und beschnitten, wobei Prozesse um Gerechtsame eine wichtige Rolle spielten. Schließlich erfaßte die kommunale Bewegung auch die Landgemeinden, so daß die Bauern den Herren als geschlossene Gruppe gegenübertreten konnten, um Rechte an Weide und Wald oder Zinssätze durchzusetzen. Mit steigender Bevölkerungszahl verschärften sich solche Konflikte; immer öfter wurden Rechte und Pflichten schriftlich festgehalten und die Herrschaft damit geschwächt, denn fixierte Zins- und Abgabesätze verloren im gleichen Maß an Wert wie die umlaufende Münze. Die Einnahmen der Herren gingen zurück, weil der Bauer sich zum Nutznießer einer seit dem 13. Jh. steigenden Inflationsrate machen konnte. Je mehr Aufwendungen der einzelne Adlige für standesgebundenen Lebensstil und kompliziertere militärische Ausrüstung machen mußte, um so schwerer fiel es ihm, den notwendigen Standard zu halten. Die Belastungen des Krieges, besonders nach den ersten großen Schlachten fällig werdende Lösegeldzahlungen, trafen den Adel Frankreichs in der Substanz und führten zu starken Verschiebungen innerhalb der Führungsschicht des Landes.

Welche Auswege boten sich in dieser Lage an? Zunächst eine in gewisser Weise spekulative Spezialisierung, wie sie mit dem Weinbau im Pariser Becken, der Viehzucht im Artois und der Fernweidewirtschaft (Transhumanz) großer Herden im Süden betrieben wurde. Damit war anfangs mehr zu verdienen als beim Getreideanbau, aber auch hier stiegen im Laufe der Zeit die Löhne, während die Produktpreise relativ stabil blieben. Beliebt war Übergang zur Rentenwirtschaft, weil sie sichere (wenn auch niedrigere) Einkünfte aus verpachtetem Land brachte. Die Rentenwirtschaft bot den Vorteil einer vorausschauenden Finanzplanung und sicherte dem nun von den Sorgen der Eigenwirtschaft befreiten Grundherrn Abkömmlichkeit, die er in dem Maße brauchte, in dem die Krone Dienste forderte oder verhieß, von deren Übernahme auf längere Sicht die Standesqualität abhängen konnte. Als Pächter bewarben sich meist reiche Bauern der Umgegend, und mitunter waren auch die grundherrlichen Rechte Gegenstand des Pachtvertrages. Schlechte Ernten gaben selbst geistlichen Instituten Anlaß, ihren Besitz zu verpachten; der wohl berühmteste Fall ist die Aufgabe der Eigenwirtschaft für die Grangie Vaulerent nördlich von Paris durch die Zisterzienserabtei Chaalis (Dep. Oise) im Jahre 1315. Kurze Laufzeiten der Pachtverträge von 3–10 Jahren und sinkende Pachtraten kennzeichnen dieses Verfahren als unwirtschaftlich, wenn nicht gar defizitär: Zwischen 1331 und 1341 fielen die Renten aus 11 Grangien des Klosters St-Denis real um 8 %.

Aufs ganze gesehen war die Lage nicht ungefährlich, ohne daß schon von einer Agrarkrise gesprochen werden sollte. Die Depression ergriff langsam alle Regionen und Wirtschaftszweige, sie beschleunigte sich in den seit 1337 vom Krieg, seit 1348 von der Pest betroffenen Gebieten, hatte ihre Ursache aber nicht in Krieg und Seuche. Geschädigt wurde in erster Linie der Adel, während die bäuerliche Bevölkerung noch günstigere Bedingungen vorfand und entsprechend zunahm. Sie verdankte ihre Existenz freilich der Grundherrschaft. Ging diese unter, mußte es zur wirklichen Krise kommen.

Sozialstruktur und soziale Spannungen

Mit solchen Veränderungen der wirtschaftlichen Großlage gingen Wandlungen der Sozialstruktur einher. Beim Adel zeigte sich seit langem eine Abstiegsbewegung, die etwa im Gebiet von Bar-sur-Aube in der Champagne von 60 zu Anfang des 13. Jh.s bekannten Adelsfamilien im Jahre 1300 nur 25 übrig gelassen hatte. Einige von ihnen waren auf natürlichem Wege erloschen, die meisten aber in der Bauernschaft aufgegangen. Umgekehrt erreichten seit Beginn des 14. Jh.s Großbauern, z. B. im Hennegau, Adelsrang, ebenso Teile des städtischen Patriziats. Der Adel war als Stand keineswegs abgeschlossen, und den aufgestiegenen Bauern und Bürgern entsprach ein aristokratisches Proletariat, dessen wirtschaftliche Grundlage ritterliche Lebensform, diesen unentbehrlichen Ausweis ständischer Qualität, nicht mehr erlaubte. Die wirklich großen Grundherrschaften lagen in den Händen bedeutender Familien und der Kirche. Nach 1300 sind im Lyonnais adlige Eigenwirtschaften im ökonomischen Gesamtgefüge der Region kein bedeutender Faktor mehr, auch in der Ile-de-France waren die meisten Adligen von den Bauern kaum mehr zu unterscheiden, litten Not wie diese. Entweder mußten die Söhne solcher Familien reich heiraten, also eine Bürgerstochter zur Frau nehmen, oder Dienste großer Herren suchen, in der königlichen oder fürstlichen Verwaltung ihr Brot erarbeiten, als Söldner kämpfen. 1341 besaß ein gewisser Adam Malaisie in Mitry (Dép. Seine-et-Marne) ein Haus, einen zinspflichtigen Bauern und die niedere Gerichtsbarkeit über diesen, verfügte über zwei Vasallen, von denen der eine sein eigener Bruder war und denen er Wohnhäuser stellte. Die meisten Bauern in der Nachbarschaft hatten mehr für ihren persönlichen Lebensunterhalt als dieser *seigneur*, der einen typischen Fall darstellt, in den nun reichlicher fließenden Quellen (Zinsregister, Kaufverträge über Veräußerung des gesamten Besitzes, Testamente und Notariatsinstrumente im Süden) hundertfach auftretend. Ein 1332 angelegtes Lehnbuch Philipps VI. erfaßt ungefähr 1000 Personen und zeigt für Gâtinais, Orléanais und südwestliche Champagne in der Mehrzahl solche bedürftigen Angehörigen des Adels.
Die Bevölkerungsstruktur im allgemeinen ist nur näherungsweise zu

bestimmen und wird an Ergebnissen regionaler Untersuchungen sichtbar, die sich nicht immer zu einem widerspruchsfreien Bild vereinen lassen. Für das Cambrésis ist um 1300 mit einer Gliederung zu rechnen, die 12 % der Bevölkerung als Bettler, Besitz- und Obdachlose einstuft, 33 % als Heuerlinge, 36 % als Kleinbauern mit knapp gesichertem Existenzminimum, 16 % als Bauern mit durchschnittlich 3 ha Besitz, 3 % als größere Bauern und Kleinadel. Ein grobes Raster für die Picardie zeigt 10 % arme Bauern, 30 % Bauern in unsicherer Lage, 40 % Kleinbauern mit sicherem Existenzminimum und 20 % größere Bauern. Jede Dorfgemeinschaft war ein Spiegel der Gesellschaft mit dem Pfarrer als Vertreter des Klerus, Adel, Bauern und Angehörige der Randgruppen.
Politischer, Rechts- und Sozialstand fielen nicht immer zusammen, so daß wir eine dörfliche Honoratiorenschicht annehmen müssen, die im wesentlichen aus größeren Bauern bestand und Entscheidungen der Gemeinde vorprägte, Abgabenlasten verteilte, Arbeit zu vergeben hatte und oftmals härter bedrückt haben mag als ein Grundherr. Diese Lage ist in Rechnung zu stellen, wenn man nach Ursachen für Aufstände, oder, oftmals wichtiger und schwieriger, Gründen für ihr Ausbleiben sucht: Spannungen innerhalb der Landbevölkerung waren häufig größer als zwischen Herren und Bauern. Der Rückgang bäuerlicher Nutzungsrechte an Wald und Weide vollzog sich langsam und stetig, erzeugte eine konstante Mißstimmung, die selbst gegen prinzipiell im Interesse aller liegende Maßnahmen der Herren Opposition hervorrief und in einem Land, dessen Bevölkerung mit den vorhandenen Mitteln nicht mehr zu ernähren war, Konflikte im Gefolge haben mußte. Die flandrischen Unruhen von 1323–1328, jene erste der großen Volkserhebungen Westeuropas, hatten ihre Ursache in der scharfen Beschneidung althergebrachter Bauernrechte. Hier wie später, 1358, in der Ile-de-France revoltierten zuerst die Bewohner dichtbesiedelter, am wenigsten mit Wald und Weide versehener Gebiete.
Die Einkünfte der Grafen von Flandern waren in einer Folge von Mißernten reduziert worden und sollten durch erhöhte Abgaben ausgeglichen werden. Eine Flaute im Tuchhandel führte dazu, daß der Widerstand des Landes sich mit städtischer Opposition vereinte, Bauern taten sich mit den Walkern und Webern von Brügge und Ypern zusammen. Weniger die Grundherrschaft war Ursache des Aufstandes als eine Verwaltung, deren Lagebeurteilung realitätsfern war und die Leistungsfähigkeit des Landes ebenso falsch einschätzte wie die latenten sozialen Konflikte in den Städten, wo die Kluft zwischen Arm und Reich sich vertiefte und überschüssige Arbeitskraft der verarmten Landbevölkerung die ansässigen Gewerbe langfristig schädigte. Dieses Phänomen war nichts spezifisch Flandrisches, sondern fand sich auch in Frankreich, wo die Steuerlisten für Toulouse im *burgus* St-Sernin 1335 7 % der Steuerpflichtigen im Besitz von 61 % des geschätzten Vermögens zeigen; in Reims hielten um das Jahr 1330 20 % der im erzbischöflichen Bannbezirk ansässigen

Grundstückseigentümer zwei Drittel des gesamten liegenden Gutes. Wie in Flandern begann auch in Frankreich die Bevölkerungszahl der Städte zu Beginn des Jahrhunderts zu stagnieren, um dann zurückzugehen: In Reims bis 1330 um rund 10%, ähnliche Werte gelten für Marseille, Rouen, Narbonne, Toulouse: Die gemeinsamen Züge der wirtschafts- und sozialgeschichtlichen Befunde sind hinreichend deutlich zu erfassen.

Die flandrischen Unruhen

Der flandrische Aufstand richtete sich zunächst gegen die gräfliche Verwaltung, weitete sich in zweiter Linie gegen die Schöffen der Städte aus, dann gegen den Klerus wegen der kirchlichen Zehntforderung und erst zuletzt gegen diejenigen Grundherren, die sich den Aufständischen nicht anschließen wollten. Er rührte damit an die Grundfesten eines labilen politischen Gefüges:

Graf Ludwig von Nevers, der seit 1332 in Flandern herrschte und mit einer französischen Prinzessin von Geblüt verheiratet war, hatte seine Erziehung am Pariser Hof erhalten; er stützte sich in seiner Grafschaft auf Teile des Adels und auf das städtische Patriziat. Zünfte und wirtschaftlich aufstrebende, nicht an der Oligarchie beteiligte Kaufmannschaft standen gegen ihn, so daß die Erhebung von 1323 sofort zur grundsätzlichen Bedrohung der gräflichen Herrschaft wurde. Der Adel mußte seine Kräfte auf den Existenzkampf gegen die Bauern konzentrieren, und mit besonderer Grausamkeit stritt man auf beiden Seiten um Erhalt oder Umsturz der bestehenden Ordnung. Als die städtische Opposition sich den Bauern anschloß und mit Ausnahme Gents alle flandrischen Stadtgemeinden für den Grafen praktisch verloren waren, zeigte der Konflikt seine überregionale politische Bedeutung: Mit den bürgerlichen *leliaerts* und der ländlichen Aristokratie mußte Ludwig von Nevers untergehen, die französische Position in Flandern aufgelöst werden. Schon wandte sich der Bürgermeister von Brügge hilfesuchend nach England und bot Eduard III. die Anerkennung seines Anspruchs auf den Thron von Frankreich an, wenn englische Truppen die Neuordnung Flanderns garantierten. Damit aber waren französische Interessen so offenkundig verletzt, daß Philipp VI. am 20. August 1328 in Flandern einmarschierte. Drei Tage später kam es nordöstlich von St-Omer bei Cassel zur Schlacht, in der das Ritterheer des Königs die flandrischen Kommunalmilizen vernichtend schlug. Begründete Schätzungen rechnen damit, daß mehr als die Hälfte der stadtbürgerlichen Mannschaft getötet worden ist, während die Franzosen nur geringe Verluste erlitten. Diese für mittelalterliche Schlachten hohe Gefallenenrate erklärt sich daraus, daß die Städter seit Kortrijk dafür bekannt waren, im Gegensatz zur Kampfesweise der Rit-

terheere grundsätzlich keine Gefangenen zu machen und das Lösegeldsystem nicht zu akzeptieren. Wer von ihnen besiegt wurde, sah dem sicheren Tod ins Auge, und deshalb durfte umgekehrt der Bürger nicht auf Schonung rechnen.
Mit dieser Niederlage war Flandern unterworfen: Ypern ergab sich bedingungslos. Brügge folgte nach kurzen Verhandlungen, so daß Ludwig von Nevers auf französische Militärpräsenz gestützt ein strenges Regiment über die Grafschaft aufrichten konnte. Wie hoch der französische Hof die Bedeutung der Schlacht einschätzte, zeigt die Stiftung seines Reiterstandbildes durch Philipp VI. für die Kathedrale von Paris. Der König folgte damit einem alten, längst verchristlichten Ritual des Siegopfers; 1066 hatte Wilhelm der Eroberer auf dem Schlachtfeld von Hastings Battle Abbey gestiftet, Philipp II. August gründete nach dem Tag von Bouvines das Kloster La Victoire bei Senlis, und der Sieg Karls VI. bei Roosebeke sollte im Jahre 1382 die Rüstung des Königs als Geschenk an die Kathedrale von Chartres bringen. Die im ganzen kritische Situation des neuen Königtums mit ihren tieferen, teilweise von den capetingischen Vorgängern ererbten Ursachen wurde durch den militärischen Erfolg freilich nur fürs erste überwunden. Grundlegend verbessert wurde sie nicht und sollte später, nach dem englischen Sieg bei Maupertuis im Jahre 1356, in ihrer ganzen Tragweite von jedermann erkannt, freilich unterschiedlich bewertet werden. Zunächst aber machte der reiche Genter Tuchhändler Jakob van Artevelde seinen Mitbürgern den Widerspruch zwischen einer an Frankreich ausgerichteten Politik des Grafen von Flandern und den wirtschaftlichen Interessen der Städte deutlich und drängte zu politischen Konsequenzen, die geradezu exemplarisch alle Abhängigkeiten eines auf dem Exportgewerbe ruhenden Staates von den Entscheidungen der Großmächte erkennen lassen. England und Frankreich lenkten die flandrischen Geschicke der nächsten Jahrzehnte.

Bündnispolitik Eduards III.

Eduard III. verfolgte zwei festumrissene Ziele: Behauptung der Guyenne und Durchsetzung seines Thronanspruchs. Aus diesen Absichten ergab sich seine Bündnispolitik, die ihm europäische Unterstützung sichern sollte, und es folgten daraus auch bestimmte strategische Vorbereitungen. Die englischen Besitzungen im Süden Frankreichs mußten befestigt werden, wobei der Stadt Bordeaux erstrangige Bedeutung zukam; im Norden sollte ein Brückenkopf geschaffen werden, von dem aus sowohl die militärischen Operationen einer Invasionsarmee als auch ihre Versorgung aus sicheren Häfen möglich war. Dafür kam nur Flandern in Frage, und deshalb hatte die Grafschaft eine Schlüsselrolle im englischen Kalkül, dessen letzter Zweck die Beseitigung des französischen Königs in einer sorgfältig vorbereiteten, alles entscheidenden Schlacht war. Der Krieg begann nicht als Konflikt von Ländern und Völkern, sondern unter den Bedingungen personaler Herrschaft als Kampf zweier riesiger Lehnsverbände. Langsam, aber mit ermutigenden Erfolgen kam das geplante Bündnissystem in den nächsten Jahren voran. Zunächst traten die Grafen von Geldern, Looz, Jülich und Mark auf die englische Seite, gefolgt vom Herzog von Brabant, den Grafen von Hennegau-Holland und Nassau, dem Herzog von Österreich und dem Erzbischof von Trier. Der Bischof von Lüttich aber und Ludwig von Nevers, die wichtigsten Figuren des Spiels, zögerten und verhielten sich letztlich ablehnend, so daß Eduard III. im Jahre 1336 auf das bewährte Mittel der Exportsperre für englische Wolle zurückgriff und es diesmal in seiner Wirkung auf Flandern noch dadurch ergänzte, daß er die Einfuhr ausländischer Tuche in sein Reich verbot. Nicht nur die Handwerker sollten getroffen werden, sondern auch der Handel und mit ihm das Patriziat der flandrischen Städte gemeinsam mit der nichtpatrizischen, aber besonders dynamischen Kaufmannschaft. Um seinen Wünschen weiteren Nachdruck zu geben, erließ Eduard III. Einwanderungsprivilegien für Textilhandwerker und schuf damit die Grundlage der eigenen englischen Tuchindustrie. Zwar sollte es noch Jahrzehnte dauern, bis sie eine ernsthafte Konkurrenz darstellen konnte, aber dem sachkundigen und vorausschauenden Kaufmann mußte sofort klar sein, was die Ansiedlung einer Manufaktur in der Nähe des Rohstoffs für die Zukunft bedeuten würde. Vorsichtigen, dann immer drängenderen Forderungen der Händler und Handwerker, eine Lockerung der Blockade durch Verständigung mit dem englischen König zu erreichen, verschloß sich Ludwig von Nevers und machte damit klar, daß er die wirtschaftlichen Grundlagen Flanderns und seiner Städte den französischen Interessen zu opfern bereit war.

In dieser Stunde setzte sich Jakob van Artevelde, Sohn eines Schöffen seiner Vaterstadt Gent, an die Spitze der arbeitslosen Textilhandwerker und der in ihren Geschäften behinderten Kaufleute. Am 3. Januar 1338 wählten ihn die Genter gegen das bisher herrschende Regiment zum Oberhaupt der revoltierenden Stadt, und schon im April kamen Abgesandte vieler flandrischer Kommunen, auch aus Brügge und Ypern, im Kloster Eeckhoutte zusammen; sie bildeten eine Allianz, an deren Spitze Jakob van Artevelde zum faktischen Regenten der Grafschaft wurde. Ludwig von Nevers, dessen Lage damit unhaltbar geworden war, ging im Februar 1339 ins Pariser Exil. Eingedenk der Erfahrungen von 1328 ließ sich Jakob van Artevelde trotz dieser Anfangserfolge nicht von einer vorsichtigen Politik abbringen und bot dem englischen König statt des Bündnisses Neutralität gegen Lockerung der Blockade. Für die weitgreifenden Ziele Eduards III. war ein solches Konzept natürlich nicht brauchbar, zumal der englische Hof im Jahre 1337 von der Krone Frankreichs durch Konfiskation der Guyenne provoziert und zum Handeln gedrängt worden war. Im Frühsommer 1339 landete eine englische Armee und bezog

Standlager in Brabant, wo sie die von Kaiser Ludwig dem Bayern versprochenen Hilfstruppen freilich vergebens erwartete. Nach wochenlanger Verzögerung führte Eduard das Heer nun südwärts und begann eine Belagerung der Stadt Cambrai, die er aber bald wieder abbrechen mußte. Da sich sein französischer Rivale im Feld nicht stellte, endete diese erste Campagne des langen Krieges ohne greifbares Ergebnis.

Demgegenüber war es eine Genugtuung, daß Flandern durch die andauernde Krise für ein reguläres Bündnis reif wurde, das am 3. Dezember 1339 in Antwerpen geschlossen werden konnte. Artevelde unterzeichnete einen Vertrag, in dem Eduard III. als König von Frankreich anerkannt wurde und dafür die Rückgabe der 1305 an Philipp den Schönen abgetretenen Städte Lille, Douai und Orchies versprach. Ludwig von Nevers erklärte sofort, daß er dieses Abkommen niemals akzeptieren werde und brachte Eduard III. damit in eine zweifelhafte Situation, denn als König von Frankreich würde er Lehnsherr des legitimen Grafen von Flandern sein; gegen diesen Vasallen hatte er sich soeben mit einem Aufrührer verbündet und damit eine Ordnung verletzt, auf der auch seine eigene Stellung beruhte. Der augenblickliche Vorteil aber ließ solche Bedenken vergessen, und im Januar 1340 hielt Eduard in Gent einen Hoftag, auf dem er offiziell den Titel eines Königs von Frankreich und England annahm, die Lilie neben die drei Leoparden in sein Siegel und Reichswappen stellte. Für den 6. Februar rief er Barone und Städte zur Huldigung,

In einer für die französische Öffentlichkeit bestimmten Erklärung unterstrich der König seine für jedermann in ihrer rechtlichen Begründung leicht erkennbaren Thronrechte, die ihm als göttliche Gnade zugefallen und deshalb schlechthin unaufgebbar wären; er empfahl sich als Hüter der alten, unter Ludwig dem Heiligen vorbildlich gewordenen Rechtsordnung und sprach damit die unzufriedenen Opfer der seit Philipp dem Schönen immer kräftiger wirkenden Reichsverwaltung an. Niemals mehr werde Frankreich Münzverschlechterungen, ungesetzliche Abgabenforderungen oder die Verletzung alter, persönlicher Rechte des einzelnen erleben und die Regierung würde nur im Einvernehmen mit den Pairs, den geistlichen und weltlichen Standesvertretern ausgeübt werden. Kurzum: Ein idealer Herrscher stand bereit, die drückenden Mißstände der französischen Monarchie mit einem Schlag aufzuheben. Ein bedeutender militärischer Erfolg verschaffte dieser Position Respekt, denn am 24. Juni 1340 wurde ein großer Teil der französischen Flotte im Hafen von Sluis an der heute verlandeten Mündungsbucht des Zwyn zerstört; fortan blieb die ungeteilte Seeherrschaft bei den Engländern. Weil die Jahreszeit aber fortschritt, ohne eine Entscheidung zu bringen und beide Parteien unter Mangel an Lebensmitteln zu leiden hatten, schloß man am 25. September in Esplechin bei Tournai einen auf zwei Jahre befristeten Waffenstillstand.

Wäre das mit den flandrischen Kämpfen und dem Einzug der Guyenne für die französische Krone manifest gewordene, durch den Waffenstillstand notdürftig aufgehaltene lange Ringen, dieser Hundertjährige Krieg zwischen England und Frankreich, vermeidbar gewesen? Trotz aller Studien zu Frieden und Konflikt werden sich Fragen solcher Art niemals präzis und wissenschaftlich haltbar beantworten lassen; der hier zugrundeliegende Streit um die französischen Thronrechte basierte jedenfalls auf einem weder dynastisch noch lehnrechtlich aufzulösenden Widerspruch und konnte auf dieser Ebene nicht beigelegt werden. Erst im Rückblick, aus der Erfahrung der nationalen Staatengeschichte Europas, erscheint die englische Forderung unnatürlich und deshalb als von vornherein vergeblich. Für die Zeitgenossen beiderseits des Kanals galt aber eine durchaus andere Perspektive. Erbfolge, Lehnrecht und ein sehr personal bestimmtes politisches Interesse bildeten als leitende Faktoren Theorien und Motive für Entscheidungen, die man in ihrer spezifischen Bedingtheit kennen muß, um den Ablauf der folgenden Ereignisse zu verstehen. Schon der Kampf um die bretonische Erbfolge zeigt im kleinen die Struktur des großen Krieges.

Bretonischer Erbfolgekrieg

Kurz nach seiner Rückkehr aus Flandern, wo er Philipp VI. gedient hatte, war Herzog Johann III. von Bretagne gestorben, ohne einen legitimen Erben zu hinterlassen. Seine Nichte Johanna von Penthièvre war mit Karl

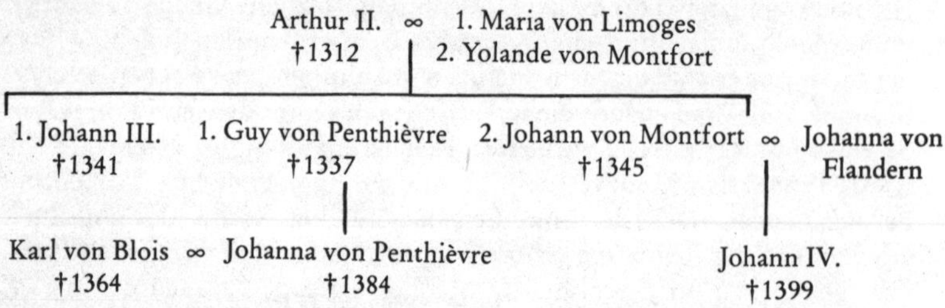

Die Erbfolge der Herzöge von Bretagne

von Blois verheiratet, einem Neffen des französischen Königs, und sie erhob Anspruch auf das Erbe des verstorbenen Herzogs, dessen Halbbruder Johann von Montfort freilich ebenfalls Rechte geltend machen konnte. Angesichts dieser Konstellation und der folgenden Auseinandersetzung innerhalb der Familie spaltete sich das Land: Der französischsprachige Teil, im wesentlichen die Gebiete der Diözesen Rennes, Nantes, Dol, St-Malo und ein Teil des Bistums St-Brieuc, schlug sich auf die Seite Johannas von Penthièvre und trat damit für Karl von Blois ein, während die keltische »Bretagne bretonnante« mit den Diözesen Tréguier, Léon, Cornouaille-Quimper und Vannes Johann von Montfort anhing.

Natürlich konnte Karl von Blois auf Philipp VI. zählen, und Eduard III. sollte in der energischen Gemahlin Johanns von Montfort, Johanna von Flandern, eine wichtige Verbündete an strategisch exponierter und für die Zukunft bedeutender Stelle finden.
Eigentlich hätte der König von Frankreich nicht für Johanna von Penthièvre eintreten dürfen, denn sein eigenes Königtum war auf dem neu konstituierten Prinzip des Ausschlusses der Frau vom politischen Erbe begründet, aber schon das Familieninteresse des Hauses Valois gebot Hilfe für Karl von Blois, und vor allem waren Positionen gegenüber dem englischen König zu behaupten. Johann von Montfort hatte nämlich sofort die Hafenstädte Brest, Vannes und Hennebont besetzt und mit Suscinio, Auray und Ploërmel wichtige Burgen genommen, noch ehe Karl von Blois seine Zurüstungen beendet hatte. Im Juli 1341 trat der Montfort in Windsor vor Eduard III., erkannte ihn als seinen legitimen Herrn und König von Frankreich an und huldigte für die Bretagne. Als Reaktion darauf versammelte sich am 7. September der französische Pairshof in Conflans, sprach die Bretagne Karl von Blois zu und beauftragte den ältesten Sohn Philipps VI., Herzog Johann von der Normandie, mit der Exekution des Beschlusses. An der Spitze eines stattlichen, durch italienische Söldner verstärkten Heeres zog der Prinz daraufhin gegen Nantes, eroberte die Stadt im Handstreich und konnte Johann von Montfort gefangennehmen. Der französische Hof hielt die Sache damit offensichtlich für entschieden; das Heer verließ die Bretagne und räumte vorschnell einen Kampfplatz, der in den folgenden 23 Jahren immer wieder Kräfte binden sollte. Man hatte in Paris die Hartnäckigkeit und den persönlichen Mut Johannas von Flandern weit unterschätzt.
Sie hatte sich mit englischer Hilfe noch aus dem vom französischen Heer belagerten Hennebont befreien können und erhielt auch weiterhin die tatkräftige Unterstützung Eduards III., den der Vertrag von Esplechin militärisch entlastet und in die Lage versetzt hatte, sich für einige Zeit ganz auf die bretonische Frage konzentrieren zu können. Auch der Tod Johanns von Montfort im September 1345 änderte die Lage nicht, denn nun stritt Johanna von Flandern für ihren Sohn Johann IV., dessen Schutz und Interessenvertretung der englische König formell übernahm. Angesichts starker Rüstungen Philipps VI. schienen freilich Verhandlungen ratsam, die unter Vermittlung päpstlicher Legaten geführt und am 19. Januar 1343 mit dem Vertrag von Malestroit abgeschlossen wurden. Bis zum Herbst 1346 sollte Waffenstillstand herrschen und ein Status quo aufrecht erhalten werden, indem Karl von Blois Rennes und Nantes, damit also die Hochbretagne, beherrschen sollte, während nahezu die ganze Niederbretagne den Montfort überlassen blieb. Eduard III. hatte eine weitere Basis auf dem Kontinent gewonnen.
Die Schwäche der englischen Position lag freilich in ihrer Abhängigkeit von den inneren Verhältnissen der verbündeten Regionen. Eduard III. mußte auf Vorgänge reagieren, die er kaum beeinflussen konnte, die der

Linie seiner Politik ihre klare Bestimmung nahmen und im Rückblick den Anschein des Verzettelns oder der Untätigkeit erwecken. Mühsam hergestellte politische Gleichgewichte konnten sich binnen kurzem verschieben und damit grundlegend neue Lagen schaffen. Das war in Flandern der Fall, wo die unter Jakob van Artevelde aufgerichtete Vormacht Gents zunehmend eigenen Interessen und Gesetzen folgte, so daß die anderen Städte ihre Autonomie beeinträchtigt sahen. Die Zunftherrschaft trug darüberhinaus alte Rivalitäten in die Stadtregierungen, Weber und Walker bekämpften sich in teilweise blutigen Auseinandersetzungen. Trotz Aufhebung der englischen Rohstoffsperre fiel die Tuchproduktion in Gent und Ypern gegenüber Brügge zurück, was seine Ursache in der veränderten Marktorientierung der mitteleuropäischen Abnehmer hatte. Der einzelne Genter Weber sah aber nur seine persönlichen Nachteile und machte Artevelde dafür verantwortlich. Ludwig von Nevers schürte die wachsende Unzufriedenheit und fand vor allem in den kleineren Städten Flanderns Gehör, wo man die beim Umsturz angekündigten besseren Zeiten ebenfalls vergebens erwartete und zusätzlich durch ein päpstliches Interdikt über die ihrem Grafen untreuen Flandrer geängstigt war. In Gent hatten mittlerweile die Weber das Heft in der Hand und forderten die Stadtregierung für sich, so daß Jakob van Artevelde, in dem verzweifelten Bemühen um Sicherung seiner Stellung, dem englischen Thronfolger gegen sofortige Hilfeleistung die Grafschaft Flandern anbot. Damit aber war der Bogen überspannt; ein Tumult der Weber brachte Jakob van Artevelde am 17. Juli 1345 den Tod.

Crécy (1346)

Damit war für Eduard III. eine Entscheidung gefallen. Monatelang hatte der englische Hof beraten, ob die große Schlacht in der Guyenne oder im Norden gesucht werden sollte; nun landete eine starke Invasionsarmee, etwa 15000 Mann, am 12. Juli 1346 bei St-Vaast-la-Hougue im Osten der Halbinsel Cotentin. Der erste großangelegte Feldzug des Hundertjährigen Krieges, die erste der berühmten englischen *chevauchées*, hatte begonnen und zeigt geradezu idealtypisch Taktik, Strategie, politischen Endzweck. Die Wahl des Landungsortes ging auf einen Rat des im englischen Exil lebenden normannischen Grundherrn Gottfried von Harcourt zurück, der dem englischen Heer als ortskundiger Führer zu großen Anfangserfolgen verhalf. Weil Philipp VI. die Landung in der Bretagne oder in Flandern erwartet hatte, war die Normandie gänzlich ungeschützt, fortifikatorisch nicht verteidigungsbereit und den englischen Heersäulen hilflos ausgeliefert.
Valognes, Carentan, Caen wurden eingenommen; weiter ging der Zug über Lisieux und Louviers, überschritt am 16. August die Seine bei Poissy:

Mit einem Angriff auf Paris mußte gerechnet werden, auf die schlecht befestigte, an mehreren Stellen schon über die alte Mauer Philipps II. hinausgewachsene und gar nicht ernsthaft zu verteidigende Hauptstadt, deren Bevölkerung nun in Panik geriet und vom König einen schützenden Gegenfeldzug erwartete. In Wirklichkeit hatte Eduard III. nicht die Absicht, Paris zu erobern, denn für ein solches Abenteuer gab es keinen vernünftigen Grund. Die Krönung zum König von Frankreich mußte in Reims erlangt werden, so daß die Opfer eines Sturms auf Paris unter diesem Gesichtspunkt vergeblich erbracht worden wären, zumal die Stadt auf Dauer nicht hätte gehalten werden können und ein politischer Gewinn dort also nicht zu erzielen war. Der englische König wollte vielmehr Flandern für sich behaupten und bestimmte als nächste Marschziele Boulogne und Calais. Das konnte man in Paris aber nicht sicher wissen, so daß die auf Zeitgewinn und allmähliche Ermattung des Gegners setztende Taktik Philipps VI. allgemein Unwillen hervorrief. Zwar war die Armee aufgeboten, aber sie sollte als potentielle Energie wirken und möglichst nicht zum Schlagen kommen. Wahrscheinlich witterte man am Hof auch Verrat in den eigenen Reihen, so daß die mit jeder militärischen Aktion verbundene Krisenstimmung vermieden werden sollte.
Das Abschwenken des englischen Heeres in den Norden schien diese vorsichtige Politik als richtig zu bestätigen, nun aber drängte die Ritterschaft auf ehrenvollen Einsatz und war nicht bereit, sich ohne Bewährung wieder demobilisieren zu lassen. Trotz der Niederlage bei Kortrijk, ermutigt durch den Triumph von Cassel, setzte man in Frankreich alle Hoffnungen auf die schwere Reiterei und man sollte es auch dann noch tun, als das Land mitsamt seiner Führungselite an den Rand des Untergangs gekommen war. Diesem Druck der öffentlichen Meinung konnte sich Philipp VI. nicht entziehen und setzte an der Spitze seines Heeres in Eilmärschen den Engländern nach, die den Verfolgern zu entkommen suchten, Beauvais und Amiens unbehelligt ließen und möglichst rasch die Somme überschreiten wollten. Hier freilich traf die Vorhut unter Führung des Grafen von Warwick an allen Brücken auf erbitterten Widerstand, so daß viel Zeit verloren ging, ehe ein ortskundiger Führer nordwestlich von Abbeville durch eine Furt geleitete. Am Morgen des 25. August erreichte Eduard III. den nördlichen Rand des Waldes von Crécy-en-Ponthieu und sammelte seine Truppen in Erwartung der Verfolger. Die englische Reiterei wurde in drei Treffen gegliedert, stieg von den Pferden und sollte den Kampf zu Fuß bestehen. An beiden Flügeln postierte der König die gefürchteten Langbogenschützen. Von den Franzosen war nichts zu sehen.
In der Frühe des 26. August rückte Philipp VI. vom 20 km entfernten Abbeville heran. Die französischen Heerführer hatten bisher weder einen Schlachtplan noch eine Gliederung für die Armee entwickelt, so daß Philipp im Laufe des Vormittags zunächst die englischen Stellungen erkunden ließ. Angesichts der von Stunde zu Stunde steigenden Hitze,

unter der Menschen und Pferde auf dem Marsch sichtbar litten, rieten seine Späher dem König, ein Lager aufzuschlagen, nach gründlicher Geländeerkundung den Angriffsplan zu entwerfen, dem Heer währenddessen Ruhe zu gönnen und erst am nächsten Tag zu schlagen. Alle diese Erwägungen wurden angestellt, während sich der Zug in der Schwüle eines heraufziehenden Gewitters gegen die Engländer vorwärts bewegte. Die undisziplinierte und durch taktische Vereinbarungen noch nicht gebundene Masse der Einzelkämpfer war nun nicht mehr aufzuhalten; aus der Marschbewegung heraus überrannten die ehrgeizigen Ritter zunächst ihre eigene Hilfstruppe, italienische Armbrustschützen, deren Waffen durch plötzlich fallenden Gewitterregen nasse Sehnen bekommen hatten und nicht mehr wirksam eingesetzt werden konnten. Dieses technische Versagen legte man den Italienern als Verrat aus, zumal die englischen *archers* vorsichtiger gewesen waren und mit ihren auf 200 m treffsicheren Langbogen ein furchtbares Blutbad anrichteten; die Pfeile, von denen der Geübte bis zu 12 in der Minute abschießen konnte, durchschlugen mühelos leichte Panzerungen. Stundenlang versuchte die französische Ritterschaft mit immer neuen frontalen Schüben den Gegner zu werfen, jedesmal aber brachen die getroffenen Pferde zusammen, verkeilten sich nachrückende Treffen in der Masse aus Toten und Verwundeten, bis Philipp den Kampf schließlich verloren gab. Unter geringer Bedeckung verließ der König von Frankreich das Feld, auf dem am folgenden Tag englische und französische Herolde die Gefallenen anhand ihrer Wappen zu identifizieren suchten und sie in Listen verzeichneten. Geringen Verlusten auf englischer Seite standen allein über 1500 getötete französische Ritter gegenüber, die Zahl der anderen Opfer blieb unbekannt. Zu den vornehmsten Gefallenen zählten der Bruder Philipps VI., Graf Karl von Alençon, der Graf von Flandern Ludwig von Nevers, Herzog Rudolf von Lothringen und der blinde König Johann von Böhmen, Vater des gegen Ludwig den Bayern zum Römischen König erwählten Karl von Luxemburg, des späteren Kaisers Karl IV. Dieser hatte seinen französischen Verwandten Hilfe gegen die Engländer versprochen und entrann nun, verwundet, mit knapper Not dem Tode.

Bei Crécy siegte der leichtbewegliche Fußkämpfer über den schweren Reiter, Pfeil und Axt wirkten besser als Lanze und Schwert, Geländenutzung und Bildung einer Reserve entschieden gegen die Regeln ritterlichen Einzelkampfes. Von einem Wandel in der Einstellung zu Krieg und Kriegführung kann gleichwohl keine Rede sein. Eduard III. war, wie seine Turnierleidenschaft und die Gründung des Hosenbandordens genugsam ausweisen, dem Ritterideal in hohem Maße verpflichtet und wählte seine persönliche Umgebung entsprechend aus, doch bei Crécy kämpfte er in schwieriger Lage gegen einen zahlenmäßig weit überlegenen Feind und nutzte die Erfahrung seiner Leute aus den harten Kämpfen im schottischen Bergland, wo die Regeln des Turnierplatzes nicht galten.

Wenige Tage später, am 4. September, stand Eduard vor Calais und begann eine Belagerung, die bis in den August des folgenden Jahres dauern sollte. Erst als die Hoffnung auf Entsatz durch Philipp VI. endgültig geschwunden war, nachdem ein königliches Heer in den letzten Julitagen 1347 den Angriff auf die anglo-flandrischen Feinde nicht wagte und kleinmütig wieder abzog, versuchte der städtische Rat Übergabeverhandlungen einzuleiten. Eduard III. aber lehnte jede Vereinbarung ab; die lange, den glänzenden Sieg von Crécy allmählich verdunkelnde Mühe um eine widerspenstige Stadt hatte ihn erbittert, und er forderte die bedingungslose Kapitulation. Auguste Rodin hat durch seine Plastik den Auftritt der sechs vornehmsten Bürger von Calais, die der englische König stellvertretend für die gesamte Einwohnerschaft vor sich forderte, unvergeßlich werden lassen: Barfuß, nur mit Hemden bekleidet, Stricke um den Hals und die Schlüssel der Stadt zur Übergabe bereit haltend. Nur inständiges Bitten seiner Gemahlin Philippa von Hennegau hielt Eduard ab, die Patrizier sofort enthaupten zu lassen, aber die Stadtbevölkerung wurde vertrieben und im Laufe der Zeit durch englische Handwerker und Kaufleute ersetzt. Seit 1363 Handelsstation für den Wollexport, blieb der strategisch hochbedeutsame Platz bis 1559 in englischer Hand, kirchlich Bestandteil des Erzbistums Canterbury.

Die Pest

Wenige Monate nach dem Fall von Calais, der die bei Crécy erfahrene tiefe Demütigung des Adels noch verstärkt hatte, wurde das Land von einem nun über Generationen anhaltenden, bald ganz Europa ergreifenden Schrecken heimgesucht. Im November 1347 brachten Genueser Schiffe die Pest in den Hafen von Marseille. Seit Anfang 1348 breitete sich die Seuche auf Aix, Arles, Avignon und alle Hafenstädte des Languedoc bis nach Perpignan aus, erreichte bald Bordeaux und Lyon; im August war sie in Rouen und Paris, im Herbst in der Champagne, in Burgund und im Loiretal, zum Winter in der Picardie. Dabei ergriff sie die Landschaften nicht gleichmäßig, sondern folgte den Handelswegen und wütete schlagartig in den belebtesten Städten. Diese Art der Verbreitung ergab sich aus den besonderen Eigenschaften und dem Verlauf einer Krankheit, die im Gegensatz zu der unscharf-volkstümlichen Charakteristik jeder bösartigen Seuche als »Pestilenz« ihre spezifischen Merkmale hat. Die Beulenpest, durch Rattenflöhe übertragen, ließ dem Opfer eine geringe Überlebenschance, während das zweite Stadium der Krankheit, als Lungenpest schon mit der Atemluft von Mensch zu Mensch weitergegeben, innerhalb weniger Tage zum Tode führte.
Durch diese hochinfektiöse, mit den Hilfsmitteln und Kenntnissen der Zeit unheilbare Krankheit ging nicht nur ein großer Teil vor allem der städtischen Bevölkerung zugrunde, sondern ihr Wüten führte auch zum

Zusammenbruch der sozialen Systeme. Weil der rasende Ablauf des sich massenhaft verbreitenden Elends kausal nicht einleuchtend erklärt werden konnte, suchte man Verursacher und fand sie meist in den Judengemeinden, denen man Vergiftung der Brunnen oder der Lebensmittel, häufig aber ihre bloße Existenz zum Vorwurf machte. Zwar trat der Papst diesen Verfolgungen sogleich ebenso offen wie klar entgegen und wies darauf hin, daß ja die Juden selbst von der als Strafe Gottes für die Sünden der Christen verhängten Not betroffen wären, aber diese Appelle blieben meist vergeblich, denn die psychische Zerrüttung durch Krankheit und Tod in den Familien, durch den täglichen Anblick der Toten, die Massengräber und die persönliche Todesfurcht ließen nüchterne Erwägungen kaum mehr zu. Große Ungewißheiten resultierten zudem aus nicht berechenbaren und deshalb mit verzweifelter Hilflosigkeit ertragenen Abläufen im Großen: Die ersten Pestfälle erlebte Paris im August 1348, hatte aber bis zum Frühsommer 1349 nur verhältnismäßig wenige Opfer zu beklagen, so daß schon auf ein glimpfliches Davonkommen gehofft wurde, als die Seuche unter der Sommerhitze des Juni und Juli 1349 gleichsam explodierte und Zehntausende von Opfern forderte. Mit solchen Vorgängen konnten erhebliche Vermögensumschichtungen verbunden sein, Kumulationen durch Erbfälle oder auch Häufung erbenlosen Gutes bei den Behörden. Die Altersstruktur ganzer Landstriche verschob sich, ebenso das Sozialgefüge, denn die Pest ergriff nicht alle Gesellschaftsschichten gleichermaßen. Adel und hoher Klerus kamen einigermaßen davon; während die Krankheit in Avignon etwa 50% der Bevölkerung dahinraffte, starben von 450 Angehörigen des päpstlichen Hofes nur 99. Schwer getroffen wurden dagegen die städtischen Mendikantenkonvente: Von 140 Dominikanern überlebten in Montpellier nur 7, die Franziskanergemeinschaften von Marseille und Carcassonne wurden ausgelöscht. Ihre Hilfe bei der Kranken- und Sterbendenfürsorge gefährdete sie ebenso wie einen großen Teil der städtischen Amtsträger. Die vier Konsuln von Béziers starben, auch fünf von zwölf Reimser Stadtschöffen, denn diese Männer mußten in ihrer Stadt bleiben und in Amtsgeschäften ausgehen, während Privatleute der gleichen sozialen Schicht entwender abreisen oder sich in ihren Häusern einschließen konnten, wie es Boccaccio im Decamerone, diesem besten zeitgenössischen Bericht über die Pest, beschrieben hat. Offenbar wurden auch nicht immer und überall sämtliche Altersstufen gleichmäßig erfaßt; in Périgueux scheinen vorwiegend die jüngeren Erwachsenen gestorben zu sein, zwischen 1361 und 1363 sprach man von der »Kinderpest«, und zu 1418 notierte der *Bourgeois de Paris* in seinem Tagebuch, daß nur Kinder und junge Leute erkrankten. Es mag sein, daß die Widerstandskraft gegen eine erste Infektion durch Tiere mit dem Lebensalter stieg, aber sichere Prüfung der Nachrichten ist nicht möglich.

Die Gesamtzahlen der Verluste lassen sich nur relativ angeben. Für den Süden ist mit 40–60% der städtischen Bevölkerung zu rechnen, eine Rate, die erstaunlich schnell durch Zuzug vom Lande und durch natürliches Wachstum ausgeglichen wurde, aber die Pest kehrte zwischen 1368 und 1370, 1373 und 1375, 1380 und 1400 in sechzehn großen und acht kleinen Schüben wieder und führte auf diese Weise langfristig zum Rückgang der Bevölkerungszahl. Sie war im übrigen zwar die größte, aber nicht die einzige Todesgefahr, der die Menschen ausgesetzt waren. Im Krieg führten auch leichtere Verwundungen oft zum Tode, weil eine gründliche Desinfektion der Wunden nicht erreicht wurde. Infektionen brachten Ruhrepidemien; Tierkadaver auf den Straßen, unsaubere Fleischbänke und allgemein schlechte sanitäre und hygienische Verhältnisse waren Brutstätten schwerer Krankheiten, die nicht wirksam behandelt werden konnten und über deren Ursachen kaum klare Vorstellungen bestanden. Von Anstekkung wußte man wenig, daher isolierte man außer den Leprösen keine Kranken, sondern lebte gemeinsam bei verschlossenen Fenstern in der schlechten Luft überbelegter, niedriger Räume, litt unter Parasiten und konnte bei aller Vorliebe für scharf gebratenes Fleisch Lebensmittelvergiftungen nicht immer vermeiden. Zaghafte Gesundheitsmaßnahmen der städtischen Obrigkeiten bewirkten wenig, gegen die Pest gab es schlechthin kein Mittel. Erfolglos hatte Philipp VI. die medizinische Fakultät der Universität Paris befragt; im Oktober 1348 erhielt er das Gutachten, in dem planetarische Konstellationen als auslösendes Moment vermutet und einige diätetische Vorschriften gemacht wurden: Arzt wie Scharlatan standen dem Übel hilflos gegenüber. Noch im Jahre 1400 starben in Périgueux zwischen 30 und 50 % der Einwohnerschaft, ebenso erlebte Lille um diese Zeit eine der schwersten Pestwellen seiner Geschichte. Am Kräfteverhältnis der kriegführenden Parteien hat die Epidemie nichts geändert, weil England im gleichen Maße heimgesucht wurde. Die allgemeine Erschöpfung erleichterte es aber dem Papst, einen Waffenstillstand zu vermitteln, der im Laufe der Zeit mehrmals verlängert werden konnte.

Johann II. (1350–1364)

Am 22. August 1350 starb Philipp VI. im Kloster Coulombs bei Dreux. Der Thronfolger Johann war 1332 Herzog der Normandie geworden und hatte im gleichen Jahr Guda geheiratet, die Tochter König Johanns von Böhmen, Schwester des späteren Kaisers Karl IV., jene »Bonne de Luxembourg« der französischen Historiographie. Der Regierungswechsel vollzog sich ohne jede Spannung, und am 26. September konnte in Reims die Krönung vollzogen werden. Eingedenk des 1316 kurz nach der Geburt verstorbenen Sohnes Ludwigs X. wurde der neue König als Johann II. gezählt. Die ernste Lage des Landes hätte einen besseren Herrscher gefordert: Johann eignete sich weder zu selbständiger Regierung, noch konnte er tüchtige Berater um sich versammeln. Gebildet, aber von mäßiger Intelligenz, unberechenbar und bei Entscheidungen mitunter sprunghaft, gelegentlich jähzornig, war er nicht immer leicht zu ertragen. Seinen Beinamen »der Gute« verdankt er dem Hang zum aufwendigen Lebensstil mit verschwenderisch prächtigen höfischen Festen und der Neigung, seinen jeweiligen Anhang großzügig zu belohnen. Turniere und ritterliches Leben, adliges Ethos und die sehr ernst genommene Verpflichtung auf eine bewährte Kultur- und Lebensform, die als fester Bestandteil europäischer Wertsysteme erprobt war, gaben diesem König nicht nur einen Maßstab des Handelns, sondern auch den Rahmen für sein Weltbild. Die Gründung des Sternenordens sollte überlieferte Wertvorstellungen lebendig halten und ausgewählte, vor allem militärisch tüchtige Menschen an den König binden, dessen persönliche Schwächen ihn allerdings hinderten, einer alten Tradition neue, der Zeit entsprechende Impulse zu geben. Johann suchte Stützen, wo er selbst hätte Säule sein müssen, denn die ritterliche Kultur lebte aus ihren Repräsentanten; sie war nicht anachronistisch, wohl aber steckte sie in einer schweren Krise. Als Gegenwelt zu den Schrecken der Pest und des Krieges war sie notwendiger denn je; ihre bildende Kraft erhob den einzelnen über seine wirtschaftlichen Nöte und seelischen Desperationen angesichts einer versagenden Kirche, und sie strahlte sogar in die Städte, deren Patriziat die äußeren Formen adligen Lebens übernahm. Eine starke Persönlichkeit hätte den Königshof zum kulturellen und moralischen Zentrum des schwergeprüften Landes machen können, und insofern ist es nicht angebracht, solche Bemühungen zu ironisieren. Johann II. war kein Don Quijote, aber er war schwach und mittelmäßig. Was Eduard III. auf dem gleichen Wege erreichte, mußte dem neuen König von Frankreich unerfüllbarer Anspruch bleiben.

Das lag nicht zuletzt daran, daß Johann gleich zu Beginn seiner Regierung einen fundamentalen Gegensatz zum Hochadel provozierte. Im Jahre 1346 hatte der Connétable Johann von Brienne bei Caen so nachlässig gekämpft, daß er in die Gefangenschaft Eduards III. fiel und dort vier Jahre warten mußte, bis seine Familie das Lösegeld zusammengebracht hatte. Kurz nach der Krönung Johanns II. kehrte er an den Hof zurück, wurde aber wenige Tage später festgenommen und auf Befehl des Königs ohne ordentliches Gerichtsverfahren im Hof des Louvre als Verräter enthauptet. Nicht nur die angesehene Familie des Opfers vermutete, daß Johanns II. Günstling Karl »von Spanien« aus dem hochadligen kastilischen Haus de la Cerda und neuer Connétable von Frankreich, den Anstoß zu der Untat gegeben habe, denn seit ihrer gemeinsamen Jugendzeit bestand eine so enge Freundschaft zwischen Johann und Karl, daß Beobachter homoerotische Beziehungen nicht ausschlossen. Als der König bald darauf die Grafschaft Angoulême nicht an das Haus Évreux, sondern an Karl de la Cerda überwies, brachte er eine Fraktion gegen sich auf, die schon seit 1328 den Valois distanziert gegenüberstand und nun in

König Karl von Navarra einen hartnäckigen und gefährlichen Widersacher der regierenden Dynastie hervortreten ließ.
Der 1332 geborene Karl von Navarra, ältester Sohn Philipps von Évreux und Johannas von Navarra, der Tochter König Ludwigs X., hatte den Thronverzicht seiner Eltern nie anerkannt, sich zunächst aber in der Umgebung des Königs aufgehalten und sogar eine Tochter Johanns II. geheiratet. Jetzt aber fanden die Häuser Évreux-Navarra und Brienne in der Feindschaft gegen Karl de la Cerda zusammen. Als der Connétable am 8. Januar 1354 von den Navarresen ermordet wurde, sann Johann II. auf Vergeltung, erschreckt freilich durch die Meldung von Bündnisverhandlungen, die Karl von Navarra mit dem englischen Königshaus führte. Johann nahm deshalb ein Vermittlungsangebot Pariser Bürger an, das aber keine dauerhafte Aussöhnung brachte. Im Winter 1354/55 traf Karl von Navarra in Avignon Johann von Gent, den dritten Sohn Eduards III. und Herzog von Lancaster; das von beiden ausgehandelte Abkommen versprach Karl für den Fall des Sieges die Normandie, die Champagne und den größten Teil des Landes nördlich der Pyrenäen. Im Sommer 1355 sollte ein Zangenangriff beginnen, den Eduard III. im Norden, eine zweite Armee von der Guyenne aus vortragen sollte. Widrige Winde aber hielten die in Portsmouth versammelte königliche Flotte zurück, so daß der Feldzug nur von Süden her geführt werden konnte. An seiner Spitze stand der englische Thronfolger.

Der Schwarze Prinz

Eduard, dessen Beiname »Schwarzer Prinz« erstmals 1569 in der englischen Chronik Graftons belegt ist und sich wahrscheinlich auf die Farbe seiner Rüstung bezieht, war von Kindheit an mit dem Hundertjährigen Krieg vertraut. Schon 1345 hatte der Knabe seinen Vater nach Flandern begleitet; auf dem Invasionsstrand von St-Vaast-la-Hougue wurde der Sechzehnjährige zum Ritter geschlagen und kommandierte bei Crécy den rechten Flügel, auf den während des ganzen Tages die stärksten französischen Angriffe gerichtet waren. Im Schwarzen Prinzen hatte die ritterliche Welt des späten Mittelalters eine ihrer glänzendsten Gestalten gefunden; er vereinte überragende militärische Fähigkeiten und großen persönlichen Mut mit kultivierter Hofhaltung, deren erlesenes Personal einen auch geistig bedeutenden Kreis bildete. Als Kunstmäzen und Bauherr so erfolgreich wie als Feldherr und Administrator, hatte er auf politisch-diplomatischem Gebiet seine deutlichen Grenzen, aber er leistete England und der Dynastie unschätzbare Dienste. Sein früher Tod im Jahre 1376, ein Jahr vor dem Hinscheiden Eduards III., war ein deutlich empfundener Verlust für das Reich.
Jetzt, im Sommer 1355, führte er ein Heer von der Guyenne bis Narbonne und stieß im folgenden Jahr durch das Périgord, Limousin, Berry und die

Touraine nach Norden. Der Feldzug hatte die gleichen Ausmaße und Ziele wie die *chevauchée* Eduards III. von 1346, sollte aber ungleich schwerwiegendere Folgen haben. Schon 1355 hatte der französische Hof wenig für die Verteidigung tun können, denn in diesem Jahr wurde die Krone zahlungsunfähig und mußte bei den Ständen der Languedoïl um eine Sonderabgabe bitten, damit wenigstens die Soldtruppen bezahlt werden konnten. Die Stände, unter denen als Sprecher des Bürgertums der Pariser Tuchhändler und *prévôt des marchands* Étienne Marcel hervortrat, kamen der Forderung zwar nach, verlangten aber eine gewisse Beteiligung an der Finanzverwaltung und ließen sich vom König zusichern, daß er sie wieder einberufen werde. Mit einer ersten Einschränkung der monarchischen Gewalt bezahlte Johann II. seine Mißwirtschaft.

Im September 1356 erreichte der Schwarze Prinz bei Amboise die Loire. Schon Anfang des Monats hatte Johann II. die französische Ritterschaft, verstärkt durch lothringische, deutsche, schottische und Schweizer Söldner, in Chartres versammelt, marschierte am 8. September südwärts ab und veranlaßte damit die Engländer, sich über den Indre nach Montbazon zurückzuziehen. Johann folgte von Loches über die Vienne, schwenkte dann aber auf Chauvigny ein, blockierte also die Verbindungswege nach der Guyenne und wandte sich zum Angriff auf die im Flußdreieck von Indre und Vienne ungünstig stehenden, zahlenmäßig unterlegenen Feinde. Um wenigstens den Vorteil der Platzwahl zu haben, zog Eduard dem französischen Heer entgegen und erwartete es in schnell errichteten Feldbefestigungen bei Maupertuis, 10 km südöstlich von Poitiers. Etwa 10000 Engländern konnte Johann 20000 Mann eigener Truppen entgegenstellen. Am 18. September, einem Sonntag, trafen die Heere aufeinander, verbrachten den Feiertag aber mit Gottesdienst, Kriegsrat und Erkundung. Vermittlungsversuche des zwischen beiden Lagern hin und her eilenden Kardinals Elias Talleyrand von Périgord lehnte Johann ab, und vom Standpunkt monarchischer Autorität hatte er Recht: Angesichts dieser Überlegenheit in taktisch günstiger Stellung die Schlacht ablehnen, hieße einzugestehen, daß der englische König mindestens zum Teilhaber der Herrschaft in Frankreich geworden war.

Ein nach kurzer Erkundung der englischen Stellungen entworfener Schlachtplan sah vor, daß zunächst 300 ausgewählte Ritter die gefährlichen Bogenschützen niederkämpfen sollten, wobei hohe eigene Verluste vorausbedacht waren. Das übrige Heer, auch die abgesessene Ritterschaft, sollte dann in breiter Front zu Fuß vorgehen. Am frühen Morgen des 19. September aber verließen die Engländer überraschend ihren Platz und bewegten sich durch Hecken- und Buschgelände auf den Ort Maupertuis zu, wobei die Marschälle Warwick und Suffolk die Vorhut bildeten, während der Prinz und sein Vertrauter John Chandos die Hauptmacht führten, Salisbury und Oxford die Nachhut; irische und walisische Bogenschützen übernahmen den Flankenschutz. Eduard wollte die Schlacht vermeiden. In diesem Augenblick griffen französische Ritter die

Truppen Salisburys an, fielen jedoch wie schon bei Crécy im Hagel der Pfeile. Bevor Johann mit der Masse seines Heeres herangerückt war, gingen die Engländer zum Gegenstoß über und warfen sich auf die nach den Regeln des Einzelkampfes handelnden französischen Ritter, so daß der König binnen kurzem seine Reiterei durch Tod oder Gefangenschaft verlor. Er ließ deshalb seine Söhne aus der ihnen nun unmittelbar drohenden Gefahr führen: Der Thronfolger Karl, die Herzöge Ludwig von Anjou und Johann von Berry sollten nach Chauvigny in Sicherheit gebracht werden, nur der 14jährige Philipp, nachmals Herzog von Burgund, blieb neben seinem Vater und warnte ihn mit lauten Zurufen vor Angreifern. Als politisch-dynastische Entscheidung weise, wirkte sich der Abzug der Prinzen moralisch katastrophal aus, denn jedermann mußte überzeugt sein, daß Johann den Sieg nunmehr für ausgeschlossen hielt. Während sich das Heer auflöste, blieb der König, vielleicht im Gedanken an das ganz andere Verhalten seines Vaters bei Crécy, auf dem Schlachtfeld und kämpfte, am Ende zu Fuß und mit einer Streitaxt bewaffnet, bis er der Übermacht erlag und zum ungläubigen Erstaunen Eduards als Gefangener vorgeführt werden konnte.
Niederlage und Gefangenschaft des Königs wirkten wie ein Donnerschlag. Das seit 1346 schleichende Unbehagen wurde an vielen Orten manifest, die Äußerungen richteten sich gegen den König, mehr noch gegen den Adel und zeigten damit alle Anzeichen einer Systemkrise. Möglicherweise ist Johann II. bei Maupertuis absichtlich in Gefangenschaft gegangen, weil er die Mißerfolge seiner Regierung treffend einschätzte und glaubte, durch mannhafte Verweigerung der Flucht das Ansehen der Monarchie am besten erhalten und vor den Folgen der Katastrophe bewahren zu können. Wenn das sein Wunsch war, so ist es ihm gelungen, den Zorn auf einen des Versagens, der Feigheit und der militärischen Unfähigkeit geziehenen Adel abzulenken. Dieser letzte Vorwurf wog besonders schwer und weist auf Argumentationen der großen Französischen Revolution voraus, die ein nicht mehr durch Leistung gerechtfertigtes Privilegienwesen stürzte. Aus der ritterlichen *prouesse*, dem heldenmütigen Einsatz, verbunden mit Kompetenz hinsichtlich Waffenführung und Kampftechnik, leitete die Aristokratie ihre Sonderstellung ab, die sich vor der öffentlichen Meinung immer wieder durch Erfolg beweisen und legitimieren mußte. Dieser Erfolg war zweimal in entscheidenden Situationen ausgeblieben und stürzte den Adel in eine politische Krise, die noch durch wirtschaftliche und persönliche Nöte verschärft wurde. Die meisten Familien hatten Tote zu beklagen, Invalide zu versorgen und vor allem gewaltige Lösegeldsummen aufzubringen.

Wir kennen das international übliche, in den Chroniken Jean Froissarts gut beschriebene Lösegeldsystem, das dem ritterlichen Gegner sein Leben ließ, wenn er sich einem feindlichen Standesgenossen in formalisiertem Verfahren ergab und ihn als seinen *maître* anerkannte, der seinerseits den Preis festsetzen durfte und dafür die Unversehrtheit des Gefangenen garantierte. Diese Zahlungen waren drückend und richteten sich nach dem Ansehen der Person, das nicht immer ihrem wirtschaftlichen Vermögen entsprach. Diesen Grundsätzen gemäß wurde auch Johann II. behandelt und zunächst nach Bordeaux, dann nach London geführt. Das Land mußte nun von dem 1337 geborenen Thronfolger Karl regiert werden, der sich einer weit verbreiteten Depression und Feindschaft gegenübersah, persönlich auch keinerlei Verwaltungs- oder gar Regierungserfahrung hatte. Mit dem am 29. September 1356 in Paris angenommenen Titel eines Königsstellvertreters, *lieutenant du roi*, den er zwei Jahre später in den eines Regenten umwandeln sollte, war wenig Ansehen zu gewinnen; die öffentliche Mißstimmung wirkte als politische Tatsache von großem Gewicht. Unter diesem Eindruck stand auch die Einwohnerschaft der Hauptstadt und formierte allmählich eine Opposition, die aus schärfer werdender Kritik an der königlichen Verwaltung Bewunderung für die Leistungen des flandrischen Bürgertums entwickelte, das zu einer selbständigen Politik in der Lage war. Das Vorbild Jakobs van Artevelde wirkte trotz dessen schlimmem Ende weit über die Grenzen hinweg. Als Karl im Oktober die Stände der Languedoïl in Paris versammelte, sah er sich einer schwer bezähmbaren Menge gegenüber, die zunächst von Robert Le Coq, Bischof von Laon, demagogisch beherrscht wurde. Le Coq vertrat die Sache Karls von Navarra, den er zum Regenten Frankreichs machen wollte und verfolgte damit aus persönlichem Ehrgeiz ein begrenztes Ziel, das gegenüber einem breiter, ja fundamental angelegten Plan zur Staatsreform nicht bestehen konnte.

Ein solches Reformkonzept trug Étienne Marcel vor, der schon im Vorjahr für die Bürger gesprochen hatte. Von Haus aus einer der reichsten Bürger der Hauptstadt, verwandt und verschwägert bis in die Kreise der königlichen Finanzverwaltung, stand er an der Schwelle zur Nobilitierung, und sein Amt als Haupt der Seinekaufleute hatte den Charakter einer obersten Handelsbehörde. Durch persönliche Erfahrung mit der Familie seiner Frau kannte er die Unsicherheiten königlicher Gunst und die furchtbaren Folgen eines Huldverlustes, deshalb wollte er die Reichsverwaltung durch neues Personal in die Lage versetzen, das Königtum unter der Aufsicht eines von den Generalständen beschickten Rates laufend zu kontrollieren, nicht etwa, um die Monarchie als solche zu schwächen, sondern um sie im Gegenteil auf lange Sicht und in neuer Verfassung zu stärken. Weil Beendigung des Krieges für ein solches Ziel wünschenswert schien, bewilligte die Versammlung Geld für neue Truppen in

Stärke von 30000 Mann, mit deren Hilfe der Sieg kurzfristig erreicht werden sollte. Auch Frankreich befand sich noch in jener Stimmung, die den englischen Hof bei seinen militärpolitischen Planungen geleitet hatte: Mit großen, jeweils nur für kurze Zeit möglichen Anstrengungen ein schnelles Ende des Krieges im Sinne der eigenen Ziele herbeizuführen.

Karl mochte sich freilich angesichts der mit diesen Bewilligungen verknüpften, sehr weitgehenden politischen Forderungen nicht festlegen und versprach den Ständen seine Entscheidung für eine zweite, demnächst einzuberufende Versammlung. Die gleichzeitig tagenden Stände des Languedoc hatten nämlich Zahlungen ohne politische Auflagen bewilligt und wünschten lediglich bei der Verwendung des Geldes Priorität für den Schutz der südlichen Reichsteile. Vergebens hoffte Karl allerdings auf die Unterstützung des Kaisers, den er Anfang des Jahres 1357 in Metz getroffen hatte. Im Februar tagte dann die Ständeversammlung des Nordens, und diesmal erhielt sie ihre Forderungen bewilligt. Karl bestätigte in einer Ordonnanz vom März 1357 formell, daß er sein Conseil künftig für Ständevertreter offenhalten werde. Als die Nachricht von dieser konstitutionellen Veränderung den in England gefangenen König erreichte, handelte er wie seinerzeit der Graf von Flandern aus dem französischen Exil und verweigerte für alle Zeit der Ordonnanz seines Sohnes die Anerkennung. Paris tobte, und Karl mußte die Stände für den 30. April erneut zusammenrufen, hatte aber schon vorher bekanntwerden lassen, daß er sich an die Meinung seines Vaters nicht gebunden fühle. Mit diesem Schachzug gelang ihm ein Aufschub des großen Konflikts zwischen der Krone und den Ständen, für den Augenblick war sogar die Gefahr eines sonst unvermeidlichen Kampfes in den Straßen der Hauptstadt gebannt.

Inzwischen aber hatte sich ein Teil der politisch handlungsfähigen Gesellschaft, die alten Gegner des Hauses Valois, um Karl von Navarra versammelt, der vom Thronfolger die Rückgabe aller seiner Besitzungen forderte. Außer den Brienne unterstützen Karl normannische Herren wie die Harcourt, denen die Autonomie des Herzogtums oberstes Ziel war, und die Abneigung gegen jede Zentralgewalt war auch im Artois und in der Picardie verbreitet. Zu diesen notorischen Zentren der Adelsopposition gehörte auch die Bretagne, und indem diese Landschaften sich Karl von Navarra zuwandten, offenbarte sich persönlicher Ehrgeiz, der seine politische Ausdrucksform in einer der großen oppositionellen Strömungen jener Jahre fand. Es handelte sich dabei nicht um schichtenspezifische Auseinandersetzungen, schon gar nicht um Klassenkämpfe zwischen »Bürgertum« und »Adel«, denn Vertreter dieser Stände fanden sich in allen Lagern. Deshalb auch konnte Karl von Navarra mit seinem aristokratischen Anhang zum willkommenen Bundesgenossen der von Étienne Marcel geführten Pariser Bürger werden, die im Februar 1358 eine weitere Ständeversammlung erzwangen, auf der sie das Verbot aller

Provinzialtage zugunsten der einheitlichen Ständevertretung für den gesamten Norden forderten. Ihre Absicht war, der Krone die Unterstützung des flachen Landes zu entziehen, das der von Paris beherrschten Ständebewegung mißtrauisch und im Grunde feindselig gegenüberstand.

Als der Thronfolger den von Étienne Marcel formulierten Wünschen nicht sogleich nachgab, kam es am 22. Februar zu einem organisierten Auflauf bewaffneter Massen, bei dem eine wütende Gruppe in den ungesicherten Palast auf der Ile de la Cité eindrang und in Gegenwart Karls seine Marschälle für die Normandie und die Champagne ermordete, Robert de Clermont und Jean de Conflans. Bei der nächsten sich bietenden Gelegenheit verließ Karl deshalb die Hauptstadt und versicherte sich der nunmehr ausgesprochenen Loyalität des Landes. Selbst eine Versammlung aller Stände, die am 4. Mai in Compiègne tagte und Vertreter des Pariser Bürgertums gar nicht erst eingeladen hatte, sagte ihm ihre Unterstützung zu. Damit war die Hauptstadt isoliert, der Regent ein Verbündeter des Adels.

Die Jacquerie (1358)

Da brach am 28. Mai im Beauvaisis ein Aufstand gegen die Grundherren los, dessen Härte und Brutalität nach den Berichten zeitgenössischer Chronisten jedes bis dahin bekannte Maß überstieg. In wenigen Tagen breiteten sich die Unruhen, »Jacquerie« genannt nach dem Spottnamen »Jacques Bonhomme« für den Landmann, auch über die Picardie und die nördliche Ile-de-France bis zur Champagne aus und fanden schnell ihren Führer in dem ehemaligen Soldaten Guillaume Cale, der so bedeutende Adelssitze wie Chantilly oder Courteuil und auch bischöfliche Burgen erobern konnte. Die Gründe für eine solche Eruption sind lange und kontrovers erörtert worden; sie liegen zu einem guten Teil im Zorn des durch Pest und Krieg weithin ruinierten Landes, das unter den Raubzügen entlassener Soldbanden zu leiden hatte und vom Adel weder gegen äußere Feinde noch gegen Friedensbrecher im engeren Dorfbezirk verteidigt wurde. Eine revolutionäre, der Krone feindliche Bewegung wollten die Jacques von Anfang an nicht sein; sie stritten unter Lilienbannern und griffen keine königlichen Burgen an, auch fanden sich in ihren Reihen *sergents* und niedere Amtsträger des Königs, dessen Abwesenheit ausdrücklich und wiederholt bedauert wurde. Es handelte sich auch nicht um einen Aufstand der Armut, denn die Kämpfe begannen in einer der wohlhabendsten Landschaften Frankreichs und haben die ärmeren Gegenden nicht erfassen können; sie wurden von gutgestellten Bauern und Bürgern, Handwerkern und Kleinhändlern getragen, so daß selbst eine Charakteristik als Bauernkrieg nicht zutrifft.

Dies haben schon die Zeitgenossen erkannt und immer wieder betont, daß sich Bürger und Bauern gegen den Adel vereint hätten, und in der Tat wollten die Städte der Ile-de-France das Land politisch beherrschen, weil die Adelsburgen wie lästige Relikte vergangener Zeit in eine neu sich bildende Wirtschaftsregion hineinragten, die von freien, unbehinderten Wegen und Beziehungen der Landbevölkerung zu den Städten lebte. Wenn der Bauer seine Familie in Sicherheit bringen mußte, floh er nicht wie früher auf die Burg, sondern suchte hinter den Mauern der Städte Schutz, den kein Herr mehr gewährte. Die Festungen waren Instrumente der Bedrückung geworden und Symbole einer politischen Unmündigkeit, die im Bunde von Stadt und Land jetzt überwindbar schien. Schon lange hatte es daher Einverständnis zwischen den späteren Führern der Jacques und Étienne Marcel gegeben; die blitzartige Kürze des Vorgangs und seine weite Verbreitung zeigen, daß hier nicht lokale Spontaneität am Werke gewesen ist. Dem Ganzen lag vielmehr ein vorbedachter Plan zugrunde, der Étienne Marcel Einfluß auf das Umland gewähren und die auf Dauer unerträgliche Zernierung der Hauptstadt beenden sollte: Weil die Ile-de-France Paris ernährte, mußte sie von dort aus beherrscht werden. Die Jacquerie stand im Dienst übergreifender politischer Reformvorstellungen, die nur gegen den Adel durchsetzbar waren und weithin Anhänger hatten.

Als Étienne Marcel mit Bürgermilizen in die Kämpfe eingriff und mehrere Adelssitze in der Umgebung von Paris zerstören ließ, stand er mit diesen Maßnahmen nicht allein. Auch andere Städte haben den Jacques zwar nicht die Tore geöffnet, aber auf ihrer Seite gestritten: Senlis, Clermont-en-Beauvaisis, Montdidier, Amiens, Laon, Rouen brachen nahegelegene Burgen, von denen aus die Handelswege kontrolliert und die Regionen beherrscht wurden. Jetzt begriff die dem ständischen Reformwerk feindliche und deshalb von der übrigen, politisch aktiven Bevölkerung zunehmend geschiedene Aristokratie, was für sie auf dem Spiele stand, wenn Land, Städte und Königtum zu einer engen Verbindung auf der Grundlage ständischer Regierungsbeteiligung finden sollten; erschrocken schon und nachhaltig erbittert über den vom Regenten nicht bestraften Mord an Robert de Clermont und Jean de Conflans, jetzt im harten Abwehrkampf gegen die Jacquerie an Gut und Blut schwer geschädigt, scharte sich der Adel zum Gegenangriff um Karl von Navarra. Gnadenlos tötend, plündernd und brennend gelang es in kurzer Zeit, den Aufstand zu unterdrücken. Schon am 10. Juni konnte Karl die Hauptmacht der Jacques bei Mello in der Nähe von Creil vernichtend schlagen, nachdem er Guillaume Cale in einem Hinterhalt gefangen hatte. Amnestie, mit der wohl sonst Ausgleich und geregeltes Weiterleben nach einem Konflikt erreicht wurde, gab es diesmal nicht, vielmehr zogen sich Verfolgung, Bestrafung und Schadenersatzprozesse in einzelnen Dörfern noch über Jahre hin und dienten einer gründlichen Neubefestigung der lokalen Adelsherrschaft. Besiegt wurden am Ende nicht nur die Bauern, sondern die ganze nichtadlige Bevölkerung des Landes.

Der einzige Mensch, von dem sich Paris in dieser Lage eine halbwegs friedliche Lösung erhoffen konnte, war Karl von Navarra, den Étienne Marcel nun in die Hauptstadt einlud, während der Regent die ganze Zeit über so gut wie handlungsunfähig gewesen war. Am 14. Juni zog Karl mit englischen Hilfstruppen in Paris ein und wurde durch Akklamation zum *capitaine* der Stadt gewählt, die sich freilich weiterhin einem Ausgleich mit der Aristokratie verschloß. Deren Sieg über den ländlichen Aufstand mußte aber solange ohne große Bedeutung bleiben, wie es nicht gelang, auch die Städte zu unterwerfen. Da Karl von Navarra diese Politik jetzt offensichtlich nicht mehr unterstützte, ließ der Adel ihn fallen und wandte sich dem Regenten zu. Étienne Marcel schrieb daraufhin an alle *bonnes villes* des Reiches und forderte sie auf, dem Pariser Beispiel zu folgen und Karl von Navarra anzuerkennen, der damit als eine Art Generalkapitän von Frankreich die Macht an das Haus Évreux gebracht hätte. Am 29. Juni stand das Heer des Regenten bei Charenton, konnte freilich mit der Drohung allein die Übergabe der Hauptstadt nicht erzwingen und ging nach einiger Zeit wieder auseinander. Étienne Marcel schien sich durchgesetzt zu haben, wurde aber am 31. Juli Opfer eines Mordanschlages, hinter dem eine Gruppe Pariser Bürger stand, deren königsnahe Karrieren durch die Umtriebe der vergangenen Monate in Gefahr geraten waren und die bisher vergeblich auf eine andere Politik gedrängt hatten. Sie durften jetzt handeln, weil die englische Unterstützung für Karl von Navarra bei der Pariser Bürgerschaft Mißtrauen erregt hatte. Am 2. August konnte der Regent als Sieger in die Hauptstadt einziehen.

Friedensbemühungen

Die Stände hatten die Leistungsfähigkeit des Landes überschätzt und sahen sich den gleichen Schwierigkeiten gegenüber, mit denen schon das Königtum zu kämpfen hatte, denn die regionale Divergenz mit je spezifischen Interessen des Adels, der Geistlichkeit und der Bürger ließen ein gemeinsames Handeln angesichts des englischen Gegners ebensowenig zu wie die Ambitionen Karls von Navarra, der alsbald »Karl der Böse« heißen sollte, auf den französischen Thron. Im übrigen hatten die Kriegshandlungen keineswegs ihr Ende gefunden, denn zwischen den großen, von den Königen selbst geführten Feldzügen gab es die vielen, nicht immer lokal begrenzten Unternehmungen englischer, navarresischer, dem Regenten ergebener oder mittlerweile auch auf eigene Rechnung ihren Unterhalt suchender Truppen. Der ehemalige Weber Robert Knolles führte einen englischen Soldverband von der Bretagne durch das Loiretal bis nach Burgund und ließ Dörfer wie Klöster in Flammen aufgehen. Nicht anders hausten am Unterlauf der Seine die Heerhaufen Karls von Navarra, und Truppen des Regenten hielten sich im Berry und im Nivernais. Nicht nur die Landwirtschaft, auch der Handel kam auf diese Weise fast ganz zum Erliegen, so daß die am Ende verzweifelt in der Jacquerie gipfelnden Bemühungen der Reformer mehr als gerechtfertigt waren. Ihnen hatte sich der Regent inzwischen soweit genähert, daß er die Wohlfahrt des Landes zum leitenden Antrieb seiner Bemühungen machte und nicht bereit war, die schnelle Freilassung des Vaters um jeden Preis zu erkaufen.

Seit der Gefangennahme Johanns II. waren mit dem englischen Hof Verhandlungen geführt worden, deren Ergebnisse im ersten Londoner Vertrag vom Mai 1358 als Präliminarfrieden formuliert werden konnten. Danach sollte der Südwesten Frankreichs an Eduard III. abgetreten und für den französischen König ein Lösegeld in der phantastischen Höhe von vier Millionen *écus* gezahlt werden, was die gesamte Jahreseinnahme der englischen Krone um ein Mehrfaches überstieg. Schon im März 1359 aber modifizierte der zweite Londoner Vertrag diese Abmachung und brachte mit präziseren Bestimmungen eine Verschärfung, denn Touraine, Anjou, Maine und die Normandie sollten außer der ohnehin schon von England gehaltenen Guyenne und der Stadt Calais samt ihrem Umland souveränes Eigen der englischen Krone werden, also nicht mehr vom Königreich Frankreich zu Lehen gehen. Damit wäre das Land seiner gesamten Atlantikküste mit allen Häfen für immer beraubt und über die erheblichen Gebietsverluste hinaus wirtschaftlich so benachteiligt worden, daß es im Zeitalter des blühenden Fernhandels mit weiten internationalen Linien und Exportgewerbelandschaften zu einer abhängigen Größe minderen Ranges hätte absinken müssen. Weil zudem Karl von Navarra begründete Hoffnung hegte, mit englischer Unterstützung die Champagne aus dem Besitz seiner Urgroßmutter Johanna zu erlangen, sah sich die französische Monarchie vor der Gefahr, auf den Herrschaftsbereich der frühen Capetinger reduziert zu werden. Demgegenüber verschlug es wenig, daß Eduard III. seinen Thronanspruch nunmehr aufgeben wollte: Dieser Vertrag konnte mit seinen unmäßigen Forderungen niemals zu einer dauerhaften Friedensordnung führen und würde Rechtspositionen schaffen, die, einmal anerkannt, jeder Revisionspolitik den Anstrich des Wortbruchs geben mußten. Der Regent rief daher die Stände zusammen, wohl wissend, daß ein ablehnendes Votum zu erwarten war.

Zum ersten Mal sprach das Land im Interesse des Reiches gegen den König. Indem die Stände Johanns Abreden mit dem englischen Hof verwarfen, unterschieden sie die Belange des Monarchen von denen des Staates und machten sich unter Führung des Regenten zum Sachwalter des Gemeinwohls. Eine neue Kriegserklärung, die der Beschluß des Ständetages zwangsläufig implizierte, griff Eduard III. auf, obwohl er wissen mußte, daß seine Ziele mit der früheren Strategie nicht mehr erreichbar waren. Man besaß zwar den König von Frankreich als Gefangenen, konnte das Land aber auf diesem Wege nicht gewinnen. Dennoch versuchte der englische König mit einem Feldzug alten Stils Reims zu erobern, um sich dort der Form gerecht krönen zu lassen, aber die stark befestigte und gut versorgte Stadt war nicht bezwingbar und auch vor Paris gab es wenig später keine Erfolge, so daß Eduard sich am 8. Mai in Brétigny bei Chartres zu einem auf 18 Monate festgelegten Waffenstillstand bereitfand. Der Regent hatte diesmal so handeln können, wie es sein Vater 1356 gern getan hätte, denn nach der Niederlage von Maupertuis, erst recht nach den Erfahrungen von Jaquerie und konsequent betriebener Reformpolitik, unterließ der Adel jeden Widerspruch, so daß die Engländer auf dem offenen Feld keinen Gegner, wohl aber verschlossene Städte fanden und sich rasch erschöpften. Karl hatte das flache Land preisgegeben und den Schrecken des Krieges kampflos überlassen, aber am Ende ließ der Erfolg seine Autorität in dem Maß steigen, wie die allgemeine Abneigung gegen die Engländer wuchs.

Während Eduard III. nach London zurückkehrte, formulierten die beiden Thronfolger nun endgültige Friedensbedingungen. Gascogne, Guyenne, Ponthieu, die Grafschaft Guines und Calais sollten souveräner englischer Besitz werden; in der schwierigen Frage des Lösegeldes für Johann II. einigte man sich auf die Gesamtsumme von drei Millionen *écus*, von denen 600000 gegen Freilassung des Königs innerhalb von vier Monaten, der Rest in sechs Jahresraten zahlbar waren. Eduard III. wiederholte seinen Verzicht auf den französischen Thron und versprach Räumung der noch besetzten Gebiete, soweit sie zum den Valois verbleibenden Reich gehörten. Daraufhin wurde Johann II. im Juli entlassen, und am 24. Oktober 1360 konnte in Calais ein förmlicher Friedensvertrag geschlossen werden, der die gegenseitigen Verzichtserklärungen auf Länder und Königstitel einem Sonderabkommen zuwies, das bis zum 30. November des folgenden Jahres erfüllt sein sollte. Eduard III. verpflichtete sich zur Aussöhnung mit dem Grafen von Flandern, Johann II. wollte sich mit Karl von Navarra verständigen, und in gemeinsamen Verhandlungen sollte anschließend die bretonische Erbfolge endgültig geregelt werden. Am 13. Dezember 1360 zog Johann II. wie ein triumphierender Sieger in Paris ein.

Bald aber zeigte sich, daß beide Parteien mit dem Erreichten nicht zufrieden waren und jeder für seinen Teil die Zugeständnisse bereute. In Frankreich regte sich zudem Widerstand in den vom Friedensvertrag direkt berührten Gebieten. Schon nach dem Vertrag von Brétigny hatten die Konsuln von Cahors erklärt, daß sie ihren natürlichen Herrn, den König von Frankreich, nur ungern verlieren und statt seiner keinen Fremden annehmen wollten. Solche Stimmen waren nun lauter zu hören und mischten sich mit den Forderungen nach Besserung der Kriegsschäden, aber die Hauptsorge Johanns II. galt nicht dem Wiederaufbau des Landes und der politischen Konsolidierung dessen, was die Verträge ihm gelassen hatten, sondern der Organisation eines Kreuzzuges, an dessen Spitze er als Repräsentant der westlichen Christenheit im Heiligen Land auftreten wollte. Während englische Prokuratoren die ihrem König zugesprochenen Länder übernahmen, sich von den französischen Beamten Schlüssel, Kassen und Archive aushändigen ließen, bereitete Johann Verhandlungen mit dem Papst vor und reiste dann im August 1362 selbst nach Avignon. Vorher hatte Eduard III. die im neuen Herzogtum Aquitanien vereinten Gebiete seinem ältesten Sohn, dem »Schwarzen« Prinzen von Wales, übergeben; der englische Thronfolger landete ein Jahr später in La Rochelle und nahm die Huldigung seiner neuen Vasallen entgegen.

Trotz dieser Regelungen im großen blieb noch eine Fülle von Problemen ungelöst; in ihrer Summe reichte sie fast an die Tragweite der Friedensabkommen heran. Bei Maupertuis war ja nicht nur Johann II. gefangengenommen worden, sondern Eduard III. hielt noch sechs weitere Angehörige der Familie Valois fest, und durch die Menge der übrigen Gefangenen war darüber hinaus fast der gesamte Adel Frankreichs zum Schuldner geworden, weil das Lehnrecht jedem Vasallen vorschrieb, zur Lösung seines Herrn aus der Gefangenschaft nach besten Kräften beizutragen. Auch die Städte waren im Laufe der Verhandlungen in diese Gesamthaftung einbezogen worden, so daß nicht nur Paris vier Bürger als Geiseln hatte stellen müssen, sondern alle wirtschaftlich einigermaßen bedeutenden *bonnes villes* wurden gezwungen, sich für die Erfüllung der englischen Lösegeldforderungen einzusetzen. Sie mußten den Lebensunterhalt ihrer Bürger während deren Geiselhaft sichern und für jeden 625 *écus* pro Jahr bezahlen. Auch die hochadligen Gefangenen wollten allmählich ihre Freiheit wiedererlangen und verließen sich deshalb nicht mehr nur auf die Bemühungen der Heimat, sondern schlossen im November 1362 mit Billigung Johanns II. einen Vertrag, in dem sie der englischen Krone den größten Teil des Berry versprachen, wenn man sie sofort entließe. Mit Recht mißtraute Eduard III. einer so weitgehenden Zusage und zeigte damit, daß er die Verfassungsentwicklung Frankreichs während der letzten Jahre genau beobachtet hatte und sie im Kern treffend einschätzte: Er verlangte die Bestätigung des Vertrages durch eine Ständeversammlung, denn im Falle solcher Ratifizierung konnte das Land als ein Ganzes, als handlungsfähige Nation, in Anspruch genommen werden, bei Ablehnung war selbst ein vom König akzeptierter Vertrag nichts wert. Erwartungsgemäß wiesen die Stände das Ansinnen zurück, während die Geiseln schon nach Calais gebracht worden waren und dort auf ihre Freilassung warteten. Als diese auf sich warten ließ, nahm einer der Söhne Johanns II., Herzog Ludwig von Anjou, unter dem Vorwand einer Pilgerfahrt nach Boulogne Urlaub auf Ehrenwort, kehrte aber nicht mehr nach Calais zurück. Diese unerhörte Treulosigkeit erregte in der ritterlichen Gesellschaft weithin Aufsehen, das Eduard III. mit einem Brief an den Prinzen noch steigerte, in dem er ihm vorwarf, Schande über das Haus Valois gebracht zu haben. Johann II. empfand die schmerzliche Demütigung und leistete sofort Genugtuung in der höchsten Form. Er reiste selbst nach London in eine zweite, freiwillige und ehrenvolle Gefangenschaft. Am 8. April 1364 ist er dort gestorben.

7. Krieg und Krise (1364–1414)

Die wirtschaftliche Lage

Der Tod des Königs brachte keinen spürbaren Einschnitt in das Leben eines Reiches, das sich auf der Suche nach neuen politischen, sozialen und wirtschaftlichen Strukturen schon seit Jahren ein gutes Stück von der Welt Johanns II. entfernt hatte. Krieg und Pest trafen die Wirtschaft auf dem Lande und in den Städten an der Basis ihres Funktionsgefüges; bäuerliche Familien wurden dezimiert oder ganz ausgelöscht, den Grundherren fehlten Dienstleute und Zinseinnahmen, so daß die Produktionskosten stiegen und ein großer Teil der anfallenden Arbeit gar nicht mehr geleistet werden konnte. Nicht nur wegen Seuche und Krieg mußte das flache Land rückläufige Bevölkerungszahlen verzeichnen, sondern auch wegen der Flucht ganzer Dorfgemeinschaften in den Schutz der Städte. Um die Mitte des 14. Jh.s begann das Zeitalter der Dorfwüstungen, was allerdings nicht in jedem Falle bedeuten muß, daß auch die zugehörigen Kulturflächen aufgegeben worden wären: Aus 13 Dörfern der näheren Umgebung von Aix-en-Provence flüchteten die meisten Bewohner in die Stadt, bestellten aber von dort aus ihre Felder weiter. Stets freilich brachten solche Migrationen Bevölkerungsverdichtung auf der einen, rückläufige Nutzung vorhandener Ressourcen auf der anderen Seite; sie zerstörten allmählich die ländliche Gesellschaft.

Zwischen dem Beginn des 14. und der Mitte des 15. Jh.s ging die Zahl der in Frankreich real, also nicht nur als Steuereinheiten vorhandenen Herdstellen um mindestens 50 % zurück; regionale Erhebungen zeigen noch weit stärkere Einbrüche. Im Dauphiné sank der Bestand von der Indexzahl 100 des Jahres 1339 auf 32 in den Jahren 1474/76, für die *châtellenie* St-Romain in Burgund von 100 im Jahre 1285 auf 30 im Jahre 1436; eine absolute Zählung für das Dorf Ouges bei Dijon ergab für 1268 82 Herdstellen, 41 für 1375, 53 für 1400 und 13 für 1423; die Herrschaft Montmorency in der Ile-de-France verfügte im Jahre 1328 über durchschnittlich 19 Herdstellen pro km^2, 1470 dagegen nur noch über 5. Diese stark rückläufigen Bevölkerungszahlen erklären nicht nur das Sinken der Agrarpreise besonders für Getreide, sondern auch größere Veränderungen in der Produktionsweise. Wegen des Mangels an Arbeitskräften bestellte man nur noch die besten Böden mit Getreide, so daß die Kornerzeugung im ganzen abnahm, während sich Viehhaltung ausbreitete, denn Herden erforderten weniger Personal und weideten auch auf schlechterem, landwirtschaftlich sonst nicht mehr genutztem Boden. Außerdem aber stellte sich mancher landwirtschaftliche Betrieb auf den Anbau von Pflanzen

um, die nicht der Nahrung, sondern dem Gewerbe dienten: Mit Waid und Krapp für das Färben industriell gefertigter Tuche ließen sich meist gute Preise erzielen.
Weil die französischen Landschaften vom Krieg unterschiedlich betroffen waren, ergaben sich Verschiebungen in der gewohnten Wirtschaftsstruktur des Reiches. Die Bretagne erlebte nach 1364, als die Schlacht bei Auray zwischen Johann von Montfort und Karl von Blois das Ende des bretonischen Erbfolgekrieges gebracht hatte, eine lange Friedenszeit, während das Bordelais schon von 1337 bis 1340 und von 1345 bis 1347 Kriegsschauplatz gewesen war und auch später, in den Jahren 1374–1379, 1405/06, 1438, 1442, 1449–1451, 1452/53, immer wieder schwer heimgesucht wurde. Die Ile-de-France, einer der wichtigsten Wirtschaftsräume Frankreichs, erlebte den Krieg 1346, 1357–1364, 1382, 1405, 1410–1441, mit Höhepunkten zwischen 1418–1420 und 1435–1441, war also in einem knappen Jahrhundert 40 Jahre lang Kampfplatz. Schon die bloße Gegenwart regulärer Truppen oder gar herrenloser *compagnies* legte die Landarbeit lahm; Requirierungen, Plünderungen, Brände zerstörten meist auch die Dörfer. Angesichts dieser unsicheren Lage reduzierten die Bauern ihre Aussaat und versteckten das Korn als Notvorrat; für das Pariser Becken läßt sich ein Rückgang der Erträge um 50–60% errechnen. Entsprechendes gilt für die gesamte Ile-de-France, aber auch für das Cambrésis, wo zwischen 1320 und 1450 40–45% weniger Weizen und mindestens 60% weniger Hafer geerntet wurden als in den Jahren zuvor. Das schwächte die Grundherrschaften nachhaltig, weil Naturalabgaben und Zinse zurückgingen; darüber hinaus nahm der Geldwertverfall bei festen Zinssätzen auch dem tatsächlich Gezahlten seine Bedeutung, während die Löhne in Nordfrankreich zwischen 1330 und 1390 um 100% stiegen. Ärmere Bauern und Landarbeiter konnten unter diesen Umständen ihre Rechtslage manchmal dadurch verbessern, daß sie ihr Verbleiben im Bereich einer Grundherrschaft von Zusagen größerer Freiheit abhängig machten.
In dieser Wirtschaftskrise mußte die Autorität der Herren zwangsläufig schwinden, denn sie geboten über weniger Menschen als früher, sahen ihre Einkünfte schrumpfen und mußten noch dazu häufig abwesend sein. Gerieten sie gar in kostspielige Gefangenschaft, so verlängerte sich die Zeit solcher Unproduktivität, und die großen Vermögensverluste sollten durch höhere Abgabenforderungen wieder ausgeglichen werden. Im Forez haben die Grafen zwischen 1360 und 1380 insgesamt viermal Zahlungen von jeder Herdstelle verlangt, zwischen 1381 und 1389, also in einer wesentlich kürzeren Zeitspanne, dagegen zehnmal und zwischen 1390 und 1399 siebenmal. Die Krone selbst war bis zum Ende des 14. Jh.s mit den Lösegeldraten für Johann II. belastet und ständig bemüht, deshalb neue Einnahmequellen zu erschließen, so daß für das Abgabenwesen 1356 fast ein Epochenjahr bedeutet, denn seither festigte sich ein ursprünglich aus akuten Notlagen erwachsenes System, ruhend auf der

gabelle für Salz, den *maltôtes* für andere Verbrauchsgüter und der *taille* als Kopfsteuer. Die Landbevölkerung konnte gegen solche Auflagen schlechter opponieren als die Städte und mußte von Fall zu Fall sogar wieder das *opus servile* beim Burgen- und Befestigungsbau auf sich nehmen. Die Bauern versuchten zwar, ländliche Kommunen zu bilden, aber wegen ihres engen, auf den jeweiligen Nachbarschaftsverband bezogenen Horizonts war das kaum wirksam, denn meist sahen sie über ihre nähere Heimat nur dann hinaus, wenn der Anstoß wie bei der Jacquerie von außen kam. Einer Gesamtbetrachtung stellt sich die Zeit bis 1380 als Tiefpunkt in der französischen Wirtschafts- und Gesellschaftsgeschichte dar; die bis 1410 folgende Generation hatte dann relative Ruhe, bis der nächste Zusammenbruch das Land zwischen 1410 und 1440/50 traf.

Lag die Hauptlast des Krieges auf den Bauern, so waren doch auch die Städte schwer getroffen und versuchten, die schlimmsten Folgen durch Änderung ihrer Wirtschaftsweise zu mildern. Während sich auf dem Land bestimmte Spezialkulturen herausbildeten, begannen einige Städte, ihre Hauptgewerbe und den Handel im Umland zu monopolisieren. Die flandrischen Städte verboten in ihrer Nachbarschaft jede Weberei und setzten das mit bewaffneten Ausfällen in die Dörfer und Zerstörung dort vorgefundener Webstühle durch. Arras, Compiègne und Valenciennes führten für Wein den Stapelzwang ein, Gent verlangte das beim Getreide, Valence beim Salz. Eine andere Antwort auf die Not der breiten Masse war die Umstellung auf Luxusprodukte, damit noch zahlungskräftige Käuferschichten erreicht werden konnten: Lille verzichtete auf die herkömmlichen gröberen Tuche und erzeugte mit viel Erfolg hochwertige, entsprechend teure Stoffe, während Gent und Ypern trotz stark gestiegener Löhne beim Massengut blieben und davon schwere Nachteile hatten. Den alten Handelsplätzen erwuchs gefährliche Konkurrenz in den Städten der Bretagne, die seit 1364 Frieden hatte und im 15. Jh. eine der führenden Wirtschaftszonen Europas werden sollte. Bretonische Kapitäne beherrschten den Seehandel; Rennes, Nantes, Vannes und Quimper entwickelten Industrien für Tuche, Metallwaren und Schiffbau. Ab 1420 mußten sich diese Orte mit neuen, weiter gezogenen Befestigungsgürteln umgeben, denn ihre Einwohnerzahlen waren stark gestiegen. In den Kriegsgebieten dagegen wurden ganze Gewerbe- und Handelszweige reduziert oder auch vollständig beseitigt: Die Reimser Tuchindustrie ging während der zweiten Hälfte des 14. Jh.s allmählich zugrunde, der Hafen von Marseille büßte einen Teil seiner bisher großen Bedeutung ein, und mit dem Beginn des Krieges war auch ein großer Teil der ausländischen, vor allem der italienischen Kaufleute aus Frankreich verschwunden. Die Unsicherheit der Handelswege verteuerte die Waren, weil neben den offiziellen Zöllen viele illegale »Sicherheitsabgaben« an Burgherren oder an schweifende Banden die Transportkosten erhöhten.

Die Städte mußten ihr Befestigungswesen modernisieren, das in der langen Zeit des inneren Friedens seit dem 13. Jh. vernachlässigt worden war und nun nicht mehr genügte. Deshalb ist die zweite Hälfte des 14. Jh.s architekturgeschichtlich ein erster Höhepunkt des bürgerlichen Wehrbaus; zwar machten gute Befestigungen eine Stadt gewöhnlich uneinnehmbar, aber es entstanden dabei doch gewaltige Kosten, die kalkuliert und erwirtschaftet werden mußten. Tours hat zeitweise mehr als 60 % seines Stadthaushaltes für den Mauerbau ausgeben müssen, in Tarascon weisen die Stadtrechnungen am Ende des 14. Jh.s 60–80 % aus, in Rennes 40–50 % seit 1419. Dijon zahlte zwischen 1356 und 1364 22000 Florin und Avignon zwischen 1366 und 1373 gar 112000; hier erlaubte freilich die Finanzkraft der päpstlichen Kurie aufwendige und bis heute staunenerregende Bauwerke. Trotz des Schutzes, den die Mauern gewährten, hatte die Stadt zu leiden, sobald der Krieg ihre Umgebung erreichte. Die ländliche Kundschaft der Handwerker blieb aus, so daß Arbeitslosigkeit die Folge war; Belagerungen brachten auch dann große Not, wenn sie glücklich bestanden wurden, für den Fall der Eroberung aber verhießen sie Tod oder zumindest Vernichtung der bürgerlichen Existenz, denn die Härten des Belagerungskrieges übertrafen alle Grausamkeiten der offenen Feldschlacht.

Die städtische Gesellschaft

Die städtische Gesellschaft lebte deshalb unter schwierigen Bedingungen, bestimmt vom demographischen Druck mit seinen besonderen Gesetzen der Massenhysterie und durch starke, stets empfundene Abhängigkeit von Lebensmittelzufuhr, Rohstofflieferungen und öffentlicher Sicherheit. Sieht man diese Gesellschaft mit den Augen der Zeitgenossen als eine Menge von Hausvätern, von Haushaltsvorständen im Sinne des Steuersystems und seiner Berechnung der Herdstellen, so tritt die Familie als wichtigste Integrationsform in den Vordergrund. Wer nicht zu einem Haushalt gehörte, fiel unter die Randgruppen der Bettler, Obdachlosen, Invaliden, Leprösen, Prostituierten und Kriminellen; ihre Zahl wurde in den Notjahren größer, aber die Krise stärkte andererseits eine der Stadt seit je in besonderem Maße eigentümliche Grundvorstellung: Schutz und Kontrolle der Familie als Hausgemeinschaft wurde deutlicher als eine der wichtigsten Aufgaben bürgerlicher Regierung und Verwaltung angesehen. Die in der bildenden Kunst der Zeit immer wieder dargestellte Heilige Familie sollte auch ein Spiegelbild der sozialen Wirklichkeit sein, die Häufigkeit des Themas zeigt den Rang der Institution im Leben der Menschen.

Dabei waren die Familien kleiner, als heute vielfach angenommen wird und umfaßten im statistischen Mittel zwischen 3,2 und 3,8 Personen; nur 20 % der Reimser Bevölkerung lebten zu Anfang des 15.Jh.s in Familien mit mehr als 6 Angehörigen. Dem entsprechen Beobachtungen zum Heiratsalter, das bei Frauen 20–21 Jahre betrug, während Einzelstudien für Reims und Dijon einen Durchschnittswert von 24–25 Jahren bei Männern gezeigt haben. Dieser Unterschied ergab sich daraus, daß dem Mann die Ehe erst möglich war, wenn er eine Familie ernähren konnte, und aus wirtschaftlicher Bedrängnis folgte als nächste Konsequenz weitverbreitete Kinderlosigkeit, die in Reims fast 50 % aller Ehen betraf. Wohlhabendere Paare hatten im allgemeinen drei Kinder, ärmere eins, höchstens zwei. Das ist nicht auf eine in ihren Möglichkeiten sehr beschränkte Empfängnisverhütung zurückzuführen, sondern auf die sehr viel größere Säuglings- und Kindersterblichkeit bei der Unterschicht. Außerdem ließ die Empfängnisfähigkeit der ärmeren, meist hart arbeitenden Frauen schon vom 22. Lebensjahr an nach. Ein höheres Heiratsalter der Männer und häufiger Tod der Frauen im Kindbett führten schließlich zu großen Altersunterschieden bei den Ehepaaren, weil Zweit- und Drittehen von Witwern die Frauen durchschnittlich 8–10 Jahre jünger sein ließen. In Dijon hatten 15 % der 40–49jährigen Männer 20–23 Jahre jüngere Frauen, bei 30 % der Männer im Alter von 30–39 Jahren betrug der Unterschied zu den Ehefrauen 8–16 Jahre. Das galt für alle Bevölkerungsgruppen, war also nicht schichtenspezifisch, und schon dieser Befund erklärt die Stabilität der überlieferten Anschauung, daß die Frau ihrem Ehemann untergeordnet sei. Im Hause aber sollte sie die Herrin sein, mit Schlüsselgewalt und Aufsichtsrecht über das Personal. Bei der Oberschicht hing das Ansehen einer Frau im übrigen vom Rang der Familie ab, aus der sie stammte, während ärmere Haushalte sie an ihrer Arbeitskraft maßen.

Unterschiede zwischen Arm und Reich scheinen im Rückblick durch den verhältnismäßig breiten Mittelstand aus Handwerkern und Kleinhändlern statistisch gemildert, in der unmittelbaren Anschauung aber waren sie kraß und auch nicht durch strikt getrennte Wohnquartiere verdeckt. Die großen und alten Familien konnten bis zu 20 % der Einwohnerschaft einer Stadt ausmachen; sie stellten politische Machtfaktoren dar und überstanden zumeist auch die ersten Krisen, so daß eine gewisse ordnungssichernde Kontinuität gegeben war. Immerhin weisen aber die Steuerlisten für Toulouse zum Jahre 1398 über die Hälfte, 55,2 %, der Stadtbevölkerung als *nihil habentes*, als Besitzlose aus, eine Zahl, die repräsentativ sein dürfte und schlaglichtartig viele Probleme des städtischen Lebens vor Augen führt. Schon aufgrund solcher Relationen hatte die wirtschaftlich und politisch führende Gruppe aus Kaufleuten, Goldschmieden, Kürschnern, Metallwerkern und den Lebensmittelgewerben oft einen schweren Stand. Sie wurde allerdings im Laufe der Zeit gestärkt durch königliche, fürstliche, aber auch städtische Beamte, die als Juristen gute Karriere- und Erwerbsaussichten hatten. Juristen hielten im Jahre 1446 20 % des in Lyon vorhandenen Kapitalvermögens, so daß es nicht verwundert, wenn angesichts solcher Möglichkeiten Patrizier und andere aufstrebende Bürger entweder selbst hohe Verwaltungsämter suchten oder wenigstens den einen oder anderen Sohn die Rechte studieren ließen. Sichere Laufbahnen im heutigen Sinne gab es freilich nicht, weil politische Umschwünge oder übermächtige Konkurrenten oft zum Wechsel in den Würden und Befugnissen führten. Königs- oder Fürstennähe war für den Kaufmann aber in jedem Falle günstig, weil aus ihr geschäftlich wichtige Informationen, neue Beziehungen oder auch Zugang zu großen Transaktionen folgen konnten. Auch geistliche Karrieren standen besonders den Patriziersöhnen offen und waren sehr begehrt, denn der unverhältnismäßig ausgedehnte und steuerfreie Grundbesitz des Klerus erlaubte reiche Praebenden, die eine standesgemäße Versorgung sicherten, wenn die Stiftskapitel Bürgerliche aufnahmen. Auf diese Weise ergab sich ein ortsspezifisch enges Gefüge politischer, ökonomischer und sozialer Abhängigkeiten, ohne dessen Kenntnis die Gesellschaftsgeschichte einer Stadt nicht verstanden werden kann. Große soziale Mobilität war mit diesen Zuständen zwangsläufig verbunden, eine Dynamik, die keineswegs nur als Aufstiegsbewegung begrüßt, sondern als Unsicherheit auch gefürchtet wurde. Sicherung suchte man im Zusammenschluß, und deshalb spielten Bruderschaften und Korporationen im städtischen Leben eine wesentliche Rolle. In Avignon gab es über 100 solcher Vereinigungen, mehr als 30 in Arles und Aix zwischen 1350 und 1450, über 60 in Bordeaux. Sie wurden zunehmend der königlichen oder städtischen Kontrolle unterworfen, immer häufiger mußten ihre Statuten amtlich bestätigt werden, so daß sie allmählich den Charakter von Gesellschaften öffentlichen Rechts oder gar von Behörden erhielten. Sie kontrollierten das wirtschaftliche, religiöse, moralische und soziale Verhalten ihrer Mitglieder und trugen auf diese Weise zur Festigung innerstädtischer Ordnung in einer Zeit bei, die unter dem Druck allgemeinen Krisenbewußtseins Symptome des Verfalls ganzer Wertsysteme zeigte. Ein allgemeines Gefühl der Unsicherheit wurde im Laufe der Jahre zum bestimmenden Kennzeichen der Epoche, weil man aber die Hauptursache des Niederganges in der Schwäche des Königtums sah, brachte der Traum vom mächtigen, die Not wendenden Herrscher zunächst Theorien monarchischer Prärogative und dann diese selbst hervor.

Ein neuer König: Karl V. (1364–1380)

Am 17. April 1364 erfuhr der Thronfolger vom Tod seines Vaters und machte sofort von allen königlichen Rechten Gebrauch. Schon am folgenden Tag übertrug er, *par la grace de Dieu roy de France,* seinem Bruder Ludwig von Anjou die Touraine, wartete also mit der Titelführung nicht bis zur Krönung und behauptete damit den unmittelbaren Übergang des Amtes auf den ältesten Sohn. Das war ein Vorgriff auf später geltendes Recht und den Zeitgenossen viel weniger selbstverständlich als dem rück-

schauenden Betrachter. Schon Beaumanoir hatte die Ansicht vertreten, daß nicht Gott den König bestimme, sondern daß sich die Menschen ihre Fürsten unter dem Gesichtspunkt der Eignung wählten, und durch die Vorgänge von 1316, 1317, vor allem aber 1328 war der Wahlgedanke kräftig geworden. Hinweise auf die Wahl des Papstes und des Kaisers, also der idealtypisch höchsten Ämter des christlichen Erdkreises, wurden immer wieder als Argument für eine Anwendung dieses Prinzips auch auf Frankreich verwendet. Entsprechende Publizistik hatte die ganze bisherige Regierungszeit des Hauses Valois begleitet und auch in der Hauptstadt selbst große Wirkung getan. Der angesehene Philosoph Johannes Buridan, 1328 Rektor der Universität Paris, sprach sich für die Königswahl aus und konnte als Vertreter des modernen, mit dem Namen Wilhelms von Ockham verbundenen Denkens auf das große Gewicht seiner Stimme zählen. Politische Konstellationen der Folgezeit haben aber die praktische Wirkung solcher Schriften eingeschränkt, weil eine förmliche Königswahl nach dem Tod Philipps VI. zu Kandidaturen entweder Eduards III. oder Karls von Navarra geführt hätte, was kaum jemand ernsthaft wünschte. Die Gefangenschaft Johanns II. hatte dann den Thronfolger zur Regentschaft gebracht, ein Vorgang, der an sich und mit seinen Folgen präjudizierend wirkte. Direkte Sohnesfolge aber war deshalb immer noch nicht allgemein akzeptiert und als Recht gesichert, sondern hatte sich gewissermaßen zufällig in mehrfacher Wiederholung ergeben.
Aus diesem Grund verhielten sich Rat, Parlement und oberste Verwaltungsbehörden in dieser Frage zurückhaltender als Karl V., denn auf die Todesnachricht hin beschlossen sie, zunächst keine Sitzungen mehr abzuhalten und auch kein Siegel zu gebrauchen, ehe nicht der neue König ihnen dafür eine ausdrückliche Anweisung gegeben hätte. Die ganze höchste Staatsverwaltung Frankreichs ruhte solange, bis die Legitimitätsfrage eine befriedigende Antwort gefunden haben würde. Um sie bemühten sich Versammlungen des Adels und der Geistlichkeit; es ging auf diesen Zusammenkünften sicherlich nicht um einen anderen Thronkandidaten, sondern im Mittelpunkt der Beratungen dürfte die Frage gestanden haben, wie die bislang erreichten Mitbestimmungsrechte in Finanzverwaltung und Heerwesen auch für die Zukunft würden gesichert werden können. Diese Mitspracherechte beruhten ja nicht auf kodifizierten, sondern stillschweigenden Vereinbarungen zwischen Johann II. und den Ständen; um Karl V. auf sie zu verpflichten, brauchte man Zeit, die mit äußerst schleppend betriebener Vorbereitung der Beisetzungsfeierlichkeiten gewonnen wurde. Diese Bestattung fand am 7. Mai, vier Wochen nach dem Tod Johanns II., in St-Denis statt, und die bis dahin unsichere Lage Karls zeigen zwei Urkunden vom 23. April: In der einen, durch die er über Güter der Anhänger Karls von Navarra verfügte, nannte er sich *roy de France,* in der anderen, zur Regelung des Fischhandels ausgestellten aber *lieutenant du roi, duc de Normandie et dauphin de Viennois.* Kurz

darauf trat das Conseil zusammen, damit die bisherigen Ratgeber ihre Stellungen verteidigen konnten, und in eben diesen Tagen kamen auch Verhandlungen Karls zum Abschluß, die er seit dem 20. April mit den Reimser Schöffen über die Kosten seiner Krönungsfeier geführt hatte.
Am 19. Mai 1364 konnte schließlich die Königsweihe Karls V. vollzogen werden. Sie brachte weder liturgisch noch in der Rechtssymbolik nennenswerte Abweichungen vom Hergebrachten, wohl aber änderte der Monarch sein Verhalten in auffallender Weise. Die Dichterin Christine de Pisan, Tochter des von Karl aus Bologna berufenen Hofastrologen Thomas de Pisan, hat mehrfach beschrieben, wie er seither *delaissa touz les meurs des juenes, se disposant du tout en ce que sagesse enseigne,* also die Würde des reifen, weise gewordenen Mannes für sich in Anspruch nahm und sein geschundenes Volk und Reich mit geschärften Augen ansah, *ouvrit les yeux de son entendement, regarda son peuple et réaume battu et désolé.* Inwieweit hier Ratschläge der Großen, die bei der Krönung mitgewirkt hatten und deshalb eine besonders vertraute Stellung beanspruchen durften, den neuen König bestimmt haben oder ob nicht vielmehr der starke Eindruck des Krönungszeremoniells mit seiner sakramentalen Kraft eine regelrechte *conversio* hervorgebracht hat, läßt sich nicht sagen, aber an der Tatsache als solcher darf nicht gezweifelt werden.
Wir kennen das physische Erscheinungsbild Karls V. durch die bekannte Statue, die möglicherweise zur Ostfassade des Louvre gehört hat, den der König gern als Stadtschloß nutzte und deshalb umbauen ließ: Angetan im Widerspruch zur Mode seiner Zeit mit langem Rock und Überrock zum Schutz eines schwachen, durch Schwindsucht bedrohten und ständig von Neuralgien geplagten Körpers ließ Karl sich auf eine Art darstellen, die von den Konventionen des Herrscherbildes kaum noch erreicht wurde und uns einen seltenen Zugang zur Persönlichkeit dieses hochgebildeten, den Wissenschaften aufgeschlossenen und dem Ritterideal wenig entsprechenden Monarchen gewährt. Karl mied zeitlebens weite Reisen und ist während seiner gesamten Regierungszeit nicht über Rouen im Westen und Orléans im Süden hinausgekommen. Er regierte aus dem Beratungszimmer und vom Schreibpult her, überließ das Kommando im Feld dafür angestellten Spezialisten, setzte aber die repräsentative Hofhaltung seines Vaters fort und begründete durch Sammlungen und Bautätigkeit manche noch heute in Paris glänzende Einrichtung. Das Hôtel St-Paul, sein Stadthaus, machte das Marais zu einem Treffpunkt der eleganten Welt; die Büchersammlung Karls, in der sich auch das schönste aller mittelalterlichen Kartenwerke befunden hat, der Katalanische Weltatlas von 1375, wurde zum Grundstock aller folgenden königlichen Bibliotheken und damit zur Vorläuferin der heutigen Nationalbibliothek. Der König las seine Bücher und konsultierte für schwierige Fragen oft und gern die Professoren der Pariser Universität; er ließ »Politik«, »Ökonomik«, und »Ethik« des Aristoteles durch Nicole Oresme ins Französische übersetzen und vertiefte sich in die großen Sammlungen des römischen Rechts. Im

Dienste der Wohlfahrt seines Reiches scheute er juristische Spitzfindigkeiten zur Begründung einzelner Regierungsmaßnahmen nicht und mißtraute den Menschen aus den Erfahrungen seit 1356. Durch diese Eigenschaften ist er zum zähen und erfolgreichen Bewahrer der Substanz seines Landes und Volkes geworden, das ihn als den großen *roi réparateur* in Erinnerung behalten hat.

Ratgeber, Vertraute, Mitarbeiter

Ein Ergebnis der Verhandlungen im Vorfeld seiner Krönung war für Karl V. das in der Zusammensetzung fast unveränderte Conseil, in dem nur Ludwig von Anjou als jüngerer Bruder des Königs Neuling war. Neben so erfahrenen Politikern wie dem Erzbischof von Sens, Guillaume de Melun, den Brüdern Jean und Guillaume de Dormans oder den Grafen von Étampes und von Saarbrücken hat er freilich keine besondere Bedeutung erlangen können, weil die unter Karl betonte Professionalität der Staatsführung abgesehen von allen Zwängen der aktuellen Machtverhältnisse zunächst bewährten Ratgebern, später persönlichem Regiment des Königs den Vorzug gab. Im Kreis dieser Räte kam Jean de Dormans eine hervorragende Stellung zu, denn er hatte schon dem Thronfolger als Kanzler für die Normandie gedient und sich auch in schwierigen Jahren und Situationen, etwa während der Kämpfe mit Étienne Marcel, als loyaler und zuverlässiger Vertrauter erwiesen. Nach Rechtsstudien in Orléans war Jean de Dormans Advokat am Pariser Parlement und Inhaber mehrerer Kanonikate gewesen, ehe er im Jahre 1359 den Bischofsstuhl von Beauvais erlangte. In Chartres verhandelte er mit den Engländern und schloß als Bevollmächtigter Karls den Frieden von Brétigny, wurde 1361 Kanzler von Frankreich und schied erst 1372 auf eigenen Wunsch aus seinem Amt. Auch sein Bruder Guillaume hatte in Orléans studiert und seit 1345 am Pariser Parlement gewirkt; 1351 in den Adelsstand erhoben, erreichte ihn der Ruf des Regenten in dessen Beraterkreis. 1361 trat er die Nachfolge seines Bruders als Kanzler der Normandie an, wurde 1364 Kanzler des Dauphiné und als Rat im nunmehr königlichen Conseil bestätigt. Zugleich wirkte er als erster der weltlichen *maîtres* an der Rechnungskammer und folgte seinem Bruder 1372 im Amt des Kanzlers von Frankreich.
Während der Regierungszeit Karls V. sind, ähnlich wie unter Philipp IV., nur sehr wenige Fälle von Ungnade zu verzeichnen, so daß die langfristig beständige Zusammensetzung des königlichen *entourage* gerade in dieser unruhigen Zeit bemerkenswert ist. Das Kanzleramt wurde erst 1373, nach dem Tod der Brüder Dormans, mit Pierre d'Orgemont neu besetzt; Graf Johann von Saarbrücken, dessen Vater schon Geldlehen Philipps VI. genommen hatte, diente seit 1352 Johann II. gegen ein festes Honorar als

Berater und blieb über den Tod Karls V. hinaus bis 1381 im Dienst der französischen Krone. Neben dieser Beharrung einmal etablierter Personen fällt an der Zusammensetzung des Conseil allerdings auf, daß die Hauptstadt durch ihren Bischof nicht vertreten war, während die Bischöfe von Nevers, Chartres, Coutances, Lisieux, Meaux und vor allem der Erzbischof von Sens dort eine führende Rolle spielten. Das läßt sich nur im Zusammenhang mit einer weiteren Beobachtung verstehen: Schon vor der Mitte des 14. Jh.s waren Bürger, Juristen und Kleriker aus Sens in der politischen Führungsschicht Frankreichs besonders stark vertreten und bildeten zeitweise die größte homogene Gruppe. Die Aktivsten unter ihnen sind gut bekannt, so der vor 1334 verstorbene Jurist und Pariser Kanoniker Odo von Sens, der unter mehreren bedeutenden Advokaten gleichen Namens als Verfasser der *Summa de judiciis possessoriis* hervortrat, in der er seine Parlementserfahrung ausgewertet hat. Mitglied des Parlements war zwischen 1336 und 1361 neben zahlreichen anderen Kollegen mit dem Namenszusatz *de Sens* auch Adam von Sens, so daß wir mit einer Fraktion zu rechnen haben, die sich über gemeinsame Herkunft hinaus noch als großer Familienverband erweist. Aus Sens kamen Angehörige der Familien Chanteprime, Voisines, Cordier und Blanchet in die königliche Verwaltung; Heiratsverbindungen untereinander festigten ein offenbar zielbewußt eingesetztes Bündnis, dem auch der Kanzler Pierre d'Orgemont angehörte, der mit einer Voisines verheiratet war. Von den Voisines führten Ehebande zu den Chanteprime, die ihrerseits mit den Dormans verschwägert waren. Über diesem Clan wachte der Erzbischof von Sens als Patron im Conseil; vermutlich hat er dem Regenten für das Kanzleramt Jean de Dormans vorgeschlagen, der seit 1351 Archidiakon von Provins in der Diözese Sens gewesen ist. Keine andere französische Stadt, auch nicht Paris, war so stark in der Umgebung des Königs und in der Reichsverwaltung vertreten, ein Zustand, der sich schon in den letzten Regierungsjahren Philipps VI. angebahnt hatte. Wie läßt sich dieser Befund erklären und welche Bedeutung hatte er?

Im Juni 1358, in den letzten Tagen der Jacquerie, hatte sich der Regent nach Sens begeben und war dort höchst ehrenvoll empfangen worden. Hier erließ er seinen Befehl zum Marsch auf das von Étienne Marcel besetzte Paris, und dieses Ziel erhellt schlagartig einen ganzen Motivzusammenhang. Sens hatte seine alte, seit dem 10. Jh. bestehende, aber nicht immer mit Erfolg gewahrte Sonderstellung niemals vergessen und pflegte damit keineswegs nur eine ehrwürdige Tradition, sondern leitete aus ihr Ansprüche ab, die für Generationen politische Leitlinien zogen. Sens war Erzbistum, das den gallischen Primat innehatte und streng auf Unterordnung seiner Suffragane achtete, zu denen auch der Bischof von Paris gehörte. Ohnehin betonte Sens gegenüber der Pariser Tradition sein höheres Alter und bemühte dafür die gallischen Senoner, deren Fürst Brennus Rom zerstört habe. Die Senoner, so der Dichter Eustache Deschamps, waren nicht nur Erben der Römer, sondern auch Vorfahren

der Franken, die Karl den Großen hervorgebracht hatten. Angesichts der für das nationale Geschichtsverständnis traditionellen Autorität Karls als des neuen Konstantin und schlechthin einzigartigen Herrschers konnte Rückbesinnung auf die erstrangige Bedeutung der Stadt Sens nichts anderes heißen als Rückkehr zum strahlenden Höhepunkt der französischen Geschichte, wie sie mittlerweile allgemein verstanden wurde. Schon Konstantin, so wußte der am Hof Karls V. als Übersetzer wirkende Jean Golein, hatte dem Klerus von Sens eidlich versprochen, die Vorrechte der Metropole zu wahren. Sens machte sich auf diese Weise zum Hüter der besten Traditionen Frankreichs und zielte in diesem Zusammenhang auch auf den alten Rivalen Reims im Kampf um den rechten Ort der Königskrönung. Die im Rückblick so homogen und gefestigt erscheinende konstitutive Würde der Trias Paris–St-Denis–Reims erweist sich damit als noch im 14. Jh. angefochten; es handelt sich, wie aus der politischen Aktivität und der starken Repräsentanz am Hof hervorgeht, auch nicht um schwache Ausläufer nur mehr literarischer Debatten. Die ersten Ständeversammlungen Karls V. tagten in Sens, nicht in Paris.
Möglicherweise ist sogar der Zeitpunkt des Übergangs zu einem immer mehr persönlichen Regiment Karls V. aus diesem Zusammenhang erklärbar. Seit 1373 nahmen die unter Mitwirkung seiner Ratgeber ergangenen Mandate des Königs kontinuierlich ab; für 1376, 1378 und 1379 existieren nur unmittelbare Verfügungen Karls. Am 3. Mai 1376 starb der Erzbischof von Sens, und seither verschoben sich die Gewichte im Conseil. Von nun an gewann Bureau de la Rivière seine überragende Bedeutung, ein Mann, der schon als *chambellan* für den Thronfolger gearbeitet hatte und über die Familie seiner Mutter, Isabeau d'Angerant, zwar in Beziehung zur Sens-Fraktion stand, seine vertraute Nähe zum König aber offensichtlich persönlichen Qualitäten und nicht der Parteizugehörigkeit verdankte. Er beglaubigte fortan königliche Entscheide und leitete schwierige Verhandlungen, darunter jene, die im Februar 1380 zum Abschluß des Flottenabkommens mit Kastilien geführt haben. Bis zu seinem Tod im Jahre 1400 ist Bureau de la Rivière im Dienst der französischen Krone geblieben.

La bonne policie

Im Tageslauf des Königs nahmen Lektüre, Gespräch, Ruhezeit, Beschäftigung mit den Sammlungen einen auffallend großen Teil des Tages in Anspruch, denn die heikle körperliche Verfassung Karls legte ihm Beschränkung des Arbeitspensums nahe und verlangte sorgfältige Einteilung der Kräfte. Möglicherweise ist aus diesen individuellen Anlagen und Erfahrungen die Einsicht erwachsen oder zumindest doch verstärkt worden, daß methodisch und nach bestimmten Grundsätzen betriebene Politik bessere Ergebnisse erzielen müsse als mehr oder weniger gut beratene, aber stets zu sehr am Einzelfall orientierte Entscheidungen. Begabung und literarische Bildung mögen das ihre getan haben, um diese Idee in praktisches Handeln zu überführen, denn Karl war in der freien Rede gewandt und verstand es, im Diskurs zu überzeugen; er schrieb flüssig und gern, so daß wir aus seiner Feder die ersten von einem französischen König verfaßten Briefe und Denkschriften besitzen. Er kannte die antiken Staatstheoretiker und verglich sie mit den aus seinem Hofkreis stammenden Abhandlungen; viele Gespräche werden um ihre Themen gekreist haben, so daß die erhaltenen Traktate gute Quellen auch für die Gedanken des Königs darstellen.

In Kommentaren zur »Ethik« und zur »Politik« des Aristoteles hatte Nicole Oresme dargetan, daß gute von schlechter Politik durch das Maß an Beschränkung unterschieden werden kann, das dem persönlichen Willen des Monarchen auferlegt ist. Der Monarch steht unter dem Gesetz und soll seine Macht nicht gegen den Willen einer durch Vernunft qualifizierten Mehrheit gebrauchen. Dieses Kriterium der Vernunft implizierte einen Gedanken, der den König offenbar fasziniert hat, weil er eigenen, tief in seiner Persönlichkeit begründeten Auffassungen vom Wesen des Regierens entgegenkam, der Idee nämlich, daß eine *bonne policie*, eine gute und dem Staat in allen seinen höchst verschiedenen Bedürfnissen angemessene Ordnung, rational konzipierbar und dann im Sinne methodischen Vorgehens nach ebenfalls rationalen Prinzipien zu praktizieren sei. Solches Denken an eine Wissenschaft von der Politik hat natürlich seine Parallelen und Vorläufer; es findet sich im Ansatz auch bei Marsilius von Padua und bedeutet keinen Entwurf einer im modernen Sinne konstitutionellen Monarchie, sondern meinte nach den Möglichkeiten seiner Zeit nur die Kontrolle des Königs durch das Conseil, in dem freilich die besten Köpfe zusammenkommen mußten, wenn es den ihm bestimmten Zweck erfüllen sollte. Die Regierungspraxis Karls V. folgte diesen Richtlinien in erstaunlichem Maße und trug damit zugleich der politischen Notwendigkeit Rechnung. Seit 1356 war Mitsprache bei großen Entscheidungen des Königs üblich, hatten die Stände begonnen, sich als feste Größen zu etablieren, hatte die lange Zeit der Regentschaft zu Formen des Verkehrs zwischen Herrscher, Conseil, Verwaltung und politischer Öffentlichkeit geführt, die nicht mehr ohne weiteres zu beseitigen waren und das um so weniger, als sie sich für ein Land in der Krise so erstaunlich bewährt und gut ausgewirkt hatten.

Am Beispiel des Münzwesens führte Nicole Oresme in seinem kleinen geldtheoretischen *Tractié de la Monnaye* König und Hof vor Augen, daß der Wille des Monarchen auf gewisse Bereiche des Staatslebens keinen unmittelbaren Zugriff haben dürfe; er widersprach damit älteren Auffassungen, die mit Bezug auf Aristoteles gerade die so menschliche Erfindung des Geldes der monarchischen Gewalt und ihren verändernden Eingriffen unterstellt wissen wollten. Das Datum der Abfassung dieses Traktates im Jahre 1355, also vor der Gefangenschaft Johanns II., zeigt, daß solche Konzeptionen nicht nur auf die Folgen der verlorenen Schlacht bei Poitiers/Maupertuis zurückgeführt werden dürfen, sondern daß sie älteren Ursprungs sind und durch die Krise nur stärker akzentuiert wurden. Dem König blieb die Münzhoheit zwar als selbstverständliches Regal auch weiterhin zuerkannt, aber er sollte doch wissen, daß er mit jeder Änderung des Geldwertes tief in die gesamte Sozial- und Rechtsordnung seines Reiches eingriff und sich der Folgen bewußt bleiben. Angesichts der schier übermächtigen Bedeutung des Geld- und Münzwesens in der Zeit des Krieges und der fortgeschrittenen Wirtschaftstechniken, des Steuersystems und einer sich wandelnden Wehrverfassung mit ihren Soldtruppen wird der Wert dieser Abhandlung des Nicole Oresme deutlich und ihr Rang als staatstheoretische Konzeption. Seit dem Dezember 1360 schlug die königliche Münze Geldstücke mit der Umschrift *Christus vincit, Christus regnat, Christus imperat* und bezog sich damit auf das christologische Herrschaftsprogramm Karls des Großen, der als Vorfahre der französischen Könige einmal mehr herausgestellt wurde. Auf diese Weise sollte auch dem kaiserlichen Anspruch auf die karolingische Tradition entgegengewirkt werden, doch im Vordergrund stand der Wille, eine besondere göttliche Legitimation im Handeln des Königs von Frankreich auszudrücken.

Theologen schienen daher vorzüglich geeignet, als Berater Karls V. zu wirken, und seit 1371 hat er sie zusammen mit seinen Juristen auch immer öfter eingesetzt, um die systematische Analyse aller wichtigen Regierungsaufgaben voranzutreiben. Der König erhielt Gutachten, deren wesentliche Ergebnisse an die Öffentlichkeit gelangten, als sie im *Songe du Verger* literarisch verarbeitet wurden, einem Dialog zwischen Ritter und Kleriker. Das Werk ist am Hof entstanden, lag 1376 in lateinischer Fassung vor, wurde zwei Jahre später auf den jüngsten Stand der politischen Meinungsbildung gebracht und ins Französische übersetzt. Das Gespräch, in dem der Ritter als Anwalt des Königs auftrat, kreiste um Lebensfragen der Monarchie, die aus aktuellem Anlaß neuer Behandlung bedurften: Trennung geistlicher von weltlicher Gewalt oder umfassender Primat des Papstes; Gleichberechtigung des Königs von Frankreich mit dem Kaiser; ungeteilte Herrschaft des Königs im Innern oder Unabhängigkeit der Guyenne; Königswahl oder dynastische Erbfolge; Recht der Krone auf Steuererhebung. Zu jeder Position brachte der Kleriker erstaunlich umfassend und scharfsinnig die gegnerischen Argumente vor, so daß die Auffassung des Hofes mit äußerster Präzision begründet und formuliert werden mußte. Das geschah in eben den Jahren 1377 und 1378, in denen Papst Gregor XI. von Avignon nach Rom übersiedelte, sein früher Tod zum Großen Abendländischen Schisma führte und der französische König fürchtete, bald Ansprüchen begegnen zu müssen, wie sie einst Bonifaz VIII. erhoben hatte. Die Reise Kaiser Karls IV. nach Frankreich fiel ebenfalls in jene beiden Jahre und zwang dazu, schon im wohlüberlegten diplomatischen Zeremoniell den Gleichheitsanspruch zu demonstrieren. 1376 ist, wie erwähnt, das Epochenjahr in der Herrschaft Karls V.; der neue Stil brachte scharfes Vorgehen gegen Karl von Navarra, zeitigte den Parlementsspruch vom 18. Dezember 1378 über die Vereinigung der Bretagne mit der Krondomäne und den Entschluß zur Unterstützung jener Kardinäle, die das Schisma heraufführen sollten.

Alle diese schwerwiegenden Entscheidungen standen jeweils am Ende eines Denkprozesses und fielen im kleinen, neuformierten Conseil, das gleichwohl nicht als Indiz für eine grundsätzliche Wendung der verfassungsgeschichtlichen Abläufe taugt. Es handelt sich vielmehr um andere Herrschaftsformen, bei denen Karl Prinzipien treu blieb, deren feste Verankerung im öffentlich geführten politischen Diskurs und in den politischen Machtverhältnissen offensichtlich wird, wenn man die Beziehungen zwischen Adel, Krone und Reichsverwaltung ins Auge faßt.

Adel, Krone, Reichsverwaltung

Um die Mitte des 14. Jh.s begann der Adel sich als Stand zu formieren und versuchte, gegenüber Bürgertum und Geistlichkeit verbriefte Sonderrechte zu erlangen. Dieses Vorhaben mußte schwierig sein, weil die Aristokratie als solche nicht homogen war: Prinzen und Prinzessinnen von Geblüt, durch Heiraten mit anderen Familien verbunden, nahmen den höchsten Rang ein, wobei die Brüder des Königs eine herausragende Stellung beanspruchen durften. Zur Zeit Karls V. waren das die Herzöge von Anjou, Berry und Burgund, auf die sogleich die Grafen von Alençon folgten, Nachkommen des Bruders Philipps IV., ferner das Haus Navarra mit den Zweigen Étampes und Évreux, die Grafen von Artois sowie die Häuser Bourbon und Orléans. Zum königlichen Geblüt rechneten sich aber auch die Herzöge der Bretagne und von Athènes in der Champagne, die Grafen von Flandern, von Foix und von Armagnac. Hinter ihnen rangierten die Barone, nach einer 1350 von Johann II. zusammengestellten Liste etwa 350 Personen, darunter 27 Grafen und 16 Vizegrafen. Diese Adelsklasse war im Gesamtgebiet der Monarchie ungleich dicht repräsentiert; die meisten Mitglieder hatte sie in Burgund mit 59 Familien, im Raum Touraine/Anjou/Maine mit 47, in den Bailliages Senlis/Vermandois/Amiens mit 38. Champagne und Normandie nannten 30 bzw. 29 Familien, Auvergne 23, Bretagne 21, die Sénéchaussée Beaucaire 19, Gascogne, Berry und die Sénéchaussée Carcassonne 13, 12 und 11. Am schwächsten vertreten war das Gebiet der ältesten Krondomäne, denn hier hatten die Vizegrafschaft Paris nur 4, die Bailliages Sens und Chartres 4 bzw. 5, das Orléanais 7 Barone aufzuweisen; entsprechendes gilt für Saintonge (7), Périgord und Rouergue (je 5), Poitou und Limousin (je 8), so daß Einflußzonen deutlich sichtbar werden. Den Baronen waren ihre Verwandten aus Seitenlinien nachgeordnet, ferner ihre Lehnsträger, Ritter *(chevaliers)* und Edelknechte *(écuyers)*, insgesamt eine sehr ungleichartige, regional hochdifferenzierte und in ihrer politischen Haltung kaum mehr beschreibbare Gruppe, die dem König und jeder Art von Zentralverwaltung mißtrauisch gegenüberstand, teilweise auch um ihre ständische Einstufung bangen mußte.

Weil der Begriff des Ritters grundsätzlich nicht schichtenspezifisch war, kann er nicht unbesehen mit adliger Standesqualität gleichgesetzt werden; natürlich waren alle Barone *chevaliers*, aber nicht jeder zu Pferd und gepanzert Kämpfende war ein Ritter, denn diesen Rang erreichte nur, wem das Vermögen die materiellen Aufwendungen für Ritterweihe und Erwerb des *cingulum militare*, des Rittergürtels, erlaubte. Infolgedessen hat sich der Kreis jener *chevaliers*, die nicht auch Prinzen von Geblüt, Grafen oder Barone gewesen sind, im Laufe der Zeit verkleinert und dürfte in der zweiten Hälfte des 14. Jh.s im gesamten Königreich zwischen 2000 und 3700 Personen umfaßt haben. Die Masse der Adligen begnügte sich mit dem Rang des *écuyer*, des ritterlichen Kämpfers ohne Weihe; ihre Zahl ist schwer abzuschätzen und vielleicht mit der Relation 1:10 zwischen *chevaliers* und *écuyers* getroffen. Über den Anteil des Adels an der Gesamtbevölkerung erfahren wir damit freilich nichts, denn alle diese Zahlen erfassen nur jene, die Kriegsdienst leisteten; viele Familien waren dazu schon nicht mehr in der Lage, hatten aber den Kampf um ihren Adelsrang noch nicht aufgegeben.

Die hohen Verluste während des Krieges setzten einen krisenhaften Umstellungsprozeß in Gang, der durch wirtschaftliche Bedrängnisse und den Übergang ganzer Landschaften auf die englische Seite noch verschärft wurde. Ideale ritterlicher Kriegführung waren in den Schlachten, noch mehr aber in vielen kleineren militärischen Einsätzen mit ihren üblen Begleiterscheinungen fragwürdig geworden. Weil das Waffenrecht ein soziales Phänomen war, fühlte sich bald jeder als Standesgenosse, der zu Pferd kämpfen konnte, und eben dagegen versuchte die Aristokratie Exklusivität zu setzen. Man wurde endogam und scheute das Risiko einer Heirat über Grenzen des engeren Kreises hinaus, bestärkt darin durch das Verhalten des Königshauses und durch die Beobachtung, daß Fehler in der Heiratspolitik schwerwiegende Folgen haben konnten: Wäre der Krieg vermeidbar gewesen, wenn Philipp der Schöne seine Tochter Isabella dem künftigen König von England nicht zur Ehe gegeben hätte? Der neue Heiratsbrauch stärkte freilich nur die ohnehin schon mächtigen Familien, weil Ehen mit Erbtöchtern anderen kaum möglich waren, und er konnte die ständische Stellung im ganzen nur ansatzweise sichern. Aus dieser wenig gefestigten Lage heraus ist es verständlich, daß die Aristokratie auf Repräsentanz im Conseil bestand und Teilhabe an den Ämtern der Reichsverwaltung forderte, daß sie jeden übermächtigen Einfluß anderer auf den König verhindern und Dotationen aus dem Krongut an Günstlinge unmöglich machen wollte. Die Krondomäne mußte deshalb auf alle Zeit unverletztlich sein und dem König damit auch Unterhalt ohne Steuererhebung gewähren können. Eine weitere Hauptforderung betraf die Stabilität des Geldwertes, denn der Adel zog einen großen Teil seiner Einkünfte aus Renten, Pacht und Zinsen.

Bei diesem Modell einer partiellen Kontrolle des Monarchen durch den Adel hat das englische Vorbild mitgewirkt, aber die öffentliche Meinung war solchen Ambitionen nicht günstig: Die Niederlagen hatten das Ansehen des Schwertadels gründlich ruiniert und wurden ausdrücklich auf Arroganz und Unfähigkeit einer Schicht zurückgeführt, der man keine Führungsqualität mehr zubilligte. Es fiel dem König daher am Ende nicht schwer, aus der allgemeinen Notlage eine Stärkung der Kronrechte zu gewinnen. Wenn er dem Adel das Fehderecht zu nehmen suchte, so hatte er die Volksmeinung auf seiner Seite, ebenso bei der Durchsetzung eines königlichen Inspektionsrechtes für die Burgen mit dem Ziel fester Eingliederung der Aristokratie in das Reichsheer. Leistungs- und Dienstforderungen erlangten auf militärischem Gebiet nun ebenso Geltung wie bei den Karrieren akademisch gebildeter Mitarbeiter und Beamter des Königs. Ein Studium konnte seit dem 12. Jh. Laufbahnen ermöglichen, die von der Standeszugehörigkeit unabhängig waren, und spätestens seit der Zeit Philipps des Schönen haben Graduierungen bis in die unmittelbare Umgebung des Königs geführt. Karl V. nobilitierte bewährte Mitarbeiter, um sie zu erhöhen und in ständisch angesehene Positionen zu bringen. So adelte er seinen Bibliothekar Gilles Malet, der sich seit 1390 auch *chevalier* nannte, große Ländereien und Herrschaften erwarb und bei Karl VI. zum Leiter des königlichen Haushalts aufstieg. Trotz der großen Zahl solcher Erhebungen veränderte sich der Charakter der Aristokratie im ganzen nicht, aber die Auswahl nach Leistung kam zu neuer Geltung. Als die adlige Lebensform in die bürgerliche Welt eindrang, strebte das Patriziat zwar nach Adelsprädikaten, schätzte aber den verdienten und wirtschaftlich erfolgreichen Bürger höher als den Adel, dessen Ruhm in jenen Jahren verblaßte. Ähnlich empfanden die Juristen im Reichsdienst, so daß man dem neuen Amtsadel keine Minderwertigkeitsgefühle unterstellen darf.

Solches Bewußtsein für den Zusammenhang von Leistung, Dienst und Aufstieg führte zu immer breiterer Anerkennung des Wahlverfahrens bei der Ämtervergabe. Zunächst waren es die Kandidaten selbst, die durch ihre universitäre Herkunft auf dieses Prinzip orientiert waren, denn im akademischen Milieu hatten Wahlen schon immer eine große, wenn auch nicht durchweg erfreuliche Rolle gespielt. Bei Staatsämtern hatte man dagegen bisher die Empfehlung durch mächtige Würdenträger als Gewähr für Eignung eines Kandidaten angesehen, aber damit auch alle Nachteile der Cliquenwirtschaft und des Nepotismus hinnehmen müssen. In der Zentrale selbst mußten auf diese Weise Fraktionen entstehen, die einander konkurrierend gegenüberstanden und sich zu Zeiten offen bekämpften. Doch schon seit 1303 wählte das Conseil die Baillis und Sénéchaux, das Parlement ergänzte sich durch Kooptation und hatte damit bereits eine sehr unabhängige Stellung erreicht. Nun wurden diese Grundsätze ausgedehnt und betrafen viele der höchsten Positionen. Ein um zahlreiche Prälaten, Aristokraten und Bürger erweitertes Conseil wählte 1370 Bertrand Du Guesclin zum Connétable von Frankreich; zwei Jahre später wählte eine Versammlung von etwa 200 Personen Guillaume de Dormans zum Kanzler als Nachfolger seines Bruders, und auch Pierre d'Orgemont erlangte das Amt durch Wahl eines Gremiums, dem die Prinzen von Geblüt, Prälaten, Barone, Herren des Parlements, der Chambre des Comptes und andere angehörten. Immer häufiger wurde auf diese Art entschieden, so daß besondere Wahlkommissionen die weniger bedeutenden Amtsinhaber bestimmen mußten, wobei die Graduierung durch eine Universität für Mitglieder des Parlements, *maîtres* der verschiedenen Kammern, für Notare und Sekretäre entscheidende Ausgangsvoraussetzung war.

Der Wahlgedanke mußte aber aus aktuellem Anlaß auch auf die Königserhebung übergreifen, denn Karl V. hatte zunächst keinen Erben, weil der Thronfolger erst 1368 geboren wurde. Eine unmittelbare Nachfolge Ludwigs von Anjou ist sicherlich nicht erwogen worden, denn ihm verweigerte das Conseil den Dauphiné, so daß sehr wahrscheinlich eine Auswahl unter allen Brüdern Karls V. für den Fall geplant war, daß dem König etwas zustieße oder er seinen gelegentlich erwogenen Plan wahr machte und abdankte, um in einen Orden einzutreten. Solche Wunschträume Karls müssen im Zusammenhang mit dem seit 1356 durch die Gefangenschaft Johanns II. ausgebildeten Grundsatz gesehen werden, daß die Krone das Reich innehabe und der jeweilige König nur als ihr Verwalter fungiere. Die Krone konnte im Notfall auch von anderen repräsentiert werden, durch einen Regenten etwa oder von den Ständen. Im Akt der Königsweihe vollzog sich freilich die höchste aller möglichen politischen Synthesen, nämlich die Vereinigung der königlichen Person mit der Krone als dem Symbol des Reiches. König und Conseil waren stets in einem fundamentalen Sinne einig, sofern sie das Ansehen der Krone Frankreichs wahren und bei jeder sich bietenden Gelegenheit erhöhen wollten. Jean Golein wies auf die Heiligkeit des in Reims gesalbten Königs hin, der sein Amt nicht vom krönenden Erzbischof, sondern durch das Himmelsöl direkt von Gott empfangen habe, während der Kaiser seine Würde auf Wahl zurückführen und die Krone aus der Hand des Papstes empfangen müsse. Dieser Unterschied wurde in der Tat als grundsätzlich empfunden und wirkte sich in beiden Reichen auf die politische Praxis aus: Während ein Herrscher wie Ruprecht von Wittelsbach genau wußte, daß die Krone nicht in seiner Familie bleiben würde und entsprechend handelte, konnte der französische König die monarchische Gewalt stärken, weil sie seinem Hause zugute kam. Insofern also der

König von Frankreich die Krone verwaltete, wurde er zum obersten Priester der *religion royale,* war er Mittler zwischen Gott und seinem Volk. In der Zeit des Niedergangs erhielt jener alte Gedanke von der erhöhten Stellung des französischen Königtums somit neuen Glanz, und Karl V. war sich dessen vollauf bewußt. Das geht nicht nur aus der schon erwähnten *conversio* nach seiner eigenen Krönung hervor, sondern auch aus der Tatsache, daß er bei seinem Tode nicht weniger als 27 Kronen hinterließ, darunter einige, die erst in seinem Auftrag angefertigt worden sind. Liebe zu Schmuck und Repräsentanz einer Staatsauffassung fielen zusammen. Durch dieses hohe Verständnis von Krongewalt standen alle Maßnahmen Karls im Einklang mit Ansichten, die auch das Conseil vertrat, und deshalb hatten sie beachtenswerte Erfolge. Förderung der Städte war ein wichtiges Anliegen des Königs, aber er bestärkte nicht das kommunale Eigenleben, sondern brachte mit seiner Fürsorge auch Beamte in die Stadtverwaltungen, die auf solche Weise allmählich zu Reichsbehörden wurden. Beamte hatten bald alle wichtigen Stellen inne; auch die Heerführung wurde von ausgewählten Spezialisten wahrgenommen, nicht mehr von Herren, die durch Geburt dafür prädestiniert waren. Eine von Fachleuten bestimmte Reichsverwaltung trat an die Stelle feudaler Herrschaftsausübung und hätte Frankreich wohl schon am Ende des 14. Jh.s zum institutionellen Flächenstaat machen können, wenn nicht rein dynastische Entscheidungen der Könige zum Entstehen einer zweiten Feudalität als Nachfolger der alten Großvasallen geführt hätten.

Apanagen und zweite Feudalität

Seit dem Frieden von Brétigny war Karl erfolgreich um die Konsolidierung des nunmehr verkleinerten Reiches bemüht gewesen. Um so merkwürdiger mutet es deshalb an, daß der König einen älteren, von seinem Vater erneuerten und gleichsam auf die Spitze getriebenen Brauch fortsetzte, indem er seine Brüder mit Apanagen austattete. Dieses Wort, vom lateinischen *appanare* (mit Brot versehen), *appanagium* (Ausstattung) abgeleitet, bezeichnete ursprünglich die Dotation für ein nachgeborenes Kind, das keinen erbrechtlichen Anspruch geltend machen konnte und wurde in Frankreich seit dem 13. Jh. für den Fall angewandt, daß der König jüngeren Söhnen große Lehnsfürstentümer anvertraute. Das Testament Ludwigs VIII. von 1225 sah solche Apanagierungen vor, die Ludwig IX. dann realisierte, als er 1237 seinem jüngeren Bruder Robert die Grafschaft Artois überwies, 1241 Poitou, Saintonge und Auvergne an Alfons und 1246 die Grafschaft Anjou an Karl gab. Auch seinen eigenen nachgeborenen Söhnen überließ Ludwig IX. solche Apanagen: Johann Tristan erhielt die Grafschaft Valois, Peter die Grafschaft Alençon und Robert die Grafschaft Clermont-en-Beauvaisis. Mitunter konnten die neuen Besitzer ihre Gebiete durch Glücksfälle oder eigene politische Anstrengungen vergrößern: 1249 erbte Alfons von Poitou einen Teil der Grafschaft Toulouse; Karl von Anjou erwarb 1246 die Grafschaft Provence und eroberte auf der Basis seiner vereinigten Länder 1266 das Königreich Neapel; Karl von Valois ließ sich von seinem Bruder Philipp IV. noch Anjou, Maine, Alençon und Perche übertragen.

Zwar fielen manche Apanagen wieder an die Krone zurück, weil sie nicht an Seitenlinien und auch meist nicht an Töchter vererbt werden durften, aber seit 1328 verfestigte sich die Institution als solche, weil die Valois mit der Gebietsausstattung häufig den Herzogstitel verbanden: Johann II. war als Thronfolger Herzog der Normandie geworden, sein Bruder Philipp bekam 1344 zusätzlich zum Valois noch das Herzogtum Orléans, seinem dritten Sohn Johann übertrug der König 1360 das Herzogtum Berry, während der zweite Sohn Ludwig Herzog von Anjou wurde. Als folgenreichste Entscheidung dieser Art sollte sich freilich die Vergabe des Herzogtums Burgund an Johanns II. vierten Sohn, Philipp den Kühnen, im Jahre 1363 erweisen. Das Herzogtum Orléans fiel zwar schon 1375 mit dem Tod seines Inhabers Philipp an die Krone zurück, aber 1392 ging es an den zweiten Sohn Karls V., Ludwig, der 1394 noch die Grafschaft Angoulême und 1397 die Grafschaft Blois dazu erwerben konnte. Auch für den Thronfolger gab es eine feste Ausstattung, seit Philipp VI. im Jahre 1349 das als *Delphinatus, Dauphiné,* bezeichnete Herzogtum Vienne seinem letzten, kinderlosen Inhaber Humbert II. abkaufte und es seinem Enkel Karl, dem späteren König, überwies. Karl führte fortan den Titel *Dauphin de Viennois* und gab ihn mitsamt dem Herzogtum an seinen ältesten Sohn weiter. Seither wurde regelmäßig so verfahren, aber nicht vor dem 15. Jh. kam der bekannte Brauch auf, den französischen Thronfolger grundsätzlich und unabhängig von seiner regionalen Herrschaft als Dauphin zu bezeichnen.

Alle diese Fürsten haben in ihren Gebieten Verwaltungen nach dem Muster der königlichen eingerichtet, waren aber in ihren Hoheitsrechten eingeschränkt und mußten viele Exemtionen zugunsten der Krongerichtsbarkeit anerkennen, auch flossen ihnen nur Teile der Einkünfte ihrer Länder zu. Weil die Bischofseinsetzungen ebenfalls Königsrecht blieben und die Vertretung bei den Ständetagen ganz dem Modus der Domäne folgte, waren die Apanagefürstentümer unselbständig, haben aber dennoch die einheitliche Staatsbildung auf Reichsebene verzögert und im Fall Burgunds sogar eine autonome, königsgleiche Stellung zu erreichen gesucht. Stets konnten die apanagierten königlichen Verwandten sich auf Gebietsherrschaften als Hausmacht stützen, die ihrer Stimme im Conseil ein ganz anderes Gewicht verlieh, und sie ergriffen immer die Initiative zu eigener Politik.

Bertrand Du Guesclin und die *compagnies*

Eine Apanagierung sollte auch Grund für langwierige Auseinandersetzungen werden, die den Umgang Karls V. mit der militärischen Gewalt zeigen. Nach dem erbenlosen Tod des letzten capetingischen Herzogs von Burgund, Philipp de Rouvre, im Jahre 1361 hatte Karl von Navarra dessen Nachfolge beansprucht, aber Johann II. zog das Herzogtum ein und gab es seinem zweiten Sohn Philipp. Den daraus folgenden Konflikt hatte Karl V. zu bestehen und sich schon als Thronfolger der Hilfe Bertrands Du Guesclin versichert, eines bretonischen Ritters aus dem Umland von Dinan. Sein Vater besaß ein kleines Lehen, das aber den standesgemäßen Unterhalt für sechs Kinder nicht sichern konnte, weshalb Bertrand Kriegsdienste suchte und nach längerer Zeit des Kampfes für das Haus Blois dem König von Frankreich folgte. Mit seiner brutalen Härte und einem ausgeprägten Sinn für Disziplin sollte Du Guesclin, dessen strategische Begabung häufig weit überschätzt wird, zeitweise zu einem hervorragenden Helfer des Königs werden, der glaubte, sowohl seinen Konflikt mit Karl von Navarra als auch die noch offene bretonische Erbfolgefrage militärisch lösen zu können. Tatsächlich errang Du Guesclin im Mai 1364 einen ersten großen Erfolg mit dem Sieg über das navarresische Heer bei Cocherel nahe Vernon, aber schon im September des gleichen Jahres unterlag er Johann von Montfort bei Auray und geriet in Gefangenschaft. Weil Karl von Blois in der Schlacht gefallen war, mußte sein Gegenspieler Johann von Montfort als Herzog der Bretagne anerkannt und damit ein englischer Parteigänger bestätigt werden.
Die Zeit des relativen Friedens nach dem Sieg über Karl von Navarra und der Einrichtung des Montfort-Herzogtums in der Bretagne brachte mit der Abdankung zahlreicher Söldner allerdings neue Schwierigkeiten. Fast immer weigerten sich die oft schon verbandsweise angeworbenen Berufskrieger, nach Kündigung oder Ablauf ihrer Verträge wieder auseinanderzugehen, weil sie für jede außermilitärische Tätigkeit verloren und gesellschaftlich entwurzelt waren. Sie suchten ihren Lebensunterhalt ausschließlich im Krieg und führten diesen auf eigene Rechnung weiter, wenn niemand ihre Dienste haben wollte. Als freigestellte *compagnies* mußten sie gewissermaßen von Natur aus zu noch weit schlimmeren Landplagen werden als die regulären Armeen, darüber hinaus aber ging von ihnen politische Bedrohung aus, weil sie ein ungebundenes Machtpotential darstellten, das jedem zur Verfügung stand, der dafür zahlen konnte. Die *compagnies* hatten mittlerweile Burgen und feste Plätze als zentrale Orte eingenommen, aus denen sie schwer zu vertreiben waren. Deshalb versuchte jede der von ihnen heimgesuchten Landschaften, sie durch verlockende Hinweise in die Nachbarschaft abzulenken, um den erpreßten »Sicherheitszahlungen« zu entgehen, die im Laufe der Zeit fast den Charakter einer öffentlichen Abgabe bekommen hatten. Die Führer

der Banden, häufig illegitime Söhne adliger Väter oder verarmte Ritter, bildeten neben ihrer Disziplinar- und Gerichtsgewalt im Verband durch den Anspruch auf Besteuerung des von ihnen gehaltenen Landes teilweise gut funktionierende Kanzleien aus, die mit Schutz- und Geleitbriefen oder Quittungen über empfangene Zahlungen einen regelrechten Schriftverkehr zu führen hatten. Manche dieser Kriegshauptleute versuchten, eigene, dauerhafte Herrschaft öffentlich-rechtlich zu begründen und nahmen entsprechende Titel an. Der Bretone Geoffroy »Tête Noir«, dessen *compagnie* unter den Rouergue, Auvergne und Limousin terrorisierenden Banden eine Vorrangstellung behauptete, nannte sich nach einer von ihm gehaltenen Burg »Herzog von Ventadour« und führte zusätzlich das Prädikat eines »Grafen von Limousin«; er hatte die feste Absicht, eine Dynastie zu bilden, denn nach tödlicher Verwundung designierte er zwei seiner Verwandten als Nachfolger. Blieben solche Versuche auch erfolglos, weil die wanderzeitlich-frühmittelalterlichen Rahmenbedingungen für das Einrichten neuer staatlicher Gewalten fehlten, so ging doch von der Vereinigung mehrerer *compagnies* zu großen Heerhaufen ernste Gefahr aus. Im Dezember 1360 wurde Papst Innozenz VI. selbst im festen Avignon bedroht, und am 6. April 1362 unterlag ein von Jacques de Bourbon geführtes Adelsaufgebot bei Brignais nahe Lyon in offener Feldschlacht. Unter solchen Umständen schien auch dem König jene im Land weithin praktizierte Ablenkungstaktik das einzig erfolgversprechende Mittel, um die freien Söldner unschädlich zu machen, und er bediente sich dabei seines mittlerweile aus der Gefangenschaft entlassenen Heerführers Bertrand Du Guesclin. Zunächst dachte man unter dem Vorwand der Türkenabwehr an einen Zug nach Ungarn, aber der erste hierfür gebildete Großverband unter Leitung des berüchtigten Arnaud de Cervole mit dem Beinamen *L'Archiprêtre,* der Erzpriester, kam über eine freilich gründliche Plünderung des Elsaß nicht hinaus und zog anschließend im Tal der Saône südwärts, so daß ihm ein neues, lohnendes Ziel vor Augen gestellt werden mußte: Spanien.

Der erneuerte Krieg (1369)

Auf der Iberischen Halbinsel erlebte das von Peter I. regierte Königreich Kastilien seit Jahren einen zähen Kampf adliger Opponenten unter Führung Heinrichs von Trastámara, eines Halbbruders des Königs, gegen die Krongewalt. Weil England Peter I. unterstützte, lag es für Karl V. nahe, sich auf die Seite Heinrichs von Trastámara zu stellen und seine Militärhilfe durch Absendung der *compagnies* über die Pyrenäen gleichzeitig zu einer für Frankreich unmittelbar segensreichen Maßnahme zu machen. Der Feldzug wurde unter Führung Du Guesclins im Winter 1365/66 ein großer Erfolg, denn einerseits konnte Heinrich im eroberten Burgos die

Königswürde erhalten und zum verläßlichen Bundesgenossen Frankreichs werden, andererseits blieben die *compagnies* im Süden unabkömmlich, weil Peter I. seinen Rang zu behaupten suchte und den Konkurrenten am 3. April 1367 bei Najera schlug. Als nach zwei Jahren wechselvoll ablaufenden Bürgerkrieges Peter I. während einer Unterredung von Heinrich ermordet und damit der Sieg des Hauses Trastámara gesichert wurde, waren die Söldner verbraucht und ungefährlich geworden. Wer von ihnen nach Frankreich zurückkehrte, ging in den nun bald wieder aufflammenden Krieg gegen England, und am Ende des Jahrhunderts hatten die Banden nur mehr lokale Bedeutung. Karl V. aber gewann mit dem Königreich Kastilien einen beständigen Alliierten, dessen Flotte ihm künftig wertvolle Unterstützung leistete.

Das war um so wichtiger, als der König vom Anfang seiner Regierung an entschlossen war, die Bestimmungen des Vertrages von Brétigny nicht als endgültig hinzunehmen und in dieser Haltung durch englische Bemühungen um die Grafschaft Flandern bestärkt wurde. Dort zeigte sich der Sohn des bei Crécy gefallenen Grafen Ludwig von Nevers, Ludwig von Male, englischen Angeboten aufgeschlossen, bei Änderung der traditionell Frankreich zugewandten Politik des Grafenhauses bessere Bedingungen für den Wollimport zu erhalten und damit die alten Spannungen zwischen gräflicher Regierung und städtischen Interessen aufzuheben. Vor allem aber wurde der Graf seiner Erbtochter Margarethe wegen umworben, und schon im Jahre 1363 hatte Eduard III. eine Heiratsverbindung zwischen ihr und seinem Sohn Edmund, Herzog von York, vorgeschlagen. Dieser drohenden Einkreisung arbeitete Karl V. mit Hilfe des Papstes entgegen, der einen kirchenrechtlich notwendigen Dispens verweigerte. Statt der englischen Heirat kam es schließlich im Juni 1369 zur Ehe Margarethes mit Herzog Philipp dem Kühnen von Burgund unter der Bedingung, daß die Städte Orchies, Douai und Lille an Flandern zurückgegeben würden.

Konnte hier ein diplomatischer Sieg größter Tragweite errungen werden, so bestand für die aquitanischen Gebiete keinerlei Aussicht auf einen Verhandlungserfolg. Karl V. nutzte daher die Gelegenheit einer Klage des Grafen von Armagnac gegen außerordentliche Steuererhebungen des Schwarzen Prinzen und lud den englischen Thronfolger im Januar 1369 vor das Pariser Parlement, ein Schritt, der sorgfältig vorbereitet und durch Rechtsgutachten der Universitäten Bologna, Toulouse und Montpellier gerechtfertigt worden war: Weil die im Vertrag von Calais am 24. Oktober 1360 erwähnten Sonderabkommen über den formellen Verzicht auf Länder und Titel nie geschlossen worden waren, bliebe dem König von Frankreich das Recht, Klagen der aquitanischen Stände entgegenzunehmen. Wenn man der Erzählung Froissarts glauben darf, erklärte sich der Prinz sogleich zur Reise nach Paris bereit, allerdings wollte er an der Spitze eines Heeres von 60000 Mann erscheinen. England und Frankreich befanden sich wieder im Krieg.

Bis Anfang Mai 1369 erreichten hunderte von neuen Klagen aus dem Süden das Parlement, so daß der Eindruck entstand, ein zutiefst unzufriedenes Land erwarte seine Befreiung. Dennoch blieb Karl vorsichtig. Nachdem die Generalstände am 9. Mai seine Politik gebilligt hatten, begann er mit kleineren Kriegshandlungen, die ihre weitere Legitimation dadurch erfuhren, daß Eduard III. als Reaktion auf den Beschluß der französischen Stände seit Juni wieder den Titel eines Königs von Frankreich angenommen hatte. Die Waffen sprachen schon, als das Herzogtum Aquitanien im November 1369 für die französische Krone eingezogen wurde.
Diese zweite Phase des Hundertjährigen Krieges führte Karl V. anders als seine Vorgänger zu ihrer Zeit. Bertrand Du Guesclin, seit 1370 Connétable von Frankreich, verwickelte zusammen mit den Marschällen Ludwig von Sancerre und Mouton de Blanville die Engländer in einen auf die Dauer zermürbenden Kleinkrieg, bei dem auf französischer Seite fast ausschließlich Soldtruppen kämpften, was die Kosten dieser Unternehmungen trotz ihrer Begrenztheit sehr in die Höhe trieb. Im Zuge seiner durchdacht und immer wieder systematisch prüfend angelegten Strategie verlangte der König ausdrücklich, nur bei starker Überlegenheit und sicheren Siegeschancen einen Kampf zu wagen; er erregte damit Widerspruch sowohl beim Volk, das dem Gegner ohne jedes Mitgefühl preisgegeben wurde, als auch bei den einsatzfreudigen Truppenführern, aber Karl duldete keinerlei fremde Initiative und erreichte in der Tat Schritt für Schritt erhebliche Gewinne. Schon zu Anfang des Jahres 1370 waren Rouergue, Quercy, Agenais und Périgord erobert; ein englischer Gegenstoß von Calais über die Umgebung von Noyon, Reims, Troyes, Paris auf die Bretagne konnte von Du Guesclin allerdings nur teilweise behindert werden. 1372 jedoch versenkten kastilische Galeeren im Hafen von La Rochelle die englische Nachschubflotte, und als Johann von Montfort im Juli des Jahres ein Bündnis mit Eduard III. schloß, ließ Karl V. die Bretagne bis auf wenige uneinnehmbare Städte besetzen. In den folgenden Jahren konnten auf diese Weise alle englischen Besitzungen mit Ausnahme von Calais, Guines, Bayonne, Dax, St-Sever und des Bordelais erobert werden, so daß sich Eduard III. im Juli 1375 zu einem zweijährigen Waffenstillstand bereitfand, der in Brügge geschlossen und zum Auftakt intensiver Verhandlungen wurde.
Die französische Position verstärkte sich während dieser Jahre noch dadurch, daß die Kräfte Eduards III. sichtlich nachließen und der Thronfolger am 8. Juni 1376 starb, fast genau ein Jahr vor seinem Vater, dessen Tod am 21. Juni 1377 England unter die Regierung des noch unmündigen, sechsjährigen Richard II. brachte. Karl V. nutzte seine damit erlangte größere Handlungsfreiheit und wandte sich gegen Karl von Navarra, der im Frühjahr 1378 wegen Geheimverhandlungen mit England und ihm zur Last gelegter Mordpläne gegen Karl V. von einer Armee unter Führung des Herzogs von Burgund angegriffen wurde, nachdem das Parle-

ment alle Ländereien des Hauses Évreux konfisziert hatte. Bis auf Cherbourg, das die Engländer gegen Belagerungsversuche Du Guesclins verteidigten, gingen alle Besitzungen Karls von Navarra verloren, so daß er resigniert auf weiteres Wirken in Frankreich verzichtete und sich für den Rest seines Lebens nach Navarra zurückzog. Vorher freilich verkaufte er Cherbourg an die englische Krone, die nun mit Calais, Brest, Bordeaux, Bayonne und Cherbourg feste Brückenköpfe an allen wichtigen Stellen der französischen Atlantikküste besaß.
In einem nächsten Schritt wollte Karl V. nun auch die Bretagne als erledigtes Lehen eines der Felonie schuldigen Vasallen einziehen, scheiterte aber am Sonderbewußtsein des bretonischen Adels, der auf Autonomie des Landes achtete und Johann von Montfort aus dem englischen Exil zurückrief. Mit ihm kam der Herzog von Buckingham, dessen Sommerfeldzug im Jahre 1380 von Calais an Paris vorbei ins Loiretal führte und von dort aus die Bretagne erreichte. Der König von Frankreich hatte mit seiner falschen Einschätzung der bretonischen Führungsschicht eine Lawine ausgelöst, die sein Land in unsicherer Lage schwer getroffen hätte, wenn der englische Hof imstande gewesen wäre, die Situation mit allen Kräften zu nutzen. Zwar waren Karl V. große Eroberungen gelungen, aber die damit verbundenen Kriegshandlungen hatten sein Land aufs Neue sehr geschädigt; die Soldzahlungen überforderten das Steuerbudget der Krone, und infolgedessen immer höher geschraubte Forderungen erregten weithin Unmut. Friede und Wohlstand waren ferner denn je, als der König am 16. September 1380 starb, erst 42 Jahre alt.

Regentschaft der Herzöge

Der Thronfolger stand bei seiner Reimser Krönung als König Karl VI. am 4. November 1380 kurz vor Vollendung des 12. Lebensjahres. Dieses jugendliche Alter gab den Brüdern Karls V. eine herausragende Stellung: Die Herzöge Ludwig von Anjou, Johann von Berry und Philipp von Burgund waren für eine Regentschaft prädestiniert; zu ihnen gesellte sich noch Herzog Ludwig von Bourbon, Bruder der schon 1378 verstorbenen Königin Johanna. In diesem Kreis hatte Ludwig von Anjou als ältester Prinz von Geblüt natürlich Anspruch auf den ersten Rang und zeigte sich entschlossen, ihn zu behaupten; der jüngste war ebenfalls ehrgeizig und zugleich der mächtigste von allen: Philipp besaß das Herzogtum Burgund und die sichere Anwartschaft auf Flandern. Dem Altersvorsprung Ludwigs stand die traditionell höhere Würde des Herzogs von Burgund gegenüber, der immer als vornehmster Pair von Frankreich gegolten hatte. Die scharfe Konkurrenz beider dürfte Karl V. vorausgesehen und wohl deshalb schon 1374 angesichts seiner eigenen labilen Gesundheit das Mündigkeitsalter für einen König von Frankreich auf 14 Jahre vor-

verlegt haben, verbunden mit einer sorgfältig konstruierten Regentschaftsregelung. Auch für die Erziehung des Thronfolgers gab es Richtlinien, konsequent im Sinne der vom König und vielen seiner Zeitgenossen behaupteten Erlernbarkeit guten Regierens.
Eine umfangreiche, in antiker Tradition ausgebildete Fürstenspiegelliteratur kannte die mittelalterliche Welt schon lange, aber die unmittelbare Forderung an einen Prinzen, solchen Idealen der Weisheit, Bildung und Intelligenz tatsächlich genau zu entsprechen, war nie zuvor in dieser Schärfe erhoben worden. Philippe de Mézières, dem Karl V. die Bildung und Erziehung seines Sohnes anvertraut hatte, war ein weitgereister Mann, der die Welt von Gibraltar bis an die Ostsee, den Orient und die Mittelmeerländer aus eigener Anschauung kannte. Er stammte aus adliger picardischer Familie, war in der Kathedralschule von Amiens ausgebildet worden und hatte starke Neigung zu literarischer Produktion und gelehrter Lektüre. Den Lehrer für die Elementarausbildung des Prinzen berief er aus dem berühmten Pariser Collège de Navarre, aber wie jeder junge Mensch, wie jedes Kind, wollte der Thronfolger lieber von Abenteuern lesen als die Werke des Aristoteles, Seneca oder Augustin. Seine Erzieher taten ihr Bestes, doch Karl konnte sich auch nicht mit den repräsentativen Verpflichtungen einer staatlich sanktionierten Frömmigkeit befreunden, die ihm öffentliche Kommunion und formalisierte Verehrung abverlangten. Er liebte die Jagd, das ritterliche Leben, und er fand über diese Passionen Zuneigung der adligen Gesellschaft, während seine geistlichen Erzieher den natürlichen Abstand zwischen pädagogischem Ideal und individueller Wirklichkeit als Zeichen des Versagens kritisierten. Neben Karl VI., der zum Ritter heranwuchs, entwickelte sich sein jüngerer Bruder Ludwig, Graf von Valois und später Herzog von Orléans, mit seiner zarten Konstitution und einem früh ausgeprägten Sinn für dialektisches Argumentieren zum Liebling der gebildeten und intellektuellen Welt.
Die Reichsregierung mußte nach dem Tod Karls V. vor der Schwierigkeit bestehen, daß der verstorbene König seine Brüder bei allen politischen Entscheidungen gehört und auch als Heerführer verwendet, ihnen aber nie Zugang zur zentralen Verwaltung gewährt hatte. Prinzen von Geblüt und Hocharistokratie einerseits, Verwaltungsfachleute andererseits bildeten somit die Pole, zwischen denen Karl V. sein Regentschaftsmodell angesiedelt hatte. Ihm zufolge sollte ursprünglich der Königin die Vormundschaft zukommen, beraten durch die Herzöge von Burgund und Bourbon, während die Regierungsgeschäfte dem Herzog von Anjou anvertraut waren, der aber keinerlei Finanzhoheit ausüben durfte. Einem 12 Personen umfassenden Vormundschaftsrat aus hohen Verwaltungsbeamten und sechs Pariser Bürgern unter Vorsitz von Bureau de la Rivière waren Oberaufsicht und königliche Schatzverwaltung zugedacht. Solch schwierige Konstruktion war für den praktischen Gebrauch wenig geeignet, und sie zerbrach auch schon auf der ersten Sitzung des Conseil nach

der Bestattung Karls V., als Ludwig von Anjou die gesamte Regierungsvollmacht und den Titel eines Regenten für sich forderte. Damit erregte er den Zorn des Herzogs von Burgund, so daß die gesamte königliche Familie sich am 2. Oktober mit Prälaten, Baronen und den wichtigsten Beratern Karls V. unter Vorsitz des Herzogs von Anjou im Sitzungssaal des Parlements traf und beschloß, die Krönung des Thronfolgers schon vor dem Mündigkeitstermin und so bald als möglich vorzunehmen, um die Zeit der Regentschaft abzukürzen. Bis dahin sollte Ludwig von Anjou Regent sein, und diese wenigen Wochen nutzte der Herzog schamlos aus, indem er das persönliche Vermögen Karls V. an sich brachte.
Am 30. November 1380, also nicht lange nach dem Krönungstag, verständigte man sich in gespannter Atmosphäre auf einen Regierungsmodus, demzufolge alle Entscheidungen im zwölfköpfigen Conseil unter Leitung der vier Onkel des Königs getroffen werden sollten, auch die Ernennung von Beamten und besonders alle fiskalisch wirksamen Beschlüsse. Der Vorsitz blieb dem Herzog von Anjou überlassen, der sich aber verpflichten mußte, nur mit Konsens des Rates zu handeln. Aus diesem Gremium schied Johann von Berry alsbald freiwillig aus, um sich ganz den ihm übertragenen Ländereien zu widmen, denn außer seiner Apanage Berry, Poitou und Auvergne hatte er die Verwaltung der Gascogne und des Languedoc erhalten, insgesamt also fast ein Drittel des Reiches. Da Philipp sich in der nächsten Zeit meist in Flandern aufhalten mußte, hatte der Herzog von Anjou faktisch die Alleinregierung, bis er sich von der italienischen Politik ganz gefangennehmen ließ. An seine Stelle trat Philipp von Burgund und regierte Frankreich bis zum 20. Lebensjahr Karls VI. in dessen Namen. Unter diesen wechselnden Herren war für die von Karl V. ausgewählten Berater kein Platz mehr; sie wurden schnell vom Hof verdrängt und schieden vorerst aus der Politik aus.

Das Parlement

Wenn Frankreich damals nicht in eine Vielzahl regionaler Herrschaften auseinanderstrebte, so verdankte es das im wesentlichen dem Parlement, das zwischen 1380 und 1418 den Höhepunkt seiner Wirksamkeit erreichte. Als oberstes Gericht, dessen Urteile im Namen des Monarchen ergingen, verkörperte das Parlement die königliche Souveränität im Innern, und die räumlichen Schranken seiner Zuständigkeit entsprachen den politischen Reichsgrenzen. Gegen Ende des 14. Jh.s vollendete sich nun eine seit der Regierungszeit Johanns II. immer stärker wirkende Tendenz zur Verbindung der Parlementsmitglieder untereinander als einer Körperschaft, die geschlossen in den Adelsstand treten konnte.
Ein kleiner, durch Familienbande homogen gewordener Kreis juristisch gebildeter Männer war der Kern jener bedeutenden gesellschaftlichen

Gruppe, die seit 1380 mit dem Conseil zusammenwuchs, indem dessen Mitglieder ihre Söhne auf Parlementskarrieren ansetzten und Töchter mit Angehörigen dieses Gremiums verheirateten. Dadurch wurde der Hof noch stärker als bisher zum Kristallisationspunkt für Bewerber um die höchsten Karrieren, denn nirgendwo anders, vor allem nicht im Fürstendienst, suchten die begabtesten und ehrgeizigsten Leute künftig ihr Fortkommen; an keiner anderen Stelle, bei keiner Institution schien auch für ihre Söhne besser gesorgt. Gab noch um 1350 oftmals die individuelle Auswahl für den Königsdienst bei Gericht, in Rat und Verwaltung den Ausschlag, so bestimmten ab 1380 Familienverbände das Bild des *entourage du roi,* der sich nun zum ersten Mal als Gesellschaft konstituierte. Ein Geflecht persönlicher Beziehungen wirkte staatstragend, weil der Dienst über die persönlichen und privaten Interessen des einzelnen hinaus die Familienstrukturen bestimmte: Ehen wurden unter dem Gesichtspunkt ihrer Bedeutung für die Verwaltungshierarchie geschlossen, ererbter Sozialstand oder regionale Herkunft waren keine Maßstäbe mehr für die Heiratspolitik, die dem begabten, loyalen Neuling große Chancen eröffnete und damit oligarchische Erstarrung verhinderte.
Aus dem gemeinsamen Dienst erwuchs mit der Zeit ein Korpsgeist, dessen Intensität jedes Solidaritätsempfinden hergebrachter Klientelverbände weit übertraf. Wenn diese Körperschaft das Recht des Königs verkündete, durchsetzte und mit jeder Entscheidung klarer als Ausfluß monarchischer Autorität formulierte, so stärkte sie damit zugleich ihre eigene Stellung im Staat. Seit Beginn des 15. Jh.s konnte man deshalb von den *gens du corps de Parlement* sprechen, weil sie sich in der Tat von der gesellschaftlichen Gruppe zur Korporation entwickelt hatten, zur juristischen Person, die Privilegien wie das der Steuerfreiheit empfangen konnte. Das einzelne Mitglied durfte deshalb auf persönliche Nobilitierung verzichten, wie sie noch Karl V. als besondere Auszeichnung vorgenommen hatte, denn die gesamte Körperschaft stand nun dem Adel gleich. Das war nicht frühbürgerliche Emanzipation, kein Vordringen des Dritten Standes, sondern Symptom eines für Frankreich im Spätmittelalter charakteristischen Wandels der Begriffe von Adel und Aristokratie, indem neben ritterlicher Lebensform nun das Moment des Königsdienstes auf hoher Ebene zum Ausweis besonderer Standesqualität werden konnte. Diese aus ihrer spezifischen Funktion heraus entstandene Gesellschaft von Staatsdienern sicherte dem Königtum der Valois sein Überleben in der Krise und war darüber hinaus entscheidende Voraussetzung für staatlich gefestigte Königsherrschaft überhaupt. Zwar wirkte die Prägung des einzelnen durch regionale Herkunft, seine Bindung an Fürstenhaus und Landsleute noch auf den Verlauf mancher Beratung und beeinflußte auch die politische Willensbildung, aber daraus geht nicht mehr hervor als die Einsicht, daß Frankreich damals noch kein gleichförmig zentral verwalteter Flächenstaat sein konnte. Wichtiger ist die Tatsache, daß diese Wandlung zur Korporation das Parlement selbst institutio-

nell verändert hat. Waren seine Mitglieder ursprünglich aus Geistlichkeit und Adel berufen und durch juristisch gebildete *maîtres* unterstützt worden, so herrschte um 1400 eine Mehrheit von Juristen und Verwaltungsfachleuten. Zwar kam ein Drittel der Parlementsmitglieder nach wie vor aus dem Klerus, weil die französische Kirche an der Gerichtshoheit des Königs beteiligt war, aber diese geistlichen Vertreter öffneten den Söhnen ihrer Kollegen aus dem Laienstand manche Aufstiegswege in die kirchliche Hierarchie und erwiesen sich damit als zuverlässig integrierte Stützen der Gemeinschaft.

Städtische Aufstände

Spiegelte der Hof noch um die Mitte des 14. Jh.s die Struktur der politischen Öffentlichkeit Frankreichs wider und repräsentierte sie auf diese Weise in der Nähe des Königs, so dominierte schon zwei Generationen später eine nach eigenen Gesetzen entstandene und geformte Körperschaft, in der altständische Herkunft nicht mehr viel bedeutete. Sie erhielt das Reich während einer seiner schwierigsten Perioden, die mit städtischen Unruhen begann und in der Krankheit Karls VI. ihren ersten Höhepunkt erreichte.

Auslösender Faktor dieser neuen Krise war die Divergenz politischer Ziele innerhalb der herzoglichen Regentschaft, die nur in einem Punkte stillschweigend einig war: Jeder wollte seine partikularen Vorhaben aus dem Haushalt der Monarchie finanzieren und mußte deshalb Steuerausschreibungen veranlassen. Zuerst hatte Ludwig von Anjou entsprechende Forderungen gestellt, weil er das Königreich Neapel nur durch diplomatischen und militärischen Druck gewinnen konnte. In Neapel regierten die Nachkommen Karls I. von Anjou seit langem gegen den in zwei Parteien gespaltenen Adel, der entweder die französische oder die ungarische Linie des Hauses Anjou als das kleinere Übel ansah. Königin Johanna hatte sich im Schisma für Papst Clemens VII. entschieden und Herzog Ludwig von Anjou adoptiert, um ihm die Nachfolge zu sichern, aber in den aus beiden Entscheidungen folgenden Kämpfen war sie ums Leben gekommen, so daß der römische Papst ein neapolitanisches Königtum Karls III. von Durazzo aus der ungarischen Linie durchsetzen konnte. Frankreich sollte nun Ludwigs Italienpolitik finanzieren, und über die dafür verordneten Steuersätze brach ein seit Monaten im Lande schwelender Groll offen aus.

Am 22. Februar 1382 plünderten in Rouen einige hundert Weber an der Spitze des städtischen Proletariats die Häuser reicher Bürger, denen man vorwarf, mit dem Hof Steuersätze ausgehandelt zu haben. Diese *harelle* von Rouen war aber nur ein schwaches Vorspiel des Aufruhrs, der die meisten Städte des Nordens und im Süden auch das flache Land erfassen

sollte. In den Morgenstunden des 1. März kam es in den Pariser Hallen zum Tumult, als Steuerpächter am Stand einer Kresseverkäuferin Abgaben erheben wollten; schnell überflutete eine Woge der Gewalt die ganze Stadt und erfaßte zunächst Juden als bevorzugte Opfer jeder massenhysterischen Unruhe, ging dann aber zu gezielter Plünderung von Beamten- und Bürgerhäusern über und erreichte ihren Höhepunkt im Sturm auf das Rathaus. Dort lagerten mehrere tausend handlicher Bleihämmer, *maillets de plomb*, mit denen sich die Menge bewaffnete und deshalb unter dem Namen *Maillotins* im Gedächtnis der Nachwelt blieb. Mit Recht befürchtete der Hof eine Wiederholung der Ereignisse von 1358, denn schon ließ man in Amiens, Reims, Orléans und Lyon die Genter hochleben, aber in Paris konnte die Bürgerschaft, nachdem der Hof die bestehende Munizipalverfassung garantiert hatte, die Ausschreitungen schon bis zum 13. März aus eigener Kraft beenden.
Im Languedoc hatte die Ankunft Johanns von Berry alle Unzufriedenheit wie durch ein Brennglas auf den Punkt konzentriert, daß die immer noch ungeliebte Herrschaft des Nordens für alle Schwierigkeiten verantwortlich sei. Verbündet mit dem Patriziat und den Konsuln der Städte, so hieß es, würde der Herzog als Statthalter des Königs von Frankreich das Land aufs Neue unterdrücken. In den ersten Monaten des Jahres 1383 erhoben sich vor allem die ländlichen Gebiete; *tuchins*, Leute aus der *touche*, der Heide, formierten sich gemeinsam mit versprengten Söldnern zu großen Banden, durchzogen das Bergland der Auvergne ebenso wie die kargen Hochflächen des Rouergue und des Quercy. Noch im gleichen Jahr verkündete der König eine Amnestie für alle, die zur Ordnung zurückkehrten und schuf damit günstige Voraussetzungen für Strafexpeditionen gegen hartnäckig Widerstrebende. Immerhin aber brauchte Johann von Berry noch zwei Jahre für die endgültige Befriedung des Landes.
Obwohl alle diese Ereignisse lokale und sehr individuelle Anlässe hatten, ist doch die Gemeinsamkeit einer politischen und ökonomischen Strukturkrise nicht zu übersehen, die ganz Europa erfaßt hatte und den Hanseraum ebenso betraf wie italienische Exportgewerbestädte, Oberdeutschland so gut wie die britischen Inseln. In England hatte der 1381 in Exeter und Kent ausgebrochene Bauernaufstand unter Führung des ehemaligen Soldaten Wat Tyler sogar Merkmale einer wirklichen Revolution, deren Ziele vom Abschaffen grundherrlicher Verfassung und königlicher Steuersysteme zu weitgreifenden, christlich geprägten Gesellschaftsutopien ausgedehnt wurden. Sie verliehen der gegen Adel, Geistlichkeit und Krone gerichteten Bewegung erhebliche Stoßkraft, die nur mit Mühe abgefangen werden konnte. Während der Wat Tyler-Aufstand die französische Monarchie entlastete, wurde sie von den Ereignissen in Flandern direkt berührt, weil Philipp von Burgund schon im eigenen Interesse zu Reaktionen gezwungen war. Graf Ludwig von Male hatte versucht, den westflandrischen Handel von Gent und dem brabantischen Antwerpen nach Brügge umzuleiten und damit schon im Jahre 1379 Unruhen ausge-

löst, die bald darauf in Gent Philipp van Artevelde zur Herrschaft brachten, den Sohn des mittlerweile legendären, auch in Frankreich viel bewunderten Helden der Jahre 1337–1345. Artevelde konnte den Grafen von Flandern bei Beverhoutsveld nahe Brügge besiegen, vertrieb ihn auch aus dieser Stadt und hatte im Herbst 1382 fast die ganze Grafschaft auf seine Seite gebracht. Aus Lille, wohin er sich geflüchtet hatte, rief Ludwig von Male seinen Schwiegersohn Philipp von Burgund zu Hilfe.

Im August 1382 verlangte der Herzog im Conseil einen Feldzug nach Flandern. Karl VI. selbst setzte sich an die Spitze eines Heeres, das die Genter am 27. November bei Roosebeke nordwestlich von Kortrijk schlug und Philipp van Artevelde den Tod brachte. Ludwig von Male verzichtete um eines friedlichen Ausgleichs willen auf strikte Bestrafung der Schuldigen und handelte damit im Sinne des Herzogs von Burgund, der kein kriegszerstörtes, unruhiges Land erben wollte. Ganz anders verhielt sich Karl VI. gegenüber seiner eigenen Hauptstadt, die er am 11. Januar 1383 an der Spitze des siegreichen Heeres betrat und einer Strafaktion aussetzte, die vor allem das vornehmere, selbstbewußte Bürgertum schwächen sollte, dessen Besitz teilweise konfisziert wurde. Bis Ende Februar stand die Stadt unter dem Eindruck von Massenverhaftungen und Todesurteilen, während die königliche Truppe meist ungehindert plünderte. Anfang März verordnete der Hof neue Steuern und nahm der Stadt die letzten Reste ihrer kommunalen Selbstverwaltung. Ähnliches geschah in Rouen und anderen Orten, so daß die Königsherrschaft nach den Unruhen im ganzen fester und härter dastand als zuvor.

Dennoch bediente sich Philipp von Burgund auch noch in den folgenden Jahren immer wieder der finanziellen und militärischen Mittel des Reiches für eigene Zwecke, traf auch weitreichende Entscheidungen über die persönliche Zukunft des Königs. Im Juli 1385 heiratete der inzwischen 16jährige Karl VI. auf Veranlassung des Herzogs Elisabeth von Bayern-Ingolstadt, weil das Haus Wittelsbach außer in Bayern noch über Hennegau und Holland regierte und der Burgunder hoffte, mit dieser Prinzessin Isabeau de Bavière als Königin von Frankreich ein gefügiges Werkzeug und gleichzeitig ein Mittel zu haben, um die Ehe der Tochter König Wenzels von Böhmen mit Richard II. von England politisch zu neutralisieren.

Ludwig von Orléans (1392–1407)

Noch ertrug der König die Bevormundung, wurde aber vor allem durch den Connétable Olivier de Clisson und durch seinen jüngeren Bruder Ludwig immer stärker zur eigenen Herrschaft gedrängt, so daß er schließlich gegen Ende Oktober 1388 das Conseil in Reims zusammentreten ließ und dort nach einer programmatischen Rede des Bischofs von

Laon zugunsten eines persönlichen Regiments seine Onkel gegen deren Widerspruch aus ihren Pflichten für das Reich entließ. Die alten Ratgeber seines Vaters, von den Herzögen und ihrem Anhang verächtlich *les marmousets,* die Knirpse, genannt, berief der König sogleich zurück und räumte vor allem Bureau de la Rivière einen bevorzugten Platz ein. Die gewichtigste Stimme im Rat aber hatte Ludwig, Herzog der Touraine.

Die neue Regierung wollte zunächst durch innere Reformen den Ursachen der jüngst durchlittenen Revolten beikommen und das Steuerwesen in eine Ordnung bringen, die zwar den Ausgabendruck mildern, aber die Handlungsfähigkeit des Königs nicht einschränken sollte. Das war um so notwendiger, als die weitgefaßten Pläne für eine Lösung europäischer Probleme im französischen Sinne angesichts des nach wie vor bestehenden Kriegszustandes mit England große Ausgaben erforderten. Nichts geringeres als ein Italienzug des Königs stand bevor, der Papst Urban VI. aus Rom vertreiben und auf diese Weise das Schisma zugunsten Clemens' VII. beenden sollte, womit zugleich eine französische Vorherrschaft in Italien und die imperiale Stellung Karls VI. begründet worden wäre. Alle diese Pläne zerrannen in der Regierungskrise des Sommers 1392.

Am 5. August 1392, zwei Monate, nachdem er seinen Bruder Ludwig zum Herzog von Orléans ernannt hatte, brach Karl VI. unter dem ersten Anfall einer sich künftig periodisch steigernden, schubweise auftretenden Geisteskrankheit zusammen, die bis heute medizinisch nicht klar bestimmt werden konnte. Sie machte den König regierungsunfähig und beendete das Zwischenspiel der *marmousets* zugunsten erneuerter Regentschaft der Herzöge, unter denen diesmal allerdings Ludwig von Orléans die Hauptrolle spielte. Er hatte im Jahre 1389 Valentina Visconti geheiratet, Tochter des Herzogs Giangaleazzo von Mailand, besaß als Mitgift die italienische Grafschaft Asti und verfolgte deshalb mit großer Energie eine Reihe von Projekten auf der Apenninhalbinsel, die sich ihm nacheinander ergänzend anboten. Da Herzog Ludwig von Anjou 1384 verstorben war, hatte Papst Clemens VII. seine Hauptstütze verloren und richtete seine Hoffnungen nun auf den künftigen Herzog von Orléans, der als Bruder des regierenden Königs von Frankreich das Gewicht der Großmacht ins Spiel des Papstes einbringen sollte. Aus diesem Grunde wurden Ludwig Teile des Kirchenstaates als Lehen auf Lebenszeit angeboten; Rimini, Pesaro, Fossombrone und Faenza sollte er sogleich bekommen, die Anwartschaft auf Imola, Forli, Bertinoro war fest zugesagt. Als Gegenleistung hätte er Urban VI. stürzen müssen, ein Vorhaben, das Italien zumindest auf mittlere Sicht eng an Frankreich binden mußte. Mit einem solchen Engagement rechneten aber auch andere italienische Staaten: Florenz suchte französische Hilfe und bot gemeinsame Aufteilung der mailändischen Herrschaft; der Genueser Adel wollte die Stadt 1392 Karl VI. unterstellen, wenn er die dort seit Jahren herrschende populare Regierung beseitigte. Ludwig von Orléans sah jetzt eine gute

Gelegenheit, mit dem Aufbau eines von Ost nach West über die Halbinsel verlaufenden »Königreichs Adria« zu beginnen, das unter seiner Regierung stehen sollte, aber Philipp von Burgund hintertrieb das und sorgte 1396 für die dem ursprünglichen Angebot entsprechende Bindung Genuas an die französische Krone, darin von Königin Isabeau unterstützt. Seit 1396 wurde die französische Italienpolitik, bis dahin ohne Augenmaß und mit wenig Sinn für macht- oder geopolitische Tatsachen betrieben, zum bloßen Anhängsel der Rivalität zwischen den Herzögen von Orléans und von Burgund. Frankreich litt am Zwiespalt grundsätzlich verschiedener außenpolitischer Konzepte.

Universität und Kirchenspaltung

Das zeigte sich bald und für Jahrzehnte folgenreich im Verhältnis zu England. Eine lange Verhandlungsphase, die im Juni 1389 eingesetzt hatte, war ohne Erfolg geblieben und hatte nicht einmal Ansätze für einen Friedensschluß erbracht. Die Hauptschwierigkeit bestand darin, daß Richard II. Calais auf keinen Fall herausgeben und das Herzogtum Aquitanien seinem Onkel Johann von Lancaster übertragen wollte; in Frankreich befürchtete man, daß Johann dort eine neue, unabhängige Linie des Hauses Plantagenêt begründen würde und rechnete für diesen Fall mit dem endgültigen Verlust des Landes. Während der Herzog von Orléans von dieser Lagebeurteilung her weitere Kriegsrüstung verlangte, lag Philipp von Burgund im Interesse seiner flandrischen Gebiete und ihrer seit langer Zeit feststehenden wirtschaftlichen Bedürfnisse am baldigen Frieden mit England, zumal er sein eigenes Herrschaftsgebiet auf Kosten des Kaisers vergrößern wollte und deshalb ein Ende des englischen Krieges dringend wünschte. Er nahm deshalb auch im Großen Schisma eine andere Haltung ein als sein Neffe.

Die Wahl des Erzbischofs von Bari als Papst Urban VI. am 9. April 1378 hatte unter dem Druck der stadtrömischen Bevölkerung stattgefunden, die auf jeden Fall einen italienischen Kandidaten erhoben sehen wollte. Der autoritäre Regierungsstil des neuen Papstes entfremdete ihm freilich die ultramontanen, nichtitalienischen Kardinäle, die bald von Rom nach Anagni auswichen und dort am 20. September den Kardinal Robert von Genf zum Papst Clemens VII. wählten. Damit leiteten sie das Große Abendländische Schisma ein, das nicht nur die Kirche, sondern auch die europäischen Mächte für Jahrzehnte in seinen Bann schlagen sollte. Clemens VII., der im Juni 1379 nach Avignon übersiedelte, konnte Frankreich, Kastilien und Aragón auf seine Seite bringen, während König Wenzel, Richard II., die skandinavischen Reiche, Polen und Ungarn bei der römischen Oboedienz blieben. In ihrem Kampf um breite Anerkennung setzten beide Päpste alle diplomatischen und militärischen Mittel ein, damit der Konkurrent vernichtet würde; in diesen Zusammenhang gehört auch der Plan Clemens VII. zur Gründung eines ihm ergebenen norditalienischen Reiches, auf dessen Krone Ludwig von Orléans hoffte, während Philipp von Burgund sich im Hinblick auf seine politischen Ziele gegenüber England und dem Römischen Reich vom avignonesischen Papsttum abwandte.

Der Gegensatz zwischen den beiden Herzögen darf also nicht zu eng als kirchenpolitischer Dissens verstanden werden. Philipp neigte ja nicht nur der römischen Oboedienz zu, sondern er suchte außerdem ein Bündnis mit Pfalzgraf Ruprecht von Wittelsbach, der seinerseits König Wenzel zum »Urbansbund« veranlaßt hatte; Ludwig von Orléans verpflichtete sich auf Avignon und wollte König Wenzel gegen Ruprecht unterstützen, so daß die Rivalität zwischen den Häusern Wittelsbach und Luxemburg in Deutschland ihr französisches Widerspiel in der wachsenden Feindschaft zwischen Burgund und Orléans hatte. Diese Polarisierung betraf auch die Politik gegenüber Italien, denn dort stand Philipp zusammen mit Florenz gegen Mailand, während Ludwig seinen Schwiegervater Giangaleazzo Visconti unterstützte. Das Große Schisma wurde im Laufe der Zeit zum Angelpunkt der europäischen Politik, deren Lager sich in den Oboedienzen von Avignon und Rom wiederfanden. Deshalb konnte niemand, der das Schisma als Werkzeug seiner Interessen nutzte, den Weg aus der Kirchenspaltung weisen, und auch von den kirchlichen Hierarchien war wenig zu erwarten, soweit ihre Existenz an Rom oder Avignon gebunden war. Erste Lösungsvorschläge kamen deshalb von einer Institution, die seit dem Syllabus von 1277 unter bischöflicher und später auch päpstlicher Bevormundung gelitten hatte, sich nun aber mit ihrer intellektuellen Kapazität der Lage gewachsen zeigte.

Die Universität Paris hatte von Anfang an für Clemens VII. Partei ergriffen, machte aber im Januar 1394 den Versuch, durch ihren Vorschlag einer *via cessionis* das Schisma zu beenden: Beide Päpste sollten freiwillig zurücktreten und damit den Weg für einvernehmliche Wahl des würdigen Nachfolgers freigeben. Der Gedanke solcher Amtsniederlegung war an und für sich unerhört, folgte aber fast zwangsläufig aus der Einsicht, daß die in Traditionen und juristisch perfekt ausgebildetem Behördenwesen erstarrte Kirche, von der seit langem kaum noch spirituelle Anregungen ausgingen, durch den Fortgang des Schismas mit seinen machtpolitischen Begleiterscheinungen vollends korrumpiert und unglaubwürdig werden mußte. Ein Rücktritt gewählter Päpste konnte daher bei allen kirchenrechtlichen, auch theologischen Vorbehalten die Rettung bringen, und es war symptomatisch, daß dieses Projekt aus der Universität kam: Sie hatte in den letzten Jahrzehnten an Autorität gewonnen, denn nicht nur Karl V. hatte ihren Rat gesucht. Gutachten erbaten viele weltliche und kirchliche Einrichtungen, ihr wissenschaftliches Ansehen war mächtig, vor allem aber war die Universität auf eine solche Stellungnahme vorbereitet, denn sie hatte die umfassende Gewalt des Papsttums seit langem in Frage gestellt und sich dabei immer mehr mit der königlichen Gewalt einig sehen können. Schon 1324 hatte Marsilius von Padua, Rektor der Pariser Universität, im *Defensor pacis* die Gleichheit des Priesteramts für alle seine Träger postuliert, und die Erfolge der französischen Universitätstheologen auf den großen Konzilien der nächsten Jahre sollten das Selbstbewußtsein der Korporation weiter heben. Zunächst aber wollte der Nachfolger Clemens' VII., Benedikt XIII., von der *via cessionis* nichts wissen, so daß sich im Laufe einer Zeit der Kämpfe und fruchtlosen Verhandlungen am Ende die konziliare Theorie durchsetzte, derzufolge ein allgemeines Konzil als höchste Instanz der Kirche auch über den Papst zu richten habe.

Als ein solches ökumenisches Konzil am 25. März 1409 in Pisa zusammentrat und beide Päpste als Schismatiker, Häretiker und Eidbrüchige absetzte, schien die Spaltung überwunden, denn dem Absetzungsdekret folgte einstimmige Wahl Papst Alexanders V., vormals Kardinalerzbischof von Mailand. Gregor XII. aber als römischer, Benedikt XIII. als avignonesischer Papst erkannten den Konzilsbeschluß nicht an, so daß nun drei Nachfolger Petri um die Zustimmung der Christenheit warben. Gregor XII. konnte sich dabei auf italienische Mächte stützen, unter denen das Königreich Neapel besondere Bedeutung hatte, ferner auf König Ruprecht aus dem Hause Wittelsbach und auf einen Teil der deutschen Fürsten, während Benedikt XIII. von Spanien, Portugal, Schottland anerkannt wurde und die übrigen Länder Alexander V. folgten. Diese größte Oboedienz nutzte der seit 1410 im Römischen Reich regierende König Sigismund, um den im gleichen Jahr als Nachfolger Alexanders V. gewählten Papst Johannes XXIII. zu veranlassen, ein weiteres Generalkonzil nach Konstanz einzuberufen. Durch vorbereitende Absprachen, deren Ergebnisse in Geheimverträgen festgehalten wurden, gewann Sigismund die Zustimmung Englands und Frankreichs, so daß die erste Sitzung am 5. November 1414 stattfinden konnte. Während die größte Versammlung, die das Mittelalter je sah, in den nächsten Jahren über die *causa unionis*, die Aufhebung der Kirchenspaltung, beriet, Kirchenreform *(causa reformationis)* und Ketzerbekämpfung *(causa fidei)* mit bedenkend, vollzog sich in Frankreich eine dramatische Wendung der inneren Verfassung und des schwelenden Krieges mit England, der nun in eine neue, seine kritischste Phase trat. Sie ist aufs engste mit der Entfaltung burgundischer Macht verbunden, dem Heranwachsen eines Apanagefürstentums der Valois zum Staat mit eigenen Zielen und spezifischen Egoismen. Seit 1363 wurde das Herzogtum mehr und mehr zum Fremdkörper in einem Reich, dessen Geschichte es damit entscheidend prägen sollte.

8. Burgund (1361-1420)

Philipp der Kühne (1363–1404)

Philipp, vierter Sohn König Johanns II., hatte seinen Vater nach dem Desaster von Poitiers in die englische Gefangenschaft begleitet und dort rasch das Wohlwollen der Hofgesellschaft erlangt. Der Thronfolger spielte mit dem Vierzehnjährigen Schach und ließ ihn in die Kunst der Falkenjagd einweihen, viele charakteristische Züge des vom Turniergeist Eduards III. bestimmten Lebens im Hochadelskreis mögen sich dem Knaben eingeprägt und seine eigene Vorstellungswelt geformt haben. Nach der Heimkehr im Jahre 1360 ernannte ihn der Vater zum Herzog der Touraine, aber schon wenig später bahnte sich die große Veränderung an.

Am 21. November 1361 starb Philipp de Rouvre, der letzte capetingische Herzog von Burgund, an der Pest, jung und ohne Erben. Gegen die Ansprüche Karls von Navarra zog Johann II. das erledigte Lehen ein, offenbar in der Absicht, es zur Krondomäne zu schlagen, aber das seit dem Ende des 9. Jahrhunderts niemals ganz erloschene Sonderbewußtsein der Burgunder verlangte nach einem sichtbaren Kennzeichen seiner Eigenart, so daß ein neuer Herzog erhoben werden mußte. Deshalb ernannte der König am 6. September 1363 seinen Sohn Philipp für sich und seine Erben zum Herzog von Burgund, schuf damit eine Apanage und kam zugleich den Burgundern entgegen, während er sich von dieser Maßnahme darüber hinaus eine enge Bindung des Herzogtums an die Krongewalt versprach. Sein besonderes Vertrauen, das der König in die Loyalität, aber auch in die Fähigkeiten seines Sohnes setzte, hatte er schon wenige Monate zuvor bewiesen, als er Philipp zum Königsstellvertreter in Burgund einsetzte; jetzt beließ er auch dem Herzog alle mit dem Vikariat verbundenen königlichen Rechte. Zwar hatte Philipp bei der Einweisung in seine neue Würde die Touraine wieder abgeben müssen, aber es winkte ihm der Anspruch auf das Reichslehen der Grafschaft Burgund, mit dem ihn Kaiser Karl IV. schon investiert hatte. Noch freilich regierte dort die Witwe des 1346 bei Crécy gefallenen Ludwig von Nevers, Margarethe von Artois, Mutter des amtierenden flandrischen Grafen Ludwig von Male.

Als Karl V. seine Herrschaft antrat, legte man im Zuge der Vorverhandlungen um die Krönung fest, daß sein Bruder Philipp künftig auch in den Diözesen Lyon, Mâcon, Autun, Chalon und Langres stellvertretend für den König walten sollte, so daß der junge Herzog von Burgund bereits 1364 mächtigster Fürst Frankreichs war, und die Ausdehnung seines

Vikariats auf die gesamte Champagne im Jahre 1366, 1369 auf die Picardie und 1378 auch auf die Normandie befestigte nur noch eine überragende Position. Sie wurde durch die glänzende Aussicht weiterer Erwerbungen zur Basis politischer Bestrebungen, die nicht nur geographisch über die Grenzen der französischen Monarchie hinausführten, sondern auch deren Verfassung einem bald unheilvollen Dualismus unterwarfen.
Der Tod Philipps de Rouvre hatte seine damals zwölfjährige Gemahlin Margarethe als Witwe zurückgelassen. Sie war einziges Kind des Grafen Ludwig von Male und hatte als Erbe fünf Grafschaften zu erwarten: Flandern, Rethel und die Hälfte von Nevers durch ihren Vater; Burgund, Artois und die andere Hälfte der Grafschaft Nevers aus den Händen ihrer Großmutter Margarethe von Artois. Die Heirat der jungen Frau mit einem Sohn Eduards III. konnte der französische Hof 1365 verhindern, und nach zähen, vier Jahre lang geführten Verhandlungen kam am 12. und 13. April 1369 jener Vertrag zustande, durch den Karl V. die Städte Lille, Douai und Orchies mit ihren Landgebieten an Ludwig von Male zurückgab und eine Zahlung von 200000 *livres tournois* für den Fall versprach, daß Margarethe seinen Bruder Philipp heirate. Schon in diesem frühen Stadium der burgundischen Diplomatie Philipps des Kühnen zeigte sich, daß der Herzog eine autonome, bei entsprechender Interessenlage auch gegen die Krone Frankreichs zielende Politik treiben wollte: Karl V. hatte der französischen Monarchie im Vertrag ausdrücklich das Recht vorbehalten, die Städte dann zurückzukaufen, wenn Philipp von Burgund ohne Erben stürbe, und in einem geheimen Eid hatte Philipp dem König versprochen, ihm die drei Orte in jedem Falle nach dem Tod Ludwigs von Male zu übergeben. Alle diese Abmachungen aber wurden durch eine schriftliche Erklärung nichtig, mit der Philipp und Margarethe gegenüber Ludwig von Male versicherten, daß die genannten Städte niemals wieder von Flandern getrennt werden sollten. Philipp hinterging also seinen Bruder und schreckte auch vor dem Eidbruch nicht zurück, um die Erwerbung der Grafschaft Flandern seinem Haus ungeschmälert zu sichern. Die Wege französischer und burgundischer Politik begannen sich zu trennen.
Philipps Stellung und Erfolg resultierten freilich nicht zum wenigsten aus Zwängen, denen Karl V. bei seiner Konsolidierungspolitik unterlag. Nur deshalb hatte sie zu Ergebnissen führen können, weil das energische Auftreten des Herzogs in Burgund und in den ihm als Königsstellvertreter übergebenen Gebieten befriedend wirkte, einen festen Block der Ruhe und des Ausgleichs bildete, der den Anstrengungen des Königs Rückhalt und auch Handlungsmuster bot, Ressourcen, auf die er zählen konnte. Philipp ist zeitlebens keine Soldatennatur gewesen, aber er scheute den Krieg nicht und kam dem König in schwierigen Lagen mit Heeresmacht zu Hilfe, außerdem wurde er an der Seite seines Bruders zum Mitwisser und vertrauten Kenner französischer Kronpolitik bis in ihre geheimen Kombinationen und Projekte, konnte auch nach Kenntnis-

sen, die er in der Pariser Zentrale erworben hatte, seine herzoglich burgundische Verwaltung weiter ausbauen und verbessern. Seit 1367 gab er regelmäßig Geschenke an höhere Hofbeamte und Berater des Königs, die er im Laufe der Jahre alle persönlich kennenlernte, umwarb und meist für sich gewinnen konnte. Auch diplomatische Kontakte, die sich am Hof immer wieder ergaben, konnte der Herzog bald für seine eigenen Ziele nutzen.

Zwischen Frankreich und Flandern

Schon bei seinen Hochzeitsfeierlichkeiten in Gent am 19. Juni 1369 hatte Philipp den flandrischen Adel, den gräflichen Hofstaat und die Abordnungen der großen Städte durch eine Überfülle von Geschenken und ausgesucht höfliche Behandlung für sich einzunehmen gesucht, ja diese Hochzeit kann geradezu als offizieller Beginn europäischer Politik der burgundischen Herzöge aus dem Haus Valois verstanden werden. Auch von der öffentlichen Meinung ist Philipp bald weit über die Grenzen der französischen Monarchie hinaus in seiner Doppelstellung erkannt und entsprechend eingeschätzt worden: Als mächtigster Fürst Frankreichs und künftig selbständiger Regent eines Gebietes, dem man große Zukunftsaussichten versprechen konnte. Eigene, von Krone und Conseil ganz unabhängige diplomatische Beziehungen pflegte Philipp schon seit 1365 zu den Grafen von Savoyen; spätestens ab 1372 gab es eine ständige burgundische Verbindung zur päpstlichen Kurie von Avignon und von 1377 an auch zum Herzogtum Lothringen. Hauptaufgabe aber war die Vorbereitung einer Integration des flandrischen Erbes, dieser schwierigen Region mit unruhigen Städten, allen Stärken und Schwächen der Exportgewerbelandschaft in Abhängigkeit von Rohstofflieferungen, ständiger Lebensmittelzufuhr für ihre Ballungszentren und dem daraus folgenden zwingenden Gebot nach Verkehrssicherheit, die auch für den Absatz der produzierten Güter nötig war. Seine wirtschaftliche Blüte zahlte Flandern aller historischen Erfahrungen nach mit politischer Sensibilität und steter Anfälligkeit für innere Unruhen wie für äußere Bedrohung durch Krieg, Blockade und Boykott.

Durch häufige, ausgedehnte Besuche hat Philipp seit 1369 allmählich eine genaue Kenntnis des Landes erworben und sich zugleich allen seinen Teilen, besonders den Städten, vorgestellt. Außer für 1373 weist das Itinerar des Herzogs jährlich Flandernreisen nach, auch Margarethe von Artois hat er regelmäßig in ihrer Residenz Arras aufgesucht und dort ebenfalls seine Regierung für die Zeit nach dem Erbfall vorbereitet, der 1382 eintrat. In Flandern suchte der Herzog durch ein sorgsam gepflegtes, enges Verhältnis zu seinem Schwiegervater und dessen Hof den Adel auf die künftige Landesherrschaft einzustimmen, und er hat auch die Städte in

solche Bemühungen dadurch einbezogen, daß er in ihren Mauern oder vor den Toren prächtige Turniere veranstaltete, die mit internationaler Prominenz einem Patriziat schmeicheln mußten, das aristokratisches Leben für sich selbst längst als vorbindlich akzeptiert hatte und nun die ritterlichen Feste des Herzogs von Burgund mit Wohlgefallen ansah. Im Frühjahr 1376, während der laufenden Verhandlungen mit England, fand in Gent ein solches Turnier statt, an dem außer den Herzögen von Bretagne, Anjou und Brabant, den Grafen Ludwig von Male und Albrecht von Holland auch Herzog Johann von Lancaster teilnahm; dieser Kreis wirkt wie ein Vorspiel zu den burgundischen Niederlanden und ihres Bündnisses mit England. Indem er, wie 1375 in Brügge geschehen, ausgewählten Bürgern das Tragen seiner Farben erlaubte, begründete der Herzog persönliche Loyalität, und die Beteiligung am städtischen Bogenschießen, die für 1371 in Gent, aber auch zu anderen Jahren und Orten bezeugt ist, machte ihn populär.
Seine erste Bewährungsprobe mußte Philipp 1379 bestehen, als er durch den flandrischen Aufstand unmittelbar in die Spannungen und Gegensätze des Landes verwickelt wurde. Das lange, geduldige und kluge Verhandeln mit den Abgesandten der Städte zeigte ihn immer wieder als den künftigen Landesherrn, der mit Hilfe von Amnestie und Ausgleichsangeboten das Maß der unvermeidlichen Zerstörung so gering wie möglich halten wollte. Selbst sein militärischer Eingriff im November 1382, der traditioneller französischer Kronpolitik entsprach, zeigt andererseits doch auch die Nutzung aller Machtmittel des Königs für Philipps eigene Zwecke, und die in England recht vordergründig ausgenutzte Verbindung der flandrischen Wirren mit dem Großen Schisma gab ihm Gelegenheit, sich als Protektor seiner künftigen Untertanen zu erweisen.
Nach dem Sieg von Roosebeke hatte der französische Hof versucht, das wie England zur Oboedienz Urbans VI. gehörende Flandern auf die Seite Clemens' VII. zu zwingen. Damit lieferte er dem englischen König einen Vorwand, für das Jahr 1383 einen »Kreuzzug« unter Führung des Bischofs von Norwich, Henry Despenser, eines rüden Kriegsmannes, gegen das angeblich zum avignonesischen Schismatiker übergelaufene Flandern zu führen. In Wahrheit sollte das am Ende gescheiterte Unternehmen die Handelsroute von Calais über Brügge nach Gent im Dienste des englischen Wollexports gewaltsam öffnen. Weil Philipp großen Anteil am Zurückschlagen dieser englischen Invasion hatte, wuchs seine Autorität, und Schritt für Schritt trat der Herzog von Burgund in das Erbe Ludwigs von Male. Seine Aufgabe, das Vertrauen Flanderns zu gewinnen, blieb aber deshalb schwierig, weil er Angehöriger des Hauses Valois, also Vertreter der allgemein und mit Recht als feindlich betrachteten französischen Krone war, ein Mann, dem nur Heiratspolitik zur Anwartschaft auf ein Land verholfen hatte, das ihn als Fremdling betrachtete. Philipp konnte keineswegs damit rechnen, nur auf Grund seiner Ehe zum *dominus naturalis*, zum natürlichen Herrn Flanderns und seiner Bewohner zu

werden. Andererseits mußte allzu offen betriebene Ausgleichs- und Integrationspolitik Philipps gegenüber Flandern in Frankreich Mißtrauen erregen. Die königsgleiche, Fürstenmaß weit überragende Stellung des Herzogs wurde dort seit langem argwöhnisch betrachtet und durfte nicht in den Geruch eigenstaatlicher Bestrebungen eines neu zu begründenden Hauses Burgund geraten.

Daß ein solches Bewußtsein tatsächlich vorhanden war und sich Ausdrucksformen schaffen wollte, zeigt die Einrichtung der anspruchsvollen Grablege bei der Hauptstadt Dijon. Während die früheren Herzöge von Burgund in der Zisterzienserabtei Cîteaux bestattet worden waren, stiftete Philipp der Kühne 1383 das Kartäuserkloster Champmol, dessen Kirche zum Bestattungsort für den Herzog und seine Nachkommen werden sollte. Schon fünf Jahre darauf konnte die von Drouet de Dammartin erbaute Kirche durch den Bischof von Troyes geweiht werden; der bedeutende Architekt entwarf später auch für den kunstsinnigen Herzog Johann von Berry und vollendete 1405 die Sainte-Chapelle in Bourges. Von der prächtigen Ausstattung der Kirche von Champmol sind heute nur mehr die Portalskulpturen und der Mosesbrunnen erhalten, Werke des niederländischen Bildhauers Claus Sluter, der seit 1389 auch am Grabmal arbeitete, das der Herzog schon 1382 bei seinem *imagier* Jean de Marville in Auftrag gegeben hatte. Zwischen Frankreich und Flandern stehend löste sich Philipp allmählich aus der Bindung an das Haus Valois und förderte ein neu entstehendes politisches Selbstverständnis, das die in Jahrhunderten gewachsene, für Frankreich bislang charakteristische Einheit von Königshaus und Land zersprengen mußte. Die Verbindung des Herzogtums Burgund mit Flandern brachte keinen Territorialgewinn für die französische Krone, sondern ließ einen neuen Staat entstehen.

Der Erbfall (1384)

Am 30. Januar 1384 starb Ludwig von Male in St-Omer und wurde vier Wochen später mit großer Pracht im Zisterzienserkloster Loos bei Lille bestattet. Die feierliche Zeremonie bot Philipp dem Kühnen Gelegenheit, flandrische und burgundische Ritterschaft in einem aufwendigen Staatsakt zu vereinen; gleichzeitig erwies er damit dem verstorbenen Grafen seine Referenz und zeigte zum ersten Mal die ganze Fülle zeremoniellen Aufwandes, der für seine und seiner Nachfolger Regierung so charakteristisch werden sollte. Die Banner von Flandern, Artois, Burgund, Nevers und Rethel hingen über dem von 700 Kerzen erleuchteten Sarg, Philipp selbst hielt mit einer ausgesuchten Eskorte ganz in Schwarz gekleideter flandrisch-burgundischer Ritter die Waffen Ludwigs, dessen wappengeschmückte Streitrosse in der Prozession geführt wurden. Der Herzog bot sich den Bewohnern seiner verschiedenen Länder auf diese Weise öffentlich als Integrationsfigur dar, und es ist ihm in der Tat schon binnen kurzem überraschend gut gelungen, ein burgundisches Einheitsbewußtsein zu erzeugen, das Zeitgenossen und spätere Historiographen berechtigen sollte, mit dem Sammelnamen »Burgund« künftig nicht mehr nur das französische Herzogtum zu bezeichnen, sondern alle Territorien, die sich im Besitz Philipps des Kühnen und seiner Nachfolger befanden. Im hellen Licht der Geschichte begann eine Nation zu entstehen.

Von Lille aus unternahm Philipp nicht etwa den traditionellen Umritt eines neuen Herrschers in seinem Gebiet, sondern zog über Arras nach Brüssel, um dort seinen Anspruch auf das Herzogtum Brabant zu betonen, dessen Sonderstellung auf alten Rechten und Rechtsgewohnheiten beruhte, an denen zäh festgehalten wurde. Erst nach Tagen der Hofhaltung und der Verhandlungen in Brüssel folgte der feierliche Einzug zunächst in Brügge, dann in Ypern, mit Huldigung der Magistrate und formeller Garantie ihrer Freiheiten durch Philipp. Das geschah nach und nach in allen Städten. Sie nahmen den neuen Herrn gern und willig an, mit der einzigen Ausnahme Gent, das in Gegnerschaft verharrte und deshalb vorerst auch nicht besucht werden konnte. Mißtrauen, Vorbehalten und offener Feindschaft im Lande suchte Philipp mit allgemeiner Amnestie für sämtliche Opponenten zu begegnen, die ihm für die Zukunft Gehorsam versprachen. Er befestigte damit seine Stellung ebenso wie durch die Teilung der zivilen und der militärischen Verwaltung zwischen Guy de Pontailler, Marschall von Burgund und seit 1379 Führer der herzoglichen Truppen in Flandern, und Jean de Ghistelles, einem der führenden Berater des verstorbenen Grafen. Diese vorsichtige und seinen neuen Ländern gegenüber konziliante Art der Regierungsübernahme ergänzte der Herzog allerdings mit umfangreichen, sich dann über Jahre hinziehenden Burgenbauten und durch die Verstärkung älterer Befestigungen überall in Flandern, für die Verteidigung gegen Angriffe von außen ebenso nützlich wie zur Befestigung der Herrschaft im Innern. Einen großen Teil der anfallenden Kosten bezahlte Philipp aus der französischen Staatskasse, indem er seine Regentschaft für Karl VI. nutzte, um die entsprechenden Anweisungen vom König unterzeichnen zu lassen.

Im Winter 1384/85 kam es zu einem unangenehmen Zwischenfall. Richard II. von England erklärte, daß er als König von Frankreich auch Oberlehnsherr des Grafen von Flandern sei, die Huldigung Philipps aber bisher vergeblich erwartet habe und deshalb nun einen Regenten schikken werde, John Bourchier, der tatsächlich bald darauf mit bewaffnetem Gefolge in Gent anlangte, wo er Unterstützung fand. Das lag ganz in der Tradition Genter Politik einer engen Verbindung zur englischen Krone, die freilich im verunglückten »Kreuzzug« von 1383 eine peinliche Niederlage erlitten hatte. Um so wichtiger mußte es gerade deshalb erscheinen, französischen Plänen für eine neue Offensive zuvorzukommen, denn Karl VI. war nach dem Sieg von Roosebeke und dem Erfolg gegen Despenser leicht für einen Plan zu gewinnen, nach dem der Krieg endlich einmal über den Kanal hinweg nach England getragen werden sollte. Im Sommer 1385 standen zwei Invasionsarmeen unter dem *connétable* Olivier de Clisson und Admiral Jean de Vienne im Scheldegebiet bereit. Clisson sollte in der Themsemündung landen und auf London vorgehen, der Admiral hatte den Auftrag, sich mit einem schottischen Heer zu vereinigen und dann die Grafschaft Durham als festen Stützpunkt zu besetzen. Genter Milizen aber rückten in wiederholten Vorstößen aus der Stadt und konnten im Juli Damme einnehmen, wodurch sie die französischen Aufmarschpläne empfindlich störten. In dieser Lage bediente Philipp sich abermals der königlichen Armee und veranlaßte Clisson, an der Rückeroberung Dammes mitzuwirken. Als die Stadt nach verhältnismäßig langer Belagerung Ende August zur Übergabe gezwungen werden konnte, war es für eine Kanalüberquerung zu spät.

Philipp war bei seinem Manöver gegen Damme von allen anderen, Gent feindlichen Städten unterstützt worden. Während dieser Wochen hatte er die ländlichen Versorgungsgebiete Gents systematisch verwüsten lassen, so daß die Stadt unter Lebensmittelmangel zu leiden begann und in der Bürgerschaft Stimmen immer lauter wurden, die zum Frieden mahnten und Anerkennung des Herzogs von Burgund als Graf von Flandern forderten. Geschickte Verhandlungsangebote Karls VI. und Philipps ermunterten diese Bewegung, so daß am 18. Dezember 1385 in Tournai ein Friede geschlossen werden konnte, in dem Gent sein Bündnis mit England für beendet erklärte und dafür von Philipp gleich den anderen flandrischen Städten Garantie seiner Rechte und Freiheiten erhielt. Trotz ihrer aus akuter Notlage erwachsenen Verhandlungsbereitschaft aber hat die Stadt weiterhin eine überaus starke und selbständige Position behalten. Sie war militärisch nicht besiegt worden und blieb für lange Zeit ein Unsicherheitsfaktor für die burgundische Herrschaft in den Niederlanden.

Erst zwei Jahre nach dem Tod seines Vorgängers hatte Philipp damit die ungeteilte Regierung in Flandern übernehmen können. Künftig bildeten seine beiden großen Territorien feste Eckpfeiler, von denen andere Landesherrschaften, die aus dem alten Lothringen hervorgegangen waren, gleichsam eingefaßt wurden. Auf sie richtete sich infolgedessen künftige Expansion der Herzöge mit dem Ziel, burgundische Ober- und Niederlande miteinander zu verbinden. Daraus darf freilich kein Programm zur Wiederherstellung des lotharingischen Mittelreiches erschlossen werden, denn die in den Augen später Beobachter darauf hinweisenden politischen Aktionen und Projekte folgten zwangsläufig aus der territorialen Lage und aus der Gewißheit, daß an der sich auflösenden westlichen Grenzzone des Römischen Reiches entweder ein französischer oder ein burgundischer Zugriff Erfolg haben mußte. Alle Handlungen Philipps des Kühnen standen freilich auch im Zusammenhang mit der Regierung Frankreichs, die er zeitweise faktisch ausgeübt, immer aber stark beeinflußt hat.

Heiratspolitik

So waren die Jahre zwischen 1376 und 1405 wesentlich von nahezu ununterbrochenen Verhandlungen mit England bestimmt, in deren Verlauf dem Herzog klar wurde, daß eine Lösung des Konflikts als Voraussetzung für einen endgültigen Friedensschluß auf diesem Wege unerreichbar blieb. Schon 1386 wurde deshalb eine Landung in England erwogen, trotz aufwendiger Vorbereitungen – außer einer Flotte von mehr als 1000 Schiffen im Hafen von Sluis stand eine Befestigungsanlage aus hölzernen Fertigteilen bereit, die sofort nach der Landung zum Schutz des Brückenkopfes aufgebaut werden sollte – aber halbherzig betrieben, durch widrige Winde zunächst verzögert und endlich der fortgeschrittenen Jahreszeit wegen fast erleichtert aufgegeben. Neue Verhandlungsimpulse gab es im Sommer 1384, als die Gemahlin Richards II., Anna von Böhmen, Tochter Kaiser Karls IV., starb und aus England der Vorschlag einer Heiratsverbindung Richards mit Isabella kam, der damals sechsjährigen Tochter Karls VI. Schon im Oktober einigten sich die Unterhändler, man schloß einen Waffenstillstand für die wirklichkeitsfremde Dauer von 28 Jahren, offenbar mit dem Ziel, die Ernsthaftigkeit des beiderseitigen Friedenswillens auszudrücken, und am 4. November 1396 fand in Calais die Hochzeit statt. Der Vertrag war vor allem deshalb zustandegekommen, weil Philipp die englischen Propositionen sogleich aufgegriffen hatte, um seinen flandrischen Territorien endlich Ruhe zu verschaffen und den Krieg zu beenden. Das schien gelungen, aber Richards willkürliches, unberechenbares Regiment weckte in den nächsten Jahren eine immer wachsende Opposition, die in Heinrich Bolingbroke, dem Sohn Herzog Johanns von Lancaster, ihren Führer erhielt. Als der Herzog 1399 starb, zog Richard II. dessen Güter ein, so daß Heinrich nunmehr an der Spitze eines Heeres vorging, Richard gefangennehmen und durch ein Parlament absetzen lassen konnte. Er selbst wurde als neuer König von England bestätigt.

Mit König Heinrich IV. begann in England die Herrschaft des Hauses Lancaster und zugleich eine Phase der Schwächung vom Parlamentsspruch legitimierter Krongewalt. Aus dieser Schwäche sollten bald neuformulierte englische Kriegsziele folgen, zunächst aber entfiel der mit Philipps Heiratspolitik erreichte Ausgleich. Da Richard II. bald nach seinem Sturz unter nie geklärten Umständen in der Gefangenschaft umkam, wurde Isabella Ende Mai 1401 nach Frankreich zurückgeholt, und es entwickelten sich neue Kriegshandlungen, den Interessen Philipps durchaus zuwiderlaufend. Außerdem zeigte sich nun, daß die Abwehrkräfte der französischen Monarchie unter einem seit Jahrzehnten immer deutlicher sichtbaren Territorialisierungsprozeß litten, dem das Land dadurch ausgesetzt war, daß die konkurrierenden Apanagefürsten in ihren großen Herrschaftsgebieten die Kronverwaltung nicht mehr ungehindert arbeiten lassen wollten. Burgund war der extremste, aber keineswegs einzige

Fall von Sonderentwicklungen, die im Berry, im Orléanais, der Bretagne ebenso eingesetzt hatten; auf Kosten des Reiches und der Krondomäne zogen die Prinzen von Geblüt Vorteil für sich aus der Krankheit des Königs. Die seit 1401 offene Feindschaft zwischen den Herzögen Philipp von Burgund und Ludwig von Orléans muß in diesem Zusammenhang gesehen und bewertet werden; sie steigerte sich noch dadurch, daß Philipp im Bund mit Königin Isabeau den Einfluß seines Neffen auf die Regentschaft immer weiter zurückdrängen konnte. Durch Heiratspolitik suchte der Herzog von Burgund seine Stellung zu befestigen und auch für kommende Zeiten zu sichern.

Im wesentlichen waren es drei Ziele, die Philipp über die Jahre ein kombinationenreiches Spiel mit seinen Kindern und Enkeln treiben ließen: Besitz und Herrschaft in den Niederlanden sollten gemehrt, die Grenzen der Grafschaft Burgund geschützt und eine enge Bindung zum französischen Königshaus auch für die Nachkommen erhalten werden, damit das Regieren der herzoglichen Territorien durch Einfluß auf die Krone Frankreich erleichtert sei. Von den elf Kindern, die Philipp mit Margarethe von Flandern hatte, überlebten sieben, drei Söhne und vier Töchter. Der 1371 Erstgeborene, Johann, wurde im April 1385 mit Margarethe verheiratet, der Tochter Albrechts von Hennegau-Holland, dessen Unterstützung für eine Erbfolge Johanns in Brabant auf diese Weise gewonnen werden sollte. 1378 schloß Philipp für seine damals vierjährige Tochter Margarethe einen Vertrag, wonach sie Leopold von Österreich heiraten sollte, sobald Braut und Bräutigam zehn Jahre alt geworden wären. Leopolds Vater war als Graf von Pfirt und Landgraf des Oberelsaß der Grafschaft Burgund benachbart und Philipp rechnete offenbar mit Gewinn auf Kosten der Habsburger. Die Ehe kam dann aber doch nicht zustande, weil der Herzog von Burgund im Jahre 1384 rasch entschlossen ein Ehebündnis mit dem Hause Wittelsbach anstrebte und den Österreicher bat, statt Margarethes ihre damals sechsjährige Schwester Katharina als Schwiegertochter zu akzeptieren. Margarethe heiratete also, zur gleichen Zeit wie ihr Bruder Johann, im April 1385 Wilhelm, den Sohn Albrechts von Hennegau-Holland. Diese Doppelhochzeit war durch Herzogin Johanna von Brabant angeregt worden, eine Tante Margarethes von Flandern; Johanna fürchtete eine Ehe Wilhelms mit der Tochter Johanns von Lancaster und damit englischen Einfluß auf Brabant, den sich vor allem Johannas Gegner Herzog Wilhelm von Geldern hätte zunutze machen können. Die Ehe Katharinas mit Leopold von Österreich wurde 1387 geschlossen, aber erst sechs Jahre später ließ Philipp seine inzwischen fünfzehnjährige Tochter zu ihrem Gemahl gehen, der in wiederum zehn Jahre dauernden Verhandlungen bewogen werden mußte, die Grafschaft Pfirt an Katharina zu übertragen, und noch Philipps Nachfolger Johann Ohnefurcht zahlte seit 1404 ratenweise die in barem Geld zu entrichtende Mitgift für seine Schwester.

Nicht immer aber führten solche Verträge zum gewünschten Ergebnis.

Philipp d. Kühne
Hg. v. Burgund
1363–1404

Johann	Margarethe	Katharina	Bonne	Anton	Philipp	Maria
*1371, †1419 ∞ (1385) Margarethe v. Hennegau-Holland	*1374, †1441 ∘ (1378) Leopold v. Österreich ∞ (1385) Wilhelm v. Hennegau-Holland	*1378, †1426 ∘ (1384) ∞ (1387) Leopold v. Österreich	*1379, †1398 ∘ (1382) Johann v. Clermont	*1384, †1415 ∘ (1393) ∞ (1402) Johanna v. Luxemburg	*1389, †1415	*1386, †1428 ∘ (1386) ∞ (1393) Amadeus VIII. v. Savoyen

Kinder Johanns:

Margarethe	Philipp
*1394, †1422 ∘ (1396) Karl, Dauphin (†1401) ∞ (1401) Ludwig, Dauphin	*1396, †1467 ∞ (1403) Michelle de France

Heiratsverbindungen des Hauses Burgund

Die 1379 geborene Bonne sollte gemäß einer am 6. Juni 1382 getroffenen Abmachung mit dem Grafen Johann von Clermont verheiratet werden, dem ältesten Sohn Herzog Ludwigs von Bourbon. 1388 erwog Philipp eine Ehe Bonnes mit König Ludwig II. von Sizilien aus dem Haus Anjou, der die Verhandlungen freilich abbrach, als er von der Übereinkunft mit den Bourbon erfuhr. Dennoch kam auch diese Ehe nicht zustande, weil die Hochzeit immer wieder aufgeschoben werden mußte, möglicherweise wegen Krankheit der Braut, die 1398 starb. Ihr Bruder Anton erhielt im Jahre 1393 als Neunjähriger die Grafschaft Rethel und wurde mit Johanna von Luxemburg verlobt; die Hochzeit fand im April 1402 statt, aber Anton fiel, ebenso wie sein Bruder Philipp, bei Azincourt; beide Fürstensöhne schieden damit aus dem territorialpolitischen Kalkül aus. Schon drei Monate nach der Geburt seiner Tochter Maria im Jahre 1386 schloß Philipp für sie einen Ehevertrag mit dem Grafen Amadeus VII. von Savoyen, dessen Erbe im November 1393 im Alter von zehn Jahren die burgundische Prinzessin heiratete und ihrem Vater damit die Regentschaft über Savoyen brachte, weil Amadeus VII. bereits 1391 verstorben war.
Alle Kinder Philipps des Kühnen waren damit an östliche Anrainer der burgundischen Lande verheiratet worden, die Enkel mußten nun auf den französischen Hof ausgerichtet werden, und demzufolge heiratete der älteste Sohn Johanns, später Herzog Philipp der Gute von Burgund, im Jahre 1403 Michelle, Tochter König Karls VI., während Johanns 1394 geborene Tochter Margarethe schon sieben Monate nach ihrer Geburt ebenfalls dem Königshaus versprochen wurde und den Thronfolger Karl heiraten sollte. Im Januar 1396 kam es zur Verlobung, aber Karl starb früh, so daß Margarethe dem nächstfolgenden Prinzen Ludwig übertragen wurde, ein Abkommen, das Königin Isabeau gegen energischen Widerstand des Herzogs von Orléans durchsetzte, der seine eigene Tochter mit Ludwig hatte verheiraten wollen. Damit glaubte das burgundische Herzogshaus den künftigen König von Frankreich an sich gebunden zu haben, aber auch Ludwig lebte nicht lange und starb am 18. Dezember 1415.

Der burgundische Staat

Im Rahmen des fürstlichen Heiratsbrauches der Zeit bot die Politik Philipps des Kühnen im Prinzip nichts Neues, aber sie fiel durch ihre kaum mehr verborgene Bedenkenlosigkeit auf, die Vertragsbrüche und Übervorteilung der Partner gleichsam zur Methode machte. Durch Übertragungen Karls VI. in den Jahren 1382 und 1390 erhielt der Herzog darüber hinaus eine Reihe von Burgbezirken in der Champagne, und er kaufte 1390 dem Grafen Johann III. von Armagnac die im Süden des heutigen

Départements Saône-et-Loire gelegene Grafschaft Charolais ab; als harten Verfechter burgundischer Besitzinteressen zeigte ihn schon sein Wortbruch gegenüber dem König von Frankreich im Hinblick auf Lille, Douai und Orchies, aber auch die Anwartschaft auf Brabant und Limburg ergab sich nur unter Ausnutzung des Konflikts Johannas von Brabant mit Herzog Wilhelm von Jülich-Geldern.

Über die Person Philipps des Kühnen fand dieses Länderkonglomerat allmählich zur Einheit, und es nahm immer deutlicher das Profil eines Staates an. Zum mindesten läßt sich seit 1369 eine Linie spezifischer Politik verfolgen, die im Kern aus drei Elementen bestand: Erwerbsstreben auf Kosten des Römischen Reiches in dessen schwacher westlicher Grenzzone, wobei nicht wie bisher die französische Monarchie gewinnen sollte, sondern der Herzog von Burgund; Ausnutzung der Regentschaft in Frankreich, um dessen Macht für eigene Ziele verfügbar zu halten; Politik des Ausgleichs gegenüber England zum Wohle der flandrischen Wirtschaft. Lief all das den Bedürfnissen Frankreichs zuwider, so ist doch die Frage, ab wann bewußter Wille zur Eigenstaatlichkeit drängte, sehr viel schwerer zu beantworten. Viele Entscheidungen wurden von Sachzwängen und günstigen Konstellationen geradezu herausgefordert; erst im Nachhinein ergibt sich die scheinbar logische Folge kalkulierter Züge. Je nach dem Blickwinkel, unter dem man den Herzog von Burgund und sein Wirken im Lauf der Zeit betrachtet, wird er als Prinz von Geblüt und Apanagefürst erscheinen, als egoistischer Sachwalter partikularen Eigeninteresses, als Staatsmann im Dienst eines neu entstehenden Reiches. Solch widersprüchliche Vielfalt allein ist denn auch das historisch Treffende, denn Philipp der Kühne war dies alles zugleich.

Am Ende des 14. Jh.s umfaßte Philipps Herrschaft südliche Territorien mit dem Herzogtum Burgund, den Grafschaften Nevers, Burgund und Charolais, der Vizegrafschaft Auxonne sowie den Gebieten in der Champagne und jenseits der Saône; im Norden die Grafschaften Flandern, Rethel und Artois sowie die Gebiete von Lille, Douai und Orchies. In allen Landesteilen regierten herzogliche Beauftragte, nur Burgund verwaltete Philipp selbst und stützte sich dabei auf einen ständigen Rat, der seinen Sitz in Dijon hatte. Eine Ständeversammlung, die nur auf Ersuchen des Herzogs zusammentrat, tagte seit 1386 ebenfalls in Dijon und setzte sich aus je zwei Vertretern der größeren geistlichen Institutionen des Herzogtums, etwa 20 Delegierten des Adels und je zwei Abgesandten der 8 bis 10 größeren Städte zusammen. Ihre wesentlichen Rechte bestanden in Anhörung und Zustimmung bei Steuererhebungen und einer gewissen Mitsprache bei der Auswahl jener Beamten, die für das Eintreiben der Gelder zuständig sein sollten. Ähnlich waren die Stände in den Grafschaften Nevers und Burgund verfaßt, während in den nördlichen Landesteilen nur die Grafschaft Artois seit 1361 im strengen Sinne vergleichbare Einrichtungen hatte. Flandern kannte eine Vertretung der Städte und Regionen, die *vier Leden,* vier Glieder des Landes, bestehend aus den

Städten Brügge, Gent und Ypern, dazu *het Brugse Vrije,* die Freiheit des breiten Küstenstreifens, in dessen Mitte Brügge lag. Diese *vier Leden* tagten etwa 30mal im Jahr und beanspruchten Rechte ähnlich denen der Ständeversammlungen. Nicht über Generalstände aber suchte Philipp der Kühne einen Weg zur möglichst homogenen Regierung seiner Lande, sondern über die Schritt um Schritt vollzogene Reorganisation einer zersplitterten und regional teilweise sehr unterschiedlich ausgebildeten Verwaltung.

Verwaltung und Finanzen

Für das Herzogtum Burgund war schon zur Zeit der Regentschaft Johanns II., also nach 1361, in Dijon ein Conseil eingerichtet worden, das als Zentralbehörde Finanzverwaltung und Rechtsprechung zugleich besorgte. Es bestand aus sechs bis acht Räten, deren Zuständigkeit nicht scharf umrissen war, so daß dieses Gremium im Vergleich mit den nach Ressorts unterschiedenen Pariser Behörden wenig differenziert erscheint. Die Ordonnanz Philipps des Kühnen vom 11. Juli 1386 über die Chambre des comptes bedeutete den ersten großen Schritt zur Reform nach dem Vorbild der Kronverwaltung, indem für das Herzogtum, die Grafschaften Burgund und Nevers sowie für die Gebiete in der Champagne eine Rechnungskammer geschaffen wurde, deren Personal nach Zuständigkeit für Herzogtum und Champagnebesitz einerseits, für die Grafschaften Burgund und Nevers andererseits unterschieden war. Eine strikte Trennung der Rechnungskammer vom übrigen Conseil gab es demnach immer noch nicht, aber die fortan bestehende Jurisdiktion der Dijoner Behörde über alle südlichen Landesteile leitete eine Zentralisierung der Verwaltung ein, die weiter ausgebaut werden konnte. Daß dies auch vorgesehen war, zeigt nichts besser als die seit 1386 dominierende Rolle des herzoglichen Archivs in Dijon, das seit 1365 einer besonderen *garde des chartes* anvertraut war. Eigene Archive bestanden in den übrigen Landesteilen zwar weiter und wurden auch niemals öffentlich aufgelöst, aber ihre Bestände wuchsen nicht mehr, weil die regionalen Behörden künftig nach Dijon zu berichten hatten. Was an lokalen Besonderheiten zunächst weiterlebte, glichen Beauftragte des Herzogs im Laufe der Zeit dem hauptstädtischen Muster an.

Die Gerichtsbarkeit lag traditionell und in erster Instanz bei den vielen Stadt-, Burg- und Herrengerichten; von dort führte der Weg zu den Berufungsgerichten der Baillis. Daneben bestanden Spezialgerichte für Forsten und für die Messen von Chalon sowie die *chancellerie aux contrats* als Beurkundungs- und Schlichtungsstelle für privatrechtliche Verträge samt den daraus folgenden Streitfällen; über allen Instanzen standen die Parlemente in Beaune für das Herzogtum, in Dole für die Grafschaft

Burgund. In Dole getroffene Entscheidungen waren endgültig, während von Beaune aus an das Pariser Parlement appelliert werden konnte, weil das Herzogtum zur französischen Monarchie gehörte. In diesem Zusammenhang sind die immer wieder vergeblich unternommenen Versuche Philipps zur Befreiung Beaunes von der Appellationsmöglichkeit nach Paris ein beredtes Zeugnis für sein Streben nach souveräner Staatlichkeit, denn die Zuständigkeitsgrenzen des Pariser Parlements wurden als Reichsgrenzen empfunden, so daß ihre Überwindung mehr bedeutete als Änderung von Verwaltungskompetenzen. Blieb das größere Ziel unerreichbar, so konnte doch eine deutliche Trennung in personeller Hinsicht vorgenommen werden, als der Parlementspräsident von Beaune seit 1393 nicht mehr aus Paris kommen mußte. Ab 1440 schließlich waren die Parlemente von Beaune und Dole in Personalunion unter einem Präsidenten vereint; da die *maîtres* schon seit 1386 dieselben waren, läßt sich die Vereinheitlichung der Rechtsprechung klar erkennen, zugleich darf dem Jahr 1386 ein gewisser Epochencharakter für die innere Angleichung der gesamten burgundischen Administration zugesprochen werden.
Weniger straff zusammengefaßt blieb demgegenüber die Finanzverwaltung der südlichen Landesteile. Weil die Rechnungskammer Ausgaben der herzoglichen Beamten weder anordnete noch überwachte, gab es dafür einen besonderen *trésorier* des Herzogs, und auch nach 1386 ist hier eine Zentralisierung nicht zu erkennen. Einnahmen und Ausgaben wurden überwiegend auf lokaler Ebene vorgenommen; Organisationsbasis dafür waren seit 1390, als mit dem Erwerb der Grafschaft Charolais eine Neugliederung des Herzogtums einherging, die sechs damals geschaffenen Bailliages. Auch hier läßt sich gut verfolgen, wie die Verwaltungsgliederung der burgundischen Lande französischem Vorbild nachgeformt wurde, denn seit Philipp II. August standen die Aufgaben des Bailli in ihrer Grundstruktur fest. In Burgund hatte er demgemäß herzogliche Anordnung bekanntzumachen und auszuführen, das Aufgebot seines Amtsbezirkes im Kriegsfalle zu sammeln und ins Feld zu bringen; bei besonderer Aufforderung mußte er vor dem Rat in Dijon erscheinen, um sich zu verantworten oder auch an Entscheidungen mitzuwirken, für die seine besondere Sachkenntnis erwünscht war. Zur Erfüllung seiner Pflichten stand Dienstpersonal bereit, Unterbeamte für die Verwaltung der herzoglichen Güter und Burgen, aber auch ein Kontingent von *sergents,* mit deren Hilfe der Bailli seinen Anweisungen Nachdruck verleihen konnte. Wie seine französischen Amtskollegen hatte er Beamte mit Sonderbefugnissen neben sich zu dulden, denn der gesamte, schon damals berühmte Weinbau unterstand einer zentralen Behörde, und Weingeschenke bildeten einen festen Posten im Katalog der diplomatischen Gaben und Aufwendungen des Herzogs. Eigenes Personal hatte auch die Forstverwaltung, und für Unterhalt so gut wie für den Neubau von Burgen hielten Philipp und seine Nachfolger eine Gruppe fest angestellter Bauhandwerker aller einschlägigen Sparten ständig im Dienst.

Die gleichen organisatorischen Ziele wie in seinen südlichen Herrschaftsgebieten verfolgte Philipp der Kühne auch für die Niederlande, die er gegen Ende seiner Regierungszeit fast vollkommen der in Lille eingerichteten obersten Behörde unterstellt hatte. Diese *chambre du conseil et des comptes* war so aufgebaut, daß sie selbständig arbeitete und von Dijon oder Paris aus ebensogut beaufsichtigt werden konnte wie am Ort selbst. Die allgemeine Verwaltung war auch in den Niederlanden Baillis übertragen, von denen um 1400 in Flandern 16 amtierten, 12 in der Grafschaft Artois, einer in Rethel. Ausführung und Bekanntmachung der herzoglichen Ordonnanzen war auch im Norden ihre Aufgabe, Führung im Kriegsfall und Ausrichtung auf den Rat von Lille, der ihre Dienste kontrollierte. Ebenso entsprach die Finanzverwaltung burgundischem Muster mit Ausnahme der Domäne, deren Einnahmen in Flandern nicht durch die Bücher der Rechnungskammer liefen, sondern von einer dafür besonders eingerichteten *chambre des rennenghes* erfaßt wurden, die aber gemeinsam mit der Rechnungskammer dem *contrôleur des comptes des offices de Flandre* unterstand, so daß die Spitze einheitlich und dem Herzog direkt verantwortlich war.
In wie starkem Maße Philipp der Kühne es verstanden hat, formal alten Landesbrauch aufrechtzuerhalten und doch gravierende Umgliederungen in seinem Sinne vorzunehmen, läßt sich an der Rechtsprechung zeigen, für die der Herzog in Flandern kein Parlement einrichtete, sondern die durch Ludwig von Male eingeführten *audientie* beibehielt. Es waren das regelmäßige Sitzungen des gräflichen Rates, der für diesen Fall als oberstes Gericht auftrat, in meist zweimonatigem Turnus in den großen Städten des Landes tagte und in flämischer Sprache verhandelte. Daneben aber richtete der Herzog einen obersten Gerichtshof in Lille ein, mit gleichem Personal und gleicher Kompetenz, der seine Tätigkeit aber nur noch gelegentlich an andere Orte verlegte und dann in Gestalt der alten *audientie* wirkte. Dieses Gericht urteilte in erster Instanz über Hochverrats- und Ungehorsamsfälle, war im übrigen aber Appellationshof gegen Entscheidungen der herzoglichen Verwaltung und Schiedsstelle für einander widersprechende Urteile von grundherrlichen oder städtischen Gerichten.
Auf dem Felde der Justiz gab es also teilweise erhebliche Unterschiede zum Herzogtum Burgund. Ein geordneter Instanzenzug, wie er sich dort hatte einrichten lassen, mußte in den Niederlanden an der althergebrachten umfassenden Rechtspflege der mächtigen Städte scheitern, die der Herzog nie ganz unter seine Aufsicht bringen konnte. Seinen Baillis fehlten deshalb weitgehend die richterlichen Befugnisse und es mangelte ebenso an einer herzoglichen Mittelinstanz für Berufungen gegen Urteile der grundherrlichen Gerichte. Die einzige Ausnahme bildete in dieser Hinsicht das Artois, denn dort amtierten die Baillis nach französischem Muster. Demgegenüber hatte das Conseil in Lille denselben Rang und ganz entsprechende Kompetenzen wie der Rat von Dijon; es ist als ober-

ste Behörde für die gesamten Niederlande zu verstehen mit der charakteristischen Einheit von allgemeiner und Finanzverwaltung mit Zentralarchiv.
Urkundenarchive gab es zwar für Flandern außer in Lille noch in Rupelmonde, in Arras für Artois und in Rethel, aber auch die nördlichen Gebiete führten seit 1385 das meiste bei den Behörden neu anfallende Schriftgut einer Zentralstelle zu, dem Ratsarchiv von Lille. Als 1399 eine für alle niederländischen Archive zuständige *garde des chartes* eingesetzt wurde, unterstrich das nicht nur die Gleichartigkeit der Verwaltungsorganisation von Nord und Süd, sondern auch den Willen zur Norm. Schon am 15. Februar 1386 hatte eine Ordonnanz Conseil und Finanzverwaltung für die Niederlande dahingehend geregelt, daß zwei besoldete Räte mit Kompetenz für ganz Flandern ständig in Lille amtieren sollten: flandrische Räte durften sie bei Bedarf hinzuziehen. Ihnen war aufgetragen, alle Klagen gegen herzogliche Beamte anzunehmen und zu behandeln, die Güterverwaltung zu kontrollieren und ebenso wie der Rat in Dijon ein Register zu führen.
Die beiden obersten Behörden für Burgund und die Niederlande waren mithin einander ganz entsprechend konzipiert, so daß es nicht überrascht, auch die Finanzverwaltungen von Artois und Rethel der Kammer in Lille unterstellt zu finden, deren Organisation von erfahrenen Beamten aus Flandern, Artois, Burgund und Paris erarbeitet wurde, weil die Bedürfnisse und speziellen Belange der einzelnen Regionen berücksichtigt werden sollten. Im Zusammehang mit diesen Kommissionsberatungen wurde ausdrücklich festgestellt, daß eine einzige Zentralverwaltung mit Sitz in Dijon unzweckmäßig wäre: Der schon früh ausgedrückte Wunsch des Herzogs nach staatlich-administrativer Vereinigung aller seiner Lande blieb aus rein praktischen Gründen vorerst unerfüllt.
Außer diesem Verwaltungsdualismus zwischen nördlichen und südlichen Landesteilen gab es aber Einrichtungen, in denen sich der Gesamtstaat Burgund verkörperte. In erster Linie ist hier die Hofhaltung des Herzogs zu nennen, sein *hôtel,* das sich von 1384 bis 1404, dem Todesjahr Philipps des Kühnen, meist in Paris befand. Der Herzog selbst bildete die Mitte seiner Länder und regierte sie im *grand conseil,* d. h. mit einem Beraterkreis, den er je nach Lage wechselnd für seine persönlichen Entschlüsse konsultierte und der im großen und ganzen dem entsprach, was auch am Königshof bis zu den seit 1356 eingeleiteten großen Reformen üblich gewesen war. Schon von 1380 an hatte sich Philipp den größten Teil des Jahres in Paris aufgehalten, denn nicht nur der erstrebte Einfluß auf die Regierung Frankreichs, sondern auch die Verwaltung seiner eigenen Länder empfahlen ihm diesen Standort: Paris liegt geographisch ziemlich genau in der Mitte zwischen Flandern und Burgund; von hier aus war mit Kurierdiensten auf ständigen Routen die gesamte ohnehin fast durchweg schriftliche Regierungstätigkeit auszuüben. Als Residenz des Herzogs diente in der Stadt selbst das Hôtel d'Artois, außerhalb das Hôtel de Con-

flans, südöstlich im heutigen Vorort Charenton gelegen; beide Häuser hatten schon die capetingischen Herzöge von Burgund besessen.
Zu dieser Hofhaltung gehörte auch der Kanzler als vornehmster Exponent burgundischer Gesamtherrschaft, mächtigster Mann nächst dem Herzog und Inbegriff der Einheitsbemühungen. Noch in den Jahren 1384–1387 hatte es drei solcher Amtsträger gegeben, nämlich den Kanzler für das Herzogtum Burgund, den Propst von St. Donatian in Brügge als Titularkanzler für Flandern und den gräflichen Kanzler aus der Zeit Ludwigs von Male. Philipp der Kühne hob diese Ämter auf, setzte in Burgund einen Regierungsbevollmächtigten ein und zog 1385 den flandrischen Kanzler als *chancelier de monseigneur le duc* an seinen Hof, um von dort die Behörden in Lille und Dijon zu leiten. Damit war eine gesamtburgundische Kanzlei geschaffen, in der die Aufsichtsbefugnisse über Finanzen und Grundbesitz zusammenliefen; der Kanzler war angesehenster und wichtigster Berater des Herzogs und der gesamten Verwaltung. Die hohen Beamten holten vor größeren Entscheidungen seinen Rat, der auf diese Weise letztlich Wohl und Wehe des Staates bestimmte. Seit 1385 hatte Jean Canard dieses Amt inne, aber berühmtester aller burgundischen Kanzler ist zweifellos jener aus einfachen Verhältnissen stammende Nicolas Rolin gewesen, der Philipp dem Guten 40 Jahre gedient hat und uns aus zahlreichen bildlichen Darstellungen vertraut ist, besonders durch Jan van Eycks um 1435 entstandene »Madonna mit Kanzler Rolin«. Noch heute steht in Beaune das von ihm gestiftete Hospital.
Zur Hofhaltung gehörten schließlich alle, die im persönlichen Auftrag des Herzogs Verwaltungsfunktionen im weitesten Sinne zu erfüllen hatten; Räte, Sekretäre, Kämmerer, Botenreiter *(chevaucheurs)*. Direkte Abgesandte Philipps besuchten die obersten Justizbehörden, Prokuratoren schickte er zur Wahrnehmung seiner Belange an auswärtige Gerichte. Für die Aufwendungen seines Hofes unterhielt er eine besondere *chambre aux deniers*, die insoweit als zentrale Finanzbehörde angesehen werden kann, als ihr Einnahmen aus allen Landesteilen zuflossen. Sie zahlte die *gaiges*, den Unterhalt für alle Mitglieder des Hofstaates und deren Personal, wie auch die *vivres*, die Unkosten aller Abteilungen und Ämter von der *paneterie*, der Hofbäckerei, über *échansonnerie* (Kellerei) und *cuisine* zur *écurie*, dem Marstall.
Faßt man alle diese Beobachtungen zusammen, so erscheint schon für die Zeit Philipps des Kühnen ein nach den Maßstäben seiner Zeit eigenständiger Staat mit dem Herzog als integrierender Mitte. Seine Länder, wenn auch zwischen Burgund/Dijon und Niederlanden/Lille unterschieden, waren administrativ zusammengefaßt und bis zur Jahrhundertwende der Einheit ziemlich nahegekommen. Auf dem Boden vorgefundener Verwaltungseinrichtungen entstand innerhalb eines Vierteljahrhunderts sehr viel Neues und Weiterführendes, wobei das Jahr 1386 einen Wendepunkt bedeutete. Das französische Vorbild ist für alle Zweige und Formen der Verwaltung maßgebend gewesen, aber während der burgundische Staat

an Effizienz gewann, hat die Krone unter dem Konflikt der Herzöge von Burgund und Orléans zunehmend gelitten, weil viele königliche Amtsträger im Laufe der Zeit für die eine oder andere Seite Partei ergriffen, sich bestechen ließen und überall auf ihren eigenen Vorteil sahen.

Johann Ohnefurcht (1404–1419)

Als Philipp der Kühne am 27. April 1404 starb, war sein Nachfolger Johann mit dem Beinamen *Sans Peur,* Ohnefurcht, 32 Jahre alt und auf seine Aufgabe gut vorbereitet. Seit 1384 hatte er die Grafschaft Nevers innegehabt und fortan oft wichtigen diplomatischen Verhandlungen seines Vaters beigewohnt, der ihn 1396 an die Spitze eines Kreuzzuges gegen die Türken stellte. Der Kreuzzugsgedanke war noch immer populär und deshalb für eine repräsentative Aktion geeignet, die den Herzog von Burgund als Herrn einer christlichen Macht zeigte, als Beschützer gegen den Ansturm der Heiden und insoweit den ersten Fürsten Europas gleich. Dennoch ginge es entschieden zu weit, das ganze Vorhaben als burgundische Angelegenheit zu betrachten: Zwar hatte Philipp durch erhebliche finanzielle Zuschüsse großen Anteil daran, und das burgundisch-französische Kontingent machte einen wichtigen Teil des Kreuzheeres aus, aber gerade die internationale Beteiligung und das starke Interesse des deutschen Königs Wenzel erhöhten den Rang des Burgunders.
Seit der Mitte des 14. Jh.s bedrohten die Türken Ungarn. Der Luxemburger Sigismund, König Wenzels jüngerer Bruder, war 1387 nach dem Tod Ludwigs I. aus dem Haus Anjou als dessen Schwiegersohn König von Ungarn geworden und bemühte sich seither um die große europäische Koalition gegen die Türken; seine Gesandten trafen im August 1395 in Paris mit den Herzögen Philipp von Burgund und Ludwig von Orléans zusammen. Nachdem er auf dieser Konferenz seine Beteiligung versprochen hatte, legte Philipp am 28. März des folgenden Jahres Zusammensetzung und Größe eines Heeres fest, das unter Führung seines Sohnes Johann nach Ungarn abgehen sollte. Viele französische Ritter waren darunter, aber nicht Paris, sondern Dijon bestimmte Philipp seinen außenpolitischen Absichten gemäß als Sammelplatz; vor dem Abmarsch wurde in der Klosterkirche St-Bénigne Gottesdienst gehalten und dann eine feierliche Prozession unter den Bannern Burgunds und Frankreichs um die Stadt geführt.
Im Verein mit deutschen, englischen und ungarischen Heeresabteilungen unter Führung Sigismunds stieß Johann am 25. September 1396 bei Nikopolis mit den Truppen Sultan Bajasids I. zusammen. Weil Ungarn und Burgunder eigene, in der Kommandostruktur unterschiedene Abteilungen bildeten, konnten die westlichen Alliierten Sigismunds gegen seinen Rat frontal auf einen Feind losgehen, dessen Kampfweise sie nicht

begriffen; das ganze Heer wurde vollständig geschlagen. Erst im Februar 1398 kam Johann aus türkischer Gefangenschaft nach Dijon zurück, und noch lange mußten die finanziellen Lasten für Lösegeld, Verhandlungen, Reisen abgetragen werden; daß dieses Geld von allen Landesteilen gemeinsam aufgebracht werden sollte, zeigt die Einheit des burgundischen Staatsverbandes, aber am Ende sicherte ein Darlehen des Bankiers Dino Rapondi aus Lucca in Höhe von 200000 Dukaten die Zahlung. Dennoch hat der Kreuzzug seinen politischen Zweck erfüllt. Die Niederlage wurde in der öffentlichen Meinung nicht Burgund zugerechnet, sondern diente als Anlaß für Aufrufe zu einem neuen großen Heidenkrieg, wie ihn Philippe de Mézières in seiner *Epistre lamentable* forderte. Für Johann Ohnefurcht brachte der Feldzug militärische Erfahrungen, vor allem Einsicht in die fundamentalen taktischen Fehler der ihm von seinem Vater vorgesetzten Heerführer, so daß er sich in den folgenden Jahren als Praktiker des Krieges erweisen konnte. Zunächst aber hielt er sich häufig am herzoglichen Hof in Paris auf und lernte die Eigenart der vereinten burgundischen Länder auf vielen Reisen kennen.

Nach dem Tod Philipps des Kühnen wurde eine Teilung der Regierungsgewalt in seinen Territorien ausgeführt, wie er sie selbst noch festgelegt hatte. Seine Witwe Margarethe von Male verwaltete von Arras aus die Grafschaften Flandern, Artois und Burgund; der Nachfolger Johann das Herzogtum Burgund und die Grafschaft Nevers; Anton war seit den Verträgen vom Mai und September 1404 mit Johanna von Brabant und seiner Mutter Margarethe Erbe Brabants und Herzog von Limburg. Schon im April 1405 aber mußte ein neuer Hausvertrag geschlossen werden, weil Margarethe am 21. März gestorben war. Gemäß dieser nunmehr endgültigen Vereinbarung regierte Johann das Herzogtum Burgund und übernahm als Erbe seiner Mutter die Grafschaften Flandern, Artois und Burgund; Anton blieb in seinen Rechten, während der jüngste Bruder, Philipp, die Grafschaften Rethel und Nevers erhielt. Eine Realteilung war damit keineswegs vollzogen, denn die Oberherrschaft blieb Johann Ohnefurcht, der sie ohne größere Konflikte hat ausüben können.

Die durch Philipp den Kühnen eingerichtete Verwaltung ließ der Nachfolger in ihren Grundzügen unverändert, und es ist bezeichnend, daß einige seiner Reformansätze am Widerstand der Berater scheiterten. Das waren zweifellos Niederlagen Johanns, deren spektakulärste mit dem Namen der Stadt Besançon verbunden ist. Dort hatte er eine Verwaltungshauptstadt für die Grafschaft Burgund schaffen wollen, indem das Parlement von Dole abgezogen und eine eigene, von Dijon unabhängige Rechnungskammer geschaffen werden sollte. Die Initiative dafür war vom Rat der Reichsstadt Besançon ausgegangen, der mit dem Erzbischof im Streit lag, und am 28. Februar 1408 hatte auch König Wenzel sein Einverständnis erklärt. Leitende Ratgeber aber führten dem Herzog die Nachteile einer solchen Maßnahme vor Augen und erzwangen mit ihrem Einspruch den Rücktritt vom Vertrag, nachdem Johann ihn schon unter-

zeichnet hatte. 1412 wiederholten die Bürger von Besançon ihren Versuch, aber wieder lehnten die Räte unter dem Hinweis auf den zweifelhaften Wert der Erklärung Wenzels und die notorische Unzuverlässigkeit der Bürgerschaft es ab, wichtige Institutionen der Verwaltung und Rechtsprechung an einen so ungesicherten Ort zu verlegen.
Eine solche Verlegung wurde dagegen in Flandern durchgesetzt, als auf den langgehegten Wunsch des Landes hin das Conseil 1405 von Lille zunächst nach Oudenaarde umzog, zwei Jahre später nach Gent. Dieser Ortswechsel zeigt auch nunmehr stärkere Anerkennung der flämischen Sprache, und in der Tat gab es in Flandern Widerstände gegen eine »Burgundisierung«, die jahrhundertealte Gewohnheiten und mit ihnen das Selbstbewußtsein des Landes gefährdeten. Man verlangte stärkere Präsenz des Landesherrn, der nicht nur von Paris und Dijon aus regieren, sondern sich um die täglichen Nöte seiner Untertanen rasch kümmern sollte. Angesichts der Bedeutung persönlichen Auftretens und direkter Zusprache im politischen Leben war das kein unbilliges Verlangen und konnte auf die Dauer nicht leichthin vernachlässigt werden. Johann Ohnefurcht reagierte sehr verbindlich und besaß auch gute Voraussetzungen dafür: Während Philipp der Kühne noch einen Übersetzer brauchte, hatte er seinen Sohn zum Studium der flämischen Sprache dem Magister Boudewijn van Niepe übergeben, so daß Johann schon lange vor seiner Herzogszeit die niederländischen Untertanen anreden konnte und dabei Appelle an ihr Sonderbewußtsein nicht scheute. Wie stark aber trotz allem das Französische blieb, geht daraus hervor, daß Johanns flämische Devise *Ic houd* heute in der französischen Form *Je maintiendrai* Bestandteil des königlich niederländischen Staatswappens ist. Schon 1405 und dann noch einmal 1417 beschwerten sich die Niederländer über die vielen auswärtigen Beamten, die von den Herzögen ins Land gebracht worden waren; 1405 drängten die *vier Leden* von Flandern, mit Rücksicht auf ihre wirtschaftlichen Interessen einen Vertrag mit England zu schließen. Solche Wünsche zeigen die nicht geringen Schwierigkeiten einer Regierung der burgundischen Territorien, und Johann erwies sich als tüchtiger Diplomat, als er den Flandrern entgegenkam, gleichzeitig jedoch mit der Hanse Geheimverhandlungen führte, um eine große Allianz gegen England zu begründen. Sie kam nicht zustande, aber im August 1408 wurde ein auf drei Jahre befristeter Vertrag mit der englischen Krone über einen Seefrieden für die Gewässer nördlich der Somme-Mündung geschlossen. Mit seinen 1410 und 1418 gegebenen Zusagen, den Wert der Münze niemals zu verschlechtern, entsprach Johann ebenfalls flandrischen Wünschen, diente aber auch eigenen Zwecken, indem er das burgundische Geld für die Anwerbung von Söldnern stabilisierte. Er nutzte Armee und Krieg als Mittel der Politik.

Militärische Tüchtigkeit und Mut galten viel in einer Zeit, deren kollektives Bewußtsein seit Generationen vom Krieg geprägt war. Zwar mußte der Herrscher, wie das Beispiel Karls V. zeigt, entsprechende Tugenden nicht mehr unbedingt persönlich beweisen, aber sie kamen ihm doch zustatten. Johann Ohnefurcht hat selbst wiederholt an Kämpfen teilgenommen und deren Planung entscheidend beeinflußt; der einzige vollständig erhaltene Schlachtplan des Mittelalters stammt von ihm, präzis ausgearbeitet für den Aufmarsch gegen Paris. Das entsprach einer Denkart, die seit Anfang des 14. Jh.s Krieg und Kriegführung zum Gegenstand systematischer Studien gemacht und eine reiche theoretische Literatur darüber hervorgebracht hat. In diesem Geist ließ Philipp der Kühne unter dem Titel *Enseignemens et ordenances pour un seigneur qui a guerres et grans gouvernemens a faire* eine Lehrschrift übersetzen, die ein jüngerer Sohn des byzantinischen Kaisers Andronikos II. um 1327 verfaßt hatte.
Die Hauptmacht des burgundischen Heeres bildeten Kontingente des Adels aus dem Herzogtum und aus der Grafschaft Burgund sowie aus dem Artois; sie wurden meist durch Verbündete aus Bar und Lothringen, der Bretagne, Frankreich und Savoyen verstärkt. Flandern spielte demgegenüber eine weit geringere Rolle, denn seine Stadtmilizen vermieden meist den Kriegsdienst und lösten ihn durch Zahlungen ab, wie es der in erster Linie auf Verteidigung seiner eigenen Stadt bedachte Bürger allenthalben vorzog. Darüber hinaus war die kriegsgeschichtliche Tradition Flanderns, mit ihren dramatischen Höhepunkten Kortrijk und Roosebeke von Kämpfen gegen Frankreich bestimmt, den Valois-Herzögen nicht unbedingt günstig. Gelegentlich zogen die Flandrer zwar zum Heer des Herzogs, gerieten dann aber oft mit den anderen Abteilungen in Konflikt und galten allgemein als wenig zuverlässig. Legt man absolute Zahlen zugrunde, wie sie für den Feldzug Johanns gegen Ludwig von Orléans im Herbst 1405 überliefert sind und als repräsentativ gelten dürfen, so zeigt sich, daß die südlichen Lande gleichwohl weniger Kämpfer stellten als der Norden, denn damals konnte Johann aus dem Artois 1274 Mann ins Feld führen, aus Herzogtum und Grafschaft Burgund 854, 383 aus Frankreich, 111 aus Flandern, 109 aus der Bretagne, und 79 stellte die Grafschaft Rethel.
Als Rekrutierungsgebiete für Söldner kamen in erster Linie Picardie und Savoyen in Betracht, Räume also, die seit langem im Einflußbereich Burgunds standen, daneben aber lieferten auch England und Schottland ganze Soldverbände, so 1411 unter Führung des Grafen von Arundel, um Paris gegen die Armagnacs zu verteidigen; weiteren Zulauf brachten Verträge in Form von Geldlehen, Pensionen und politischen Bündnissen mit den Grafen von Württemberg und von Freiburg im Breisgau oder mit den Herzögen von Lothringen. Maximal konnten auf diese Weise 5000 bis 10000 Mann zusammengebracht werden; unter ihnen erhielt die leichte

Reiterei bis zur Mitte des 15. Jh.s immer größere Bedeutung, ohne doch den Panzerreiter aus seiner dominierenden Stellung verdrängen zu können. Erst später kehrte sich das übliche Verhältnis um, wonach auf einen berittenen Armbrustschützen zwei schwere Reiter kamen, und seit 1445 umfaßte die »Lanze« als unterste taktische Einheit der Kavallerie einen Panzerreiter mit zwei Hilfskräften sowie zwei Schützen mit einem gemeinsamen Knecht, also sechs Mann zu Pferd.

Artillerie war seit dem Anfang des 14. Jh.s in nennenswertem Umfang bekannt und von den Engländern bei Crécy verwendet worden, freilich mit eher moralischer als physischer Wirkung. Johann Ohnefurcht sollte einer der ersten Heerführer sein, der regelmäßig Kanonen einsetzte und stets über Verbesserungen dieser Waffe nachdachte, einen besonderen *maître d'artillerie* als Inspekteur ernannte und auf diese Weise an der Zerstörung der von ihm sonst so hochgeschätzten ritterlichen Kultur mitwirkte. Vorerst aber galt die neue Waffe noch als kavaliersmäßig, und in ihrer Abhandlung *L'art de chevalerie* aus dem Jahre 1410 empfahl auch Christine de Pisan für Belagerungen den Gebrauch schwerer Geschütze. 1413 kaufte Johann Ohnefurcht bei einem Pariser Händler 10000 Pfund Pulver, Salpeter und Schwefel, woraus nicht nur auf hohen Bedarf, sondern auch auf die mittlerweile erreichte Handelskapazität für Sprengstoff geschlossen werden kann, der in großen Mengen verbraucht wurde. In der Tat sollte die Belagerung von Compiègne im Jahre 1430 Philipp den Guten 17000 Pfund Pulver kosten.

Das Oberkommando über die burgundischen Truppen lag entsprechend dem auch für Verwaltung und Rechtsprechung beobachteten Streben zum Zentralismus für alle Landesteile einheitlich bei einem Marschall. Johann übernahm in dieser Funktion Jean de Vergy, der schon Philipp dem Kühnen gedient hatte und aus der Grafschaft Burgund stammte. Der Einheit diente ebenfalls das Kriegswappen, ein Andreaskreuz in roter oder weißer Farbe, das neben seiner militärischen auch politische Funktion hatte, denn 1382 mußten alle Einwohner Flanderns als Zeichen der Loyalität ein weißes Andreaskreuz tragen, um sich von den aufständischen Gentern zu unterscheiden. Unter diesem Wappen sammelte und musterte der kommandierende Marschall die Armee des Herzogs, wobei ihm militärisch ausgewiesene Baillis unterstellt waren, aber auch vom Herzog direkt berufene Truppenführer, meist Savoyarden, Franzosen oder Picarden. Militärische Kommandogewalt hatten auch die im Auftrag des Herzogs ganze Landesteile verwaltenden Beamten; Herzogtum und Grafschaft Burgund waren zunächst gemeinsam vier Generalkapitänen unterstellt, ab 1415 nur noch einem einzigen. Diese Armee existierte nur im Kriegsfall und wurde zwischen den großen Feldzügen bis auf geringe Reste aufgelöst, wie das überall bis weit ins 17. Jh. hinein der Fall war. Ehe der *miles perpetuus* seinen Siegeszug antrat und mit den stehenden Heeren der Landesherren eine grundlegende Wandlung von Herrschaft und Gesellschaft einherging, waren im Frieden Garnisontruppen als Burgbesatzungen und eine kleine Garde für den Herzog und seine Baillis die einzigen bewaffneten Kräfte des Staates.

Der Hof

Sichtbares Zentrum dieses Staates war deshalb allein die herzogliche Hofhaltung, in ihren Grundzügen dem Zeitstil folgend, aber schon unter Philipp dem Kühnen durch die Pracht des Zeremoniells, durch Turniere und Feste die Konkurrenten ebenso überflügelnd wie durch produktive Vielfalt der dort versammelten Künstler. In bezug auf den Stil und auf die Objekte ihres Interesses richteten sich die Herzöge nach dem französischen Königshof, während Ludwig von Male sie gelehrt hatte, daß Künstler als Hofbeamte dauernd verpflichtet werden konnten. Weil das Reich der Herzöge von Burgund keine Hauptstadt hatte, Philipp der Kühne und Johann Ohnefurcht sich abwechselnd in Paris, Lille oder Dijon aufhielten, konnte der Hof sich nicht an einem festen Ort konzentrieren; er mußte wandern, bis endlich Philipp der Gute 1451 das Schloß Coudenberg in Brüssel zur festen Residenz auszubauen begann und Karl der Kühne 1473 alle Behörden in Mecheln zusammenzog. Bis dahin führten die Herzöge auf ihren Reisen stets großes Gefolge mit sich, das außer den Räten, Beamten und Einrichtungen für die Versorgung des Hofes *(paneterie, échansonnerie, cuisine, écurie)* auch Musiker umfaßte, Ärzte, Friseure, Hofnarren, Zwerge und Riesen, Jäger und Falkner, alle zu je 20 bis 30 Personen in besonderen Abteilungen zusammengefaßt, als deren vornehmste die Kapelle für Klerus, Almosenverwaltung und Musiker galt. Über die personelle Stärke dieser Hofhaltung sind genaue Angaben kaum zu gewinnen, weil die Quellen nicht immer klar zwischen bloßen Titulaturen und tatsächlichen Ämtern trennen, andererseits viele Positionen mehrfach besetzt waren. Den wenigen erhaltenen Tagesabrechnungen lassen sich Stichproben entnehmen, die für 1385 einmal 248 Menschen und 232 Pferde nennen, für den 19. Januar 1386 353 Personen und 405 Pferde.

Zum Hof gehörten auch Sammlungen, so die Menagerie seltener Tiere, deren Prachtstück, ein Leopard, Giangaleazzo Visconti dem Herzog 1375 geschenkt hatte, und die 1405 erstmals inventarisierte Bibliothek, teils in Arras, teils in Paris verwahrt. Während die Büchersammlung Karls V. außer den wohl 200 geistlichen Handschriften etwa 1000 Bände umfaßte, besaß Philipp der Kühne insgesamt nur rund 200 Bücher. Der König bevorzugte in französischer Sprache geschriebene Texte, die gut 75 % eines Bestandes ausmachten, dessen thematische Schwerpunkte auf der Literatur lagen, aber auch die wichtigsten Werke über beide Rechte, Naturwissenschaft, Medizin, Astrologie und Historiographie umfaßten. Philipp der Kühne sammelte, abgesehen von den Bibeln, Stundenbüchern und erbaulichen Schriften, nur Texte in französischer Sprache, weil er Latein nicht verstand. Ritterliche Dichtungen und Kreuzzugshistorie liebte er besonders, aber auch Bestiarien und Realienbücher fanden sich in seiner Bibliothek, darunter eine illuminierte französische Ausgabe des berühmten Falkenbuchs Kaiser Friedrichs II., ferner Übersetzungen des Livius und Aristoteles. Johann Ohnefurcht vermehrte diese Sammlung noch um etwa 50 Bände, so daß sie zwar noch immer weit hinter der königlichen Bibliothek zurückstand, aber doch zu den bedeutendsten ihrer Zeit gehörte. Auch ein Schatz, das seit je mit fürstlicher Herrschaft verbundene thesaurierte Vermögen, gehörte zu den Sammlungen, denn er bestand aus Edelmetall, großenteils zu Schmuckstücken verarbeitet, die aber nicht als Luxusgüter beurteilt werden dürfen, weil sie vornehmlich als reale Werte galten, jederzeit einschmelzbar oder als diplomatische Gabe zu verwenden. Als Herzog Ludwig von Anjou im Oktober 1380 seine Hand auf den Nachlaß Karls V. legte, nahm er sich damit den bedeutendsten Königshort des spätmittelalterlichen Abendlandes.

Sehr ausgeprägt und über Jahrhunderte berühmt war die burgundische Festkultur, einer steten Überhöhung des Fürsten ebenso verpflichtet wie der gesellschaftlichen und politischen Ausrichtung des Adels, der sich und sein Lebensgefühl in ihr vollendet wiedererkennen konnte. Die zu Hofe gehende Führungsschicht sollte an den Landesherrn gebunden werden, was in solchem Maße gelang, daß schließlich ein großer Teil des niederländischen Klerus, des Adels und des Patriziats burgundisch gesinnt war und kurzweg als *parti de monseigneur* bezeichnet werden durfte. Entsprechende *partis* gab es auch in Paris, ihr breiterer Anhang war äußerlich erkennbar durch gleiche Livree oder Abzeichen, bewaffnet mitunter wie die holländischen *Hoeken* und ihre Feinde, die *Kabeljauwen.* Im Turnier lebte die aristokratische Hofgesellschaft sich selbst, hier fanden Selektionen statt im Hinblick auf soziale Übereinstimmung, Homogenität der Wertsysteme, Leistungs- und Anpassungsbereitschaft. Der Orden vom Goldenen Vlies hatte dabei diesselbe Funktion wie Johanns II. Sternenorden oder der von Eduard III. gestiftete Hosenbandorden: Elitebildung durch Zusammenschluß und ausdrückliche Verpflichtung auf Ziele, die der Ordensgründer festgelegt hatte.

Seine ganze Pracht entfaltete der Hof bei den großen Festen, den Hochzeiten besonders, wie sie 1385 für Philipps Kinder Johann und Margarethe in Cambrai ausgerichtet wurden, 1402 in Arras für Anton, aber auch schon bei der eigenen Vermählungsfeier des Herzogs am 19. Juni 1369 in Gent. Das war auch diplomatisches Mittel zur Beeinflussung auswärtiger Gesandter, hatte die gleiche Bedeutung erlesener Staats- und Gesellschaftsrepräsentation wie das öffentliche Almosengeben des Herzogs, das Stiften großer, mit dem herzoglichen Wappen bemalter Kerzen zur Aufstellung vor Marienstatuen oder das jährliche Bekleiden der Madonna von Tournai mit kostbaren, ebenfalls wappenverzierten Gewändern. Der Absicht nach wurden alle von diesem Zeremoniell ergriffen und an ihm beteiligt, bis hinunter zu den Ärmsten, die sich bewußt bleiben sollten, als anerkannte Mitglieder der Gesellschaft unmittelbare Beziehung zum Landesherrn zu haben. Mündliche Berichte, Lieder und chronikalische Darstellungen trugen die Kunde davon weit über den Ort des Geschehens hinaus und bewahrten sie für die Nachwelt; die Veranstalter wußten das, richteten sich darauf ein, betrieben Öffentlichkeitsarbeit, die der moderne Betrachter meist unterschätzt.

Kunst als Spiegel

Der Repräsentation dienten auch Literatur und bildende Künste, die der Herzog als sichtbares, sinnlich erfahrbares Zeichen zentraler und Tradition schaffender Bedeutung des burgundischen Fürstentums in seiner Umgebung blühen lassen wollte. Aus ästhetischer Faszination durch das qualitätvolle Werk ergab sich Bewunderung des Auftraggebers, der darüber hinaus spezifische Inhalte vermittelt sehen wollte. Ein schön geschriebenes, meisterhaft illuminiertes und prachtvoll eingebundenes Geschichtswerk, wie es Jean Wauquelin 1448 mit seinen *Chroniques de Hainaut* Philipp dem Guten in feierlicher Stunde überreichte, rührte Sinne, Emotion und Intellekt gleichermaßen an. Die Herzöge wirkten deshalb als Patrone besonders für Autoren solcher Texte, die den Kreuzzug, altüberlieferte Stoffe der ritterlichen Welt und die höfische Liebe behandelten; deshalb konnte ihr Hof kein literarisches Zentrum im eigentlichen Sinne werden, denn er blieb in der Thematik konservativ und humanistischen, auf die Renaissance weisenden Strebungen verschlossen, wie sie den Kreis um Herzog Johann von Berry auszeichneten. Wenn Christine de Pisan im Auftrag Philipps des Kühnen schrieb, dann bezeichnenderweise einen *Livre des fais et bonnes meurs du sage roy Charles V*, also einen politisch zweckgebundenen Lobpreis jenes Herrschers, dessen Hof als Vorbild diente, und diese geistige Abhängigkeit läßt sich in mehrfacher Hinsicht aufweisen.
Der rechtsgelehrte Benediktiner Honoré Bouvet überreichte Philipp dem Kühnen eine Kopie seines für Karl VI. verfaßten *Arbre des batailles*, einer Abhandlung über das Kriegsrecht, und im Auftrag seines Kanzlers erhielt der Herzog von ebendiesem Bouvet eine lobende Erklärung des Rosenromans. Der berühmte Eustache Deschamps, einst im Hofdienst Karls V. und später durch Ludwig von Orléans gefördert, seit 1389 Bailli von Senlis, übersetzte Philipp dem Kühnen 1393 unter dem Titel *Complainte de l'Eglise* eine bittere Kritik am Großen Schisma, während der Herzog selbst den jungen, aus Rethel gebürtigen Jean Gerson protegierte, der bis 1393 in Paris studierte, dann als Almosenverwalter im burgundischen Hofdienst stand und 1395 Kanzler der Kathedrale Notre Dame in Paris wurde. Als Philipp der Kühne im Jahre 1401 zusammen mit Herzog Lud-

wig von Bourbon eine adlige Gesellschaft gründete, die als *cour d'amour* höfische Liebeslyrik fördern sollte, so hatte das ebenfalls konventionell-repräsentative Funktion und war ebensowenig inspiriert wie die Pflege der Musik. Sie erreichte erst zur Zeit Philipps des Guten unter dem zeitweise als *cantor illustrissimus domini ducis Burgondie* amtierenden Guillaume Dufay ihren schöpferischen Höhepunkt, denn der Herzog liebte diese Kunst und übte sie als Harfenspieler selbst aus.

Im Bewußtsein der Nachwelt wurde das alles aber von jenen Impulsen weit übertroffen, die vom burgundischen Hof für die bildenden Künste ausgingen. Ihr organisatorisches Zentrum waren die Bauten von Champmol, Sluis, Germolles und am Palast in Dijon, für die französische Architekten gewonnen wurden, allen voran der schon erwähnte Drouet de Dammartin aus Paris, der zuvor für Karl V. den Umbau des Louvre geleitet hatte. Bei den Bildhauern und Erzgießern, die mit Jean de Marville zuerst 1372 in fester Hofstellung nachzuweisen sind, dominierten die Niederländer, angefangen mit Claus de Haine aus Tournai, der seit 1385 am Grabmal Philipps arbeitete, über Colaert Joseph aus Dinant, dem die Metallarbeiten für Champmol übertragen waren, all die Glocken und Leuchter, das Lesepult und die Säulen am Altar, bis zu Claus Sluter aus Haarlem. Er war von Brüssel in die Werkstatt Marvilles gekommen und trat im Juli 1389 dessen Nachfolge als Hofbildhauer, *imagier*, des Herzogs an. Bis 1405 führte Sluter die von Marville entworfenen Portalfiguren in Champmol aus, arbeitete am Grabmal weiter und vollendete das Kalvarium für den Kreuzgang der Kartause, dessen erhaltene Reste wir als »Mosesbrunnen« kennen. In Champmol wirkte auch Sluters Neffe und Nachfolger Claus de Werve, der von dort nach dem Schloß Germolles weiterzog, das Drouet de Dammartin für Margarethe von Male erbaut hatte.

Die Maler Jean Beaumez und Jan Maelwael holte der Herzog aus dem Artois und aus Geldern in seine Werkstätten nach Dijon, während Melchior Broederlam aus Ypern, der bis 1384 im Dienst Ludwigs von Male gestanden hatte, seine Aufträge in Flandern ausführen konnte. Wenn Paul und Jan Maelwael, die Philipp dem Kühnen eine Bibel illuminierten, mit den Brüdern Limburg identisch sind, so hätte der Herzog von Burgund sie beschäftigt, noch ehe Johann von Berry bei ihnen die *Très Riches Heures* anfertigen ließ, sein jetzt im Schloß Chantilly aufbewahrtes prächtiges Stundenbuch. Berühmtester aller fest angestellten Künstler ist aber zweifellos der Maler Jan van Eyck, den Philipp der Gute 1425 an seinen Hof gezogen hat und bis zum Tod 1441 in Beamtenstellung hielt. 1432 wurde Jan van Eyck für ein Jahr ohne Fortzahlung seines Gehalts beurlaubt, damit er den Genter Altar vollenden konnte, den sein Bruder Hubert schon vor 1426 im Auftrage des Bürgers Joos Vijd begonnen hatte.

Die täglichen Pflichten all dieser Maler, Bildhauer, Gießer und Schmiede bestanden aber keineswegs im Herstellen von Kunstwerken nach moder-

nem Verständnis. Sie hatten Kirchen und Schlösser auszumalen, stellten Wappen und Fahnen her, dekorierten Möbel. Kunst war vom Kunsthandwerk nicht getrennt, und die Masse der im Hofdienst entstandenen Arbeiten ist verloren, versunken wie die von Melchior Broederlam 1387 in Sluis bemalten Kriegsschiffe Philipps des Kühnen oder die schon ein Jahr zuvor von ihm entworfenen Banner. Unser Urteil über diese Zeit, ihre Kultur und Geistesart darf sich deshalb nicht vom Bestand der erhaltenen Werke leiten lassen, denn er ist nicht repräsentativ, bietet nur einen kleinen Ausschnitt des einst vorhandenen Ganzen und kann mit dem weit umfassenderen Fundus schriftlicher Überlieferung nicht konkurrieren, der uns immerhin die Literatur des Zeitalters nahezu vollständig bekanntmacht und in der Fülle des Geschäftsschriftgutes, der Urkunden und Akten, das Leben in seiner Breite dokumentiert. Die Kunst steigerte den Glanz des Daseins, aber sie zeigt uns trotz mancher Realismen im Detail nicht seine Wirklichkeit. Die Werke sollten auch nicht an und für sich schön sein, sondern um ihrer hohen Zwecke willen: der Dienste für Gott, den Fürsten, die Stadt, die Familie. Wenn Philipp der Kühne im Februar 1390 während eines Besuchs Karls VI. in Dijon den König persönlich durch die neue Kartause von Champmol führte, so unterstrich er damit die Funktion des Ensembles als Herrschaftszeichen.
Dem Vorbild großer Höfe folgten andere Herren. Die Geistlichkeit, den Künsten traditionell verbunden, wollte die Bischofskurie möglichst noch prächtiger sehen, aber auch das Patriziat der Städte richtete sich in diesem Sinne aus, so daß eine enge Verbindung von Hof und Künstler, Auftraggebern und Ausführenden jene Masse von Werken der spirituellen oder politischen Devotion und Repräsentation hervorbrachte, die den Beschauer mit Gott, dem Fürsten, seiner Stadt oder seiner Pfarrkirche verbinden sollten. Deshalb hielten sich bald auch Städte festangestellte und regelmäßig besoldete Künstler: Rogier van der Weyden war von 1435 bis 1464 Stadtmaler in Brüssel, arbeitete aber auch für den Kanzler Rolin und für Philipp von Croy. Der Graf von Étampes beschäftigte den Maler Petrus Christus, doch auch mittlere Chargen im herzoglichen Dienst ließen sich porträtieren oder stifteten Altarbilder. Ob sie alle einen überdurchschnittlich entwickelten Sinn für Kunst hatten, darf bezweifelt werden. Sie galt ihnen als das, was sie den meisten Fürsten war: Spiegel ihrer eigenen Größe und Bedeutung.

Bourguignons und Armagnacs

Auf dem Felde der großen Politik hatte der Tod Philipps des Kühnen am 27. April 1404 zu einer Wendung geführt, denn noch bevor Johann Ohnefurcht die umfangreichen Nachlaßregelungen seines Vaters ausgeführt hatte, war es Herzog Ludwig von Orléans gelungen, als Bruder des kranken Königs die leitende Stellung am Hof einzunehmen. Wichtige Staatsämter konnte er sogleich mit seinen Anhängern besetzen; er veranlaßte Steuererhebungen zur Finanzierung eigener Projekte und ließ sich selbst zum Generalkapitän der Guyenne ernennen, bald darauf noch zum Königsstellvertreter in Picardie und Normandie. Damit weckte er allerdings die Opposition jener starken französischen Partei Burgunds, die ihren Schwerpunkt in Paris hatte und nun Johann Ohnefurcht den Weg ebnen wollte. Ihrer Unterstützung sicher, zog der Herzog im August 1405 an der Spitze eines Heeres nach Paris, verhinderte die Entführung des Dauphins durch Ludwig von Orléans und brachte das Land damit an den Rand des Bürgerkrieges, weil der Gegner nunmehr auch Truppen zur Eroberung der Hauptstadt sammelte und einen Vermittlungsvorschlag der Universität ablehnte. Erst am 16. Oktober kam es angesichts der unruhig gewordenen Pariser Bevölkerung zu einem Friedensschluß, und am 7. November hielt Jean Gerson vor dem versammelten Hof eine große, unter dem Titel *Vivat rex* berühmt gewordene Ansprache, in der er das politische Denken jener Jahre auf prägnante Formeln brachte: Der König sei keineswegs nur Herr des Staates, sondern vor allem das Haupt eines wohlorganisierten Gesellschaftskörpers, der ohne monarchische Spitze ebensowenig existieren könne wie der König ohne die Gesellschaft, in der jedes Glied seinen festen, durch Dienst am Ganzen legitimierten Platz habe. Auf solcher Ordnung ruhe alle Königsherrschaft, die nur im Zusammenwirken mit dem Conseil und den Generalständen recht ausgeübt werden könne.

Das hier als Normalzustand geschilderte ideale System war von einer politischen Wirklichkeit weit entfernt, die sich gegenüber dem Entwurf als gestörte Ordnung ausnehmen mußte, und die Ausführungen Gersons hatten in der Tat keinen anderen Zweck als den Nachweis, daß Ludwig von Orléans für ihr Zerbrechen verantwortlich sei. Durch ihn hatte der Herzog von Burgund mitsamt seinem großen Anhang die führende Position im Reich verloren, vor allem aber gab es nun keinen Zugang mehr zum französischen Steueraufkommen, mit dem der burgundische Staatshaushalt in den letzten Jahrzehnten subventioniert worden war. Allein diese zusätzliche Geldquelle hatte aber Politik und Hofhaltung jenes Zuschnittes erlaubt, für den Philipp der Kühne bekanntgeworden war und auf dem seine Diplomatie beruhte. Die Krise war ernst, und sie verlangte eine schnelle Lösung.

Am 23. November 1407 wurde Ludwig von Orléans auf offener Straße, der heutigen Rue Barbette im 3. Arrondissement, von Bewaffneten angefallen, vom Pferd geschlagen und grausam ermordet. Zwei Tage später gestand Johann Ohnefurcht im Laufe einer Besprechung mit den Herzögen von Anjou und von Berry, daß die Untat in seinem Auftrag geschehen sei; die Stimmung in der Hauptstadt drohte daraufhin umzuschlagen, aber Johann konnte Paris noch unbehelligt verlassen. Im Dezember unterrichtete er die *Vier Leden* von Flandern persönlich über den Mordfall und ließ auf einer großen nach Gent berufenen Versammlung eine umfangreiche Erklärung bekanntgeben, die den jetzt einzuschlagenden Weg erkennen ließ. Nach intensiven Verhandlungen mit dem französischen Hof, die Johann zu seiner juristischen Rechtfertigung führte und nicht etwa in der Absicht, Vergebung zu erlangen, zog er Ende Februar nächsten Jahres wieder in Paris ein. Am 8. Mai 1408 verlas der Pariser Universitätstheologe Jean Petit vor dem versammelten Hof Karls VI. vier Stunden lang seine *Justification du duc de Bourgogne*, in der das Attentat als Tyrannenmord dargestellt und sein Urheber als ergebener Diener und Verteidiger des legitimen Königs gepriesen wurde. Diese Rede, anschließend über ganz Europa verbreitet, gab im Kern nur das Ergebnis der vorausgegangenen Verhandlungen wieder: Johann Ohnefurcht sollte jene Macht übernehmen, die sein Vater in Frankreich und am Königshof gehabt hatte.

Paris war wieder zum festen Stützpunkt des Herzogs von Burgund geworden, der sich jetzt als Gegner aller Steuererhebungen, als Staatsreformer und unermüdlicher Kämpfer gegen die Korruption darstellte und den Mord am Herzog von Orléans allmählich geradezu als Bestandteil seines auf radikale Säuberung von Regierung und Verwaltung zielenden Reformprogramms erscheinen ließ. Außer den mächtigen Handwerkerkorporationen brachte er die Universität auf seine Seite und konnte für drei Jahre in Paris residieren. Während dieser Zeit baute er das alte Hôtel d'Artois mächtig aus; der heute noch in Resten erhaltene Turm, die *Tour Jean-sans-Peur* in der Rue Étienne-Marcel, zeugt vom Machtbewußtsein und zugleich vom Sicherheitsbedürfnis eines Mannes, der seinem Beinamen nicht immer Ehre gemacht hat.

Karl von Orléans jedoch, der Sohn des Ermordeten, arbeitete seinerseits mit Rechtsgutachten gegen das von den Bourguignons verbreitete Bild und konnte im Laufe der nächsten Jahre eine Koalition bilden, der die Herzöge von Bourbon, Berry und Bretagne angehörten, die Grafen von Clermont und Alençon; ihr Haupt fanden sie in Karls Schwiegervater, Graf Bernhard von Armagnac. Am 15. April versammelte sich die Partei, fortan nach ihrem Führer *Armagnacs* genannt, auf Schloß Gien an der Loire und beschloß, eine Armee gegen Burgund aufzustellen. Zur Vorbereitung des Krieges bemühte sich Karl von Orléans um die Neutralität des englischen Königs, während Johann Ohnefurcht englische Militärhilfe erbat und auch erhielt. Im Sommer 1411 begannen die Armagnacs ihren Feldzug. Da sie ihn aber auf zwei Ziele gleichzeitig richteten und neben der Eroberung von Paris noch einen großen Angriff auf das Artois und auf Flandern unternehmen wollten, scheiterten sie mit beidem, und als sie im Mai 1412 in Bourges einen Vertrag mit Heinrich IV. von England schlossen, wurde das in der französischen Öffentlichkeit weithin als skandalös empfunden. Schon vorher hatte die burgundische Propaganda große Erfolge erzielt; im August 1411 ließ der König die Armagnacs ächten, kurz darauf exkommunizierte sie der Bischof von Paris. Johann

Ohnefurcht war allgemein als Regent Frankreichs anerkannt, doch sein Schwiegersohn, der Anfang 1413 sechzehn Jahre alt gewordene Dauphin Ludwig, drängte immer heftiger auf eigene Entscheidungsfreiheit.

Unter diesen Umständen brach am 28. April 1413 unter Führung des Abdeckers Simon le Coustelier mit dem Beinamen *Caboche*, der Dickkopf, in Paris ein Aufstand los, der die besonders gewalttätigen Anhänger der Bourguignon-Partei aus den unteren Volksschichten auf die Straße rief. Vermutlich hatte Johann Ohnefurcht Caboche schon seit 1408 im Dienst gehabt; nun sollte sein Treiben eine drohende Schwächung der burgundischen Position verhindern, Parteigänger der Armagnacs einschüchtern und Johanns Reformversprechen popularisieren. Am 26. und 27. Mai erließ der Hof denn auch die *Ordonnance Cabochienne*, in ihrer Rationalität ein Werk von Universitätsgelehrten, die sich mit ihrem Entwurf zum Teil weit von der politischen Realität entfernt hatten. In 258 Artikeln behandelte die Ordonnanz alle Aspekte von Regierung und Verwaltung, forderte strikte Kontrolle der Behörden bei gleichzeitiger Erweiterung ihrer Kompetenzen und gab sehr ins einzelne gehende Anweisungen für die Einstellung von Beamten und zum Kampf gegen Korruption. Trotz dieses offenbaren Erfolges untergrub der Caboche-Aufstand am Ende Johanns Stellung, denn der Dauphin hatte unter dem Terror persönlich zu leiden und machte den Herzog dafür verantwortlich. Im Laufe des Sommers sammelte der im königlichen Dienst stehende Jurist Jean Jouvenel des Ursins, Vater des bekannten Chronisten, angesichts der Schreckensherrschaft mit Unterstützung des Thronfolgers Bürgertum, Universität und Anhänger der Armagnacs zu einer so starken Gruppierung gegen Johann Ohnefurcht, daß dieser am 23. August 1413 Paris verlassen und nach Flandern ausweichen mußte. Paris öffnete sich den Armagnacs, von denen die Ordonnance Cabochienne alsbald außer Kraft gesetzt wurde.

Mit der Entfernung aller Parteigänger des Herzogs von Burgund aus den Regierungsämtern ging eine große Verfolgungswelle gegen die Bourguignons in der Pariser Bürgerschaft einher, während Universität und Parlement umworben wurden. Beides war so erfolgreich, daß Johann Ende 1413 all seine Macht über Frankreich verloren hatte; im April holten seine Gegner zu einem zweiten Schlag gegen Flandern aus, aber Unentschlossenheit des Thronfolgers, die noch nicht vollends durch Fanatismus des Bürgerkriegs geprägte Stimmung im Heer, Seuchen und nicht zuletzt Johanns militärische Fähigkeiten bei der Abwehr brachten den Zug schon vor Arras zum Stehen. Angesichts dieser Lage erhielten die anglo-burgundischen Beziehungen einen neuen Akzent durch englische Bündnisangebote, die im Mai 1414 auf der Konferenz von Leicester zur vertragsähnlichen Absprache beider Mächte führten. Im Vorjahr hatte Heinrich V. als Nachfolger seines Vaters den englischen Thron bestiegen und sich von Anfang an bemüht, die schwierige Stellung des Hauses Lancaster durch äußere Erfolge zu bessern. Der in Frankreich schwelende Bürgerkrieg bot gute Aussichten für eine Invasion, und im Gegensatz zu Heinrich IV., der die Armagnacs favorisiert hatte, neigte der Sohn zu Burgund, so daß der Geschichtsschreiber Karls VI., Jean Jouvenel des Ursins, mit Recht Auswirkungen des französischen Parteienkampfes auf Englands Führungsschicht feststellen konnte, denn die Herzöge von Clarence, von Gloucester und von York traten für die Armagnacs ein, der König und der Herzog von Bedford für Burgund, so daß die regierende Familie selbst gespalten war.

Azincourt (1415)

Am 14. August 1415 verließ Heinrich V. England mit einer Flotte von 1400 Schiffen, die eine 12000 Mann starke Armee in der Seinemündung bei Harfleur an Land setzte. Johann Ohnefurcht schlug sich nicht auf die englische Seite, sondern verhandelte mit dem französischen Hof, blieb dann aber doch dem Heer des Königs fern, das am 25. Oktober nördlich von Hesdin bei Azincourt auf die Engländer traf. Der greise Herzog von Berry widerriet einer Schlacht; er hatte als Knabe die Niederlage bei Poitiers erlebt und fürchtete mit Recht die leichten englischen Truppen und ihre Überlegenheit auf regennassem Boden. Der Angriff wurde denn auch von Bogenschützen vorgetragen, unter deren Pfeilhagel die Reiter Karls VI. förmlich festgenagelt blieben, ihre Waffen nicht gebrauchen konnten und in so große Unordnung gerieten, daß die anschließende Kavallerieattacke Heinrichs V. sie vernichtend überrollte. Geringen englischen Verlusten standen auf französischer Seite mehrere Tausend Gefallene gegenüber, darunter der Connétable Karl von Albret, die Herzöge Eduard von Bar und Johann von Alençon, auch die beiden Brüder Johanns Ohnefurcht, Herzog Anton von Brabant und Graf Philipp von Nevers. Heinrich V. hatte verboten, Gefangene zu machen, damit die Schlacht nicht in Einzelkämpfe und Lösegeldabsprachen zerfasere; Schonung erhielten nur fürstliche Gegner, unter denen die Herzöge von Orléans und von Bourbon als vornehmste Beute nach England geführt wurden.
Die außen- und innenpolitischen Folgen der Niederlage waren verheerend. Zwar kehrte Heinrich V. schon am 16. Oktober von Calais aus nach England zurück, aber er durfte sich mit Recht zu weiteren Angriffen ermutigt fühlen und plante vermutlich damals schon eine Eroberung der Normandie mit dem Ziel dauerhafter Besetzung und Integration in den englischen Reichsverband, also eine Abkehr von der seit Ausbruch des Krieges verfolgten Strategie periodischer *chevauchées* zugunsten territorialer Gewinne. In Frankreich mußten sich die Fraktionen neu formieren, denn die Armagnacs hatten einen Teil ihrer Führer durch Tod oder Gefangenschaft verloren. Als der Dauphin am 18. Dezember starb,

wurde Bernhard von Armagnac Connétable von Frankreich und Regent, so daß Johann Ohnefurcht weiterhin von der Macht ferngehalten war. Darüber hinaus drohten ihm Niederlagen im Kampf um die öffentliche Meinung, denn sein Schützling Jean Gerson hatte durch die Cabochiens persönlich Unbill erlitten und daraufhin die Fronten gewechselt. Auf dem Konstanzer Konzil trat er so energisch gegen die Tyrannenmordlehre Jean Petits und damit gegen die juristisch-moralische Legitimation der burgundischen Politik auf, daß die Versammlung zeitweise ihren eigentlichen Verhandlungsgegenstand, die Reform der Kirche, aus den Augen verlor. Dennoch konnte sich Gerson gegen die Vertreter des Herzogs von Burgund nicht behaupten, unter denen neben Bischof Martin Porée von Arras der Vicedominus des Reimser Domkapitels, Pierre Cauchon, hervorragte.
Im Oktober 1416 traf Johann Ohnefurcht in Calais mit Heinrich V. zusammen. Ein förmlicher Vertrag wurde auch diesmal nicht geschlossen, aber im folgenden Sommer begannen gleichzeitig die Eroberung der Normandie durch die Engländer und der burgundische Zug gegen Paris. Die Einwohnerschaften fast aller Städte nördlich der Seine waren mittlerweile ebenfalls in die beiden Bürgerkriegsparteien gespalten; bis zum September fielen sie freiwillig oder gezwungen auf die Seite Burgunds. In Paris saß die vom Dauphin Karl und Bernhard von Armagnac geführte Reichsregierung zwar noch fest im Sattel, aber ihre Stellung wurde sehr erschüttert, als die Königin Isabeau voller Haß auf ihren Sohn die Stadt verließ und sich zum Herzog von Burgund flüchtete. Beide bildeten zunächst in Chartres, dann in Troyes eine Gegenregierung, erklärten am 16. Februar 1418 Parlement und Rechnungskammer von Paris für aufgelöst und schufen in Troyes neue Institutionen unter Leitung eines burgundischen Verwaltungsstabes. Damit wurde die Lage der nun in Paris eingeschlossenen und ihrer Einkünfte weitgehend beraubten Armagnacs unhaltbar; ihre Kapitulation konnte nur noch eine Frage der Zeit sein. In der Nacht vom 28. auf den 29. Mai 1418 öffnete eine Gruppe burgundisch gesinnter Bürger die Porte St-Germain-des-Prés, so daß Johann die Stadt im Handstreich erobern konnte. Dem Dauphin gelang im letzten Augenblick die Flucht, aber die erkennbaren Anhänger der Armagnac-Partei, allen voran Graf Bernhard selbst, wurden in den nächsten Tagen auf das brutalste verfolgt und ermordet. Diese dritte Welle der Gewalt innerhalb von fünf Jahren diskreditierte Paris als Wirtschafts- und Finanzplatz endgültig; die Italiener verlegten ihre Bankfilialen nach Brügge oder Genf, das ökonomisch starke Bürgertum war dezimiert, auch die Gewerbe hatten Leistungskraft durch Tod vieler Meister und Gesellen, durch Zerrüttung von Betrieben und Vermögen eingebüßt. Für keine der Bürgerkriegsparteien schien die Stadt als Residenz verläßlich, so daß der Thronfolger in Bourges, Isabeau weiterhin in Troyes residierte.

Das Attentat von Montereau

Als wesentliches Hindernis für die Pläne des Herzogs von Burgund sollte sich in nächster Zeit der fünfzehnjährige Dauphin erweisen, denn er beanspruchte den Titel des Regenten von Frankreich, richtete in Poitiers sein Parlement mit Kompetenz für die gesamte Monarchie und in Bourges eine Rechnungskammer ein, die ihre Forderungen im Namen des Königs erhob und in Grenzen Anerkennung fand. Aber auch Heinrich V., dem 1417/1418 die Eroberung der Normandie gelungen war, stand Johann Ohnefurcht nicht mehr uneingeschränkt als Bundesgenosse zur Verfügung, weil er den alten englischen Anspruch auf die französische Krone erneuert hatte. Aus dieser Dreierkonstellation ergab sich deshalb zwangsläufig eine Fülle diplomatischer Aktivitäten, die unter verschiedenen, mitunter sehr von der Tagespolitik bestimmten Aspekten Vertragsabschlüsse suchten; wegen mehrseitig geführter Vorverhandlungen widersprachen sie sich freilich nicht selten in ihren Zielen. Im Spätsommer 1418 lehnte der Dauphin einen burgundischen Entwurf ab, der ihn im Ergebnis unter Johanns Vormundschaft gestellt hätte, und er stützte sich dabei auf eine mittlerweile ansehnliche Position. Karl hielt außer dem Dauphiné und der reichen Stadt Lyon die Gebiete um Tours und Bourges fest in seiner Hand, ferner Auvergne, Berry, Bourbonnais und Languedoc; er war mit den Häusern Anjou und Orléans verbündet, die ihre Stammlande einbrachten und außerdem im Norden große Herrschaftsräume zwischen Aisne und Oise besaßen, von denen aus sie im Sommer 1418 Meaux und Compiègne, im März 1419 Soissons eroberten. Schon im Januar 1419 sah sich Johann Ohnefurcht deshalb gezwungen, Paris zu verlassen und sein Standquartier in Provins aufzuschlagen.

Am 19. Januar 1419 nahm Heinrich V. Rouen und begann Verhandlungen mit den beiden französischen Lagern, stellte aber als Preis für seine Unterstützung so hohe territoriale Forderungen, daß weder der Dauphin noch Johann bereit waren, unter diesen Bedingungen ein Bündnis einzugehen. Die Unterredungen schleppten sich das ganze Frühjahr über hin, so daß der Ausgleich zwischen Karl und dem Herzog von Burgund allmählich wieder möglich schien. Ein erster Versuch war im Vertrag von Pouilly-le-Fort vom 11. Juli zwar nicht über allgemeine Willenserklärungen hinausgekommen, hatte den Kontrahenten aber eine Richtung gewiesen, in die sie angesichts der Eroberung von Pontoise durch Heinrich V. am 31. Juli noch entschiedener gedrängt wurden. Auf Anregung des Dauphin stimmte Johann nach einigem Zögern einer persönlichen Begegnung zu, die am 10. September 1419 in Montereau, am Zusammenfluß von Seine und Yonne, 88 km südöstlich von Paris stattfinden sollte. Diplomatischem Brauch der Zeit entsprechend wurde die Zusammenkunft auf eine Brücke anberaumt, über dem als neutral angesehenen Flußlauf, und man hatte hölzerne, von verschließbaren Pforten durchbrochene Schranken errichtet, innerhalb derer verhandelt werden sollte.

Zwischen diesen Barrieren wurde Johann nach kurzem Wortwechsel vom Dauphin und einigen seiner engsten Berater mit Äxten angegriffen und ermordet. Die näheren Umstände der Tat sind widersprüchlich überliefert; während der Dauphin verbreiten ließ, er habe in spontan entstandenem Streit aus Notwehr gehandelt, behauptete die burgundische Seite sogleich, daß dem Anschlag ein wohlüberlegter, bis ins einzelne gut vorbereiteter Plan zugrundegelegen habe.
Vieles spricht dafür, daß diese Version zutrifft. Karl gab große Pensionen an seine Mittäter und behielt sie als Vertraute im Dienst; diese Männer, besonders Jean Louvet und Tanguy du Chastel, hatten für ihr Handeln starke Motive, die sich überdies mit denen des Dauphins weitgehend deckten: Streben nach Rache für den Mord am Herzog von Orléans, politisches Kalkül und Sorge um die eigene Zukunft. In welchem Ausmaß Rache ein langfristig wirkender Antrieb zu politischen Entschlüssen größter Tragweite sein konnte, zeigt das Verhalten der Bourguignons in den folgenden Jahren. Nicht aussichtslos schien ein Versuch, den Bürgerkrieg durch Beseitigung des anderen großen Parteiführers zu beenden, und schließlich dürften alle Beteiligten auch von persönlicher Furcht getrieben worden sein, weil die Ratgeber des Dauphins für den Fall eines Sieges der Bourguignons und der Königin Isabeau mit Verfolgung als Hochverräter rechnen, auf jeden Fall Besitzverlust und den Zusammenbruch ihrer gesellschaftlichen Stellung erwarten mußten. Um sein Leben bangte aber auch Karl, denn die Erinnerung an Richard II., der vor 19 Jahren im Gewahrsam Heinrichs V. den Tod gefunden hatte, konnte nicht so bald verblassen. In offener Situation, angesichts englischer Macht in Frankreich und der notorischen Härte Johanns im Verfolgen seiner Ziele lag es nahe, ihm zuvorzukommen.

Der Vertrag von Troyes (1420)

Am 14. September erhielt Philipp der Gute, Sohn und Nachfolger des Ermordeten, in Gent die Todesnachricht. Schon vor Ablauf eines Monats, während der 23jährige noch mit der Regierungsübernahme in seinen Ländern beschäftigt war, erreichten ihn Rufe vom Hof Karls VI. aus Troyes und von königlichen Amtsträgern aus Paris, die seine Anwesenheit verlangten. Gleichzeitig begannen Verhandlungen mit Heinrich V., der zu einem Bündnis drängte. Alle Vor- und Nachteile solcher Allianz wurden am burgundischen Hof sorgfältig und ohne jede Emotion von den Räten des Herzogs erwogen, wobei auch ins Gewicht fiel, daß zu enge Bindung Burgunds an Heinrich V. eine französische Reaktion hervorrufen, die Sache des Dauphins stärken und die Königin zu einer offiziellen Versöhnung mit ihrem Sohn drängen konnte. Andererseits mußte die Anerkennung Heinrichs V. als König von Frankreich den Frieden bringen, das

Leiden an Krieg und Bürgerkrieg endlich beenden. Wie sehr dieser Gesichtspunkt für die Bevölkerung zählte, sollte sich schnell und deutlich erweisen, als ein anglo-burgundisches Vorabkommen zu Weihnachten 1419 die Einschließung von Paris aufhob und den freien Warenverkehr wieder zuließ, dessen Annehmlichkeiten die Stadtbewohner in vollen Zügen genossen.
Im Unterschied zu seinen Räten, die sich am Gebot des Nutzens für ihren Herrn und seine Länder ausrichteten, war Philipp dem Guten ebenso wie seiner Mutter Margarethe das Streben nach Vergeltung und Strafe weithin bestimmender Grund des Handelns. Diese Tatsache war bekannt und in die Überlegungen aller Beteiligten als feste Größe einbezogen; Heinrich V. versprach militärische Hilfe für einen Rachezug gegen den Dauphin, um die Bündnisverhandlungen voranzubringen. Die burgundische Propaganda wurde währenddessen nicht müde, das Attentat als ungeheuerliches Verbrechen im Bewußtsein einer breiten Öffentlichkeit gegenwärtig zu halten: In Montereau errichtete Philipp eine Stiftskirche mit 12 Kanonikaten; über ihrem Portal kündete eine Schrifttafel vom Mord an Johann Ohnefurcht. Ähnliche Inschriften las man bald nicht nur in Paris, Gent und Dijon, sondern auch in Rom, Jerusalem und Santiago de Compostela, den drei größten Wallfahrtsorten der Christenheit. Jeder sollte Täter und Opfer kennen, der Dauphin moralisch vernichtet werden, damit sein politisches Ende gerechtfertigt sei. Mit diesem Ziel wirkte Philipp auf den Hof von Troyes ein, damit man den Wünschen Heinrichs V. nachgäbe. Burgund war die treibende Kraft, während die Rolle der Königin nicht überschätzt werden darf: Isabeau hing nahezu vollständig von den burgundischen Herzögen ab; ohne Hausmacht oder Klientel, ohne Besitz und Familienbeziehungen in Frankreich beruhte ihre Existenz auf dem, was man ihr zuteilte. Da ihr Einfluß enge Grenzen hatte, kam für Philipp den Guten alles darauf an, die seiner Partei nicht unbedingt ergebenen und zweifelnden Mitglieder der königlichen Hofhaltung für sich zu gewinnen, denn die Entscheidung für Heinrich V. mußte auf sicherer Mehrheit ruhen und in Frankreich vertretbar sein.
Erste Erfolge zeigten sich im Januar 1420, als der König alle Verordnungen des Dauphins aufhob. Am 23. März kam Philipp selbst nach Troyes, und die entscheidende Phase der Beratungen begann. Innerhalb von acht Wochen kam jetzt ein Vertragswerk zustande, das die innere Verfassung Frankreichs weniger berührte als seine dynastische Ordnung, die europäische Politik mehr als die Menschen in den betroffenen Ländern. Nachdem der englische König am Vortag in Troyes eingetroffen war, wurden die 31 Artikel des Vertrages am 21. Mai 1420 in der Kathedrale beschworen: Heinrich V. sollte Karls VI. Tochter Katharina zur Frau bekommen und einziger Erbe des gegenwärtig regierenden Königs von Frankreich sein, nach dessen Tod die Nachfolge antreten, aber sofort Regierungsvollmacht erhalten. Auch seine Erben sollten beide Reiche unter ihrer Herrschaft vereint innehaben, und Heinrich verpflichtete

sich, alle derzeit in Frankreich bestehenden Rechte, Freiheiten und Privilegien, besonders die der Kirche, des Klerus und der Universitäten, zu achten und niemals zu verletzten. Die Normandie blieb als Apanage fest in seiner Hand. Der Dauphin wurde enterbt und verbannt, weil er, wie ein im Namen Karls VI. im Januar 1421 geschriebener Brief an die Bürger von Paris erläuterte, für den Mord am Herzog von Burgund verantwortlich sei. Keine der vertragschließenden Parteien, weder Karl VI. noch Heinrich V. oder Philipp von Burgund, sollte jemals wieder mit dem aller Rechte entkleideten Thronfolger verhandeln, von den Untertanen Karls war ein Eid auf den Vertrag von Troyes zu fordern.

Diese letztgenannte Bestimmung verrät etwas von der Unsicherheit, mit der die Urheber ihr Werk betrachtet haben, das in der Tat weder juristisch noch politisch über jeden Zweifel erhaben war. Das Gutachten der Universität Bologna, demzufolge Karl VI. keinesfalls berechtigt war, seinen Sohn zu enterben, ist zwar im Zusammenhang mit dem großen Umschwung des Jahres 1435 erstattet worden und deshalb kritisch zu betrachten, aber seine drei Hauptgesichtspunkte hätten schon 15 Jahre früher ins Feld geführt werden können: Karl VI. krank und regierungsunfähig, die Primogenitur in Frankreich anerkannt, Richter und Ankläger dieselben Personen. Trotz solcher Einwände und Bedenken wurde der Vertrag von Troyes wegen der mit ihm verbundenen Friedensaussicht weithin akzeptiert, zumal er nicht mit Einbußen an persönlichen Rechten und individuellem Besitz verbunden war. Seine Schwäche, die rasch offenbar werden sollte und den Abmachungen keine Dauer gab, lag darin, daß er als späte Frucht dynastisch-feudalen Denkens von falschen Voraussetzungen ausging. Die Entscheidung über Reiche und Kronen konnte nicht mehr allein Angelegenheit der Königsfamilien sein, der Vertrag von Troyes aber war das Resultat sehr persönlicher Entscheidungen. Dynastischem Denken entsprungen, verletzte er doch dessen fundamentalen Grundsatz der Legitimität und hätte vor ihm nicht bestehen können. Würde dieser Grundsatz je zum anklagenden Argument gemacht, mußte der Rechtsakt in der Kathedrale von Troyes zur Verschwörung werden. Am 23. Dezember 1420 saßen Karl VI. und Heinrich V. gemeinsam über den Thronfolger zu Gericht, und als burgundischer Generalprokurator klagte Nicolas Rolin ihn als Mörder an.

9. Der König von Bourges (1422–1453)

Persönlichkeit und Ausgangslage

Am 21. Oktober 1422 starb Karl VI. Der *Bourgeois de Paris* hat in seinem Tagebuch das Leichenbegängnis beschrieben, den langen Trauerzug von Notre-Dame nach St-Denis: Klerus, Universität, Hof und Parlement führten den Sarg, auf dem zum ersten Mal eine Effigies lag, die naturgetreue Nachbildung des Toten, angetan mit den königlichen Gewändern, gekrönt, versehen mit Szepter und *main de justice.* Hinter dem Sarg schritt ganz allein Herzog Johann von Bedford, einziger Trauergast königlichen Geblüts und seit dem Tod seines Bruders Heinrich V. am 31. August 1422 Regent von Frankreich. Weder Philipp der Gute von Burgund noch Herzog Johann von der Bretagne waren erschienen, andere waren gefallen, in Gefangenschaft oder mit dem Pariser Hof verfeindet. Noch an der Gruft in St-Denis wurde Heinrich VI. zum König von Frankreich und England proklamiert; wie die ganze, bis in Einzelheiten schriftlich festgehaltene Zeremonie für alle künftigen Bestattungen französischer Könige vorbildlich wurde, so besonders dieser Heroldsruf, in dem das Unvergängliche der Monarchie neben den sterblichen Überresten ihrer Träger aufscheinen sollte.

Mit dem Tod seines Vaters hatte der Dauphin unmittelbaren Anspruch auf das Königtum, aber vorerst keine Mittel, ihn zu realisieren. Wenn der Historiograph Georges Chastellain später feststellte, die Regierung Karls VII. sei aus elenden Anfängen zu einem glorreichen Ende gekommen, so kennzeichnete er damit eine politische Biographie, die immer wieder Erstaunen und Bewunderung, aber auch Abscheu und psychologische Spekulationen erregt hat. Die Persönlichkeit Karls ist im nachhinein schwer ergründbar, einzelne Reaktionen und beständige Charakterzüge können höchst unterschiedlich erklärt werden. Furcht vor unbekannten Menschen mag als Symptom einer Verhaltensstörung erscheinen oder als Pathos der Distanz, wie es Philipp der Schöne an den Tag legte; wahrscheinlich war es Vorsicht, denn auf Karl allein ruhte die Gegenpartei zur anglo-burgundischen Koalition, und nach den spektakulären Morden an Ludwig von Orléans und Johann Ohnefurcht mag es die Umgebung des Dauphins vorgezogen haben, ihn sorgsam abzuschirmen. Er war die verletzliche Spitze einer in ihren Interessen heterogenen Gruppierung, um ihn sammelten sich alle, die Johann Ohnefurcht verdrängt hatte, und sein Hof in Bourges wurde für Jahre zum Mittelpunkt des Widerstandes gegen die Bestimmungen von Troyes. *Et les ennemys se truffoient et mocquoient de lui et l'appeloient roy de Bourges, pource qu'il se y estoit retraict, et*

y faisoit le plus sa demourance, heißt es über Karl im 1456 verfaßten *Registre delphinal* des Mathieu Thomassin: »Und seine Feinde machten sich lustig und verspotteten ihn und nannten ihn König von Bourges, weil er sich dorthin zurückgezogen hatte und dort meist Aufenthalt nahm.«
Zweifel an der Legitimität des am 22. Februar 1403 als 11. Kind Isabeaus geborenen Prinzen sollten dazu beitragen, seine Stellung zu untergraben; angesichts des allgemein bekannten Verhältnisses der Königin mit Ludwig von Orléans verstummte die einmal aufgeworfene Frage nie wieder, auch bei Karl selbst zeitlebens nicht, aber in der Haltung des königlichen Hofes findet sich vor 1420 kein Hinweis auf ein Bastardtum, das erst im Zusammenhang mit dem Vertrag von Troyes als polemisches Argument eingesetzt worden ist, um die Enterbung zu rechtfertigen. Als dritter Sohn war Karl erst nach dem Tod seiner beiden älteren Brüder, Ludwig im Dezember 1415 und Johann im April 1417, in die Stellung des Thronfolgers eingerückt und im Alter von zehn Jahren mit Maria verlobt worden, Tochter Herzog Ludwigs II. von Anjou, König von Neapel-Sizilien, und der Jolande von Aragón. Aus dem Kreis der Anjou bildete sich die erste *équipe* Karls, der 1415 auf einer Provence-Reise auch in Beziehung zu René von Anjou getreten ist, jenem politisch glücklosen »König René«, der Karl doch nahezu für sein ganzes Leben verbunden blieb, wie es auch Johann Graf von Dunois, Bastard des Herzogs von Orléans, seit gemeinsam verbrachten Kinderjahren war. Der Einfluß Jolandes ist über Jahre hin dominierend gewesen, und er konnte es vor allem deshalb sein, weil führende Vertreter der Orléans-Partei durch die Schlacht bei Azincourt ihre Wirkungsmöglichkeit verloren hatten. Mit diesen veränderten Gewichten bahnte sich nun eine zögernde Wendung in der politischen Zielsetzung an, innerhalb derer Anzeichen für das Bemühen um Versöhnung und Ausgleich mit Burgund, letztlich eine grundlegende Neubestimmung der französischen Haltung gegenüber England sichtbar wurden, die Begründung neuer Einheit gegen die Doppelmonarchie Heinrichs VI.
Im Frühjahr 1425 hatte Karl einen Bruder Herzog Johanns V. von der Bretagne als Connétable in seine Dienste genommen, Arthur von Richemont, seit Oktober 1423 Schwager Philipps des Guten. Richemonts Frontwechsel dürfte auf die Vermittlung Jolandes von Aragón bei Johann V. zurückzuführen sein, dessen Tochter Isabella im Oktober 1424 Ludwig III. von Anjou geheiratet hatte. Im Juli des folgenden Jahres begann Karl dann jene seiner Vertrauten zu entlassen, die am Attentat von Montereau beteiligt gewesen waren, allen voran Jean Louvet, den Johann als Förderer des mit ihm um das bretonische Herzogtum konkurrierenden Hauses Penthièvre nicht schätzte, bald darauf auch Tanguy du Chastel. Mochten diese Entlassungen zunächst nur Wünsche Herzog Johanns und Voraussetzungen für den Aufstieg Richemonts am Hof von Bourges gewesen sein, so lag in ihnen doch auch eine Geste gegenüber Burgund. Hier schien Bewegung in bisher starre Linien zu kommen, und Riche-

mont wiederum führte Karl im Juli 1427 Georges de La Trémoïlle zu, einst glücklicher Ehemann der Witwe Herzog Johanns von Berry, nun durch ihre nachgelassenen Güter reich geworden. Weil La Trémoïlles Bruder Johann auf burgundischer Seite stand, wollten Richemont und seine Protektorin Jolande von Aragón auf diesem Wege eine Brücke zu Philipp dem Guten schlagen, und Karl verschloß sich ihren Bemühungen nicht. Er übertrug La Trémoïlle das Herzogtum Berry, aber der ganze Plan scheiterte am Ende daran, daß Johann V. im September 1427 einen Vertrag mit Heinrich VI. schloß, der die Bretagne wieder fest an den englischen König band und auf Bourges gerichtete Initiativen beendete. Nun konnte Georges de La Trémoïlle den Connétable als unzuverlässiges Element stürzen und mit ihm eine ganze Hofpartei zu Fall bringen.

Solche Fraktionskämpfe an seinem Hof sind für die Anfänge Karls charakteristisch und meist mit einem Wechsel der politischen Ausrichtung verbunden. Auf diesen Spannungen beruhte die Herrschaft des Dauphins, auf der Kunst, die einen gegen die anderen auszuspielen, künftige Helfer gegen schon mächtige zu fördern, Ehrgeiz und Hoffnungen zu wecken, den Erfolgreichen kurz vor dem Ziel fallen zu lassen. Karl durfte, wenn er sich behaupten wollte, nicht loyal sein, denn Bindung an eine Fraktion hätte ihn mit ihr scheitern lassen, mußte das ganze Geflecht ihrer regionalen Streitfälle, jene Diplomatie der mittleren und lokalen Ebene, den täglichen Kleinkrieg im Schatten des großen Konflikts zu seiner eigenen Sache machen und ihn sich darin verlieren lassen. Im Netz widerstreitender Interessen, auf Tod und Leben konkurrierender Gruppen und Clans, war Karl nur sicher, wenn er allein blieb.

Diese Vielfalt der Antriebskräfte verbietet es, von einer strikten Zwei- oder Dreiteilung Frankreichs zu sprechen, weil der jeweilige Zusammenhalt immer neu gesichert werden mußte, jede autonome Entscheidung eines Herrn in seiner Region oder die Veränderung innerhalb einer Interessengruppe Reaktionen auslösten, die ganze Bündnisse umgestalten konnten. Die politische Ordnung Frankreichs war in diesen Jahren kein Zustand, sondern ein Prozeß, in dessen Verlauf sich Menschen und Räume einigen wenigen festen Kernen anschlossen, aber mit wachsender Entfernung vom Zentrum in das Gravitationsfeld der Konkurrenten gerieten. So durfte der englische Hof von den alten Herrschaftsgebieten der Plantagenêt in der Normandie, dem nördlichen Maine und der Guyenne her die seit Troyes gesicherten Eroberungen in den Räumen Paris und Chartres, die Champagne, Brie und Calais als seine kontinentale Basis ansehen und von ihr ausgehend mit Hilfe seiner Verbündeten, der Herzöge von Burgund und von der Bretagne, die Anerkennung Heinrichs VI. im ganzen Land betreiben. Karl VII. dagegen hielt den größten Teil Aquitaniens in seiner Hand und konnte durch eigene Rechte oder Bündnisse über Anjou, Touraine, Berry, Marche, Bourbonnais, Auvergne, Velay, Forez, Dauphiné und Languedoc verfügen. Das waren insgesamt die ärmeren Landesteile, aber Karls Einkünfte übertrafen dennoch bei weitem die Summe aller Erträge, die Heinrich VI. aus seinem kontinentalen Herrschaftsgebiet zuflossen, weil das meiste Geld in Frankreich blieb und dort verbraucht wurde. Damit stellte sich immer offener die Frage, ob eine teilweise Besetzung Frankreichs für England auf die Dauer lohnend und vertretbar sei. Vollständige Eroberung Frankreichs oder Abzug waren die vor solchem Hintergrund sinnvoll erscheinenden Möglichkeiten.

Im Vergleich zu den politischen Zentren Bourges und Paris hatte der Herzog von Burgund die sicherste und mächtigste Stellung inne, denn er konnte im Schutze des englischen Bündnisses die durch Vater und Großvater begonnene Integration seiner Lande weiter vorantreiben und darüber hinaus einige vorbereitete, wichtige Erwerbungen machen. 1420, im Jahr des Vertrages von Troyes, überschrieb ihm seine Tante Katharina ihr elsässisches Heiratsgut für den Fall ihres Todes, ein Jahr später kaufte Philipp der Gute die Grafschaft Namur und übernahm sie 1429, als ihr letzter Inhaber Johann III. starb. Schon 1421 hatte Jakobäa von Hennegau ihren Gemahl Johann IV. von Brabant verlassen und im Jahr darauf den Bruder Johanns von Bedford geheiratet, Herzog Humphrey von Gloucester, gegen dessen Ansprüche Philipp der Gute in einem mehrere Jahre währenden Krieg bis 1428 zunächst seine Regentschaft, bis 1433 dann auch die Grafenrechte über Hennegau, Holland, Seeland und Friesland erstritt. Weil Brabant und Limburg schon 1430 durch Erbgang an das Haus Burgund gefallen waren, verschob sich dessen Fundament nun endgültig in die Niederlande; die wirtschaftliche Konkurrenz der Niederlande mit England verschärfte sich durch die Erfolge englischer Tuchproduktion und bestimmte mehr und mehr die burgundische Politik. Eine Entfremdung zwischen dem englischen Hof und Philipp dem Guten mußte nach dem Tod Heinrichs V. schon deshalb eintreten, weil Herzog Johann von Bedford als Regent Frankreichs die Vorherrschaft des Hauses Lancaster über das ganze Land und alle Fürsten beanspruchte, also auch über Burgund und seinen Herzog, dessen Teilhabe an der Regierung und am Staatsvermögen nicht mehr hingenommen werden sollte.

Damit aber geriet die englische Position auch bei jenen ins Zwielicht, die den Vertrag von Troyes im Prinzip guthießen, denn ihre Zustimmung hatte sich aus Neigung zu den Bourguignons und Feindschaft gegenüber den Armagnacs ergeben, nicht aber aus Loyalität zum Haus Lancaster. Das galt für alle unter Bedfords Regierung stehenden Landesteile, wirkte sich aber besonders in Paris aus, wo Verwaltung, Rechtsprechung, Kirche und Universität von alten Anhängern Johanns Ohnefurcht geleitet wurden. Die Wirtschaftsbeziehungen der Metropole wiesen quantitativ nach Burgund, in die Normandie, in die Städte des Nordens: Paris vermißte weder den König von Bourges noch zeigte es Neigung zu Heinrich VI. Die englische Stellung in Frankreich beruhte auf einem Sichabfinden mit der einmal gegebenen Lage, nicht auf Zustimmung; man nahm die Doppelmonarchie hin, weil sie den Frieden sicherte. Brach der Krieg wieder aus, so mußte er die englische Seite politisch und durch einen Umschwung der öffentlichen Meinung schwächen, die dann aus dem Stadium schweigender Unentschiedenheit zum aktiven Einsatz, zur Parteinahme gezwungen sein würde.

Die Belagerung von Orléans (1428/29)

Dieser Krieg hatte im allgemeinen Bewußtsein die ursprüngliche Motivation längst verloren. Wie später in Deutschland der Dreißigjährige Krieg, hinterließ der Hundertjährige in Frankreich seine Spuren mittlerweile nicht mehr so sehr als ein Konflikt von Großmächten, sondern durch die Verwüstung im überschaubaren Raum, wirkte weniger durch den Zusammenbruch politischer Ordnungen, als durch das individuelle Erlebnis: Die Plünderung des eigenen Kirchspiels, die vergewaltigte Tochter, den verbrannten Hof, die ewig unsicheren Wege von Dorf zu Dorf, das brachliegende Feld und die moralische Verzweiflung mehrerer Generationen. Thomas Basin, Bischof von Lisieux und Berater Karls VII., hat in seiner Geschichte des Königs eine hellsichtige Beschreibung dieser Lage gegeben, in der Bedford angreifen mußte, um den Sieg zu vollenden. Der herrschende Zustand war für England ökonomisch und politisch auf die Dauer unhaltbar, aber der erneuerte große Krieg barg schwere Risiken. Die Grenze zwischen Bandenkrieg und nationalem Widerstand gegen die Herrschaft Heinrichs VI. und seines Statthalters drohte sich zu verwischen.

Bedfords erstes Ziel bestand darin, durch einen Angriff auf Maine und Anjou der am Hofe Karls herrschenden Fraktion die Grundlage ihrer Wirksamkeit zu entziehen. Ende September 1423 begann ein Feldzug unter Führung des Grafen von Suffolk, der freilich so geringe Erfolge melden konnte, daß Bedford die Operationen des folgenden Jahres selbst vorbereitete und am 17. August 1424 bei Verneuil-sur-Arve über die Truppen Karls siegte, ohne freilich damit die Entscheidung erzwungen zu haben. Als hinderlich erwies sich vor allem der Konflikt zwischen den Herzögen von Gloucester und von Burgund um die Niederlande, weil er die englische Entschlußkraft hemmte und auch Kräfte vom mittelfranzösischen Kriegsschauplatz fernhielt. Immerhin gelang im August 1425 die Eroberung von Le Mans, aber die im September eingeleitete Belagerung des Mont-Saint-Michel blieb vergeblich und auch in den folgenden Jahren sollte das Kriegsglück bei begrenzten Unternehmungen schwanken. Johann, Bastard von Orléans, konnte im Jahre 1427 den Grafen Warwick bei Montargis schlagen, doch die militärische Überlegenheit der Engländer blieb unangefochten. Im Sommer 1428 fiel deshalb im Rat Bedfords die Entscheidung, bei Orléans die Loire zu überqueren, Karl VII. zu vertreiben und den Weg für ungeteilte Herrschaft Heinrichs VI. freizukämpfen. Von Chartres aus, wo zugleich eine Versorgungsbasis hergerichtet war, stieß Thomas von Montagu, Graf von Salisbury, auf Orléans vor und erreichte die Stadt am 12. Oktober 1428. Umliegende Ortschaften wurden besetzt und ein weiter Belagerungswall im Halbkreis gezogen, dessen Sehne die Loire bildete.

Karl besaß keinen Feldherrn, der den gestürzten Richemont hätte ersetzen können und den englischen Kommandierenden Suffolk oder Talbot gleichwertig gewesen wäre. Johann, Bastard von Orléans und später Graf von Dunois, war zweifellos ein tapferer Mann, aber ihm und seinen Gefährten vom Schlage eines La Hire fehlte die strategische Begabung. Vorteilhaft fiel dagegen ins Gewicht, daß Orléans gute, moderne Befestigungen hatte und über den Fluß mit Lebensmitteln versorgt werden konnte, aber schon am 21. Oktober besetzten die Engländer den Brükkenkopf am linken Ufer und ließen fortan die Zeit für sich arbeiten. Tatsächlich gestaltete sich die Lage der Eingeschlossenen im Laufe des Winters so schwierig, daß sie im Frühjahr 1429 über den Kopf Karls VII. hinweg die Vermittlung Philipps des Guten suchten: Nicht den Engländern, sondern ihm wollten sie ihre Stadt übergeben, Bedford sollte seine Armee abziehen. Der Herzog von Burgund nahm den Vorschlag an, aber in richtiger Einschätzung der Lage lehnte Bedford ab: Nicht nur die Verteidiger von Orléans waren zur Kapitulation bereit, auch der im Schloß Chinon versammelte Hof Karls VII. wollte aufgeben und beriet über Vorschläge für ein Exil. In dieser Situation wurde dem König ein junges Mädchen vorgestellt, das die Kühnheit besaß, nicht nur eine Aufhebung der Belagerung von Orléans, sondern auch die Krönung in Reims zu versprechen.

Jeanne d'Arc in Chinon

Jeanne, Tochter des wohlhabenden Bauern Jacques d'Arc und seiner Frau Isabelle Romée, war damals etwa 18 Jahre alt. Ihre Eltern standen fest zu Karl VII., was in ihrer Heimat nur das Übliche war. Domrémy, Jeannes Heimatdorf, lag im Grenzgebiet der Herzogtümer Bar und Lothringen im heutigen Département Vosges, 10 km nördlich von Neufchâteau; damals gehörte es zur *châtellenie* Vaucouleurs, die Robert de Baudricourt für Karl VII. verwaltete und die generationenlang im Windschatten des Krieges gelegen hatte, bis sie 1428 von anglo-burgundischen Truppen heimgesucht wurde. Seit ihrem 12. Lebensjahr, so gab Jeanne später zu Protokoll, habe sie regelmäßig die Stimmen des Erzengels Michael, der heiligen Katharina und der heiligen Margaretha vernommen, von denen ihr gesagt worden sei, daß sie die Engländer vertreiben und den König zur Krönung führen werde. Jahrelang muß sie demzufolge über ihre Auditionen geschwiegen haben, denn erst im Mai 1428 erzählte sie ihrem Onkel davon, der sie daraufhin zu Baudricourt brachte, aber nur ungläubige Ablehnung erntete. Erst zur Zeit der Belagerung von Orléans wurde Jeanne von den Honoratioren aus Domrémy wieder nach Vaucouleurs geführt, weil sie daheim seit einem Jahr unentwegt von ihrem Auftrag gesprochen hatte. 1428 also begann das Sendungsbewußtsein auf ihre Umgebung zu wirken, und ein Zusammenhang zwischen persönlichem Erleben der Kriegsschrecken und Hoffnung auf überirdische Rettung ist offensichtlich.

Solche Einstellungen sind zeittypisch und gut bezeugt. In den Nöten des Großen Schismas traten charismatisch begabte Frauen auf, unter denen Katharina von Siena nur die bekannteste ist; ihnen standen von jeher die Höfe der Großen offen, und 1398 hatte auch Königin Isabeau die gascognische Bäuerin Marie Robine empfangen, der man eine Lösung der Papstkrise eher zutraute als kirchlichen Instanzen. Der Hof von Chinon mußte nicht überrascht sein, denn Jeanne paßte in ein mittlerweile gut eingeführtes mentales Schema. Dennoch bedarf dieser erfolgreiche Vorstoß bei Karl VII. näherer Erklärung. Wieso öffneten sich die Tore des Schlosses für das Bauernkind aus einer Randzone des Reiches?

Anfang des Jahres 1429 war Herzog Karl von Lothringen schwer erkrankt und suchte Hilfe, die ihm kein Arzt gewähren konnte. Als die Nachrichten von der wundersamen Begabung Jeannes zu ihm drangen, ließ er sie im Februar nach Nancy kommen, empfing aber nur moralische Ermahnungen, deren Befolgung ihm die Gesundheit wiederbringen würde. Herzog Karl war Bourguignon, hatte aber seine Erbtochter Isabella gleichwohl René von Anjou zur Frau gegeben, dem auch das Herzogtum Bar gehörte. Diesen Schwager Karls VII. bat Jeanne, er möge sie zum König bringen. René schlug ihr das zwar ab, aber der Empfang am lothringischen Hof hob ihr Ansehen so, daß Baudricourt sie vom Ortspfarrer exorzisieren ließ, um eine Probe auf die Güte ihrer Auditionen zu haben. Als sich zeigte, daß sie nicht von Dämonen besessen war, boten zwei Ritter aus der Umgebung von Vaucouleurs dem Mädchen Geleit, Baudricourt gab ein Schwert und Kleider für die Reise, die Dorfbewohner zahlten die Kosten für das Pferd. Wahrscheinlich am 23. Februar 1429 kam Jeanne in Chinon an und wurde nicht abgewiesen, nur der wie üblich mißtrauische König entschloß sich erst nach mehreren Tagen, sie vorzulassen. Dabei bestand sie ihre zweite Probe, indem sie Karl unter großer Gesellschaft sogleich erkannte, obwohl er sich bewußt unauffällig gekleidet und bewegt hatte. Bei solch harmlosen Prüfungen konnte es freilich nicht bleiben, denn nachdem der Beraterkreis Karls einmal entschieden hatte, Jeanne in die Nähe des Königs zu lassen, mußte er mit allen tauglichen Mitteln herauszufinden suchen, ob sie eine gottbegnadete Jungfrau oder eine Hexe sei. Der Zeit waren Wunder Realitäten, Bestandteile des Lebens, aber ihr Ursprung mußte nicht immer gut sein. Keinesfalls durfte jemand behaupten können, der König von Frankreich verdanke Erfolge einer vom Teufel besessenen Hexe. Absoluten Schutz gab es trotz aller Gutachten und Kommissionen gegen einen solchen Verdacht nicht, so wenig wie moderne Expertenurteile vor Kritik sicher sind, aber äußerste Vorsicht war schon deshalb nötig, weil die Kirche mit Charismatikern gerade dann ihre Schwierigkeiten hatte, wenn teuflische Mächte ausgeschlossen waren: Wer direkten Kontakt zu Heiligen und Engeln hatte, brauchte die Vermittlung der Heilsanstalt nicht mehr und war sich dessen in aller Regel auch bewußt. Folge war eine Selbstgewißheit, die als *superbia,* als Hauptsünde des Hochmuts, begriffen werden konnte, ein Vorwurf, der im Prozeß gegen Jeanne d'Arc Bedeutung erlangen sollte.

Eine erste Beratung am Hof anwesender Kleriker kam zu dem Schluß, daß man das Mädchen genauer Prüfung für wert befinden sollte und führte zu dem Auftrag an eine Gruppe von Franziskanern, in Domrémy nähere Erkundigungen über Herkommen und Lebensführung einzuziehen. Als hieraus nichts Bedenkliches folgte, wurde Jeanne nach Poitiers geschickt und einer Theologenkommission vorgeführt, die sie lange und eingehend befragte, wobei ihre offenen und schlagfertigen Antworten auffielen. Als Damen des Hofes unter Leitung Jolandes von Aragón Gewißheit erlangt hatten, daß es sich bei dem schlichten, frommen und politisch zuverlässigen Wesen nicht etwa um einen jungen Mann, sondern um eine intakte Jungfrau handelte, die schon deshalb vom Verdacht des Umgangs mit dem Teufel freizusprechen sei, wurde Jeanne akzeptiert und man erwartete von ihr nun ein letztes Zeichen für die Richtigkeit ihrer Behauptungen: Die Aufhebung der Belagerung von Orléans. In einer Hinsicht nämlich unterschied sich dieses Mädchen von allen bisher aufgetretenen charismatisch begabten Frauen: Sie wollte in den Krieg ziehen und selbst mit der Waffe in der Hand kämpfen.

Fragt man nach den Befürwortern einer Mission Jeannes zum König, nach denen, die ihr den Weg geebnet haben und sie weiter förderten, so gibt es seit der Begegnung von Nancy im Februar 1429 immer wieder Hinweise auf die Anjou, jene einflußreichste Fraktion in der Umgebung Karls, ohne daß aber Sicherheit darüber zu erlangen wäre. Jolande von Aragón hat Jeanne nicht nur geprüft, sondern sie erreichte mit ihrer Hilfe auch die Aussöhnung zwischen Karl und Jolandes Schützling Richemont, der sich in Jeannes Heeresabteilung am 19. Juni 1429 bei Patay ausgezeichnet hatte. Möglich wäre auch eine Verbindung zu Herzog Johann II. von Alençon, von dem die Jungfrau auf ihren Feldzügen unzertrennlich war, denn Johann förderte Astrologen und hatte durchaus Gelegenheit, Menschen mit prophetischen Fähigkeiten kennenzulernen und auf den König anzusetzen. Karl selbst scheint von seinem Beichtvater Gérard Machet endgültig für Jeanne d'Arc gewonnen worden zu sein, die ihm auch Sicherheit über seine legitime Geburt vermittelt hat. Das bezeugt zwar nur eine Aussage, die Jeannes Kaplan Jean Paquerel 1456 im Rehabilitationsprozeß gemacht hat, sie gewinnt aber gerade darum viel Wahrscheinlichkeit, denn Karl VII. hätte in seinen späteren Jahren kaum durch eine bloße Fiktion an die Umstände seiner Enterbung aus dem Jahre 1420 erinnern lassen.

Die Jungfrau von Orléans

Am 22. März 1429 schrieb Jeanne d'Arc aus Poitiers den Engländern einen Brief, der erst zwischen dem 24. und 27. April von Blois abgesandt wurde. Nach den Eingangsworten *Jhesus Maria* forderte sie Heinrich VI., Johann von Bedford wie auch die Befehlshaber Suffolk, Talbot und Scales auf, sich der gottgesandten Jungfrau zu ergeben und ihr die Schlüssel aller besetzten französischen Städte auszuliefern. In göttlichem Auftrag vertrete sie den Anspruch des wahren königlichen Geblüts und sei zum Frieden bereit, wenn die Engländer diese Rechte akzeptierten und alle Belagerer in ihre Heimatländer zurückkehrten. Sollte Heinrich VI. das aber verweigern, werde die Jungfrau als Feldherr auftreten und alle Engländer vertreiben, wobei jedem das Sterben sicher sei, der Widerstand zu leisten wage, denn Gott habe sie beauftragt, die englischen Feinde aus Frankreich zu jagen. Karl sei *vray héritier*, wahrer Erbe des französischen Königreiches; Gott habe ihm diesen seinen Willen durch die Jungfrau offenbart. Mit großem Gefolge werde Karl in Paris einziehen, und wenn der englische König dieser von Gott und der Jungfrau übermittelten Nachricht keinen Glauben schenke, so müsse ein Krieg über ihn hereinbrechen, wie ihn Frankreich seit einem Jahrtausend nicht gesehen habe, ein Krieg, den die Engländer niemals gewinnen könnten, weil er ein Gottesurteil sei. In kürzester Zeit müßte Bedford den Schaden erkennen, den eine Verweigerung des Friedensschlusses ihm bringen werde.

Dieses Schreiben enthält alle wesentlichen Punkte eines Programms, mit dem Jeanne d'Arc angetreten war, durch das sie den Hof überzeugte und zugleich dessen eigene Maximalforderungen aussprach. Sie sollte jene Wünsche in den folgenden Monaten als ihre eigenen zu erfüllen suchen und mußte dabei zwar wesentliche Abstriche hinnehmen, wirkte aber mit ihrer Glaubensgewißheit und den ersten großen Erfolgen so mitreißend, daß eine wesentliche Konzentration aller Kräfte durch das Bewußtsein von der neuen Qualität des Krieges zustande kam. Wie der Brief zeigt, wurde fortan ein Religionskrieg geführt, denn Gott stand auf der Seite des Königs von Frankreich, den zu bekämpfen folglich Häresie sein mußte. Dieser König von Frankreich war, wie durch gleichermaßen göttliche Offenbarung nunmehr feststand, Karl VII. Ihm mußte die Eroberung seiner Hauptstadt Paris binnen kurzem gelingen, weil sich die Auseinandersetzung mit Heinrich VI. nunmehr als totaler Krieg mit dem Ziel vollständiger physischer Vernichtung des Gegners fortsetzen werde. Die mehrfach wiederholten Hinweise auf das Medium Jeanne d'Arc bei Gottes Offenbarungen zeigen, bis zu welchem Grade Karls Hof bereit war, sich theologisch zu exponieren. Gegen Heinrich VI. sollte eine von aggressiver Volksfrömmigkeit getragene Massenbewegung entfesselt werden, aber man nahm damit zwangsläufig ein hohes Risiko für den Fall auf sich, daß der Feldzug scheiterte und das Gottesurteil zu Ungunsten Karls VII. ausfiel. Die Losung *Jhesus Maria,* von Jeanne auch als Schlachtruf verwendet, enthüllt ihre Verbindung zu einem neuen, der Amtskirche suspekten Kult um den Namen Jesu, durch Papst Martin V. nicht autorisiert, aber im Loire-Gebiet von dem Franziskaner Bruder Richard getragen. Er sollte 1430 in Orléans eine Woge religiöser Begeisterung auslösen, gegen die der Erzbischof einschreiten mußte; Karl VII. konnte ein Bezug zu solch halbhäretischem Umtrieb nicht von Vorteil sein.

Nachdem sie ihre Prüfungen glücklich bestanden hatte, schickte der König Jeanne nach Tours, damit sie sich ausrüsten und ihren Begleiterkreis kennenlernen könne. Die Jungfrau erhielt eine vollständige Rüstung und aus der Kirche von Ste-Catherine-de-Fierbois das Schwert, von dem sie in einem Traum erfahren hatte; mühsam ließ es sich unter dem Hauptaltar finden. Geld für den Unterhalt einer eigenen Truppe wurde durch Vermittlung des Herzogs von Alençon beschafft, eines Prinzen von Geblüt und direkten Nachfahren Karls von Valois. In ihm, dem erbitterten Gegner der Engländer, hatte Jeanne für die folgende Zeit einen mächtigen Verbündeten, der sie unterstützte und ihr Ansehen erheblich stärkte. Ihre anderen militärischen Begleiter: Poton de Saintrailles, später Marschall von Frankreich, Étienne de Vignolles, genannt La Hire, Ambroise de Loré, Gilles de Rais und Jean de Bueil hatten in den Feldzügen der letzten Zeit für das Haus Anjou als Truppenführer im Dienste Karls VII. gekämpft, und zu Jeannes persönlichem Schutz stand der gascognische Ritter Jean d'Aulon bereit. Auch ihre Brüder Pierre und Jean d'Arc kamen zu dieser Truppe, deren mittlerweile weithin bekannter Auftrag mit großer Spannung verfolgt wurde, die sich freilich meist mit skeptischer Neugier paarte.

Ein Teil der königlichen Armee stand unter dem Kommando des Marschalls Jean de Brosse, Herrn von Boussac, bei Blois; ihm unterstellten sich auch die Truppen Jeannes. Das vereinigte Heer überschritt die Loire und zog auf dem linken Ufer flußaufwärts nach Orléans. Gegen den Willen der Jungfrau, die sich auch künftig in taktischen und strategischen Fragen meist nicht durchsetzen sollte, wurde die Stadt umgangen, um den Angriff von Norden her zu führen, denn die Belagerer hatten von dort noch nie Bedrohung erwarten müssen und infolgedessen nur verhältnismäßig schwache Feldstellungen errichtet. Am 29. April kam Jeanne mit wenigen Begleitern vor der Stadt an und konnte vom Fluß her unbemerkt in sie eindringen, weil der Belagerungsring niemals hermetisch geschlossen und auch bis jetzt durchlässig geblieben war. Am 4. Mai eröffnete die inzwischen vollständig versammelte Armee des Marschalls Boussac den Angriff auf die Belagerer, ohne daß Jeanne zuvor davon unterrichtet worden wäre, so daß sie erst auf dem Höhepunkt des Kampfes zu den Truppen stoßen konnte. Zug um Zug fielen in den nächsten Tagen die Befestigungswerke St-Loup, St-Augustin und Les Tourelles; vor Les Tourelles kämpfte die Jungfrau in vorderster Linie, so daß sie vom Bolzen einer Armbrust getroffen und verwundet wurde. Nun lag die Stadt offen, so daß die Engländer am 8. Mai abzogen. Orléans war frei, das Zeichen gegeben.

Zeichenhaft und weit über die unmittelbaren militärischen Konsequenzen hinausgehend war auch die psychisch-moralische Wirkung des Ereignisses. Eine Wendung schien vollzogen, während sich doch an der wirklichen Machtverteilung zunächst kaum etwas geändert hatte. Das Mirakel von Orléans sollte aber zum Kristallisationspunkt für Tendenzen werden, die seit langem in Frankreich spürbar waren und sich nun mächtig Bahn brachen. Autoren wie Alain Chartier, der schon kurz nach dem Tag von Azincourt mit seinem *Livre des quatre Dames* die Niederlage hatte literarisch bewältigen wollen, mahnten alle Franzosen immer dringlicher zur Einheit gegen den englischen Usurpator und verbanden das mit scharfem Tadel an Hof und Aristokratie. Weil der Adel nicht mehr kämpfen wollte, sondern sein Glück im politischen Umfeld der Könige und Herzöge suchte, mußte das Land in die Hände jener fallen, die fremde Söldner am höchsten bezahlten. Chartiers *Quadrilogue invectif* von 1422 dehnte die Kritik auf alle Schichten der Bevölkerung aus und forderte neue Gemeinsamkeit aller in der Hingabe für das öffentliche Wohl. Hier bereitete sich vor, was Wirkung und Erfolge der Jungfrau von Orléans verständlich machen kann: Die Teilnahme breiter Volkskreise an einem Krieg, der das Leben jedes Franzosen bis zur gottgewollten, nahe bevorstehenden Erneuerung eines freien Frankreich bestimmen sollte. Noch 1410 hatte Christine de Pisan in der *Lamentacion sur les maux de la guerre civile* die unerträglichen Leiden kriegsgeplagter Menschen mit bewegenden Worten geschildert; am Ende ihres Lebens bekannte sie sich zu Jeanne und stellte das längst befestigte Ansehen der großen Schriftstellerin im Juli 1429 mit dem *Ditié a la Pucelle* in den Dienst der Kriegspolitik.

Auf englischer Seite blieb die militärische Energie zunächst ungebrochen, aber Bedford hatte hinnehmen müssen, daß seine in fiskalisch-ökonomischer Zwangslage getroffene Entscheidung zum Angriff auf Bourges keinen Erfolg, sondern einen politischen Rückschlag eingebracht hatte. Während die Finanzprobleme der englischen Krone weiterbestanden, wuchs nun der Widerstandswille Frankreichs, erfuhr die Kampfkraft der Armee Karls VII. eine wesentliche Stärkung dadurch, daß Jeanne den einfachen Soldaten davon überzeugt hatte, daß er mit ihr siegen könne. Die Jungfrau wurde zur Integrationsfigur eines Heeres, das immerhin zur Hälfte aus lombardischen, aragonesischen und kastilischen Söldnern bestand; diese Armee entwickelte in den nächsten Wochen ein starkes Eigenbewußtsein und änderte ihren Charakter noch dadurch, daß aus allen Landesteilen Menschen zuströmten, denen es weniger um Sold und Beute als um die propagierten Ziele eines Befreiungskampfes ging. Die Kriegführung wandelte sich durch massenhafte Ideologisierung des Heeres, durch den Einbruch des Übernatürlichen in die Welt. Fochten Soldheere niemals um übergeordneter Ziele willen, so wurde die Armee Karls VII. nun immer stärker von jenen bestimmt, die mit Gottes Hilfe für die Jungfrau, den König, das Land kämpfen und notfalls auch sterben wollten. Im anglo-burgundischen Lager als »Hure der Armagnacs« beschimpft, verhieß Jeanne ihren Franzosen eine neue Zeit, deren Anbruch freilich erst durch Krieg und Sieg herbeigezwungen werden mußte.

Reims: Die Krönung Karls VII.

Diese Massenbewegung drohte den Befürwortern einer Politik des Verhandelns ihren Einfluß und damit auch ihre Stellungen am Hof zu nehmen. La Trémoïlle und der Erzbischof von Reims rieten deshalb von weiteren militärischen Aktionen ab, um neue Erfolge des Heeres zu verhindern, aber seit langer Zeit entschied der König wieder selbst und stellte den Herzog von Alençon an die Spitze aller seiner Truppen. Schon am 12. Juni wurde Suffolk aus seiner Auffangstellung in Jargeau verjagt, und sechs Tage später erlitt die mitten in der Umgruppierung stehende Heeresabteilung Talbots unter Sir John Fastolf in offener Feldschlacht bei Patay eine empfindliche Niederlage; Talbot selbst geriet in Gefangenschaft. Nun bereitete Bedford Paris für eine Belagerung vor, und tatsächlich wollte Johann von Alençon sich der Hauptstadt bemächtigen, um dann die Normandie zu nehmen. Jeanne aber verlangte, ihren Stimmen folgend, zuerst die Krönung und setzte sich mit Hilfe Johanns, Bastard von Orléans, bei Karl durch, dessen Popularität in allen Landesteilen unübersehbar wuchs. Unter dem Eindruck der Erfolge im Feld gaben am Ende auch die Armeeführer nach, so daß gegen militärische Zweckmäßigkeit ein auf Breitenwirkung berechneter Entschluß gefaßt werden konnte: Als geweihter Herrscher sollte Karl VII. sich den Weg in seine Hauptstadt freikämpfen. Die Rückkehr des im Heer der Jungfrau ausgezeichneten Richemont an den Hof stand bevor und damit der Sturz La Trémoïlles.

Ende Juni zog Karl VII. ins Feld; bald darauf hatte er die Genugtuung, Troyes gegen Zusage einer Amnestie in seiner Hand zu sehen. Am 16. Juli erreichte er Reims und empfing am folgenden Tage die Salbung mit dem Himmelsöl, das der Marschall Jean de Boussac mit drei ranghohen Begleitern aus dem Remigiuskloster holte. Jeder der Herren führte sein Banner und war voll gerüstet; so geleiteten sie den Abt von St-Rémi, der die Ampulle trug, ritten in die Kathedrale ein und stiegen erst am Eingang zum Chor von den Pferden. Während des fünfstündigen Gottesdienstes hatte Jeanne mit ihrer Fahne einen Platz nahe beim König, der hier nur noch die Legitimation als wahrer Sohn Karls VI. empfing, nicht aber ein Amt, das er vielmehr schon seit dem 30. Oktober 1422 kraft Erbrechts beanspruchte. Der politische Sinn dieser Krönung ergab sich deshalb vor allem aus dem immer noch fortbestehenden Dualismus zwischen Königtum und Hochadel, dessen Stärke mit der ethnischen Sonderstellung bestimmter Großregionen Frankreichs verknüpft war. Ausgeprägtes Eigenbewußtsein alter historischer Landschaften wie Burgund oder der Bretagne hatte schon immer eigene Repräsentanz gesucht, und dem englischen König kam solches Streben dann zugute, wenn er primär als Herzog von Aquitanien oder Herzog der Normandie empfunden wurde und erst in zweiter Linie als auswärtiger Monarch. Weil Unterwerfung dieser Regionalgewalten vorerst unmöglich blieb, bestand die Kunst königlicher Regierung in diesen Jahrzehnten noch hauptsächlich darin, den Adel an die Krone zu binden. Während Frankreich in der Krise Theorien für eine starke monarchische Gewalt entwickelte, mußten sich seine Könige mit Heiratspolitik, Hofämtern und Pensionen behaupten und suchten ihren aristokratischen Gegnern durch breite Zustimmung der Bevölkerung den Rang abzulaufen.

In diesem Sinne hatte die Reimser Krönung zum Umschwung der öffentlichen Meinung Frankreichs geführt. Wurde bisher ein als friedenssichernd angesehener Zustand geduldet, so kamen nun immer mehr Menschen zu der Überzeugung, daß ein kurzer, heftiger Krieg zum guten Ende führen werde, und zunächst schien es auch so. Soissons, Laon, Provins, Compiègne, Senlis und Beauvais fielen dem König zu; angesichts des Abflauens anglo-burgundischer Stimmungen hatten aber schon im Juli 1429 neue Verhandlungen mit Abgesandten Philipps des Guten begonnen. La Trémoïlle stellte sie dem Hof Karls VII. als unentbehrliches Mittel zum höchsten Zweck dar: dem Ausgleich mit Burgund. Während Jeanne den König zu Ende August in St-Denis erwartete, war noch durchaus ungewiß, ob die sie stützende Gruppe um den Herzog von Alençon und das Haus Anjou ihre Kriegspolitik würde fortsetzen können.

Unterdessen wirkte Bruder Richard in Paris und versetzte die Bevölkerung mit seiner Predigt in solche Erregung, daß abermalige Erinnerung an die Bluttat von Montereau und die mit ihr verbundene schwere Schuld Karls nicht mehr helfen wollte. Philipp der Gute, von Bedford zu seiner Unterstützung herbeigerufen, verließ daraufhin die Stadt wieder, und am 4. August wurde auch das Hauptquartier des Regenten aus Paris abgezogen. Hatte der Herzog von Burgund schon wenige Wochen zuvor jeden ernsthaften Versuch unterlassen, Karl VII. seinen Weg nach Reims zu sperren, so schickte er nun Bevollmächtigte nach Compiègne, um mit dem französischen Hof Unterhandlungen über einen Waffenstillstand zu führen, der am 28. August abgeschlossen wurde und bis zum Jahresende gelten sollte. Jeannes Einfluß war demzufolge bald nach der Krönung schwächer geworden, aber es kann deshalb noch keine Rede davon sein, daß Karl sie aufgegeben, ja gleichsam verraten hätte, denn ein Friede mit Burgund war nach überlieferten Äußerungen auch für sie ein erstrebenswertes Ziel. Freilich hätte es ein Friede auf Dauer sein müssen, von dem dieses Abkommen noch weit entfernt war; nicht einmal Paris fiel unter seine Bestimmungen, und deshalb durfte Philipp der Gute nach wie vor auf englischer Seite um die Hauptstadt des Königs von Frankreich kämpfen.

Daraufhin ergriff Johann von Alençon die Initiative, holte Karl VII. nach St-Denis und rang ihm die Erlaubnis zum Angriff auf Paris ab, den er gemeinsam mit Jeanne unternehmen wollte. Diesmal aber blieb das Wunder aus. In Reims, so sollte Jeanne später aussagen, habe sie ihre Stimmen zum letzten Mal gehört; mit der Krönung Karls VII. war ihr Auftrag beendet. Am 8. September konnte sie trotz tapferen Einsatzes in vorderster Linie, bei dem sie wiederum verwundet wurde, den Ansturm nicht über die Befestigungswerke der Hauptstadt tragen. Das königliche Heer wurde unter schweren Verlusten abgeschlagen und Jeannes Ansehen bei der Truppe sank so rasch, wie sie es erworben hatte. Karl war nun bereit, den Waffenstillstand mit Burgund ausdrücklich auf Paris auszudehnen, sich also jeder Möglichkeit eines weiteren Angriffs zu begeben und damit den Verlust der Initiative im Feld einzugestehen. Am 18. September konnte Bedford sich wieder in der Stadt festsetzen, am 30. September folgte der Herzog von Burgund, dem wenige Wochen später im Namen Heinrichs VI. das Amt des Königsstellvertreters übertragen wurde, während Bedford die Verwaltung der Normandie erhielt.

Konsolidierung der anglo-burgundischen Herrschaft war damit aber vor allem deshalb nicht verbunden, weil im Rat Bedfords und seines Königs ebenso unterschiedliche Ansichten über das weitere Vorgehen vertreten wurden, wie sie Karl VII. von seiner Umgebung hören mußte. Am Ende plante Bedford einen neuen Angriff, der über La Charité-sur-Loire vorgetragen wurde; Karl wollte ihm durch einen Gegenstoß zuvorkommen, aber wieder erlitt sein Heer eine schwere Niederlage. Es half nicht viel, daß der König die ganze Familie d'Arc nobilitierte: Verantwortung für das Scheitern wurde Jeanne angelastet, und die Truppenführer sahen begreiflicherweise keinen Grund, dieses Bild zu korrigieren. Der Winter 1429/30 brachte generell eine atmosphärische Veränderung, denn die Hochstimmung wich trüber Resignation. Dieser Krieg, so begriff man, würde länger als erwartet dauern, rasches Vertreiben der Engländer schien unmöglich, die Jungfrau hatte überspannte Erwartungen letztlich nicht erfüllt. So kehrte auch Jolande von Aragón zu ihrer alten politischen Linie zurück, und während Jeanne weitere Feldzüge fürs erste untersagt wurden, fand sich mit Catherine de la Rochelle eine neue Abgesandte Gottes, die im Frieden mit Burgund das rettende Ziel wies. Es war allerdings schwer erreichbar, denn Philipp der Gute hatte vernünftiges Interesse am herrschenden Zustand, der ihm eine starke Position sicherte.

Jedem der streitenden Könige unentbehrlich, mußte er von Sieg und Niederlage gleichermaßen profitieren und Burgund auf diese Weise in den Rang einer europäischen Großmacht wachsen sehen. Als er am 10. Januar 1430 in dritter Ehe Isabella von Portugal heiratete, die Tochter König Johanns I. und einer Prinzessin aus dem Haus Lancaster, war das eine Demonstration hohen politischen Anspruchs, der den Herzog notgedrungen zum schwierigen Verhandlungspartner machen mußte, denn um Macht und Prestige zu erhalten, bedurfte es einer zwischen beiden Fronten lavierenden Politik.

Compiègne: Gefangenschaft

Dieser Maxime folgend, betrieb Philipp der Gute gleichzeitig die Verlängerung seines Waffenstillstandes mit Karl VII. bis zum März 1431, leistete Bedford Militärhilfe, bereitete für den April ein anglo-burgundisch-französisches Gipfeltreffen vor und versuchte auf eigene Hand die Rückeroberung von Compiègne, um seine Ausgangslage bei den Unterredungen zu verbessern. Am 20. Mai begann die Einschließung der Stadt, deren Bewohner sich wie die Bürgerschaften anderer Orte im Vorjahr etwas zu freudig Karl VII. ergeben hatten und nun burgundische Rache erwarten mußten. Diese allgemein verbreitete Furcht gab Jeanne noch einmal Gelegenheit zum militärischen Eingreifen; am 23. Mai kam sie in Compiègne an, befahl sofort einen Ausfall der Besatzung und fiel in Gefangenschaft, als der Rückzug hinter die Stadtmauern abgeschnitten wurde. Unmittelbar nach diesem Ereignis ließ Bedford durch Bischof Pierre Cauchon von Beauvais sein erstes Angebot zur Auslieferung der Gefangenen machen, die er schließlich nach längeren Verhandlungen am 21. November für 10000 *livres tournois* erhielt. Von einem Versuch Karls VII., seinerseits eine Auslösung zu erreichen, ist nichts bekannt; wahrscheinlich wäre er auch sinnlos gewesen, weil die Engländer schon den Plan gefaßt hatten, Jeanne den Prozeß zu machen.
Man konnte sich in der Tat kaum damit begnügen, die Jungfrau in der Haft sterben und damit eine Märtyrerin entstehen zu lassen, deren Wirkung gar nicht abzusehen war. Die französischen Erfolge seit Orléans mußten vielmehr als Teufelswerk entlarvt werden, damit sich der Kampf Bedfords und der Burgunder als gerechter Krieg, der König von Frankreich aber als Verbündeter des Bösen und Protektor einer Hexe offenbaren konnte. Die im Urteil der Bevölkerung moralisch fragwürdig gewordene englische Herrschaft in Frankreich mochte auf diese Weise ein Stück Legitimität zurückgewinnen, hohe materielle Opfer der noch loyalen Gebiete würden sich schlüssiger begründen lassen. Seit dem Mai 1429 breitete sich ein Partisanenkrieg mit fließenden Grenzen zwischen Kriminalität und Befreiungspathos bis in die Normandie aus, von der

Bedford immer wieder Abgaben hatte fordern müssen. Mit dem mühsamen Kampf gegen übernatürliche Kräfte waren die trotz hoher Aufwendungen unleugbar eingetretenen Mißerfolge sehr gut zu erklären. Darüber hinaus mußte Jeannes Ende für Kirchenmänner und Universitätslehrer schwierige Debatten darüber abschließen, wie man sich zu ihrer charismatischen Erscheinung stellen sollte, die für rationale Theologen fragwürdig war und auf das gläubige Volk polarisierend wirkte.
Die Vorbereitungen zu einem solchen Prozeß waren am besten von der Universität Paris als dem angesehensten Gremium für wissenschaftlich begründete Glaubensentscheidungen zu treffen, und schon drei Tage nach Jeannes Gefangennahme betonten die Magister und Doktoren in einem Brief an den Herzog von Burgund ihre Zuständigkeit, indem sie dringenden Verdacht auf Häresie äußerten. Da die Jungfrau sich immer auf ihren göttlichen Auftrag berufen hatte, war sie in offenen Gegensatz zur Lehrmeinung der Universität getreten, die sich seit langem für die gerechte Sache Heinrichs VI. und seines Vaters erklärt hatte. Noch am 21. November, dem Tag, an dem die Gefangene den Engländern überstellt worden war, forderte die Universität dann Bedford zum Handeln auf: Jeanne sollte nach Paris gebracht und den kirchlichen Gerichten überlassen werden. Angesichts der unsicheren Verhältnisse in dieser Stadt, wo ein Volksaufstand oder ein glücklicher Handstreich der Armee Karls VII. Jeanne hätte die Freiheit bringen können, schien Bedford aber Rouen der geeignetere Platz. Hier lebte überdies der aus seiner Diözese vertriebene Bischof von Beauvais, in dessen Sprengel Jeanne gefangengenommen worden war und der infolgedessen ihr zuständiger Richter sein mußte.

Rouen: Prozeß und Tod (1431)

Pierre Cauchon war 1371 in Reims geboren und gehörte einer Familie des vornehmen Bürgertums an. Nach dem Studium des kanonischen Rechts und der Theologie an der Universität Paris war er 1403 deren Rektor gewesen und hatte sich schon in früher Jugend den Bourguignons angeschlossen, weil er ihnen die Beendigung des Großen Schismas zutraute und auch Hoffnungen auf Erfolge Johanns Ohnefurcht bei der Türkenabwehr hegte. Als Berater der burgundischen Herzöge wirkte er von 1414 bis 1418 auf dem Konstanzer Konzil und folgte nach dem Attentat von Montereau der Entscheidung für Heinrich V., der ihm bald darauf das Bistum Beauvais übertrug. Cauchons Karriere war insofern geradlinig, seine politische Haltung beständig und loyal; erst nationale Tendenzhistorie des späten 19. Jh.s und die hagiographische Literatur im Vorfeld der 1920 erreichten Heiligsprechung Jeannes haben das Zerrbild des Verräters und charakterlosen Kollaborateurs entworfen, das den Zeitgenos-

sen fremd und auch im Rehabilitationsprozeß von 1456 unbekannt war. Das Domkapitel von Rouen erteilte Cauchon Vollmacht zur Prozeßführung am Ort seines Exils, und am 3. Januar 1431 bestätigte ihn der englische Kronrat als vorsitzenden Richter, so daß er am 9. Januar das Verfahren nach den Regeln des Inquisitionsprozesses eröffnen konnte.
Zunächst mußte der Gerichtshof konstituiert werden. Zum Promotor des Verfahrens bestimmte Cauchon den Domherrn von Beauvais und Bayeux Jean d'Estivet und wählte eine lange Reihe ihm vertrauter, geeignet erscheinender Beisitzer. Als Bevollmächtigter des Inquisitors für Frankreich nahm der Dominikaner Jean Le Maître, Inquisitor der Diözese Rouen, vom 13. März ab an den Sitzungen teil. Das Domkapitel von Rouen, die Äbte und Prioren der wichtigsten normannischen und bretonischen Klöster hatten ein Mitwirkungsrecht, so daß während des Prozesses insgesamt 131 Personen anwesend waren, unter ihnen mindestens 80 Mitglieder oder Graduierte der Universität Paris, deren führende Rolle in diesem Verfahren damit aufs Neue offenkundig wurde. Nur acht dieser 131 Männer waren Engländer, von denen wiederum nur zwei an mehr als drei Sitzungen teilgenommen haben. Vornehmster der englischen Beisitzer war Henry Beaufort, Kardinalbischof von Winchester, ein Großonkel Heinrichs VI. Der engere Gerichtshof bestand aus den beiden Richtern Pierre Cauchon und Jean Le Maître, dem Untersuchungsrichter Jean de la Fontaine, dem Promotor Jean d'Estivet; für sie arbeiteten die Notare Guillaume Colles und Guillaume Manchon als Protokollanten, als Gerichtsdiener Jean Massieu.
Das Verfahren hatte von vornherein ein doppeltes Gesicht als politischer und als Inquistitionsprozeß, der mit dem Urteil über Jeanne zugleich Karl VII. als Häretiker und Schismatiker erweisen sollte. Der Fortgang wurde dadurch erschwert, daß die Angeklagte wie seinerzeit in Poitiers durch kühne und offene Antworten überraschte, von denen auch die erhaltenen Gerichtsprotokolle zeugen und damit auch dem späten Leser beachtlichen Mut angesichts einer mitunter sehr großen, oft unruhig-aggressiven Versammlung bedeutender Juristen, Theologen und Ordensleute deutlich vor Augen führen. Wichtigster Vorwurf, den schon Regnault von Chartres, Erzbischof von Reims, am Anfang ihres Wirkens gegen Jeanne erhoben hatte, war auch in Rouen die *superbia,* mit der sie überheblich gegen die Heilsanstalt Kirche eine direkte Beziehung zu Gott und seinen Heiligen behauptete und durch vermeintliche Inspiration die Zukunft voraussagte. Die üblichen Verhöre und Zeugenbefragungen, meist in der königlichen Burg von Rouen abgehalten, zogen sich bis zum 26. März 1431 hin, am folgenden Tag begann Jean d'Estivet die 70 Artikel seiner Anklageschrift zu verlesen, aus der Cauchon wiederum 12 Hauptpunkte ziehen ließ, die juristischen und theologischen Gutachtern zugestellt wurden, unter denen die Fakultäten der Kanonisten und der Theologen in Paris die wichtigsten waren. Jeanne, so die drei zentralen Anklagekomplexe, habe zweifelsohne echte Auditionen gehabt, freilich als

Symptome einer Besessenheit; ihr Einfluß auf Karl VII. habe deshalb höchst verderblich gewirkt, und schließlich habe sie mit dem beständigen Tragen von Männerkleidern bis auf diesen Tag ihre Verachtung gottgesetzter Verhaltensnormen kundgetan. Der letzte Punkt darf in seiner Bedeutung nicht unterschätzt weden, denn Jeannes Richtern ging es um biblisch begründbare Nachweise von Regelverstößen als Indizien dafür, daß die Angeklagte Ordnungen Gottes und der Kirche nicht mehr anerkannte. In der Tat war Jeanne nicht imstande, den Unterschied zwischen ihrem naiven Gottvertrauen und dem kirchlichen Lehrgebäude zu begreifen, nicht die Differenz zwischen *ecclesia triumphans* bestehend aus Gott, den Heiligen, Engeln und geretteten Seelen einerseits, *ecclesia militans* aus Papst, Klerus und allen lebenden Christen andererseits: Die Unterwerfungsforderungen der kämpfenden Kirche meinte sie mit dem Bekenntnis zur triumphierenden abwehren zu können.

Am 14. Mai befand die Universität Paris, daß die Angeklagte ihren eigenen Aussagen nach als götzendienerische Hexe, Schismatikerin und Wahrsagerin überführt sei. Am liebsten hätte das geistliche Gericht im Hinblick auf die öffentliche Meinung natürlich ein Geständnis gehabt, blieb mit seinen Bemühungen aber erfolglos und verkündete am 24. Mai das Urteil. Obwohl Jeanne nun ihr Schicksal in die Hände des Papstes legen wollte, begann Cauchon mit der Verlesung, wurde jedoch von der Angeklagten mit einer Schulderklärung unterbrochen, die ihre Bereitschaft zum Abschwören einschloß. In abgekürztem Verfahren nahmen die Richter diese Wendung zur Kenntnis und ordneten mit dem Einverständnis Le Maîtres lebenslange Haft als Kirchenbuße an. Damit schien der politische Zweck des Prozesses verfehlt, aber Jeanne widerrief drei Tage später, so daß ihr nun der Scheiterhaufen sicher war. Am 30. Mai verbrannte man sie auf dem Alten Markt von Rouen, und in einem Rundschreiben an alle geistlichen und weltlichen Fürsten, Barone und Städte Frankreichs behauptete Bedford wider besseres Wissen, sie sei in der Erkenntnis ihrer Irrtümer gestorben.

Der Friede von Arras (1435)

Nun mußte der englische Hof den nächsten Schritt tun und das Königtum Heinrichs VI. in Frankreich durch die Weihe legitimieren. Weil Reims als der rechte Krönungsort unerreichbar blieb, vollzog man die Handlung am 16. Dezember in Paris, aber die näheren Umstände zeigten sich denkbar ungünstig. Außer dem Coronator Henry Beaufort von Winchester waren nur die Bischöfe von Paris, Noyon, Beauvais und Thérouanne gekommen; selbst der Erzbischof von Sens als der zuständige Metropolit fehlte. Keinen der weltlichen Pairs von Frankreich, nicht einmal den Herzog von Burgund, sah Heinrich VI. in seiner Umgebung, und

das Volk von Paris kritisierte murrend die bescheidene Küche mit ihren aufgewärmten Braten, das schlechte Wetter, die unterbliebene Amnestie für Gefangene. Während der allgemeine Mißmut wuchs, konnten Unterhändler Karls VII. ihrem Herrn von einem sechsjährigen Waffenstillstand berichten, den sie mit burgundischen Gesandten in Lille ausgehandelt und am 13. Dezember unterzeichnet hatten. Diese lange Frist unterstrich den guten Willen beider Seiten und traf Bedford deshalb besonders hart, denn er stand nun allein einer sich vor allem in Maine verstärkenden Kleinkriegsführung Richemonts und des Bastards von Orléans gegenüber. Beide befestigten durch wiederholte Angriffe auf die südwestliche Normandie bei deren Bewohnern den Eindruck, daß Heinrich VI. keinen zuverlässigen Schutz mehr bieten konnte.
Darüber hinaus wurde durch den Rückzug Burgunds aus dem englischen Bündnis die ohnehin herrschende Auffassung verstärkt, daß man es mit einer fremden Besatzungsmacht zu tun habe. Plünderungszüge La Hires in der Ile-de-France enthüllten auch dort die Schwäche Bedfords, aber Uneinigkeit im Lager Karls VII. behinderte vorderhand den durchschlagenden Erfolg, weil der Dauerkonflikt zwischen Richemont und La Trémoïlle immer wieder Fehde- und Kriegshandlungen in der Auvergne, im Anjou, im östlichen Grenzgebiet der Bretagne nach sich zog. Dennoch mußte Bedford wichtige Vorhaben abbrechen, so die Belagerung von Lagny am 10. August 1432, und er trug unbeabsichtigt zum Sturz La Trémoïlles bei, indem er Herzog Johann V. von der Bretagne und seinem Bruder Richemont ein Bündnis anbot. Auf diese Nachricht nämlich erklärte La Trémoïlle seinen Frieden mit Richemont und erregte durch solche schnell und ganz selbständig vollzogene Wendung das Mißtrauen der Anjous, die ihn im Juni 1433 auf Schloß Chinon überraschend verhaften ließen. Nur gegen hohes Lösegeld und das Versprechen, dem Hof künftig fernzubleiben, kam er wieder frei. Für den Beraterkreis Karls VII. bedeutete es zweifellos eine Stabilisierung, daß nunmehr Jolande von Aragón, Karl von Anjou und Richemont die unbestrittene Vormachtstellung innehatten, denn auf diese Weise gewann die königliche Politik an Stetigkeit und Ausdauer beim Verfolgen einmal gewählter Ziele.
Im Sommer 1434 kam es in der Normandie zum Aufstand, als bewaffnete Bauern von englischen Söldnern angegriffen wurden und mehrere Tote zu beklagen hatten. Bedford selbst hatte die Waffen im Lande verteilen lassen, um eine bodenständige Verteidigung gegen die Angriffe Richemonts aufzubauen, doch die Soldhauptleute fürchteten im Wettbewerb mit den bäuerlichen Milizen um ihr Kriegsmonopol. Zwar konnte die Erhebung der zornigen Bauern niedergeschlagen werden, aber sie mußte gleichwohl ein Alarmsignal sein, weil die Normandie bislang als feste Basis englischer Herrschaft gegolten hatte. Konkurrenzneid führte auch an ganz anderer Stelle einen Umschwung mit erheblicher politischer Tragweite herbei: Die Universität Paris revidierte ihre Entscheidung für den englischen König unter dem Eindruck von Neugründungen, mit

denen die Eifersucht der Magister erregt wurde. Sie hatten ihre Autorität in der Zeit anglo-burgundischer Vorherrschaft auf alle nördlichen Gebiete Frankreichs ausdehnen können und sahen sich nun Bestrebungen gegenüber, die ihr Ansehen zwangsläufig schmälern mußten. Schon 1422 hatte Philipp der Gute von Papst Martin V. die Erlaubnis zur Gründung einer Universität in Dole bekommen, drei Jahre später errichtete Johann V. von Brabant die Universität Löwen, 1431 bauten Karl VII. in Poitiers und Jolande von Aragón in Angers bestehende Hochschulen zu Universitäten aus. 1432 schließlich erhielt die Normandie von Heinrich VI. ihre Universität in Caen, ein Projekt, von dem seit 1424 immer wieder die Rede gewesen war und gegen das die Pariser Magister zäh gekämpft hatten. Nun gingen die Studentenzahlen in der Hauptstadt zurück und die Universität lastete die Schmälerung ihrer wissenschaftlichen und wirtschaftlichen Bedeutung Bedford an. Künftig mußten die Interessen der Magister auf andere Weise vertreten werden.
Diese Interessenlage wies in den letzten Jahren immer deutlicher auf die Seite Karls VII., der seit 1431 in Arras mit Bevollmächtigten Philipps des Guten verhandeln ließ und das in einer zweiten Phase während des Frühjahrs 1432 fortsetzte. Der Herzog von Burgund mußte auf Kräfte des eigenen Lagers Rücksicht nehmen, die nach Frieden verlangten, ja es gab Hinweise auf eine profranzösische Partei, als deren pominenteste Vertreter Ludwig von Chalon und Jean de La Trémoïlle galten, der Bruder des beim König von Frankreich in Gunst stehenden George de La Trémoïlle. Auch Flandern wünschte Frieden zum Nutzen seiner Wirtschaft, die sich unter dem Druck der englischen Tuchproduktion immer mehr vom industriell betriebenen Gewerbe auf Fernhandel umstellte und deshalb sicherer Verkehrswege bedurfte. Gefahr drohte schließlich vom Römischen Reich, dessen Oberhaupt durch Bündnis mit Karl VII. ein Gegengewicht zur burgundischen Ausdehnungspolitik hatte schaffen wollen. Ende 1434 erklärte Kaiser Sigismund den Reichskrieg, der zwar nicht zur Offensive gedieh, aber als drohende Last den Herzog von Burgund gegenüber Karl VII. ausgleichswilliger machte.
Auf einem großen Hoftag in Vienne bereitete Karl VII. im Frühjahr 1434 seine nächsten Schritte vor, und am 12. August des gleichen Jahres versammelte er die ihm ergebenen Stände der Langue d'oïl in Tours. Beides waren machtvolle Demonstrationen der Kohärenz des königlichen Lagers, so daß im Januar 1435 in Nevers die ersten Verhandlungen auf hoher Ebene eingeleitet werden konnten. Philipp der Gute traf mit Herzog Karl von Bourbon, dem Erzbischof von Reims und königlichen Kanzler Regnault de Chartres, dem Connétable Richemont und ausgewählten Kronjuristen zusammen. Schon im Vorjahr hatte La Hire im Beauvaisis einen Sieg über den Grafen Arundel errungen, und seit Juni 1434 hielt Johann, Bastard von Orléans, St-Denis fest in seiner Hand. Damals schrieb Jean Jouvenel des Ursins seine politische Klage *Audite celi que loquor,* in der er Frankreich denjenigen Vorwürfe machen ließ, die

seine Sprache redeten, aber von Rache getrieben und ohne Verständnis für die wahren Zusammenhänge sich mit England verbündet hätten. Hiermit war Burgund gemeint, aber angesichts der allgemeinen Friedenssehnsucht konnten sich auch die Engländer nicht mehr versagen, so daß der Rat Heinrichs VI. eine umfassende Friedensregelung zu erwägen begann.

Am 5. August 1435 wurde im Kloster St-Vaast zu Arras unter dem Vorsitz der Kardinäle Niccolò d'Albergati als Vertreter des Papstes und Hugo von Lusignan als Vertreter des Basler Konzils eine der größten Friedenskonferenzen des Mittelalters eröffnet. Gesandte des Königs von Neapel, der Herzöge von der Bretagne, von Orléans und von Alençon, der Universität Paris und der bedeutendsten Städte Frankreichs trafen mit jeweils reichem Gefolge als Beobachter ein; für Karl VII. verhandelten Herzog Karl von Bourbon, Erzbischof Regnault de Chartres von Reims und Richemont, für Heinrich VI. Kardinalbischof Henry Beaufort von Winchester, der Erzbischof von York, Bischof Pierre Cauchon von Lisieux und Graf William von Suffolk. Philipp der Gute erstrebte außer dem allgemeinen Frieden zwischen England, Frankreich und Burgund ein Sonderabkommen mit Karl VII. Dieser ließ Heinrich VI. Normandie und Guyenne als Lehen der Krone Frankreich anbieten, aber Bedford hielt an der Lehnsoberhoheit Heinrichs VI. fest, die Karl für alle von ihm derzeit gehaltenen Lande anerkennen sollte. Das hatte auch John Fastolf gemeint, als er den Thronanspruch Heinrichs VI. für schon deshalb unaufgebbar erklärte, weil andernfalls die englischen Kriege und Eroberungen auf dem Kontinent nichts als Usurpationsversuche gewesen wären. So verständlich und juristisch konsequent der Gedanke war, so unhaltbar mußte er zum gegenwärtigen Zeitpunkt erscheinen; selbst die vorsitzenden Kardinäle lehnten alle aus diesem Standpunkt hergeleiteten Propositionen Bedfords ab. Philipp dem Guten lieferten sie damit einen Vorwand, die alleinige Verantwortung für das Scheitern des Kongresses den Engländern zuzuweisen, die am 6. September 1435 den Tagungsort verließen. Acht Tage darauf starb der Herzog von Bedford, mit dem Heinrich VI. seinen bedeutendsten Staatsmann verlor.

Am 21. September hatte Philipp der Gute eines seiner Ziele erreicht, Karl VII. den entscheidenden Vorteil gewonnen. In der Abteikirche von St-Vaast wurde der Friede zwischen dem König von Frankreich und dem Herzog von Burgund verkündet, anschließend kniete der greise, schon von Karl VI. im Dienst ausgezeichnete Jurist Jean Tudert vor Philipp nieder und erklärte den Mord an Johann Ohnefurcht mit der Jugend des Dauphins, der die Tat in seinem späteren Lebensalter nie zugelassen und immer bedauert hätte. Philipp der Gute sprach daraufhin seine Vergebung aus, so daß die Friedensartikel beschworen werden konnten. Karl VII. gab die Grafschaften Auxerre und Mâcon an den Herzog von Burgund, dazu die Burgbezirke Bar-sur-Seine, Péronne, Roye und Montdidier sowie die Städte an der Somme; für diese Städte wurde ihm das Recht des Rückkaufs zum Preis von 400000 *écus* eingeräumt. Der König erließ Philipp das *homagium*, aber einem Nachfolger sollte der Herzog huldigen, und auch seine Erben unterlagen wieder der Lehnspflicht. Philipps Lande sollten von der Gerichtsbarkeit des Pariser Parlements frei sein, und obwohl damit keineswegs die Souveränität Burgunds zugestanden war, schien es doch nicht nur den Zeitgenossen so, sondern auch einer Nachwelt, die im Vertrag von Arras das Gründungsdokument des burgundischen Staates gesehen hat. In Wirklichkeit waren die Friedensbestimmungen für Philipp den Guten langfristig von Nachteil, denn alles, was er hier zugesprochen erhielt, besaß er schon, und der folgende Krieg mit England schädigte den flandrischen Handel, während die französische Krongewalt sich konsolidieren konnte.

Neubeginn

Mit der Ratifikation des Vertrages durch Karl VII. am 10. Dezember 1435 hatte Jolande von Aragón ihr Ziel erreicht: England war isoliert. Noch aber standen englische Truppen im Land und vor allem mußte Paris erobert werden, dessen Einwohner sich immer deutlicher von den Statthaltern Heinrichs VI. abwandten, den Bischöfen Ludwig von Thérouanne aus dem Haus Luxemburg, Pierre Cauchon von Lisieux, Jacques du Châtelier von Paris und Pasquier de Veaux von Meaux. Das militärische Vorgehen gegen die Hauptstadt wurde Richemont übertragen, der im Frühjahr 1436 die Einschließung begann und durch einen Bürgeraufstand unterstützt wurde. Am 13. April sah sich die kleine englische Garnison außer Gefecht gesetzt, den Truppen des Königs öffneten sich die Tore. Das war ein großer Erfolg, aber noch kein entscheidender Durchbruch zur Befriedung des Landes, in dem nicht nur englische, sondern auch burgundische Soldverbände bekämpft werden mußten, die den Krieg auf eigene Rechnung weiterführten; ein Vorgeschmack auf den erneuerten Schrecken der Compagnies.
Solche großen, schlagkräftigen und nicht mehr kontrollierbaren Heerhaufen der *écorcheurs*, der Schinder, wie man sie bald nennen sollte, waren ein signifikantes Merkmal des allgemeinen politischen und gesellschaftlichen Zustandes nach dem Friedensschluß, der keineswegs innere Sicherheit gebracht hatte, sondern durch Glättung der ärgsten Kriegswogen die in jeder Hinsicht grauenvolle Verwüstung des Landes nur um so deutlicher enthüllte. Seit 1437 verbreiteten sich die *écorcheurs* über ganz Mittel- und Südfrankreich, so daß selbst die Königin sich mehrmals an den mächtigsten ihrer Anführer, Rodrigo de Villandrando, mit der Bitte wenden mußte, die Touraine zu verschonen, in der sich ihr Hofstaat aufhielt. Zwar nahm das Ansehen der Krone im Laufe der Jahre nach 1435 allmählich zu, aber es wäre übertrieben, in der Nachfolge harmonisierender

Tendenzen des 19. Jh.s anzunehmen, daß der König die Nation im Kampf gegen England repräsentiert, die alte Einheit von Nation und Königtum erneuert habe.
Am englischen Hof trat vor allem Humphrey von Gloucester für eine machtvolle Fortsetzung des Krieges ein, denn ihm hatte Heinrich VI. die Grafschaft Flandern versprochen. 1436 landete der Herzog in Calais, das Philipp der Gute zuvor vergeblich belagert hatte und überzog die burgundischen Niederlande mit Krieg. In Frankreich leitete John Talbot die Operationen und beunruhigte seit Anfang des Jahres 1437 mit größeren Truppenbewegungen das untere Seinegebiet sowie die Umgebung von Paris. Ivry und Pontoise fielen in seine Hand, so daß die Hauptstadt ernsthaft bedroht schien. Das war die Stunde Karls VII.
Der Historiograph und Dichter Georges Chastellain hat in seinem *Livre de tous les haulz et grans faits de la chrestienté,* einer Universalchronik, deren umfangreiche zeitgeschichtliche Passagen erhalten sind, das Jahr 1435 als die große Zäsur in der politischen und persönlichen Biographie Karls VII. gesehen: Nach langer Zeit der Schwäche sei nun der Staatsmann hervorgetreten und habe die Regierung seines Reiches fortan selbst bestimmt. Diese Anschauung hat noch auf die moderne Geschichtsschreibung gewirkt, aber sie ist nur bedingt richtig und stützt sich vor allem auf Tatsachen, die primär mit Veränderungen in der Umgebung des Königs zusammenhängen, über seine individuelle Entwicklung aber nichts aussagen. Als mit dem Frieden von Arras die burgundische Bedrohung weggefallen war, zeigten sich Auflösungserscheinungen in der Karl stützenden Fürstenkoalition, da Johann von Alençon sich auf seine Ländereien zurückzog und der Herzog von Bourbon mit seinem Anhang auf Kosten des Hauses Anjou beim König Einfluß zu gewinnen suchte. Die alten Parteigänger des Hauses Orléans waren mit der Vereinbarung von Arras ohnehin unzufrieden, weil der König dem Herzog von Burgund auch in der Öffentlichkeit über die Gebühr nachgegeben und nur den Mord an Johann Ohnefurcht als sühneheischendes Verbrechen herausgestellt hatte, nicht aber das Attentat auf Ludwig von Orléans im November 1407. Da sich René von Anjou noch in der Gefangenschaft Philipps des Guten befand, mußte seine Familie ihre Position am Königshof schon deshalb stärken, um den Verhandlungen über die Freilassung Nachdruck zu verleihen. Sie konnte dabei auf Richemont zählen, der seit dem Frühjahr 1432 mit dem König ausgesöhnt war und mit Pierre d'Amboise, Prégent de Coëtivy, Jean de Bueil und Pierre de Brézé Männer in die Umgebung Karls VII. brachte, die in den folgenden Jahren als Berater an hervorragender Stelle stehen sollten. Alle vier kamen aus Diensten der Häuser Anjou und Bretagne, die Jolande von Aragón und Herzog Johann V. Anfang 1431 in einem Bündnis vereint hatten, um ein Gegengewicht zu anderen Kräften, vor allem gegen den Herzog von Bourbon zu schaffen. Durch diese Koalition war Anfang 1432 der Graf von Maine und Schwager Karls VII., Karl von Anjou, in eine Vertrauensstellung

gelangt, von der aus er zusammen mit seiner Schwester, der Königin Maria, und seiner Mutter, Jolande von Aragón, alle wichtigen politischen Entschlüsse des Königs bestimmte, während Richemont sich weiterhin ganz auf die militärischen Vorhaben beschränkte. Diese Konstellation verlieh den Entscheidungen des Hofes ihre Geradlinigkeit, die weder für eine neuartige Regierungspraxis Karls VII. spricht noch gegen seine schon früher vorhandene Begabung im Umgang mit einander widerstreitenden Fraktionen.

Im Sommer 1437 rückte der König mit einer Armee vom Languedoc aus in die Ile-de-France und hielt am 12. November 1437 seinen feierlichen Einzug in die Hauptstadt. Der Prévôt von Paris und der Prévôt des Marchands zogen dem König zur Begrüßung entgegen, gefolgt von den Schöffen und einer Bürgerabordnung, dem Bischof mit seinem Kathedralklerus, dem Parlement, der Universität und der Chambre des Comptes. Die Stadtschlüssel wurden Karl übergeben, der allgemeine Amnestie für seine Gegner verkündete, jede Plünderung verbot und damit anzeigte, daß der Bürgerkrieg endgültig beendet sein sollte. Gleichzeitig traf er die ersten Maßnahmen, mit denen eine geordnete Verwaltung wiederhergestellt werden sollte. Bis 1435 war mehr oder weniger improvisiert nur den drängendsten Forderungen des Tages entsprochen und oft mehr aus politischer Rücksicht als nach den Bedürfnissen der Sache entschieden worden. Nun aber mußten Reformen in Angriff genommen werden, denn in Paris bestand noch das Parlement aus der Zeit der burgundischen Herrschaft, während Karl einst in Poitiers den obersten Gerichtshof für seinen Machtbereich eingerichtet hatte. Aus beiden Institutionen fügte der König nun sein neues Parlement zusammen, behielt 18 der Pariser Räte im Amt und ließ 26 aus Poitiers kommen. Ähnlich verfuhr er mit der Chambre des Comptes, die zwei *maîtres* und zwei *clercs* aus Paris, acht bzw. zwölf aus Bourges aufnahm. Im Sinne des erstrebten dauerhaften Friedens wurden auch andere wichtige Amtsträger aus anglo-burgundischen Diensten übernommen, so der Prévôt von Paris, Philippe de Ternant, und der Prokurator Jean Chouart. Indem Karl VII. klug genug war, nicht alle Stellen neu und mit seinen eigenen Leuten zu besetzen, konnte er beginnen, Staatsdienst und politischen Nepotismus wieder auseinanderzuhalten und auch spezifische Wirtschaftsinteressen den Bedürfnissen der Verwaltung nachzuordnen.

Dies fiel um so leichter, als Kaufleute und Bankiers in den jahrelangen wechselvollen Kämpfen eine gewisse Zurückhaltung gegenüber dem politischen Leben gelernt hatten. Vor allem war das einst blühende Kreditgeschäft fast vollständig zum Erliegen gekommen, weil Schuldner sich allzu häufig durch politischen Frontenwechsel drückender Lasten entledigt hatten, im Kampf gefallen oder aus hohen Ämtern gestürzt worden waren. Erschüttertem Vertrauen im Einzelfall entsprach Unsicherheit auch in der allgemeinen Lagebeurteilung: 1418 oder 1420 erschien es vernünftig und ein Gebot der Einsicht, auf die anglo-burgundische Sache und die Doppelmonarchie zu setzen; niemand hätte einem Mann wie Pierre Cauchon den Vorwurf unüberlegter Parteibindung machen können, während sich eben das 1435 als durchaus schlecht und schädlich erwies. Die nun herrschende skeptisch-vorsichtige Haltung kam der Krone zugute, als sie darangehen mußte, das Verwaltungssystem der Capetinger wieder herzustellen, all die Bailliages und Sénéchaussées mit ihren festen Zuständigkeiten. Freiheiten, die sich in den Zeiten der kriegerischen Anarchie gebildet hatten, waren zurückzuschneiden, die Delegation von Macht neuer Kontrolle zu unterwerfen.

Die Pragmatische Sanktion von Bourges (1438)

Das betraf in besonderer Weise auch die Kirchenverfassung, denn auf Unterstützung des Klerus konnte die Monarchie noch nicht verzichten. In den Jahrzehnten des Krieges hatten sich alte Bindungen gelockert, das Große Schisma und der Aufstieg fürstlicher Gewalten rechtsverändernd gewirkt. Eine Reihe päpstlicher Befugnisse war erst in jüngster Zeit durch das seit 1431 in Basel tagende Konzil beschnitten worden, so daß sich Papst Eugen IV. in einer Denkschrift an alle europäischen Höfe darüber beklagte und um Befehle an die verschiedenen Delegationen und Bischöfe nachsuchte, sich künftig anders zu verhalten. In diesem Zusammenhang wurde Karl VII. ausdrücklich an seine Vorgänger erinnert, die immer treue Beschützer der Nachfolger Petri gewesen wären, aber der König befand sich in schwieriger Lage, weil er immer noch im Krieg gegen den traditionell antipäpstlich eingestellten englischen Hof stand und schon deshalb auf die Seite des Konzils treten mußte. Andernfalls wäre die Loyalität des eigenen Episkopates gefährdet worden und in der Auseinandersetzung mit England ein neuer, schwerer Nachteil entstanden. Karl schickte daher Bevollmächtigte nach Basel, die dem Konzil am 1. Juni 1436 Ergebenheit des Königs von Frankreich versicherten und alle Kräfte seines Reiches zur Verfügung anboten. Freilich müsse der Papst mit Respekt behandelt werden und alle Differenzen zwischen dem heiligen Stuhl und dem Konzil seien auszuräumen, die Interessen Karls VII. zu beachten und auf die Ladung französischer Prälaten vor das Konzil zu verzichten. Die ganze Ambivalenz der französischen Haltung wurde offenbar, als die Gesandtschaft von Basel nach Italien zum Papst reiste, ihm Bericht erstattete und über Vorschläge für den Ort eines Unionskonzils mit der griechischen Kirche verhandelte, das der Papst in Florenz, die meisten Konzilsväter aber und ihnen folgend dann auch Karl VII. in Avignon abzuhalten wünschten, wohin Eugen IV. seinen Sitz verlegen sollte. Über diese Frage kam es bald darauf zu einem heftigen Streit, und das erbitterte Konzil setzte den Papst am 14. Januar 1437 ab. Karl VII. mißbilligte das zwar, erklärte aber am 23. Januar 1438 dem Konzil sein

Einverständnis in der Sache und versicherte gleichzeitig dem Papst seinen Eifer für die Befriedung der Christenheit.

Seit dem Ausbruch des Großen Schismas war die Unsicherheit darüber gewachsen, wie sich die französische Kirche zu verhalten habe. Im August 1408 hatte ein Konzil Regeln für die Kirchenverwaltung erlassen, deren Übergangscharakter betont wurde; weder die Rechte des Königs noch die Freiheiten der französischen Kirche noch die Autorität eines künftigen legitimen Papstes sollten von ihnen berührt werden. Weil eine Lösung der Krise aber nicht abzusehen war, übernahm Karl VI. im April 1410 offiziell den alleinigen Kirchenschutz im ganzen Reich und damit verbunden das Recht auf Vollzug von Konzilsbeschlüssen. Das hieß Selbstregierung der französischen Kirche unter königlicher Aufsicht, und im April 1418 beschloß das Parlement, »zu den alten Freiheiten der französischen Kirche« zurückzukehren. Es tat damit einen Schritt bisher unerhörter Art: Eine weltliche Institution stellte sich über Konzil und Papst, indem sie den Ort der Kirche in der Reichsverfassung bestimmen wollte. Von den durch Philipp IV. und seinen Legisten begründeten Rechtsauffassungen spannt sich ein Bogen zu diesem Parlementsspruch, mit dem deutlich wird, daß Frankreich auch in der Zeit seiner größten Krise an der einmal formulierten staatlichen Prärogative festhielt und der Versuchung widerstand, durch Anschluß an eine der kirchlichen Gewalten, sei es Papst oder Konzil, politische Vorteile im Krieg zu erlangen. Die vielberufenen Freiheiten der französischen Kirche waren und blieben seit der Wende zum 14. Jh. Regierungsinstrumente der Krone. Zwar entschieden in der Regel päpstliche Provisionen über die Besetzung von Bistümern, aber für das Königtum war das insofern günstig, als die Päpste seine Personalwünsche achteten, während die Domkapitel als Wahlkörperschaften das nicht immer taten und auch kaum dazu gezwungen werden konnten.

Nachdem das Basler Konzil am 24. Januar 1438 in die Rechte des suspendierten Papstes eingetreten war, sandte es dem König von Frankreich seine bisher gefaßten Beschlüsse und die Texte der Reformdekrete mit der Bitte, sie anzuerkennen und in seinem Reich auszuführen. Karl VII. berief daraufhin für den 1. Mai eine französische Synode nach Orléans, die vorbereitende Abreden traf und dann nach Bourges verlegt wurde, wo die Beratungen am 1. Juni aufgenommen werden konnten. Um die Ausführung der Konzilsbeschlüsse einzuleiten, setzte man eine Kommission ein; ihr Arbeitsbericht bildete das Fundament der vom König am 7. Juli 1438 verkündeten Pragmatischen Sanktion von Bourges. Darin wurde zunächst die Beschützer- und Dienerrolle des französischen Königs gegenüber der Kirche bekräftigt und anerkannt, daß diese Kirche reformbedürftig sei. Viele Güter und Praebenden seien an Unwürdige gegangen oder im Laufe der Zeit auch ganz entfremdet worden, so daß Abhilfe durch das Konzil nötig und willkommen sei. Freilich müßten diese Beschlüsse teilweise modifiziert werden, um den Bedürfnissen und

Rechtsgewohnheiten Frankreichs zu entsprechen. Anders als es das Konzil wolle, müßte der Papst von ihm bestimmte Amtsinhaber durch ihre direkten Vorgesetzten weihen oder vereidigen lassen; mit dieser Änderung sicherte sich die Krone nicht nur eine Prüfungsmöglichkeit, sondern auch ein Empfehlungsrecht für Wahlen in Domkapiteln oder wichtigeren Konventen. Teilweise weitgehende Abweichungen gegenüber der Konzilsmeinung brachte die Pragmatische Sanktion auch hinsichtlich der Praebenden, indem sie festlegte, daß bei deren Zuteilung Graduierte der Universitäten bevorzugt werden sollten und gleichzeitig für die Erlangung akademischer Grade künftig strengere Maßstäbe anzulegen seien. Dem Papst war untersagt, an Domkirchen und Kollegiatstiften neue Kanonikate einzurichten und Appellationen nach Rom waren künftig erst dann möglich, wenn alle anderen Rechtsmittel erschöpft und die französischen Instanzen durchlaufen waren. Sämtliche Punkte wurden in Basel vorgelegt und dem Konzil blieb nichts anderes übrig, als sie im folgenden Jahr zu billigen, wenn es nicht sein gesamtes Reformwerk gefährden wollte. Diese Zwangslage hatten die deutschen Fürsten ebenfalls erkannt und in einer Reihe von Konkordaten auch für sich Änderungen erreicht.
Die Bedeutung der Pragmatischen Sanktion von Bourges für Karl VII. und die französische Monarchie besteht darin, daß vorab und ohne päpstliche Zustimmung über wichtige Fragen der Kirchenverfassung entschieden worden war, über die Beziehungen zwischen Kirche und Staat ebenso wie über einzelne Bestimmungen des Kirchenrechts. Als Folge dieser Verfügungen gingen die aus Frankreich nach Rom fließenden Zahlungen um 20% zurück, aber noch wichtiger war die Tatsache, daß hier eine Nationalkirche konstituiert wurde, ohne daß es programmatisch verkündet worden wäre. Der König von Frankreich war Herr seines Klerus, gab aber die Devotion gegenüber dem Papst formell nicht auf. Zwischen Konziliarismus und Anerkennung der päpstlichen Autorität formulierte die Pragmatische Sanktion das Konzept einer von Parlementssprüchen abhängigen gallikanischen Kirche, die freilich nun Gefahr lief, unter einem geschwächten Königtum Regionalgewalten der Zweiten Feudalität in die Hände zu fallen. Die Wiederkehr frühmittelalterlicher Zustände war nicht ausgeschlossen, denn der Adel wollte seine in den Jahren des Koalierens und Verhandelns gewonnene Freizügigkeit nicht aufgeben.

Waffenstillstand

Staatsauffassung und Politikverständnis des Königs waren vielleicht nicht direkt durch italienische Vorbilder und Theoretiker beeinflußt, zeigen aber in vieler Hinsicht unverkennbare Merkmale jener Haltung, die man später auf Machiavelli zurückführen und als Einsicht in die Raison

des Machtstaates rühmen sollte. Karl wollte die zentralen Institutionen der Reichsverwaltung stärken und deshalb Adelsrechte beschneiden; er mußte zwangsläufig viele enttäuschen, die ihm während der Zeit seiner Schwäche in der Hoffnung gedient hatten, nach dem Sieg die Früchte ihrer teilweise erheblichen Anstrengungen zu ernten. Eben das war nach dem Vertrag von Arras ausgeblieben, weil durch die Amnestien keine Kriegsbeute mehr anfiel und der König mit seiner Personalpolitik zu verstehen gab, daß auch der Staat nicht als solche betrachtet werden durfte. Auf diesem Boden der Unzufriedenheit und der nicht erfüllten Erwartungen bildete sich um die Herzöge von Bourbon und von Alençon eine Opposition, der bald selbst René von Anjou und der 1439 zum Grafen von Dunois erhobene Bastard von Orléans angehörten. Johann von Alençon hatte seinen in der Normandie gelegenen Besitz durch den Krieg eingebüßt und auch andere Güterverluste nach 1435 nicht ersetzt bekommen, der Herzog von Bourbon sah seine Verteidigung Karls VII. gegen Philipp den Guten nicht durch hinreichenden Einfluß im Conseil belohnt, Dunois warf dem König Untätigkeit im Falle des seit Azincourt in englischer Gefangenschaft festgehaltenen Herzogs von Orléans vor, und durch seine burgundische Gefangenschaft während der Jahre 1431–1437 hatte René von Anjou hohe Lösegeldverpflichtungen auf sich nehmen müssen, die ihm der König niemals erleichterte.
Ein wichtiges Motiv dieser Opposition, die nicht leichthin nur partikularistisch verstanden werden darf, war Furcht vor erneuerter Herrschaft einer wenig kontrollierbaren und in ihrer Zusammensetzung unklaren politischen Klasse, die sich in der Umgebung des Königs durch feste Verwaltungsämter etablieren, ihre Stellungen persönlichem Ehrgeiz, verwandschaftlichen Beziehungen untereinander und der Gunst des Monarchen verdanken, Pensionen beziehen und sich nicht nur auf diese Weise an den Staatsfinanzen bereichern würde. In gleiche Richtung zielte die 1440 verfaßte Denkschrift *Quare obdormis, Domine?*, in der Jean Jouvenel des Ursins dem König vorwarf, die Generalstände zu mißachten und ihre Anliegen zu überhören. Seine Forderung, die Prinzen von Geblüt nicht länger am Hofe zu dulden, trennte ihn freilich von den Zielen einer fürstlichen Oppositon, die sich schon 1437 um die Herzöge von Bourbon und von Alençon gesammelt hatte, unterstützt durch René von Anjou, Johann V. von Bretagne und den Grafen Johann IV. von Armagnac. Sie blieb erfolglos, lebte aber im Zusammenhang mit der großen Ordonnanz vom 2. November 1439 wieder auf. Damals hatten die in Orléans versammelten Stände eingewilligt, daß allein der König eine stehende Truppe zur äußeren und inneren Sicherheit des Landes aufstellen und zu ihrem Unterhalt künftig ohne ausdrückliche Bewilligungen eine direkte Steuer, die *taille royale,* erheben durfte. Davon waren Adel und Klerus zwar befreit, aber die mit der Ordonnanz verbundene militärische Entmachtung der Aristokratie erregte deren Widerspruch und sollte durch den Sturz Karls VII. verhindert werden.

Mit der Aussicht auf baldige Regentschaft ließ sich der sechzehnjährige Dauphin Ludwig für diesen Plan gewinnen, so daß Karl von Bourbon, Johann von der Bretagne und Johann von Alençon, durch die Zusage englischer Unterstützung gesichert, meinten losschlagen zu können. Man versammelte sich in Niort, und schnell hatte die nun offenbar gewordene Verschwörung ihren Namen: Nach den von 1419–1434 in Böhmen tobenden Hussitenkriegen wurde sie *Praguerie* genannt und damit als Kampf einer regionalisierten Adelsfronde gegen die königliche Gewalt charakterisiert. Der Aufstand scheiterte letztlich daran, daß niemand ernsthaft einen neuen Bürgerkrieg wollte und Karl VII. sich diese Stimmung geschickt zunutze machen konnte. Der König gewann das Bürgertum für sich, so daß der Praguerie viele feste Plätze und Wirtschaftsorte von vornherein verschlossen blieben. Die königliche Armee versammelte sich an der Loire, rückte unter Führung Karls VII. und seiner Feldherren Richemont und Karl von Anjou ins Poitou, vertrieb Johann von Alençon in die Auvergne und setzte ihm nach. Unter diesem Druck verließ als erster Johann von Dunois seine Gefährten, und als nach einer weiteren Zeit des Krieges, für die Philipp der Gute dem König seine Hilfe angeboten hatte, auch der Herzog von Alençon einen Sonderfrieden schloß, gaben Karl von Bourbon und der Dauphin ihr Spiel verloren. Der Herzog erlangte Verzeihung und eine Pension, Ludwig wurde am 28. Juli 1440 in die Verwaltung des Dauphiné eingewiesen.
Neben dieser Auseinandersetzung mit der Aristokratie hatte Karl VII. den Krieg gegen die Engländer fortgesetzt und 1438 im Bordelais Erfolge gehabt. Er mußte dort aber auch eine ihm ungünstige Stimmung in der Bevölkerung zur Kenntnis nehmen, die seit über hundert Jahren vom Weinexport nach England und Flandern lebte. Im Norden kämpfte Richemont und eroberte am 12. August 1340 Meaux; erst im folgenden Jahr aber hatte Karl die gesamte Ile-de-France in seiner Hand. Im August 1340 wurde Herzog Karl von Orléans aus seiner englischen Haft entlassen, aber nicht der König, sondern Philipp der Gute hatte die entscheidenden Verhandlungen geführt und den Herzog damit auf seine Seite gezogen. Philipp drängte ständig auf ein schnelles Ende des Krieges mit England, hatte den Vertrag von Arras nur als Voraussetzung dafür betrachtet und war überdies verstimmt wegen französischer Unterstützung der ihm feindlich gesonnenen Stadt Lüttich. Eine neue Verbindung der großen Häuser Bourbon, Alençon und Bretagne lag daher im burgundischen Interesse, und Philipp wollte ihr nun auch den Herzog von Orléans zuführen, der soeben Mitglied des Ordens vom Goldenen Vlies geworden war.
Am Anfang des Jahres 1442 schien in Frankreich die Gefahr eines neuen Bürgerkrieges heraufzuziehen. Die Fürsten hatten für den 28. Januar zu einer großen Versammlung nach Nevers geladen, aber dort erschien überraschend Karls Kanzler Regnault de Chartres und beanspruchte alle Aufmerksamkeit durch ausführliche Berichterstattung über eine geplante

Heirat Karls von Anjou mit der Nichte Philipps des Guten, Maria von Geldern. Die darin angelegte Allianz des Herzogs von Burgund mit dem König von Frankreich schuf in der Tat eine neue Lage, so daß der Kanzler als nächsten Punkt den Aufruf Karls VII. zu einem von ihm selbst geführten Feldzug zur Eroberung der Guyenne vortragen konnte. Andererseits ließ sich der König die Klagen der Fürsten über unzureichende Beteiligung an der Reichsregierung übermitteln und löste die entstehende Liga dadurch auf, daß er mit jedem einzelnen seine spezifischen Gravamina besprach und an Pensionen nicht sparte. Nun erhielt Karl von Orléans Beihilfen zu seinen Lösegeldzahlungen, wurden auch Dunois und René von Anjou abgefunden. Als kurz darauf mit Herzog Johann V. von der Bretagne einer der großen Gegner des Königs starb, war Karls Sieg vollkommen.

Der Sommer 1442 brachte große Fortschritte bei der Eroberung des Südens. Am 8. Juni konnte der König in Toulouse einziehen und mit seiner und der Armee Präsenz den starken Eindruck davon verbreiten, daß die Monarchie sich nicht auf den Norden beschränken lassen werde. Im nächsten Jahr wurde weiteres Terrain gewonnen, nur Bordeaux blieb uneinnehmbar. Als der Dauphin im Frühling 1444 den aufständischen Grafen von Armagnac gefangennahm und dessen Gebiete besetzte, hatte die englische Guyenne ihren letzten Bundesgenossen verloren. Da auch Talbot in der Normandie hatte Rückschläge hinnehmen müssen und die Soldzahlungen an seine Truppen schon viele Monate ausstanden, konnte sich der englische Hof einem Verhandlungsangebot nicht mehr widersetzen. Am 16. April 1444 wurden in Tours Beratungen eröffnet, aber noch immer lagen die Standpunkte so weit voneinander entfernt, daß ein Friedensschluß unerreichbar schien. Während die Bevollmächtigten Karls Guyenne, Quercy, Périgord, Calais und Guines als Lehen der Krone Frankreich anboten, forderten die Gesandten Heinrichs VI. souveränen Besitz von Guyenne und Normandie ohne Lehnsverpflichtung. Man einigte sich deshalb zunächst nur auf einen Waffenstillstand, zu dessen Sicherung der englische Hof die Verlobung Heinrichs VI. mit Margarethe von Anjou forderte, der Tochter Renés und Nichte Karls VII. Nach der feierlichen Zusage wurde am 28. Mai 1444 ein Waffenstillstandsvertrag für 22 Monate geschlossen, in den auch die Verbündeten beider Seiten einbezogen waren: Die Könige von Kastilien, Sizilien und Schottland für Karl VII., der Römische König und die Kurfürsten, die Könige von Dänemark, Schweden, Norwegen und Portugal für Heinrich VI. Bis 1449 mehrmals verlängert, gab der Vertrag Karl VII. Gelegenheit, seine Rüstung für den neuen und letzten Krieg vorzubereiten.

Zwei Gesichtspunkte waren für diese Heeresreform, denn nur darum konnte es sich jetzt handeln, maßgebend: Siegreiche Beendigung des Krieges mit England und dauerhafter Schutz der Monarchie gegen ihre inneren Widersacher. Die Praguerie hatte gelehrt, daß der König seine Wehrhoheit im Reich als Monopol behaupten mußte, wenn er sich die Herrschaft und Frankreich als europäische Großmacht erhalten wollte. In allen Ländern war die Wehrverfassung im Umbruch und wirkte damit auf die Staatsordnungen ein, an die sie von Grund auf unlösbar gebunden blieb. In England hatte John Fastolf 1435 für Heinrich VI. ein Gutachten zur Heeresreform ausgearbeitet, im folgenden Jahr ließ sich Philipp der Gute von Ghillebert de Lannoy eine entsprechende Expertise anfertigen und 1447 schrieb der Herzog von Nola, Orso degli Orsini, im Auftrag Alfons' I. von Aragón den *Governo et exercitio de la militia.* Karl VII. befolgte nur das Gebot seiner Epoche.
Rechtliche Handhabe war ihm die Ordonnanz von Orléans aus dem Jahre 1439, die der Krone schon das Alleinrecht auf Söldnerwerbung zugestanden hatte. Dies galt es nun auszufüllen und eine Finanzverwaltung zu schaffen, mit deren Hilfe das notwenige Geld aufgebracht werden konnte. Ernsten Mangel hatte Karl VII. auch in seinen kritischen Anfängen nicht gelitten, nun aber ging es nicht mehr um die Finanzierung einzelner Feldzüge, sondern um die Einrichtung des regelmäßigen Etatpostens für die Armee. Schon früher hatten die Generalstände mitunter Steuererhebungen für mehrere Jahre gebilligt, aber das geschah immer noch im Stil der alten *aides,* so daß erst die in Orléans erteilten Vollmachten den König vom Zwang wiederholter Anträge befreiten. Nach dem Triumph über die Praguerie und dem Waffenstillstandsvertrag von Tours konnte er deshalb im Frühjahr 1445 die Errichtung von 15 Kompanien anordnen, deren jede 100 »Lanzen« umfaßte, gleichförmige Einheiten aus einem meist adligen schwer gepanzerten *homme d'armes,* zwei ebenfalls berittenen Bogenschützen, einem Schwertkämpfer und zwei Hilfskräften. Als die Zahl der Kompanien bald danach auf 18 erhöht wurde, verfügte Karl VII. über 7200 Mann ständig bereiter Kampftruppen, die im gesamten Reich verteilt waren und erst 1449 zur Eroberung der Normandie, 1451 gegen die Guyenne zusammengezogen wurden.
Eine vergleichbare Organisation mit *men at arms, yeomen* und *grooms* wurde in England aufgebaut, so daß sich Überlegenheit nicht aus dem System ergeben konnte, sondern nur aus Qualität und Masse der Truppen, taktischer Intelligenz ihrer Führer und dem politischen Willen des Hofes. Große Sorgfalt verwandten der König und seine Berater deshalb auf die Auswahl der Kommandierenden, denn dabei ging es nicht nur um Kriegführung, sondern auch um innere Befriedung des Landes. Unter den vorhandenen und durch die Kämpfe der letzten Jahre genau bekannten Kriegshauptleuten wurden die Geeignetsten ausgewählt und mit Ver-

trägen in festen Dienst genommen. Einigen Söldnerführern bot der König auch Stellen in der Verwaltung an und übernahm sie als Baillis oder Sénéchaux. Auch bei Unterführern und Mannschaften gab der begehrte Königsdienst ein Mittel zur Selektion an die Hand und gleichzeitig Gelegenheit zu Dezimierung und endlicher Ausrottung der *écorcheurs,* so daß der König mit seinem Projekt auf Beifall im Lande rechnen konnte. Bemerkenswert ist die Zusammensetzung des auf diese Weise aufgestellten ersten Führerkorps der neuen Armee, denn in ihm fanden sich neben bewährten Leuten Karls VII. wie Poton de Saintrailles, Olivier de Coëtivy und dem Marschall André de Lohéac auch seinerzeit berühmte Ausländer, so Robin Pettylow aus Schottland und der Spanier Martin Garcia, vor allem aber Angehörige der einheimischen Aristokratie: Pierre de Brézé, der die Ordonnanz von 1445 entworfen hatte, und als prominentester Vertreter der einstigen Opposition Herzog Karl von Bourbon. Der Adel strebte nach Kommandostellen in den Ordonnanzkompanien, aber er empfing seine Bezahlung aus der Staatskasse und blieb dem König strikt untergeordnet. Auf diese Weise verlor der Kriegsdienst viel von seinem bisherigen Charakter als Chance für zweifelhafte Existenzen durch *fortune* und Brutalität; er zeigte in den folgenden Jahren Merkmale einer geordneten Laufbahn und verschloß sich allmählich dem trübsten Bodensatz der Gesellschaft. Wenn Bischof Thomas Basin von Lisieux in dieser neuen stehenden Truppe eine besondere Form der Tyrannei erblickte, so traf er damit den Kern aller Einwände, die vom Standpunkt aristokratischer Ordnungsvorstellungen gegen sie zu erheben waren: Durch die Heeresreform stärkte der König von Frankreich seine Herrschaft ebenso wie die übrigen Monarchen Europas, sofern sie die administrativen Mittel und das Geld dazu hatten. Die Verstaatlichung der Personenverbände war in ein neues, entscheidendes Stadium getreten. Mit den Ordonnanzkompanien verfügte der König über eine Kaderarmee, die er um Garnisontruppen in einer Stärke von 3000 bis 4000 Mann ergänzte, damit eroberte Städte anders als bisher auf Dauer besetzt und gesichert werden konnten. Auch diese Männer dienten ständig, ebenso wie die traditionelle schottische Reitergarde des Königs. Formationen dieser Art mit beträchtlicher Mannschaftsstärke gab es auch anderswo: Bei den Herzögen von Mailand die 600–700 *familiares ad arma* oder die *guardas reales* im Königreich Kastilien; überall gehörten sie nun zum festen Kern der stehenden Heere. Im Kriegsfall wurde die Armee Karls VII. durch verbündete Kontingente und die noch immer bestehenden Reste der alten Lehnsaufgebote erweitert, denen der König nun aber eine Art Aufwandsentschädigung zahlen mußte. Am 28. April 1448 führte eine neue Ordonnanz die *francs-archers* in großem Stile wieder ein, Freischützen, von denen kirchspielsweise aus jeweils 45 Herdstellen einer aufgebracht werden sollte, der für seine Dienste von jeder direkten Steuer befreit war. Ihr militärischer Wert blieb allerdings gering, weil sich viele ungeeignete Leute um der Steuerfreiheit willen meldeten. Einen großen

Aufschwung nahm dagegen die Artillerie als nunmehr effektiv einsetzbare Waffe, denn Fortschritte in der Metallverarbeitung, besonders die Erfindung neuer Legierungen, erlaubten den Guß explosionssicherer starker Rohre. Die Geschützhersteller kamen vielerorts aus dem Glokkengießerhandwerk, und sie konnten dem König teilweise hochwertige Kanonen anbieten. Weil auch die Triebkraft des Pulvers durch neue Mischungen verbessert worden war, änderte sich künftig der Festungskrieg, gewann Beweglichkeit, weil nicht mehr nur Hungerblockaden und altertümliche Mauerbrecher zum Ziel führten, sondern ganze Städte sturmreif geschossen, die Einwohner durch Detonationen und Treffer demoralisiert werden konnten.

Die Eroberung der Normandie

Ein günstiger Umstand, der Karls VII. Angriff auf die Normandie erleichtern sollte, waren Auseinandersetzungen des englischen Hochadels mit Heinrich VI., der in diesen Jahren seine persönliche Herrschaft begründen wollte. Herzog Humphrey von Gloucester, den seine Ablehnung des Waffenstillstands von Tours zum Gegner des Grafen William von Suffolk und des Kardinalbischofs Henry Beaufort von Winchester gemacht hatte, starb im Februar 1447 in der Gefangenschaft Suffolks. An Stelle Gloucesters gewannen die Herzöge Edmund von Somerset und Richard von York konfliktträchtigen Einfluß, der schon auf die Rosenkriege vorauswies. Heinrichs VI. persönliche Entscheidung, seinem Schwiegervater René von Anjou Maine auszuliefern, um dafür ein auf 20 Jahre angelegtes Bündnis mit ihm und Karl von Anjou zu erreichen, stieß in England auf lebhafte Kritik, aber York konnte am Hof gleichwohl kein Verständnis für die Finanznöte der Normandie wecken. Heinrich VI. hoffte unbeirrt auf einen umfassenden Friedensvertrag, als dessen Bestandteil er seine Herrschaft über die Normandie sichern wollte.
Im Dezember 1446 wurde Edmund Beaufort, Herzog von Somerset, Regent der Normandie, kam aber erst im März 1448 auf den Kontinent. Damit versäumte der englische Hof seit dem Waffenstillstand von Tours vier Jahre, in denen die Normandie hätte verteidigungsbereit gemacht werden müssen, und diese Lässigkeit wirkte sich auf die Stimmung im eigenen Lager nachteilig aus. Als Heinrich VI. Ende Juli 1447 französischem Drängen nachgab und die Auslieferung von Maine befahl, weigerte sich Osbern Mundefort, Kommandant von Le Mans und Stellvertreter Somersets, die Stadt zu übergeben, so daß Dunois sie im März 1448 erobern mußte. Mundefort zog sich westwärts zurück, aber nun protestierte Herzog Franz I. von der Bretagne dagegen, daß im Grenzgebiet Befestigungen angelegt wurden, was nach dem Vertrag von Tours in der Tat verboten war. Als während der darauf folgenden, überaus schwieri-

gen Verhandlungen einer der Hauptleute Heinrichs VI. Fougères besetzte, schickte Karl VII. 300 Lanzen unter dem Kommando des Marschalls de Lohéac in das Krisengebiet; der Krieg begann am 15. Mai mit dem französischen Angriff auf die kleine Feste Pont-de-l'Arche südlich von Rouen. Vier Wochen später schloß der König mit dem Herzog der Bretagne ein Bündnis, und am 17. Juli 1449 befand das Conseil unter Beteiligung aller Prinzen von Geblüt, daß der König seine Untertanen verteidigen und die Engländer aus dem Land treiben müsse.

Die Lage in der Normandie war für England wenig vorteilhaft. Zwar kann nicht behauptet werden, daß es in der ersten Hälfte des 15. Jh.s an Bemühungen um dauerhafte Bindung des Herzogtums an das Haus Lancaster gefehlt hätte oder daß keine Rücksicht auf einheimische Traditionen genommen worden wäre. Eine autonome *Cour du Conseil* als oberstes Gericht und der erneuerte *Échiquier* für die Finanzverwaltung dienten der Autonomie des Landes ebenso wie die Universitätsgründung in Caen. Daß Karl VII. sie seit 1450 immer nur als päpstliche, auf Bitten der Stände verfügte Einrichtung bezeichnete, ist als empfindliche Reaktion auf die politische Zielrichtung Heinrichs VI. und seiner Ratgeber zu verstehen. Trotz dieser Behutsamkeit im Umgang mit dem normannischen Sonderbewußtsein hatte sich in den letzten Jahren zunehmend starker Widerstand, sogar Partisanenkrieg gegen die englische Verwaltung gezeigt. Wenn die meisten Städte vor den Truppen Karls VII. so rasch kapitulierten, dann ist es oft mit dem Druck der Einwohner auf die ungeliebten englischen Garnisonen zu erklären. Im Vergleich zur unregelmäßig und schlecht bezahlten, deshalb häufig plündernden Truppe Heinrichs VI. erschienen die französischen Ordonnanzkompanien geradezu als Ordnungsmacht, und immer wieder bewährte sich Karls Politik der Amnestien, die er seit dem Edikt von Compiègne aus dem Jahre 1429 konsequent verfolgt hatte: Wer ihm die Treue hielt, so war damals verkündet worden, werde Vermögen und Status nach dem Sieg behalten oder zurückbekommen. In der Praxis ging der König oft weit über diese Zusage hinaus und nahm auch Leute aus englischen Diensten auf seine Seite. Das nützte dem Frieden und belehrt darüber, wie flüchtig Loyalität zu einem König oder einem Land in jener Zeit noch sein konnte.

Am 20. Juli 1449 begann Dunois den Marsch auf Rouen; im August erreichte er Lisieux. Fast gleichzeitig nahm der Herzog von Alençon Séez, und im September erschienen auch Franz I. von der Bretagne und Richemont auf dem Kriegsschauplatz; Coutances, Granville, St-Lô wurden kurz nacheinander erobert. Am 9. Oktober stand die königliche Armee vor Rouen und Karl VII. ließ die Bürger wissen, daß sie im Falle der Übergabe nichts zu befürchten haben würden. Zehn Tage später brach der erwartete Aufstand in der Stadt los, so daß Dunois schon am Abend des 19. Oktober einmarschieren konnte. Gegen Preisgabe von Tancarville, Arques und Montivilliers erhielt die englische Garnison freien Abzug in Richtung Caen, worauf Karl nach sorgfältiger Vorbereitung eines umfangreichen Zeremoniells am 10. November in Begleitung Renés von Anjou, des Grafen von Dunois, der Prinzen und zahlreicher Barone seinen feierlichen Einzug halten konnte. 900 Lanzen, also 5400 Mann und noch einmal 600 Bogenschützen marschierten durch die Straßen, eine Machtdemonstration, die der als Geisel zurückgehaltene John Talbot mit ansehen mußte. Der Erzbischof von Rouen und die Bischöfe von Lisieux, Évreux und Coutances empfingen den König in der Kathedrale zum Gottesdienst, und einer späteren romantisch gefärbten Geschichtsbetrachtung erschien es selbstverständlich, daß Karl sich dabei endlich auf Jeanne d'Arc und ihr elendes Sterben in dieser Stadt besonnen habe.

Tatsächlich erhielt ein Doktor der Universität Paris und Kanoniker von Noyon, Guillaume Bouillé, im Februar des folgenden Jahres den königlichen Auftrag zur Untersuchung des Prozesses von 1431, aber für die Erklärung dieses Befehls gibt es bessere Gründe als wiederaufgelebte Erinnerung am Ort des Geschehens. Um eine solche Prüfung mit Aussicht auf Erfolg veranlassen zu können, mußte der König Paris und die Universität fest in seiner Hand haben, weil ein Teil der damals Handelnden noch lebte. Diese Voraussetzung war zwar schon seit 1436 erfüllt, aber den Zugriff auf die Archive von Rouen mit den Prozeßakten gab es erst jetzt. Karl strebte im übrigen keineswegs ein Rehabilitationsverfahren an; sein Auftrag an Bouillé bezog sich nur auf die Feststellung von Tatsachen über den damaligen Prozeßverlauf mit dem Ziel, propagandistische Waffen gegen Heinrich VI. zu schmieden. Für wirkliche Revision war es noch zu früh, denn ein solches Verfahren hätte dem Papst wieder Möglichkeiten zur Intervention in einer Monarchie eröffnet, die seit der Pragmatischen Sanktion von Bourges ihre Rechte über die Kirche noch befestigen wollte.

Der König verbrachte einen Teil des Winters in Jumièges, aber die Kriegführung ruhte nicht. Am 1. Januar 1450 fiel Harfleur, Honfleur folgte am 18. Februar und damit war der gesamte Lauf der Seine wieder als Handelsweg frei, ein bedeutender Erfolg zur wirtschaftlichen Konsolidierung Nordfrankreichs. Für diesen Reichsteil war der Hundertjährige Krieg nun faktisch zu Ende, aber die Lage war noch nicht stabil. Am 15. März landete eine englische Armee unter Sir Thomas Kyriel in Cherbourg und trug einen zunächst erfolgreichen Gegenstoß vor, bis sie am 14. April bei Formigny nordwestlich von Bayeux in offener Feldschlacht durch Richemont und Pierre de Brézé vernichtend geschlagen wurde. Als Dunois am 1. Juli 1450 die Schlüssel zu den Stadttoren von Caen entgegennehmen konnte, war der Kampf um die Normandie endgültig entschieden. Der einstmals schwache König von Bourges hieß nun *Charles Le Trèsvictorieux.*

Obwohl ein Sieg bei vielen Menschen dieser Zeit noch als Zeichen Gottes für die Gerechtigkeit einer Sache angesehen wurde und uralte Vorstellungen vom *iudicium belli* weiterlebten, bot die mit England wirtschaftlich eng verbundene Guyenne, neben Calais die letzte kontinentale Bastion Heinrichs VI., für den König von Frankreich ein weit schwierigeres Feld als die Normandie. Hier im Süden empfand man die Engländer keineswegs als fremde Herren; den Gascognern stellte sich nicht die durchaus moderne Frage einer Option für Frankreich oder England, wie denn auch nationale Aspekte bei der Schilderung des Hundertjährigen Krieges immer wieder anachronistisch überbetont worden sind. Natürlich gab es im 15. Jh. wie schon zuvor lange Kataloge negativer Urteile über andere Völker, und sie wurden im Zuge der Kämpfe aktualisiert. Mochte die Verwaltung Heinrichs VI. so gut sein, daß Jean Jouvenel des Ursins im Jahre 1440 Karl VII. warnend an deren große Anziehungskraft auf die Menschen erinnerte, so schädigte doch jede militärische Handlung ihr Ansehen als Schutzmacht des Landfriedens, und deshalb konnte selbst krimineller Bandenkrieg im Nachhinein einen patriotischen Anstrich gewinnen. Wie es in Wahrheit oft auf beiden Seiten damit bestellt war, zeigt das Verhör eines Kämpfers gegen die Beamten des Königs von Frankreich im Jahre 1454 in Bordeaux: Befragt, warum er nicht nach England gegangen sei, wenn er kein Franzose sein wolle, antwortete der Mann, daß er englisches Bier nicht möge: *Emquis pourquoy il ne sen est ale en Angleterre puisquil ne vouloit estre Francois, dit quil ne vouloit point y aler, pourcequil ne saroit boyre godale.* Zu- oder Abneigung gegen die englische oder französische Kronverwaltung ergab sich meist nicht aus patriotisch-loyaler Gesinnung, denn das mittelalterliche Nationsbewußtsein kannte keine postrevolutionär-massenhafte Ideologisierung; es war schichtenspezifisch, und trotz der im Laufe des Hundertjährigen Krieges verbreiterten Basis läßt sich der Konflikt nicht mit den Kategorien des 19. Jh.s als Kampf zweier Nationalstaaten verstehen. Wenn Crécy und Poitiers keine dauerhaften Tatsachen schufen, so nicht deshalb, weil die Untertanen des Königs von Frankreich allesamt an ihnen gelitten hätten, sondern weil es eine hinreichend konsistente Führungsgruppe gab, die sich ihnen auf die Dauer ebenso widersetzte wie sie 1328 das Königtum Eduards III. abgelehnt hatte.

Garantiert ein starker Fürst in diesen Zeiten Recht und Ordnung, so Jouvenel des Ursins, dann werden ihm die Menschen gehorchen, selbst wenn er ein Sarazene wäre. Dieses Grundbedürfnis nach Sicherheit war eine politische Tatsache, deren Bedeutung sich im Süden erweisen sollte. Jedes Jahr gingen mit der Weinflotte Hunderte von Schiffen nach England und brachten der Stadt Bordeaux mitsamt ihrem *vignoble*, einem riesigen Hinterland, den Wohlstand. Um diesen Wein zu gewinnen, brauchte man Frieden: Karl VII. kam, ihn zu stören, so daß jahrhundertealte, auch sprachlich empfundene Gegensätze zwischen Nord und Süd wieder aufbrachen, Furcht vor der strengen französischen Verwaltung den Widerstandswillen weckte. Der Angriff begann im Frühjahr 1452, als Johann von Dunois Montguyon einnahm und bei Blaye die Gironde erreichte. Aufwärts der Dordogne fielen bis zum 1. Juni Libourne, St-Émilion und Castillon, während Karl von Albret über Dax in die Landes vorstieß. Verhandlungen wegen des Schicksals von Bordeaux führten am 30. Juni zur Übergabe der Stadt; am 20. August fiel auch Bayonne. Anders als in der Normandie war damit wenig gewonnen, denn bei der ersten Steuerforderung des neuen Seneschalls Olivier de Coëtivy protestierten die Bürger von Bordeaux beim König und wurden schroff abgewiesen, so daß Graf Gaston von Foix noch im August nach London reiste und um Unterstützung bat. Der Hof Heinrichs VI. wollte seine Chance nutzen und schickte den 65jährigen John Talbot Graf von Shrewsbury noch einmal in den Krieg.

Am 23. Oktober konnte er ohne Widerstand zu finden in Bordeaux einziehen. Sein Frühjahrsfeldzug brachte 1453 angesichts breiter Zustimmung der Gascogner zeitweise Aussicht auf Sieg, aber Karl VII. mobilisierte nun die Masse seiner Ordonnanzkompanien und setzte sie so ein, daß Talbot in schwieriger Lage bei Castillon die Schlacht suchte, um sein Expeditionskorps nicht der Abnutzung durch einen längeren Feldzug auszusetzen. Im Beschuß der französischen Artillerie aber brach sich die Wucht der englischen Reiter, Talbot selbst und sein Sohn blieben auf dem Schlachtfeld. Damit war der Wille des englischen Hofes endgültig gebrochen, die Guyenne lag offen, und nun änderte Karl VII. sein Verhalten gegenüber den verbliebenen Garnisonen, indem er keine Lösegelder mehr annahm, sondern Gefangenschaft verhängte und die Kommandeure hinrichten ließ, soweit es Einheimische waren. Bordeaux bot Übergabe gegen Schonung von Leben und Besitz der Einwohner, doch der König lehnte ab und ließ die von ihm als treubrüchig verurteilte Stadt beschießen. Am 8. Oktober kapitulierte der stolze Handelsplatz gegen die Zahlung von 100000 *écus* unter Verlust aller Freiheiten.

10. Die Monarchie als Staat (1453–1483)

König und Fürsten

Im gleichen Jahr, in dem mit der Übergabe von Bordeaux der Hundertjährige Krieg endete, brach eine der ehrwürdigsten Bastionen der antikchristlichen Kultur: Am 29. Mai 1453 fiel Konstantinopel in die Hand der Türken. Den König von Frankreich berührte das Ereignis kaum, Philipp der Gute von Burgund dagegen zelebrierte als Reaktion auf den Kreuzzugsaufruf des Papstes am 17. Februar 1454 in Lille mit dem Fasanenbankett das wohl berühmteste Fest der mittelalterlichen Adelsgesellschaft. Von Hofbeamten unter Aufsicht des Kanzlers vorbereitet, durch eine große Menge geladener Zuschauer beobachtet und mittels einer offiziellen Beschreibung, die sich in den Chroniken Oliviers de la Marche und Mathieus d'Escouchy wiederfindet, weithin bekanntgemacht, gab es den zeremoniellen Rahmen für weittragende politische Entscheidungen des Herzogs. Im faszinierenden Ablauf musikalisch begleiteter lebender Bilder erschien, von einem Riesen in türkischer Tracht geführt, ein Elefant, auf dessen Rücken in zinnenbewehrter Burg Olivier de la Marche die leidende Kirche darstellte, von Heiden bedrängt den burgundischen Hof um Hilfe anrufend. Ritter des Ordens vom Goldenen Vlies geleiteten zwei junge Damen, die einen mit goldener Halskette gezierten Fasan trugen und vor dem Herzog sein Kreuzzugsgelübde erbaten. Philipp ließ den vorbereiteten Text vom Wappenkönig des Ordens verlesen, der anwesende Adel folgte großenteils dem Beispiel seines Herrn. Das geschah in der Tradition burgundischer Bemühungen, sich als Schutzmacht der Christenheit auszuweisen; früher schon hatte Philipp geistliche Institutionen im Heiligen Land unterstützt, die Festungsbauten auf Rhodos subventioniert und 1443 zur Abwehr eines ägyptischen Angriffs auf die Insel Galeeren geschickt.

Im Gegensatz dazu hat Karl VII. nicht einmal die päpstlichen Kreuzzugsaufrufe in Frankreich verbreiten lassen, denn er wollte wegen des fortdauernden Kriegszustandes mit England und seines gespannten Verhältnisses zum französischen Hochadel keinen auswärtigen Krieg auf sich nehmen. Nach der Schlacht bei Castillon und dem Fall von Bordeaux war ein Friedensschluß mit Heinrich VI. nicht zustandegekommen, weil die beginnende Geisteskrankheit des englischen Königs und die 1455 ausgebrochenen Rosenkriege zwischen den Häusern Lancaster und York Verhandlungen immer wieder hinderten. Gaben die Auseinandersetzungen auf den britischen Inseln dem König von Frankreich auch Sicherheit vor neuen Angriffen, so mußte er doch nach seinen beiden Feldzügen und den Anstrengungen der letzten Jahre die Krongewalt auf eine neue Grundlage stellen und dabei vorsichtig zu Werke gehen, weil während des Krieges regionale Eigenheiten und Ansprüche erstarkt waren. Seit 1437 lag die ernsthafte Drohung adligen Widerstandes über allen Entscheidungen Karls und seiner Helfer. Seitenlinien des Königshauses und andere mächtige Hochadelsfamilien hielten große Teile des Reiches; in der langen Kriegszeit hatten sie sich selbständig behaupten müssen und gelernt, politische Forderungen zu stellen. Außer dem Herzog von Burgund als seinem mächtigsten Rivalen stand Karl dem Haus Orléans gegenüber, das die Herzogtümer Orléans und Valois, die Grafschaften Blois, Dunois, Soissons, Beaumont-sur-Oise und Angoulême besaß; das Haus Anjou verfügte über die Herzogtümer Bar und Lothringen, die Grafschaften Anjou, Maine und Provence sowie den Erbanspruch auf Neapel-Sizilien; das Haus Bourbon mit den Herzogtümern Bourbonnais und Auvergne, den Grafschaften Forez, Clermont-en-Beauvaisis, Marche, Castres, Vendôme und der Seigneurie Beaujeu konnte sich Orléans und Anjou durchaus zur Seite stellen, während die Herrschaft Alençon mit dem gleichnamigen Herzogtum, der Grafschaft Perche und der Vizegrafschaft Beaumont-le-Vicomte etwas schwächer ausgestattet war. Gemeinsam mit dem Herzog der Bretagne im Nordwesten, den Grafen von Foix, Armagnac und Albret im Süden bildeten diese Gewalten fast mehr als ein Gegengewicht zur Krone; jede hatte ihre eigene Hofhaltung und eine Behördenorganisation nach dem Muster der königlichen, jede strebte nach Expansion und Sicherung ihrer werdenden Staatlichkeit, hatte im Krieg enorme Schäden erlitten und wollte sie durch Pensionen des Königs und Beteiligung an den Staatsfinanzen ausgleichen. Gegen den Brauch fürstlicher Kanzleien, *par la grâce de Dieu* zu urkunden, haben die Kronjuristen ausdrücklich protestiert, wohl wissend, daß es sich hierbei nicht um eine Devotionsformel handelte.

Schon 1444 hatte die Gefangennahme des Grafen Johann IV. von Armagnac durch den Dauphin Unwillen erregt; sein Sohn Johann V. von Armagnac glaubte deshalb im Jahre 1454 ohne sicheren Rechtstitel die Grafschaft Comminges beanspruchen zu können, provozierte damit aber den Einmarsch königlicher Truppen, die Lectoure belagerten und ihn zur Flucht nach Katalonien zwangen. Am 13. Mai 1460 ächtete ihn das Pariser Parlement und zog alle seine Güter für den König ein. Fast gleichzeitig brach der Konflikt mit Herzog Johann II. von Alençon aus, der für sein Autonomiestreben englische Unterstützung gesucht hatte und im Mai 1456 durch Dunois überraschend verhaftet werden mußte. Zwei Jahre später auf eigenen Wunsch in Vendôme vor den Pairshof gestellt, hörte er sein Todesurteil, aber der König setzte die Hinrichtung aus und ließ Johann in Loches gefangensetzen, das Herzogtum Alençon aber der Krondomäne zusprechen. Zwar waren beide Gegner bezwungen, doch der Hof mußte Feindschaften dieser Art stets im Zusammenhang mit der politischen Großlage sehen, wie denn auch die Beziehungen Karls VII. zum Römischen Reich grundsätzlich nur Varianten seiner Politik gegenüber Burgund sein konnten. König Friedrich III. hatte schon 1443 französische Hilfe gegen die Schweizer gesucht, und am 26. August 1444 schlug der Dauphin mit seinem überwiegend aus freien Soldbanden bestehenden »Armagnakenheer« die Eidgenossen vor Basel bei St. Jakob an der Birs. Gleichzeitig stieß Karl VII. gegen Metz, Toul und Verdun vor; beide Feldzüge wurden von programmatischen Erklärungen über die Wiedergewinnung der Krone Frankreich angeblich unrechtmäßig entzogener Gebiete begleitet. Die angegriffenen Landschaften haben sich selbst zu wehren gewußt; die Bistümer erfuhren vom Römischen König ebensowenig Unterstützung wie Karl VII., der sogar befürchten mußte, daß der seit 1452 als Kaiser herrschende Friedrich III. Philipp dem Guten zum Königstitel verhelfen würde.

Neben diese konkurrierenden Mächte trat von Jahr zu Jahr hartnäckiger der ehrgeizige Dauphin, dem der König seit der Praguerie mißtraute. Im März 1451 heiratete der Thronfolger gegen den Willen seines Vaters in zweiter Ehe Charlotte von Savoyen, deren Vater, Herzog Ludwig II., im Bund mit Venedig gegen Mailand vorgehen wollte, auf dessen Seite Karl VII. soeben getreten war. 1450 hatte sich der Condottiere Francesco Sforza gegen die Ansprüche Karls von Orléans auf das Erbe der Visconti als Herzog von Mailand durchgesetzt, und Karl VII. verpflichtete sich am 21. Februar 1452, ihn gemeinsam mit Cosimo Medici von Florenz zu unterstützen. Gleichwohl bildeten zwei Jahre später Mailand, Venedig, Florenz, der Papst und Alfons I. von Neapel-Sizilien aus dem Haus Aragón in Lodi eine große Allianz gegen den französischen Einfluß in Italien. Nur das in Parteikämpfen zerrissene Genua nahm 1458 den König von Frankreich als auswärtigen *signore* an, seine Statthalter wurden aber schon 1461 wieder vertrieben.

Im Zusammenhang mit der Allianz von 1454 hatte sich Francesco Sforza um den Dauphin bemüht und damit Karl VII. einen neuen Anlaß zum Argwohn gegeben, während Ludwig sich von eigenen Ratgebern überzeugen ließ, daß sein Leben in Gefahr sei. Ende August 1456 floh der Thronfolger nach Flandern in den Schutz Philipps des Guten. Nunmehr schlug Karl VII. den Dauphiné zur Krondomäne, deren Bestandteil er fortan blieb, so daß die Bezeichnung für den französischen Thronerben bloße Titulatur wurde. Der Herzog von Burgund bot seine Vermittlung zwischen Vater und Sohn an, setzte Ludwig aber eine Pension aus und wies ihm die Burg Genappe in Brabant als Aufenthaltsort zu. Hier ergab sich für den künftigen König von Frankreich fünf Jahre lang Gelegenheit, sehr genau alle Stärken und Schwächen des burgundischen Staatswesens kennenzulernen, das sich in den letzten 15 Jahren bedeutend erweitert hatte: Als Gegenleistung für seine Unterstützung der Päpste gegen das Konzil waren Philipp dem Guten Zugeständnisse beim Besetzen der Bistümer Cambrai im Jahre 1440 sowie Lüttich und Utrecht im

Jahre 1456 gemacht worden, so daß er seither die niederländische Kirche kontrollierte. 1442 ernannte ihn seine Tante Elisabeth von Görlitz, der das Fürstentum Luxemburg und die Vogtei über das Elsaß pfandweise gehörten, zum Alleinerben und es gelang ihm in den Jahren 1455–1458, beide Gebiete dem Kaiser zu entfremden.
Um diesen Gewalten auf die Dauer standhalten zu können, mußte Karl VII. eine ausdauernde Befriedungspolitik treiben und die Kronrechte über die Kirche verteidigen. Beide Aufgaben bestimmten sein Verhalten gegenüber Bestrebungen, Jeanne d'Arc endlich zu rehabilitieren. Seit 1449 wirkte der Kardinallegat Guillaume d'Estouteville in Frankreich, um die päpstlichen Bedenken gegen die Pragmatische Sanktion von Bourges zu vertreten. Der Legat stammte aus einer Karl VII. ergebenen Familie und verwendete die von Guillaume Bouillé gesammelten Materialien für ein Verfahren, mit dem er Papst und König gleichermaßen zu dienen hoffte. Karl VII. aber zögerte, denn er wollte die Unabhängigkeit der französischen Kirche von päpstlicher Jurisdiktion durch einen Revisionsprozeß nicht einschränken lassen. Dieser kam infolgedessen erst zustande, als Jeannes Mutter im Frühjahr 1455 den Papst um Wiederherstellung der Ehre ihrer Tochter bat und bald darauf ein Reskript mit der Zusage Calixts III. empfing. Der französische Hof sah nun die Gefahr eines Rachefeldzuges gegen die noch lebenden Mitglieder des Gerichtshofes von Rouen und ließ die Familie d'Arc durch den Erzbischof von Reims, Jean Jouvenel des Ursins, ausdrücklich vor anderen Prozeßmotiven als solchen des reinen Glaubens warnen. Am 7. Juli 1456 wurde nach umfangreichen Zeugenvernehmungen das Urteil von 1431 aufgehoben, aber eine von den Angehörigen erwartete Feststellung der Rechtgläubigkeit Jeannes blieb aus, ebenso jede Entschädigung.

Adel und Bürgertum

Diese späteren Zeiten meist unverständlich gebliebene Vorsicht diente politischer und gesellschaftlicher Restauration nach einem Krieg, der Generationen an bewaffnete Auseinandersetzung zur Lösung von Konflikten gewöhnt hatte. Ökonomische, soziale, rechtliche und mentale Faktoren bestimmten in höchst komplexer Weise und mit situationsbedingt wechselnder Intensität das Erscheinungsbild der Gesellschaft; sie führten damit zu einer Dynamik, die Adel und Bürgertum gleichermaßen betraf. Durch den langen Krieg hatte die Aristokratie am meisten gelitten, nicht nur biologisch wegen der relativ höchsten Gefallenenrate, sondern durch hohe Kosten für Ausrüstung, Lösegelder und auch am Besitz. Kleine und mittlere Adlige waren im Laufe der Zeit wieder zu Klienten der Fürsten geworden, denn die ständische Zugehörigkeit konnte im Krieg auf diese Weise am besten gesichert werden. Weil das fürstliche

Nobilitierungsrecht im 15. Jh. noch nicht aufgehoben war, ergaben sich auch hier Aufstiegschancen, während gleichzeitig viele alte Familien vor sozialem und rechtlichem Niedergang standen, so daß sie Protektion verlangten und in kollektiver Rückbesinnung auf den eigenen Rang Schutz suchten. Daher die nun auch auf der Ebene des Niederadels vorherrschende ständische Endogamie, denn entscheidender Ausweis für die Zugehörigkeit zum Adel war ein über Generationen durchgehaltener Lebensstil, den man sich gegenseitig bestätigen wollte. Standesbildend wirkte auch der Waffendienst, auf dem die adlige Abgabenfreiheit beruhte, und die Steuereinnehmer waren mit dem Vorwurf der *dérogeance*, des offensichtlichen Verlusts der Adelsrechte, rasch bei der Hand. Öffentliches Zeugnis der Nachbarn konnte in solchen Fällen hilfreich sein; es verhinderte umgekehrt auch eigenmächtige Adaption der Standesqualität durch Unberechtigte. Andere Regeln galten für nobilitierte Bürger, weil der Kaufmann seinen Beruf üblicherweise nicht aufgab und meist vom Waffendienst befreit wurde. Auch jene Städter, die auf dem Land Adelsgut erwarben, hatten diese Verpflichtung nicht. Die Grenze zwischen Adel und Bürgertum war generell durchlässig, im Einzelfall aber schwer zu übersteigen, wie sich immer wieder erkennen läßt. 1459 sollte in Toulouse Odet d'Ysalguier, dessen Ururgroßvater Raymond als Geldwechsler geadelt worden war, für einen Teil seiner Güter besteuert werden und konnte das auch durch Hinweis auf seinen Adelsrang nicht umgehen.

Den Kriegsverlusten adliger Familien entsprachen teilweise aber auch bedeutende Gewinne materieller, politischer und rechtlicher Natur. Einkünfte ergaben sich durch Beute und empfangene Lösegelder, politische Parteinahme wurde in Form von Pensionen bar bezahlt oder über längere Zeit durch Patronage belohnt, ferner erschloß der Krieg Laufbahnen neu, für die seit dem Ende des 13. Jh.s ein Studium an den großen Rechtsschulen nützliche Voraussetzung gewesen war. Hatte juristische Kenntnis den Weg in die hohen und mittleren Verwaltungspositionen geebnet und auch zur politischen Karriere beitragen können, so begünstigte der Krieg ältere Selektionsprinzipien und förderte das Vordringen der *bellicistes* in die Umgebung der Könige und Fürsten, jener mutigen, oft brutalen, immer durch Bewährung auf dem Schlachtfeld ausgezeichneten Leute, deren Rat in Friedenszeiten wenig gezählt hätte. Generell lassen sich Vorteile und Einbuße nicht abwägen, nur die biologischen Verluste sind deutlich erkennbar, fielen doch die jüngeren und tüchtigeren Mitglieder der Familien im Kampf, so daß ganze Adelssippen in männlicher Linie ausstarben. Ihre Stelle nahmen *homines novi* ein, aber wir haben noch keine statistischen Daten über das Ausmaß dieser Bewegung und wissen kaum etwas über Besitzkumulation bei den Überlebenden.

Soziale Mobilität im Aufstieg wie im Untergang, horizontal von Region zu Region, vom Land in die Stadt und umgekehrt, ist durch den Krieg gefördert, aber nicht verursacht worden; schon in der ersten Häfte des

14. Jh.s hatte die Wandlung der ländlichen Verhältnisse unter dem Druck härterer wirtschaftlicher Bedingungen eingesetzt und Ordnungen ins Wanken, doch nicht zum Umsturz gebracht. Solche Verwerfungen sind Anzeichen für die Vitalität einer Gesellschaft, die wir nicht an ihren eigenen idealtypischen Ordnungsvorstellungen messen und dann als im Verfall begriffen mißverstehen dürfen. Wenn Christine de Pisan oder Jean Gerson die ständische Zuordnung mit organologischen Staats- und Gesellschaftstheorien verknüpften, so entsprach das nicht der sozialen Wirklichkeit. Im traditionellen Ordnungskonzept und in der öffentlichen Meinung stand fest, daß die Unterschicht naturnotwendig sein und bleiben mußte, dennoch waren Aufstiege in breitem Maße möglich. Die Gesellschaftsstruktur als solche änderte sich nicht, obwohl die Individuen in ständiger Bewegung waren; der Adel blieb als Stand bestehen, aber seine Zusammensetzung wechselte. Weil es innerhalb einer von ihren Mitgliedern statisch verstandenen Sozialordnung solche Dynamik gab, ist die Revolution ausgeblieben, deren Voraussetzung ein weitgehend erstarrter Gesellschaftskörper ist. Zustandskritik zielte in der politiktheoretischen Debatte seit den 80er Jahren des 14. Jh.s auf Adel und Fürstentum, weil im Machtverfall der Monarchie die letzte Ursache aller kriegsbedingten Schadenssymptome gesehen wurde. Deshalb forderten Autoren wie Alain Chartier, Jean Gerson, Jean Courtecuisse oder Pierre Salmon ein starkes Königtum, und der Wunsch nach Frieden, Rechtssicherheit und Wohlstand war so verbreitet, daß diese Lehre stärkste Resonanz fand. Sie knüpfte an die alten Vorstellungen und Bilder vom gerechten, mit dem Himmelsöl gesalbten christlichen Herrscher an und konnte insofern überall in Frankreich mühelos verstanden werden. Zeitkritik und *religion royale* haben durch ihre Synthese die monarchische Theorie auf einen neuen, lange nachwirkenden Höhepunkt geführt.

Von diesen Abläufen nur teilweise berührt lebte der Bürger in seiner eigenen, vom Umland prinzipiell geschiedenen, aber oft in die *banlieue* hinausgetragenen Rechts- und Sozialordnung, der er seinen Status verdankte. Dieser ergab sich nur aus dem Bezug zur Stadt und war deshalb abhängig von ihrer Größe und Bedeutung, vom Maß an kommunaler Freiheit oder auch von der Relation zum König oder einem Fürsten. Ein stark ausgeprägtes Sicherheitsbedürfnis führte die Stadtbewohner nach wie vor in Korporationen zusammen, und unter dem Blickwinkel der Sicherheit war auch das gesamte System städtischen Handels- und Gewerbelebens entstanden, die Form von Stadtregierung und -verwaltung. Deshalb waren diese Ordnungen extrem interessenabhängig: Wer zur Oligarchie der führenden Familienverbände zählte, sah das Wohl seiner Stadt meist mit dem eigenen identisch und lebte in Traditionen, die schon von Zeitgenossen mit Kategorien erfaßt wurden, die ebensogut zur Beschreibung der Adelswelt getaugt hätten: *Bourgeois sont ceulx qui sont de nation ancienne, enlignagiez es cites, et ont propre sournom et armes antiques,* schrieb Christine de Pisan in ihrem *Livre du corps de policie* von

1407: »Bürger sind Leute von alter Abstammung, in den Städten versippt, und sie haben eigenen Zunamen und altes Wappen.« Diese Familienverbände mußten sich zwangsläufig immer aus anderen Kreisen ergänzen, hatten aber ein kollektives Bewußtsein von jahrhundertealter Gruppenidentität. Auch ihre Wertvorstellungen änderten sich mitunter von Generation zu Generation, deren jede sich doch im Besitz der uralten, unveränderlichen Wahrheit hinsichtlich ethischer Normen, des Rechtsempfindens oder der Definition städtischer Interessen wähnte.

Trotz dieses Gruppenbewußtseins war der Konkurrenzkampf hart und wurde als Fehlverhalten kritisiert, wobei Wunschvorstellungen gelegentlich zur Idealisierung anderer gesellschaftlicher Formationen führten. 1460 schrieb der Lyoner Kaufmann François Garin für seinen Sohn die *Complainte et enseignements,* ein Erziehungsbuch voll pessimistischer Lebensklugheit. Kaufleute, so hieß es darin, sind ihren Standesgenossen gegenüber unsolidarisch und sollten sich deshalb die Aristokratie zum Vorbild nehmen, bei der das ganz anders sei. Die hier bemängelte Härte des Lebenskampfes war wenigstens zum Teil eine Folge der drückenden wirtschaftlichen Lage und der Schwäche fast aller Städte, die Kriegsschäden häufig nicht mehr ausgleichen und beseitigen konnten. Ruinen aus der Zeit des großen Stadtbrandes von Tours im Jahre 1442 waren noch 1460 zu sehen; in Amiens hielten sich die Spuren der navarresischen Eroberung von 1358 bis 1410. Rückläufige Bevölkerungsentwicklung läßt sich an der großen Zahl unbewohnter Häuser ablesen, die in Paris auf der Ile de la Cité zwischen 1360 und 1421 ein Drittel der bebauten Fläche einnahmen. Durch Pest und Krieg war das Bürgertum innerhalb kurzer Zeit noch gründlicher umgestaltet worden als der Adel, denn Zuwanderungen vom Land drangen in die entstandenen Lücken ein.

Das quantitative Ausmaß solcher Fluktuation zeigt sich exemplarisch daran, daß in Périgueux während des 14. und 15. Jh.s 65,8 % der heute noch feststellbaren Personennamen eine Lebensdauer von weniger als 20 Jahren hatten, in Valence zwischen 1451 und 1457 im Vergleich zur vorigen Generation 47 % der Namen neu auftraten, 1448 in Crest (Dép. Drôme) 30 % der Haushalte jünger als fünf Jahre waren. Zwischen 1350 und 1450 stammten in Toulouse nur 27 % der neu unter Vertrag genommenen Handwerkslehrlinge aus der Stadt. Dabei kam der Zuzug seit dem Ende des 14. Jh.s nicht mehr nur aus dem näheren Umland, sondern teilweise von weither, so daß wir mit einer starken regionalen Durchmischung der wirtschaftlich noch leistungsfähigen und deshalb aufnahmebereiten Städte rechnen müssen, außerdem aber mit einer ständigen und großen Wanderungsbewegung innerhalb des Königreiches, denn natürlich wurde nicht jeder am Ziel aufgenommen, sondern gleich oder nach kurzer Zeit wieder vertrieben. Das betraf nicht nur die sogenannten Randgruppen, sondern auch Handwerker, die von ihren Berufsgenossen aus Konkurrenzfurcht grundsätzlich abgelehnt wurden. Neuankömmlinge paßten sich im allgemeinen rasch an die vorgefundene Gesellschaft

an, aber lokale Besonderheiten verbieten jede generalisierende Aussage. Zwischen 1460 und 1475 fanden in Beaucaire weniger als 25 % der Zuwanderer in der Stadt eine Ehefrau, aber 70 % der einheimischen Männer heirateten in lange ansässige Familien. Eine Ausnahme in diesem Spektrum bilden die Juristen, denen in Lyon, Amiens, Poitiers, Le Puy und vielen anderen Orten das Patriziat auch dann offen stand, wenn sie zugewandert waren. Sie nahmen vielfach die Stellen jener Bürger ein, die sich in den Königs- oder Fürstendienst begeben hatten.
Diese enge Beziehung des Königs und der Fürsten zu den Städten verbietet es, spätmittelalterliche Wirtschaftsgeschichte als eigenen Gesetzen folgenden Ablauf zu verstehen, denn der Einfluß außerökonomischer Faktoren wie Seuchen, Pest, Klimaschwankung, Krieg, politische Entscheidungen war übermächtig. Wie der König in der Endphase des Guyenne-Feldzuges seine Haltung gegenüber hartnäckigen Feinden änderte, so auch nach dem Krieg gegenüber den Städten, die von Jahr zu Jahr mehr über den fordernden, befehlenden Ton königlicher Steuererlasse zu klagen fanden. Hinweise auf wirtschaftliche Nöte halfen nicht: Der König wußte, daß die Oligarchien meist von ihm abhängig waren.

Handel, Gewerbe, Landwirtschaft

Eine seit den ersten Jahrzehnten des 14. Jh.s erkennbare wirtschaftliche Depression ist durch den Krieg verschärft worden. Transportverbindungen des Fernhandels nahmen Schaden, die Landwirtschaft litt auch in den zeitweise vom Kriegsgeschehen nicht berührten Räumen unter Menschen- und Kapitalmangel. Hier handelt es sich freilich um eine gemeineuropäische Zeiterscheinung, ein Strukturmerkmal, das insofern nicht monokausal auf den Hundertjährigen Krieg zurückgeführt werden kann. Ob diese wirtschaftliche Depression vor dem 16. Jh. ihr Ende gefunden hat, ist eine kontrovers diskutierte Frage und für Großräume vorerst nicht zu entscheiden, weil keines der europäischen Reiche eine übergreifende Volkswirtschaft ausgebildet hatte, so daß regionale Befunde im Vordergrund stehen müssen. Sicher ist, daß Krieg, Epidemien und Hungersnöte die ohnehin rückläufige demographische Kurve noch rascher absinken ließen. Für die Jahre zwischen 1440 und 1470 ist die Einwohnerzahl Frankreichs auf maximal 10 Millionen geschätzt worden, das wären 40 % weniger als vor dem Krieg. Nach wie vor lebten 90 % dieser Menschen auf dem Lande, obwohl die Bedeutung des Ackerbaus als Wirtschaftsfaktor nachgelassen hatte.
Den größten Rückschlag hatte der Handel hinnehmen müssen; im wirtschaftshistorischen Überblick spielt Frankreich in dieser Hinsicht verglichen mit Italien, der Hanse, Flandern, den süddeutschen Gesellschaften, neben England, Holland oder der iberischen Halbinsel faktisch keine Rolle mehr. Seit Kriegsausbruch umgingen die großen europäischen Han-

delswege das unsicher gewordene Land und schnitten seine Kaufleute vom internationalen Geschäft weitgehend ab. Wie sich im Nebeneinander von Königtum und Fürstentum ältere Zustände bemerkbar machten, so auch im Verhältnis des Bürgers zum Besitz: Landerwerb als die traditionelle Form des Eigentums rückte wieder in den Vordergrund und zog Investitionsmittel aus den Geschäften, führte zum Bankrott zahlreicher Unternehmen. Im *Quadrilogue invectif* ließ Alain Chartier den Ritter darüber klagen, daß Kaufleute die Burgen des Adels in Besitz nähmen und wies damit auf die Häufigkeit des Phänomens hin. Diese Art der Kapitalanlage ist auf Angst vor Wertverlusten zurückzuführen und Furcht ließ auch das Risiko von Transport und Reise oftmals unverhältnismäßig groß erscheinen, sie trieb die Transportkosten ziemlich dicht an den Einkaufspreis der Ware.
Für die französische Krone ergaben sich aus dem Handel mithin kaum abschöpfbare Gewinne, andererseits konnten die Lasten der Feldzüge aus dem laufenden Haushalt nicht gedeckt werden. Um die lange Frist zwischen Bewilligung von Sondersteuern und Verfügbarkeit der Gelder abzukürzen, ließ Karl VII. sich daher im Jahre 1449 den geplanten Feldzug in die Normandie mit mehr als 100 000 *livres* von seinem *argentier* Jacques Cœur gegen Abtretung der Steuerrechte vorfinanzieren. Jacques Cœur stammte aus einer Familie des großen Handelsbürgertums von Bourges; seit 1432 war er im Orient- und Levantegeschäft tätig, unterhielt deshalb enge Beziehungen zu Aragón, Kastilien, Genua und dem Papst. 1438 übertrug ihm Karl VII. mit dem Amt des *argentier* die Sorge für den laufenden Unterhalt des Hofes und hörte ihn auch im Conseil. Immer wieder konnte Jacques Cœur Steuermittel für seine Geschäfte verwenden, so die *aides* und die *gabelle* des Languedoc, der Auvergne und des Rhônetals. Nach italienischem Vorbild organisierte er verschiedene Handelszweige in Gesellschaften und arbeitete mit Faktoren, weitete nach dem Vertrag von Tours 1440 die Geschäfte nach England aus und hielt zahlreiche Pfänder französischer Fürsten, die bei ihm hoch verschuldet waren. Das Stadtpalais des 1440 nobilitierten Großkaufmanns in Bourges ist erhalten und zeigt schier grenzenloses Selbstbewußtsein eines Mannes, der außerdem mehrere Burgen und Schlösser im Lande besaß. Unmittelbar nach der Eroberung der Normandie wurde er gestürzt und der Falschmünzerei, des Handels mit den Ungläubigen, der Siegelfälschung und des Steuerbetrugs angeklagt; am Rande warf man ihm auch vor, die am 9. Februar 1450 verstorbene Maitresse des Königs, Agnes Sorel, heimtückisch vergiftet zu haben. Lebenslanger Haft entging er 1455 durch Flucht aus der Burg von Beaucaire nach Italien, wo er mit Unterstützung des Papstes seine Geschäfte weiterführen wollte, aber schon im folgenden Jahr starb er auf Chios. Der Sturz dieses außergewöhnlichen Mannes führte nicht nur zur Entschuldung seiner zahlreichen mächtigen Gläubiger, sondern auch zum Einzug des gesamten Vermögens durch den König, der damit den Guyenne-Feldzug finanzieren konnte. Schon daraus geht

hervor, daß Jacques Cœur weder für die zeitgenössische Kaufmannschaft noch für das Bürgertum typisch war; seine Geschichte zeigt aber die nicht seltene Verbindung von unternehmerischem Können, Gunst des Königs und skrupelloser Nutzung von Staatsämtern für eigene Zwecke.

Im Gegensatz zum Handel haben Handwerk und Gewerbe während des Krieges manchen zukunftsweisenden Anstoß durch Spezialisierung bisher weniger differenzierter Berufe erfahren. Waffenschmiede und Plattner, Bogen- und Armbrusthersteller, Geschützgießer arbeiteten mit neuen Techniken und feineren physikalisch-metallurgischen Kenntnissen; ebenso wie die Glashütten und die Offizinen der Drucker beschäftigten sie meist mehr Arbeitskräfte als konventionelle Handwerksbetriebe und benutzten wertvolle, speziell aufbereitete Rohstoffe. Während alte Handwerke deutliche Symptome korporativer Erstarrung zeigten, weil die Meister um der Statussicherung willen technische Neuerungen ablehnten und ihren Gesellen den Aufstieg zur Meisterschaft erschwerten, lag in spezialisierten Gewerben die mit expansiven Wirtschaftszweigen einhergehende soziale Dynamik. Wo Gesellenlöhne durch Statuten fixiert waren, kam es zu Berufswechseln, und mit dem sich schärfer ausprägenden Sinn für Individuum und Einzelschicksal verschärfte sich der schon in der Kaufmannschaft beobachtete Konkurrenzkampf nun auch im Handwerk.

Den größten Entwicklungssprung aber tat der Bergbau, weil Bedürfnisse der Waffenindustrie die Prospektion auf Erz anregten und chronischer Mangel an Münzmetall nach Silber suchen ließ. Bergbau wurde nun nicht mehr von einzelnen betrieben, sondern durch Gesellschaften, in die Kaufleute, adlige Grundherren, kirchliche Institutionen und selbst Stadträte Geld einlegten. Von Angestellten technisch und kaufmännisch geleitet, durch entlohnte Bergleute ausgeführt, hatte der Erz- oder Silberabbau die Trennung von Kapital und Arbeit in ihrer modernen, dem Industriezeitalter gemäßen Form schon ausgebildet. Zwei Systeme trafen aufeinander, die nicht nur organisatorisch, sondern auch mentalitätsgeschichtlich begriffen werden müssen: Das korporative, auf bürgerliche Nahrung der Genossen monopolistisch bedachte ältere Handwerk auf der einen, das gewinnorientierte, mit anonymer Kapitalanlage den im einzelnen nicht mehr verfolgten Arbeitsprozeß nutzende Individuum. Gewerblicher Frühkapitalismus begann mit Umgestaltung der Wirtschaftswelt, sozialer Systeme und der mit ihnen verbundenen Wertvorstellungen.

Längst hatte die westeuropäische Landwirtschaft im Zuge solcher Veränderungen ihre ökonomische Leitfunktion verloren. Unter den Regionen Frankreichs waren Normandie, Ile-de-France, Champagne, Guyenne und Toulousain vom Krieg am schwersten heimgesucht worden, und den Grundherren fehlte es an Kapital, um sogleich mit dem Wiederaufbau zu beginnen. Unterschiede zwischen schlecht wirtschaftenden adligen Besitzern und tüchtigen Bürgern, die Landgüter erworben hatten, sind nicht zu erweisen, denn die Grenze zwischen Adel und Bürgertum war ja längst nicht mehr unübersteigbar. Eher muß allgemein von den *notables* gesprochen werden, einer aus Aristokratie, Bürgertum und Klerus gebildeten Gruppe, die Besitz und Ämter innehatte. Von ihnen ging die Neubelebung der Landwirtschaft auf den weltlichen und kirchlichen Gütern aus. Dem Kapitalmangel stand positiv ein allmählich wachsendes Angebot von Arbeitskräften gegenüber, weil die demographische Kurve sich langsam wieder hob. Die Ursachen dafür sind vielfältig: Kriegsverluste waren nicht mehr zu beklagen, die Geburtenrate stieg, es gab Zuwanderungen und vermutlich auch einen Rückgang der Kindersterblichkeit. Für den Süden wissen wir aus der Region Entre-Deux-Mers im Flußdreieck von Garonne und Dordogne, daß dort herrschaftliche Ansiedlung geworbener bäuerlicher Familien betrieben worden ist; italienische Siedler kamen in die Provence, und im Angoumois, im Gâtinais, in der Picardie wurden ganze Dörfer neu besetzt. Für die Agrarverfassung hatten diese Maßnahmen erhebliche Konsequenzen, weil die Siedler wie früher mit Zinssenkung und langen, auf Lebensdauer oder gar für mehrere Generationen abgeschlossenen Pachtverträgen gewonnen werden mußten. Inwieweit neben der Rekultivierung wüst gefallenen Ackerlandes auch Landesausbau betrieben wurde, ist generell nicht zu sagen.

Die auch schon vor dem Krieg durch gute Böden reichen landwirtschaftlichen Gebiete haben sich zwischen 1440 und 1475 als erste erholt. Gleich nach Rückeroberung der Ile-de-France durch Karl VII. stieg die Zahl der abgeschlossenen Pachtverträge sprunghaft an, Spezialkulturen wie der Weinbau hatten dort zwischen 1480 und 1490 den hohen Standard bodenbegünstigter, vollentwickelter Landwirtschaft erreicht. Im allgemeinen aber zog sich die Rekultivierung bis ins erste Viertel des 16. Jh.s und führte zu großen Veränderungen gegenüber dem Vorkriegsstand, denn der Lohnanstieg machte den bis dahin dominierenden Getreideanbau wegen verminderter Gewinnspannen weniger rentabel als die Weidewirtschaft. Mit geringem Personalbestand wurden dabei nicht nur Fleisch und Milchprodukte gewonnen, sondern auch Wolle, die sich über lange Strecken billiger als Getreide transportieren ließ, so daß Schafe auch weit entfernt von den Zentren der Textilindustrie gehalten werden konnten. Das schlug allerdings besonders im Süden zum Nachteil jener Höfe aus, die noch Ackerbau betrieben, weil die Transhumanz riesiger Herden ganze Kulturen vernichtet hat. Neben der Weidewirtschaft kam dem Anbau der Industriepflanzen Krapp, Waid und Hanf nach wie vor große Bedeutung zu, so daß die Einnahmen aus der Landwirtschaft stiegen. Sie erreichten freilich selten die Vorkriegssätze, so daß um 1500 Land keine gute Kapitalanlage mehr war und bürgerliche Investitionen fast ganz aufhörten. Durch hohe und immer lückenloser durchgesetzte königliche Steuerforderungen wuchsen die Belastungen der Bauern und führten mit der Zeit zu bedenklichen Erscheinungen eines neuen ländlichen Pauperismus.

Wichtiges Merkmal der Wirtschaftsentwicklung in der zweiten Hälfte des 15. Jh.s war schließlich die Tendenz zu großräumiger Homogenität, weil neue Industrien und Formen der Kapitalanlage die Grenzen zwischen Stadt- und Landwirtschaft zu verwischen begannen und sich überregionale, ja internationale Gemeinsamkeit abzeichnete. In Frankreich sollte Ludwig XI. diese Tendenz nutzen und durch staatliche Erlasse in sie einzugreifen suchen.

Politiker aus Passion: Ludwig XI. (1461–1483)

Die letzten Jahre Karls VII. waren vom Konflikt mit dem exilierten Thronfolger überschattet, den der König gleichwohl nicht zugunsten des jüngeren Sohnes enterbt hat. Auf die Nachricht vom Tode seines Vaters am 22. Juli 1461 begab sich Ludwig in die hennegauische Stadt Avesnes nahe der Grenze und empfing dort eine große Menge von Fürsten, Herren und Prälaten, Abordnungen von Parlement und Universität sowie hohe Amtsträger, aus deren Aufwartung er die sichere Gewißheit der Anerkennung entnehmen konnte. Am 15. August setzte Philipp der Gute als vornehmster Pair von Frankreich dem 38jährigen Ludwig XI. in Reims die Krone aufs Haupt, und am 31. August hielt der neue König seinen Einzug in die Hauptstadt. In den folgenden Wochen suchte er durch Feste, Turniere, Empfänge und Geschenke die Gunst der Notabeln zu gewinnen, obwohl dem zurückhaltend, ja bürgerlich wirkenden König höfischer Aufwand wenig lag. Manche Hoffnung auf Reformen, vor allem im Steuerwesen, haben sich an dieser Haltung entzündet, am Ende freilich keine Erfüllung gefunden. Neue Abgabenordnungen brachten in den Jahre 1462/63 vorübergehend Erleichterungen, wurden aber bald widerrufen.

Auf vielen Reisen, die Ludwig mit kleinem Gefolge durch sein Reich unternahm, hat er sich möglichst genau über die Lage des Landes unterrichtet; diesem ausgeprägten Informationsbedürfnis entsprach auch das im Laufe der Jahre entstehende Spionagenetz, dienten Gesandtschaftsberichte und Korrespondenzen, die der König persönlich studierte und detailliert auswertete. Schon am Krönungstag hat er eine Reihe wichtiger Persönlichkeiten aus der Umgebung Karls VII. vom Hof entfernt, eine gewisse Kontinuität aber aufrechterhalten, indem er manche dieser Fälle von Ungnade später zurücknahm und das Parlement kaum antastete; der Gegensatz zu seinem Vater blieb allerdings über dessen Tod hinaus bestehen, zeigte sich im Bruch mit Johann von Dunois, in der Entlassung Herzog Johanns II. von Bourbon aus der Regentschaft über die Guyenne, der Rückkehr des Grafen Johann V. von Armagnac aus Katalonien, der Begnadigung Herzog Johanns von Alençon und dem Ruf an die gascognischen Emigranten zur Heimkehr aus ihrem englischen Exil, der Verbindung mit den italienischen Gegnern der Häuser Anjou und Orléans. Spannungen ergaben sich auch mit dem auf Autonomie seines Herzogtums bedachten Franz II. von der Bretagne, an dessen Hof sich viele der vertriebenen Räte Karls VII. sammelten. Als sein erstes politisches Ziel strebte Ludwig die Rückgewinnung der 1435 im Frieden von Arras an Burgund ausgelieferten Städte an und gewann zur diplomatischen Vorbereitung die bei Philipp dem Guten in hoher Gunst stehenden Brüder Anton und Johann von Croy durch große Pensionen für sich; beide waren mit dem Grafen von Charolais, dem späteren Herzog Karl dem Kühnen von Burgund, verfeindet und hofften, nach dem Tod Philipps des Guten über ihre Beziehungen zum König von Frankreich größere Unabhängigkeit zu erlangen. Auf ihren Rat nahm Philipp der Gute am 12. September und 8. Oktober 1463 die in Arras vereinbarten 400000 *écus* an und gab die Städte heraus.

Das Bild der Nachwelt von Person und Bedeutung des Königs ist bis in die jüngste Zeit durch die Memoiren des Philippe de Commynes bestimmt worden, jene einzigartige, literarisch herausragende Darstellung der Regierungszeit Ludwigs XI. Allgemeine Überschätzung des in der Tat hochambitionierten Politikers Ludwig zum Nachteil des Urteils über seinen Vater und, vor allem, über Karl den Kühnen, geht auf den individuellen Blickwinkel eines Autors zurück, dessen spezifische Voraussetzungen mittlerweile erkannt sind. Philippe de Commynes wurde kurz vor 1447 als Sohn des burgundischen Bailli von Flandern geboren und diente zunächst als Knappe des Grafen von Charolais, nahm an mehreren Feldzügen teil und erhielt von Karl dem Kühnen gleich nach dessen Regierungsantritt im Jahre 1467 den Ritterschlag. Als Rat und Kammerherr des Herzogs lernte er schon im folgenden Jahr Ludwig XI. kennen, an dessen Hof er drei Jahre später als burgundischer Gesandter kam und den König bald so verehrte, daß er im August 1472 zu ihm überlief. Den Verlust seiner in Burgund konfiszierten Güter wog Ludwig XI. mit reichen Dotationen auf und machte ihn zu seinem bevorzugten Ratgeber. Nachdem das Ende Karls des Kühnen zur vorübergehenden Trennung geführt hatte, verwendete der König Commynes1478 als Gesandten in Burgund, Florenz und Piemont. Auf den Sturz nach Ludwigs Tod im Jahre 1483 folgten schnelle Rehabilitierung und Dienste für Karl VIII. und Ludwig XII., während dessen Regierung Commynes am 18. Oktober 1511 gestorben ist.

Sein Memoirenwerk sollte ursprünglich nur Materialsammlung für eine lateinische Biographie Ludwigs XI. sein, die der Erzbischof von Vienne, Angelo Cato, schreiben wollte; Ende 1489 begann Commynes mit der Arbeit, in deren Verlauf ihm seine schriftstellerischen Fähigkeiten bewußt wurden, vor allem aber die Prinzipien, nach denen er ein Werk gestalten konnte, das ihn zum bedeutendsten politischen Historiographen der Epoche machen sollte. Aus dem persönlichen, nie bewältigten Erlebnis des Verrats zog er den Schluß, daß Treulosigkeit die Grundstruktur aller Politik wie auch der politischen Gesellschaft sei und daß es darauf ankäme, den eigenen Abfall von Karl dem Kühnen mit der überzeugend nachgewiesenen Überlegenheit Ludwigs XI. zu rechtfertigen. Andererseits betrachtete er den König auch kritisch: Fürsten, so lautete eine der Grundeinsichten des Autors, haben wie alle anderen Menschen Fehler; um ihr Handeln zu verstehen, müssen die historischen Lagen in ganzer Vielschichtigkeit beschrieben werden, die ein klares Urteil meist verbietet. Durch Verhandlungen erreicht die politische Vernunft ihre Ziele, während der Krieg als primitiver, vom Zufall beherrschter Vorgang zu vermeiden ist. Indem er Intelligenz und Beharrlichkeit als oberste Fürstentugenden im Dienst des politischen Erfolges beschreibt, der durch Nüchternheit, Mißtrauen und Vorsicht, Bestechung, List und entschlossenes Vorgehen ohne moralische Hemmungen erlangt wird, erweist sich Commynes als Moralist, dessen Werk nicht wie eine Chronik gelesen werden darf.

Die Ligue du Bien public

Deutet vieles im politischen Denken Commynes' auf Machiavelli voraus, so erkannten kritische Zeitgenossen auch bei seinem Helden italienischen Einfluß. Thomas Basin glaubte im taktischen Verhalten Ludwigs XI. immer wieder das Vorbild Francesco Sforzas zu sehen, und der burgundische Hofhistoriograph Georges Chastellain warf in seiner *Exposition sur Vérité mal prise* dem König politische Unmoral vor. Hinter diesen grundsätzlichen Äußerungen stehen freilich auch Erfahrungen der aristokratischen Opposition, die den Bemühungen um Stärkung der Krongewalt nicht zum Opfer fallen wollte. Diese Gegner wehrten sich in der alten Form einer Koalition und legitimierten sie durch öffentliche Klage, daß fortgesetzte Schädigung des Reiches zwingend gebiete, die egoistischen Berater des Königs zu entmachten, um die Unterdrückung der Kirche zu beenden, Rechte des Adels zu wahren, Steuersenkungen und Einberufung der Generalstände zu erzwingen. *Fut cette guerre despuys appelée le Bien publicque, pour ce qu'elle s'entreprenoit soubz couleur de dire que c'estoit pour le bien publicque du royaulme*, schrieb Commynes: »Dieser Krieg wurde später ›das öffentliche Wohl‹ genannt, weil er unter dem Vorwand geführt wurde, daß es für das öffentliche Wohl des Reiches geschähe.«
Sprecher und politischer Führer dieser *Ligue du Bien public* war Johann Graf von Dunois, ihr nominelles Haupt aber der damals 18jährige Bruder des Königs, Herzog Karl von Berry, so daß dem Adel wie schon bei der Praguerie ein naher Blutsverwandter des regierenden Herrschers zur Seite stand. Mit den Herzögen Johann II. von Alençon, Franz II. von der Bretagne, Johann II. von Bourbon und dem Grafen Johann V. von Armagnac waren die gleichen großen Adelshäuser beteiligt, die 1440

gegen den König aufgestanden waren, zu ihnen gesellten sich noch die Bischöfe Thomas Basin von Lisieux, Louis de Harcourt von Bayeux und Johann von Le Puy, dieser ein Bastard des Herzogs von Bourbon. Weiteren Zuzug erhielt die Liga durch Herzog Johann von Lothringen und Kalabrien, einen Sohn Renés von Anjou, ferner durch Ludwig von Luxemburg, Graf von St-Pol, Karl II. von Albret und eine große Menge ehemaliger Amtsträger Karls VII., darunter der Marschall André de Lohéac und der Admiral Jean de Bueil.
Besonders gefährlich war die Feindschaft Karls des Kühnen, Graf von Charolais, der die ausgleichend-nachgiebige Politik Philipps des Guten gegenüber Frankreich offen bekämpfte, aber durch den seit 1457 schwelenden Konflikt mit seinem Vater von der Regierung ferngehalten war. Im Winter 1463/64 hatten sich die Spannungen verschärft, weil der Herzog endlich zum Kreuzzug aufbrechen und die Regentschaft über seine Lande nicht Karl, sondern Johann von Croy und Ludwig XI. übertragen wollte. Nur durch Vermittlung der niederländischen Stände konnte ein vollständiger Bruch zwischen Vater und Sohn vermieden werden, aber Philipp ließ sich vom französischen König überzeugen, daß er zum gegenwärtigen Zeitpunkt keinesfalls an einen Türkenkrieg denken durfte, wenn die Machtübernahme Karls verhindert werden sollte, denn nichts fürchtete Ludwig in seiner augenblicklichen Lage mehr als den Grafen von Charolais als Regenten Burgunds auf seiten der Liga: Dem Bündnis seiner Gegner hatte der König zwar die Ordonnanzkompanien und Militärhilfe aus Mailand und Savoyen entgegenzustellen, er konnte im übrigen aber nur auf Fortdauer der vorsichtig-abwartenden Haltung von Klerus, Beamtenschaft und Bürgertum bauen, auf das Mißtrauen des Niederadels gegenüber den großen Dynastenfamilien und nicht zuletzt auf allgemein verbreitete Kriegsfurcht. Wie berechtigt Ludwigs Sorgen waren, zeigte das folgende Jahr, in dem sich die Beziehungen zu Burgund plötzlich verschlechterten.
Im September 1464 sandte der König von Frankreich den Bastard des Herrn von Rubempré und Verwandten der Familie Croy mit einer bewaffneten Galeere vor die holländische Küste, um einen bretonischen Unterhändler abzufangen, der ein Bündnis Herzog Franz' II. mit England vermittelt hatte und nun Karl den Kühnen dazugewinnen sollte. Als Rubempré sich in der Nähe von Karls holländischem Aufenthaltsort Gorinchem an der Waal nach Gesundheit und Lebensgewohnheiten des Grafen von Charolais erkundigte, wurde er festgenommen und sogleich beschuldigt, im Auftrag Ludwigs XI. die Entführung des künftigen Herzogs von Burgund nach Frankreich versucht zu haben. Dieser Vorwurf war vermutlich haltlos, Karl aber weckte mit ihm das Mißtrauen seines Vaters und erreichte nicht nur die Aussöhnung, sondern auch eine fundamentale Wendung der burgundischen Frankreichpolitik. Mit dem Sturz der Croy hatte Karl freie Hand zum Anschluß an die Liga und erhielt im April 1465 den Oberbefehl über eine nach Frank-

reich in Marsch gesetzte burgundische Armee, das künftige Rückgrat der Fürstenopposition.

Am 13. März 1465 begann Herzog Johann von Bourbon den Krieg, indem er sämtliche königlichen Beamten in seinem Herrschaftsgebiet verhaften ließ. Noch während der König gegen ihn im Feld stand, rückten burgundische Truppen und eine starke Armee der Liga vor Paris, so daß Ludwig seine Operationen abbrechen mußte, um die Hauptstadt verteidigen zu können. Mailändische Gesandte hatten schon in ihren Berichten vom Feldzug ins Bourbonnais Tapferkeit und Umsicht des Königs hervorgehoben; nun suchte er am 16. Juli 1465 bei Montlhéry die offene Feldschlacht, vermochte aber in dem letztlich unentschieden gebliebenen Treffen die militärische Lösung des Konflikts nicht zu erzwingen. Karl der Kühne behauptete zwar das Schlachtfeld, aber Ludwig konnte in Paris einziehen und hatte damit den politischen Vorteil. Mit großen Zugeständnissen erkaufte er sich Loyalität, versprach Steuererleichterungen, die Aufnahme von je sechs Abgeordneten der Bürgerschaft, des Parlements und der Universität ins Conseil und erreichte, daß Paris trotz militärischen und diplomatischen Drucks der Liga königstreu blieb.

Im Norden Frankreichs aber, vor allem in der Normandie, gewannen die Feinde so bedeutenden Anhang, daß Ludwig im Oktober 1465 die Verträge von Conflans und von St-Maur-des-Fossés schließen mußte, bei denen ihm bedeutende Zugeständnisse abverlangt wurden. Seinem Bruder Karl gab er die Normandie als Apanage und ernannte den Herzog von Bourbon zum Königsstellvertreter im mittleren Frankreich, so daß eine feste Verbindung königsfeindlicher Großräume vom Bourbonnais über Bretagne und Normandie bis zum burgundischen Gebiet hergestellt war. Franz II. von der Bretagne wurde die Kirchenhoheit in seinem Herzogtum zugestanden und damit eine Bresche in die Einheit der gallikanischen Kirche geschlagen; Karl der Kühne bekam ohne Pflicht zur Rückerstattung der 1463 gezahlten Ablösung die Städte an der Somme und außerdem Péronne, Roye, Montdidier in der Picardie; er setzte die Ernennung des ihm verbundenen Grafen von St-Pol zum Connétable von Frankreich durch und zwang den König, sich offiziell von den Croy zu trennen und auch die Lütticher preiszugeben.

Dieser Rückschlag wurde teilweise dadurch ausgeglichen, daß bald darauf führende Vertreter der Opposition wieder für die Krone gewonnen werden konnten, vor allem Herzog Johann von Bourbon durch Bestätigung seiner Statthalterschaft und ein geheimes Bündnis gegen Ludwigs Bruder Karl, Herzog Johann von Lothringen durch das Versprechen, seine Ansprüche auf Neapel zu unterstützen und vor allem Johann von Dunois, der alle seine Güter zurückbekam. Differenzen unter den verbliebenen Gegnern über die Besetzung von Ämtern in der Normandie nutzte der König, indem er seinem Bruder die Apanage entzog und das Land im Januar 1466 militärisch besetzen ließ. Mit seinen nächsten Schritten trachtete Ludwig auch gegenüber Burgund nach Revision der

Verträge, hat aber keineswegs von vornherein die Absicht gehabt, Karl den Kühnen durch Scheinabkommen zu hintergehen, sondern gerade mit ihm das dauerhafte Bündnis gesucht. Vor allem an Karl ist diese Absicht gescheitert, so daß aus der *Ligue du Bien public* einer der bedeutendsten und folgenreichsten Konflikte des 15. Jh.s erwachsen konnte.

Karl der Kühne (1467-1477)

Karl der Kühne war am 10. November 1433 als einziger legitimer Sohn Philipps des Guten in Dijon geboren, aber in den Niederlanden aufgewachsen. Seine sorgfältige Erziehung schloß Lektüre antiker Autoren ein, die Karl auch später immer wieder in oft eigens für ihn angefertigten Übersetzungen gelesen hat. Am 17. Januar 1457 kam es in Brüssel zum Zerwürfnis mit dem Vater, Ausdruck des Kampfes großer Hofparteien, von denen sich die Familie Croy schließlich gegen Karl und seine Mutter durchgesetzt hat. Als Generationenkonflikt entspricht die Auseinandersetzung der zwischen Karl VII. und dem Thronfolger Ludwig, denn auch Philipp der Gute hat seinen Sohn niemals, nicht einmal in der Verwaltung der Grafschaft Charolais, wirklich an der Herrschaft beteiligt, so daß Karl erst mit 31 Jahren faktisch, mit fast 34 Jahren nach dem Tod Philipps des Guten am 15. Juni 1467 offiziell zur Regierung gekommen ist.
Charakteristisch für die Arbeitsweise des neuen Herzogs von Burgund war von allem Anfang her übersteigerte Aktivität, ungeduldiger, den Erfolgszwang streifender Ehrgeiz, so daß wesentliche Ursachen für den Zusammenbruch des burgundischen Staates immer wieder in Karls Persönlichkeit gesucht worden sind. Das Ideal ritterlichen Lebens, dem er sich durch Wahl des heiligen Georg als seines persönlichen Schutzherrn verpflichtete, sah er vor allem in Kampf und Krieg verwirklicht, aber auch den hohen Wert von Recht und Gerechtigkeit hat er immer wieder programmatisch betont, weil das Gemeinwesen, die *chose publicque*, strenge und konsequente Justiz fordere. Das entsprach dem Geist seiner Zeit, wie sich ja auch in Frankreich die Liga auf das öffentliche Wohl berufen hatte, aber Karl definierte das Recht oft willkürlich, verstand es als Fürstenrecht, das der Souveränität und letztlich dem Ruhm des Landesherrn zu dienen habe. Rechtseinheit und territoriale Gerichtsbarkeit verkörperten sich deshalb in der Person Karls; seit Einrichtung der beiden Parlemente für die niederen und die oberen Lande in den Jahren 1473/74 wurde deutlich, daß diese Anschauung sich auch in den großen Staatsreformen niederschlug. Solches Streben nach innerer Souveränität des Herzogs führte zu wiederholtem Bruch ständischer Rechte und damit zur mächtigen Gegnerschaft der Städte. Städten und Ständen kam deshalb für die Niederlage Karls des Kühnen größere Bedeutung zu als der oft so bewunderten Politik Ludwigs XI., obwohl der Kampf mit ihm

unvermeidlich war. Karl verweigerte persönliche Huldigung, wie sie Philipp der Gute 1461 noch geleistet hatte und löste bis 1473 die Zuständigkeit des Pariser Parlements für seine von der französischen Krone zu Lehen gehenden Gebiete ebenso ab wie die Gerichtshoheit des Kaisers für Reichslehen.

Am Ende dieses Weges zur Souveränität mußte die Königswürde stehen. Eine Kandidatur des Herzogs von Burgund für das Römische Königtum war schon nach dem Tode Kaiser Sigismunds während der Jahre 1437/38 durch den Erzbischof von Köln angeregt worden, aber Philipp der Gute hat dieses ebenso wie mehrere spätere Angebote abgelehnt. Auch der Gedanke eines an Friesland oder Brabant gebundenen Territorialkönigtums lag im Bereich des Möglichen, ferner eine auf Friesland, Geldern, Jülich, Kleve, Mark, Moers, Bar, Lothringen, Vaudémont erweiterte Herrschaft, verbunden mit dem linksrheinischen Reichsvikariat. Von diesen Projekten hat Karl der Kühne nur eines wirklich verfolgt: Das Römische Königtum, schließlich die Kaiserkrone. Über alle anderen Ziele ist dies der wahre Antrieb seines Tuns gewesen und hat auch die Reform des burgundischen Staates bestimmt, ohne jedoch präzis genug zu sein, um die tägliche Politik daran auszurichten. Ein ähnlich großer Abstand zwischen Wunsch und Wirklichkeit zeigt sich darin, daß Karl immer wieder antike Helden und Staatsmänner als Muster für sich in Anspruch nahm, bei den griechischen und römischen Geschichtsschreibern Handlungsanweisungen suchte. Die Namensgleichheit der Väter Karls und Alexanders des Großen stand nicht nur im Dienst literarischer Herrscherverehrung, sondern wurde vom Herzog in befremdlicher Irrationalität als Hinweis auf seine historische Sendung verstanden. Das ist ein merkwürdiger Widerspruch zu dem systematisch-methodischen, auf äußerste Klarheit bedachten Organisationswillen, mit dem Karl seine vom Ethos der großen Persönlichkeit herausgeforderte mächtige Arbeitskraft einsetzte, sie freilich auch durch Unfähigkeit zum Delegieren von Aufgaben und Entscheidungen abnutzte. Davon wurden Form und Zusammensetzung seines Hofkreises geprägt, in dem der Adel dienende, funktionale Bedeutung erhielt als stummer Bestandteil eines nun in der Erhöhung des Fürsten gesteigerten Hofzeremoniells.

Materielle Grundlage für Karls Projekte war die Konzentration aller Kräfte seines Staates, dessen Struktur er gleich nach seinem Regierungsantritt zu verändern begann. Bei den dafür notwendigen Geldforderungen mußte er mit einer Ständemacht rechnen, die sich als Folge der Spannungen im herzoglichen Haus konstituiert hatte. Am 9. Januar 1464 tagten in Brügge zum ersten Mal Generalstände für die Niederlande, und als Karl 1468 hohe Sondersteuern bewilligt haben wollte, mußte er mit ihnen verhandeln. Er tat es damals und in der Folge immer wieder so geschickt, daß die Beden in seiner kurzen Regierungszeit fast ebensoviel Geld brachten wie Philipp der Gute zwischen 1419 und 1464 erhalten hatte, Geld, das zum Aufbau der Armee gebraucht wurde. Zwischen 1468 und

1476 erließ Karl eine Reihe wichtiger Ordonnanzen für das Heer und gab seinen Willen zur Verstaatlichung des Kriegswesens auch dadurch kund, daß Fahnen mit persönlichen Wappen nicht mehr ins Feld geführt werden durften. Maßgebend war das französische Vorbild, aber während die von Karl VII. eingeführten Ordonnanzkompanien dem König als ständige Truppe zur Verfügung standen, mußte Karl anfangs noch für jeden Feldzug aufbieten, ehe er 1471 die ersten burgundischen Ordonnanzkompanien mustern konnte. Sie bestanden überwiegend aus italienischen Söldnern, deren Bezahlung Karl außer durch Erträge der Beden mit gewaltigen Krediten sicherte. Er nahm sie in Lille, Gent, Antwerpen, Brügge und anderen Orten bei den Magistraten, die ihrerseits Renten auflegten, um sich das Kapital zu verschaffen; außerdem wandte er sich an Bankiers, unter denen die Medici über ihre von Tommaso Portinari geleitete Filiale in Brügge bald zu den größten Gläubigern des Herzogs gehörten. Während der König von Frankreich aber seit 1439 keine Bewilligung der *taille* mehr brauchte, hing Karl von den Ständen ab, die trotz über mehrere Jahre laufender Steuern eine starke Repräsentanz des Landes gegenüber dem Herzog behaupteten und 1476 mit ihrer Ablehnung einer zusätzlichen Forderung die Krise verschärften.

Der burgundische Staat

Wie die Verordnungen zur Heeresreform hat Karl auch die großen Ordonnanzen der Jahre 1468 und 1473/74 zur Behördenorganisation mit größter Akribie selbst ausgearbeitet. Sie dienten der weit vorangetriebenen Zentralisierung seiner Lande mit Hilfe einer Verwaltung, die mehr und mehr über ständische Rechte hinwegging. Mit seinen auch Einzelheiten regelnden Vorschriften überforderte Karl jedoch nicht selten die ausführenden Beamten, obwohl er sich sonst bis in die Terminologie hinein an das französische Muster zu halten suchte. Mit der Hofordnung vom 1. Januar 1468 begann die Neugestaltung des herzoglichen *hôtel*, das die schon immer für den burgundischen Hof kennzeichnende integrative Funktion für die verschiedenen Landesteile nun noch besser erfüllen sollte. Durch stark normierende Anweisungen zu Personenzahl und Aufbau des Hofkreises, genaue Festsetzung der nach Anwesenheit gezahlten Gagen sowie durch erhebliche Vergrößerung wollte Karl den Adel seiner Lande zu Hofe ziehen und an sich binden. Seit 1472 diente der Adel auch in den Ordonnanzkompanien und da jeder eine Lanze von fünf bis sechs Berittenen aufstellen mußte, wurde der Hof zum Spiegel der Armee.
Ebenso förderten Karls Verordnungen zu Rechtsprechung und Justizverwaltung die Zentralisierung. Schon Anfang 1468 hatte er unter Leitung des *prévôt des maréchaux*, ursprünglich als Generalprofos Chef der Kriegsgerichtsbarkeit, eine Zentralstelle für Handhabung und Exekution

des Strafrechts in allen seinen Landen eingerichtet; vom 8. Dezember 1473 datiert dann die bekannte, in Thionville erlassene Gründungsurkunde für das Parlement von Mecheln, in der Karl erstmals für sich die seither vorgeschriebene Anrede *mon souverain seigneur* postulierte. Dieses Parlement ist nicht als neue Einrichtung dergestalt mißzuverstehen, daß hier eine Zentralinstitution für die Gerichtsbarkeit aller burgundischen Lande eingerichtet worden wäre: Solche Zentralfunktion hatte schon seit 1435/45 der mit dem Herzogshof reisende Große Rat. Im Gegensatz zu ihm hatte das Parlement von Mecheln dort seinen festen Sitz, war aber nur für die Niederlande zuständig, während für das Herzogtum Burgund, die vom Römischen Reich zu Lehen gehenden Gebiete links der Saône und für die Freigrafschaft die Parlemente von Beaune, St-Laurent und Dole Anfang 1474 zusammengelegt wurden und als Einheitsparlement turnusmäßig in den drei Hauptorten tagten. Damit war zugleich durch Lösung vom Pariser Parlement die äußere Souveränität erklärt. Weil in Thionville auch die Rechnungskammern von Lille und Brüssel zusammengefaßt, nach französischem Muster organisiert und nach Mecheln verlegt wurden, hatten die Niederlande jenes Maß an geschlossener Staatlichkeit erreicht, das Karl als institutionelle Basis seiner weitgreifenden Pläne für nötig hielt. Die 1475 durch Eroberung Lothringens hergestellte territoriale Verbindung des Herzogtums Burgund mit den Niederlanden festigte diese Grundlage; der Griff nach Lothringen ist das Ergebnis einer Verbindung von Sachzwang und günstiger Gelegenheit und diente nicht der Erneuerung des karolingischen Mittelreiches.
Dieser sich im unablässigen Reformeifer stärkende, aggressive und militärisch hoch rüstende burgundische Staat mußte im französischen König und in den benachbarten Ständen des Römischen Reiches seine natürlichen Feinde haben. Dennoch darf der Blick für die innere Folgerichtigkeit der burgundischen Politik trotz des Gegensatzes zwischen Karl dem Kühnen und seinem Vater nicht verlorengehen, der letzte Herzog von Burgund nicht nach den Folgen seines Scheiterns beurteilt werden. In der Kontinuität seiner Vorgänger stand ja nicht nur die Anlehnung an England, dessen König Eduard IV. Mitglied des Ordens vom Goldenen Vlies war, nicht nur die gute Beziehung zu Aragón, der Bretagne und Savoyen, sondern auch das Expansionsstreben an der Westgrenze des Reiches. Mit den Herzögen von Kleve und Geldern, den Grafen von Nassau-Dillenburg-Breda und Moers gab es alte Verbindungen, während Lüttich seit langem, in den Jahren 1465–1468 besonders nachdrücklich, von Ludwig XI. unterstützt wurde. Im Bündnis mit dem Grafen Gerhard von Oldenburg suchte Karl seit Ende 1474 das mittlere Friesland bis an die Ems zu erobern und machte sich damit die Hansestädte und den Bischof von Münster zu Feinden. Angesichts dieser Allianzen, Ziele und Konflikte wird man einer vom Urteil Commynes' beherrschten Historiographie nicht mehr folgen können, die in Karls geradezu manischer Gegnerschaft zu Ludwig XI. sein außenpolitisches Hauptmotiv, in der diploma-

tischen Meisterschaft des Königs von Frankreich den Grund für sein Scheitern gesehen hat.

König und Herzog

Da Karls Streben nach dem Königtum die Souveränität seiner Lande von Frankreich einschloß, mußte daraus trotz aller Friedensbemühungen unabwendbar Krieg entstehen. Zwar wünschte auch Ludwig XI. Frieden, war aber niemals bereit, ein souveränes Burgund anzuerkennen und damit Teile seines Reiches aufzugeben. Das wußte Karl und mißtraute deshalb allen Erklärungen des Königs. Karls Beteiligung an der *Ligue du Bien public* war nicht nur ein Versuch, die Sommestädte wiederzugewinnen, sondern diente auch der Revision des Friedens von Arras, um Ludwig XI. zum Nachgeben zu zwingen. Wie bedenkenlos Karl auf diesem Wege fortzuschreiten gedachte, zeigt sein Treffen mit Ludwig vom 9. bis zum 14. Oktober 1468 in der Burg Péronne, das auf Anregung des Königs zustandegekommen war und zu einem Bündnis führen sollte. Während der Beratungen, bei denen Philippe de Commynes Ludwig XI. kennengelernt hat, kam es zu einem Aufstand der Lütticher gegen Karl, der den König daraufhin zur Teilnahme an einer Strafexpedition veranlassen wollte, um währenddessen nicht von der französischen Armee bedroht zu sein. Als Ludwig ablehnte, ließ ihn der Herzog unter Bewachung stellen und nachdem ein Fluchtversuch gescheitert war, gab der König nach, beurkundete am 14. Oktober 1468 alle Forderungen Karls und sah die Zerstörung Lüttichs mit an.
Von diesem Tag datiert der endgültige Bruch zwischen Karl dem Kühnen und Ludwig XI., der am 3. Dezember 1470 in Amboise den Herzog von Burgund der Felonie beschuldigte und alle seine von der Krone Frankreich rührenden Lehen einzog. Im Januar des folgenden Jahres begann ein französischer Angriffskrieg, in dessen Verlauf Ludwig Amiens, St-Quentin, Roye und Montdidier nehmen konnte. Am 4. April 1471 kam es zum Waffenstillstand; gleich darauf leitete Karl die große burgundische Heeresreform ein, die ihn befähigte, im Sommer 1472 zurückzuschlagen, Nesle, Roye und Montdidier einzunehmen, Beauvais zu belagern und einen Feldzug in die Normandie zu beginnen, der allerdings bei Rouen zum Stehen kam, so daß am 3. November ein auf fünf Monate befristeter Waffenstillstand geschlossen wurde. Jetzt richtete Karl seine ganze Hoffnung auf England, denn dort hatte sich Eduard von York 1471 in den Schlachten bei Barnet und Tewkesbury endgültig als König gegen das Haus Lancaster durchgesetzt: Eduard IV., der den Anspruch auf die französische Krone immer aufrechterhalten hatte und dessen Schwager Karl der Kühne schon 1468 geworden war. Der Sieg Eduards war eine Niederlage Ludwigs XI., dessen Cousine Margarethe von Anjou als

Gemahlin des 1461 abgesetzten Heinrich VI. von England nun ins französische Exil gehen mußte. Der König von Frankreich durfte künftig nicht mehr auf das Haus Lancaster rechnen, sondern mußte im Gegenteil einen Angriff Eduards IV. befürchten, den Karl der Kühne immer dringender dazu aufforderte.
Am 25. Juli 1474 wurde das Kriegsbündnis zwischen dem englischen König und dem Herzog von Burgund geschlossen. Es krankte jedoch an gegenseitigem Mißtrauen, weil Karl glaubte, als Sohn Isabellas, der Tochter König Johanns I. von Portugal und Philippas von Lancaster, die ihrerseits eine Tochter Johanns von Gent war, Rechte seiner Mutter auf den englischen Thron zu besitzen und entsprechende Notariatsinstrumente ausfertigen ließ. Nicht daran aber scheiterte der gemeinsame Krieg, sondern am unkoordinierten Ablauf der Operationen, denn als Eduard IV. Anfang Juni 1475 mit der Landung seiner Truppen in Calais begann, stand die burgundische Armee weit entfernt bei Neuß am Rhein. Der englische König nahm deshalb ein Angebot Ludwigs XI. an und schloß mit ihm am 29. August in Picquigny bei Amiens für sieben Jahre Waffenstillstand. England schied aus den Überlegungen Karls des Kühnen aus.
Dennoch dürfen diese Vorgänge nicht zur Annahme verleiten, der französische König habe den Herzog besiegt, indem er ihn auf andere Gegner ablenkte. Wenn sich Karl in diesen Jahren auf Kaiser und Kurfürsten des Römischen Reiches konzentrierte, so geschah das im Dienst seiner Königspläne. Schon durch den am 9. Mai 1469 in St-Omer mit Herzog Sigmund von Österreich geschlossenen Vertrag über den Erwerb der habsburgischen Pfandschaften am Oberrhein hatte Karl für Geld und sein Hilfsversprechen gegen die Schweizer Eidgenossenschaft Sigmunds Unterstützung bei der Königswahl gesucht und zugleich in einer wichtigen Landschaft des Reiches Fuß gefaßt. Da er seit 1473 im Streit um die böhmische Nachfolge vermittelte und gute Beziehungen zu König Matthias Corvinus von Ungarn als einem der Bewerber unterhielt, konnte er Druck auf Friedrich III. ausüben, der mit dem ungarischen König verfeindet war. Im Oktober und November 1473 verhandelte Karl in Trier mit dem Kaiser um die Erhebung zum Römischen König; Friedrich verlangte Karls Erbtochter Maria als Gemahlin für seinen Sohn Maximilian und konnte die Ansprüche des Herzogs zunächst auf ein Territorialkönigtum Burgund und Friesland beschränken. Aber auch darüber kam trotz fest auf den 21. November verabredeter Krönung am Ende doch keine Einigung zustande, weil Karl über eine schon vorliegende Duldungserklärung der Kurfürsten hinaus deren ausdrückliche Zustimmung forderte. Die Kurstimmen von Brandenburg und Sachsen hätte der Herzog von Burgund damals schwerlich erlangen können, aber Erzbischof Adolf von Mainz förderte eine Kandidatur Karls ebenso wie der rheinische Pfalzgraf Friedrich I. und dessen Bruder Ruprecht, Erzbischof von Köln. Ruprechts Streit mit seinem Domkapitel und den Ständen des Erzstifts führte zum Eingreifen Karls des Kühnen und zur Belagerung von

Neuß. Sie begann im Sommer 1474 und sollte sich unerwartet lange hinziehen. Erst am 29. Mai 1475 kam angesichts der Reichsarmee ein Waffenstillstand zustande, aber für den mit Eduard IV. geplanten Feldzug gegen Frankreich war es zu spät.

Stattdessen schloß Ludwig XI. am 13. September 1475 in Soleuvre im südlichen Luxemburg mit Karl einen neunjährigen Waffenstillstand, dessen beiderseitige Bedingungen die wahre politische Rolle des Königs von Frankreich zeigen. Der Vertrag beendete die Vermittlerrolle des Grafen von St-Pol, der seit 1465 Connétable von Frankreich war und zwischen den Fronten wechselnd schließlich den Argwohn beider Herrscher auf sich gezogen hatte. Karl lieferte ihn an Ludwig aus, der ihn am 19. Dezember 1475 in Paris hinrichten ließ. Außerdem aber duldete Ludwig mit dem Abkommen die unmittelbar bevorstehende Besetzung Lothringens durch Karl, obwohl Herzog René II. mit Frankreich verbündet war. Umgekehrt ließ Karl den ihm verbündeten König Johann II. von Aragón im Stich, indem er Ludwig XI. die Eroberung der aragonesischen Pyrenäengrafschaften Roussillon und Cerdagne zugestand. Karls Feldzüge gegen die Grenzlandschaften des Reiches wurden also im Verfolg eigener Pläne unternommen; sie geschahen mit Duldung, nicht auf Veranlassung Ludwigs XI., der Karls Stärke fürchtete und nur deshalb den Waffenstillstand geschlossen hatte.

Von Ende März bis Anfang April 1474 hatten sich alle oberrheinischen Gegner Karls mit den eidgenössischen Städten im Konstanzer Bund vereint, gleichzeitig kam die »Ewige Richtung« zwischen Habsburg und der Eidgenossenschaft gegen Burgund zustande. Commynes hat behauptet, diese Abkommen seien von Ludwig XI. initiiert worden, während sie in Wahrheit von der elsässischen Niederen Vereinigung und den Schweizer Städten, vor allem von Basel und Bern, ausgingen. Der Konstanzer Bund führte noch im Frühjahr 1474 zum Aufstand des Elsaß gegen Karls Statthalter Peter von Hagenbach und im folgenden Jahr zur Kriegserklärung Herzog Renés II. von Lothringen, der das wichtige Durchzugsrecht vom Herzogtum Burgund in die Niederlande aufkündigte. Karl der Kühne antwortete mit dem Feldzug gegen die Eidgenossen, scheiterte aber am 2. März 1476 bei Grandson am Neuenburger See und am 22. Juni bei Murten. Als unmittelbare Folge erneuerte Herzog Galeazzo Maria Sforza von Mailand das im Januar 1475 zugunsten Burgunds aufgegebene Bündnis mit Ludwig XI., so daß Lothringen angesichts des Zerfalls der burgundischen Allianzen die Erhebung wagte. Bei dem Versuch, Nancy zurückzuerobern, ist Karl der Kühne am 5. Januar 1477 gefallen.

Noch bevor die Leiche des Herzogs gefunden war und die ersten Gerüchte sich bestätigten, begann Ludwig XI. die militärische Besetzung des Herzogtums Burgund, der Freigrafschaft und der Picardie. Mitten im Winter zog der 53jährige König an der Spitze seiner Truppen ins Feld, erstmals zu einer Großoffensive entschlossen, um angesichts der überraschend offenen Situation sofort Tatsachen zu schaffen. Hilfsersuchen, die Karls Tochter Maria und seine Witwe Margarethe, Schwester Eduards IV., nach England richteten, beschworen für den König von Frankreich ernste Gefahren herauf, die er diplomatisch zu bestehen hoffte. Schon im Februar ließ Eduard eine Verlängerung des Vertrags von Picquigny auf Lebenszeit beider Könige anbieten, verhandelte aber gleichzeitig mit Herzog Franz II. von der Bretagne und König Johann II. von Aragón über ein Bündnis gegen Ludwig.
Zunächst schien alles im Sinne des französischen Königs abzulaufen. Überraschend schnell konnte er Amtsträger, Adel und Bürgertum der burgundischen Gebiete für sich gewinnen, wobei Bestechung eine große Rolle spielte; selbst die Beamten der Zentralbehörden in Dijon, auch die meisten Vertrauten Karls des Kühnen gingen zu ihm über und haben bald Ämter in Frankreich bekleidet. In den Niederlanden erhoben sich Lüttich, Geldern, vor allem aber Gent und Flandern und bald darauf Brabant, Hennegau, Holland gegen die burgundische Verwaltung zum Kampf für die Erneuerung ihrer ständischen Rechte. Sie wandten sich dabei ausdrücklich gegen die Wünsche von Karls Erbin Maria, die in jenen Monaten praktisch Gefangene der Genter war. Die niederländischen Generalstände wollten die Regierung selbst übernehmen und hatten Unterstützung Ludwigs XI., als sie das gesamte von Karl dem Kühnen geschaffene System der Staatsverwaltung zugunsten ständischer Rechte beseitigten und die Ordonnanzkompanien auflösten. Die Einheit der Niederlande stand dabei aber niemals in Frage, ebensowenig Marias Regentschaft, denn die Unruhen waren keineswegs aus Sympathie für Frankreich ausgebrochen. Man wußte nur zu gut, daß Ludwigs Juristen für die Wünsche der Stände ebensowenig Sinn hatten wie die Behörden Karls des Kühnen und konnte zur Bestätigung im März den Aufstand der Freigrafschaft gegen die französische Krone erleben, in den folgenden Monaten entsprechende Revolten in Arras und Dijon. Wegen dieses Widerstandes, mit dem er nicht gerechnet hatte, kam Ludwig XI. nach Norden nicht über Lille hinaus und konnte auch nicht verhindern, daß die nach Karls des Kühnen Niederlage bei Grandson vereinbarte Ehe Marias mit dem Kaisersohn Maximilian am 19. August 1477 geschlossen wurde. Schon am 22. Juni des folgenden Jahres gebar die Herzogin einen Sohn, der nach dem Großvater Philipp genannt wurde und als Erzherzog von Österreich den Namen Karls des Kühnen für seinen eigenen Sohn verwenden sollte. Maximilian, der seinem Schwiegervater bei den Trierer

Verhandlungen 1473 begegnet war, trat dessen Erbe auch politisch an und versuchte, in der alten Allianz Burgunds mit England, der Bretagne und Aragón die Bestrebungen des französischen Königs abzuwehren und zu durchkreuzen. Ludwig XI. schickte deshalb im November 1477 den Bischof von Elne als ständigen Botschafter nach England, um Eduard IV. solange neutral zu halten, bis die Eroberung auch der burgundischen Niederlande durch Frankreich abgeschlossen oder doch so weit vorangebracht war, daß sich eine unverrückbare Verhandlungsposition ergab. Schon seit Picquigny erhielt der englische König eine hohe französische Pension und hatte bisher allen Vorhaltungen aus seinem Hofkreis widerstanden, Maria militärisch zu unterstützen.
Vorsorglich ließ Ludwig XI. im Frühjahr 1478 durch das Pariser Parlement die Rechtsgrundlage für sein weiteres Vorgehen formulieren und öffentlich durch Sendschreiben bekanntmachen: Karls Majestätsverbrechen hatten den Einzug seiner Länder zur Folge, so daß der König im April einen neuen Feldzug beginnen konnte, der seine letzte persönlich geführte militärische Unternehmung war und schon im Juli durch den einjährigen Waffenstillstand beendet wurde, um den Maria und Maximilian gebeten hatten. Ungewiß blieb freilich, ob Eduard IV. den Preis für seine Neutralität nicht in unerträgliche Höhen treiben würde, denn er verlangte die Heirat seiner Tochter Elisabeth mit dem Dauphin, was Ludwig auf gar keinen Fall zugestehen wollte und stattdessen Eroberung Flanderns und Brabants anbot. Der englische König aber ließ sich nicht ablenken, verwies sehr zu Recht auf die schwere Beherrschbarkeit dieser Gebiete und bestand auf dem Heiratsbündnis, forderte zusätzlich eine Erweiterung des Vertrages von Picquigny auf Maximilian und den Herzog der Bretagne. Für Frankreich hätte das weniger als den Status quo bedeutet, so daß Ludwig seinen Londoner Botschafter beauftragte, die Verhandlungen so lange wie möglich hinzuziehen, was mit äußerster Not auch bis zum Februar 1479 gelang. Dann aber mußte der Bischof einen Vertragstext unterzeichnen, dessen Ratifikation Ludwig mit angeblich notwendigen Korrekturen im Detail wiederum hinauszögerte.
Unbegrenzt war diese Taktik allerdings nicht durchzuhalten, denn im Juli 1479 lief der Waffenstillstand mit Maximilian ab. Gespräche über eine Verlängerung scheiterten, so daß Ludwig einen neuen Feldzug beginnen ließ, der bis Jahresende die Unterwerfung der Freigrafschaft brachte. Gegen Norden überschritt der König die Grenzlinie nicht, hoffte jedoch durch ständige Militärpräsenz und kleinere Übergriffe die andere Seite zu ermüden und zum Nachgeben zu zwingen. Ein Gegenstoß Maximilians ins Artois sollte am 7. August 1479 bei Guinegate nahe St-Omer mit starken Kräften abgewehrt werden, aber die disziplinierten Gewalthaufen der Landsknechte Maximilians schlugen das französische Heer unter hohen Verlusten in die Flucht. In Anbetracht der Machtreserven Frankreichs war diese kriegsgeschichtlich bedeutende Schlacht politisch nur insoweit erheblich, als sie Ludwig für einige Zeit in die Defensive zwang.

Im übrigen aber blieb er standhaft und lehnte trotz neuer Verhandlungen Eduards IV. mit Maximilian nun in aller Öffentlichkeit das durch den Bischof von Elne übermittelte Vertragskonzept ab. Nun lenkte Maximilian ein und schloß im August 1480 mit dem König von Frankreich einen Waffenstillstand als Vorstufe zu Friedensverhandlungen. Eduard IV. verlor auf diese Weise seinen burgundischen Alliierten, so daß es gelang, im Juni 1481 auch ein anglo-französisches Abkommen zu formulieren, das weitere Waffenhilfe des englischen Königs für Maria und Maximilian ausschloß. Im September ratifizierte Ludwig XI. den Text, Eduard IV. folgte einen Monat später. Allen Beteiligten war dabei klar, daß angesichts der schwachen Gesundheit Ludwigs und des fortgeschrittenen Lebensalters beider Könige die auf Lebenszeit geschlossenen Verträge nur als kurzfristige Übereinkünfte zu verstehen waren.
Niemand konnte freilich ahnen, daß sich die Lage schon so bald, nur wenige Monate später, durch den Tod Marias von Burgund ändern würde, die am 27. März 1482 nach einem Reitunfall starb. Die Niederlande akzeptierten Maximilian nicht als Herrscher, sondern nur als Vormund seines Sohnes Philipp, und Ludwig XI. begann sofort Gespräche mit dem Ziel, den französischen Thronfolger mit Marias Tochter Margarethe zu verheiraten. Ein entsprechender Vertrag konnte am 23. Dezember 1482 in Arras unterzeichnet werden; Arras und die Freigrafschaft sollten als Heiratsgut Margarethes an Frankreich fallen, sobald die Ehe geschlossen sei. Das Kind wurde als kostbares Unterpfand dieser Erwerbungen nach Paris gebracht und nur der Tod Eduards IV. am 9. April 1483 dürfte den schon vorbereiteten Feldzug des erbitterten Königs verhindert haben, der seine Tochter Elisabeth seit Jahren als Verlobte des Dauphin gesehen hatte.
So konnte Ludwig XI. einen großen Teil des burgundischen Staatsgebietes an sich bringen, gebot nun auch über Picardie und Boulonnais, Artois, Herzogtum und Freigrafschaft Burgund als feste Bestandteile seiner Krongewalt. Auf der anderen Seite, in den Niederlanden, stand fortan Habsburg, und die Jahrhunderte europäischer Politik bestimmende Einkreisung Frankreichs wurde eingeleitet, als Maximilians Sohn Philipp der Schöne Johanna heiratete, Erbin der Kronen von Kastilien und Aragón, denn beider Sohn herrschte als Kaiser Karl V. auch über Spanien.

Persönliches Regiment Ludwigs XI.

Ludwig XI. hat die Krondomäne nicht nur durch seinen entschlossenen Griff nach dem burgundischen Erbe stärken können. 1476 erzwang er die Heirat seiner Tochter Johanna mit Herzog Ludwig von Orléans, dem späteren König Ludwig XII., und bereitete damit den Heimfall der Apanage vor, da Johanna auf Grund einer Körperbehinderung niemals Kinder

haben konnte. 1480 starb René von Anjou ohne männlichen Erben, so daß die Herzogtümer Anjou und Bar zum Krongut kamen, ebenso wie nach dem Tod des Grafen Karl von Maine, eines Neffen Renés, außer der Grafschaft Maine und der Provence auch die Ansprüche des nun ausgestorbenen Hauses Anjou auf Neapel von Ludwig XI. übernommen wurden. Der König bewertete diese italienischen Rechte sehr hoch und wurde in dieser Haltung bestärkt, als Giovanni Galeazzo Sforza von Mailand im Jahre 1480 durch seinen Neffen Lodovico il Moro ermordet wurde, der zur Sicherung seiner neuen Machtstellung französischen Rückhalt suchte. Ludwig sah aber von allen militärischen Eingriffen in das kunstvoll austarierte Gleichgewicht der *Italia bilanciata* ab und konnte deshalb zum umworbenen Vermittler, ja schließlich zur einflußreichsten politischen Kraft auf der Apenninhalbinsel werden. Dieser italienischen Politik kam die Ausdehnung der königlichen Gewalt in Richtung auf die Seealpen zugute, mit ihr gerieten aber auch die päpstlichen Herrschaftsgebiete in und um Avignon sowie die Grafschaft Venaissin unter das französische Protektorat, dem Savoyen schon seit 1472 unterstand, als mit dem Tod Herzog Amadeus' III. seine Witwe Jolande dort die Regierung übernahm. Sie war eine Schwester Ludwigs XI. und erleichterte ihrem Bruder den Einfluß auf dieses wichtige Durchzugsgebiet nach Oberitalien.
Seit dem Aussterben des Hauses Anjou sahen sich nahezu alle Apanagen und Fürstenhäuser in ihren Selbständigkeitsbestrebungen so stark reduziert, daß die territoriale Einheit der Monarchie weitgehend hergestellt war. Mit Ausnahme des Herzogs der Bretagne verloren alle aristokratischen Gewalten ihre Rechte auf Steuererhebung, Marktgründung und Stadtherrschaft; ihre Gerichtsbarkeit wurde dadurch entwertet, daß stets Appelle an den König zulässig waren. Verstöße gegen das 1439 mit der Ordonnanz von Orléans begründete königliche Monopol der Truppenwerbung wurden Zug um Zug rückgängig gemacht.
Mit diesen Maßnahmen folgte Ludwig XI. dem Zug der Zeit. Der Verdichtung königlicher Herrschafts- und Verwaltungsrechte in Frankreich entsprach in Deutschland die feste Gründung staatlicher Gewalt in den Territorien; während sich im Römischen Reich der Staat unterhalb des Königtums auf der Ebene fürstlicher Landesherrschaft formte, existierte in Frankreich die Monarchie als Staat, waren Krone und zentrale Behörden unbeschränkte und legitim nicht mehr angreifbare öffentliche Gewalten, gegen die zwar noch Aufstände möglich waren, aber kein Widerstand unter Berufung auf autogene Adelsrechte oder eine wie auch immer begründete fürstliche Libertät. Dieser Prozeß konnte freilich nur auf der Grundlage dynastischer Kontinuität so weit vorangetrieben werden, eines seit den frühen Capetingern zur Erbmonarchie verfestigten Rechts der Nachfolge, das die Königswahl nicht mehr duldete und infolgedessen den Fürsten die Möglichkeit nahm, sich bei der Kur immer wieder als Repräsentanten des Reiches darzustellen. Kannte Deutschland

einen Dualismus zwischen König und Reich, so blieben die französischen Fürsten Regionalgewalten gegenüber der am Ende des 15. Jh.s ausgebildeten Einheit von König, Reich und Staat. Die in den Zeiten der Krise neu begründete und publizistisch weithin bekanntgemachte Königstheorie mit ihrer Forderung nach dem starken Monarchen bildete für Ludwig XI. Ansporn und Legitimation für sein persönliches Regiment, das sich die Entscheidung aller großen Fragen vorbehielt und die Voraussetzungen dafür in harter, täglicher Arbeit schaffen mußte. Zwar flossen Autorität und Legitimität des Königtums immer noch aus den alten Quellen der Religion royale, die den mit Himmelsöl gesalbten *rex christianissimus* in seinem Reich über alle anderen Fürsten erhob und ihn auch von den Königen Europas unterschied, aber die Verpflichtung auf das öffentliche Wohl hatte sich zum obersten Gesetz des Handelns ausgeformt und zwang den König, weite Teile der Verwaltungsarbeit aus eigener Anschauung, eigener Tätigkeit zu kennen, um überhaupt regierungsfähig zu sein. Damit notwendigerweise verbundene autoritative Eingriffe ließen persönliche Herrschaft dieser Art als reine Despotie erscheinen, wie sie Sir John Fortescue 1468/70 in seiner Denkschrift *De laudibus legum Angliae* darstellte. Mit ihrer Kritik an Ludwigs XI. stehender Armee und den dafür durchgesetzten Steuerforderungen gab sie sowohl Argumente der von Ludwig gehaßten Aristokratie als auch die frühkonstitutionalistische Kritik des Engländers an einer Monarchie wieder, die schon ein gutes Stück auf dem Weg zum absolutistischen Staat zurückgelegt hatte.

Für seine Regierungspraxis baute Ludwig XI. ein umfangreiches Informations- und Nachrichtensystem auf, das außerdem in der Lage sein sollte, Anweisungen des Königs den Empfängern mit größter Schnelligkeit zu übermitteln. An allen großen Fernstraßen wurden deshalb Stationen errichtet, auf denen unter Aufsicht eines *maître de la poste* immer mehrere tüchtige Pferde für die königlichen Botenreiter standen; sie beförderten auch umfangreiche Korrespondenzen des Königs mit den Städten, denen er seine Absichten häufig in Form von Kommentaren zum Zeitgeschehen erklärte. Öffentlichkeitsarbeit schätzte er auf allen Gebieten sehr hoch und nutzte auch den Buchdruck für diesen Zweck, ergriff selbst das Wort, um Entscheidungen großer Versammlungen herbeizuführen. 1468 setzte er in Tours den Generalständen auseinander, daß sein Bruder Karl die Regentschaft über die Normandie wieder abgeben müsse, und er sprach 1470 vor jener Ständeversammlung, die ihn aus den Verpflichtungen des ihm abgepreßten Vertrags von Péronne entlassen sollte. Nur einmal aber, 1468 in Tours, kamen die Generalstände zusammen, während in allen anderen Fällen spezielle Ladungen für einzelne Sachfragen ergingen. Als die Generalstände 1468 wie üblich Beschwerden vortragen wollten, wehrte der König mit dem Hinweis ab, daß nur die Frage der Regentschaft über die Normandie zu besprechen sei. Auch regionale Ständeversammlungen hat er nach Möglichkeit nicht mehr einberufen.

Städtepolitik und Finanzverwaltung

Hatte der König 1467 im Zusammenhang mit der *Ligue du Bien public* zugestehen müssen, daß Ämter grundsätzlich auf Lebenszeit vergeben werden sollten, so war davon bald nicht mehr die Rede. Ludwig entließ nach Gutdünken und meist auf Grund seines stets wachen Mißtrauens; er schwächte den unter Karl V. entstandenen korporativen Zusammenhalt der Behörden dadurch, daß er immer wieder neue Leute in sie einbrachte und vom Wahlprinzip oder gar der Selbstergänzung nichts bestehen ließ. Alle wichtigen Fragen beriet das Conseil, in dem ein kleiner Kreis ständiger Mitglieder an den Entscheidungen des Königs teil hatte. Zu ihm gehörten außer Philippe de Commynes Ludwigs Schwiegersohn Peter von Beaujeu und erfahrene Berater aus der Zeit Karls VII. wie Étienne Chevalier, den Ludwig in weiser Einsicht aus der Verbannung zurückgeholt hatte; daneben fanden sich aber mit Antoine de Châteauneuf und Louis de Beaumont auch neue, jüngst im Königsdienst aufgestiegene Leute oder spezielle Sachkenner wie die Finanzexperten Guillaume de Varye, ehemals Buchhalter bei Jacques Cœur. Durch diese Berufungen nach Sachkompetenz war es möglich, das Conseil von Fall zu Fall in Kommissionen aufzuteilen und die Beratungsergebnisse auf diese Weise verläßlicher zu gestalten. Abstriche von der umfassenden Zuständigkeit des Pariser Parlements brachte die Errichtung neuer Parlemente 1462 in Bordeaux, 1463 in Perpignan und 1477 in Dijon; sie förderten nicht nur die Integration der neu eroberten Gebiete, sondern leisteten auch direkter königlicher Gerichtsbarkeit dadurch Vorschub, daß sie die bisher einheitliche Rechtsprechung auflösten. Deshalb und wegen der immer häufiger eigenmächtig gefällten Urteile des Königs kam es zu scharfen Auseinandersetzungen mit dem Pariser Parlement, dem Ludwig immer wieder Fälle von politischer Bedeutung entzog und Sonderkommissionen zuwies. Solche Evokationen wurden dann endgültig im Conseil entschieden, das auf diese Weise viel von seiner älteren, frühcapetingischen Funktion zurückerhielt, nun freilich auf einer ganz anderen Basis königlicher Machtvollkommenheit. Ungehorsam des Parlements duldete der König nicht, sondern ahndete Widerspruch mit Ämterverlust, gelegentlich sogar mit Einkerkerung.

Im übrigen hat Ludwig XI. die Verwaltungsorganisation seines Vaters fast unverändert bestehen lassen, aber Zahl und Kompetenz der Behörden vermehrt, so daß jene bei der Rechtsprechung erkennbare Tendenz zur Aufgliederung auch für andere Zweige der Administration festgestellt werden kann. Kennzeichen aller Behörden blieb feste Besoldung ihrer Beamten, deren Positionen generell nicht auf Lebenszeit gesichert waren, im Falle der Bewährung aber auf geeignete Nachkommen vererbt werden konnten. Unausrottbar hielt sich ein Hang zur persönlichen Bereicherung auf Kosten der Untertanen des Königs, dessen Kontrollen und strenge Strafen im wesentlichen erfolglos geblieben sind. Hier lag

Grund für schwelenden Unmut, der auch an der Steuerfreiheit für Beamte Nahrung fand und im Laufe der Zeit gefährlich werden sollte. Ludwig vermochte aber gerade daran wenig zu ändern, denn er wollte mit seinen Behörden nicht nur das Reich verwalten, sondern sie auch als politische Verbündete einsetzen, um Aristokratie und Kirche so zu schwächen, daß sie nicht mehr als Konkurrenten der Krongewalt in Frage kommen konnten. Der gleichen Ambivalenz unterlag die Städtepolitik des Königs, mit der er Voraussetzungen schuf, um das Bürgertum als Gegenkraft zum Adel zu konstituieren: Einerseits mußte die alte Bedeutung der Städte noch weiter bis zu jenem Punkt gemindert werden, an dem ihnen keinerlei Spielraum mehr für autonome Entscheidungen über ihr politisches Schicksal blieb, andererseits sollte das Bürgertum stark genug sein, um den König unterstützen zu können. Auf dem Weg zwischen diesen beiden Polen ist es zu sozialhistorisch bedeutsamen Veränderungen gekommen, deren Einzelzüge noch nicht hinreichend erforscht sind.

Die seit langem in den Städten wirkenden Reichsbeamten wurden angewiesen, alle kommunalen Rechte und Behörden so weit wie möglich einzuschränken, die Städte aber gegen den Griff der Aristokratie wirksam zu sichern, wobei sehr viel Wert darauf gelegt wurde, solche Maßnahmen bekannt und propagandistisch nutzbar zu machen. Das seit Jahrhunderten feste Band zwischen Königtum und Stadt blieb erhalten, nun aber unter stärkerer Betonung der Schutzherrschaft. Wohin das führen sollte, zeigt der 1481 von den Bürgern der Stadt Tours geforderte Loyalitätseid, mit dem sie sich verpflichten mußten, dem Willen des Königs in allen wichtigen Fragen zu entsprechen. Erster Schritt war meist eine Aufteilung der Funktionen und damit der politischen Macht in den Städten. Ludwig ließ seine Beamten mit einem begrenzten Kreis führender, wirtschaftlich starker Familien zusammenarbeiten und lockte die Bürger mit Vorteilen, die Königsnähe in geschäftlicher, politischer und sozialer Hinsicht bot; Nobilitierung drückte solche Bindung öffentlich aus und hatte dadurch den Charakter eines Paktes. Auf diese Weise kamen alle politischen und materiellen Vorteile der Herrschaft über zentrale Orte und Wirtschaftsplätze allmählich allein der Krone zugute, deren Gewinn für alle anderen Größen Stagnation und Rückschritt bedeutete. Ohne schmerzhafte Eingriffe in teils ehrwürdige Stadtverfassungen waren solche Erfolge allerdings nicht zu erreichen. Der König beanspruchte das Recht auf Ernennung der Magistrate, änderte Satzungen und beseitigte mitunter die Stadträte ganz, um sie durch seine Beamten zu ersetzen. In Bischofsstädten sorgte er dagegen für die Neubildung von Ratskollegien, um Konflikte und der Krone Interventionsgründe zu schaffen. Geistliche Verwaltungskompetenzen waren auf diese Weise bald ausgehöhlt.

Weil diese Art des Regierens nur mit großem administrativem Aufwand und gestützt auf jederzeit verfügbare militärische Kräfte möglich war, erforderte sie ständig erhebliche Geldmittel. Große Summen verschlang die Armee, um deren Organisation und Vermehrung sich Ludwig unentwegt bemühte. Er vergrößerte die Ordonnanzkompanien bis 1470 auf insgesamt 2000 Lanzen und erhöhte diese Zahl bis ans Ende seines Lebens auf 3884, wobei Söldner vorwiegend im Gebiet der Schweizer Eidgenossenschaft geworben wurden. Auch die Subsidien und Pensionen als wichtige Mittel der äußeren und inneren Politik konnten nur dann in der notwendigen Höhe gezahlt werden, wenn die Finanzverwaltung alle Möglichkeiten nutzte, um der Krone die Ressourcen des Reiches zu erschließen. Lagen die Jahreseinnahmen des Königs zur Zeit seines Regierungsantritts bei der Gesamtsumme von 1800000 *livres*, so konnte er sie bis zu seinem Tod auf insgesamt 4655000 *livres* steigern. Ergiebigste Quellen waren Taille und Gabelle, während die Grundeinkünfte der Domäne weit dahinter zurückblieben, aber trotz aller Bemühungen reichten die Erträge aus Kopf- und Verbrauchssteuer niemals aus, um den Bedarf zu decken. Der König griff deshalb zu anderen Mitteln wie der Enteignung solchen Lehnsgutes, das im Laufe der Zeit in bürgerliche Hände geraten war, er verkaufte Ämter und Adelsbriefe, auch Privilegien an Städte oder einzelne Kaufleute. Immer wieder schrieb er Judensteuern aus, verzögerte Gehaltszahlungen und zwang Kirchen, Städte oder Einzelpersonen zu Sonderleistungen für bestimmte Zwecke. Schon 1463 hatte er unter Drohungen vom französischen Klerus verlangt, seine Güterbestände offenzulegen, um einen Überblick über den steuerfreien Besitz der toten Hand und Maßstäbe für seine Forderungen an die Kirche zu gewinnen. Besonders in den Städten, wo abgabenfreier Grundbesitz nahezu 50 % des Bodens ausmachte, gab es schon Unruhe wegen ungleich verteilter Steuerlasten, gesteigert noch durch Kollektoren, die ihren eigenen Vorteil suchten. Die von staatlichen Lasten befreiten Gruppen, d. h. Klerus, Adel, Universitäten, Beamte und Freischützen, wurden mit einer Mißgunst betrachtet, die in mancher Hinsicht schon auf die Revolution von 1789 vorauswies.

Mit den Erfolgen Ludwigs XI. wuchs die Bedeutung der Hauptstadt, denn es gab offenkundige Wechselwirkungen zwischen der seit langem ortsfest in Paris residierenden Verwaltung, der Ausrichtung des ganzen Landes auf diese Zentrale und der wirtschaftlichen Prosperität des Pariser Bürgertums. Nach wie vor bestimmte die überkommene Dreiteilung in *Cité* als Verwaltungs- und Regierungszentrum, *Montagne-Ste-Geneviève* als Sitz der Universität auf dem linken, *Ville* als Bürgerstadt auf dem rechten Ufer der Seine die Stadtstruktur von Paris, dessen gut 300000 Einwohner am Ende des 15. Jh.s den Behörden, der Universität und dem Hof mit dem Selbstbewußtsein des Hauptstädters entgegentraten. Noch äußerte es sich nicht in der Konfrontation, sondern war sich seiner Grundlage, der Königsmacht, durchaus bewußt.

Wirtschaft und protektionistische Erlasse

Im Zusammenhang mit der Erschließung neuer Steuerquellen betrieb der König eine Wirtschaftspolitik, die Kaufleuten, Handwerkern und Städten Gewinne bringen sollte, von denen die Krone ihren Teil abschöpfen konnte. Zum ersten Mal darf mit Recht von staatlicher Wirtschaftspolitik gesprochen werden, denn Ludwigs Anordnungen konnten durch territorial flächendeckende Ausführung überregional wirken und damit eine verhältnismäßig homogene Reaktion von Handel und Gewerbe auslösen, die ohnehin unter stärker normierten rechtlichen Bedingungen arbeiteten. Erste Ansätze einer geschlossenen Volkswirtschaft wurden unter Einfluß des venezianischen Staatskapitalismus geschaffen. Ludwig griff durch Verordnung in Betriebstechniken der Handwerker ein, denen die Zahl ihrer Lehrlinge und Gesellen nun staatlich vorgeschrieben wurde, schützte besonders die industriell betriebenen Gewerbe, richtete neue Märkte ein, wozu außer ihm niemand mehr berechtigt war und sorgte für größtmögliche Sicherung des Transportwesens. Da keiner Vergleichbares leisten konnte, brachte die Ausrichtung von Handel und Gewerbe auf die Krone alle anderen Kräfte nun auch wirtschaftlich ins Hintertreffen.

Bürgerlicher Wohlstand, Prosperität des ganzen Landes und sicherer Lebensunterhalt für seine Untertanen waren erklärte Ziele Ludwigs XI., die mit dem Staatswohl und dem Wunsch nach gesicherten Steuereinnahmen aufs beste zusammenklangen. Deshalb haben sich Zeitgenossen zu Beginn seiner Regierung, aber auch noch manch späterer Beobachter, in den Gesinnungen des Königs getäuscht, der keineswegs ein Herz für den Gemeinen Mann hatte, sondern ihn im Gegenteil verachtete und sich den mächtigen Korporationen der großen, lukrativen Handwerke zuwandte. Ihnen gestand er Vorteile zu, die aus der Begünstigung von Meistersöhnen für den clanhaften Zusammenhalt und aus der Abwehr unzünftiger Handwerker für den wirtschaftlichen Besitzstand erwuchsen, sicherte neu gebildete Korporationen durch königliche Schutzbestimmungen. Gegenleistungen waren in Form von Geld und Diensten zu erbringen, durch Beteiligung der Krone an den Einnahmen aus Lehrverträgen und aus Zahlungen der Zunftgenossen in ihre gemeinsame Kasse. Eine Ordonnanz von 1475 regelte erstmals den Pariser Tuchhandel, vier Jahre später wurde diese staatliche Reglementierung eines großen Wirtschaftszweiges auf das ganze Reich ausgedehnt. Im Interesse ökonomischen Fortschritts wurden alte Korporationen brutal entmachtet oder sogar aufgelöst, wenn die Einrichtung von Manufakturen vorteilhaft und Zuwanderung aus Italien für die Seidenindustrie oder aus Deutschland für den Bergbau förderungswürdig schien. 1466 holte der König italienische Seidenweber nach Lyon, um eine französische Seidenindustrie zu begründen, Importe und Zahlungen ins Ausland künftig überflüssig zu machen. Weil die Stadt Lyon sich nicht an den dabei entstehenden Kosten

beteiligen wollte, verlagerte er die Seidenweberei im Jahre 1472 nach Tours und erst sehr viel später, 1530, ist sie auf private Initiative nach Lyon zurückgekehrt.
Weite und neue Perspektiven eröffnete der Mittelmeerhandel, der auch für die Italienpolitik Bedeutung hatte und sie gleichsam flankierte. Die schon lange kaum mehr benutzten Häfen des Languedoc erwachten zu neuem Leben, 1478 wurden die schon seit einem Jahrzehnt in ihrem Wirken eingeschränkten Venetianer endgültig aus Aigues-Mortes vertrieben. Gegen Venedigs Konvoischiffahrt begann Ludwig einen regelrechten Seekrieg, mit dem er französischen Staatsgaleeren ihren Weg freikämpfen wollte. 1481 war Marseille in der Hand des Königs, der dort den größten Umschlagplatz für den Mittelmeerhandel plante; alle über See ankommenden Waren sollten von Marseille aus auf das europäische Festland verteilt werden. Dafür mußte der Außenhandel möglichst frei und unbeschränkt sein, weshalb Spanier, Portugiesen und Hansekaufleute großzügige Privilegien für Bordeaux und La Rochelle erhielten.
Auch der Englandhandel, für den Südwesten und die nördlichen Gebiete Frankreichs höchst bedeutsam, sollte intensiviert werden, denn bei der Eroberung der Guyenne durch Karl VII. hatten sich politische Nachteile königlicher Maßnahmen gezeigt, die auf ökonomische Interessen der Bevölkerung keine Rücksicht nahmen. Im Jahre 1470 sollte eine staatliche Ausstellung französischer Produkte in England alte Verbindungen wieder herstellen, und schon fünf Jahre später begleitete den Vertrag von Picquigny ein englisch-französisches Wirtschaftsabkommen. Im Nebeneinander protektionistischer Erlasse und Handelsfreiheiten bemühte sich Ludwig XI. um Wirtschaftslenkung; allein für Messen und Märkte hat er 67 Ordonnanzen ausgearbeitet und dabei massive Eingriffe nicht gescheut. Er vernichtete die während des Hundertjährigen Krieges aufgeblühten Genfer Messen dadurch, daß er ihre Besucher nach Lyon zog und französischen Kaufleuten die Reise nach Genf bei Strafe untersagte. 1482 trug der König einer Ständeversammlung den Plan für eine staatliche Handelsgesellschaft mit bedeutender Kapitaleinlage vor, in der alle französischen Kaufleute organisiert sein sollten, um geschlossenes Auftreten einer nationalen Handelsmacht zu erlauben. Sein Tod hat Versuche zur Realisierung dieses Projekts ebenso verhindert wie die Normierung von Maßen und Gewichten und die Aufhebung aller Zollschranken im Gebiet der Monarchie.

Die beherrschte Kirche

Nach den gleichen Grundsätzen einheitlich ausgeübter Königsherrschaft trieb Ludwig XI. seine Kirchenpolitik, folgte dabei den von seinem Vater vorgezeichneten Wegen und erstrebte einen loyalen Episkopat, königliche Verfügungsgewalt über Ämter und Güter, suchte päpstlichen Einfluß ebenso zu beschränken wie den Abfluß französischen Edelmetalls nach Italien. So klar das Ziel seiner Kirchenherrschaft formuliert war, so vielfältig und teilweise einander widersprechend erscheinen die angewandten Methoden, denn Ludwig glaubte nicht an dauerhafte Wirkung von Konkordaten und Edikten, sondern sah Kirchenverfassung als politischen Prozeß, der nur durch persönliches Regiment in steter Folge von Einzelentscheidungen gelenkt werden konnte.

Seit der Pragmatischen Sanktion von Bourges hatte der Papst auf die Erteilung von Exspektanzen in Frankreich verzichtet, keine rechtsverbindlichen Zusagen über die Verleihung noch nicht erledigter kirchlicher Ämter gegeben, und damit dem König weiten Spielraum für seine Personalpolitik eröffnet. Deren Wege mußten gleichwohl höchst unsicher bleiben, weil die Collation von Benefizien, die kirchenrechtlich geregelte Übertragung frei gewordener und mit einer Güterausstattung verbundener Kirchenämter, sich im Chaos vielfältiger, einander gelegentlich offen widersprechender Rechte der kirchlichen Vorgesetzten, des Königs, adliger Herren, der Fakultäten vollziehen mußte. Hier halfen keine Ordonnanzen, denn die verworrene Rechtslage führte immer wieder zum Streit zwischen mehreren Kandidaten besonders für Bischofsämter, weil jeder sich auf fundierte Ansprüche berief. Nicht selten kam es deshalb zu regionalen Schismen, die gewaltsam entschieden wurden und in vielen Fällen auch nur mit diesem Mittel beendet werden konnten. Naturgemäß boten solche Konstellationen dem Adel immer wieder günstige Gelegenheiten zur Intervention, denn er hatte seine Verwandten in den Domkapiteln und vertrat mit deren Interessen seine eigenen, wurde von den rivalisierenden Bischöfen um Hilfe gebeten und handelte dann unter Berufung auf seine Schutzpflichten gegenüber der bedrängten Kirche, die gleichen Argumente nutzend wie der König und damit die Legitimität auch regionaler Herrschaft immer wieder unterstreichend. Deshalb konnte Ludwig XI. auf die Hilfe des Papstes am Ende doch nicht verzichten; er brauchte ihn als Autorität für Entscheidungen, durfte feste Verbindungen zwischen Kurie und Fürsten nicht zulassen und war auch im Hinblick auf die Italienpolitik auf ihn angewiesen.

Aus den gleichen Gründen respektierte die Krone meist das kanonische Recht, weil es die adlige Gerichtsbarkeit zurückdrängen half und in allen Fällen, die sich halbwegs einvernehmlich sehen ließen, den Anordnungen des Königs ein höheres Maß an Legalität verlieh als den hergebrachten Rechten seiner aristokratischen Widersacher. Zu Beginn seiner Regierung, am 27. November 1461, hat Ludwig XI. sogar durch Aufhebung der Pragmatischen Sanktion versucht, Grundlagen für ein Konkordat zu schaffen, das ihm den Papst eng verbinden sollte. Mit diesem Schritt wollte er allerdings nicht die vor 1438 herrschende Kirchenverfassung wiederherstellen, sondern im Gegenteil Reste adliger Patronatsrechte und Befugnisse der Dom- und Stiftskapitel bei der Collation von Benefi-

zien und bei kirchlichen Wahlen beseitigen. Das erwies sich jedoch als unmöglich und war auch deshalb von Nachteil, weil der Papst sofort wieder mit der Erteilung von Exspektanzen begann und das erst einstellte, als die Pragmatische Sanktion 1473 ausdrücklich neu in Kraft gesetzt wurde. Schon vorher aber hatte der König am 24. Mai 1463 und am 19. Juni 1464 den Parlementen die alleinige Zuständigkeit für Fragen des kirchlichen Benefizialwesens übertragen; am 30. Oktober 1472 konnte er dann in Amboise den Abschluß eines Konkordats bekanntgeben, das alte Hauptforderungen erfüllte: Die Zuständigkeit königlicher Gerichte für das Benefizialrecht wurde anerkannt und Appellation an die Kurie erst nach Abschluß des gesamten Verfahrens vor allen französischen Instanzen zugelassen. Einsprüche waren damit zu einem guten Teil entwertet, weil sie die königliche Rechtsprechung auf keine Weise mehr aufhalten konnten. Das Collationsrecht wurde gegen die Bestrebungen des Adels streng auf kanonische Verfahrensweisen ausgerichtet, darüber hinaus verpflichtete sich Papst Sixtus IV., seine Exspektanzen künftig nur Kandidaten des Königs, der Königin, des Dauphins und des Pariser Parlements zu erteilen und auch Provisionen nur dann auszusprechen, wenn Zustimmung und Personalvorschlag des Königs ihm schriftlich vorlagen. Obwohl viele der hier festgelegten Bestimmungen schon unter Karl VII. praktiziert wurden, der sogar päpstlich bestätigte Bischofserhebungen angefochten und den Domkapiteln ihr Wahlrecht faktisch genommen hatte, bot das Konkordat eine wertvolle Rechtsgrundlage, weil der Papst Verfahren anerkannt hatte, die Ludwig XI. nun weit rigoroser anwenden und durchsetzen konnte als sein Vater.
Im Sommer 1472 drohte der König dem opponierenden Kapitel von Notre-Dame in Paris mit Entzug aller weltlichen Güter und erreichte am 7. Februar des folgenden Jahres das Bischofsamt für seinen Kandidaten Louis de Beaumont. Solche Fälle häuften sich nun, wurden auch für die großen Abteien üblich, so daß Ludwig bis zum Ende seiner Regierung und jedesmal mit päpstlicher Zustimmung alle wichtigen kirchlichen Ämter ausschließlich mit seinen Kandidaten besetzen konnte. Aber dem übrigen Klerus nahm er ebenfalls so viele Freiheiten, daß selbst die Parlemente von Paris und Toulouse sich widersetzten und das Konkordat von Amboise nicht registrierten. Ludwig mußte deshalb besondere Ausführungsbestimmungen erlassen, mit denen die schlimmsten Härten formal gemildert, in der Sache aber keine Abstriche gemacht werden sollten.
Solches Vorgehen war nur gegenüber einer Kirche möglich, die sich noch durch andere als politische Ereignisse und Mächte geschwächt sah, vieles von ihrem Ansehen als der heilsnotwendig vermittelnden Instanz für Menschen verloren hatte, die ihre individuelle Freiheit, ihre Fähigkeiten und eine spezifisch irdisch-innerweltliche Würde längst entdeckt hatten. Im Verfall der Universitätstheologie hatte schon Jean Gerson Gefahren erblickt und immer wieder die *theologia mystica* als Heilmittel gegen formalisierte und institutionalisierte Glaubenslehren empfohlen, wie sie

Universität und Kirche routiniert verbreiteten und damit zunehmend auf Mißfallen stießen. Auf diese Abwertung folgte nun mit größerer Wucht als jemals zuvor der Angriff staatlicher Gewalt.

Plessis-lès-Tours

Die Stärke der französischen Monarchie beruhte in der zweiten Hälfte des 15. Jh.s nicht nur auf politischer Begabung und Energie des Königs, sondern zu einem wesentlichen Teil auf dem hochentwickelten Verantwortungsbewußtsein Ludwigs XI. Im *Rosier des guerres* fand der Thronfolger die Hauptgrundsätze seines Vaters zusammengefaßt, wurde auf Vermehrung und Sicherung der Domäne als oberstes Staatsziel verpflichtet, neben dem gute Rechtspflege, straffe Aufsicht über die Armee und umfassender Dienst für die *chose publicque* in der Art eines politischen Testaments herausgestellt waren. Das, so meinte der König, seien gleichzeitig die besten Wege, auf denen die Untertanen zu Liebe und Gehorsam, zur Loyalität gegenüber dem Herrscher geführt würden. Einem Gärtner sei der Monarch zu vergleichen, der jeden Tag nach seinen Pflanzen sieht, sie niemals aus den Augen läßt und die wichtigsten Arbeiten selbst ausführt. Das galt vor allem angesichts der gewaltigen, längst nicht abgeschlossenen Aufbauarbeit nach einem Krieg, dessen Schäden allenthalben ins Auge fielen, es galt für ein noch nicht vollständig befriedetes Reich. Sehr mit Recht ist Ludwig XI. gelegentlich Karl V. an die Seite gestellt worden, jenem Herrscher, der sich unter schwierigen Bedingungen angesichts militärischer Niederlagen, wirtschaftlicher Not und sozialer Unruhe um das Land bemüht hatte. Wie Karl hat auch Ludwig im Frieden das oberste Ziel der Kriegführung gesehen, auch er leugnete den Selbstzweck des Kampfes und zeigte damit den weiten Abstand zu Ethik, Mentalität und Kultur der ritterlichen Welt.
Seit 1479 war der König krank; zunehmend reizbar und mißtrauisch, schloß er sich ab, unternahm kaum noch Reisen, sondern blieb immer häufiger und länger in der Touraine als der bevorzugten Landschaft. Vom Sommer 1482 an residierte er meist in dem von ihm erbauten Schloß Plessis-lès-Tours, wechselte gelegentlich nach Cléry-sur-Loire, wo er ein Kollegiatstift errichtet hatte, besuchte die Stadt Tours oder Schloß Amboise, den Sitz des Dauphins. Diese Entfernung von der Hauptstadt sollte über den Tod hinaus bestehen, denn nicht in St-Denis, an der Seite fast aller Amtsvorgänger und der ganzen Reihe seiner eigenen königlichen Ahnen aus dem Haus Valois wollte Ludwig seine letzte Ruhe finden; er ließ vielmehr die Stiftskirche Notre-Dame in Cléry zu seiner Grablege ausbauen. Dort ruhte seit 1468 Johann von Dunois, und 1477 ließ Ludwig XI. in Cléry Tanguy du Chastel bestatten, dessen Onkel gleichen Namens auf der Brücke von Montereau im Dienst des Dauphins schuldig geworden

war. Der Neffe fiel im Krieg gegen Burgund durch eine Kugel, die dem König gegolten hatte.

In diesen letzten Jahren hatte kaum noch jemand persönlichen Zutritt bei Ludwig XI., der seine Umgebung auf alte und bewährte Ratgeber beschränkte: Seinen Schwiegersohn Peter von Beaujeu, Philippe de Commynes, den Arzt Jacques Coitier und den italienischen Eremiten Francesco di Paola, der 1482 vom Papst gesandt wurde, um den König auf seinen Tod vorzubereiten. Alter und Krankheit haben Ludwig bewogen, seine früher so intensiven persönlichen Beziehungen zu Amtsträgern, Gerichten, der Öffentlichkeit im weitesten Sinne abzubrechen, auf Rundschreiben und Manifeste zu verzichten. Dennoch wurde Frankreich weiter vom Willen des Königs bestimmt, der während seiner Regierungszeit den größten zusammenhängenden Fonds von Ordonnanzen geschaffen hat, den es für lange Zeit geben sollte und es ist bezeichnend, daß der Rückzug nach Plessis-lès-Tours dem Fortgang der Staatsgeschäfte nicht geschadet hat. Mittlerweile war ein neuer Begriff des Königsdienstes entstanden, der einen ethischen Wert bedeutete und im Grundsatz von allen Schichten der Gesellschaft verstanden werden konnte. Königsdienst war dem einzelnen Aristokraten wichtigste Statusgarantie, sicherte dem Bürger seinen Wohlstand und die Zugehörigkeit zum Kreis der Notabeln. Teilhabe an der Macht kompensierte vermehrte Pflichten und der Zusammenhang zwischen Leistung und Sicherheit war so deutlich erkennbar, daß er jedermann nahelegte, einem immer stärker werdenden Sog der allein legitimen öffentlichen Gewalt zu folgen. Im Königsdienst wurde die Monarchie als Staat erfahren, und weil Ludwig XI. dynastische Grundsätze mit Auffassungen verwob, die aus Wiedererweckung und spezifischer Interpretation antiker Staatsvorstellungen ein hohes herrscherliches Selbstbewußtsein ableiteten, konnte er den Gedanken des Dienstes vorbildhaft leben. Auch untergeordnete Funktionen erhielten damit einen Anstrich hoheitlicher Autorität, sie schienen erstrebenswert und trugen im Laufe der Zeit die neuartige Staatsgesinnung in alle sozialen Schichten.

11. Eine neue Welt

Regentschaft der Beaujeu

Ludwig XI. hinterließ seinem dreizehnjährigen Sohn und Nachfolger Karl ein Reich, dessen Institutionen und Amtsträger ihre vom König geforderten Dienste taten, aber noch längst nicht imstande waren, korporativ und selbständig zu arbeiten. Feste Grundstrukturen einer verwalteten Monarchie konnten nur unter beständiger Aufsicht entstehen, und die sofort nach dem Tod des Königs sichtbar werdenden Ansätze neuer Fürstenopposition mit ihren bekannten Forderungen zeigen deutlich die Gefahren einer Auflösung des Erreichten in Sonderrechte. Überall gehegte Hoffnungen auf Steuererleichterungen ermutigten die Gegner, denen außerdem abwartende Unsicherheit der königlichen Amtsträger zugutekamen; hohe Beamte fürchteten um ihre Positionen und wollten sehen, wer sich im Ringen um den Dauphin durchsetzen würde.
In den letzten Jahren hatte Ludwig XI. immer mehr Vertrauen auf seine 1461 geborene Tochter Anna gesetzt, die seit 1474 mit Peter von Beaujeu verheiratet war, dem Bruder Herzog Johanns II. von Bourbon. *Madame La Grande*, wie sie gern genannt wurde, stand in hohem Ansehen und hatte auch in der königlichen Familie große Autorität; sie war ein Glücksfall für die Monarchie, denn sie begriff nicht nur die Absichten und staatspolitischen Ziele ihres Vaters, sondern hatte auch Kraft und Intelligenz genug, einen leitenden Willen zu erhalten, an den das Land sich langsam zu gewöhnen begann. Diese Kontinuität, in Protokollen des Regentschaftsrates dokumentiert, hat für den internationalen Rang Frankreichs auf lange Sicht ebensoviel bedeutet wie für die Verfestigung der Werke Karls VII. und Ludwigs XI., denn sie erlaubte keinen Rückfall in aristokratische Territorialherrschaft und ließ den damit notwendigerweise einhergehenden Schwund großstaatlicher Einheit nicht zu. Daß Anna auch für ihre eigenen Belange sorgte und 1487 in Erwartung eines baldigen Todes des Herzogs von Bourbon im königlichen Namen Urkunden ausstellte, mit denen jeder Anfall bourbonischen Gutes an die Krondomäne auf Dauer verhindert werden sollte, spricht nicht gegen das im ganzen positive Urteil über die politische Leistung. Ihr Gemahl Peter von Beaujeu nahm seit einem Jahrzehnt an Ludwigs XI. Regierung teil und war auch zum Vormund des Dauphins ernannt worden, aber eine Regentschaft im eigentlichen Sinne hatte der König nicht bestellt, so daß gewisse Rechtsunsicherheiten blieben, die gleichwohl nicht verhindert haben, daß Anna und Peter von Beaujeu bis 1491 regierten.

Im Bestreben, die Grundsätze Ludwigs XI. beizubehalten und notfalls auch den Kampf gegen Fürsten und Adel aufzunehmen, schlugen die Regenten anfangs einen Weg der vorsichtigen Kompromisse ein; sie wollten Gegner mit Zugeständnissen besänftigen und fanden sich gegen den immer wieder erklärten Willen des verstorbenen Königs sogar bereit, den Hof des am 30. Mai 1484 gekrönten Karl VIII. für bestimmte Besucher zu öffnen. Als Bruder des Königs nutzte vor allem Herzog Ludwig von Orléans dieses Recht und sollte bald eine umfangreiche konspirative Aktivität entfalten. Auch dem Pariser Gerichtshof wurden Konzessionen gemacht, die vor allem jene *gens du Parlement* wieder ins Amt brachten, denen Ludwigs XI. Ungnade gegolten hatte. Die alte Kompetenz des Parlements mußte garantiert werden, aber in entscheidenden Fragen konnte die Regentschaft unnachgiebig bleiben und insbesondere verhindern, daß die Herzöge von Orléans und von Bourbon das Conseil nach ihren Wünschen umgestalteten. Seit Dezember 1483 stützten sich die Beaujeu in aller Offenheit auf den Beraterkreis Ludwigs XI., den sie jeder Anfeindung zum Trotz halten konnten, freilich nur auf Absprachen mit den Herzögen, wonach die endgültige Zusammensetzung des Staatsrates durch Generalstände festgelegt werden sollte. Mit der Einberufung einer solchen Ständeversammlung hoffte Ludwig von Orléans seinen Einfluß vergrößern zu können, denn er glaubte an große Resonanz für die aristokratischen Gravamina und sah im Ständetag eine Basis für die Opposition.

Der Dritte Stand

Die Vorbereitungen für den Tag der Generalstände begannen im Herbst 1483. Ursprünglich sollten Klerus, Adel und *estat commun*, die Bürger, ihre Abgeordneten gemeinsam wählen, und zwar drei aus jedem Bailliage oder jeder Sénéchaussée. Tatsächlich aber lenkten Absprachen und Stimmbündnisse die Wahlen, führten zu unterschiedlichen Verfahren und ließen am Ende mehr Abgeordnete zusammenkommen als erwartet. So fand sich zur Bestimmung der Abgeordneten für die Touraine am 1. Dezember 1483 im Rathaus von Tours eine Wahlkörperschaft aus Vertretern der Stadt Tours, der Burgbezirke Loches, Chinon und Amboise zusammen; während man im Lyonnais anscheinend auch die Großbauern gehört hat, wählten die burgundischen Stände je drei Abgeordnete aus Klerus, Adel und Bürgerschaft für das ganze Herzogtum, ohne sich um die Einteilung in Bailliages zu kümmern, und in Paris benannte der Klerus seine Delegierten in getrennter Abstimmung, weil er fürchtete, durch die beiden anderen Gruppen bevormundet zu werden. Abgesehen von diesen durchaus zeitüblichen Unregelmäßigkeiten spiegelte sich in der Ständeversammlung ganz Frankreich, zum ersten Mal wurde vom *Tiers État*, vom Dritten Stand gesprochen, der nun landesweit gehört wurde.

Am 15. August 1484 fand in Tours die erste Sitzung der Generalstände statt; die 284 Abgeordneten vertraten alle Regionen außer der Bretagne. Am Anfang der Beratungen standen Klagen über das harte Regiment Ludwigs XI., der vom guten und für das Land rückblickend als segensreich empfundenen Kurs Karls VII. in zu vielen Dingen abgewichen sei. Die Regenten ließen durch eine geschickt formulierte Ansprache des Kanzlers Guillaume de Rochefort Hoffnungen auf Karl VIII. wecken, der vom Tage seiner selbständigen Regierung an vor allen wichtigen Entscheidungen und Erlassen die Generalstände hören werde. Zuversichtliche Reformerwartung breitete sich in der Versammlung aus, die nun von den Beaujeu und vom Herzog von Orléans umworben wurde, weil die Zusammensetzung des Staatsrates nach den je eigenen Wünschen beschlossen werden sollte. Unterstützt durch Herzog René von Alençon, die Grafen von Dunois, Angoulême und Foix, den Vizegrafen von Narbonne und den Bischof von Le Mans, bot Ludwig von Orléans den Generalständen für ihr schwieriges Geschäft Beratung durch die Fürsten an, doch Ablehnung dieser Offerte zeigte alsbald, daß die Stände schon von den Beaujeu überzeugt waren. Am 5. Februar hörte die Versammlung eine Proposition der Regenten für das Conseil, in dem sich kein einziger Parteigänger der Adelsopposition finden sollte.
Die auf den Vorschlag folgende Reaktion erklärt sich weitgehend aus dem Selbstverständnis der Abgeordneten und aus den Grundsätzen, nach denen sie Beschlüsse faßten. Ihre Debatte ist in dem Bericht des Kanonikers Jean Masselin aus Rouen recht gut eingefangen, der durchaus geteilte Ansichten darüber zeigt, ob sich die Stände als Repräsentanz des Reiches zu verstehen hätten. Viele Abgeordneten waren der Meinung, daß die Generalstände den Staatsrat deshalb wählen müßten, weil ihre Körperschaft während der Jugend des Königs die Reichsregierung darstelle; andere dagegen hielten die Prinzen von Geblüt für legitime Vormünder des Königs, wollten sich selbst und der Versammlung nur das Recht auf Steuerbewilligung und Klage gegen Mißstände zuerkennen. Einen dritten Weg wies Philipp de la Roche Pot, Seneschall von Burgund, in seiner später viel beachteten und häufig mißverstandenen Ansprache, mit der er für Wahlmonarchie und Volkssouveränität eintrat, dabei freilich nichts umstürzend Neues sagte, sondern mit der seit dem 13. Jh. allgemein bekannten Lehre von der Übertragung aller öffentlichen Gewalt durch das Volk auf den König die Fürsten zugunsten der Beaujeu aus der Diskussion drängen wollte.
Angesichts dieser verschiedenen Definitionen einer am öffentlichen Wohl ausgerichteten Verfassung waren sich die Stände doch darin einig, daß ihnen ein Recht auf Unterrichtung in allen Fragen zustünde, *quae ad nationis utilitatem spectant,* und sie formulierten damit zum ersten Mal einen durchaus neuzeitlichen Begriff von der Nation. Indem die Generalstände für sich selbst in Anspruch nahmen, die *utilitas nationis* zu kennen, befreiten sie die Nation von ihrer mittelalterlichen Schichtenspezifik so

weit, daß sie nun alle im Königreich Frankreich lebenden Menschen umfaßte, die von Klerus, Adel und *estat commun* in gemeinsamer Versammlung repräsentiert wurden. Jahrhundertelang hatten die Könige die Nation verkörpert, die wachsende Trägergruppe des französischen Nationsbewußtseins angeführt, die wesentlichen Elemente zur geistigen und politischen Einheit Frankreichs an sich gezogen und immer wieder neu belebt: Nun war das Bewußtsein von der französischen Nation so weit verbreitet, daß seine Träger den König nur mehr als Teil der übergeordneten Einheit zu sehen begannen. Deutlich und nie wieder verstummend wurde die Frage nach dem politischen Verhältnis der Nation zur Regierung und damit zur Macht schlechthin aufgeworfen; was Étienne Marcel mit seinem Reformstreben nur zum regionalen Aufruhr treiben konnte, mußte zur Revolution werden, wenn die Polarität von König und Nation, des einen Herrschers gegenüber allen anderen Reichsbewohnern, erkannt und von dieser Warte aus als unerträglich verworfen wurde.
Nach langen Beratungen beschlossen die Stände endlich, über die Zusammensetzung des Conseil nicht im einzelnen zu entscheiden, sondern den König zu bitten, aus allen Abgeordneten 12 in seinen Rat zu berufen, dem bei Abwesenheit der Herzöge von Orléans und Bourbon Peter von Beaujeu vorstehen sollte. Ohne daß die Frage nach der Regentschaft ausdrücklich besprochen worden wäre, hatte sich damit der bestehende Zustand erhalten, denn die Beaujeu beriefen im Namen Karls VIII. 10 statt der vorgeschriebenen 12 Ständevertreter und suchten sich dabei ihnen ergebene Männer aus, darunter Philippe de La Roche. Da auch die übrigen Berater des Hofes in ihren Ämtern blieben, hatten sich praktisch keine Änderungen ergeben, obwohl die Finanzverwaltung heftig kritisiert worden war. Wieder erklang die schon seit Generationen erhobene Forderung, daß der Hof sich für seinen Unterhalt und die Belange der Krone mit den Erträgen der Domäne begnügen möge und es kam zum Beschluß einer Senkung der Taille auf 1 500 000 *livres* für das laufende Jahr. Dieses erhebliche Zugeständnis einer Reduktion der Kroneinnahmen auf weniger als ein Drittel des Standes von 1481 machte die Regentschaft in der richtigen Voraussicht, daß der Fehlbetrag künftig über Einzelbewilligungen regionaler Ständeversammlungen mindestens teilweise ausgeglichen werden könne. Auch Einbußen bei der zentralen Verwaltung und im Gerichtswesen wogen nicht zu schwer im Vergleich mit der Behauptung des wichtigen Evokationsrechtes. Nahezu unberührt blieb die Kirchenverfassung Ludwigs XI., doch auf dem Gebiet der Wirtschaftsgesetzgebung kam es zu regelrechten Einbrüchen, die sich aber im Endergebnis günstig auswirken sollten, weil sie den Freihandel belebten. Als die Generalstände am 14. März auseinandergingen, hatten sie die Wiedereinberufung für das Jahr 1486 vereinbart, aber dazu sollte es nicht kommen.
Durch den Regierungswechsel und die Beschlüsse der Generalstände ist die monarchische Gewalt Frankreichs gemäßigt, aber nicht eigentlich beschränkt worden. Viele Abgeordnete vor allem des Dritten Standes

hatten ein erstaunlich hohes Maß an Loyalität gegenüber der Krone an den Tag gelegt, doch im allgemeinen war der Sinn für den Gesamtstaat noch zu wenig ausgeprägt. Das kam der Regentschaft zugute, weil viele Energien sich in landschaftsbezogenen Auseinandersetzungen gegenseitig aufhoben, so daß reichsweite Opposition noch fern lag. Der Adel konnte sie nicht mehr hervorbringen, denn die Masse seiner Angehörigen war vom Selbstverständnis her traditionalistisch und ohne Gespür für die Bedeutung des Dritten Standes, so daß politische Apathie um sich griff.

Anna von Bretagne

Dennoch versuchte Herzog Ludwig von Orléans noch einmal, in großer Fürstenopposition gegen die Regentschaft vorzugehen. Die Schlüsselposition der Bretagne in den folgenden Kämpfen zeigt freilich, daß seine Umtriebe von sekundärer Bedeutung waren, nur Teil einer großen Auseinandersetzung um die Eingliederung der letzten autonomen Landschaft in die französische Monarchie.
In den späten Jahren Herzog Franz' II. wurde die Bretagne weitgehend vom herzoglichen Großkämmerer Pierre Landais bestimmt, der die Unabhängigkeit des Herzogtums erhalten wollte, jedoch im bretonischen Adel viele Feinde hatte. Im April 1484 war ein Anschlag auf ihn mißglückt, hatte aber die ernste Gefährdung seiner Stellung enthüllt, so daß Landais Bundesgenossen suchte und anbot, eine Ehe Ludwigs von Orléans mit Anna, der Erbtochter Franz' II., zu vermitteln. Das Projekt war schwer zu realisieren, denn die Ehe des Herzogs mit Ludwigs XI. Tochter Johanna hätte zuvor vom Papst gelöst werden müssen. Als die bretonische Opposition Karl VIII. als Nachfolger Franz' II. durchsetzen wollte, begann Landais auch mit Maximilian und mit König Richard III. von England zu verhandeln. Daraus mußten sich erhebliche Gefahren für Frankreich ergeben, denn eine burgundische Adelsgruppe hatte ebenfalls Verbindung zu Maximilian aufgenommen, so daß der Konflikt mit dem Haus Habsburg in ein neues Stadium trat. Zwar erklärten sich die Herzöge von Bourbon und von Lothringen für die Regentschaft, aber im Süden drohte Krieg zwischen den Häusern Albret und Foix um die Nachfolge im Königreich Navarra, in den Landais auf seiten Johanns von Foix eingreifen wollte.
Zu Beginn des Jahres 1485 sprach Ludwig von Orléans für sich und seinen Anhang der Regentschaft alle Befugnisse zur weiteren Amtsführung ab und forderte mit den hergebrachten Argumenten gegen Steuerlasten, Unfreiheit der Kirche und falsche Ratgeber des Königs die sofortige Einberufung der Generalstände. Das war eine Kriegserklärung an die Beaujeu, aber die sich aus ihr ergebende *Guerre folle* wurde weniger militärisch als in Manifesten und Denkschriften ausgetragen, weil Parlemente,

Städte und die Universität Paris loyal zu den Regenten standen. Ihr Sieg war vollkommen, als Franz II. Landais unter Druck des Adels stürzen und am 19. Juli 1485 öffentlich hinrichten ließ. Am 9. August schloß die bretonische Aristokratie ein Abkommen mit den Beaujeu, und knapp zwei Wochen später fand Richard III. in der Schlacht bei Bosworth gegen Heinrich Tudor den Tod: Nun mußte der Herzog von Orléans erkennen, daß sein Unternehmen fehlgeschlagen war und die militärische Besetzung seiner Gebiete hinnehmen.

Über die Zukunft der Bretagne war dagegen noch nicht entschieden, denn auch die bretonischen Stände wollten die Autonomie des Landes erhalten und beschlossen am 10. Februar 1486 die Verheiratung Annas mit Maximilian, dessen Wahl zum Römischen König soeben vorbereitet und am 16. Februar in Frankfurt am Main vollzogen wurde. Im Juni begann Maximilian an der Südgrenze Flanderns französische Übergriffe mit Gegenstößen zu beantworten, so daß die Beaujeu immer mehr zu der Einsicht kamen, daß eine drohende Allianz der habsburgischen Macht mit dem bretonischen Adel, den Herzögen von Orléans und von Lothringen nur noch militärisch bekämpft werden könne. Das Bündnis war zwar in sich fragwürdig, da sowohl Maximilian als auch Ludwig von Orléans um Anna von Bretagne warben, aber erst die schwere Niederlage einer Truppe Maximilians bei Béthune südwestlich von Lille gegen Philippe de Crèvecœur, Herr d'Esquards und Marschall von Frankreich, im Juli 1487 zeigte die Grenzen der Möglichkeiten Habsburgs. Als Maximilian am 5. Februar des folgenden Jahres in Brügge von den Bürgern gefangengenommen und bis Mitte Mai festgehalten wurde, bat Franz II. am französischen Hof um Frieden in der richtigen Einsicht, daß der Römische König nunmehr für längere Zeit in Flandern gebunden und für die Bretagne kein tatkräftiger Bundesgenossen sein würde. Gegen den Rat seiner Schwester und als erste größere selbständige Regierungshandlung schloß Karl VIII. am 21. August 1488 auf Schloß Verger bei Angers mit dem Herzog der Bretagne Frieden, aber Franz II. starb schon am 9. September und seine dreizehnjährige Tochter Anna wurde im Sinne der früheren Politik ihres Vaters und der bretonischen Stände im Dezember 1490 durch Ehevertrag mit Maximilian verheiratet.

Französisches Eingreifen war damit unvermeidlich geworden. Im März 1491 fiel Nantes, anschließend begann die königliche Armee mit der Belagerung von Rennes, so daß auch hartnäckigste Verfechter der bretonischen Unabhängigkeit nachgeben mußten. Am 6. Dezember 1491 heiratete Anna von Bretagne Karl VIII. und versprach, sich im Falle des erbenlosen Todes ihres Gemahl sofort mit seinem Nachfolger oder dem erstberechtigten französischen Thronerben zu vermählen. Deshalb ließ Ludwig von Orléans nach dem Tod Karls VIII. im Jahre 1498 seine immer noch bestehende Ehe annullieren, um im Januar 1499 Anna heiraten zu können. Beider Tochter Claude wurde die Gemahlin des Grafen Franz von Angoulême, des späteren Königs Franz' I.

Durch die Heirat Annas von Bretagne wurde das Jahr 1491 zum epochalen Einschnitt in der Geschichte Frankreichs. Die von Franz I. 1532 proklamierte *union perpetuelle* des Herzogtums mit der Krone war faktisch vollzogen und die Einheit Frankreichs in seiner die folgenden Jahrhunderte beherrschenden Gestalt erreicht. Gleichzeitig begann nun endgültig die selbständige Regierung Karls VIII., der sich schon seit 1488 zunehmend der Einflußsphäre seiner Schwester entzogen hatte. In diesem Jahr war Herzog Johann II. von Bourbon gestorben und die Beaujeu hatten sein Erbe angetreten, so daß der Weg für den König und seinen Beraterkreis frei wurde. Es war der Weg in die italienischen Kriege, mit denen das mittelalterliche Frankreich sein Ende gefunden hat.

Genealogische Tafeln

- Karl d. Große, †814
  Kg. 768, K. 800
  - Ludwig I., d. Fromme, †840
    K. 813
    ∞ 1. Irmingard
    2. Judith
    - 1. Lothar I., †855
      K. 817
    - 1. Pippin I., †838
      Kg. v. Aquitanien
    - 1. Ludwig II., d. Deutsche, †876
      Kg. d. Ostfränk. Reiches
    - 2. Karl II., d. Kahle, †877
      Kg. d. Westfränk. Reiches
      ∞ 1. Irmentrud v. Orléans
      2. Richildis v. Metz
      - 1. Ludwig II., d. Stammler, †879
        Kg. 877
        ∞ 1. Ansgard
        2. Adelheid
        - 1. Ludwig III., †882
          Kg. v. Franzien u. Neustrien
        - 1. Karlmann, †884
          Kg. 882
        - 2. Karl III., d. Einfältige, †929
          Kg. 893–922
          ∞ 1. Frederun
          2. Eadgifu, T. Kg. Eduards I. v. Wessex
          - 2. Ludwig IV., †954
            Kg. 936
            ∞ Gerberga, T. Kg. Heinrichs I.
            - Lothar, †986
              Kg. 954
              ∞ Emma v. Arles
              - (illegitim) Arnulf, †1021
                Eb. v. Reims
              - Ludwig V., †987
                Kg. 986
                ∞ Adelheid v. Anjou
            - Karl, † n. 991
              Hg. v. Niederlothringen
              ∞ Adelheid
              - Otto, †1012
                Hg. v. Niederlothringen

Die Karolinger

Robert d. Tapfere, †866
∞ Adelheid v. Tours

ODO, †898
Kg. 888
∞ Theoderata v. Troyes

ROBERT I., †923
Kg. 922
∞ Beatrix v. Vermandois

Emma, †934
∞ RUDOLF, †936
Hg. v. Burgund
Kg. 923

Hugo Magnus, †956
Hg. v. Franzien
∞ 1. Judith
2. Eadhild, T. Kg. Eduards d. Ä. v. England
3. Hadwig, T. Kg. Heinrichs I.

3. HUGO CAPET, †996
Kg. 987
∞ Adelheid v. Poitou

3. Otto, †965
Hg. v. Burgund
∞ Liutgard v. Autun

3. Heinrich, †1002
Hg. v. Burgund
∞ 1. Gerberga v. Mâcon
2. Gersenda v. Gascogne
3. Mathilde v. Chalon

ROBERT II., †1031
Kg. 996
∞ 1. Rosela, T. Kg. Berengars I. v. Italien
2. Berta v. Blois, T. Kg. Konrads v. Burgund
3. Constanze v. Arles

3. Hugo, †1026

3. HEINRICH I., †1060
Kg. 1031
∞ 1. Mathilde, T. K. Konrads II.
2. Mathilde v. Friesland
3. Anna, T. Großf. Jaroslaws I. v. Kiew

3. Robert I., †1076
Hg. v. Burgund

3. PHILIPP I., †1108
Kg. 1060
∞ 1. Berta v. Holland
2. Bertrada v. Montfort

1. LUDWIG VI., †1137

Die Capetinger (1)

Die Capetinger (2)

LUDWIG VI., †1137
Kg. 1108
∞ 1. Lucia v. Rochefort
2. Adela v. Maurienne, T. d. Gf. Humbert II. v. Savoyen

2. Philipp, †1131

2.LUDWIG VII., †1180
Kg. 1137
∞ 1. Eleonore v. Aquitanien
2. Constanze v. Kastilien
3. Adela v. Champagne

Heinrich, †1175
Eb. v. Reims

Robert, †1188
Gf. v. Dreux

1. Marie, †1198
∞ Heinrich I., Gf. v. Blois-Champagne

1. Alix, † n. 1195
∞ Tedbald V., Gf. v. Blois-Chartres

3. PHILIPP II. AUGUSTUS, †1223
Kg. 1180
∞ 1. Isabella v. Hennegau
2. Ingeborg v. Dänemark
3. Agnes v. Meran

Agnes, †1240
∞ 1. Alexios II. Komnenos, K. v. Byzanz
2. Andronikos I. Komnenos, K. v. Byzanz

1. LUDWIG VIII., †1226
Kg. 1223
∞ Blanca v. Kastilien

LUDWIG IX., †1270
Kg. 1226
∞ Margarethe v. d. Provence

Robert, †1250
Gf. v. Artois
∞ Mathilde v. Brabant

Alfons, †1271
Gf. v. Poitou
∞ Johanna v. Toulouse

Karl, †1285
Gf. v. Anjou, Kg. v. Sizilien
∞ 1. Beatrix v. d. Provence
2. Margarethe v. Burgund

PHILIPP III., †1285
Kg. 1270
∞ 1. Isabella v. Aragón
2. Maria v. Brabant

Robert, †1318
Gf. v. Clermont
∞ Beatrix v. Burgund

1. PHILIPP IV., †1314
Kg. 1285
∞ Johanna v. Navarra

1. Karl, †1325
Gf. v. Valois
∞ Margarethe v. Sizilien

2. Ludwig, †1319
Gf. v. Evreux
∞ Margarethe v. Artois

LUDWIG X., †1316
Kg. 1314

PHILIPP V., †1322
Kg. 1316

Isabella, †1357
∞ Kg. Eduard II. v. England

KARL IV., †1328
Kg. 1322

PHILIPP VI., †1350
Kg. 1328

Das Haus Valois

PHILIPP VI., † 1350
Kg. 1328
∞ 1. Johanna v. Burgund
2. Blanca v. Navarra

1. JOHANN II., † 1364
Kg. 1350
∞ 1. Bonne (Guda) v. Luxemburg, T. Kg. Johanns v. Böhmen
2. Johanna v. Auvergne

1. KARL V., † 1380 Kg. 1364 ∞ Johanna v. Bourbon	1. Ludwig, † 1384 Hg. v. Anjou ∞ Maria v. Châtillon	1. Johann, † 1416 Hg. v. Berry ∞ 1. Johanna v. Armagnac 2. Johanna v. Auvergne	1. Philipp, † 1404 Hg. v. Burgund ∞ Margarethe v. Flandern

KARL VI., † 1422 Kg. 1380 ∞ Isabeau (Elisabeth) v. Bayern-Ingolstadt	Ludwig, † 1407 Hg. v. Orléans ∞ Valentina Visconti v. Mailand

Ludwig, † 1415 ∞ Margarethe v. Burgund	Johann, † 1417 ∞ Jakobäa v. Bayern	KARL VII., † 1461 Kg. 1422 ∞ Maria v. Anjou, T. Ludwigs II. v. Anjou

LUDWIG XI., † 1483 Kg. 1461 ∞ 1. Margarethe, T. Kg. Jakobs I. v. Schottland 2. Charlotte, T. Hg. Ludwigs II. v. Savoyen	Karl, † 1472

2. Anna, † 1522 ∞ Peter II. v. Beaujeu	2. Johanna, † 1505 ∞ Ludwig, Hg. v. Orléans 1498 Kg. LUDWIG XII. v. Frankreich	2. KARL VIII., † 1498 Kg. 1483 ∞ Anna v. Bretagne

Die Herzöge von Burgund

Johann II., †1364
1350 Kg. v. Frankreich

Karl V., †1380
1364 Kg. v. Frankreich

PHILIPP D. KÜHNE, †1404
1363 Hg. v. Burgund
∞ Margarethe, T. Ludwigs v. Male, Gf. v. Flandern

JOHANN OHNEFURCHT, †1419
1404 Hg. v. Burgund
∞ Margarethe, T. Hg. Albrechts v. Bayern

Margarethe, †1441*
∞ Wilhelm, S. Hg. Albrechts v. Bayern

Katharina, †1425
∞ Hg. Leopold IV v. Österreich

Bonne, †1399

Maria, †1422
∞ Hg. Amadeus VIII. v. Savoyen

Anton, †1415
∞ 1. Johanna, T. Walerans v. Luxemburg
2. Elisabeth v. Luxemburg

Philipp, †1415
∞ 1. Isabella v. Coucy
2. Bonne v. Artois

Margarethe, †1441
∞ 1. Ludwig v. Frankreich
2. Hg. Arthur VIII. v. Bretagne

Maria, †1463
∞ Hg. Adolf v. Kleve

PHILIPP DER GUTE, †1467
1419 Hg. v. Burgund
∞ 1. Michelle v. Frankreich
2. Bonne v. Artois
3. Isabella v. Portugal

Anna, †1432
∞ Hg. Johann v. Bedford

Agnes, †1476
∞ Hg. Karl v. Bourbon

3. KARL DER KÜHNE, †1477
1467 Hg. v. Burgund
∞ 1. Katharina v. Frankreich
2. Isabella v. Bourbon
3. Margarethe v. York

3. Maria, †1482
1477 Erbin v. Burgund
∞ Erzhg. Maximilian v. Österreich
1486 Römischer Kg., 1508 K.

Philipp d. Schöne, †1506
Erzhg. v. Österreich
∞ Johanna, 1504 Kgn. v. Kastilien

Karl V., †1555
1519 K.

* Margarethe, †1441
∞ Wilhelm v. Bayern

Jakobäa v. Bayern, †1433
Gfn. v. Hennegau, Holland, Seeland
∞ 1. Johann, Dauphin v. Frankreich (1415)
2. Johann IV., Hg. v. Brabant (1418)
3. Humphrey, Hg. v. Gloucester (1422)
4. Frank van Borselen (1434)

Die Könige von England (1)

WILHELM I., d. Eroberer, †1087
Kg. 1066
∞ Mathilde v. Flandern

Robert Kurzhose, †1134
Hg. d. Normandie
∞ Sibylla v. Conversano

WILHELM II., d. Rote, †1100
Kg. 1087

HEINRICH I., †1135
Kg. 1100
∞ 1. Mathilde v. Schottland
2. Adelise v. Brabant

Adela, †1137
∞ Gf. Stephan II. v. Blois

Wilhelm Clito, †1128
∞ 1. Sibylla v. Anjou
2. Johanna v. Montferrat

Wilhelm Aetheling, †1120
∞ Mahaut v. Anjou

Mathilde, †1167
∞ 1. K. Heinrich V.
2. Gf. Gottfried v. Anjou

STEPHAN v. BLOIS, †1154
Kg. 1135
∞ Mathilde v. Boulogne

2. HEINRICH II., †1189
Kg. 1154
∞ Eleonore v. Aquitanien

Wilhelm, †1156

Heinrich, †1183
∞ Margarethe
v. Frankreich

Mathilde, †1189
∞ Heinrich d. Löwe,
Hg. v. Sachsen u.
Bayern

RICHARD I. LÖWENHERZ, †1199
Kg. 1189
∞ Berengaria v. Navarra

Gottfried, †1186
∞ Constanze v.
Bretagne

JOHANN OHNELAND, †1216
Kg. 1199
∞ 1. Isabel FitzRobert
2. Isabella v. Angoulême

Arthur v. Bretagne, †1203

HEINRICH III., †1272
Kg. 1216
∞ Eleonore v. d. Provence

EDUARD I., †1307
Kg. 1272
∞ 1. Eleonore v. Kastilien
2. Margarethe v. Frankreich

1. EDUARD II., †1327
Kg. 1307

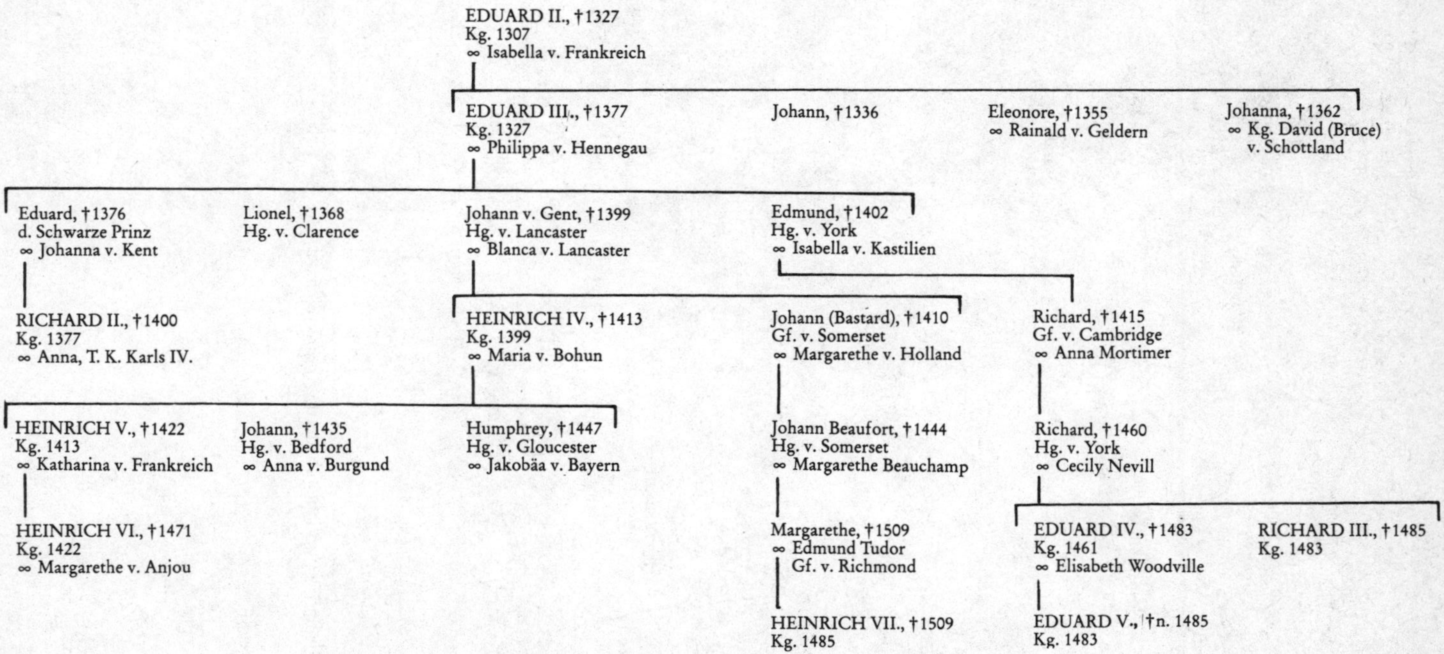

Die Könige von England (2)

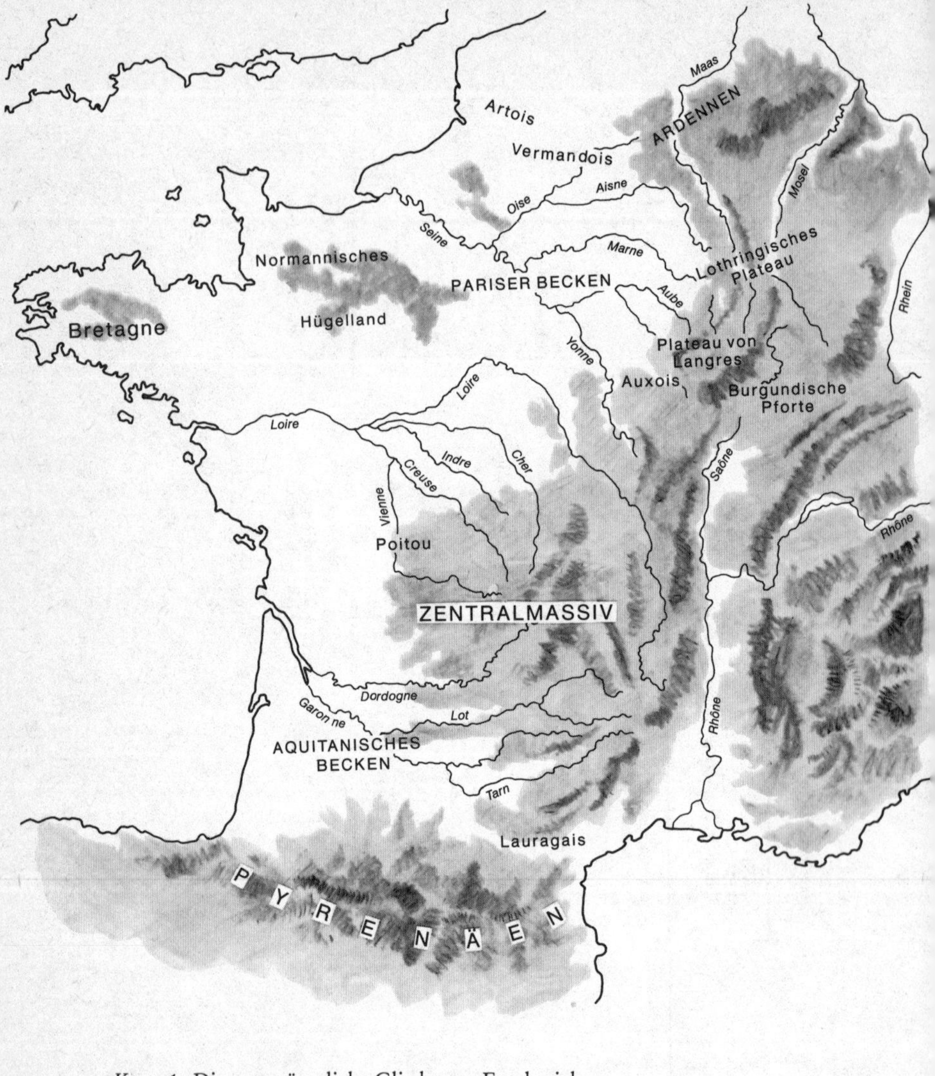

Karte 1: Die naturräumliche Gliederung Frankreichs

Karte 2: Die historischen Landschaften Frankreichs

Karte 3: Die kirchliche Geographie Frankreichs um 1300

Bibliographie

Die folgende Zusammenstellung muß sich notwendigerweise auf eine Auswahl der wichtigsten größeren Arbeiten zu den einzelnen Kapiteln beschränken, soll aber gleichwohl einen repräsentativen Überblick zum Stand der Forschung vermitteln. Ausgangspunkt für jede bibliographische Orientierung ist die *Bibliographie annuelle de l'histoire de France,* hrsg. vom Centre National de la Recherche Scientifique, Paris. Für das Früh- und Hochmittelalter *J. Ehlers,* Frankreich im Mittelalter. Von der Merowingerzeit bis zum Tode Ludwigs IX. (5./6. Jahrhundert bis 1270). Literaturbericht 1961 bis 1979. (Historische Zeitschrift, Sonderheft 11.) München 1982. Die wichtigsten Zeitschriften mit laufender Berichterstattung zum französischen Mittelalter: *Revue historique* (Paris); *Bibliothèque de l'École des Chartes* (Paris); *Revue d'histoire ecclésiastique* (Löwen); *Francia. Forschungen zur westeuropäischen Geschichte* (Sigmaringen); *Le moyen âge. Revue d'histoire et de philologie* (Brüssel); *Annales. Économies, sociétés, civilisations* (Paris); *Cahiers de civilisation médiévale, X^e^–XIIe siècles* (Poitiers); *Revue historique de droit français et étranger* (Paris); *Archéologie médiévale* (Caen). Zu den Quellen führt *A. Molinier,* Les sources de l'histoire de France des origines aux guerres d'Italie (1494), 6 Bde. Paris 1904–1906; dieses mittlerweile veraltete Werk wird durch eine Neubearbeitung ersetzt: *Les sources de l'histoire de France des origines à la fin du XVe siècle,* Paris 1971 ff. Unentbehrlich für die Arbeit in den zentralen Forschungsstätten: *W. Paravicini,* Das Nationalarchiv in Paris. Ein Führer zu den Beständen aus dem Mittelalter und der frühen Neuzeit. München 1980. *Ders.,* Die Nationalbibliothek in Paris. Ein Führer zu den Beständen aus dem Mittelalter und der frühen Neuzeit. München 1981. Überblick und zugleich Einführung in die Forschung vermitteln einige Werke, die hier vorab genannt seien:

R. Fossier, Histoire sociale de l'Occident médiéval. Paris 1970.
Histoire de la France. Hrsg. von G. Duby. Bd. 1: Naissance d'une nation, des origines à 1348. Bd. 2: Dynasties et révolutions de 1348 à 1852. Paris 1970.
H. Köller/B. Töpfer, Frankreich. Ein historischer Abriß. Köln 1978.
J.-F. Lemarignier, La France médiévale. Institutions et société. Paris 1970.
F. Lot, Naissance de la France. Hrsg. v. J. Boussard. Paris 1970.
L. Mirot, Manuel de géographie historique de la France. Paris 1980.

1. Königtum und Fürstentum im Kampf um die Francia (898–987)

H. Berschin/J. Felixberger/H. Goebl, Französische Sprachgeschichte. München 1978.
G. A. Bezzola, Das Ottonische Kaisertum in der französischen Geschichtsschreibung des 10. und beginnenden 11. Jahrhunderts. Graz 1956.
R. Boutruche, Seigneurie et féodalité. Bd. 1. 2. Aufl. Paris 1968.
C. Brühl, Fodrum, Gistum, Servitium Regis. Studien zu den wirtschaftlichen Grundlagen des Königtums im Frankenreich und in den fränkischen Nachfolgestaaten Deutschland, Frankreich und Italien vom 6. bis zur Mitte des 14. Jahrhunderts. 2 Bde. Köln 1968.
H. Büttner, Heinrichs I. Südwest- und Westpolitik. Konstanz 1964.
Cluny. Beiträge zu Gestalt und Wirkung der cluniazensischen Reform. Hrsg. v. H. Richter. Darmstadt 1975.
J. J. Contreni, The Cathedral School of Laon from 850 to 930. München 1978.

J. Dhondt, Études sur la naissance des principautés territoriales en France (IXe–Xe siècle). Brügge 1948.
F. Dumas-Dubourg, Le trésor de Fécamp et le monnayage en Francie occidentale pendant la seconde moitié du Xe siècle. Paris 1971.
A. Eckel, Charles le Simple. Paris 1899.
W. Th. Elwert, Die romanischen Sprachen und Literaturen. München 1979.
É. Favre, Eudes, comte de Paris et roi de France (882–898). Paris 1893.
J. Fechter, Cluny, Adel und Volk. Studien über das Verhältnis des Klosters zu den Ständen, 910–1156. Diss. Tübingen 1966.
F. J. Felten, Äbte und Laienäbte im Frankenreich. Stuttgart 1980.
J. Flach, Les origines de l'ancienne France. X^{e} et XIe siècles. 4 Bde. Paris 1886–1917.
G. Fournier, Le peuplement rural en Basse-Auvergne durant le haut moyen âge. Paris 1962.
F. L. Ganshof/F. Godding-Ganshof/A. de Smet, Le Polyptique de l'abbaye de Saint-Bertin, 844–859. Paris 1975.
F. L. Ganshof, Was ist das Lehnswesen? 4. Aufl. Darmstadt 1975.
K. Hallinger, Gorze – Kluny. Studien zu den monastischen Lebensformen und Gegensätzen im Hochmittelalter. 2 Bde. Rom 1950/51.
Histoire de la France rurale. Hrsg. v. G. Duby und A. Wallon. Bd. 1: La formation des campagnes françaises des origines au XIVe siècle. Paris 1975.
H. Hoffmann, Gottesfriede und Treuga Dei. Stuttgart 1964.
R. Holtzmann, Französische Verfassungsgeschichte von der Mitte des neunten Jahrhunderts bis zur Revolution. München 1910.
K.-U. Jäschke, Burgenbau und Landesverteidigung um 900. Überlegungen zu Beispielen aus Deutschland, Frankreich und England. Sigmaringen 1975.
W. Kienast, Deutschland und Frankreich in der Kaiserzeit, 900–1270. 3 Bde. Stuttgart 1974/75.
W. Kienast, Der Herzogstitel in Frankreich und Deutschland (9. bis 12. Jahrhundert). München 1968.
W. Kienast, Studien über die französischen Volksstämme des Frühmittelalters. Stuttgart 1968.
Ph. Lauer, Le règne de Louis IV d'Outre-Mer. Paris 1900.
Ph. Lauer, Robert Ier et Raoul de Bourgogne, rois de France. Paris 1910.
É. Lesne, Les écoles de la fin du VIIIe siècle à la fin du XIIe. Lille 1940.
F. Lot, Fidèles ou vassaux? Paris 1904.
F. Lot, Les derniers Carolingiens. Lothaire, Louis V, Charles de Lorraine. Paris 1891.
H. Mitteis, Der Staat des hohen Mittelalters. 4. Aufl. Weimar 1953.
J. P. Poly/É. Bournazel, La mutation féodale (X^{e}–XIIe siècles). Paris 1980.
L. Musset, Les invasions. Le second assaut contre l'Europe chrétienne (VIIe–XIe siècles). 2. Aufl. Paris 1971.
Neue Forschungen über Cluny und die Cluniazenser. Hrsg. v. G. Tellenbach. Freiburg 1959.
Ch. Petit-Dutaillis, La monarchie féodale en France et en Angleterre (X^{e}–XIIIe siècle). Paris 1933.
F. Prinz, Klerus und Krieg im frühen Mittelalter. Stuttgart 1971.
P. Riché, Les écoles et l'enseignement dans l'Occident chrétien de la fin du Ve siècle au milieu du XIe siècle. Paris 1979.
B. H. Rosenwein, Rhinoceros Bound. Cluny in the Tenth Century. Philadelphia 1982.
E. Sackur, Die Cluniacenser in ihrer kirchlichen und allgemeingeschichtlichen Wirksamkeit bis zur Mitte des elften Jahrhunderts. 2 Bde. Tübingen 1892/94.
Y. Sassier, Hugues Capet. Naissance d'une dynastie. Paris 1987.
G. Schneider, Erzbischof Fulco von Reims (883–900) und das Frankenreich. München 1973.

B. Schneidmüller, Karolingische Tradition und frühes französisches Königtum. Wiesbaden 1979.
B. Schneidmüller, Nomen patriae. Die Entstehung Frankreichs in der politisch-geographischen Terminologie (10.–13. Jahrhundert). Sigmaringen 1987.
I. Schröder, Die westfränkischen Synoden von 888 bis 987 und ihre Überlieferung. München 1980.
J. Steenstrup, Les invasions normandes en France. Paris 1969.
Structures féodales et féodalisme dans l'Occident méditerranéen (X[e]–XIIIe siècles). Paris 1980.
G. Tessier, Diplomatique royale française. Paris 1962.
G. de Valous, Le monachisme clunisien des origines au XVe siècle. 2 Bde. 2. Aufl. Paris 1970.
W. v. Wartburg, Évolution et structure de la langue française. Bern 1971.
K. F. Werner, Les origines (avant l'an mil). Histoire de France, hrsg. v. J. Favier, Bd. 1. Paris 1984.

2. *Der Aufstieg des Hauses Capet (987–1108)*

J. W. Baldwin, The Scholastic Culture of the Middle Ages, 1000–1300. Lexington, Mass. 1971
F. Barlow, William Rufus. London 1983.
F. Barry, La reine de France. Paris 1964.
D. Bates, Normandy before 1066. London 1982.
A. Becker, Studien zum Investiturproblem in Frankreich. Diss. Saarbrücken 1955.
G. T. Beech, A Rural Society in Medieval France: The Gâtine of Poitou in the Eleventh and Twelfth Centuries. Baltimore 1964.
J. Beeler, Warfare in Feudal Europe, 730–1200. London 1971.
P. und M. L. Biver, Abbayes, monastères et couvents de Paris. Des origines à la fin du XIIIe siècle. Paris 1973.
M. Bloch, Les rois thaumaturges. Étude sur le caractère surnaturel attribué à la puissance royale particulièrement en France et en Angleterre. Straßburg 1924.
P. Bonnassie, La Catalogne du milieu du Xe à la fin du XIe siècle. 2 Bde. Toulouse 1975.
Y. Bottineau, Der Weg der Jakobspilger. Die Wallfahrtsstraßen nach Santiago de Compostela in Deutschland, Frankreich und Spanien. Bergisch Gladbach 1987.
C. A. Bouman, Sacring and Crowning. The Development of the Latin Ritual for the Anointing of Kings and the Coronation of an Emperor Before the Eleventh Century. Groningen 1957.
J. Boussard, Nouvelle histoire de Paris. De la fin du siège de 885–886 à la mort de Philippe Auguste. Paris 1976.
D. Boutet/A. Strubel, Littérature, politique et société dans la France du moyen âge. Paris 1979.
R. Boutruche, Seigneurie et féodalité. Bd. 2. Paris 1970.
C. Brühl, Palatium und Civitas. Studien zur Profantopographie spätantiker Civitates vom 3. bis zum 13. Jahrhundert. Bd. 1. Köln 1975.
N. Bulst, Untersuchungen zu den Klosterreformen Wilhelms von Dijon, 962–1031. Bonn 1973.
M. Bur, La formation du comté de Champagne, v. 950–v. 1150. Nancy 1977.
M.-L. Carlin, La pénétration du droit romain dans les actes de la pratique provençale, XIe–XIIIe siècle. Paris 1967.
A. Chédeville, Chartres et ses campagnes, XIe–XIIIe s. Paris 1973.
K. J. Conant, Cluny. Les églises et la maison du chef d'ordre. Mâcon 1968.
Ph. Contamine, La guerre au moyen âge. Paris 1980.
H. E. J. Cowdrey, The Cluniacs and the Gregorian Reform. Oxford 1970.
M. David, Le serment du sacre du IXe au XVe siècle. Contribution à l'étude des limites juridiques de la souveraineté. Straßburg 1951.

M. David, La souveraineté et les limites juridiques du pouvoir monarchique du IXe au XVe siècle. Paris 1954.
É. Delaruelle, L'idée de croisade au moyen âge. Turin 1980.
G. Devailly, Le Berry du Xe siècle au milieu du XIIIe. Paris 1973.
D. C. Douglas, William the Conqueror. 2. Aufl. London 1977.
G. Duby, Krieger und Bauern. Die Entwicklung von Wirtschaft und Gesellschaft im frühen Mittelalter. Frankfurt a. M. 1977.
G. Duby, L'économie rurale et la vie des campagnes dans l'Occident médiéval (France, Angleterre, Empire, IXe–XVe siècles). 2 Bde. Paris 1962.
G. Duby, La société au XIe et XIIe siècles dans la région Mâconnaise. 2. Aufl. Paris 1971.
G. Duby, Les trois ordres ou l'imaginaire du féodalisme. Paris 1978.
C. Erdmann, Die Entstehung des Kreuzzugsgedankens. Stuttgart 1935.
A. Ermolaef, Die Sonderstellung der Frau im französischen Lehnrecht. Diss. jur. Bern 1930.
Études sur l'histoire de la pauvreté. Hrsg. v. M. Mollat. 2 Bde. Paris 1974.
J. F. Finó, Forteresses de la France médiévale. Construction – attaque – défense. Paris 1970.
A. Fliche, Le règne de Philippe Ier, roi de France. Paris 1912.
R. Folz, Les saints rois du moyen âge en Occident (VIe–XIIIe siècles). Brüssel 1984.
R. Fossier, Enfance de l'Europe. X^{e}–XIIe siècle. Aspects économiques et sociaux. 2 Bde. Paris 1982.
R. Fossier, La terre et les hommes en Picardie jusqu'à la fin du XIIIe siècle. 2 Bde. Paris 1968.
G. Fournier, Le château dans la France médiévale. Essai de sociologie monumentale. Paris 1968.
F. L. Ganshof, La Flandre sous les premiers comtes. Brüssel 1949.
M. Garaud, Les châtelains de Poitou et l'avènement du régime féodal, XIe et XIIe siècles. Poitiers 1967.
P. R. Gaussin, L'abbaye de la Chaise-Dieu, 1043–1518. Paris 1962.
P. R. Gaussin, La rayonnement de la Chaise-Dieu. Brioude 1981.
M. Gibson, Lanfranc of Bec. Oxford 1978.
O. Guillot, Le comte d'Anjou et son entourage au XIe siècle. 2 Bde. Paris 1972.
E. Hallam, Capetian France, 987–1328. London 1980.
U. Helbig, Die Stellung der westeuropäischen Mächte England und Frankreich zum Reichs- und Kaisergedanken in der Zeit der Sachsen und Salier. Diss. Leipzig 1945.
Ch. Higounet, Bordeaux pendant le haut moyen âge. Bordeaux 1963.
Ch. Higounet, Le comté de Comminges, de ses origines à son annexion à la couronne. 2 Bde. Toulouse 1949.
Ch. Higounet, Paysages et villages neufs du moyen âge. Bordeaux 1975.
Histoire d'Occitaine. Hrsg. v. A. Armengaud u. R. Lafont. Paris 1979.
J. Hourlier, Saint Odilon, abbé de Cluny. Löwen 1964.
N. Hunt, Cluny under Saint Hugh, 1049–1109. London 1967.
P. Imbart de La Tour, Les élections épiscopales dans l'Église de France du IXe au XIIe siècle. Paris 1891.
K.-U. Jäschke, Die Anglonormannen. Stuttgart 1981.
R. Kaiser, Bischofsherrschaft zwischen Königtum und Fürstenmacht. Studien zur bischöflichen Stadtherrschaft im westfränkisch-französischen Reich im frühen und hohen Mittelalter. Bonn 1981.
La noblesse au moyen âge, XIe–XVe siècles. Essais à la mémoire de Robert Boutruche. Hrsg. v. Ph. Contamine. Paris 1976.
J. Le Patourel, The Norman Empire. Oxford 1976.
E. Le Roy Ladurie, Histoire du climat depuis l'an mil. Paris 1967.
J. F. Lemarignier, Le gouvernement royal aux premiers temps capétiens, 987–1108. Paris 1965.

J. Lestocquoy, Les villes de Flandre et d'Italie sous le gouvernement des patriciens, XIe–XVe siècles. Paris 1952.
A. R. Lewis, The Development of Southern French and Catalan Society, 718–1050. Austin, Texas 1965.
A. W. Lewis, Royal Succession in Capetian France. Cambridge, Mass. 1981.
R. Liess, Der frühromanische Kirchenbau des 11. Jahrhunderts in der Normandie. München 1967.
Littérature française. Hrsg. v. C. Pichois. Bd. 1. Paris 1970.
D. Lohrmann, Kirchengut im nördlichen Frankreich. Besitz, Verfassung und Wirtschaft im Spiegel der Papstprivilegien des 11. und 12. Jahrhunderts. Bonn 1983.
A. Lombard-Jourdan, Paris – genèse de la »ville«. La rive droite de la Seine des origines à 1223. Paris 1976.
F. Lot, Études sur le règne d'Hugues Capet et la fin du Xe siècle. Paris 1903.
F. Lot/R. Fawtier, Histoire des institutions françaises au moyen âge. Bd. 1: Institutions seigneuriales. Paris 1957. Bd. 2: Institutions royales. Paris 1958. Bd. 3: Institutions ecclésiastiques. Paris 1962.
A. Luchaire, Histoire des institutions monarchiques de la France sous les premiers Capétiens. 987–1180. 2 Bde. 2. Aufl. Paris 1891.
A. Luchaire, Les premiers Capétiens, 987–1137. Paris 1911.
É. Magnou-Nortier, La société laïque et l'Église dans la province ecclésiastique de Narbonne (zone cispyrénéenne) de la fin du VIIIe à la fin du XIe siècle. Toulouse 1974.
D. Matthew, The Norman Monasteries and their English Possessions. Oxford 1962.
H. E. Mayer, Geschichte der Kreuzzüge. 6. Aufl. Stuttgart 1985.
M. Mollat, Die Armen im Mittelalter. München 1984.
W. M. Newman, Le domaine royal sous les premiers Capétiens, 987–1180. Paris 1937.
W. M. Newman, Le personnel de la cathédrale d'Amiens, 1066–1306. Paris 1972.
M. Parisse, Noblesse et chevalerie en Lorraine médiévale. Nancy 1982.
Ch. Pfister, Études sur le règne de Robert le Pieux. Paris 1885.
H. Pirenne, Histoire de Belgique. Bd. 1. 5. Aufl. Brüssel 1929.
J.-P. Poly, La Provence et la société féodale, 879–1166. Paris 1976.
R. Poupardin, Le royaume de Bourgogne, 888–1038. Paris 1907.
D. E. Queller, The Office of Ambassador in the Middle Ages. Princeton, N.J. 1967.
Recherches sur l'histoire de l'occupation du sol du Périgord. Hrsg. v. Ch. Higounet. Paris 1978.
U. Reuling, Die Kur in Deutschland und Frankreich. Untersuchungen zur Entwicklung des rechtsförmlichen Wahlaktes bei den Königserhebungen im 11. und 12. Jahrhundert. Göttingen 1979.
J. Richard, Les ducs de Bourgogne et la formation du duché du XIe au XIVe siècle. Paris 1954.
T. Rowley, The Norman Heritage, 1066–1200. Oxford 1983.
R. Sanfaçon, Défrichement, peuplement et institutions seigneuriales en Haut-Poitou du Xe au XIIIe siècles. Québec 1967.
B. Smalley, The Study of the Bible in the Middle Ages. 3. Aufl. Oxford 1983.
R. Sprandel, Ivo von Chartres und seine Stellung in der Kirchengeschichte. Stuttgart 1962.
S. N. Vaughn, The Abbey of Bec and the Anglo-Norman State, 1034–1136. Woodbridge 1981.
J. F. Verbruggen, The Art of Warfare in Western Europe during the Middle Ages. From the Eighth Century to 1340. Amsterdam 1977.
A. Vermeesch, Essai sur les origines et la signification de la commune dans le nord de la France, XIe et XIIe siècle. Heule 1966.
A. Vidier, L'historiographie à Saint-Benoît-sur-Loire et les miracles de Saint Benoît. Paris 1965.

Villa – curtis – grangia. Landwirtschaft zwischen Loire und Rhein von der Römerzeit zum Hochmittelalter. Hrsg. v. W. Janssen u. D. Lohrmann. München 1983.
Villages désertés et histoire économique. XIe–XVIIIe siècle. Paris 1965.
J. Wollasch, Mönchtum des Mittelalters zwischen Kirche und Welt. München 1973.

3. *Konsolidierung (1108–1180)*

Abélard en son temps. Hrsg. v. J. Jolivet. Paris 1981.
Altfranzösische Epik. Hrsg. v. H. Krauß. Darmstadt 1978.
J. W. Baldwin, Masters, Princes and Merchants. The Social View of Peter the Chanter & His Circle. 2 Bde. Princeton, N.J. 1970.
R. Barber, Henry Plantagenet. London 1964.
Beiträge zur Bildung der französischen Nation im Früh- und Hochmittelalter. Hrsg. v. H. Beumann. Sigmaringen 1983.
K.-H. Bender, König und Vasall. Untersuchungen zur Chanson de Geste des XII. Jahrhunderts. Heidelberg 1967.
C. H. Bermann, Medieval Agriculture, the Southern French Countryside and the Early Cistercians. Philadelphia 1986.
R. R. Bezzola, Les origines et la formation de la littérature courtoise en Occident, 500–1200. Troisième partie: La société courtoise. Bd. 1: La cour d'Angleterre comme centre littéraire sous les rois angevins, 1154–1199. Bd. 2: Les cours de France, d'Outre-Mer et de Sicile au XIIe siècle. Paris 1963.
E. Bournazel, Le gouvernement capétien au XIIe siècle, 1108–1180. Paris o.J.
J. Boussard, Le comté d'Anjou sous Henri Plantagenêt et ses fils, 1151–1204. Paris 1938.
J. Boussard, Le gouvernement d'Henri II Plantagenêt. Paris 1956.
R. Chazan, Medieval Jewry in Northern France. Baltimore 1973.
G. Constable, Cluniac Studies. London 1980.
Der altfranzösische höfische Roman. Hrsg. v. E. Köhler. Darmstadt 1978.
Die Renaissance der Wissenschaften im 12. Jahrhundert. Hrsg. v. P. Weimar. Zürich 1981.
J. Dubois, Histoire monastique en France au XIIe siècle. London 1982.
G. Duby, Le chevalier, la femme et le prêtre. Le mariage dans la France féodale. Paris 1981.
G. Duby, Medieval Marriage. Baltimore 1978.
J. Ehlers, Hugo von St. Viktor. Studien zum Geschichtsdenken und zur Geschichtsschreibung des 12. Jahrhunderts. Wiesbaden 1973.
A. Erlande-Brandenburg, Le roi est mort. Étude sur les funérailles, les sépultures et les tombeaux des rois de France jusqu'à la fin du XIIIe siècle. Genf 1975.
T. Evergates, Feudal Society in the Bailliage of Troyes under the Counts of Champagne, 1152–1284. Baltimore 1975.
R. Fossier, Paysans d'Occident, XIe–XIVe siècles. Paris 1984.
J. Gillingham, The Angevin Empire. London 1984.
L. Grane, Peter Abaelard. Göttingen 1969.
É. Griffe, Les débuts de l'aventure cathare en Languedoc, 1140–1190. Paris 1969.
H. Grundmann, Ketzergeschichte des Mittelalters. (Die Kirche in ihrer Geschichte, Bd. 2, G,1.) Göttingen 1967.
E.-D. Hehl, Kirche und Krieg im 12. Jahrhundert. Stuttgart 1980.
Hérésies et sociétés dans l'Europe préindustrielle, 11e–18e siècles. Hrsg. v. J. Le Goff. Paris 1968.
Ch. Higounet, La grange de Vaulerent. Structure et exploitation d'un terroir cistercien de la pleine de France, XIIe–XVe siècle. Paris 1965.
Histoire de la France urbaine. Hrsg. v. G. Duby. Bd. 2. Paris 1980.
W. Janssen, Die päpstlichen Legaten in Frankreich vom Schisma Anaklets II. bis zum Tode Coelestins III., 1130–1198. Köln 1961.

K. Kloocke, Joseph Bédiers Theorie über den Ursprung der Chansons de geste und die daran anschließende Diskussion zwischen 1908 und 1968. Göppingen 1972.
M. Lambert, Ketzerei im Mittelalter. Häresien von Bogumil bis Hus. München 1981.
H. Laurent, Un grand commerce d'exportation au moyen âge: la draperie des Pays-Bas en France et dans les pays méditerranéens, XIIe–XVe siècles. Paris 1935.
J. Le Patourel, Feudal Empires. Norman and Plantagenet. London 1984.
A. Luchaire, Les communes françaises à l'époque des Capétiens directs. Paris 1911.
A. Luchaire, Louis VI le Gros. Paris 1890.
A. Luchaire, Manuel des institutions françaises. Période des Capétiens directs. Paris 1892.
D. E. Luscombe, The School of Peter Abelard. The Influence of Abelard's Thought in the Early Scholastic Period. Cambridge 1969.
É. Mâle, Religious Art in France. The Twelfth Century. Princeton, N.J. 1978.
T. Manteuffel, Naissance d'une hérésie. Les adeptes de la pauvreté volontaire au moyen âge. Paris 1970.
L. R. Muir, Literature and Society in Medieval France. London 1985.
W. M. Newman, Les Seigneurs de Nesle en Picardie, XIIe–XIIIe siècles. 2 Bde. Philadelphia 1971.
L. Olschki, Paris nach den altfranzösischen nationalen Epen. Heidelberg 1913.
M. Pacaut, Louis VII et les élections épiscopales dans le royaume de France. Paris 1957.
M. Pacaut, Louis VII et son royaume. Paris 1964.
E. Panofsky, Abbot Suger and the Abbey Church of Saint-Denis. Princeton, N.J. 1946.
G. Paré/A. Brunet/P. Tremblay, La renaissance du XIIe siècle. Les écoles et l'enseignement. Paris 1933.
Petrus Abaelardus. Hrsg. v. R. Thomas u. a. Trier 1980.
Pierre Abélard, Pierre le Vénérable. Hrsg. v. R. Louis u. a. Paris 1975.
G. Post, Studies in Medieval Legal Thought. Public Law and the State, 1100–1322. Princeton, N.J. 1964.
Renaissance and Renewal in the Twelfth Century. Hrsg. v. R. L. Benson u. G. Constable. Oxford 1982.
W. Sauerländer, Gotische Skulptur in Frankreich, 1140–1270. München 1970.
W. Schlink, Die Kathedralen Frankreichs. München 1978.
B. Smalley, Studies in Medieval Thought and Learning. From Abelard to Wyclif. London 1981.
B. Smalley, The Becket Conflict and the Schools. A Study of Intellectuals in Politics in the Twelfth Century. Oxford 1973.
R. Somerville, Pope Alexander III and the Council of Tours, 1163. Berkeley 1977.
R. W. Southern, Medieval Humanism and Other Studies. Oxford 1970.
W. S. Stoddard, Monastery and Cathedral in France. Middletown, Conn. 1966.
J. R. Strayer/Ch. H. Taylor, Studies in Early French Taxation. Cambridge, Mass. 1939.
The World of John of Salisbury. Hrsg. v. D. Baker u. M. J. Wilks. Oxford 1984.
Thomas Becket. Hrsg. v. R. Foreville, Paris 1975.
L. T. Topsfield, Chrétien de Troyes. Cambridge 1981.
W. L. Warren, Henry II. London 1973.

4. Wege zur Großmacht (1180–1270)

J. W. Baldwin, The Government of Philip Augustus. Berkeley 1986.
E. Baratier, La démographie provençale du XIIIe au XIVe siècle. Paris 1961.
P. Belperron, La croisade contre les Albigeois et l'union du Languedoc à la France, 1209–1249. Paris 1967.
É. Berger, Histoire de Blanche de Castille, reine de France. Paris 1895.

C. Beutler, Paris und Versailles. (Reclams Kunstführer Frankreich, Bd. 1.) Stuttgart 1970.
T. N. Bisson, Assemblies and Representation in Languedoc in the Thirteenth Century. Princeton, N.J. 1964.
Bordeaux sous les rois d'Angleterre. Hrsg. v. Y. Renouard. Bordeaux 1965.
A. Borst, Die Katharer. Stuttgart 1953.
R. Branner, St Louis and the Court Style in Gothic Architecture. London 1965.
L. Buisson, König Ludwig IX., der Heilige, und das Recht. Freiburg 1954.
A. Cartellieri, Philipp II. August, König von Frankreich. 4 Bde. Leipzig 1899–1922.
R. Cazelles, Nouvelle histoire de Paris. De la fin du règne de Philippe Auguste à la mort de Charles V, 1223–1380. Paris 1972.
A. B. Cobban, The Medieval Universities, their Development and Organization. London 1975.
H. Denifle, Die Entstehung der Universitäten des Mittelalters bis 1400. Berlin 1885.
G. G. Dept, Les influences anglaise et française dans le comté de Flandre au début du XIIIe siècle. Paris 1928.
P. Desportes, Reims et les Rémois aux XIIIe et XIVe siècle. Paris 1979.
Die Auseinandersetzungen an der Pariser Universität im XIII. Jahrhundert. Hrsg. v. A. Zimmermann. Berlin 1976.
Y. Dossat, Église et hérésie en France au XIIIe siècle. London 1982.
G. Duby, Le dimanche de Bouvines, 27 juillet 1214. Paris 1973.
J. Duvernoy, Le catharisme. Toulouse 1976.
R. Foreville, Thomas Becket dans la tradition historique et hagiographique. London 1981.
É. Fournial, Les villes et l'économie d'échange en Forez aux XIIIe et XIVe siècles. Paris 1967.
J. Gardelles, Les châteaux du moyen âge dans la France du sud-ouest. La Gascogne anglaise de 1216 à 1327. Genf 1972.
M. Gavrilovitch. Étude sur le traité de Paris de 1259 entre Louis IX, roi de France, & Henri III, roi d'Angleterre. Paris 1899.
L. Genicot, Le XIIIe siècle européen. Paris 1968.
B. Geremek, Le salariat dans l'artisanat parisien aux XIIIe–XVe siècles. Paris 1968.
J. Gillingham, Richard Löwenherz. Düsseldorf 1981.
P. Glorieux, Aux origines de la Sorbonne. 2 Bde. Paris 1965–1966.
P. Glorieux, La Faculté des arts et ses maîtres au XIIIe siècle. Paris 1971.
É. Griffe, Le Languedoc cathare de 1190 à 1210. Paris 1971.
É. Griffe, Le Languedoc cathare au temps de la Croisade. Paris 1973.
É. Griffe, Le Languedoc cathare et l'inquisition, 1229–1329. Paris 1980.
W. Ch. Jordan, Louis IX and the Challenge of the Crusade. Princeton, N.J. 1979.
E. H. Kantorowicz, The King's Two Bodies. A Study in Mediaeval Political Theology. Princeton, N.J. 1957.
F. Kern, Die Anfänge der französischen Ausdehnungspolitik bis zum Jahre 1308. Tübingen 1910.
P. Kibre, Scholarly Privileges in the Middle Ages. London 1961.
L. Kolmer, Ad capiendas vulpes. Die Ketzerbekämpfung in Südfrankreich in der ersten Hälfte des 13. Jahrhunderts und die Ausbildung des Inquisitionsverfahrens. Bonn 1982.
La France de Philippe Auguste. Hrsg. v. R.-H. Bautier. Paris 1982.
M. W. Labarge, Gascony, England's first Colony, 1204–1453. London 1980.
M. W. Labarge, Saint Louis. London 1968.
Ch.-V. Langlois, Saint Louis, Philippe le Bel, les derniers Capétiens directs, 1226–1328. Paris 1911.
Le siècle de Saint Louis. Hrsg. v. Ch. Higounet u. a. Paris 1970.
G. Leff, Paris and Oxford Universities in the Thirteenth and Fourteenth Centuries. New York 1968.

Les mendiants en pays d'Oc au XIIIe siècle. Toulouse 1973.
Les universités du Languedoc au XIIIe siècle. Toulouse 1970.
J. Longnon, Les compagnons de Villehardouin. Recherches sur les croisés de la quatrième croisade. Genf 1978.
A. Luchaire, La société française au temps de Philippe-Auguste. Paris 1909.
A. Luchaire, Philippe Auguste et son temps, 1137–1226. Paris 1902.
É. Mâle, Religious Art in France. The Thirteenth Century. Princeton, N.J. 1984.
M. Mollat, Histoire de l'Ile-de-France et de Paris. Toulouse 1971.
S. Painter, The Reign of King John. Baltimore 1949.
Paix de Dieu et guerre sainte en Languedoc au XIIIe siècle. Toulouse 1969.
J. Pène, La conquête du Languedoc. Nizza 1957.
Ch. Petit-Dutaillis, Étude sur la vie et le règne de Louis VIII. Paris 1894.
M. Powicke, The Loss of Normandy, 1189–1204. 2. Aufl. Manchester 1961.
B. Resmini, Das Arelat im Kräftefeld der französischen, englischen und angiovinischen Politik nach 1250 und das Einwirken Rudolfs von Habsburg. Köln 1980.
J. Richard, Saint Louis. Paris 1983.
J. Rocacher, Rocamadour et son pèlerinage. 2 Bde. Toulouse 1979.
M. Roquebert, L'épopée cathare. Bd. 1: 1198–1212:L'invasion. Bd. 2: 1213–1216: Muret ou la dépossession. Toulouse 1970/77.
G. Rottenwöhrer, Der Katharismus. 2 Bde. Diss. Ms. Bad Honnef 1982.
K. Schleyer, Anfänge des Gallikanismus im 13. Jahrhundert. Der Widerstand des französischen Klerus gegen die Privilegierung der Bettelorden. Berlin 1937.
P. E. Schramm, Der König von Frankreich. 2 Bde. 2. Aufl. Darmstadt 1960.
Septième centenaire de la mort de saint Louis. Hrsg. v. L. Carolus-Barré. Paris 1970.
G. Sivéry, Saint Louis et son siècle. Paris 1983.
C. E. Smith, The University of Toulouse in the Middle Ages. London 1981.
J. R. Strayer, The Albigensian Crusades. New York 1971.
L. Struss, Epische Idealität und historische Realität. Der Albigenserkreuzzug und die Krise der Zeitgeschichtsdarstellung in der occitanischen, altfranzösischen und lateinischen Historiographie. München 1980.
J. Sumption, The Albigensian Crusade. London 1978.
C. Thouzellier, Catharisme et valdéisme en Languedoc à la fin du XIIe et au début du XIIIe siècle. Paris 1966.
C. Thouzellier, Hérésie et hérétiques. Vaudois, Cathares, Patarins, Albigeois. Rom 1969.
P. Timbal, L'application de la coutume de Paris au pays d'Albigeois. Toulouse 1950.
J. Verger, Les universités au moyen âge. Paris 1973.
W. L. Warren, King John. London 1961.

5. Das geordnete Reich (1270–1328)

M. Barber, The Trial of the Templars. London 1978.
A. Baumhauer, Philipp der Schöne und Bonifaz VIII. in ihrer Stellung zur französischen Kirche. Freiburg 1920.
R. Béchon, Pierre Flotte, chancelier de France. Riom 1891.
Bernard Gui et son monde. Toulouse 1981.
E. Boutaric, La France sous Philippe le Bel. Étude sur les institutions politiques et administratives du moyen âge. Paris 1861.
M. L. Bulst-Thiele, Sacrae Domus Militiae Templi Hierosolymitani Magistri. Untersuchungen zur Geschichte des Templerordens 1118/19–1314. Göttingen 1974.
B. Chevalier, Les Bonnes Villes de France, du XIVe au XVIe siècle. Paris 1982.
G. Digard, Philippe le Bel et le Saint-Siège de 1285 à 1304. 2 Bde. Paris 1936.

G. Dupont-Ferrier, Études sur les institutions financières de la France à la fin du moyen âge. 2 Bde. Paris 1930/32.
G. Espinas, La draperie dans la Flandre française au moyen âge. 2 Bde. Paris 1923.
J. Favier, Finances et fiscalité au bas moyen âge. Paris 1971.
J. Favier, Philippe le Bel. Paris 1978.
H. Finke, Papsttum und Untergang des Templerordens. 2 Bde. Münster 1907.
F. Funck-Brentano, Les origines de la guerre de Cent ans. Philippe le Bel en Flandre. Paris 1897.
V. H. Green, The Later Plantagenets. London 1955.
B. Guillemain, La cour pontificale d'Avignon, 1309–1376. Paris 1962.
R. Holtzmann, Wilhelm von Nogaret, Rat und Großsiegelbewahrer Philipps des Schönen von Frankreich. Freiburg 1898.
J. Lafaurie, Les monnaies des rois de France. Bd. 1: De Hugues Capet à Louis XII. Paris 1951.
Ch.-V. Langlois, Le règne de Philippe le Hardi. Paris 1887.
E. Le Roy Ladurie, Montaillou. Ein Dorf vor dem Inquisitor. 1294 bis 1324. Berlin 1980.
P. Lehugeur, Histoire de Philippe le Long. Paris 1897.
P. Lehugeur, Philippe le Long. Le mécanisme du gouvernement. Paris 1931.
A. Leroux, Recherches critiques sur les relations politiques de la France avec l'Allemagne, de 1292 à 1378. Paris 1882.
P. S. Lewis, Essays in Later Medieval French History. London 1985.
F. Lyon/A. Verhulst, Medieval Finance. A Comparison of Financial Institutions in North-Western Europe. Brügge 1967.
M. McKisack, The Fourteenth Century, 1307–1399. Oxford 1959.
V. Martin, Les origines du Gallicanisme. 2 Bde. Paris 1939.
M. Mollat, Le commerce maritime normand à la fin du moyen âge. Paris 1952.
J. H. Mundy, The Repression of Catharism at Toulouse. The Royal Diploma of 1279. Toronto 1985.
A. R. Myers, England in the Late Middle Ages, 1307–1536. 2. Aufl. London 1956.
A.-M. Patault, Hommes et femmes de corps en Champagne méridionale à la fin du moyen âge. Nancy 1978.
F. J. Pegues, The Lawyers of the Last Capetians. Princeton, N. J. 1962.
R. Pernoud, Les Templiers. Paris 1974.
H. Pirenne, Histoire de Belgique. Bd. 2. 3. Aufl. Brüssel 1922.
C. Piton, Les Lombards en France et à Paris. Paris 1892.
M. Prestwich, The Three Edwards. War and State in England 1272–1377. New York 1980.
S. Runciman, Die Sizilianische Vesper. München 1959.
Ch. Samaran/G. Mollat, La fiscalité pontificale en France au XIVe siècle. Paris 1905.
R. Scholz, Die Publizistik zur Zeit Philipps des Schönen und Bonifaz VIII. Stuttgart 1903.
J. R. Strayer, Die mittelalterlichen Grundlagen des modernen Staates. Köln 1975.
J. R. Strayer, Les gens de justice du Languedoc sous Philippe le Bel. Toulouse 1970.
J. R. Strayer, The Reign of Philipp the Fair. Princeton, N.J. 1980.
J. R. Strayer, The Royal Domain in the Bailliage of Rouen. London 1976.
J.-P. Trabut-Cussac, L'administration anglaise en Gascogne sous Henri III et Edouard Ier de 1254–1307. Paris 1972.
J. Vale, Edward III and Chivalry. Chivalric Society and its Context 1270–1350. Woodbridge 1983.
G. de Valous, Le patriciat Lyonnais aux XIIIe et XIVe siècles. Paris 1973.
B. Wilkinson, Constitutional History of Medieval England, 1216–1399. Bd. 2: Politics and the Constitution, 1307–1399. London 1952.
D. Wyduckel, Princeps Legibus Solutus. Eine Untersuchung zur frühmodernen Rechts- und Staatslehre. Berlin 1979.

6. *Die Anfänge der Valois (1328–1364)*

F. Autrand, Pouvoir et société en France, XIVe–XVe siècles. Paris 1974.

R. Barber, Edward, Prince of Wales and Aquitaine. A Biography of the Black Prince. Woodbridge 1978.

J. Barnie, War in Medieval English Society. Social Values and the Hundred Year's War, 1337–1399. London 1974.

J.-N. Biraben, Les hommes et la peste en France et dans les pays européens et méditerranéens. 2 Bde. Paris 1975/76.

A. R. Bridbury, Economic Growth of England in the Late Middle Ages. London 1962.

B. B. Broughton, Dictionary of Medieval Knighthood and Chivalry. New York 1986.

A. H. Burne, The Crécy War. A Military History of the Hundred Year's War from 1337 to the Peace of Bretigny, 1360. London 1955.

M.-Th. Caron, La société en France à la fin du moyen âge. Paris 1977.

P. Carson, James van Artevelde: The Man from Ghent. Gent 1980.

R. Cazelles, La société politique et la crise de la royauté sous Philippe de Valois. Paris 1958.

P. Charbonnier, Une autre France. La seigneurie rurale en Basse Auvergne du XIVe au XVIe siècle. 2 Bde. Clermont-Ferrand 1980.

B. Chevalier, L'Occident de 1280 à 1492. Paris 1969.

Ph. Contamine, Guerre, état et société à la fin du moyen âge. Études sur les armées des rois de France 1337–1494. Paris 1972.

Ph. Contamine, L'Oriflamme de Saint-Denis aux XIVe et XVe siècles. Étude de symbolique religieuse et royale. Nancy 1975.

Ph. Contamine, La France aux XIVe et XVe siècles. Hommes, mentalités, guerre et paix. London 1981.

Ph. Contamine, La guerre de Cent ans. 3. Aufl. Paris 1977.

A. Coville, L'Europe occidentale de 1328 à 1380. Paris 1941.

A. Coville, Les premiers Valois et le début de la guerre de Cent ans, 1328–1350. Paris 1910.

J. d'Avout, 31 juillet 1358. Le meurtre d'Étienne Marcel. Paris 1960.

E. Deprez, Les préliminaires de la guerre de Cent ans. La papauté, la France et l'Angleterre, 1328–1342. Paris 1902.

H. Dubois, Les foires de Chalon et le commerce dans la vallée de la Saône à la fin du moyen âge (vers 1280–vers 1430). Paris 1976.

G. Dupont-Ferrier, Gallia regia ou état des officiers royaux des bailliages et sénéchaussées de 1328 à 1515. 7 Bde. Paris 1942–1961.

G. Fourquin, Les campagnes de la région parisienne à la fin du moyen âge. Paris 1964.

K. A. Fowler, The Age of Plantagenet and Valois. The Struggle for Supremacy 1328–1498. London 1967.

B. Guenée, L'Occident au XIVe et XVe siècles. Les États. 2. Aufl. Paris 1981.

B. Guenée, Politique et histoire au moyen âge. Paris 1981.

J. Heers, L'Occident aux XIVe et XVe siècles. Aspects économiques et sociaux. 4. Aufl. Paris 1973.

J. B. Henneman, Royal Taxation in Fourteenth Century France. The Development of War Financing, 1322–1356. Princeton, N.J. 1971.

H. Hervieu, Recherches sur les premiers États généraux et les assemblées représentatives pendant la première moitié du XIVe siècle. Paris 1879.

H. J. Hewitt, The Black Prince's Expedition of 1355–1357. Manchester 1958.

H. J. Hewitt, The Organization of War under Edward III, 1338-1362. Manchester 1966.

A. Higounet-Nadal, Périgueux aux XIVe et XVe siècles. Étude de démographie historique. Bordeaux 1978.

G. Jäger, Aspekte des Krieges und der Chevalerie im XIV. Jahrhundert in Frankreich. Untersuchungen zu Jean Froissarts Chroniques. Bern 1981.
M. Jones, Ducal Brittany, 1346–1399. Relations with England and France during the Reign of Duke John IV. Oxford 1970.
M. H. Keen. The Laws of War in the Late Middle Ages. London 1965.
La France de la guerre de Cent ans, 1340–1450. Hrsg. v. J. Glénisson. Paris 1971.
La guerre de Cent ans vue à travers les registres du Parlement, 1337–1369. Hrsg. v. P. Timbal. Paris 1961.
A. Leguai, La guerre de Cent ans. Paris 1974.
A. Leguai, De la seigneurie à l'État. Le Bourbonnais pendant la guerre de Cent ans. Moulins 1969.
Les Entrées royales françaises de 1328 à 1515. Hrsg. v. B. Guenée und F. Lehoux. Paris 1968.
M.-Th. Lorcin, Les campagnes de la région lyonnaise au XIVe et XVe siècle. Lyon 1974.
M. Th. Lorcin, Vivre et mourir en Lyonnais à la fin du moyen âge. Paris 1981.
Littérature française. Hrsg. v. C. Pichois. Bd. 2. Paris 1971.
H. Lucas, The Low Countries and the Hundred Year's War, 1326–1347. Ann Arbor 1929.
S. Luce, Histoire de Bertrand du Guesclin et de son époque. La jeunesse de Bertrand du Guesclin, 1320–1364. Paris 1876.
S. Luce, Histoire de la Jacquerie. 2. Aufl. Paris 1894.
S. Luce, La France pendant la guerre de Cent ans. 2 Bde. Paris 1890/93.
E. Maugis, Histoire du Parlement de Paris de l'avènement des rois Valois à la mort d'Henry IV. 3 Bde. Paris 1913–1916.
M.-Th. de Medeiros, Jacques et chroniqueurs: une étude comparée de récits contemporains relatant la Jacquerie de 1358. Paris 1979.
M. Mollat, Genèse médiévale de la France moderne, XIVe–XVe siècle. 2. Aufl. Paris 1977.
M. Mollat/Ph. Wolff, Ongles bleus, Jacques et Ciompi. Les révolutions populaires en Europe aux XIVe et XVe siècles. Paris 1970.
M. Packe, King Edward III. London 1983.
É. Perroy, La guerre de Cent ans. Paris 1945.
J. Petit, Charles de Valois, 1270–1325. Paris 1900.
M. R. Powicke, Military Obligation in Medieval England. Oxford 1962.
J. H. Ramsey, A History of the Revenues of the Kings of England. 2 Bde. Oxford 1925.
J.-M. Richard, Une petite-nièce de saint Louis. Mahaut comtesse d'Artois et de Bourgogne, 1302–1329. Paris 1887.
G. Sivéry, Structures agraires et vie rurale dans le Hainaut à la fin du moyen âge. 2 Bde. Lille 1973/80.
C. Soule, Les États généraux de France (1302–1789). Étude historique, comparative et doctrinale. Heule 1968.
The Life and Campaigns of the Black Prince. Hrsg. v. E. Barber. Woodbridge 1986.
H. Touchard, Le commerce maritime breton à la fin du moyen âge. Nantes 1967.
H. van Werveke, Jacques van Artevelde. Brüssel 1943.
Ph. Wolff, Regards sur le Midi médiéval. Toulouse 1978.

7. Krieg und Krise (1364–1414)

F. Aubert, Histoire du Parlement de Paris de l'origine à François Ier, 1250-1515. 3 Bde. Paris 1894.
F. Autrand, Charles VI. Paris 1986.
F. Autrand, Naissance d'un grand corps de l'État. Les gens du Parlement de Paris 1345-1454. Paris 1981.

A. Bocquet, Recherches sur la population rurale de l'Artois et du Boulonnais pendant la période bourguignonne, 1384-1477. Arras 1969.
G. Bois, Crise du féodalisme. Économie rurale et démographique en Normandie orientale du début du 14e siècle au milieu du 16e siècle. Paris 1976.
M. de Boüard, Les origines des guerres d'Italie. La France et l'Italie au temps du Grand Schisme d'Occident. Paris 1936.
M. Boudet, La Jacquerie de Tuchins, 1363-1384. Riom 1895.
R. Boutruche, La crise d'une société. Seigneurs et paysans du Bordelais pendant la guerre de Cent ans. Paris 1947.
R. Cazelles, Société politique, noblesse et couronne sous Jean le Bon et Charles V. Genf 1982.
Ph. Contamine, La vie quotidienne pendant la guerre de Cent ans. France et Angleterre, XIVe siècle. Paris 1976.
Das spätmittelalterliche Königtum im europäischen Vergleich. Hrsg. v. R. Schneider. Sigmaringen 1986.
J. d'Avout, La querelle des Armagnacs et des Bourguignons. Paris 1943.
R. Delachenal, Histoire de Charles V. 5 Bde. Paris 1909–1931.
É. Delaruelle/E. R. Labande/P. Ourliac, L'Église au temps du grand Schisme, 1378–1449. 2 Bde. Paris 1962/64.
L. Delisle, Recherches sur la librairie de Charles V. 2 Bde. Paris 1907.
H. Dubois, Les foires de Chalon et le commerce dans la vallée de la Saône à la fin du moyen âge. Paris 1977.
R. Famiglietti, Royal Intrigue. Crisis at the Court of Charles VI, 1392–1420. New York 1986.
J. Favier, La guerre de Cent ans. Paris 1980.
J. Favier, Les finances pontificales à l'époque du Grand Schisme d'Occident. Paris 1966.
J. Favier, Nouvelle histoire de Paris. Paris au XVe siècle, 1380–1500. Paris 1974.
R. Favreau, La ville de Poitiers à la fin du moyen âge. Une capitale régionale. 2 Bde. Poitiers 1975.
R. Fédou, Les hommes de loi lyonnais à la fin du moyen âge. Étude sur les origines de la classe de robe. Paris 1964.
G. Fourquin, Les soulèvements populaires au moyen âge. Paris 1972.
Froissart, Historian. Hrsg. v. J. J. N. Palmer. Suffolk 1981.
B. Geremek, Inutiles au monde. Truands et misérables dans l'Europe moderne, 1350–1600. Paris 1980.
B. Geremek, Les marginaux parisiens aux XIVe et XVe siècles. Paris 1976.
G. Grosjean, Le sentiment national dans la guerre de Cent ans. Paris 1927.
B. Guenée, Tribunaux et gens de justice dans le bailliage de Senlis à la fin du moyen âge (vers 1380–vers 1550). Straßburg 1963.
G. L. Harris, Henry V. The Practice of Kingship. Oxford 1984.
J. B. Henneman, Royal Taxation in Fourteenth-Century France. The Captivity and Ransom of John II, 1356–1370. Philadelphia 1976.
A. Higounet-Nadal, Familles patriciennes de Périgueux à la fin du moyen âge. Paris 1983.
R. Hilton, Bond Men Made Free. Medieval Peasent Movement and the English Rising of 1381. London 1973.
Histoire de la France rurale. Hrsg. v. G. Duby und A. Wallon. Bd. 2. Paris 1975.
E. Jarry, La vie politique de Louis de France, duc d'Orléans, 1372–1407. Paris 1889.
R. H. Jones, The Royal Policy of Richard II. Absolutism in Later Middle ages. Oxford 1968.
H. Kimm, Isabeau de Bavière, reine de France, 1370–1435. Beitrag zur Geschichte einer bayerischen Herzogstochter und des französischen Königshauses. München 1969.
J. L. Kirby, Henry IV of England. London 1970.
J. Krynen, Idéal du prince et pouvoir royal en France à la fin du moyen âge, 1380–1440. Étude de la littérature politique du temps. Paris 1981.

J.-P. Leguay, Un réseau urbain au moyen âge: Les villes du duché de Bretagne au XIVe et XVe siècles. Paris 1980.
F. Lehoux, Jean de France, duc de Berry. Sa vie, son action politique, 1340–1416. 4 Bde. Paris 1966–1968.
E. G. Léonard, Les Angevins de Naples. Paris 1954.
P. S. Lewis, Later Medieval France. The Polity. London 1968.
L. Mirot, Les insurrections urbaines au début du règne de Charles VI, 1380–1383. Paris 1905.
H. Neveux, Vie et déclin d'une structure économique. Les grains du Cambrésis (fin du XIVe – début du XVe siècle). Paris 1980.
M. Nordberg, Les ducs et la royauté. Études sur la rivalité des ducs d'Orléans et de Bourgogne, 1392–1407. Uppsala 1964.
J. J. N. Palmer, England, France, and Christendom, 1377–1399. London 1972.
É. Perroy, Études d'histoire médiévale. Paris 1979.
M. J. Pinet, Christine de Pisan, 1364–1430. Paris 1927.
A. Plaisse, Charles le Mauvais, comte d'Évreux, roi de Navarre, capitaine de Paris. Évreux 1972.
M. Rey, Le domaine du roi et les finances extraordinaires sous Charles VI, 1388–1413. Paris 1965.
M. Rey, Les finances royales sous Charles VI. Les causes du déficit, 1388–1413. Paris 1965.
F. Rapp, L'Église et la vie religieuse en Occident à la fin du moyen âge. Paris 1971.
J. H. Shennan, The Parlement of Paris. London 1968.
C. R. Sherman, The Portraits of Charles V of France. New York 1969.
The Hundred Year's War. Hrsg. v. K. Fowler. London 1971.
A. Thomas, Jean de Gerson et l'éducation des dauphins de France. Paris 1930.
J. A. F. Thomson, The Transformation of Medieval England, 1370–1529. London 1983.
B. Tierney, Foundations of the Conciliar Theory. Cambridge 1955.
P. Tucoo-Chala, Gaston Fébus et la vicomté de Béarn, 1343–1391. Bordeaux 1960.
W. Ullmann, The Origins of the Great Schisme. A Study in Fourteenth-Century Ecclesiastical History. London 1948.
N. Valois, La France et le Grand Schisme d'Occident. 4 Bde. Paris 1896–1904.
War, Literature, and Politics in the Later Middle Ages. Hrsg. v. C. T. Allmand. Liverpool 1976.
Ph. Wolff, Commerces et marchands de Toulouse (vers 1350–vers 1450). Paris 1954.
C. T. Wood, The French Apanages and the Capetian Monarchy, 1224–1378. Cambridge, Mass. 1966.

8. Burgund (1361–1420)

A History of the Crusades. Hrsg. v. K. M. Setton und H. W. Hazard. Bd. 3: The Fourteenth and Fifteenth Centuries. Madison 1975.
C. T. Allmand, Henry V. London 1968.
E. Andt, La Chambre des comptes de Dijon à l'époque des ducs Valois. Bd. 1. Paris 1924.
A. S. Atiya, The Crusade of Nicopolis. London 1934.
J. d'Avout, La querelle des Armagnacs et des Bourguignons. Paris 1943.
J. Billioud, Les États de Bourgogne aux XIVe etXVe siècles. Dijon 1922.
L. Boehm, Geschichte Burgunds. 2. Aufl. Stuttgart 1979.
P. Bonenfant, Du meurtre de Montereau au traité de Troyes. 4. Aufl. Brüssel 1958.
E. Bourassin, Philippe le Bon. Paris 1983.
J. Buntinx, De audientie van de graven van Vlaanderen. Brüssel 1949.
A. H. Burne, The Agincourt War. A Military History of the Later Part of the Hundred Year's War from 1369 to 1453. London 1956.

J. Calmette, Die großen Herzöge von Burgund. München 1963.
O. Cartellieri, Am Hofe der Herzöge von Burgund. Basel 1926.
O. Cartellieri, Geschichte der Herzöge von Burgund, 1363–1477. Bd. 1: Philipp der Kühne. Leipzig 1910.
P. Champion/ P. de Thoisy, Bourgogne – France – Angleterre au Traité de Troyes. Paris 1943.
P. Cockshaw, Le personnel de la chancellerie de Bourgogne-Flandre sous les ducs de Bourgogne de la maison de Valois, 1384–1477. Kortrijk 1982.
Ph. Contamine, Azincourt. Paris 1964.
A. Coville, Jean Petit. La question du tyrannicide au commencement du XVe siècle. Paris 1932.
A. Coville, Les Cabochiens et l'Ordonnance de 1413. Paris 1888.
H. David, Claus Sluter. Paris 1951.
H. David, Philippe le Hardi, duc de Bourgogne, protecteur des arts. Dijon 1937.
G. Doutrepont, Histoire de la littérature française à la cour des ducs de Bourgogne. Paris 1909.
J. Faussemagne, L'apanage ducal de Bourgogne dans ses rapports avec la monarchie française, 1363–1477. Lyon 1937.
J. Huizinga, Herbst des Mittelalters. Studien über Lebens- und Geistesformen des 14. und 15. Jahrhunderts in Frankreich und in den Niederlanden. 7. Aufl. Stuttgart 1953.
J. Huizinga, Im Banne der Geschichte. Basel 1942.
E. F. Jacob, Henry V and the Invasion of France. London 1947.
G. A. Knowlson, Jean V, duc de Bretagne et l'Angleterre, 1399–1442. Cambridge und Rennes 1964.
J. B. Morall, Gerson and the Great Schism. Manchester 1960.
J. H. Munro, Wool, Cloth, and Gold. The Struggle for Bullion in Anglo-Burgundian Trade 1340–1476. Brüssel 1973.
R. H. Newhall, The English Conquest of Normandy, 1416–1424. New Haven 1924.
A. van Nieuwenhuysen, Les finances du duc de Bourgogne Philippe le Hardi, 1384–1404. Brüssel 1984.
E. Panofsky, Early Netherlandish Painting. 2 Bde. 2. Aufl. New York 1971.
B. Pocquet du Haut-Jussé, La France gouvernée par Jean sans Peur. Les dépenses du receveur général du Royaume. Paris 1959.
W. Prevenier, De Leden en de Staten van Vlaanderen, 1384–1405. Brüssel 1961.
W. Prevenier/W. Blockmans, Die burgundischen Niederlande. Weinheim 1986.
A. P. Saccaro, Französischer Humanismus des 14. und 15. Jahrhunderts. München 1975.
J. Schoos, Der Machtkampf zwischen Burgund und Orléans unter den Herzögen Philipp dem Kühnen, Johann ohne Furcht von Burgund und Ludwig von Orléans. Luxemburg 1956.
R. Vaughan, John the Fearless. 2. Aufl. London 1979.
R. Vaughan, Philip the Bold. 2. Aufl. London 1972.
R. Vaughan, Valois Burgundy. London 1975.
E. C. Williams, My Lord of Bedford, 1389–1435. London 1963.
J. H. Wylie/W. T. Waugh, The Reign of Henry the Fifth. 3 Bde. Cambridge 1914–1929.

9. Der König von Bourges (1422–1453)

Actes du Colloque commémorant Jeanne d'Arc et le cinq cent cinquantième anniversaire du siège de Compiègne. Compiègne 1982 [ersch. 1983].
C. T. Allmand, Lancastrian Normandy, 1415–1450. Oxford 1983.
J. Bartier, Légistes et gens de finances au XVe siècle. Les conseillers des ducs de Bourgogne Philippe le Bon et Charles le Téméraire. Brüssel 1955.

G. du Fresne de Beaucourt, Histoire de Charles VII. 6 Bde. Paris 1881–1891.
R. Berger, Nicolas Rolin. Kanzler der Zeitenwende im burgundisch-französischen Konflikt 1422–1461. Fribourg 1971.
J. Bernard, Navires et gens de mer à Bordeaux (vers 1400–vers 1500). 3 Bde. Paris 1968.
P. Bonenfant, Philippe le Bon. 3. Aufl. Brüssel 1955.
E. Bourassin, La France anglaise, 1415–1453. Paris 1981.
A. de Bourmont, La fondation de l'université de Caen et son organisation au XVe siècle. Caen 1883.
P. Cambier, La vie économique en France à la fin de la guerre de Cent ans. Paris 1942.
A. Combes, Jean de Montreuil et le chancelier Gerson. Contribution à l'histoire des rapports de l'humanisme et de la théologie au début du XVe siècle. Paris 1942.
E. Cosneau, Le connétable de Richemont, 1393–1458. Paris 1886.
S. H. Cuttler, The Law of Treason and Treason Trials in Later Medieval France. Cambridge 1981.
H. Denifle, La désolation des églises, monastères et hôpitaux en France vers le milieu du XVe siècle. Mâcon 1897.
J. G. Dickinson, The Congress of Arras, 1435. Oxford 1955.
J. Favier, Les contribuables parisiens à la fin de la guerre de Cent ans. Les rôles d'impot de 1421, 1423 et 1438. Genf 1970.
J. Ferguson, English Diplomacy 1422–1461. Oxford 1972.
A. Fischer-Wilbert, Die Universität von Paris im Prozeß gegen Johanna von Orleans. Diss. theol. Bonn 1974.
J. Garillot, Les États Généraux de 1439. Nancy 1947.
J.-L. Gazzaniga, L'Église du Midi à la fin du règne de Charles VII, 1444–1461. Paris 1976.
H. Gilles, Les États de Languedoc au XVe siècle. Paris 1965.
R. A. Griffiths, The Reign of King Henry VI. London 1981.
D. J. Guth, Late Medieval England, 1377–1485. Cambridge 1976.
R. Hanhart, Das Bild der Jeanne d'Arc in der französischen Historiographie vom Spätmittelalter bis zur Aufklärung. Basel 1955.
Histoire de la Normandie. Hrsg. v. M. de Boüard. Toulouse 1970.
H. Jassemin, La Chambre des comptes de Paris au XVe siècle. Paris 1933.
Jeanne d'Arc. Une époque, un rayonnement. Colloque d'histoire médiévale, Orléans, Octobre 1979. Paris 1982.
J. Jouet, La résistance à l'occupation anglaise en Basse-Normandie 1418–1450. Caen 1969.
L'Université de Caen. Hrsg. v. A. Bigot. Caen 1932.
La Reconstruction après la guerre de Cent ans. Actes du 104e Congrès national des sociétés savantes. Paris 1981.
J. Lartigaud, Les campagnes du Quercy après la guerre de Cent ans (vers 1440–vers 1500). Toulouse 1978.
A. Leguai, Les ducs de Bourbon pendant la crise monarchique du XVe siècle. Paris 1962.
A. Longnon, Paris pendant la domination anglaise, 1420–1436. Paris 1878.
J. R. Major, Representative Institutions in Renaissance France 1421–1559. Madison 1960.
A. Lecoy de la Marche, Le roi René. 2 Bde. Paris 1875.
K. B. McFarlane, The Nobility of Later Medieval England. Oxford 1973.
E. Meuthen, Das 15. Jahrhundert. München 1980.
R. H. Newhall, Muster and Review. A Problem of English Military Administration, 1420–1440. Cambridge, Mass. 1940.
Ch. Petit-Dutaillis, Charles VII, Louis XI et les premières années de Charles VIII, 1422–1492. Paris 1902.

A. J. Pollard, John Talbot and the War in France, 1427–1453. London 1983.
A. C. Reeves, Lancastrian Englishmen. Washington, D. C. 1981.
A. Sarrazin, Jeanne d'Arc et la Normandie au quinzième siècle. Rouen 1896.
A. Steel, The Receipt of the Exchequer, 1377–1485. Cambridge 1954.
H. Steinbach, Jeanne d'Arc. Göttingen 1973.
The Recovery of France in the Fifteenth Century. Hrsg. v. P. S. Lewis. London 1971.
M.-R. Thielemans, Bourgogne, Angleterre. Relations politiques et économiques entre les Pays-Bas Bourguignons et l'Angleterre, 1435–1467. Brüssel 1966.
H. Thomas, Deutsche Geschichte des Spätmittelalters, 1250–1500. Stuttgart 1983.
A. Tuetey, Les Écorcheurs sous Charles VII. 2 Bde. Montbéliard 1874.
M. Vale, Charles VII. London 1974.
M. Vale, English Gascony, 1399–1435. Oxford 1970.
N. Valois, Histoire de la Pragmatique Sanction de Bourges sous Charles VII. Paris 1906.
H. van der Wee, The Growth of the Antwerp Market and the European Economy (Fourteenth–Sixteenth Centuries). 3 Bde. Den Haag 1963.
R. Vaughan, Philip the Good. London 1970.
B. Wilkinson, Constitutional History of England in the Fifteenth Century, 1399–1485. London 1964.
B. Wolffe, Henry VI. London 1981.

10. Die Monarchie als Staat (1453–1483)

Y. Bézard, La vie rurale dans le sud de la région parisienne de 1450 à 1560. Paris 1929.
K. Bittmann, Ludwig XI. und Karl der Kühne. Die Memoiren des Philippe de Commynes als historische Quelle. 3 Bde. Göttingen 1964–1970.
Bordeaux de 1453 à 1715. Hrsg. v. R. Boutruche. Bordeaux 1966.
C. Brusten, L'armée bourguignonne de 1465 à 1468. Brüssel 1955.
Y. Cazaux, Marie de Bourgogne. Paris 1967.
P. Champion, Louis XI. 2 Bde. 2. Aufl. Paris 1928.
B. Chevalier, Tours, ville royale, 1356–1520. Paris 1975.
J.-C. Delclos, Le témoignage de Georges Chastellain, historiographe de Philippe le Bon et de Charles le Téméraire. Genf 1980.
É. Dravasa, »Vivre noblement«. Recherches sur la dérogeance de noblesse du XIVe au XVIe siècles. Bordeaux 1965.
J. Dufournet, Études sur Philippe de Commynes. Paris 1975.
R. Gandilhon, Politique économique de Louis XI. Rennes 1940.
P.-R. Gaussin, Louis XI. Un roi entre deux mondes. Paris 1976.
A. Goodman, A History of England from Edward II to James I. London 1977.
Histoire économique et sociale de la France. Hrsg. v. F. Braudel u. E. Labrousse. Bd. 1. Paris 1977.
M.-T. Kaiser-Guyot, Le berger en France aux XIVe et XVe siècles. Paris 1974.
M. H. Keen, England in the Later Middle Ages. A Political History. London 1973.
P. M. Kendall, Ludwig XI., König von Frankreich. München 1979.
G. de Lagarde, La naissance de l'ésprit laïque au declin du moyen âge. 5 Bde. 2. Aufl. Löwen 1956-1970.
J. R. Lander, Crown and Nobility, 1450–1509. London 1976.
J. R. Lander, The Wars of the Roses. London 1965.
P. Moraw, Von offener Verfassung zu gestalteter Verdichtung. Das Reich im späten Mittelalter, 1250–1490. Berlin 1985.
A. R. Myers, Crown, Household, and Parliament in Fifteenth Century England. London 1985.
F. Olivier-Martin, Histoire du droit français des origines à la Révolution. Paris 1951.
W. Paravicini, Guy de Brimeu. Der burgundische Staat und seine adlige Führungsschicht unter Karl dem Kühnen. Bonn 1975.

W. Paravicini, Karl der Kühne. Göttingen 1976.
Ch. Petit-Dutaillis, Les communes françaises. Caractères et évolution des origines au XVIIIe siècle. Paris 1947.
G. Pillinini, Il sistema degli stati italiani, 1454–1494. Venedig 1970.
H. Pirenne, Histoire de Belgique. Bd. 3. 3. Aufl. Brüssel 1923.
J. Robert de Chevanne, Les guerres en Bourgogne de 1470 à 1475. Mâcon 1934.
J. van Rompaey, De grote Raad van de hertogen van Boergondië en het Parlement van Mechelen. Brüssel 1973.
C. D. Ross, Edward IV. London 1974.
D. Schmidt-Sinns, Studien zum Heerwesen der Herzöge von Burgund, 1465–1477. Diss. Ms. Göttingen 1966.
E. Schubert, König und Reich. Studien zur spätmittelalterlichen deutschen Verfassungsgeschichte. Göttingen 1979.
H. Sée, Louis XI et les villes. Paris 1891.
P. Spufford, Monetary Problems and Policies in the Burgundian Netherlands, 1433–1496. Leiden 1970.
H. Stein, Charles de France, frère de Louis XI. Paris 1921.
N. Stein, Burgund und die Eidgenossenschaft zur Zeit Karls des Kühnen. Frankfurt a. M. 1979.
R. L. Storey, The End of the House of Lancaster. London 1966.
J. M. Tyrrell, Louis XI. Boston 1980.
R. Vaughan, Charles the Bold. London 1973.
A. Viala, Le Parlement de Toulouse et l'administration royale laïque, 1420–1525 environ. 2 Bde. Albi 1953.
R. Wellens, Les États Généraux des Pays-Bas des origines à la fin du règne de Philippe le Beau, 1464–1506. Heule 1974.
H. Wiesflecker, Kaiser Maximilian I. Bd. 1. München 1971.

11. Eine neue Welt

H. de Chabannes/J. de Linares, Anne de Beaujeu. Paris 1955.
C. G. de Cherrier, Histoire de Charles VIII, roi de France. 2 Bde. 2. Aufl. Paris 1871.
M. Harsgor, Recherches sur le personnel du Conseil du roi sous Charles VIII et Louis XII. 4 Bde. Lille 1981.
Y. Labande-Mailfert, Charles VIII et son milieu, 1470–1498, Paris 1975.
Y. Labande-Mailfert, Charles VIII. Paris 1986.
A. Lapeyre, Les notaires et secrétaires du roi sous les règnes de Louis XI, Charles VIII et Louis XII, 1461–1515. 2 Bde. Paris 1978.
P. Pelicier, Essai sur le gouvernement de la dame de Beaujeu, 1483–1491. Paris 1882.
K. M. Setton, The Papacy and the Levant. Bd. 2. Philadelphia 1978.
G. G. Toudouze, Anne de Bretagne, reine de France. Paris 1959.

Zeittafel

888– 898	**Odo**
898– 923	**Karl III.**, »der Einfältige«
910	Gründung des Klosters Cluny
911	Normannensieg Karls III.
922– 923	**Robert I.**
923– 936	**Rudolf von Burgund**
936– 954	**Ludwig IV.**, »Transmarinus«
948	Synode von Ingelheim
954– 986	**Lothar**
965	Kölner Hoftag
975	Friedensgelübde von Le Puy
978	Angriff Lothars auf Aachen
981	Weihe der Klosterkirche Cluny II
986– 987	**Ludwig V.**
987– 996	**Hugo Capet**
991	Gefangennahme Karls von Niederlothringen
991– 997	Reimser Bistumsstreit
996–1031	**Robert II.**, »der Fromme«
1002–1016	Erwerb Burgunds für die Krondomäne
1017	Erhebung Hugos zum Mitkönig
1023	Treffen Roberts II. mit Kaiser Heinrich II. in Ivois
1027	Erhebung Heinrichs zum Mitkönig
1031–1060	**Heinrich I.**
1033	Treffen Heinrichs I. mit Kaiser Konrad II. in Deville
1048	Treffen Heinrichs I. mit Kaiser Heinrich III. in Ivois
1050/1070	Gildestatuten von St-Omer und Valenciennes
1059	Erhebung Philipps zum Mitkönig
1060–1108	**Philipp I.**
1066	Landung Herzog Wilhelms von der Normandie in England
1070	Kommune von Le Mans
1071	Schlacht bei Cassel
1077/1078	Investiturverbote Hugos von Die
1095	Konzil von Clermont
1106	Schlacht bei Tinchebray
1107	Treffen Philipps I. und Ludwigs (VI.) mit Papst Paschalis II. in St-Denis
1108–1137	**Ludwig VI.**
1111–1113	Krieg gegen Heinrich I. von England
1115	Gründung des Klosters Clairvaux
1119	Schlacht bei Brémule
1124	Angriff Kaiser Heinrichs V. auf Reims
1126	Feldzug Ludwigs VI. in die Auvergne

1129	Erhebung Philipps zum Mitkönig
1130	Konzil von Étampes
	Abschluß der Klosterkirche Cluny III
1131	Erhebung Ludwigs zum Mitkönig
1137–1180	**Ludwig VII.**
1144	Sieg Gottfrieds von Anjou über Stephan von Blois
1147–1149	Zweiter Kreuzzug
1152	Scheidung Ludwigs VII. von Eleonore von Aquitanien
1154	Heinrich Plantagenêt wird König von England
1155	Gottesfriede von Soissons
1156	Heinrich II. huldigt Ludwig VII. für die Normandie
1159	Beginn des alexandrinischen Schismas
1162	Papst Alexander III. flieht nach Frankreich
1164	Erzbischof Thomas Becket von Canterbury geht ins französische Exil
1165	Bestätigung der zisterziensischen *Charta caritatis* durch Papst Alexander III.
1167–1172	Krieg gegen Heinrich II. von England
1179	Erhebung Philipps zum Mitkönig
	Drittes Laterankonzil
1180–1223	**Philipp II.**, »Augustus«
1185	Vertrag von Boves mit Flandern und Champagne
1187	Treffen Philipps II. mit Kaiser Friedrich I. in Ivois
1188	Richard Löwenherz huldigt Philipp II. für Normandie, Poitou, Anjou, Maine, Berry und Toulousain
1187–1192	Dritter Kreuzzug
1191	Landung Philipps II. und Richards I. vor Akkon
1194–1199	Krieg gegen Richard I.
1200	Päpstliches Interdikt über Frankreich
1202	Prozeß gegen Johann Ohneland
1204	Eroberung der Normandie und des Poitou
1208	Ermordung des päpstlichen Legaten Peter von Castelnau
	Aufruf zum Kreuzzug gegen die Albigenser
1209	Eroberung von Béziers durch die Kreuzfahrer
1213	Schlacht bei Muret
1214	Schlacht bei Bouvines
	Vertrag von Chinon mit Johann Ohneland
1218	Simon von Montfort fällt bei Toulouse
1223–1226	**Ludwig VIII.**
1224	Eroberung des Poitou und der Saintonge
1226	Albigenserkreuzzug Ludwigs VIII.
1226–1270	**Ludwig IX.**, »der Heilige«
1229	Vertrag von Paris mit Graf Raimund VIII. von Toulouse
1242	Heinrich III. von England scheitert bei der Rückeroberung des Festlandsbesitzes
1248–1254	Erster Kreuzzug Ludwigs IX.
1258	Vertrag von Corbeil mit Aragón
	Friede von Paris mit Heinrich III.
1270	Zweiter Kreuzzug Ludwigs IX.
1270–1285	**Philipp III.**
1277	Syllabus des Bischofs Stephan Tempier von Paris
1282–1285	»Kreuzzug« Philipps III. gegen Aragón

1285–1314	**Philipp IV.**, »der Schöne«
1294–1297	Krieg gegen England
1296	Bulle *Clericis laicos* Papst Bonifaz' VIII.
1299	Treffen Philipps IV. mit König Albrecht I. bei Quatrevaux
1301	Konflikt um Bernard Saisset
	Bullen *Salvator mundi* und *Ausculta fili*
1302	Ständeversammlung in Paris
	Bulle *Unam sanctam*
	Schlacht bei Kortrijk
1303	Attentat von Anagni
1306	Judenvertreibung
1307	Beginn der Verfolgung des Templerordens
1309	Papst Clemens V. wählt Avignon als Residenz
1311	Enteignung der »Lombarden«
1311–1312	Konzil von Vienne
1314	Hinrichtung des Großmeisters der Templer in Paris
1314–1316	**Ludwig X.**
1316–1322	**Philipp V.**
1317	Ausschluß der weiblichen Thronfolge in Frankreich
1322–1328	**Karl IV.**
1323	Flandrischer Aufstand
1328–1350	**Philipp VI.**
	Beginn der Regierung des Hauses Valois
	Thronanspruch Eduards III. von England
1328	Schlacht bei Cassel
1336	Blockade Flanderns durch Eduard III.
1337	Aufstand Jakobs van Artevelde in Gent
1339	Feldzug Eduards III. in die Picardie
1340	Bündnis Flanderns mit England
	Hoftag Eduards III. in Gent
	Vernichtung der französischen Flotte in Sluis
	Vertrag von Esplechin mit Eduard III.
1341	Beginn des Bretonischen Erbfolgekrieges
1343	Vertrag von Malestroit mit den Häusern Blois und Montfort
1345	Ermordung Jakobs van Artevelde in Gent
1346	Schlacht bei Crécy
1347	Eroberung von Calais durch Eduard III.
1348	Erstes Auftreten der Pest in Frankreich
1349	Erwerb des Dauphiné
1350–1364	**Johann II.**, »der Gute«
1355	Abkommen Karls von Navarra mit Johann von Gent
	Feldzug des Schwarzen Prinzen ins Languedoc
1356	Schlacht bei Poitiers/Maupertuis
	Gefangenschaft Johanns II.
	Beginn der Staatsreform durch die Generalstände
1358	Étienne Marcel führt den Pariser Aufstand
	Jacquerie
1360	Friede von Brétigny mit Eduard III.
1363	Philipp der Kühne wird Herzog von Burgund
1364–1380	**Karl V.**, »der Weise«
1364	Schlachten bei Cocherel und Auray

1365/1366	Kastilischer Feldzug der *compagnies*
1369	Ehevertrag für Margarethe von Flandern und Philipp den Kühnen
	Wiederaufnahme des Krieges gegen England
1370	Bertrand Du Guesclin wird Connétable von Frankreich
1372	Versenkung der englischen Nachschubflotte im Hafen von La Rochelle
1375	Waffenstillstand von Brügge
1376	Tod des englischen Thronfolgers
	Beginn des persönlichen Regiments Karls V.
1377	Tod Eduards III. von England
	Papst Gregor XI. verläßt Avignon und geht nach Rom
1378	Karl von Navarra aus Frankreich vertrieben
	Kaiser Karl IV. besucht Paris
	Vereinigung der Bretagne mit der Krondomäne
	Beginn des Großen Abendländischen Schismas
1379	Papst Clemens VII. geht nach Avignon
	Beginn der flandrischen Unruhen Philipps van Artevelde
1380–1422	**Karl VI.**
1380	Feldzug des Herzogs von Buckingham
	Regentschaft Ludwigs von Anjou
1382	*Harelle* von Rouen
	Aufstand der *Maillotins* in Paris
	Schlacht bei Roosebeke
1383	»Kreuzzug« Henry Despensers gegen Flandern
	Stiftung der Kartause von Champmol durch Philipp den Kühnen
1384	Tod Ludwigs von Male; das flandrische Erbe fällt an Philipp den Kühnen
1388	Beginn der selbständigen Regierung Karls VI.
1392	Ausbruch der Krankheit Karls VI.
	Regentschaft der Herzöge Ludwig von Orléans und Philipp von Burgund
1394	Vorschlag der Universität Paris zur Beendigung des Schismas
1396	Richard II. von England heiratet Isabella von Frankreich
	Schlacht bei Nikopolis
1399	Heinrich Bolingbroke stürzt Richard II.
1404	Tod Philipps des Kühnen; Johann Ohnefurcht Herzog von Burgund
	Konflikt mit Herzog Ludwig von Orléans
1407	Ermordung des Herzogs von Orléans
1409	Konzil von Pisa
1410	Liga der Armagnacs auf Schloß Gien
1413	Caboche-Aufstand in Paris
	Ordonnance Cabochienne
	Paris fällt an die Armagnacs
1414	Konferenz von Leicester
	Belagerung von Arras durch die Armagnacs
	Eröffnung des Konstanzer Konzils
1415	Schlacht bei Azincourt
1416	Burgundischer Feldzug gegen Paris
1416/17	Eroberung der Normandie durch Heinrich V.
1418	Einrichtung der Regierung Isabeaus in Troyes
	Paris fällt an die Bourguignons
1419	Vertrag von Pouilly-le-Fort mit Johann Ohnefurcht
	Ermordung Johanns Ohnefurcht in Montereau; Philipp der Gute Herzog von Burgund
1420	Vertrag von Troyes

1422–1461	**Karl VII.**
1422	Tod Heinrichs V. von England
	Herzog Johann von Bedford Regent von Frankreich
1425	Richemont wird Connétable Karls VII.
1428	Beginn der Belagerung von Orléans
1429	Jeanne d'Arc befreit Orléans
	Niederlage Fastolfs bei Patay
	Krönung Karls VII. in Reims
1430	Jeanne d'Arc gerät bei Compiègne in Gefangenschaft
1431	Prozeß gegen Jeanne d'Arc in Rouen
	Krönung Heinrichs VI. zum König von Frankreich in Paris
1432	Gründung der Universität Caen durch Heinrich VI.
1433	Philipp der Gute erhält die Grafenrechte über Hennegau, Holland, Seeland und Friesland
1434	Aufstand in der Normandie gegen die englische Verwaltung
1435	Friede von Arras mit Philipp dem Guten
	Tod Johanns von Bedford
1436/1437	Eroberung von Paris durch Karl VII.
	Erste Adelsopposition in Frankreich
1438	Pragmatische Sanktion von Bourges
1439	Ordonnanz von Orléans zur Heeresreform
1440	Praguerie
	Eroberung der Ile-de-France
1442	Fürstentag in Nevers
	Eroberung von Toulouse
1444	Waffenstillstand von Tours
	Beginn der Heeresreform
	Schlacht bei St. Jakob an der Birs
1449	Angriff auf die Normandie
	Eroberung von Rouen
1450	Eroberung von Caen
1452	Bündnis Karls VII. mit Mailand und Florenz
	Angriff auf die Guyenne
	Eroberung von Bordeaux
1453	Prozeß Jacques Cœur
	Niederlage und Tod Talbots bei Castillon
1454	Fasanenbankett Philipps des Guten in Lille
1455	Beginn der Rosenkriege in England
1456	Rehabilitationsprozeß Jeanne d'Arc
	Flucht des Dauphins zu Philipp dem Guten
1457	Konflikt Philipps des Guten mit Karl dem Kühnen
1458	Karl VII. wird Schutzherr von Genua
1461–1483	**Ludwig XI.**
1461	Hoftag von Avesnes
	Krönung Ludwigs XI.
	Aufhebung der Pragmatischen Sanktion von Bourges
1463	Rückkauf der Sommestädte durch Ludwig XI.
1465	Ausbruch der *Guerre du Bien public*
	Sturz der Familie Croy am burgundischen Hof
	Schlacht bei Montlhéry
	Verträge von Conflans und St-Maur-des-Fossés
1466	Ansiedlung italienischer Seidenweber in Lyon
1467	Beginn der Regierung Karls des Kühnen
1468	Treffen Ludwigs XI. mit Karl dem Kühnen in Péronne
	Versammlung der Generalstände in Tours

1471	Krieg gegen Karl den Kühnen
	Beginn der burgundischen Heeresreform
	Eduard von York König von England
1472	Konkordat von Amboise
1473	Einrichtung des Parlements von Mecheln
	Erneuerung der Pragmatischen Sanktion von Bourges
	Trierer Verhandlungen Kaiser Friedrichs III. mit Karl dem Kühnen
1474	Beginn der Belagerung von Neuß durch Karl den Kühnen
	Englisch-burgundisches Bündnis
1475	Englische Landung in Calais
	Friede von Picquigny zwischen Eduard IV. und Ludwig XI.
	Waffenstillstand von Soleuvre mit Karl dem Kühnen
	Eroberung Lothringens durch Karl den Kühnen
1476	Schlachten von Grandson und Murten
1477	Karl der Kühne fällt bei Nancy
	Angriff Ludwigs XI. auf Burgund
	Heirat Marias von Burgund und Maximilians
1479	Schlacht bei Guinegate
	Ordonnanz zur Regulierung des Tuchhandels
1482	Tod Marias von Burgund
	Verlobung des Dauphins mit Margarethe von Burgund
1483–1498	**Karl VIII.**
1483–1491	Regentschaft Annas und Peters von Beaujeu
1484	Versammlung der Generalstände in Tours
	Krönung Karls VIII.
1485	*Guerre folle* Ludwigs von Orléans
1487	Niederlage Maximilians bei Béthune
1488	Friede von Verger mit Franz II. von der Bretagne
1490	Ehevertrag für Anna von Bretagne und Maximilian
1491	Anna von Bretagne heiratet Karl VIII.
	Angliederung der Bretagne an die Krone

Register

Abkürzungen: A. = Abt; B. = Bischof; Burg. = Burgund; byz. = byzantinisch; dt. = deutsch; Eb. = Erzbischof; Engl. = England; Fr. = Frankreich; Gem. = Gemahlin; Gf., Gf.in = Graf, Gräfin; Hg., Hg.in = Herzog, Herzogin; Hl. = Heilige(r); K. = Kaiser; Kg., Kg.in = König, Königin; Mkgf. = Markgraf; P. = Papst; Pfgf. = Pfalzgraf; S. = Sohn; SchwT. = Schwiegertochter; T. = Tochter